「4차 산업혁명 시대의 인공지능과 기하급수 기술의 융합」

임세헌 · 정석찬

도서출판
청람

| 머리말 |

정보통신 기술 발전에 따라 4차 산업혁명이 실현되었다. 이에 따라 기업의 대부분의 업무처리에 정보통신 기술이 활용되었다. 특히, 최근 인공지능(AI: Artificial Intelligence), 빅데이터(Big Data), 사물인터넷(IoT: Internet of Things) 기술은 4차 산업혁명의 핵심기술로 기업의 혁신적인 비즈니스 전환을 가속화하고 있다. 최근 기업에서는 혁신을 위한 DNA(Data, Network and Sensor, and Artificial Intelligence)를 강조하고 있다. 데이터는 빅데이터를 의미하고, 네트워크와 센서는 사물인터넷을 의미하며, 인공지능은 다양한 인공지능 알고리즘(예, 딥러닝)의 활용을 의미한다. 특히, 인공지능 알고리즘을 학습하기 위해서는 데이터가 필요하다. 마지막으로 사물인터넷은 유무선 네트워크를 이용해 데이터의 습득부터 네트워크를 통한 다양한 디바이스로 데이터의 전송이 가능하도록 지원해주고 있다.

이러한 DNA 핵심기술과 함께 디지털 전환을 가속화시켜주는 기하급수 기술(Exponential Technologies)로 자율주행(Autonomous Driving), 가상현실(Virtual Reality), 증강현실(Augmented Reality), RPA(Robotic Process Automation), 블록체인(Blockchain) 등의 활용이 증가하고 있다. 본서에서는 4차 산업혁명과 인공지능, 빅데이터, 사물인터넷, 인공지능 개발과 윤리, 핀테크, 스마트 팩토리, 드론, 클라우드 컴퓨팅, 가상현실과 증강현실, 자율주행, 챗봇과 RPA(Robotic Process Automation), 블록체인 기술에 대한 특성과 비즈니스에서의 활용에 대한 내용을 설명하고자 한다.

본서는 크게 4부로 구성되었다. 1부 1장에서는 4차 산업혁명과 인공지능 비즈니스에 대해 설명하였고, 2부 2장에서는 인공지능, 3장에서는 사물인터넷, 4장에서는 빅데이터에 대해 설명하였다. 3부 5장에서는 인공지능 제품개발과 윤리적 가이드라인에 대해 설명하였다. 4부는 기하급수 기술로 6장은 핀테크, 7장은 스마트 팩토리, 8장은 드론, 9장은 클라우드 컴퓨팅과 엣지 컴퓨팅, 10장은 가상현실과 메타버스, 11장은 자율주행 기술, 12장은 챗봇과 RPA, 13장은 블록체인 기술에 대해 설명하였다. 본서의 보다 상세한 내용은 다음과 같이 구성하였다.

- 1장은 4차 산업혁명과 기술 융합에 따른 경제 특성과 비즈니스 현장에서의 파괴적 혁신에 대해 설명하였다.
- 2장은 인공지능 기술의 개요, 발전과정, 기업에서의 인공지능 기술의 활용 방향, 인공지능 기술을 통해 얻을 수 있는 성과에 대해 설명하였다.
- 3장은 사물인터넷의 개요, 기술 특성, 기업에서의 사물인터넷 활용 방안 및 성과에 대해 설명하였다.
- 4장은 빅데이터의 개요, 기술 특성, 기업에서의 빅데이터 활용 방향, 빅데이터 기술을 통해 얻을 수 있는 성과에 대해 설명하였다.
- 5장은 인공지능 제품 및 서비스 개발과정과 기업에서의 인공지능 개발 윤리 및 가이드라인에 대해 설명하였다.
- 6장은 4차 산업혁명에 따라 나타난 혁신적인 금융서비스인 핀테크의 개념, 발전과정, 활용 분야 그리고 핀테크 활용 성과에 대해 설명하였다.
- 7장은 제조 부분에서 나타난 혁신적인 스마트 팩토리에 대한 개념, 발전과정, 도입 현황 및 성과에 대해 설명하였다.
- 8장은 4차 산업혁명에 따라 나타난 새로운 가치창출 도구인 드론의 개념, 활용 분야, 발전 방향, 미래 성과에 대해 설명하였다.
- 9장은 클라우드 컴퓨팅과 엣지 컴퓨팅의 개념, 활용 분야 그리고 미래 기술 발전 방향 및 성과에 대해 설명한다.
- 10장은 가상현실, 증강현실, 혼합현실, 메타버스의 개념, 발전과정, 비즈니스에서의 활용 분야 그리고 이에 대한 성과에 대해 설명하였다.
- 11장은 스마트 모빌리티 분야의 자율주행 기술의 개념, 발전과정, 미래 방향 그리고 성과에 대해 설명하였다.
- 12장은 챗봇과 로보틱 프로세스 오토메이션(RPA: Robotic Process Automation)의 개념, 활용 분야, 발전 방향, 성과에 대해 설명하였다.
- 13장은 디지털 금융 및 보안 분야에서 많은 관심을 받고 있는 블록체인의 개

념, 활용 분야, 발전 방향, 성과에 대해 설명하였다.

스탠퍼드대학교 인공지능 전공 교수인 앤드류 응은 미래 인공지능 기술이 사람들이 실생활에서 이용하는 전기와 같이, 우리 삶의 전반에서 활용될 것이라고 하였다. 이에 따라 우리의 삶은 인공지능 기술과 밀접한 관련을 맺게 되고, 인공지능 기술 활용이 없는 삶을 기대하기 어렵게 될 것이다. 또한 비즈니스 현장에서도 인공지능 기술과 기하급수 기술의 응용은 일반화될 것이다. 따라서 본서는 인공지능, 사물인터넷, 빅데이터 등과 같은 기술이 비즈니스 현장에서 폭넓게 활용되는 현 시점에서, 사회에 진출을 앞둔 학생들에게 인공지능 기술 응용과 관련된 제품, 서비스, 프로세스에 대한 기본적인 이해를 제공하고자 한다.

본서를 집필함에 있어 4차 산업혁명 시대의 인공지능과 기하급수 기술 융합에 대해 폭넓게 소개하였다. 그렇기 때문에 깊이 있는 기술적 내용을 다루는 데 미흡한 점이 많음을 인정하는 바이며, 이에 대해 독자 여러분께 양해를 구하고자 한다. 이러한 미흡한 점은 추후 개정판을 통해 보완할 것이다.

본서를 집필하는 데 많은 도움을 주신 은사님, 동료 교수님, 산업계 전문가, 지인, 가족 등에게 진심으로 감사의 마음을 전하고자 한다. 또한 본서의 출판을 지원해주신 도서출판 청람의 이수영 사장님 이하 직원 여러분들께도 감사의 마음을 전한다. 마지막으로 4차 산업혁명 시대의 인공지능과 기하급수 기술 융합에 대한 포괄적인 지식을 학습하는 학생 여러분들에게 본서가 미래 비즈니스에 대한 전문 지식 습득에 도움이 되기를 진심으로 소망한다.

2021년 10월
저자 드림

차례

Part 01
4차 산업혁명과 인공지능

Part 02
인공지능, 사물인터넷, 빅데이터

Chapter 03 | 사물인터넷

Chapter 04 | 빅데이터

Chapter 07 | 스마트 팩토리

Chapter 08 | 드론

Chapter 09 | 클라우드 컴퓨팅과 엣지 컴퓨팅

Chapter 10 | 가상현실과 메타버스

Chapter 11 | 자율주행 기술

Chapter 12 | 챗봇과 RPA

Chapter 13 | 블록체인 기술

Part

01 4차 산업혁명과 인공지능

Chapter 01

4차 산업혁명과 인공지능 비즈니스

학습목표

- 4차 산업혁명에 대한 이해
- 4차 산업혁명의 기술 특성 이해
- 4차 산업혁명과 직업 동향 이해
- 4차 산업혁명에 대한 인식 특성 이해

제 1 절 4차 산업혁명의 개념 및 특성

1. 4차 산업혁명의 개념과 발전

4차 산업혁명은 2010년 독일의 '하이테크 전략 2020(High-tech Strategy 2020)'의 10대 프로젝트 중 하나인 '인더스트리 4.0(Industry 4.0)'에서 시작한다. 인더스트리 4.0에서는 ICT 기술 융합을 통한 효과성과 효율성을 강조한다. 2016년 1월 다보스포럼에서 클라우스 슈밥(Klaus Schwab)이 4차 산업혁명이라는 용어를 제시하면서 다양한 분야에서 주목받기 시작했다. 4차 산업혁명의 시기별 특성은 다음과 같다.

1차 산업혁명은 18세기 후반에 시작하였으며 증기기관을 강조하였다. 책이나 신문을 활용하였고 생산방식의 기계화가 이루어졌으며 사람에 의한 생산통제가 이루어졌다.

2차 산업혁명은 20세기 초반에 시작하였으며, 전력과 노동 분업이 강조되었다.

표 1-1 산업혁명의 시기별 구분

구분	인더스트리 1.0 (1차 산업혁명)	인더스트리 2.0 (2차 산업혁명)	인더스트리 3.0 (3차 산업혁명)	인더스트리 4.0 (4차 산업혁명)
산업혁명 시기	18세기 후반	20세기 초반	20세기 후반	21세기 초반
혁신 부문	물과 증기 동력화	전력, 노동 분업	전자기기 ICT혁명	ICT와 제조업 융합
의사소통방식	책, 신문	전화기, TV	인터넷, SNS	사물인터넷 등
생산방식	생산 기계화	대량생산	부분 자동화	자동생산
생산통제	사람	사람	사람	인공지능

출처: 현대경제연구원, 독일의 창조경제 Industry 4.0의 내용과 시사점, 2013년

이 시기에는 전화기와 TV가 의사소통에 활용되었으며 대량생산에 의한 시스템이 구축되었고, 사람에 의한 생산통제가 이루어졌다.

3차 산업혁명은 20세기 후반에 이루어졌으며, 컴퓨터 및 전자기기를 이용한 ICT(Information Communication and Telecommunication) 기술 발전에 의해 실현되었다. 이 시기에는 인터넷과 SNS(Social Network Service)가 활용되었으며, 생산 시스템의 부분적인 자동화가 실현되었고, 사람에 의한 통제가 이루어졌다.

4차 산업혁명은 21세기 초반에 이루어졌으며 정보통신기술을 활용해 제조업 부분에서의 융합이 이루어졌다. 이 시기에는 사물인터넷, 빅데이터, 인공지능 등 다양한 기술들이 생산 현장에 활용되었으며, 자동생산 시스템이 구축되었고 인공지능에 의한 상호작용이 이루어졌다.

2. 4차 산업혁명의 발전 특성

4차 산업혁명에 따른 기업의 발전 속도는 갈수록 빨라지고 있다. 앞서 설명한 대로 1차 산업혁명의 대표적인 도구는 증기기관 등으로 100여 년 동안 산업의 발전이 이루어졌고, 2차 산업혁명은 전기 등에 의해 70여 년 동안 산업 발전이 이루어졌으며, 3차 산업혁명은 컴퓨터의 보급에 따라 산업혁신이 이루어졌다. 1차 산업혁명과 2차 산업혁명 그리고 3차 산업혁명을 거치면서 기술의 영향은 갈수록 증가하였다. 4차 산업혁명에 이르러서는 정보통신기술의 융합과 사물인터넷, 인공

❚그림 1-1❚ 4차 산업혁명의 발전 속도

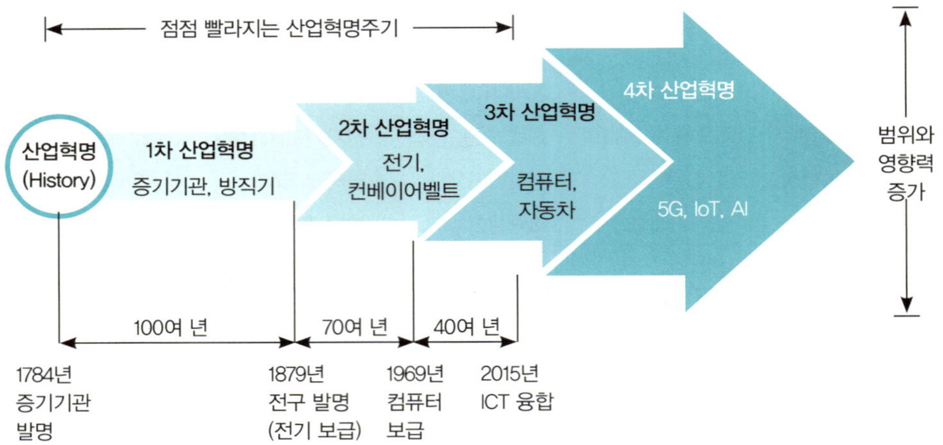

출처: 관계부처합동, 사람 중심의 4차 산업혁명 대응계획, 2017년

지능, 빅데이터 기술의 융합으로 보다 넓은 산업 범위에서 짧은 시간 안에 급속한 기술 발전이 이루어지고 있다.

4차 산업혁명(즉, 인더스트리 4.0)은 사회, 경제, 문화 등 전반에 걸쳐 파급효과를 가져다줄 것으로 기대되고 있다. 헤닝(Henning, 2013)에 따르면 의사결정, 소비자 욕구 충족, 새로운 기회창출, 고부가가치 실현 등의 측면에서 효과가 나타난다고 하였다.[01] 보다 상세한 내용은 다음과 같다.

첫째, 4차 산업혁명은 소비자의 개별 요구 충족 측면에서 디자인을 개선하고, 주문과정을 효율화하고, 제조과정을 효율화할 수 있다. 작은 규모의 생활활동에서도 효율성을 창출할 수 있는 특성이 있다.

둘째, 4차 산업혁명은 융통성 측면에서 사이버물리시스템(CPS: Cyber Physical Systems)[02]을 이용하여 에드혹 네트워크(Ad-hoc Network)[03]를 구축하며, 비즈니

01 Henning, K.(2013), *Recommendations for Implementing the Strategic Initiative Industrie 4.0*, Final Report of the Industrie 4.0 Working Group

02 사이버물리시스템(CPS: Cyber Physical Systems)은 기업의 다양한 물리적 환경에서 물리적 컴퓨터 시스템과 통신기술을 이용해 기업의 생산 및 작업 환경을 자율적이고 지능적으로 통제하기 위한 기술을 의미한다.

03 에드혹 네트워크(Ad-hoc Network)란 유선통신 환경이 아닌 무선통신 환경에서 임시적으로 네트워크를 구성하는 피어투피어(Peer-to-Peer) 기술을 의미한다.

스 프로세스의 역동적 배치를 가능하게 함으로써 혁신을 가능하게 한다.

셋째, 의사결정 최적화 측면에서 공급사슬 전체에서의 정보시스템을 통한 연결로 실시간으로 투명성을 높여주며, 엔지니어링 부분에서의 혁신을 가능하게 한다.

넷째, 자원의 생산성 확보 및 효율성 확보 측면에서 4차 산업혁명 시대의 생산시스템의 운영기간 동안에 자원 소비 및 에너지 소비, 환경오염을 줄여준다.

다섯째, 새로운 서비스 창출을 통한 가치 발견 측면에서 서비스를 통해 새로운 부가가치를 만들고 고용을 창출할 수 있다.

여섯째, 작업 현장의 변화 대응 측면에서 인간과 기계 시스템 사이에서의 상호작용 협업이 이루어지면서 새로운 작업 대응방식을 만들어준다. 이에 따라 작업장에서의 로봇의 역할이 증가한다.

일곱째, 삶과 일의 균형 측면에서 기업에서의 사이버물리시스템의 도입은 보다 유연한 작업 수행을 가능하게 한다. 개인적 측면에서도 보다 많은 시간적 여유를 확보할 수 있게 되었다. 이에 따라 기업의 생산 및 개인의 삶 부분에서 보다 풍요롭게 되었다.

여덟째, 고부가가치 경제 개선 측면에서 정보기술을 활용해 솔루션들이 혁신적인 경영성과를 창출함으로써 기술우위가 강조된다. 기업의 다양한 부분에서의 기술 활용이 증가되었다.

제2절 4차 산업혁명 시대의 디지털 기술 활용

1. 4차 산업혁명과 디지털 기술의 특징

정보기술 발전에 따른 4차 산업혁명은 혁신적인 ICT(Information Communication and Telecommunication) 융합에 의해 새로운 가치를 창출하는 특성이 있다. 김석관 외 9인(2017)에 따르면 4차 산업혁명 디지털 기술을 살펴보면, 미시적 측면에서 디지털 요소 기술, 미시와 거시 중간 측면에서 디지털 시스템, 거시적 측면에서 디지털 트렌드로 구분할 수 있다.

첫째, 미시적 측면에서 디지털 5대 핵심기술은 사물인터넷 기술(Internet of Things Technology), 클라우드 컴퓨팅 기술(Cloud Computing Technology), 빅데이터 분석 기술(Bigdata Analytics Technology), 인공지능 기술(Artificial Intelligence Technology), 로봇 기술(Robot Technology)로 구분된다.

둘째, 미시와 거시 중간 측면에서 디지털 시스템은 데이터 기반 가치창출 시스템이다. 이 시스템은 앞서 살펴본 5대 핵심기술(사물인터넷 기술, 클라우드 컴퓨팅 기술, 빅데이터 분석 기술, 인공지능 기술, 로봇 기술)은 서로 연계되어 데이터에 기반해 가치창출 시스템을 구성한다. 또한 이 시스템은 데이터를 매개로 가상세계와 현실세계를 결합하여 공정과정 혁신, 제품 및 서비스 창출, 비즈니스 모델 혁신으로 새로운 가치를 창출한다.

셋째, 거시적 측면에서 디지털 트렌드로 디지털 전환의 심화(Deepening of Digital Transformation)는 사회, 산업, 기업의 다양한 부분에서 혁신이 발생하고 다양한 생산성이 개선된다.

표 1-2 디지털기술 특성

층위	(미시)요소 기술	(중간)시스템	(거시)트렌드
명칭	5대 핵심기술	데이터 기반 가치창출 시스템	디지털 전환의 심화(Deepening of Digital Transformation)
내용	• 사물인터넷 • 클라우드 컴퓨팅 • 빅데이터 분석 • 인공지능 • 로봇	• 5대 핵심기술은 서로 연계되어 데이터 기반 가치창출 시스템을 구성 • 데이터를 매개로 가상세계와 현실세계를 결합하여 공정, 제품, 서비스, 비즈니스 모델 등을 혁신하고 새로운 가치를 창출하는 시스템	• 디지털 전환: 산업과 사회의 각 부문이 디지털화되고 ICT가 적용되어, 생산성을 높이고, 새로운 비즈니스를 창출하며, 소비자 편익을 증진시키는 현상 • 4차 산업혁명은 1970년대부터 시작된 디지털 전환이 5대 핵심기술의 발전으로 더 심화되는 것

출처: 김석관 외 9인, 4차 산업혁명의 기술 동인과 산업 파급 전망, 과학기술정책연구원, 2017년 12월 27일

2. 가상세계와 현실세계

4차 산업혁명 시대에는 데이터에 기반해 현실세계와 가상세계가 연결된다. 가상세계는 정보통신기술에 의해 논리적인 연결이 이루어지고, 현실세계는 물리적인 객체에 의한 개인, 산업, 사회에서의 연결이 이루어진다. 가상세계와 현실세계의 연결을 위해 데이터를 확보하고, 확보한 데이터를 분석하고, 분석된 결과를 현실에 적응한다. 이 단계를 가치창출 단계라고 한다.

첫째, 데이터 확보과정에서 센서에 기반한 데이터 수집과 수집된 데이터가 데이터베이스에 저장된다. 둘째, 데이터 분석과정에서 클라우드 컴퓨팅 기술이 이용되고 빅데이터 분석이 이루어지며 인공지능 기술이 활용된다. 셋째, 분석된 결과를 현실에 적용하는 과정에서 사용자 인터페이스가 중요하고 로봇이 활용된다.

▮그림 1-2▮ 가상세계와 현실세계의 연결

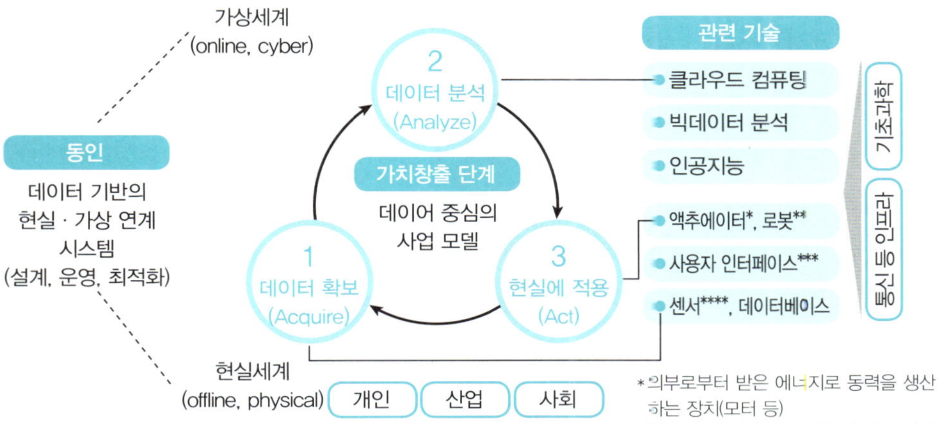

* 외부로부터 받은 에너지로 동력을 생산하는 장치(모터 등)
** '스스로 작업하는 능력을 가진 기계'라는 광의의 로봇(로봇, 차, 드론, 장비, 봇bot) 등
*** 음성인식 · 합성, 동작인식, VR · AR 등
**** '상태를 데이터로 변환하는 장치'인 광의의 센서(모터, 로봇 등도 가능)

출처: 김석관 외 9인, 4차 산업혁명의 기술 동인과 산업 파급 전망, 과학기술정책연구원, 2017년 12월 27일

표 1-3 디지털 기술의 특징

특징	내용
기하급수적 발전	• 컴퓨터의 처리 속도, 저장 용량, 에너지 효율, 비용 효율성 등이 일정 기간마다 두 배씩 성장(무어의 법칙), 점진적으로 발전하는 다른 제조업과 다른 모습 • 기하급수적 발전으로 인해 불연속적 기술 변화 없이 누적적 변화만으로도 어느 순간 불연속적 변화를 촉발할 가능성 존재(티핑 포인트)
비경쟁적 사용	• 동일한 디지털 상품을 다수가 동시에 사용 가능
재생산 한계비용 제로	• 디지털 상품은 물적 상품에 비해 생산의 한계비용이 적고 제로에 가까움
승자독식의 강화	• 교통 및 통신의 발달로 인한 시장 확대, 인터넷 공간에서 비교가 쉬워짐에 따라 상대우위의 절대우위화, 플랫폼 기업의 네트워크 효과 등으로 승자독식과 슈퍼스타 경제 심화

출처: Brynjolfsson, Erik and Andrew McAfee(2014), *The Second Machine Age: Work, Progress, and Prosperity in a Time of Brilliant Technologies*, New York: W. W. Norton & Company; 김석관 외 9인, 4차 산업혁명의 기술 동인과 산업 파급 전망, 과학기술정책연구원, 2017년 12월 27일

브린욜프슨과 맥아피(2014)에 따르면 디지털 기술의 특징으로는 기하급수적인 발전, 비경쟁적 이용, 재생산 한계비용 제로, 승자독식의 강화가 있다.[04]

첫째, 디지털 기술의 기하급수적 발전의 컴퓨터의 처리 속도가 급속도로 빨라지고, 컴퓨터의 저장 용량이 증가하며, 컴퓨터 이용에 따른 에너지 효율성이 높아지고, 컴퓨터 이용에 따른 비용 효율성이 개선되는 특성이 나타난다. 예를 들면, 컴퓨터 처리 속도가 18개월마다 두 배씩 성장한다. 인텔의 창업자 고든 무어(Gordon Moore)는 이를 무어의 법칙이라고 하였다. 점진적으로 발전하는 다양한 제조업과 다른 모습을 보여준다. 또한 디지털 기술의 기하급수적 발전으로 인해 불연속적 기술의 변화 없이 누적적으로 나타나는 변화만으로도 특정 순간 불연속적 변화를 유발할 가능성이 존재한다. 즉, 특정 시점에서 급격한 발전이 실현되는 티핑 포인트가 나타난다.

둘째, 디지털 기술의 비경쟁적 사용이 나타난다. 정보기술을 이용하는 동일한 디지털 상품을 다수의 사람들이 동시에 이용할 수 있다.

04 Brynjolfsson, Erik and Andrew McAfee(2014), *The Second Machine Age: Work, Progress, and Prosperity in a Time of Brilliant Technologies*, New York: W. W. Norton & Company 참고

셋째, 디지털 기술 활용에 따라 디지털 상품의 재생산과정에서 한계비용은 제로로 나타난다. 즉, 디지털 상품은 물리적 형태를 가지고 있는 상품에 비해 한계생산비용이 없거나 매우 작다.

넷째, 디지털 기술 활용에 따라 승자독식현상이 강화되어 나타난다. 예를 들면, 교통 및 통신의 발달로 인해 시장이 확대되며, 인터넷 가상공간에서 다양한 상품과 서비스에 대한 비교가 쉬워진다. 이에 따라 상대우위의 절대우위화, 플랫폼 기업의 네트워크 효과 등으로 승자독식현상이 강화되고, 스타성을 갖춘 상품과 서비스에 의존하는 경제현상이 심화되어 나타난다.

제3절 4차 산업 기술혁명을 위한 핵심기술

1. 4차 산업혁명 핵심기술의 발전 추세

4차 산업혁명 시대의 대표적인 특성은 긱 이코노미(Gig Economy)로 나타난다. 긱 이코노미에서 긱(Gig)이란 용어는 '일시적인 일'을 의미한다. 긱 이코노미는 1920년대 미국 재즈클럽에서 단기계약으로 전문 연주자를 섭외해서 공연한 사례에서 유래한다. 오늘날 긱 이코노미는 전문적인 인력을 필요시에 활용할 수 있는 개념을 설명하는 용어로 이용된다.

미국 상무부(2016)에 따르면 긱 이코노미는 모바일 앱이나 인터넷을 활용하는 개인 간 거리를 의미하며, 수요와 공급 주체 간에 상호 평가할 수 있는 시스템을 보유하고, 서비스 공급 주체가 일하고 싶은 시간을 선택해서 일할 수 있는 시간적 유연성을 확보하며, 서비스 공급자가 소유한 도구와 지적 자산을 이용해 서비스를 제공할 수 있는 특성을 가지고 있다.

2. 4차 산업혁명의 분야별 핵심기술

클라우스 슈밥(2016)에 따르면 4차 산업혁명은 물리학, 디지털 기술, 생물학 분야에서 두각을 나타내고 있다. 물리학 분야에서의 핵심기술은 무인 운송수단, 3D 프린팅, 로봇공학, 신소재와 관련되어 있다. 디지털 기술 분야는 사물인터넷(Internet of Things)과 블록체인 시스템(Blockchain Systems) 분야에서 두각을 나타내고 있다. 생물학 기술 분야에서는 유전학, 합성 생물학, 유전자 편집 분야에서 두각을 나타내고 있다. 각각에 대해 살펴보면 다음과 같다.

(1) 물리학 측면

물리학 측면에서는 무인 운송수단, 3D 프린팅, 로봇공학, 신소재 관련 기술이 핵심기술로 부각되고 있다.

표 1-4 4차 산업혁명의 트렌드와 핵심기술: 물리학

구분	핵심기술	설명
물리학	무인 운송수단	• 센서, 인공지능 발달로 드론, 트럭, 항공기 등 무인운송수단 활성화
	3D 프린팅	• 기존의 절삭가공이 아닌 적층방식으로 제작 • 다품종 소량생산에 적합하며 의료, 자동차, 항공우주 등 광범위한 범위에 적용 가능
	로봇공학	• 센서 및 인공지능의 발달로 다양한 업무수행 가능 • 사물인터넷 및 네트워킹 발달로 인간과 밀접한 협업 가능
	신소재	• 그래핀(graphene)과 같은 최첨단 나노소재는 강철보다 200배 이상 강하며, 두께는 머리카락의 100만 분의 1인 혁신적 신소재

출처: 클라우스 슈밥(소영진 옮김), 클라우스 슈밥의 제4차 산업혁명, 메가스터디북스, 2016년; 노용관(산업은행 미래전략개발부), 4차 산업혁명과 고용 변화 전망, 산은조사월보, 제738호, 2017년 5월

1) 무인운송수단

무인운송수단은 정보기술 발전에 의해 구현된다. 대표적인 사례로 자율주행 시스템을 들 수 있다. 예를 들면, 무인운송수단의 자율주행 시스템은 센서 기술을 이용해 도로 및 객체에 대한 데이터를 수집하고, 인공지능 시스템을 내재하고 있

는 시스템은 수집된 데이터를 수집해 안전한 자율주행을 구현한다. 우리가 알고 있는 드론, 무인항공기, 무인자동차 등이 미래에 구현될 것이다. 이를 통해 우리 실생활은 근본적으로 변화가 나타나게 될 것이다.

2) 3D 프린팅

3D 프린팅 기술은 과거부터 존재하였고, 최근 4차 산업혁명 발전에 따라 급속하게 발전하고 있다. 3D 프린팅은 기존 절삭가공방식이 아닌 적층가공방식으로 다양한 물체를 제작할 수 있도록 지원해주는 기술이다. 기존 3D 프린팅 기술은 다품종 소량생산에 적합하였지만, 3D 프린팅 기술 발전에 따라 대량생산에도 적용할 수 있는 방식으로 발전하고 있다. 3D 프린팅은 의료산업 분야, 자동차산업 분야, 우주항공 분야, 제조 분야 등 다양한 분야에서 혁신을 가능하게 한다.

3) 로봇공학

로봇공학은 로봇 기술을 이용하여 기존 사람이 하던 반복적인 업무를 자동화한다. 로봇은 인공지능 기술 발전과 네트워크 및 센서 기술의 발전으로 다양한 상황인식을 통해 업무 수행을 가능하도록 한다. 로봇 기술은 기존 사물인터넷 기술을 통해 한층 더 발전할 수 있게 되었다. 로봇은 단순하게 사람의 업무를 처리해주는 수준을 넘어, 인간과 협업을 통해 업무성과를 가능하게 한다.

4) 신소재 기술

그래핀(graphene)은 탄소 원자로만 이루어진 탄소 동소체를 의미한다. 이 그래핀은 최첨단 나노소재이다. 그래핀 나노소재는 강철보다 200배 이상 강력하며, 그래핀 나노소재는 머리카락의 100만 분의 1이다. 이 소재는 다양한 분야에 활용되고 있다.[05]

---

05 나노 기술(Nano Technology)은 매우 작은 단위분자 또는 초분자 물질을 합성하고, 제어하며, 측정하는 기술이다. 나노(nano)는 '난쟁이'를 뜻하는 그리스어 나노스(nanos)에 기원을 두고 있다. 예를 들면, 1 나노미터(㎚)는 10억 분의 1미터(m)이다. 사람 머리카락 굵기의 10만 분의 1을 의미한다. 현재 나노 기술은 미세 원자 및 분자를 결합해서 기존 물질을 변형하거나 개조하서 신물질을 만들어내는 데 이용된다.

(2) 디지털 기술

디지털 기술에는 다양한 기술이 존재하며, 대표적인 디지털 기술로는 사물인터넷 기술과 블록체인 시스템이 있다.[06]

사물인터넷 기술은 유선 인터넷과 무선 인터넷을 연결한 기술이다. 사물인터넷은 기술 발전에 따라 매우 작은 센서를 활용해서 기업의 제조 프로세스, 유통 및 물류 프로세스, 스마트홈 구현 환경 등에서 활용되고 있다.

블록체인 시스템은 대표적으로 암호화폐에 구현된 중앙집중형 방식이 아닌 분권형 보안 기술이다. 블록체인 시스템은 다양한 이용자들이 네트워크 내에서 상호작용을 통해 모두에게 상호 인증을 하도록 함으로써 보안성을 높인 기술이다. 현재 블록체인 시스템은 금융거래 분야, 인증 및 증명 분야, 의료 분야에 적용되고 있다.

표 1-5 4차 산업혁명의 트렌드와 핵심기술: 디지털 기술

구분	핵심기술	설명
디지털 기술	사물인터넷	• 작고 저렴해진 센서 기술 발달로 제조공정, 물류, 집, 운송망 등 다양한 분야에서 사물인터넷 확산
	블록체인 시스템	• 서로 모르는 사용자들이 공동으로 만들어가는 시스템으로 모두에게 공유되기에 특정 사용자가 시스템을 통제하기 어려움 • 금융거래, 증명서, 의료기록 등에 적용 가능

출처: 클라우스 슈밥(소영진 옮김), 클라우스 슈밥의 제4차 산업혁명, 메가스터디북스, 2016년; 노용관(산업은행 미래전략개발부), 4차 산업혁명과 고용 변화 전망, 산은조사월보, 제738호, 2017년 5월

(3) 생물학 기술

생물학 기술은 생물학 분야에서 4차 산업혁명에 의해 나타난 정보기술을 응용한 것이다. 대표적인 생물학 기술에는 유전자 편집 기술,[07] 유전학 기술, 합성 생물

06 블록체인은 분산거래장부(Distributed Ledgers)라고 한다. 이 기술은 암호화폐 개발에 적용되었다. '사토시 나카모토'가 개발한 대표적인 암호화폐인 비트코인에 이 기술이 적용되었다. 블록체인 시스템에서 블록(Block)에는 일정 기간 또는 시간 동안 이루어진 거래 내역이 저장된다.

07 유전자 편집 기술은 3단계로 발전되었다. 1단계 기술은 징크 핑거 뉴클레이즈(ZFNs: Zinc Finger Nucleases), 2단계 기술은 탈렌(TALENs: Transcription Activator-Like Effector Nuclease), 3단계 기술은 크리스퍼 유전자 가위 기술(CRISPR/Cas9: Clustered Regularly Interspaced Short Palindromic Repeats)이 있다.

학 기술이 있다.

표 1-6 4차 산업혁명의 트렌드와 핵심기술: 생물학 기술

구분	핵심기술	설명
생물학 기술	유전학	과학기술의 발달로 유전자 염기서열 분석비용은 줄고 절차는 간단해짐
	합성 생물학	DNA 데이터를 기록하여 유기체 제작 가능, 심장병, 암 등 난치병 치료에 적용 가능하며 농업 등에도 새로운 대안 제시
	유전자 편집	유전자 편집 기술을 통해 인간의 성체세포를 변형할 수 있고 유전자 변형 동식물도 만들어 낼 수 있음

출처: 클라우스 슈밥(소영진 옮김), 클라우스 슈밥의 제4차 산업혁명, 메가스터디북스, 2016; 노용관(산업은행 미래전략개발부), 4차 산업혁명과 고용 변화 전망, 산은조사월보, 제738호, 2017년 5월

1) 유전학 기술

과학 기술의 발달에 따라 유전자 염기서열을 분석하는 데 들어가는 비용은 줄어들었고, 분석절차 또한 간단해졌다. 이에 따라 기존 유전자 염기서열에 대한 보다 다양한 분석이 이루어지게 되었다.

2) 합성 생물학

합성 생물학은 기존 DNA(Deoxyribonucleic Acid) 데이터를 분석하여 유기체를 제작할 수 있게 되었고, 다양한 질병(예, 암 및 난치병 등)을 치료하는 데 도움이 되는 정보를 제공할 수 있게 되었다. 합성 생물학 기술은 농업 분야에서도 새로운 발전 가능성을 제시하였다.

3) 유전자 편집 기술

유전자 편집 기술은 인간의 세포 내의 유전자 정보를 분석하고 이를 편집할 수 있는 기술이다. 유전자 편집 기술을 통해 인간, 동물, 식물 등 다양한 유전자 변형을 할 수 있게 되었다.

제4절 4차 산업혁명에 따른 노동 환경 변화

1. 4차 산업혁명 시대의 노동 환경 변화

4차 산업혁명 기술 발전(예, 기하급수 기술)은 기업과 산업 전 분야에 파괴적인 혁신(Disruptive Innovation)을 보여주고 있다. 기술 발전에 따른 산업의 변화 속도는 기하급수적으로 빠르게 나타나고 있다. 이에 따라 공유 서비스와 같은 다양한 서비스 변화가 나타나고 고용시장에서도 인공지능 기술 발전에 따라 업무 자동화가 증가하고 있다. 이에 따라 업무처리 인력 채용이 줄어드는 현상이 심화되고 있다. 더불어 기업에서의 인력 채용은 정규직보다는 비정규직 일자리가 증가하고 있다. 4차 산업혁명에 따른 변화 양상을 세 가지로 정리하면 다음과 같다.

표 1-7 4차 산업혁명에 따른 변화 양상

2010~2014년	2015~2017년	2018년 이후
지정학적 변동성 확대	신에너지 기술 발달	AI와 머신러닝
모바일 인터넷, 클라우드 기술	사물인터넷(IoT)	로봇공학과 자율주행차량
빅데이터 확대	3D 프린팅과 첨단 제조업	첨단 소재 개발
크라우드소싱과 공유경제 확대	수명 증가와 고령화 가속	생명공학 및 유전학
신흥국 중산층 성장, 도시화	여성의 사회경제적 지위 상승	
기후변화, 녹색경제 이행		
작업 환경 변화와 노동유연화		

출처: 노용관(산업은행 미래전략개발부), 4차 산업혁명과 고용 변화 전망, 산은조사월보 제738호, 2017년 5월 인용 (2016 세계경제포럼 자료를 바탕으로 산업은행 재구성)

(1) 2010년부터 2014년까지의 변화 양상

1) 지정학적 변동성 확대

지정학이란 국가별로 지리적인 위치관계가 정치에 영향을 미치는 과정과 국제관계에 미치는 영향을 연구하는 학술 분야이다. 정보기술 발전에 따라 지리적 영향과 국제관계에 따른 변동성이 증가하였다.

2) 모바일 무선 인터넷(Mobile Wireless Internet) 및 클라우드 컴퓨팅 기술

4차 산업혁명 정보기술 발전에 따라 개인용 컴퓨터에 기반한 인터넷 이용 특성이 모바일 디바이스를 이용한 인터넷 이용으로 급격하게 진화하고 있다. 특히, 컴퓨터 하드웨어 기술과 통신기술의 발전, 배터리 관리 기술의 발전이 모바일 인터넷 활성화에 큰 기여를 하였다. 또한 통신기술 발전에 따라 클라우드 컴퓨팅 기술(Cloud Computing Technology)이 발전하였다. 많은 기업들은 자체 서버를 구축하는 온 프레미스 컴퓨팅 환경보다는 클라우드 컴퓨팅 환경을 선호하였다.

3) 통신기술 발전에 따른 빅데이터 확대

4차 산업혁명 정보기술 발전에 따라 사물인터넷 기술이 발전하였고, 이에 따라 센서 기술의 발전과 유선 네트워크와 무선 네트워크를 연결하는 대규모 통신망이 활성화되었다. 모든 객체들이 유무선 네트워크로 연결됨에 따라 센서를 활용해 다양한 데이터가 수집되었다. 이러한 데이터 수집이 증가되어 빅데이터가 되었고, 빅데이터를 분석해서 보다 다양한 정보를 분석할 수 있게 되었다.

4) 크라우드소싱과 공유경제 확대

4차 산업혁명 정보기술 발전에 따라 다양한 사람들의 정보 수집이 용이해졌다. 크라우드소싱(crowdsourcing)은 대중(crowd)이라는 용어와 외부 자원 활용(outsourcing)이라는 용어의 결합으로 만들어진 용어이다. 즉, 크라우드소싱은 전문가보다는 비전문가인 대중의 의견을 취합해서 문제해결을 시도하는 개념이다. 크라우드소싱의 발전에 따라 기업의 경영활동에 고객들이 참여할 수 있게 되면서, 기업들은 고객에 대한 이해도가 보다 높아졌다. 또한 기업의 경영과정에서 발생하는 다양한 이익을 고객들과 공유할 수 있게 되었다. 이에 따라 공유경제 개념이 보다 활성화되었다.

5) 신흥국 중산층 성장 및 도시화

4차 산업혁명 정보기술 발전에 따라 다양한 국가와 지역 간에 격차가 줄어들었다. 이에 따라 신흥국에서의 중산층이 성장하였고, 도시화가 진전되었다. 정보기술은 다양한 국가와 지역 간의 격차 해소에 큰 기여를 하였다.

6) 기후변화 및 녹색경제 이행

4차 산업혁명 정보기술 발전에 따라 다양한 산업 부분에서 기술 융합이 일어나고 이에 따라 컴퓨터 기술의 활용이 증가되었다. 예를 들면, 클라우드 컴퓨팅 이용의 가속화는 컴퓨터 활용을 증가시켜 기존보다 기업에서의 전력 소모량을 증가시켰다. 궁극적으로 전력량 수요의 증가는 전기를 생산하기 위한 자원 이용을 높여 기후변화 측면에서 부정적인 인식을 높였다. 이에 따라 4차 산업혁명에 따른 기후변화 대응성과 지속가능성을 위한 녹색경제로의 이행이 강조되었다.

7) 작업 환경 변화와 노동유연화

4차 산업혁명 정보기술 발전에 따라 인공지능 기술을 활용하는 자동화가 기업의 다양한 부분에서 확산되었다. 기업들은 사람 대신 기술을 활용해서 업무를 처리하게 됨으로써 기존 채용방식에 변화가 발생되었다. 이에 따라 기업들은 보다 적은 인력으로 로봇을 이용해 업무를 처리할 수 있게 되었다. 또한 고도로 특화된 전문지식을 확보하고 있는 전문인력을 단기간 활용하는 방식으로 채용방식을 바꿈으로써 보다 유연한 노동인력 활용방식을 구현하였다.

(2) 2015년부터 2017년까지의 변화 양상

1) 신에너지 기술 발달

4차 산업혁명 정보기술 발전에 따라 에너지 수집 및 활용방식에 큰 변화가 발생하였다. 인공지능 기술을 활용해 에너지 소비를 최적 이용하는 방식이 강조되었다. 또한 태양광 에너지, 풍력 에너지 등 다양한 원천으로부터 기존보다 더 많은 에너지를 확보하였다. 더불어 전기차에 활용되는 배터리 관련 기술이 급속도로 발전하였다. 이러한 에너지 관련 기술 발전에 따라 보다 적은 투입으로 보다 많은 산출을 얻을 수 있게 되었다.

2) 사물인터넷

4차 산업혁명 정보기술 발전에 따라 다양한 통신 환경에서 센서와 네트워크를 활용하는 사물인터넷(IoT) 기술 활용이 증가하였다. 사물인터넷 기술은 RFID (Radio Frequency IDentification) 기술에서 발전한 기술이다. 사물인터넷 기술은 다양한 객체를 연결시켜 정보 공유 및 활용 가능성을 높여주었다. 현재 다양한 산업 부분에서 사물인터넷 기술이 활용되고 있다. 예를 들면, 제조기업에서 공장 자동화를 위해 사이버물리시스템(CPS: Cyber Physical Systems)을 구현하는 데도 사물인터넷 기술이 핵심기술로 이용되고 있다.

3) 3D 프린팅과 첨단 제조업

4차 산업혁명 정보기술 발전에 따라 3D 프린팅 기술과 첨단 제조기술이 발전하고 있다. 3D 프린팅 기술은 기존 제조 부분에 혁신을 가져다주었다. 특정한 부품을 만드는 데 3D 프린팅 기술을 활용하면, 다양한 품종에 대하여 보다 편리하게 소량생산을 할 수 있게 되었다. 최근 3D 프린팅 기술이 기하급수적으로 발전하면서 대량생산이 가능해졌고, 첨단 산업에서 활용되는 다양한 부품을 보다 손쉽게 제작할 수 있게 되었다. 예를 들면, 항공기를 제작하는 데 들어가는 다양한 부품을 3D 프린팅 기술을 이용해 제작할 수 있다.

4) 인간의 수명 증가와 고령화 가속

4차 산업혁명 정보기술 발전에 따라 보다 편리한 삶을 살게 되었다. 특히, 4차 산업혁명 기술은 의료 기술 발전에 중대한 영향을 미치게 되었다. 의료 기술 발전 덕분에 인간은 다양한 질병을 보다 잘 치료받을 수 있게 되었을 뿐만 아니라, 질병의 발전을 사전에 예측할 수 있게 됨으로써 적절한 대응을 할 수 있게 되었다. 예를 들면, IBM에서 개발한 인공지능 시스템인 왓슨은 인공지능 기술을 활용해 다양한 의료지식을 학습함으로써 전문성을 갖고 있는 의사 못지 않게 정확한 의료지식을 의료진들에게 제공해주는 것으로 나타났다. 이러한 의료기술의 발전 덕분에 인간의 수명이 증가하여 고령화 사회로 진입하게 되었다.

5) 여성의 사회경제적 지위 상승

4차 산업혁명 정보기술 발전에 따라 정보기술 분야에 전문성을 확보한 사람들이 증가하였다. 기술 발전에 따라 다양한 산업 분야에서의 여성의 사회진출이 활발하게 이루어졌고, 사회 및 조직에서 여성이 임원으로 활동하게 되는 가능성이 높아졌다. 이에 따라 여성의 사회적 지위와 경제적 지위가 급상승하였다. 미래에는 보다 많은 여성의 사회진출이 나타날 것이다.

(3) 2018년 이후의 변화 양상

1) 인공지능(AI)과 머신러닝

4차 산업혁명 정보기술 발전에 따라 인공지능 기술과 머신러닝 기술이 발전하였다. 이 두 기술은 기존에 존재하는 알고리즘을 개선한 기술이다. 인공지능 기술과 머신러닝 기술은 다양한 데이터를 보다 정교하게 분석함으로써 다양한 분야에서 혁신적인 성과물을 제공하고 있다.

2) 로봇공학과 자율주행차량

4차 산업혁명 정보기술 발전에 따라 로봇공학과 자율주행 기술이 빠르게 발전하고 있다. 현재 대부분의 공장에서는 로봇을 이용해 공장자동화를 수행하고, 더불어 인간과 로봇의 상호작용이 가능한 협업 시스템을 구현하고 있다. 더불어 현재 사람들이 운전하는 차량에서 자동화가 이루어지고 있다. 이를 자율주행 시스템이라고 하는데, 자율주행 시스템은 인간의 삶에 보다 큰 풍요로움을 제공할 것이고, 더불어 기업의 물류 부분에 큰 혁신을 제공해줄 것이다.

3) 첨단 소재 개발

4차 산업혁명 정보기술 발전에 따라 기존 신소재에 대한 정보 분석이 가능해져,

첨단 소재 개발이 용이해졌다. 이에 따라 과거보다 더 견고하고 활용성이 높은 첨단 신소재가 개발되었다.

4) 생명공학 및 유전학

4차 산업혁명 정보기술 발전에 따라 유전자 편집 기술 부분에서 큰 혁신이 나타났다. 이러한 유전자 편집 기술은 유전자에 대한 근본적인 수정을 통하 기존 치료가 어려웠던 다양한 질병을 치료할 수 있는 대안을 제시하였다.

2. 4차 산업혁명에 따른 일자리의 변화

또한 세인트갈렌대학(St. Gallen University, 2015)에 의하면 4차 산업혁명 시대에는 일자리에서 큰 변화가 나타난다고 하였다. 일자리 변화의 주된 특성은 세 가지로 ① 전통적인 조직의 해체에 의하여 나타나는 일자리 변화, ② 디지털 네트워크 경제의 특성에 따라 나타나는 노동의 변화, ③ 리더십과 조직 변화에 따라 나타나는 일자리의 변화가 있다.[08]

(1) 전통적인 조직 해체로 인한 일자리 변화

전통적인 조직은 조직구조의 해체와 조직의 일자리에 변화가 나타나게 되었다. 일자리 변화의 주된 변화 특성은 다음과 같다.

- 기업의 조직구조에 변화가 나타났다. 기존 조직에서는 조직구조가 경직되어 있었는데, 4차 산업혁명에 힘입어 조직구조가 보다 유연해졌고, 더불어 정보기술을 활용하는 가상 네트워크 및 가상조직이 일반화됨에 따라 기업 사이의 물리적인 경계가 완화되었다.
- 전통적인 조직은 수직적 조직으로 위계질서가 강조되었는데, 4차 산업혁명 시대의 조직은 수평적 조직으로 다양한 부서 또는 다양한 사람 사이의 동등한

08 노용관(산업은행 미래전략개발부), 4차 산업혁명과 고용 변화 전망, 산은조사월보, 제738호, 2017년 5월 수정인용

권한에 의한 업무처리가 이루어지게 되었다.

- 4차 산업혁명 시대의 조직은 전문성과 창의성을 강조한다. 그렇기 때문에 일자리에 있어서도 전문인력의 필요에 따른 일시적 충원을 강조한다. 이에 따라 일자리의 수요에 따른 채용(On-demand)이 이루어지게 되었다.
- 4차 산업혁명 시대에 기업의 업무처리방식은 IT 표준화로 동질성이 확대되는 특성이 있다. 이에 따라 보다 명확한 업무처리가 가능하게 되었다.
- 일처리방식에 있어 고객과 기업이 협력하는 코크리에이션(Co-creation)이 증가하였다. 이에 따라 개방 조직이 확대되었다.
- 기술 발전에 따라 디지털 기술을 이용한 업무처리에 있어서 생산자와 고객 사이의 경계가 사라지게 되었다.

(2) 디지털 네트워크 경제 특성에 따른 노동의 변화

디지털 네트워크 경제의 특성에 따라 나타나는 노동의 변화가 발생하였다. 이에 따른 일자리 변화 특성은 다음과 같다.

- 정보통신기술을 활용하는 4차 산업혁명 시대에는 사람의 역할이 줄어들고, 기계의 역할이 증가하였다. 이에 따라 사람들이 하는 역할은 주로 인공지능을 내재한 기계를 통제하는 감독기능을 하게 되었다.
- 인공지능 기술을 내재한 기계는 자동화된 업무를 처리하거나 또는 사람들과 상호작용을 통해 업무를 처리하게 되었다. 즉, 업무처리의 일부분에서는 기계가 사람의 역할을 대신하게 되었고, 일부의 업무처리는 사람의 업무를 보조해주는 역할을 하게 되었다.
- 4차 산업혁명 시대의 클라우드 시스템 활성화에 따라서 조직 구성원들은 클라우드 워커(Cloud Worker)로서 언제, 어디서나 업무를 처리할 수 있게 되었다.
- 4차 산업혁명 시대에는 디지털 디바이스(Digital Devices)의 이용이 급증함에 따라, 실시간으로 많은 데이터가 생성되며 수집된다. 이에 따라 생성되는 빅데이터가 증가하게 되었고, 실시간 애널리틱스에 따른 분석결과 활용이 중요

하게 되었다.

- 정보기술 발전에 따라 가상 네트워크에서의 기술 활용이 강조되었다. 이에 따라 정보통신기술을 이용한 지역과 국경을 넘어 전문인력 사이에서의 업무 진행을 용이하게 할 수 있게 되었다. 즉, 정보통신기술은 업무처리에 있어서 지역적 한계를 극복할 수 있게 해주었다.
- 4차 산업혁명 시대에는 실시간 커뮤니케이션 도구의 확산으로 직장생활과 가정생활의 경계가 모호해지고 있다. 근로자들은 퇴근 이후에도 조직 상사의 업무지시를 받게 되는 경우가 다반사가 되었다.
- 4차 산업혁명 시대에는 단순 반복 작업은 인공지능 기술을 가지고 있는 지능형 정보시스템과 로봇으로 대체되었다. 이에 따라 일자리에서 인간의 단순 반복적인 업무는 감소하고, 인간의 창의성이 중시되는 일자리가 강조되었다.
- 4차 산업혁명 시대에는 선진국에서는 전문인력 사이에서 상호작용을 할 수 있는 직업이 증가하고 있다. 반면, 단순 노무직은 감소하고 있다.
- 4차 산업혁명 시대에는 일자리에 있어 고급 인력의 단기적 활용 수요가 증가하였다. 이에 따라서 온 디멘드 고용 상황하에서 전문인력에 대한 수요가 증가함에 따라 자기관리의 중요성이 증가하였다.
- 4차 산업혁명에 따라 인공지능 기술이 발전하였다. 이에 따라 단순한 업무는 기계가 처리하고, 인간은 창의성이 필요한 업무를 처리하게 되었다. 이에 따라 창의성과 관련된 성과가 중시되었다.
- 4차 산업혁명에 따라 인공지능 시스템이 일반화되었고, 인공지능 시스템 운영을 위한 데이터 전문가의 필요성이 급증하였다. 이에 따라 데이터를 활용할 수 있는 전문인력의 수요가 급증하였다.
- 4차 산업혁명 시대에는 고객을 기업경영에 끌어들여 고객을 활용하는 사업방식이 강조되고 있다. 이에 따라 크라우드소싱과 같은 새로운 고객 활용방식이 증가하게 되었다.

(3) 리더십과 조직 변화에 따른 일자리 변화

4차 산업혁명 시대에는 리더십과 조직 변화에 따라 일자리에 변화가 나타났다. 이에 따른 일자리 변화 특성은 다음과 같다.

- 4차 산업혁명 시대에는 앞서 설명한 대로 고용관계가 유연해졌다. 이에 따라 근로자의 업무 역할에 따른 충실도가 성과지표가 되었다. 따라서 일터는 회사뿐만 아니라 다양한 공공장소로 확대되었다.
- 4차 산업혁명에 따라 일처리는 정보기술을 활용해서 업무를 처리할 수 있게 되었다. 결과적으로 가상공간에서의 업무처리가 일반화되었다.
- 정보통신기술 발전으로 인재를 찾는 방식이 쉬워졌고, 유지하는 방식도 쉬워졌다. 이에 따라 보다 탄력적인 인사관리가 중요해졌다.
- 정보통신기술 발전으로 근로자들의 업무장소는 회사로 출근해서 일처리하는 것보다는 근로자들이 편하게 일할 수 있는 곳에서 업무를 처리하고, 업무에 따른 성과평가를 중시하는 문화로 변화하였다.

제5절 4차 산업혁명과 크라우드소싱

1. 4차 산업혁명 시대의 변화와 크라우드소싱 확산

4차 산업혁명에 따라 사람들은 보다 다양한 지식에 접촉할 수 있고, 다양한 학습을 할 수 있게 되었다. 보다 빠른 학습을 위해서는 다양한 사람들과의 협업의 중요성이 갈수록 증가하고 있다. 위키피디아(2021)에 따르면 기술 발전에 따른 사회변화의 특성을 다음과 같이 제시하고 있다.

첫째, 사회가 발전하면서 다음과 같은 특성이 나타나고 있다. 17세기 이전에는 농경 중심의 사회, 18~19세기는 산업 중심의 사회, 20세기는 정보화 중심의 사회였고, 21세기 이후 미래에는 지식이 강조되는 교양사회로 발전할 것이다.

둘째, 사회에서 활용되는 도구의 발전은 다음과 같다. 17세기 이전은 손을 이용

표 1-8 미래 사회로의 발전과정

구분	17세기 이전	18~19세기	20세기	21세기 이후
사회	농경사회	산업사회	정보화사회	지식교양사회
도구	손 → 동물	기구 → 자동화	하드웨어 → 소프트웨어	지식 → 방법
협업	개인, 가족, 가축, 동력	집단 동력	개인지성	집단지성 → 인공지능
교육기간	5~6세기	5~6년	5~6주	5~6시간
교육방법	경험	가르침	서적	멀티미디어
성과 측정	양	속도	품질	창의성
비즈니스 범주	대량생산	생산 속도	최상 품질	비즈니스 속도
선도 그룹	근면, 성실	숙련자	전문가	교양을 가진 창시자
선도 비즈니스	곡식 농사	철광, 에너지	정보기술	지식관리

출처: 위키피디어(2021) 수정인용 (https://ko.wikipedia.org/wiki/%ED%81%AC%EB%9D%BC%EC%9A%B0%EB%93%9C%EC%86%8C%EC%8B%B1)

하다가 동물을 활용하는 시기이다. 예를 들면, 이 시기에는 농사를 위해 소를 활용하는 특징이 있다. 18~19세기는 기구를 이용하다가 초기 자동화가 실현되는 시기이다. 20세기는 하드웨어가 강조되다가 소프트웨어가 강조되는 시기로 진화하는 시기이다. 21세기 이후 미래는 지식이 강조되다가 지식의 활용방법이 강조되는 시기로 진화하는 시기이다.

셋째, 협업 측면에서 17세기 이전에는 개인, 가족, 가축, 동력이 활용되었다. 18~19세기는 집단 동력이 이용되었다. 20세기는 개인지성이 활용되었다. 21세기 이후 미래에는 집단지성이 활용되다가 인공지능이 활용될 것으로 예측되고 있다.

넷째, 4차 산업혁명에 이르기까지 교육에 걸리는 기간을 살펴보면, 17세기 이전에는 농경사회를 이루기 위해 5~6세기의 시간이 소요되었다. 18~19세기는 산업사회를 이루기 위해 5~6년이 소요되었다. 20세기는 정보화사회를 이루기 위해 5~6주의 시간이 소요되었다. 21세기 이후 미래에는 지식교양사회를 이루기 위해 5~6시간이 소요될 것으로 예측되고 있다.

다섯째, 교육방법의 발전과정은 다음과 같다. 17세기 이전에는 경험이 중요한 교육방법이었고, 18~19세기는 가르침이 중요한 교육방법이었으며, 20세기는 서적이 중요한 교육 도구로 활용되었고, 21세기 이후 미래에는 다양한 멀티미디어가 중요한 교육 도구로 활용될 것으로 예측된다.

여섯째, 성과 측정 발전 방향을 살펴보면 17세기 이전에는 양에 의한 측정, 18~19세기는 속도에 의한 측정, 20세기는 품질에 의한 측정이 주를 이루었고, 21세기 이후 미래에는 창의성에 의한 측정이 주를 이룰 것으로 예측되고 있다.

일곱째, 비즈니스 범주의 진화과정을 살펴보면 17세기 이전에는 대량생산, 18~19세기는 생산 속도, 20세기는 최상의 품질이 강조되었고, 21세기 이후 미래에는 비즈니스에서 속도가 강조될 것으로 예측되고 있다.

여덟째, 선도 그룹의 특성을 살펴보면 17세기 이전에는 근면과 성실한 사람들, 18~19세기는 숙련자, 20세기는 전문가가 강조되었고, 21세기 이후 미래에는 교양을 가진 창시자들이 강조될 것이다.

아홉째, 선도 비즈니스 특성을 살펴보면 17세기 이전에는 곡식 농사, 18~19세기는 철광 및 에너지 관련 비즈니스, 20세기는 정보기술을 활용하는 비즈니스가 강조되었고, 21세기 이후 미래에는 지식관리와 관련된 비즈니스가 중시될 것으로 예측되고 있다.

2. 4차 산업혁명 시대의 전문성 강조

4차 산업혁명 시대에는 전문성이 강조된다. 이에 따라 외부에서 전문적인 능력을 확보하는 아웃소싱과 크라우드소싱이 강조되고 있다. 아웃소싱은 전문적인 업무처리 역량을 외부에서 조달하는 방식이고, 크라우드소싱은 기업의 업무처리 영역에 고객을 끌어들이는 방식이다. 아웃소싱과 크라우드소싱에 대한 차이점과 공통점이 존재하는데, 그 특성은 다음과 같다.

표 1-9 아웃소싱과 크라우드소싱의 비교

항목	아웃소싱(Outsourcing)	크라우드소싱(Crowdsourcing)
전략 근거	전통적인 죄수의 딜레마 (Classcial Prisoner's Dilemma), 1950년	반복적인 죄수의 딜레마 (Iterated Prisoner's Dilemma), 1959년
참여 형태	소수 전문가 중심(Small Experts)	다수 비전문가 포함 (Many Non-Experts)
주요 목적	제품의 질 향상(Improving Quality)	지식의 범위 확대 (Increasing Knowledge)
정보 공유	폐쇄형(Closed)	공개형(Open)
관리방식	경쟁 유발(Competition based)	협력 고려(Cooperation Based)
데이터 수준	정보(Information)	지식(Knowledge)
참여 자세	지식인(Intelligentsia)	교양인(Cultured Man)
수행이론	기술이론(Technology)	방법론(Methodology)
문제처리	문제 해결자(Solver)	문제 탐색자(Seeker)
정보검색	정확도 검색(Matching Quality)	지능형 검색(Intelligent Search)
의사전달	수직형(Command and Control)	수평형(Peer Pioneers)
평가기준	실패 염려(Measurements of Failure)	성공 장려(Do with Success)
결과 특성	우수성(Excellence)	다양성(Variety)
분석처리	사실 분석(Facts)	결과 전달(Story)
접근 수단	이성 수학(Mathematics)	감성 수학(Natural Languages)
연구 형태	더 깊이(Deeply)	더 넓게(Widely)
결과 형태	단일(Single)	복합(Union)
참여 자세	성실성(Fidelity)	창의성(Creativity)
생산 한계	복잡도 한계(Complexity Limit)	창의력 한계(Originality Limit)
적합 비즈니스	오프라인(Off-line)	온라인(On-line)
진행방법	동시성(Synchronous)	비동시성(Asynchronous)
가치 결정	정가방식(Fixed Price)	경매방식(Auction Price)
고객 형태	전통적 고객(Consumer)	프로슈머(Prosumer)
활용지성	개인지성(Self Intelligence)	집단지성(Collective Intelligence)
적합 업무	현재향 업무(RecentWise)	미래향 업무(FutureWise)
트렌드 법칙	메가 트렌드(Mega-trend)	마이크로 트렌드(Micro-trend)
게임방법	일회성 게임(Classical Game)	반복형 게임(Iterated Game)
조직체계	단순체계(Simplex System)	복잡체계(Complex System)

계산처리	이진 컴퓨팅(Binary Computing)	양자 컴퓨팅(Quantum Computing)
조직 구성	고정조직화(Fixed-organized)	자기조직화(Self-organized), 1970년
과제 형성	하향식(Top-down)	상향식(Bottom-up)
통계현상	파레토 법칙(Pareto's Law)	롱테일현상(The Long Tail)

출처: 위키피디아(2021) 수정인용 (https://ko.wikipedia.org/wiki/%ED%81%AC%EB%9D%BC%EC%9A%B0%EB%93%9C%EC%86%8C%EC%8B%B1)

(1) 아웃소싱과 크라우드소싱의 비교: 아웃소싱과 크라우드소싱 전략 측면

아웃소싱과 크라우드소싱의 전략 근거를 살펴보면, 아웃소싱에서는 전통적인 죄수의 딜레마(Classcical Prisoner's Dilemma) 게임이 적용되고, 크라우드소싱에서는 반복적인 죄수의 딜레마(Iterated Prisoner's Dilemma) 게임이 적용된다. 죄수의 딜레마 게임에서는 두 명의 용의자가 심문을 받게 되는데, 이에 따라 죄수(죄수 A, 죄수 B)에게는 세 가지 선택권이 주어진다. ① 죄수 중 한 명이 배신해서 죄를 자백하면 자백한 죄수는 풀어주고 나머지 죄수는 10년형을 받는다. ② 두 명의 죄수 모두가 자백을 하면 두 죄수 모두 5년형을 받는다. ③ 두 죄수 모두 침묵하면 두 죄수는 각각 6개월을 복역하게 된다.[09]

반면, 반복적인 죄수의 딜레마 게임에서 죄수의 선택지는 협력과 배신 두 가지이다. 즉, 이 게임이론은 반복적으로 배신과 협력을 하게 되는 것이다. 사람들이 직장에서 한 사람과 협조와 배신을 반복하는 과정에 이 게임이론을 적용할 수 있다. 이에 따라 ① 무조건 협력하는 전략, ② 상대방의 배신에 따라 배신하는 전략, ③ 상대방의 협력에 따라 다시 협력하는 전략이 있다. 이러한 전략은 다양한

09 죄수의 딜레마 게임은 두 죄수의 범죄에 대한 자백 여부에 따라 2×2 매트릭스에 따라 각각 네 가지 유형의 결과가 나타난다. 그 결과는 다음의 표와 같다.

구분	죄수 B의 침묵	죄수 B의 자백
죄수 A의 침묵	죄수 A, B 각자 6개월씩 복역	죄수 A 10년 복역, 죄수 B 석방
죄수 A의 자백	죄수 A 석방, 죄수 B 10년 복역	죄수 A, B 각자 5년씩 복역

이에 대한 보다 상세한 내용은 다음의 연구논문에 상세히 설명되어 있다.
Robert Axelrod, William D. Hamilton, The Evolution of Cooperation, *Science*, New Series, Vol. 211, No.4489(Mar. 27, 1981), pp.1390-1396 (http://www-personal.umich.edu/~axe/research/Axelrod%20and%20Hamilton%20EC%201981.pdf)

상황에서 적용할 수 있고 최대 이익에 부합할 수 있게 한다.

(2) 아웃소싱과 크라우드소싱의 비교: 참여 형태 측면

아웃소싱과 크라우드소싱의 참여 형태의 특성을 살펴보면, 아웃소싱에서는 소수의 전문가 중심(Small Experts) 참여가 이루어지고, 크라우드소싱에서는 다수 비전문가(Many Non-Experts)의 참여가 이루어진다. 예를 들면, 기업에서 아웃소싱을 수행할 때는 특정한 전문집단에 업무를 위임해서 처리할 수 있게 하는 특성이 있고, 기업에서 크라우드소싱을 추구할 때는 다수의 일반인의 참여를 통해 다양한 정보를 수집하는 특성이 있다.

(3) 아웃소싱과 크라우드소싱의 비교: 목적 측면

아웃소싱과 크라우드소싱의 주요 목적을 살펴보면, 아웃소싱에서는 전문가에 의해 제품 및 서비스의 품질 향상(Improving Quality)을 추구한다. 대표적인 아웃소싱의 형태로는 제조 아웃소싱, 비즈니스 프로세스 아웃소싱 등이 있다. 반면, 크라우드소싱은 조직에서 외부의 다양한 사람의 참여를 통해 조직 내에서 가지고 있지 않은 보다 다양한 지식의 범위 확대(Increasing Knowledge)를 추구하는 특징이 있다. 예를 들면, 기업들이 신제품을 생산하고자 할 때, 외부 소비자들 제품 생산 및 설계과정에 참여시켜 보다 소비자 지향적인 제품생산 및 설계를 추구한다. 이러한 노력은 궁극적으로 고객만족으로 나타나서 경쟁력 강화에 기여한다.

(4) 아웃소싱과 크라우드소싱의 비교: 정보 공유 측면

아웃소싱과 크라우드소싱의 정보 공유 특성을 살펴보면, 먼저 아웃소싱은 아웃소싱을 의뢰한 기업과 아웃소싱 서비스를 제공하는 기업 사이에 폐쇄형(Closed)으로 정보를 공유한다. 즉, 아웃소싱 서비스 계약에 의해 생성된 정보는 지극히 사적인 정보이기 때문에 일부 기업을 제외하고는 정보가 공유되지 않는다. 반면 크라우드소싱을 통해 생성되는 정보는 주로 일반인들을 통해 만들어지는 정보를 기업들이 활용하기 때문에 정보는 공개형(Open)으로 공유되는 특성을 갖는다.

(5) 아웃소싱과 크라우드소싱의 비교: 관리방식 측면

아웃소싱과 크라우드소싱의 관리방식 특성을 살펴보면, 아웃소싱은 기업들 사이의 경쟁기반(Competition Based)을 통해 아웃소싱 서비스 의뢰기업과 아웃소싱 서비스 제공기업 사이의 계약이 이루어진다. 반면 크라우드소싱은 일반 기업과 다수의 고객들 사이에서 고객들의 협력기반(cooperation Based)에 의해 기업 운영에 고객들의 참여가 이루어지는 특성이 있다.

(6) 아웃소싱과 크라우드소싱의 비교: 데이터 수준 측면

아웃소싱과 크라우드소싱의 데이터 수준 특성을 살펴보면, 먼저 아웃소싱에서 활용되는 데이터는 정보(Information) 수준이고, 이 정보는 기업들 사이에서 의사결정을 위해 활용되는 특성이 있다. 반면, 크라우드소싱에서 활용되는 데이터는 고객으로부터 수집한 다양한 데이터로부터 추출한 지식(Knowledge) 수준이다. 기존에 기업에서 알 수 없었던 깊이 있는 통찰력을 제공해주는 특성이 있다.

(7) 아웃소싱과 크라우드소싱의 비교: 참여자 측면

아웃소싱과 크라우드소싱 참여자의 자세에 대한 특성을 살펴보면, 먼저 아웃소싱에 참여하는 기업의 구성원들은 지식인(Intelligentsia)의 특성이 있고, 크라우드소싱에 참여하는 대중들은 교양인(Cultured Man)의 특성이 있다. 예를 들면, 아웃소싱을 의뢰하는 대상이 되는 지식인은 전문적인 능력을 가지고 있으며, 이러한 전문능력을 이용해 아웃소싱 의뢰자들에게 서비스를 제공한다. 반면, 크라우드소싱의 경우 일반적인 수준의 교양지식을 가지고 있으며, 아웃소싱과 비교할 때보다 낮은 지식 수준의 서비스를 제공하는 특성이 있다.

(8) 아웃소싱과 크라우드소싱의 비교: 수행이론 측면

아웃소싱과 크라우드소싱의 수행이론 측면에서의 특성은 다음과 같다. 아웃소싱은 아웃소싱 서비스 의뢰기업과 아웃소싱 서비스 제공자 사이에서 기술

(Technology)을 구현하는 것을 체계화하고, 크라우드소싱은 기업에서 일반 대중을 대상으로 다양한 데이터를 수집하는 방법론(Methodology)의 특성이 있다.

(9) 아웃소싱과 크라우드소싱의 비교: 문제처리 측면

아웃소싱과 크라우드소싱의 문제처리 특성을 살펴보면 다음과 같다. 먼저 아웃소싱은 특정 서비스에 대한 기업의 요구사항을 해결해주기 위한 아웃소싱 서비스 제공자를 찾는다. 그렇기 때문에 아웃소싱은 문제 해결자(Solver)의 특성을 갖고 있다. 반면, 크라우드소싱은 여러 대중으로부터 의견을 취합해서 기존에 해결하고자 하는 문제의 지식을 도출하는 특징이 있다. 그렇기 때문에 크라우드소싱은 문제 탐색자(Seeker)의 특성을 갖고 있다.

(10) 아웃소싱과 크라우드소싱의 비교: 정보검색 측면

아웃소싱과 크라우드소싱의 정보검색 측면에서의 특성은 다음과 같다. 아웃소싱은 아웃소싱 의뢰기업이 아웃소싱 서비스 제공기업에게 특정 서비스를 의뢰하는 특성이 있다. 그렇기 때문에 아웃소싱은 정보검색 측면에서 정확도 검색(Matching Quality)이라는 특성이 있다. 반면, 크라우드소싱은 다양한 사람들로부터 정보를 수집하고, 수집된 정보에서 지식을 도출한다. 그렇기 때문에 크라우드소싱은 많은 데이터로부터 지능형 검색(Intelligent Search)을 수행하는 특성이 있다.

(11) 아웃소싱과 크라우드소싱의 비교: 커뮤니케이션 측면

아웃소싱과 크라우드소싱의 의사전달 측면에서의 특성을 살펴보면 다음과 같다. 먼저 아웃소싱 서비스 의뢰기업과 아웃소싱 서비스 제공자 사이에서는 계약에 의해 관계가 형성되었기 때문에 수직형(Command and Control) 커뮤니케이션이 나타난다. 반면, 크라우드소싱에서는 기업과 고객 사이에서 협력에 의해 관계가 형성되기 때문에 수평형(Peer Pioneers) 커뮤니케이션이 나타난다.

(12) 아웃소싱과 크라우드소싱의 비교: 평가기준 측면

아웃소싱과 크라우드소싱의 평가기준에 따른 특성을 살펴보면, 먼저 아웃소싱은 계약에 의해 원하는 수준의 서비스 제공이 이루어져야 한다. 그렇기 때문에 아웃소싱 서비스 계약 실패 측정(Measurements of Failure)기준이 존재한다. 반면, 크라우드소싱은 기업에 대한 대중의 협력적인 참여가 이루어지기 때문에 성공을 위한 행동(Do with Success)에 대한 측정기준이 중시된다.

(13) 아웃소싱과 크라우드소싱의 비교: 결과(성과) 측면

아웃소싱과 크라우드소싱의 결과(성과) 특성은 다음과 같다. 아웃소싱 서비스 의뢰기업은 아웃소싱 서비스 제공기업에 대한 서비스 우수성(Excellence)을 평가한다. 반면, 크라우드소싱은 기업들이 대중의 참여 요청에 의해 대중 참여로 원하는 목표를 달성할 수 있게 된다. 그러므로 크라우드소싱에 대한 다양성(Variety)을 확보할 수 있게 된다.

(14) 아웃소싱과 크라우드소싱의 비교: 분석처리 측면

아웃소싱과 크라우드소싱의 분석처리에 대한 특성은 다음과 같다. 먼저 아웃소싱의 경우 서비스 의뢰기업의 제안에 의해 서비스 제공기업이 원하는 서비스를 처리해주는 사실(Facts)에 기반한 업무처리가 이루어진다. 반면, 크라우드소싱은 기업들이 대중으로부터 원하는 데이터를 얻어내는 대중의 스토리(Story)에 기반한 업무처리가 이루어진다.

(15) 아웃소싱과 크라우드소싱의 비교: 접근방법 측면

아웃소싱과 크라우드소싱의 접근방법 특성은 다음과 같다. 먼저 아웃소싱은 합리적인 계산(Mathematics)에 기반한 접근이 이루어진다. 즉, 기존 업무처리를 자체 처리할 때와 아웃소싱 서비스를 이용할 때, 계산에 따라 아웃소싱이 이루어진다. 반면, 크라우드소싱은 기업이 대중으로부터 정보를 얻어 내어 데이터를 처리하는 특성이 있다. 이에 따라 크라우드소싱은 대중의 감성에 대한 자연어(Natural Languages)를 활용하는 특성이 있다.

(16) 아웃소싱과 크라우드소싱의 비교: 연구 형태 측면

아웃소싱과 크라우드소싱의 연구 형태는 다음과 같다. 아웃소싱의 경우 특정 아웃소싱 서비스에 대해 보다 깊이(Deeply) 있는 서비스를 활용하는 특성이 있다. 크라우드소싱의 경우 다양한 대중으로부터 보다 폭넓게(Widely) 정보를 수집해 활용하는 특성이 있다.

(17) 아웃소싱과 크라우드소싱의 비교: 서비스 결과 형태 측면

아웃소싱과 크라우드소싱의 서비스 결과 형태는 다음과 같다. 아웃소싱의 경우 아웃소싱 서비스 의뢰기업이 아웃소싱 서비스 제공자로부터 단일(Single) 서비스를 제공받는 특성이 있다. 반면, 크라우드소싱의 경우 기업들이 대중으로부터 다양한 유형이 복합화된(Union) 정보를 제공받는 특성이 있다.

(18) 아웃소싱과 크라우드소싱의 비교: 참여 자세 측면

아웃소싱과 크라우드소싱의 참여 자세를 살펴보면 다음과 같다. 먼저 아웃소싱은 아웃소싱 서비스 의뢰기업의 제안에 따라 아웃소싱 서비스 제공자가 원하는 서비스를 성실성(Fidelity)의 원칙에 기반해 참여하는 특성이 있다. 반면, 크라우드소싱은 대중의 다양한 데이터를 수집해 분석해서 보다 창의성(Creativity)에 입각한 정보를 얻어내는 특성이 있다.

(19) 아웃소싱과 크라우드소싱의 비교: 한계생산 측면

아웃소싱과 크라우드소싱의 한계생산에 따른 특성을 살펴보면 다음과 같다. 먼저 아웃소싱은 아웃소싱 서비스 의뢰기업과 아웃소싱 서비스 제공자 사이에서 제한된 아웃소싱 서비스 계약에 입각해서 정해진 서비스 제공이 이루어진다. 그렇기 때문에 아웃소싱은 복잡도 한계(Complexity Limit)가 존재한다. 반면, 크라우드소싱은 다양한 대중으로부터 데이터를 수집하고, 수집된 데이터에서 정보를 도출한다. 그렇기 때문에 크라우드소싱은 데이터의 한계가 존재하므로 창의력 한계(Originality Limit)가 존재한다.

(20) 아웃소싱과 크라우드소싱의 비교: 비즈니스 적합성 측면

아웃소싱과 크라우드소싱의 비즈니스 적합성 특성을 살펴보면 다음과 같다. 먼저 아웃소싱은 서비스 의뢰기업이 아웃소싱 서비스 제공자에게 오프라인(Off-line)에서 협의에 의한 아웃소싱 계약을 통해 아웃소싱 서비스가 제공된다. 반면, 크라우드소싱은 기업이 온라인(On-line)에서 대중으로부터 다양한 데이터를 수집한다.

(21) 아웃소싱과 크라우드소싱의 비교: 진행방법론 측면

아웃소싱과 크라우드소싱의 진행방법론에 따른 특성은 다음과 같다. 아웃소싱은 기업들(즉, 아웃소싱 서비스 의뢰기업과 아웃소싱 서비스 제공자) 사이에서 동시성(Synchronous)에 기반해 서비스가 이루어진다. 반면, 크라우드소싱은 기업과 대중 사이에서 비동시성(Asynchronous)에 기반해 서비스가 제공된다. 즉, 크라우드소싱은 대중으로부터 다양한 데이터를 먼저 수집하고, 수집된 데이터를 분석한 이후에, 이를 반영한 서비스가 개발된 후에 서비스를 이용할 수 있게 된다.

(22) 아웃소싱과 크라우드소싱의 비교: 가치결정방식 측면

아웃소싱과 크라우드소싱의 가치결정방식에 대한 특성은 다음과 같다. 먼저 아웃소싱의 경우에는 아웃소싱 서비스 의뢰기업이 아웃소싱 서비스 제공자와 서비스 제공에 따른 가격협상에 따라 정가방식(Fixed Price)으로 서비스가 제공된다. 반면, 크라우드소싱의 경우 다양한 사람들의 참여에 입각해서 경매방식(Auction Price)으로 가치가 결정되는 특성이 있다.

(23) 아웃소싱과 크라우드소싱의 비교: 고객 유형 측면

아웃소싱과 크라우드소싱의 고객 유형(형태) 특성을 살펴보면 다음과 같다. 먼저 아웃소싱은 기존의 아웃소싱 의뢰기업이 특정한 형태의 아웃소싱 서비스를 제공하는 기업들을 대상으로 계약이 이루어진다. 즉, 전통적 고객(Consumer)을 대상으로 아웃소싱 서비스 협약이 이루어진다. 반면, 크라우드소싱은 기업에서 고객을 기업경영에 끌어들여 새로운 정보를 얻어 생산과정에 반영하는 특성을 갖는다. 즉, 고객이 생산에 참여하는 프로슈머(Prosumer)의 특성을 갖는다.

(24) 아웃소싱과 크라우드소싱의 비교: 활용지성 측면

아웃소싱과 크라우드소싱의 활용지성은 다음과 같다. 아웃소싱은 개인지성(Self Intelligence)을 활용하는 특성이 있다. 즉, 아웃소싱은 아웃소싱 서비스 제공기업의 지식을 활용한다. 반면, 크라우드소싱은 기업의 업무활동을 하는 데 있어서 다양한 대중의 집단지성(Collective Intelligence)을 활용하는 특성이 있다.

(25) 아웃소싱과 크라우드소싱의 비교: 업무 적합성 측면

아웃소싱과 크라우드소싱의 업무 적합성 특성은 다음과 같다. 아웃소싱은 현재 기업에서 이루어지는 업무를 위탁처리하는 현재 지향 업구(RecentWise) 특성이 있다. 반면 크라우드소싱은 기업활동에 있어 미래를 위해 고객들의 특성을 파악하는 미래 지향 업무(FutureWise) 특성이 있다.

(26) 아웃소싱과 크라우드소싱의 비교: 트렌드 법칙 측면

아웃소싱과 크라우드소싱의 트렌드 법칙 특성을 살펴보면 다음과 같다. 아웃소싱은 대중화된 서비스를 활용하는 것으로 메가트렌드(Mega-trend) 특성이 있다. 반면, 크라우드소싱은 기업들이 대중에 대한 이해를 위해 더중의 상세한 요구사항을 파악하는 마이크로트렌드(Micro-trend) 특성이 있다.

(27) 아웃소싱과 크라우드소싱의 비교: 활동(게임)방법 측면

아웃소싱과 크라우드소싱의 활동(게임)방법에 따른 특성을 살펴보면, 아웃소싱은 일회성 게임(Classical Game)의 특성을 가지고 있다. 즉, 아웃소싱은 한 번 계약에 의해서 특정 기간 서비스가 지속되는 특성이 있다. 반면, 크라우드소싱은 기업의 업무활동에 대중을 참여시킴으로써 다양한 정보를 얻을 수 있는 반복형 게임(Iterated Game)의 특성이 있다.

(28) 아웃소싱과 크라우드소싱의 비교: 조직체계 측면

아웃소싱과 크라우드소싱의 조직체계 특성을 살펴보면 다음과 같다. 아웃소싱은 서비스 의뢰기업과 서비스 제공사업 사이에서 단순한 서비스 아웃소싱이 이루어지므로 단순한 시스템(Simplex System) 특성을 갖는다. 반면, 크라우드소싱은 기업들과 대수의 대중 사이에서 교류가 이루어지므로 복잡한 시스템(Complex System) 특성을 갖는다.

(29) 아웃소싱과 크라우드소싱의 비교: 계산처리 측면

아웃소싱과 크라우드소싱의 계산처리 특성은 다음과 같다. 먼저 아웃소싱은 바이너리 코드를 기반으로 만들어진 이진 컴퓨팅(Binary Computing)으로 구현하는 특성이 있다. 반면 크라우드소싱은 얽힘(Entanglement)이나 중첩(Superposition) 같은 양자역학적인 현상을 활용하여 자료를 처리하는 양자 컴퓨팅(Quantum Computing)[10]을 활용하는 특성이 있다.

(30) 아웃소싱과 크라우드소싱의 비교: 조직 구성 측면

아웃소싱과 크라우드소싱의 조직 구성 특성은 다음과 같다. 아웃소싱은 기존 시장에서 나타나는 현상에 따라 고정조직화(Fixed-organized) 특성을 갖는다. 반

10 위키피디어에 따르면 양자컴퓨팅은 2011년 5월 11일에 캐나다의 디웨이브 시스템즈(D-Wave Systems)에서 최초로 상용화한 시스템이다. 이전의 컴퓨터는 자료의 양은 비트로 측정하지만, 양자컴퓨터는 자료의 양을 큐비트로 측정한다. (https://ko.wikipedia.org/wiki/양자_컴퓨팅)

면, 크라우드소싱은 기업에서 다양한 사람들의 경험에 입각한 참여에 의해 외부로부터 정보를 획득하는 자기조직화(Self-organized) 특성을 갖는다.

(31) 아웃소싱과 크라우드소싱의 비교: 과제 형성 측면

아웃소싱과 크라우드소싱의 과제 형성 특성은 다음과 같다. 아웃소싱은 위에서 아래로 하향식(Top-down) 프로세스에 의해 이루어진다. 즉, 아웃소싱은 경영자의 의사결정에 의해서 일반관리자가 업무를 처리하는 특성을 가지고 있다. 반면, 크라우드소싱은 아래서 위로 상향식(Bottom-up) 참여에 의해 이루어진다. 즉, 아웃소싱은 일반 대중으로부터 얻어진 정보를 분석해서 경영자가 활용하는 경우가 있다.

(32) 아웃소싱과 크라우드소싱의 비교: 통계현상 측면

아웃소싱과 크라우드소싱의 통계현상에 대한 특성은 다음과 같다. 먼저 아웃소싱은 파레토 법칙(Pareto's Law)이 적용된다. 파레토 원칙(Pareto Principle)은 이탈리아 경제학자 빌프레도 파레토가 주장한 법칙으로 80 대 20 법칙(80 - 20 rule)이라고도 한다. 이 법칙은 중요한 20%가 전체에서 80% 성과를 창출한다는 것을 알려주는 법칙이다. 예를 들면, 백화점 매출을 분석해보면, 백화점의 우량고객 20%의 매출이 전체 매출의 80%에 해당하는 것을 설명하는 데 이용된다. 아웃소싱 서비스에 있어서도 이 현상이 적용된다. 이 법칙을 적용하면 우수한 20% 정도의 아웃소싱 서비스 제공업체가 전체 시장을 지배하고 있다는 것을 알 수 있다. 반면, 크라우드소싱 서비스에는 롱테일의 법칙이 적용된다. 롱테일의 법칙은 파레토의 법칙에 상반되는 법칙이다. 이 용어는 2004년에 '와이어드(*Wired*)' 저널에 크리스 앤더슨(Chris Anderson)이 처음 제시한 용어이다. 롱테일 분포는 중요한 20%보다 중요하지 않은 80%를 활용하면 큰 성과를 얻을 수 있다는 것을 알려주는 법칙이다.

제6절 4차 산업혁명과 국민의 수용 특성

1. 4차 산업혁명에 대한 국민과 ICT 종사자의 인식도

정보통신기술진흥센터(2018)에 따르면 일반인과 정보통신기술 분야의 종사자들을 대상으로 4차 산업혁명의 이미지에 대해 조사하였다. 조사결과는 다음과 같다.

일반인들이 인식하는 4차 산업혁명 관련 기술 중 가장 중요한 기술 네 개를 살펴보면 인공지능, 사물인터넷, 자율주행 자동차, 빅데이터 기술이다. 그리고 그 뒤를 이어서 3D 프린팅 기술, 5G 기술, 스마트홈 구현 기술, 클라우드 기술, 스마트 에너지 기술, 맞춤형 의료 기술, 스마트시티 기술, 스마트 헬스케어 기술, 블록체인 기술, 스마트 팩토리 기술 등을 뽑았다.

정보통신기술 분야의 종사자들이 인식하는 4차 산업혁명 관련 기술 중 가장 중

그림 1-3 4차 산업혁명에 대한 이미지

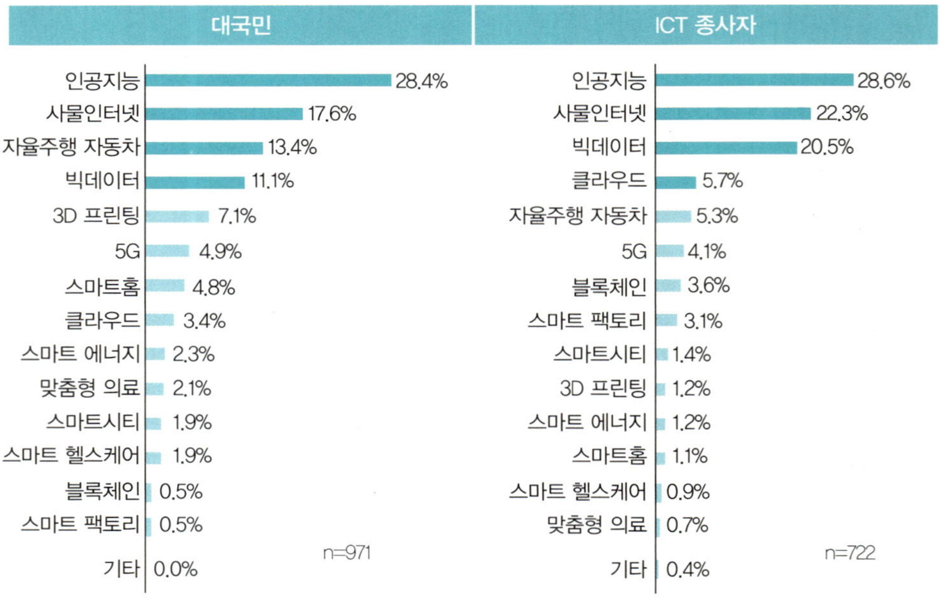

출처: 정보통신기술진흥센터 기술정책단 정책기획팀, 4차 산업혁명 시대, 우리의 인공지능 현황, 2018년 4월, IITP 정책브리프

요한 기술 네 개를 살펴보면, 인공지능, 사물인터넷, 빅데이터, 클라우드 기술을 선택하였다. 그리고 그 뒤를 이어서 자율주행 기술, 5G 기술, 블록체인 기술, 스마트 팩토리 기술, 스마트시티 기술, 3D 프린팅 기술, 스마트 에너지 기술, 스마트홈 구현 기술, 스마트 헬스케어 기술, 맞춤형 의료 기술 등을 뽑았다.

2. 4차 산업혁명에 대한 긍정적 기대와 부정적 우려

4차 산업혁명 시대에 사람들은 빅데이터, 사물인터넷, 인공지능 기술을 활용해 보다 개선된 서비스를 이용할 수 있게 되었다. 이러한 기술 발전은 사람들에게 보다 긍정적인 기대를 제공할 것으로 예측되고 있다. 따라서 사람들은 보다 개선된 삶을 추구할 수 있게 될 것이다. 정보통신기술진흥센터(2018)에 따르면 일반인과 정보통신기술 분야의 종사자들을 대상으로 4차 산업혁명이 사람들(일반인과 정보통신기술 종사자)에게 제공하는 긍정적 기대에 대한 조사를 하였다. 조사결과는 다음과 같다.

그림 1-4 4차 산업혁명에 대한 긍정적 기대

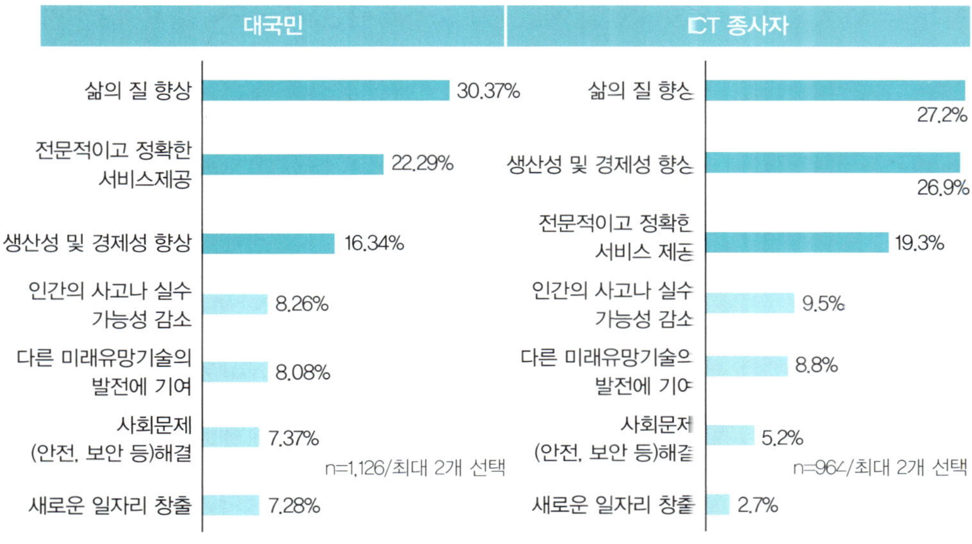

출처: 정보통신기술진흥센터 기술정책단 정책기획팀, 4차 산업혁명 시대, 우리의 인공지능 현황, 2018년 4월, IITP 정책브리프

일반인이 인지하는 4차 산업혁명 기술이 제공하는 긍정적 기대는 다음과 같다. 이를 기대하는 순서대로 살펴보면 다음과 같다. 먼저 4차 산업혁명 기술의 영향은 사람들의 삶의 질을 개선할 것이고, 전문적이고 정확한 서비스를 제공할 것이며, 생산성 및 경제성을 개선할 것이라는 것이다. 그리고 그 다음으로 4차 산업혁명 기술은 인간의 생각에서 나타나는 실수나 오류 가능성을 줄여줄 것이고, 다양한 미래 유망 기술의 발전에 기여할 것이고, 사회의 안전 및 보안 문제를 해결할 것이고, 새로운 일자리 창출에 기여할 것이라고 하였다.

더불어 정보통신기술 종사자들이 인지하는 4차 산업혁명에 대한 기대를 순서대로 살펴보면 다음과 같다. 먼저 4차 산업혁명 기술의 영향으로 나타나는 중요한 사항은 삶의 질이 개선될 것이며, 기업의 생산성 및 경제성이 개선될 것이며, 전문적이고 정확한 서비스가 제공될 것이다. 그 다음에 나타나는 특성으로는 4차 산업혁명 기술은 인간의 생각에 있어 실수나 오류 가능성이 줄어들 것이고, 다양한 미래 유망 기술의 발전에 기여할 것이다. 또한 사회의 안전 및 보안 문제를 해결해 줄 것이고, 새로운 일자리 창출에 기여할 것이라고 하였다.

4차 산업혁명 기술 발전은 사람들에게 긍정적인 인식을 제공하는 것뿐만 아니라 부정적인 인식도 제공한다. 특히, 4차 산업혁명 기술이 기업의 프로세스를 자동화시키면서 일자리 관련 문제 및 개인정보 오용과 관련되어 문제 발생 가능성이 높아진다. 정보통신기술진흥센터(2018)에 따르면 여러 가지 요인에서 4차 산업혁명의 부정적 우려가 나타난다고 한다. 일반인과 정보통신기술 종사자를 대상으로 한 조사결과를 자세히 살펴보면 다음과 같다.

일반인들을 대상으로 조사한 4차 산업혁명이 제공하는 부정적인 우려를 비율 순서로 살펴보면 다음과 같다. 먼저 기계의 일자리 대체로 인한 노동시장 붕괴, 인공지능 기술의 오남용으로 인한 문제 발생, 인공지능 오작동으로 발생하는 문제를 중요한 문제로 제시하였다. 더불어 4차 산업혁명 기술 발전에 따른 빈부의 격차가 심화될 것이고, 인간의 기본권 침해와 같은 윤리적인 문제가 증가할 것이며, 기술에 대한 의존도가 높아져 인간의 존엄성이 훼손될 것이다. 또한 계층 간의 정보 활용에 대한 격차가 심화될 것이고, 인공지능 발전에 따른 사이버 보안 위협이 나타날 것이다.

더불어 정보통신기술 직종에 종사하는 사람들을 대상으로 조사한 결과 나타나는 부정적인 우려를 차례대로 살펴보면 인공지능 기술의 오남용으로 인한 문제 발생, 기계의 일자리 대체로 인한 노동시장 붕괴, 인공지능 오작동으로 발생하는 문제가 중요한 이슈로 나타났다. 더불어 인간의 기본권 침해와 같은 윤리적인 문제가 증가할 것이고, 기술에 대한 의존도가 높아져 인간의 존엄성이 훼손될 것이며, 빈부 격차의 양극화가 심화될 것이다. 또한 계층 간의 정보 활용에 대한 격차가 심화될 것이고, 인공지능 발전에 따른 사이버 보안 위협이 나타날 것이다.

▮그림 1-5▮ 4차 산업혁명에 대한 부정적 우려

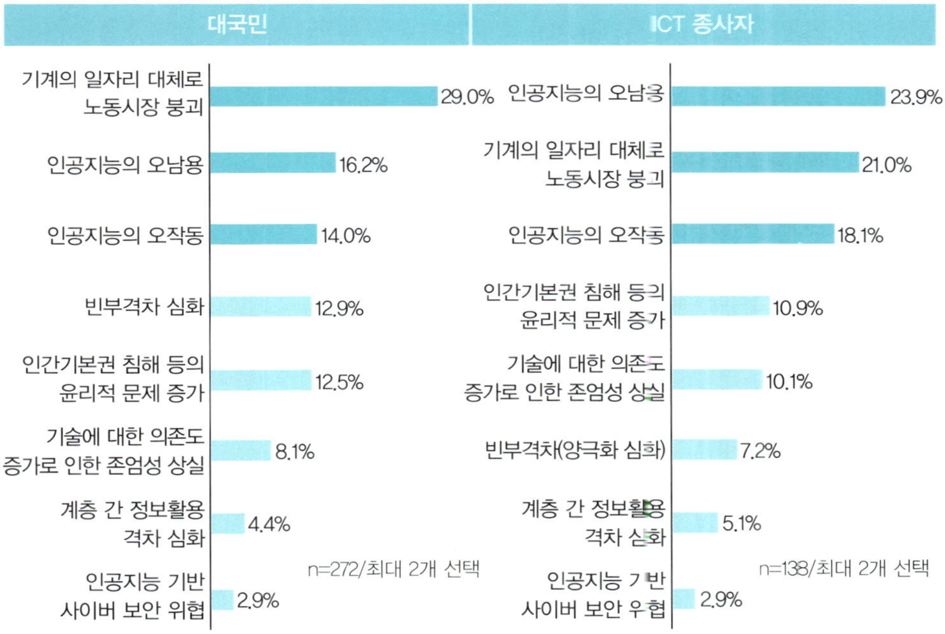

출처: 정보통신기술진흥센터 기술정책단 정책기획팀, 4차 산업혁명 시대, 우리의 인공지능 현황, 2018년 4월, IITP 정책브리프

핵심문제

01 독일에서 시작한 기술을 활용한 제조업의 혁신을 인더스트리 4.0(Industry 4.0)이라고 한다. 인더스트리 4.0에 대해 설명하시오.

02 사이버물리시스템(Cyber Physical Systems)에 대해 설명하시오.

03 에드혹 네트워크(Ad-hoc Network)에 대해 설명하시오.

04 기하급수 기술에 대해 설명하시오.

05 4차 산업혁명 시대의 대표적인 특성을 긱 이코노미(Gig Economy)라 한다. 긱 이코노미에 대해 설명하시오.

06 코크리에이션(Co-creation)에 대해 설명하시오.

07 롱테일의 법칙에 대해 설명하시오.

참고문헌

김석관 외 9인, 4차 산업혁명의 기술 동인과 산업 파급 전망, 과학기술정책연구원, 2017년 12월 27일

관계부처합동, 사람 중심의 4차 산업혁명 대응계획, 2017년

노용관(산업은행 미래전략개발부), 4차 산업혁명과 고용 변화 전망, 산은조사월보, 제738호, 2017년 5월

정보통신기술진흥센터 기술정책단 정책기획팀, 4차 산업혁명 시대, 우리의 인공지능 현황, 2018년 4월, IITP 정책브리프

클라우스 슈밥(소영진 옮김), 클라우스 슈밥의 제4차 산업혁명, 메가스터디북스, 2016년

현대경제연구원, 독일의 창조경제 Industry 4.0의 내용과 시사점, 2013년

Brynjolfsson, Erik and Andrew McAfee(2014), *The Second Machine Age: Work, Progress, and Prosperity in a Time of Brilliant Technologies*, New York: W. W. Norton & Company

Henning, K.(2013), *Recommendations for Implementing the Strategic Initiative Industrie 4.0*, Final Report of the Industrie 4.0 Working Group.

Robert Axelrod, William D. Hamilton, "The Evolution of Cooperation", *Science*, New Series, Vol.211, No.4489(Mar. 27, 1981), pp 1390-1396

http://www-personal.umich.edu/~axe/research/Axelrod%20and%20Hamilton%20EC%201981.pdf

https://ko.wikipedia.org/wiki/%ED%81%AC%EB%9D%EC%EC%9A%B0%EB%93%9C%EC%86%8C%EC%8B%B1

Part

02 인공지능, 사물인터넷, 빅데이터

Chapter 02 인공지능

학습목표

- 인공지능의 개념 이해
- 인공지능의 발전과정 이해
- 인공지능 기술의 활용 이해
- 인공지능 비즈니스 현황 이해

제 1 절 인공지능의 특성 및 발전과정

1. 인공지능 서비스의 개발

4차 산업혁명과 인공지능 기술 발전에 따라 다양한 분야에서 인공지능의 활용이 급증하고 있다. 스탠퍼드대 명예교수인 닐스 닐슨(Nils J. Nilsson)은 "인공지능은 기계가 주변 환경을 인지하고, 판단하고, 예측해서 상황에 적절하게 대응하도록 지능을 부여하는 활동을 의미"한다고 하였다.[01] 오늘날 인공지능 기술의 지속적인 발전으로 다양한 분야에서 인공지능 기술이 활용되고 있다. 일부 영역에서는 이미 인공지능 기술이 인간지능 수준을 넘어섰다. 예를 들면, 체스, 퀴즈, 게임, 영상인식, 음성인식, 바둑 등과 같은 분야는 이미 인공지능이 사람의 지능을 앞서고 있다.

01 한국정보화진흥원, 인공지능 발전이 가져올 2030년의 삶(Artificial Intelligence and Life In 2030), NIA Special Report 2016-4, 2016년 10월 4일

■ 그림 2-1 ■ 인공지능이 최초로 인간을 추월한 분야

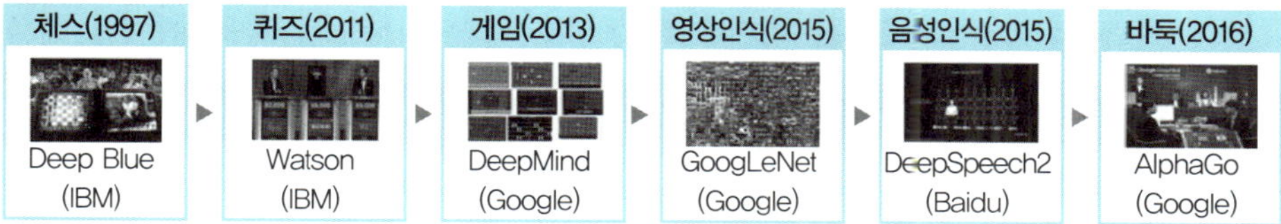

출처: 미국국가과학기술위원회(NSTC)(2016), The National Artificial Intelligence Research and Development Strategic Plan, 2016년 11월 4일 (https://www.whitehouse.gov/sites/default/files/whitehouse_files/microsites/ostp/NSTC/national_ai_rd_strategic_plan.pdf)

예를 들면, 1997년 IBM에서는 딥 블루라는 체스 컴퓨터 시스템을 개발하였고, 2011년에는 왓슨이라는 인공지능 시스템을 개발하였다. 이러한 컴퓨터 시스템은 인공지능이 인간의 지능을 넘어설 수 있다는 가능성을 보여주었다. 2013년에는 구글 딥마인드에서 다양한 게임을 개발하였고, 2015년에는 구글에서 구글넷이라는 영상인식 기술을 개발하였고, 중국의 바이두에서는 음성인식을 이용하는 딥스피치라는 기술을 개발하였다. 2016년에는 구글 자회사 딥마인드에서 알파고라는 인공지능 바둑 프로그램을 개발하였다.

현재 인공지능 서비스는 안전관리, 의료서비스, 금융, 제조, 농수산업 등 다양한 부분에서 데이터의 획득, 데이터의 가공, 학습을 통한 인공지능 모델 생성을 통해 서비스를 제공할 수 있다. 인공지능 서비스 제공을 위해서는 학습 데이터가 필요하며, 인공지능 알고리즘에 의한 모델 생성은 지능형 에이전트, 추론, 협업, 상황인지, 시각화 등을 구현하며, 인공지능 알고리즘의 학습을 위해서는 클라우드 및 GPU(Graphic Processing Unit) 기반의 컴퓨팅 인프라가 필요하다. 인공지능 서비스 개발을 위한 중요한 다섯 가지 내용을 상세히 살펴보면 다음과 같다.

첫째, 기계학습(머신러닝)은 데이터를 토대로 모델을 구축하고, 최적의 해답을 도출하기 위해 학습을 수행한다.

둘째, 인공지능은 데이터를 통해 인간처럼 보고, 읽고, 들을 수 있다. 사물을 볼 수 있는 컴퓨터 비전 기술은 교통, 의료, 교육 분야 등에서 활용되고 있다. 또한 음식인식 기술은 인간 수준으로 텍스트를 읽고 생성할 수 있다.

셋째, 상황인식 기술은 센서를 통해 온도, 습도, 속도를 인식하고 상황적 특성

을 파악할 수 있도록 지원한다.

넷째, 추론은 학습 데이터를 기반으로 스스로 해답을 찾도록 지원해준다. 예를 들면, 딥마인드의 추론 Q&A 시스템은 나무의 차이를 인식하는 데 있어서 사람보다 더 정확하게 나무의 차이를 인식할 수 있다.

다섯째, 지능형 에이전트는 인공지능 시스템이 학습한 결과를 실행하는 단계로 로봇의 동작제어를 통해 사람과 같이 행동할 수 있는 지능을 갖게 된다.

그림 2-2 인공지능 서비스 모델

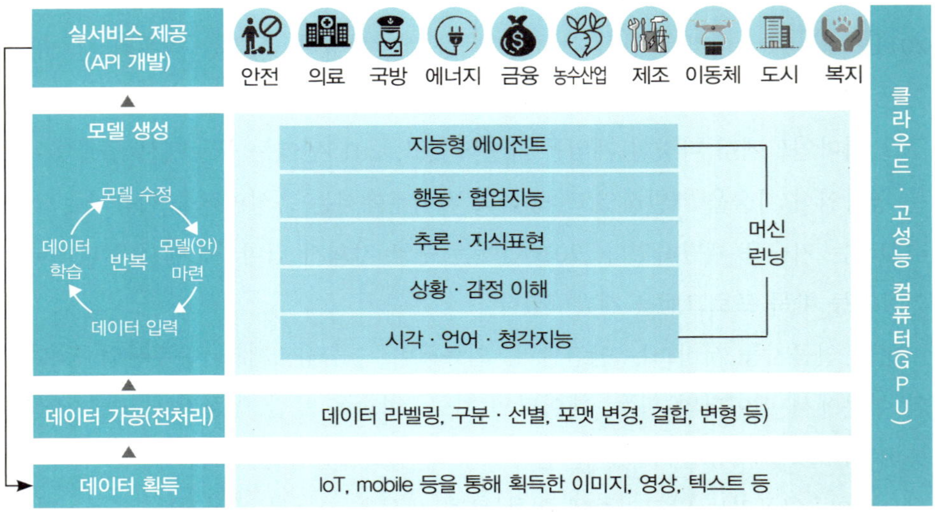

출처: 과학기술정보통신부, I-Korea 4.0 실현을 위한 인공지능(AI) R&D 전략, 2018년 5월

2. 인공지능의 개념과 발전과정

최근 비즈니스에서 관심을 받고 있는 인공지능 기술은 과거부터 존재한 기술이다. 먼저 인공지능은 다양하게 정의되는데, 선행 연구자들이 정의한 인공지능의 정의는 다음과 같다.[02]

02 양희태 · 최병삼 · 이제영 · 장훈 · 백서인 · 김단비, 인공지능 기술 전망과 혁신정책 방향: 국가 인공지능 R&D 정책 개선방안을 중심으로(A Prospective Analysis of Artificial Intelligence(AI) Technology

- 존 매카시(John McCarthy, 1956): 인공지능을 지능형 기계를 개발하기 위한 과학과 공학이라고 정의하였다.
- 리차드 벨만(Richard Bellman, 1978): 인공지능을 의사결정, 문제해결, 학습과 같은 인간의 사고과정과 관련된 활동을 자동화하는 것이라고 정의하였다.
- 존 호글랜드(John Haugeland, 1985): 인공지능을 컴퓨터가 생각할 수 있도록 만들어준 흥미진진한 새로운 결과라고 정의하였다.
- 카니악과 맥더못(Eugene Charniak & Drew McDermott, 1985): 인공지능을 기계가 사람처럼 지능을 활용할 수 있는 기술이라고 정의하였다.
- 닐스 닐슨(Nils J. Nilsson, 2009): 인공지능은 기계가 주변 환경을 인지하고, 판단하고, 예측해서 상황에 적절하게 대응하도록 지능을 부여하는 활동[03]이라고 정의하였다.

그림 2-3 인공지능의 발전과정

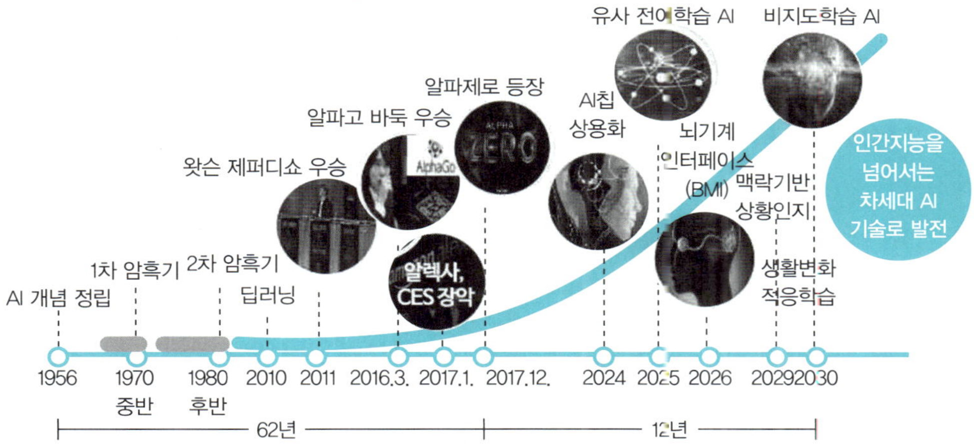

출처: 과학기술정보통신부, I-Korea 4.0 실현을 위한 인공지능(AI) R&D 전략, 2018년 5월

and Innovation Policies: Focused on Improving Korea's National AI R&D Policy), 과학기술정책연구원, 2018, p.7 도표 재정리

03 Nils J. Nilsson, *The Quest for Artificial Intelligence*, 1st Edition, Cambridge University Press, October 1, 2009

이처럼 인공지능 기술은 과거부터 존재하던 기술로 기존 인공지능의 한계를 극복한 딥러닝 기술이 활성화되면서 급격한 발전을 이루게 되었다.[04] 인공지능 발전과정을 간략히 살펴보면 [표 2-1]과 같다.

표 2-1 | 인공지능 기술 발전과정

시기	내용
1940년대	뉴런의 기능 및 작용과 명제 논리에 대한 연구로부터 인공지능의 개념이 등장
1950년대	다트머스 회의를 통해 인공지능이 정의되고 학문으로 연구되기 시작
1960~1970년대	연구개발이 기대와 달리 한계에 봉착함으로써 각국에서 프로젝트가 취소되고 지원이 중단
1980년대	과거에 이론화되었던 개념들의 해법(역전파 알고리즘, 자기조직화지도 등)이 등장하면서 인공지능이 다시 각광받기 시작
1990년대	하드웨어가 기술의 발전을 따라가지 못하면서 기술의 성장이 둔화되었으나, 퍼지 논리와 같은 방법들이 제안되었으며, 산업 현장에서 인공지능 기술들이 응용되기 시작
2000년대	이후 기계학습과 패턴인식 기술이 발달하면서 인공지능이 실제 생활에 본격적으로 적용되기 시작

출처: 김윤정 · 유병운, 인공지능 기술 발전이 가져올 미래 사회 변화, 한국과학기술기획평가원(KISTEP), 2016년 3월 14일 (http://www.kistep.re.kr/c3/sub3_2.jsp?brdType=R&bbIdx=9800)

- 1943년에 워렌 맥클록(Warren McCulloch)과 월터 피츠(Walter Pitts)에 의해 인공신경망의 개념적 토대가 마련되었고, 이후 신경망에서 뉴런의 기능과 작동 논리에 대한 연구가 이루어지기 시작되었다.
- 1950년에 앨런 튜링(Alan Turing)은 기계가 인간과 비슷하게 대화할 수 있는지를 검증할 수 있는 방법을 제안하였다. 1956년에 미국 다트머스대학교에서 컴퓨터 사이언스를 연구하는 존 매카시(John McCarthy),[05] 마빈 민스키(Marvin

04 딥러닝은 데이터 가공에 많은 시간이 소요되고, 딥러닝을 구현하기 위해서는 충분한 수준의 데이터가 존재해야 하며, 딥러닝의 정보처리 프로세스에서 블랙박스(Black Box) 문제가 발생해서 신뢰도가 다소 낮은 단점이 있다.

05 존 매카시(John McCarthy, 1927년 9월 4일~2011년 10월 24일)는 인공지능 분야의 석학으로 1956년에 다트머스 학회에서 인공지능(Artificial Intelligence) 용어를 창안했다.

▮그림 2-4▮인공지능 관련 전문가

프랑크 로젠블라트
(Frank Rosenblatt)

앨런 튜링
(Alan Turing)

제프리 에버레스트 힌턴
(Geoffrey Everest Hinton)

마빈 리 민스키
(Marvin Lee Minsky)

존 매카시
(John McCarthy)

클로드 엘우드 섀넌
(Claude Elwood Shannon)

Lee Minsky), 클로드 엘우드 섀넌(Claude Elwood Shannon)[06] 등이 회의를 통해 인공지능이라는 용어를 최초로 체계화하였고, 인공지능을 학문적으로 논의하기 시작하였다. 1957년 프랑크 로젠블라트(Frank Rosenblatt)는 퍼셉트론(Perceptron)이라는 신경망을 개발하였다.

- 1960년대부터 1970년대 인공지능 연구과정에서 기대와 달리 한계점이 나타나기 시작되면서 인공지능 연구프로젝트가 취소되고 중단되었다. 이 시기 인공지능 연구의 1차 암흑기를 겪게 되었고, 1980년 후반 인공지능 연구의 2차

06 클로드 엘우드 섀넌(Claude Elwood Shannon, 1916년 4월 30일~2001년 2월 24일)은 미국의 수학자이자 전기공학자이다. 그는 1950년대 체스 프로그램을 개발하였다. 이 프로그램은 인공지능 개념이 생겨나기 전에 개발되었고, 미니맥스 전략을 이용해 알고리즘을 구현하였다.

암흑기를 겪게 되었다.

- 1980년대 후반 기존 인공지능의 연구결과에 대한 개념에 대한 새로운 측면의 연구가 시작되었다. 예를 들면, 역전파 알고리즘, 자기조직화지도 등 새로운 측면에서 인공지능 연구가 인기를 얻기 시작하였다.
- 1990년대에는 소프트웨어 기술이 하드웨어 기술을 따라가지 못하게 되면서 인공지능 발전에 한계가 나타났다. 인공지능 구현을 위한 퍼지 논리가 제안되었고, 다양한 산업 부분에서 인공지능 활용이 시작되었다.
- 2000년대에는 새로운 인공지능으로 기계학습 알고리즘과 패턴인식 알고리즘이 연구되면서, 산업 부분에서의 인공지능 기술 활용이 증가하기 시작하였다.
- 2010년대에는 캐나다 토론토대학교의 인지심리학자이자 컴퓨터 공학 연구 분야의 석학인 제프리 에버레스트 힌턴(Geoffrey Everest Hinton) 교수는 기존 인공지능의 한계를 극복한 인공지능 알고리즘인 딥러닝 기술을 개발하였다. 딥러닝은 그동안 활용이 침체되었던 인공지능 기술의 활성화 기반을 제공하였다.
- 2011년 IBM에서는 인공지능 시스템인 왓슨을 개발해 퀴즈쇼인 제퍼디쇼에서 인간보다 인공지능이 우수하다는 것을 보여주었다.
- 2016년 구글의 자회사 딥마인드에서 인공지능 딥러닝 알고리즘에 기반한 알파고 시스템을 구현하였다. 이를 통해 인공지능이 인간지능을 넘어설 수 있다는 것을 확인하였다.
- 2017년 아마존에서 개발한 인공지능 비서인 알렉사가 등장하였고, 기존 알파고 시스템이 개선된 알파제로가 등장하였다. 이를 통해 기존 인공지능 시스템보다 발전된 AI를 구현하게 되었다.
- 2024년 인공지능 기술이 발전해 AI 칩을 개발해서 다양한 분야에서 활용될 것이다.
- 2025년에 인공지능은 유사 전이학습이 가능해질 것이다.
- 2026년에 인공지능은 뇌기계 인터페이스 기술 분야에 활용되어, 인간의 생각을 간파해서 대응할 수 있는 기술 구현이 가능해질 것이다.

- 2029년에 인공지능은 맥락에 기반해 상황을 인지하고, 상황의 변화에 적응하는 학습을 하게 될 것이다.
- 2030년대에 인공지능은 비지도학습에 따라 활용성과가 극대화되고, 인공지능이 인간지능을 넘어서 다양한 부분에서 인공지능 기술이 활용될 것으로 예상되고 있다.

3. 최근 인공지능의 발전

최근 인공지능 기술은 급격한 발전을 이루어졌다. 이승훈(2017)에 의하면 1단계인 2012년부터 2016년 사이에는 인지 컴퓨팅 기술이 발전하였고, 2단계인 2016년부터 현재까지는 학습과 추론 관련 컴퓨팅 기술이 발전하였다. 3단계인 미래에는 행동과 관련된 컴퓨팅 기술이 발전할 것이라고 하였다.

첫째, 2012년에서 2016년 사이에는 대표적인 인공지능 기술로 컴퓨터 비전, 자연어처리, 자연어생성 기술이 급격하게 발전하였다. 이에 따라 인간이 시력을 통해 정보를 확보하는 수준의 인공지능 기술이 발전하게 되었고, 더불어 인간의 언

그림 2-5 인공지능의 발전과정

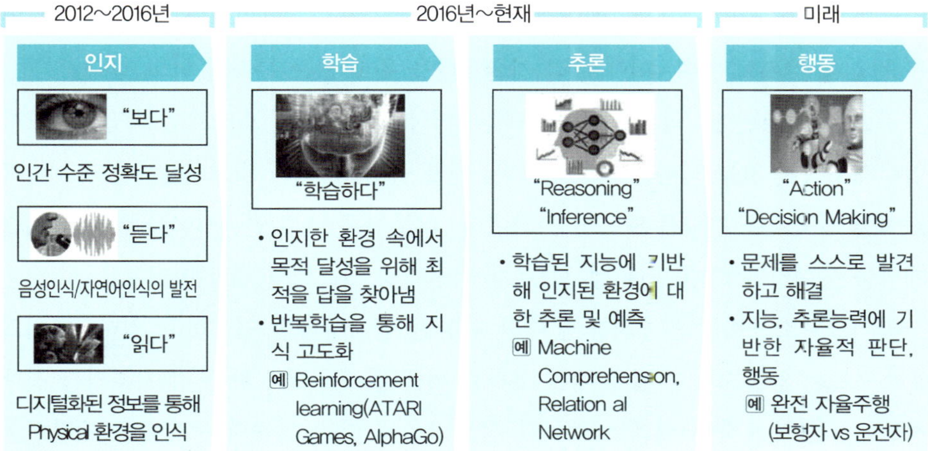

출처: 이승훈, "최근 인공지능 개발 트렌드와 미래의 진화방향", LG경제연구원, 2017년 12월

어에 대한 이해 수준과 마찬가지로 음성을 인식하고 인간의 언어를 인식하게 되었다. 이러한 기술에 기반해 인공지능 시스템은 보다 정확한 인지를 할 수 있게 되었다.

둘째, 2016년 이후에는 인공지능의 성능개선을 위해 데이터에 기반한 학습이 강조될 것이고, 이에 따라 추론을 보다 정확하게 하게 될 것이다. 인공지능 시스템에서 학습은 우리 삶에서 나타난 데이터에 의해 최적의 해답을 찾아갈 수 있게 해준다. 인공지능 시스템은 반복학습을 통해 보다 많은 지식을 확보하게 될 것이다. 이에 따라 인공지능 시스템은 보다 높은 지능을 갖게 될 것이고, 이에 따라 보다 정확한 추론과 예측을 할 수 있게 될 것이다.

셋째, 미래에는 인공지능에 기반한 의사결정과 행동기반 컴퓨팅이 일반화될 것이다. 인공지능은 우리 삶과 관련된 문제를 스스로 발견하고 해결책을 제시할 것이다. 이에 따라 인공지능 시스템은 추론능력에 기반해 자율판단과 행동을 할 수 있게 될 것이다. 예를 들면, 인공지능 시스템에 의한 완전 자율주행이 일반화될 것이고, 이에 따라 운전자들은 보다 편하게 차량 이용이 가능하게 될 것이다.

4. 글로벌 기업의 인공지능 투자와 기술개발

글로벌 기업들(예, 구글, 페이스북, 마이크로소프트 등)은 인공지능에 대한 많은 관심을 가지고 있다. 이에 따라 기술개발을 위해 많은 투자를 하고 있다.

구글은 2014년에 4억 달러를 투자해서 영국의 인공지능 스타트업인 딥마인드를 인수해서 인공지능 역량을 강화하였다. 예를 들면, 우리가 알고 있는 알파고는 대표적인 인공지능 기술을 활용한 성과이다. 더불어 구글은 인공지능을 활용한 기술개발을 용이하게 하기 위해 텐서플로우 머신러닝 시스템을 개발하였다.

마이크로소프트는 인공지능에 대한 다양한 벤처투자를 진행하고 있다. 마이크로소프트는 인공지능 기업에 대한 투자를 위해 펀드를 조성하고, 벤처투자를 진행하고 있다. 대표적인 사례로 캐나다 몬트리올에 있는 인공지능 기술을 개발하는 스타트업인 엘리먼트 AI(Element AI)에 대한 투자를 하였고, 더불어 인공지능 기술을 활용해 요약 서비스를 제공하는 앙골로(Angolo)에 투자하였다. 또한 마이크로소프트가 인수한 스카이프(Skype)는 인공지능 기술을 이용한 음성과 텍스트 상호 간에 실시간 교차 번역 기술을 개발하였다.

IBM은 인공지능 분야의 경쟁력 있는 기업 중 하나이다. IBM 왓슨은 사진, 동영상, 텍스트 등에서 의미 있는 정보를 추출해서 학습하여 다양한 분야에서 고도의 전문성을 보여줄 수 있는 인공지능 서비스를 제공하고 있다. 예를 들면, 2011년에 IBM에서 개발한 인공지능 왓슨은 제퍼디 퀴즈쇼에서 사람보다 높은 지능을 가진 컴퓨터를 통해 퀴즈쇼에서 승리를 거두어 세상을 놀라게 했다. 현재 IBM 왓슨은 헬스케어 분야에서도 탁월한 성과를 보여주고 있다.

페이스북은 소셜 네트워크 서비스를 제공하는 기업으로 인공지능 기술을 활용한 다양한 서비스를 준비 중이다. 예를 들면, 시각 장애인을 위한 사진에 대한 이해도를 높이기 위해 사진에 대해 설명해주는 서비스를 제공하고 있다. 더불어 페이스북은 이용자들이 원하는 것을 찾아내기 위해 인공지능 딥러닝 기술을 개발하였다. 더불어 페이스북은 인공지능 기술을 이용해 인물을 판별하는 기술을 개발하였다.

스포티파이는 이용자들이 원하는 음악을 들을 수 있도록 음원 서비스를 제공하는 비즈니스를 수행하고 있다. 스포티파이는 이용자들에게 인공지능 기술을 이용해 음악 추천 서비스를 제공하기 위해 마이티TV(MightTV)와 닐랜드(Niland)를 인수하였다.

제 2 절 인공지능 기술 소개: 인공지능, 기계학습, 딥러닝

1. 인공지능 기술의 관계

인공지능은 컴퓨터가 사람과 같이 생각하고 판단할 수 있는 기술이다. 초기 인공지능은 여러 가지 한계가 많았는데, 머신러닝 기술이 나오면서 성과가 개선되었다. 이후 딥러닝이 나오면서 학습성과가 높아지면서 다양한 분야에 폭넓게 활용되기 시작하였다. 즉, 인공지능은 세 가지 체계를 가지고 있는데, 인공지능 범주는 상위 개념으로 인공지능(Artificial Intelligence), 중위 개념으로 기계학습(Machine Learning), 하위 개념으로 딥러닝(Deep Learning)으로 체계화할 수 있다.

첫째, 초기 인공지능에는 지식공학(Knowledge Engineering), 퍼지이론(Fuzzy Theory), 유전자 알고리즘(Genetic Algorithm), 전문가 시스템(Expert System) 등이 있다. 둘째, 기존 인공지능이 발전된 기계학습 인공지능에는 K-NN(K-Nearest Neighbor Algorithm), 의사결정나무(Decision Tree), K-평균 알고리즘(K-means Clustering Algorithm), SVM(Support Vector Machine), 나이브 베이지언(Naïve Bayesian) 등이 있다. 셋째, 최근 성과를 개선한 딥러닝 인공지능에는 CNN(Convolutional Neural Network), DBN(Deep Belief Network), RNN(Recurrent Neural Network), LSTM(Long Short Term Memory Network), GNN(Generative Adversarial Network) 등이 있다.

인지과학 분야에서 활용되는 머신러닝은 세 가지 학습방법에 의해 작동된다. 첫

▌그림 2-6▐ 인공지능과 머신러닝, 딥러닝의 관계

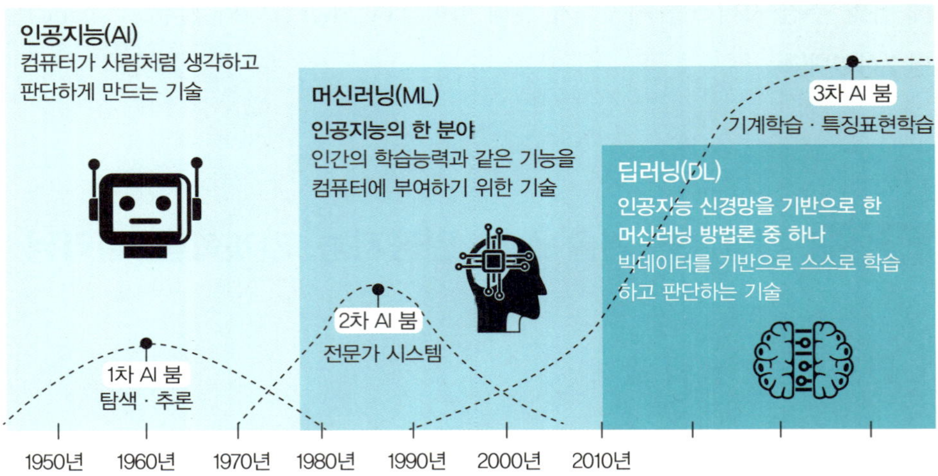

출처: 전혜정, AI랑 산다 #1 인공지능 역사로 알아보는 핵쉬운 용어사전, LG 전자 소셜 매거진 (https://live.lge.co.kr/live_with_ai_01/)

째, 지도학습은 원인변수와 결과변수를 알려주고, 결과에 기반해 학습하는 방법이다. 지도학습은 주로 예측이나 분류 분야에 활용된다. 둘째, 비지도학습은 결과변수 없이 원인변수만으로 유사한 특성을 가지고 있는 군집을 형성하는 데 활용된다. 비지도학습은 연관관계를 파악하거나 또는 군집을 형성하는 데 활용된다. 셋째, 강화학습은 보상과 벌칙을 통해 시행착오를 거쳐 학습하는 방법을 의미한다. 강화학습은 학습에 따른 시간이 많이 소요되는 한계점이 존재한다. 대표적인 강화학습 사례로는 알파고 사례가 있다. 알파고는 바둑을 두는 과정을 반복적으로 학습함으로써 인간보다 월등한 바둑 실력을 확보했다.

그림 2-7 머신러닝의 학습방법

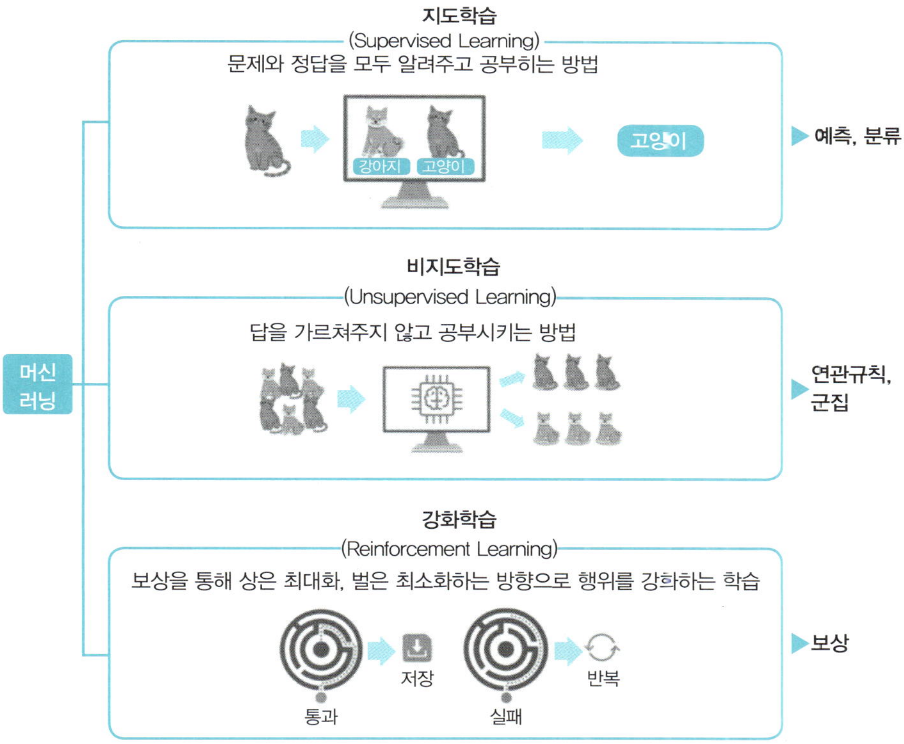

출처: 전혜정, AI랑 산다 #1 인공지능 역사로 알아보는 핵쉬운 용어사전, LG 전자 소셜 매거진 (https://live.lge.co.kr/live_with_ai_01/)

2. 인공지능의 성능과 인지능력

미래사회에는 4차 산업혁명 기술 발전에 따라 인공지능 시스템의 성능과 인지능력이 지속적으로 개선될 것이다. 정보통신기획평가원(2020)에 의하면 미래 인공지능 청사진을 제시하면서 인공지능 시스템의 성능을 3단계로 제시하였고, 인공지능 시스템의 인지능력을 4단계로 제시하였다. 각각의 구체적인 특성은 [그림 2-8]과 같다.

▌그림 2-8 ▌인공지능 발전 추세

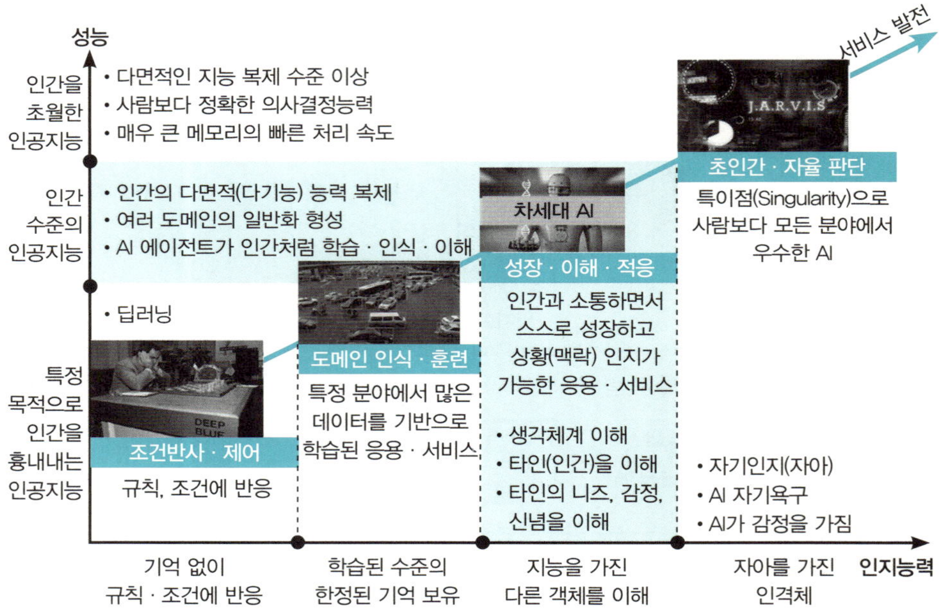

출처: 정보통신기획평가원, 인공지능 청사진 2030, 2020년 12월

(1) 인공지능 시스템 성능

- 1단계: 특정 목적으로 인간을 모방하는 인간지능
- 2단계: 인간 수준의 인공지능
- 3단계: 인간을 초월한 인공지능

1단계는 딥러닝이 일반화되는 시기로 조건반사, 규칙에 의한 제어, 조건에 따른 반응이 이루어진다. 인공지능 시스템은 특정한 영역에서 데이터를 수집해서 학습함으로써 다양한 응용 서비스를 제공한다.

2단계에서 인공지능 시스템은 인간과 마찬가지로 다양한 지능을 활용할 수 있고, 여러 영역에서 일반화된 지능을 가지며, 인공지능 에이전트가 사람과 마찬가지로 학습하고, 인식하고, 이해할 수 있다. 또한 인공지능 시스템은 사람과 마찬가지로 생각하는 인지능력을 갖게 되고, 다른 사람들을 이해하고, 사람들의 욕구와 감정, 신념을 이해하게 된다. 예를 들면, 차세대 인공지능은 지속적으로 성장하며 사람들을 이해하고 상황에 적응할 수 있는 능력을 확보하게 된다. 이 단계는 인공지능 시스템이 사람과 커뮤니케이션을 하면서 스스로 학습을 통해 성장하고, 상황을 인지하고, 이에 기반한 응용 서비스를 제공한다.

3단계에서 인공지능 시스템은 다양한 측면의 지능을 갖게 되고, 사람보다 더 정확한 의사결정을 하게 되며, 또한 빠른 속도로 데이터를 처리할 수 있는 지능을 갖게 된다. 또한 인공지능 시스템의 인지능력은 자기인지능력을 갖게 되고, 자기욕구와 감정을 갖게 된다. 예를 들면, 이 단계의 인공지능 시스템은 인간의 수준을 넘어서 자율판단을 할 수 있는 지능을 갖게 된다. 이 시기의 특이사항으로는 사람의 지능과 비교해서 다양한 분야에서 인공지능이 탁월한 성과를 보인다.

(2) 인공지능 시스템의 인지능력

- 1단계: 기억 없이 규칙 및 조건에 반응하는 인지능력
- 2단계: 학습된 수준의 한정된 기억을 보유하는 인지능력
- 3단계: 지능을 가진 다른 객체를 이해하는 인지능력
- 4단계: 자아를 가진 인격체의 인지능력

제3절 인공지능 주요 연구 이슈 및 분류

1. 인공지능 연구 트렌드

현재 사회 변화에 발맞추어 인간과 인공지능과의 상호작용 연구가 활발하게 이루어지고 있다. 기술 발전에 따라 사물인터넷에 기반한 데이터 생성과 수집이 이루어지고, 실시간 데이터 수집 및 분석이 가능해지면서 고객들의 요구사항을 충족할 수 있는 서비스에 대한 연구가 다수 이루어지고 있다. 현재 인공지능 분야에서 관심을 받고 있는 10대 연구 분야는 [그림 2-9]와 같다.[07]

그림 2-9 분야별 인공지능 리서치 트렌드

출처: 한국정보화진흥원, 인공지능 발전이 가져올 2030년의 삶(Artificial Intelligence and Life in 2030), NIA Special Report 2016-4, 2016년 10월 4일

① **대규모 머신러닝:** 많은 양의 데이터 작업을 위해 기존 인공지능 알고리즘을 확장하고 학습 알고리즘을 설계한다.

② **자연어처리:** 기존 정형화된 요청에 대한 반응을 넘어 상황에 따라 상호작용할 수 있는 시스템 개발을 가능하게 한다.

---

07 한국정보화진흥원, 인공지능 발전이 가져올 2030년의 삶(Artificial Intelligence and Life in 2030), NIA Special Report 2016-4, 2016년 10월 4일

③ **딥러닝**: 기존 인공지능을 개선한 알고리즘으로 이미지 인식, 행동인식, 비디오 라벨링을 넘어 음성인식과 자연어처리를 할 수 있게 한다.

④ **협업 시스템**: 인공지능 시스템과 사람과의 협업 가능한 자동화 시스템 개발을 위한 모델이다.

⑤ **강화학습**: 인공지능(AI) 애플리케이션의 실용성을 높이기 위한 경험에 기반한 의사결정능력을 개발하게 한다.

⑥ **크라우드소싱과 휴먼 컴퓨테이션**: 기존 컴퓨터가 해결할 수 없는 문제를 해결하기 위해 사람의 지능을 활용해 시스템을 보완하는 기술이다.

⑦ **로보틱스**: 인공지능 기술을 활용해 주변 환경에 일관되고 예측 가능한 대응을 할 수 있고, 상호작용을 통해 인간과 로봇 사이의 커뮤니케이션이 가능하게 하는 분야이다.

⑧ **사물인터넷**: 센서를 통해 다수의 디바이스를 무선으르 연결해서 정보를 수집하고, 서버로 전송해 활용하는 기술이다. 최근 사물인터넷 기술은 인공지능 기술과 빅데이터 기술과의 연계를 통해 새로운 서비스를 제공하고 있다.

⑨ **컴퓨터 비전 기술**: 이미지와 영상의 정보를 추출해서 활용할 수 있도록 해준다.

⑩ **뉴로모픽 컴퓨팅**: 컴퓨터 하드웨어 시스템의 효율성을 높이기 위해 생물학적 신경망을 구현해주는 기술이다.

2. 인공지능 기술 분류

인공지능은 다양하게 분류할 수 있다. 정보통신기획평가원(2020)의 인공지능 청사진에 의한 분류체계를 살펴보면 다음과 같다.

- 인공지능은 성장하는 AI와 사회 친화적 AI가 있다.
- 성장하는 AI에는 깊이 성장 AI, 범위 확장 AI, 지속 성장 AI가 있다.
- 사회 친화적 AI에는 신뢰성 있는 AI, 소통하는 AI, 공감하는 AI가 있다.
- 깊이 성장 AI에는 자기지도학습, 메타학습, 강화학습이 있다.
- 범위 확장 AI에는 지식기반 추론, 상식기반 추론, 실세계 변화 적용 기술, 절

차적 지식이 있다.

- 지속 성장 AI에는 학습역량 진단 및 개선, 평생학습, 뇌인지 발달 모사, 연합학습, 모델 경량화가 있다.
- 신뢰성 있는 AI에는 설명 가능한 AI, 견고한 AI, 공정한 AI이 있다.
- 소통하는 AI에는 단일감각지능 고도화, 복합대화 기술, 에이전트 간 협업 기술이 있다.
- 공감하는 AI에는 다중감각 인지, 교감형 AI, 행동지능이 있다.

표 2-2 인공지능 지식 분류

<table>
<tr><th>대분류</th><th>중분류</th><th>소분류(대상 기술)</th><th>정의</th></tr>
<tr><td rowspan="12">성장하는 AI</td><td rowspan="3">깊이 성장 AI</td><td>자기지도학습</td><td>소량의 데이터 학습을 위해 사전 지도 없이 확보된 데이터에 대해 스스로 규칙을 만들고 검증 · 보완</td></tr>
<tr><td>메타학습</td><td>소량의 데이터 학습을 위해 효율적인 학습방법을 학습</td></tr>
<tr><td>강화학습</td><td>이미 학습된 지능을 다양한 제한조건과 반응 · 작용하며 최적화</td></tr>
<tr><td rowspan="4">범위 확장 AI</td><td>지식기반 추론</td><td>학습된 지식에 들어있는 개념과 인과관계를 학습 · 추론하여 확장</td></tr>
<tr><td>상식기반 추론</td><td>학습이 필요치 않은 실세계 상식을 이용해 추론하여 확장</td></tr>
<tr><td>실세계 변화 적용 기술</td><td>학습되지 않은 실세계 환경에서 발생한 새로운 문제 적응을 통한 확장</td></tr>
<tr><td>절차적 지식</td><td>일련의 절차를 수행하여 업무 목표를 달성 가능할 때 필요한 지식</td></tr>
<tr><td rowspan="5">지속 성장 AI</td><td>학습역량 진단 및 개선</td><td>역량과 전략을 스스로 평가 · 진단하는 방안을 마련하고 역량이 부족하다고 판단되는 경우 부족한 지능을 개선</td></tr>
<tr><td>평생학습</td><td>새로운 데이터가 발생할 때마다 이를 자동으로 학습함으로써 지속적으로 지식을 축적 · 성장</td></tr>
<tr><td>뇌인지 발달 모사</td><td>인간의 뇌인지 발달과정 모사를 통해 끊임없이 학습하고 성장 · 진화하는 기술을 개발</td></tr>
<tr><td>연합학습</td><td>중앙 서버 지능과 로컬 디바이스 지능이 상호 협업, 학습하여 문제를 해결</td></tr>
<tr><td>모델 경량화</td><td>컴퓨팅 자원과 데이터를 효율적으로 활용하기 위해 학습 모델을 최적의 조건으로 경량화 추진</td></tr>
</table>

<table>
<tr><td rowspan="9">사회
친화적
AI</td><td rowspan="3">신뢰성
있는
AI</td><td>설명 가능한 AI</td><td>모델의 예측결과 의사결정의 근거에 대해 사용자가 납득할 수 있는 수준의 설명이 가능한 지능</td></tr>
<tr><td>견고한 AI</td><td>외부의 공격 또는 AI 모델 자체의 각종 잠재적 취약성에 견고한 지능</td></tr>
<tr><td>공정한 AI</td><td>법 · 윤리적으로 특정 이해당사자에 편향적 · 차별적이지 않고 공정한 판단이 가능한 지능</td></tr>
<tr><td rowspan="3">소통
하는
AI</td><td>단일감각지능
고도화</td><td>단일감각지능(언어 · 청각 · 시각)의 고도화</td></tr>
<tr><td>복합대화 기술</td><td>음성, 표정, 동작, 제스처 등을 종합적으로 인지하여 상대방의 의도를 이해 · 표현</td></tr>
<tr><td>에이전트 간
협업 기술</td><td>에이전트 간 학습 경험을 공유하거나 협력하여 주어진 문제를 빠르고 효율적으로 해결</td></tr>
<tr><td rowspan="3">공감
하는
AI</td><td>다중감각인지</td><td>주변 환경, 분위기, 손짓발짓 등 다중 입력을 표현 · 학습하고 상황을 종합적으로 이해 · 판단</td></tr>
<tr><td>교감형 AI</td><td>표정, 의도 등 정서적 교감을 위해 필요한 감성 인지 · 표현</td></tr>
<tr><td>행동지능</td><td>복합지능의 표현 순서나 로봇의 동작 등 의사결정된 임무를 실행하기 위한 일련의 절차를 수행하는 지능</td></tr>
</table>

출처: 정보통신기획평가원, 인공지능 청사진 2030, 2020년 12월

각각의 소분류형 인공지능에 대해 살펴보면 다음과 같다.

(1) 깊이 성장 AI

- 자기지도학습은 적은 양의 데이터 학습을 위해 사전에 지도 없이 확보된 데이터에 대해 스스로 규칙을 만들고 검증 및 보완하는 특성이 있다.
- 메타학습은 적은 양의 데이터 학습을 위해 효율적인 학습방법을 구현하고 있다.
- 강화학습은 이전에 학습된 지능을 다양한 제약조건과 반응하고 작용하며 최적화를 수행한다.

(2) 범위 확장 AI

- 지식기반 추론 기술은 학습된 지식에 들어있는 개념과 인과관계를 학습 · 추

론하여 확장한다.

- 상식기반 추론 기술은 학습이 필요치 않은 실세계 상식을 이용해 추론하여 확장한다.
- 실세계 변화 적응 기술은 학습되지 않은 실세계 환경에서 발생한 새로운 문제 적응을 통해 확장한다.
- 절차적 지식은 일련의 절차를 수행하여 업무 목표를 달성 가능할 때 필요한 지식이다.

(3) 지속 성장 AI

- 학습역량은 진단 및 개선은 역량과 전략을 스스로 평가 · 진단하는 방안을 마련하고 역량이 부족하다고 판단되는 경우 부족한 지능을 개선한다.
- 평생학습은 새로운 데이터가 발생할 때마다 이를 자동으로 학습함으로써 지속적으로 지식을 축적 및 성장시킨다.
- 뇌인지 발달 모사는 인간의 뇌인지 발달과정 모사를 통해 끊임없이 학습하고 성장 · 진화하는 기술을 개발한다.
- 연합학습은 중앙의 서버 지능과 로컬 디바이스의 지능이 상호 협업, 학습하여 문제를 해결한다.
- 모델 경량화 기술은 컴퓨팅 자원과 데이터를 효율적으로 활용하기 위해 학습 모델을 최적의 조건으로 경량화를 추진한다.

(4) 신뢰성 있는 AI

- 설명 가능한 AI는 모델의 예측결과 의사결정의 근거에 대해 사용자가 납득할 수 있는 수준의 설명이 가능한 지능이다.
- 견고한 AI는 외부의 공격 또는 AI 모델 자체의 각종 잠재적 취약성에 견고한 지능이다.
- 공정한 AI는 법적 · 윤리적으로 특정 이해당사자에 편향적이지 않고, 차별적이지 않고 공정한 판단이 가능한 지능이다.

(5) 소통하는 AI

- 단일감각지능 고도화 기술은 단일감각지능(언어, 청각, 시각)의 고도화를 이용한 기술이다.
- 복합대화 기술은 음성, 표정, 동작, 제스처 등을 종합적으로 인지하여 상대방의 의도를 이해 및 표현한다.
- 에이전트 간 협업 기술은 에이전트 간 학습 경험을 공유하거나 협력하여 주어진 문제를 빠르고 효율적으로 해결한다.

(6) 공감하는 AI

- 다중감각인지 기술은 주변 환경, 분위기, 손짓발짓 등 다중 입력을 표현하고, 학습하고 상황을 종합적으로 이해 · 판단한다.
- 교감형 AI는 표정, 의도 등 정서적 교감을 위해 필요한 감성을 인지하고 표현한다.
- 행동지능은 복합지능의 표현 순서나 로봇의 동작 등 의사결정된 임무를 실행하기 위한 일련의 절차를 수행하는 지능이다.

3. 알고리즘 관점의 인공지능 분류

인공지능 알고리즘을 분류하는 중요한 두 가지 기준으로는 인식과 분석이 있다. 인식은 이미지 영상처리, 신호처리, 텍스트 언어처리로 구분할 수 있고, 분석은 분류, 군집화, 생성 및 의사결정으로 구분할 수 있다. 각각의 알고리즘은 다음과 같다.

▌표 2-3 ▌ 인공지능 기술 분류체계: 알고리즘 관점

Level 1	2. 분석									
	Level 2	분류 (classification)			군집화 (clustering)			생성 및 의사결정 (genaration/decision–making)		
		비 기계학습	기계학습		비 기계학습	기계학습		비 기계학습	기계학습	
			비 신경망	신경망 (딥러닝)		비 신경망	신경망 (딥러닝)		비 신경망	신경망 (딥러닝)
1. 인식	이미지 · 영상	SIFT, SURF	Linear Regre-ssion, SVM, HMM, GMM, NNV	CNN, CNN +(a) GAN	Rule –based model	k–means, Fuzzy–C means, GMM, CRF	CNN, GAN	Wiener filter	GMM, CRF	CNN, RNN, DQN, DRQN, A3C, TRPO, DDPG, GAN
	신호	DTW, VQ, Quanti-zation	Linear Regre-ssion, GPR, SVM, HMM, Random Forest	RNN, RNN +(a) DBN	N–gram model, Rule–based model	K–means GMM, HMM, Kalman filter	RNN (LSTM), VAE, GAN	Time–series model	ADP, TD–learning, Kalman filter, Particle filter	DQN, DRQN, A3C, TRPO, DDPG, CNN, RNN
	텍스트 · 언어	Dictiona-ry–based model	HMM, LDA, MNB	CNN, RNN, RNN +(a) RNNLM	Rule –based model	LSA, PLSA	CNN, RNN, GAN	LP, GA	Q–learning	RNN, GAN, VAE

출처: 양희태 · 최병삼 · 이제영 · 장훈 · 백서인 · 김단비, 인공지능 기술 전망과 혁신정책 방향: 국가 인공지능 R&D 정책 개선방안을 중심으로(A Prospective Analysis of Artificial Intelligence(AI) Technology and Innovation Policies: Focused on Improving Korea's National AI R&D Policy), 과학기술정책연구원, 2018

제4절 인공지능 산업 및 소프트웨어 분류

1. 인공지능 산업 분류체계

인공지능 산업은 인공지능 기술을 이용해서 새로운 상품과 서비스를 제공하는 산업을 의미한다. 일반적으로 인공지능 기술은 생산, 유통, 서비스 등 다양한 부분에서 부가가치를 창출하고 있다.

표 2-4 인공지능 산업 분류체계

대분류	중분류	개념 및 예시
1. 인공지능 소프트웨어 개발 및 공급업	11. 인공지능 시스템 소프트웨어 개발 및 공급업	인공지능 기술을 구현하기 위한 범용 소프트웨어 및 도구(엔진, APLS, 프레임워크)를 개발 · 공급하는 산업활동 예 • 클라우드 머신러닝 플랫폼 • 설치형 머신러닝 플랫폼
	12. 인공지능 응용 소프트웨어 개발 및 공급업	인공지능 기술을 적용하여 산업에서 발생하는 문제를 해결하거나 사업체 내부의 생산성 및 효율성을 향상하기 위한 소프트웨어를 개발 · 공급하는 산업활동 예 • 대화형 인공지능 • 컴퓨터 비전 • 감정인식 • 지능형 자동화 • 추천 엔진 • 자율주행 소프트웨어
2. 인공지능 구축 · 관리 및 관련 정보 서비스업		인공지능 기술 · 시스템 도입을 위해 구축 및 관리 서비스를 제공하거나 관련 정보 서비스를 제공하는 산업활동 예 • 인공지능 컨설팅 • 인공지능 시스템 통합 • 인공지능 시스템 관리 • 인공지능 클라우드 컴퓨팅 • 인공지능 정보 서비스
3. 인공지능 연산 및 처리 부품 · 장치 제조업		인공지능 연산 · 처리능력을 향상하기 위한 부품 및 장치를 제조하는 산업활동 예 • 인공지능 전용 칩

출처: 2020 인공지능산업 실태조사, 과학기술정보통신부, 정보통신산업진흥원, 소프트웨어정책연구소, 지능정보산업협회, 2020

첫째, 인공지능 소프트웨어 개발 및 공급업은 두 가지로 구분된다. 하나는 인공지능 시스템 소프트웨어 개발 및 공급업이고, 다른 하나는 인공지능 응용 소프트웨어 개발 및 공급업이다. 인공지능 시스템 소프트웨어 개발 및 공급은 인공지능 기술 구현을 위한 범용 소프트웨어인 엔진, API, 프레임워크를 개발하는 산업이다. 여기에는 클라우드 머신러닝 플랫폼, 설치형 머신러닝 플랫폼이 있다. 인공지능 응용 소프트웨어 개발 및 공급업으로는 인공지능 기술을 활용해서 비즈니스 문제를 해결해 생산성과 효율성을 높이는 소프트웨어를 개발하는 활동이다. 여기에는 대화형 인공지능 시스템, 컴퓨터 비전 기술, 감정인식 기술, 추천 엔진, 자율주행 소프트웨어 등이 있다.

둘째, 인공지능 구축, 관리, 관련된 정보서비스업은 인공지능 기술을 활용해 서비스를 제공하는 산업활동이다. 여기에는 인공지능 컨설팅, 인공지능 시스템 통합, 인공지능 시스템 관리, 인공지능 클라우드 컴퓨팅, 인공지능 정보 서비스가 있다.

셋째, 인공지능 연산 및 처리 부품, 장치 제조업은 인공지능을 이용해 연산 및 처리능력을 개선하기 위한 디바이스를 제공하는 활동이다. 여기에는 인공지능 전용 칩을 개발하는 산업이 있다.

2. 인공지능 응용 소프트웨어 예시[08]

인공지능 소프트웨어 개발업체들은 인공지능 기술을 이용해서 산업체 내부에서 발생하는 문제를 해결하거나 업무 프로세스의 효율성을 높이기 위해 기술개발을 하고 있다. 예를 들면, 대화형 인공지능 기술, 컴퓨터 비전 기술, 감성인식, 지능형 자동화 기술, 추천 엔진 기술, 자율주행 소프트웨어 기술 등이 활용되고 있다. 각각에 대해 상세히 살펴보면 다음과 같다.

08 2020 인공지능산업 실태조사, 과학기술정보통신부, 정보통신산업진흥원, 소프트웨어정책연구소, 지능정보산업협회, 2020

표 2-5 인공지능 응용 소프트웨어 기술

구분	설명
대화형 인공지능 시스템	대화형 인공지능 시스템은 인공지능 시스템이 언어를 인지해서 대화할 수 있는 시스템이다. 대화형 시스템은 지속적인 상호작용 기능을 제공한다.
컴퓨터 비전 기술	컴퓨터 비전 기술은 시각적 자료에서 객체를 분류하고, 객체 사이의 관계를 파악하고, 맥락을 이해하는 인공지능 기술을 활용하는 응용 소프트웨어이다.
감정인식 기술	감정인식 기술이란 사람들의 음성, 표정, 행동 등 다양한 맥락 정보를 이용하여 사람들의 감정을 파악하는 응용 소프트웨어 기술이다.
지능형 자동화 기술	지능형 자동화 기술은 인공지능 알고리즘을 이용하여 수동적인 업무 또는 반복적인 업무를 자동화하거나 보다 잘 처리되도록 소프트웨어를 설계하여, 업무 프로세스를 대체할 수 있는 응용 소프트웨어이다.
추천 엔진 기술	추천 엔진 기술은 인공지능 알고리즘을 이용하여 데이터를 분석해서 개인화된 맞춤형 콘텐츠 제품, 서비스를 추천할 수 있다.
자율주행 소프트웨어 기술	자율주행 소프트웨어 기술은 인공지능 기술을 이용하여 자동차의 방향, 제동, 가속 등 운전과 관련된 기능을 지원하는 기술이다.

출처: 2020 인공지능산업 실태조사, 과학기술정보통신부, 정보통신산업진흥원, 소프트웨어정책연구소, 지능정보산업협회, 2020 수정인용

(1) 대화형 인공지능 시스템

대화형 인공지능 시스템은 인공지능 시스템이 언어를 인지해서 대화를 할 수 있는 시스템이다. 대화형 시스템은 지속적인 상호작용 기능을 제공한다. 이 시스템에는 음성인식 기술과 자연어처리 기술이 활용된다. 대표적인 대화형 인공지능 시스템으로는 챗봇과 가상비서 솔루션 등이 있다.

그림 2-10 대화형 인공지능

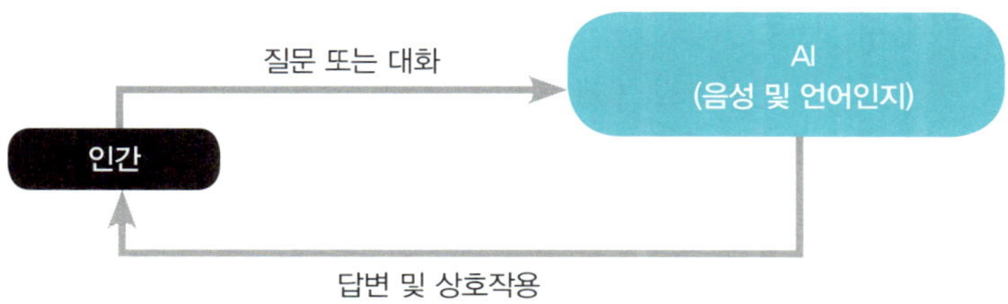

출처: 2020 인공지능산업 실태조사, 과학기술정보통신부, 정보통신산업진흥원 소프트웨어정책연구소, 지능정보산업협회, 2020

(2) 컴퓨터 비전 기술

컴퓨터 비전 기술은 시각적 자료에서 객체를 분류하고, 객체 사이의 관계를 파악하고 맥락을 이해하는 인공지능 기술을 활용하는 응용소프트웨어이다. 컴퓨터 비전 기술을 이용하는 이미지인식 솔루션으로는 헬스케어 분야에서 활용되는 엑스레이(X-ray) 진단 시스템이 있고, 제조업체에서 불량품을 식별하는 데 활용되고 있다.

▌그림 2-11▌컴퓨터 비전

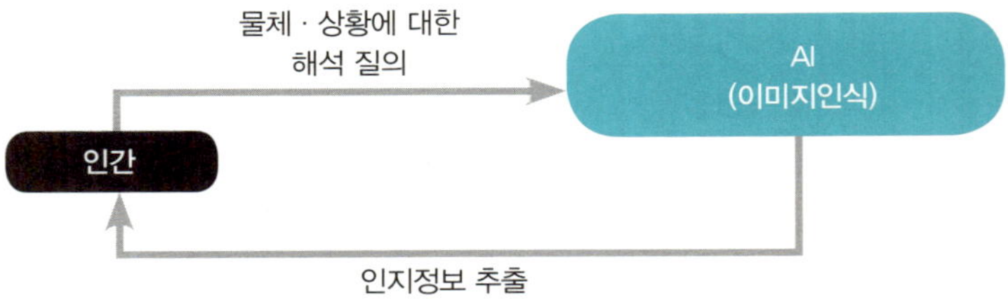

출처: 2020 인공지능산업 실태조사, 과학기술정보통신부, 정보통신산업진흥원, 소프트웨어정책연구소, 지능정보산업협회, 2020

(3) 감정인식 기술

감정인식 기술이란 사람들의 음성, 표정, 행동 등 다양한 맥락 정보를 이용하여 사람들의 감정을 파악하는 응용 소프트웨어 기술이다. 대표적인 감정인식 기술이 적용된 분야로는 인공지능 면접 소프트웨어, 심리상태 분석 소프트웨어, 미디어 콘텐츠 장르 추정 프로그램 등이 있다.

▌그림 2-12▌감정인식 기술

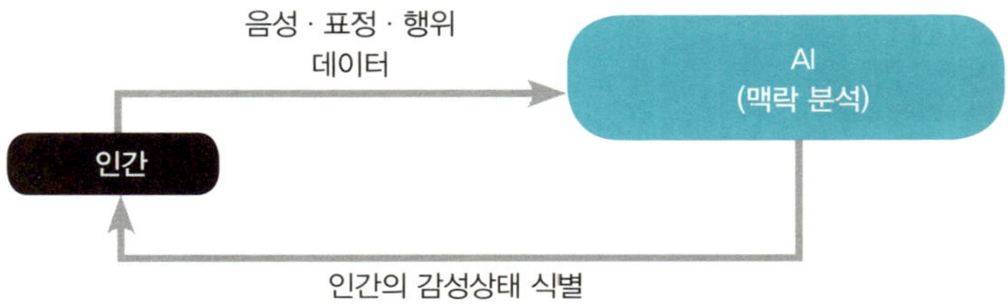

출처: 2020 인공지능산업 실태조사, 과학기술정보통신부, 정보통신산업진흥원, 소프트웨어정책연구소, 지능정보산업협회, 2020

(4) 지능형 자동화 기술

지능형 자동화 기술은 인공지능 알고리즘을 이용하여 수동적인 업무 또는 반복적인 업무를 자동화하거나 보다 잘 처리되도록 소프트웨어를 설계하여 업무 프로세스를 대체할 수 있는 응용 소프트웨어 기술이다. 일반적으로 지능형 자동화 솔루션은 사무자동화 솔루션과 공장자동화 솔루션으로 구분된다. 대표적인 사무자동화 솔루션으로는 ERP 시스템이 있는데, 오늘날 ERP 시스템에는 인공지능 기술이 적용되고 있다. 더불어 공장자동화 시스템에는 물류 로봇, 다품종 소량생산 지원 시스템 등이 있는데, 이러한 시스템에도 인공지능 기술이 적용되고 있다.

▌그림 2-13▐ 지능형 자동화 기술

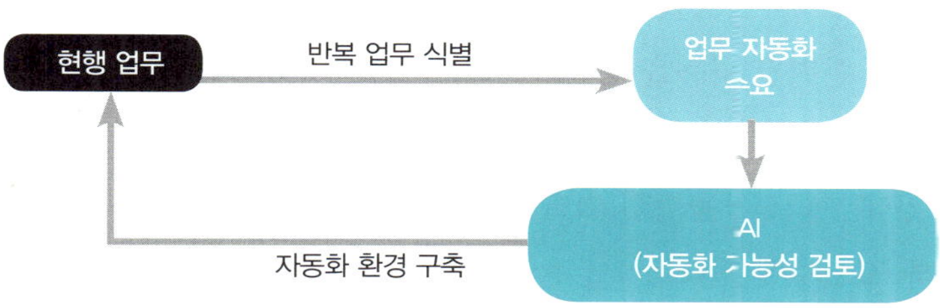

출처: 2020 인공지능산업 실태조사, 과학기술정보통신부, 정보통신산업진흥원, 소프트웨어정책연구소, 지능정보산업협회, 2020

(5) 추천 엔진 기술

추천 엔진 기술은 인공지능 알고리즘을 이용하여 데이터를 분석해서 개인화된 맞춤형 콘텐츠 제품, 서비스를 추천할 수 있다. 대표적인 추천 시스템으로는 음악을 추천해주는 서비스, 영상을 추천해주는 서비스, 도서를 추천해주는 서비스 등이 있다.

▮ 그림 2-14 ▮ 추천 엔진 기술

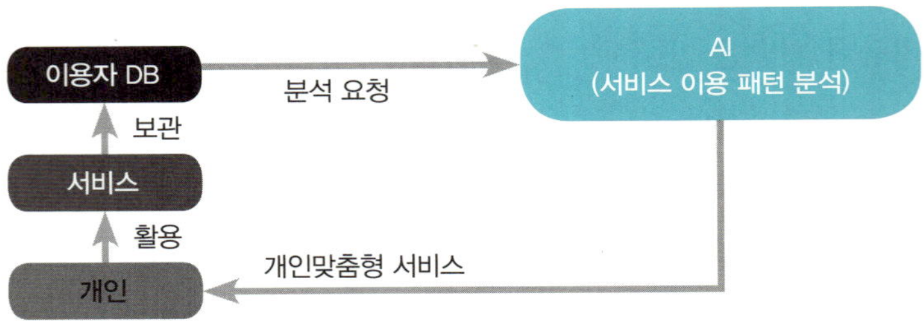

출처: 2020 인공지능산업 실태조사, 과학기술정보통신부, 정보통신산업진흥원, 소프트웨어정책연구소, 지능정보산업협회, 2020

(6) 자율주행 소프트웨어 기술

자율주행 소프트웨어 기술은 인공지능 기술을 이용하여 자동차의 방향, 제동, 가속 등 운전과 관련된 기능을 지원하는 기술이다. 대표적인 자율주행 솔루션으로는 운전자의 운전을 보조해서 차선 이탈을 예방하는 시스템, 주차 지원을 하는 시스템 등이 있다. 현재 자율주행 기술은 완전한 자율주행을 위해 기술개발을 지속하고 있고 테스트 중에 있다.

▮ 그림 2-15 ▮ 자율주행 소프트웨어 기술

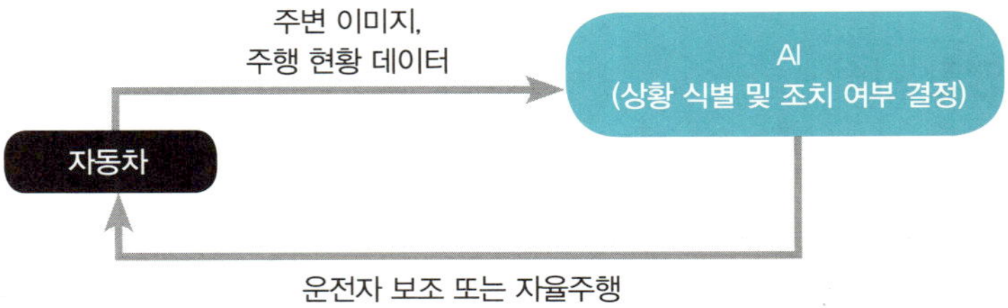

출처: 2020 인공지능산업 실태조사, 과학기술정보통신부, 정보통신산업진흥원, 소프트웨어정책연구소, 지능정보산업협회, 2020

제5절 인공지능 관련 직무

인공지능 기술이 사회 전반에서 활용되고 기업 전반에서 활용됨에 따라 인공지능에 특화된 직무가 나타나게 되었다. 인공지능과 관련된 직무에는 다양한 직군이 존재한다. 대표적인 인공지능 업무 관련 직군은 여섯 가지로 구분된다. 각각에 대해 살펴보면 다음과 같다.

첫째, 인공지능 프로젝트 관리자는 인공지능과 관련되어 진행되는 프로젝트를 총괄하는 직무이다.

둘째, 인공지능 컨설턴트는 인공지능 시스템 도입 및 구축, 활용과 관련되어 보다 효율성과 효과성을 높일 수 있도록 컨설팅을 수행하는 직무이다.

셋째, 인공지능 개발자는 인공지능 영역에서 전문적인 지식과 경험을 기반으로 제품, 서비스, 인프라스트럭처를 개발하는 직무이다.

넷째, 인공지능 시스템 운영 및 관리자는 인공지능 시스템을 보다 효율적으로 운영하고 관리하기 위한 유지보수 업무를 수행하는 직무이다. 예를 들면, 시스템 관리, 기술지원, 교육, 품질보증 등과 같은 업무가 있다.

다섯째, 데이터 가공, 처리 담당자는 인공지능 학습을 위한 데이터와 관련된 직

▮그림 2-16▮ 인공지능 관련 직무

출처: 2020 인공지능산업 실태조사, 과학기술정보통신부, 정보통신산업진흥원, 소프트웨어정책연구소, 지능정보산업협회, 2020

무를 수행하는 직무이다. 예를 들면, 데이터 라벨링, 데이터 포맷 변경, 데이터 정보추출 등의 업무를 수행한다.

여섯째, 인공지능 데이터 분석가는 인공지능 알고리즘을 이용하여 기업에서 필요로 하는 정보를 추출하기 위한 데이터 분석 직무이다.

제 6 절 다양한 비즈니스에서의 인공지능 활용

1. 산업에서의 인공지능 활용

현재 인공지능은 다양한 산업 분야에서 활용되고 있다. 예를 들면, 인공지능은 통신 분야(예, 음성통화 서비스 등)에서 서비스 운영, 제품 및 서비스 개발, 마케팅 및 판매 등에 이용되고 있다. 하이테크 분야(예, 반도체 개발 등)에서도 인공지능은 서비스 운영 및 제품개발, 마케팅 등에 활용되고 있다. 금융 서비스(예, 송금, 결제, 대출 등) 부분에서도 인공지능은 위험관리, 금융 서비스 제공 제품 서비스 개발에 이용되고 있다. 전문 서비스(예, 교육) 부분에서도 인공지능은 서비스를 개발하거나 운영하는 데 활용되고 있다. 전략 및 천연가스 관련 비즈니스 분야(예, 자원개발 등)에서도 인공지능이 활용되고 있고, 헬스케어 및 관련 서비스(예, 개인 건강관리 및 보험 관련 산업 응용 등)를 개발하는 데도 인공지능이 활용되고 있다. 자동차 관련 분야에서도 인공지능 기술을 이용한 자율주행 서비스 개발 및 스마트카 서비스 개발에 활용되고 있고, 교통, 관광, 물류 분야에서도 인공지능 기술을 이용해 다양한 첨단 서비스 개발을 하고 있다. 소매업 분야에서도 무인상점, 무인결제 등의 분야에서 인공지능 기술이 활용되고 있다. 또한 제약 및 의료 제품개발 분야에서도 새로운 신약을 개발하는 데 인공지능 알고리즘이 활용되고 있다.

▌그림 2-17▐ 산업에서의 인공지능 활용 현황

	서비스 운영	제품 및 서비스 개발	마케팅 및 판매	공급망 관리	제조	위험	인적 자원	전략 및 기업금융
통신	75	45	38	26	22	23	17	15
하이테크	48	59	34	23	20	17	21	17
금융 서비스	49	26	33	7	6	40	9	14
전문 서비스	38	34	36	19	11	15	16	11
전력 및 천연가스	46	41	15	14	19	14	15	14
헬스케어 시스템 및 서비스	46	28	17	21	9	19	18	13
자동차 및 조립	27	39	15	11	9	2	8	6
관광, 교통 및 물류	51	34	32	18	4	4	2	3
소매	23	13	52	38	7	9	8	0
제약 및 의료 제품	31	31	27	13	28	3	6	4

출처: McKinsey, AI adoption advances, but foundational barriers remain, November 13, 2018-Survey (https://www.mckinsey.com/featured-insights/artificial-intelligence/ai-adoption-advances-but-foundational-barriers-remain) (재인용: 장효성, 주요국의 인공지능 동향과 시사점, 2019년 11월 27일, ICT SPOT ISSUE, 정보통신기획평가원)

현재 정부에서는 인공지능 융합 프로젝트를 통해 혁신적인 서비스 개발을 준비 중이다. 인공지능 프로젝트로 경제적 파급효과가 큰 7대 영역은 ① 군 의료 지원 영역, ② 감염병 대응 영역, ③ 해안 경계 영역, ④ 산단 에너지 효율화 영역, ⑤ 불법 복제품 판독 영역, ⑥ 지역 특화산업 혁신 영역, ⑦ 국민안전 확보 영역이다. 현재 정부에서는 다양한 산업 영역에서 인공지능 기술을 활용한 혁신을 추진하고 있다.[09]

- 제조 분야에서는 민간 클라우드 시스템을 활용해 인공지능 제조 데이터 수집, 분석, 활용 플랫폼을 구축하고 있다.
- 산업일반 부분에서는 인공지능과 데이터 기술을 활용해 산업혁신을 위한 성장전략을 제시하고 있다.
- 소재산업 분야에서는 소재개발과 부품개발에 있어 디지털 시뮬레이션 플랫폼을 구축해 업무를 효율화하고 있다.

09 관계부처합동, 제19차 4차산업혁명위원회 보고안건 제1호, '인공지능 국가전략' 1주년 주요 성과 및 향후 계획, 2020년 12월 23일

- 소상공인 관련 비즈니스 분야에서는 고객맞춤 서비스를 위한 데이터 분석 및 제공 서비스를 구축하고 있다.
- 보건의료 분야에서는 의료 데이터 활용을 위한 병원을 선정하고 인공지능을 이용한 데이터 분석 사업을 하고 있다.
- 헬스케어 분야에서는 인공지능 기술을 활용해 8대 질환(대장암, 전립선암, 유방암, 심뇌혈관질환, 심장질환, 치매, 뇌전증, 소아희귀질환)을 진단하기 위한 소프트웨어 기술개발을 하고 있다.
- 신약개발 분야에서는 인공지능 기술을 활용하여 신약을 개발하고 검증하는 플랫폼 구축 및 운영을 하고 있다.
- 스마트시티 분야에서는 데이터 허브센터를 구축하였고, 스마트시티 실증을 위한 프로젝트를 추진하고 있다.
- 자율주행 분야에서는 세종 BRT 노선에 자율주행 버스를 운행하기 위한 준비를 하고 있다.
- 에너지 분야에서는 에너지 빅데이터 플랫폼을 개발하고, 전력을 생산하는 발전소를 원격으로 운영하기 위한 기술을 개발하고 있다.
- 스마트팜 분야에서는 인공지능과 빅데이터 기술을 활용해서 가축에게 적용할 수 있는 헬스케어 솔루션을 보급하고 있다.
- 스마트 양식 분야에서는 인공지능과 사물인터넷 기술을 융합한 스마트 양식 클러스터를 구현하고 있다.
- 환경 분야에서는 인공지능 기술을 활용해서 미세먼지에 대한 예보 시스템을 개발하고, 지하수 오염 감시 시스템을 구축하고 있다.
- 콘텐츠 산업 부분에서는 인공지능 기술을 활용해 디지털 캐릭터에 지능을 부여하는 플랫폼을 구축하고 활용도를 높이기 위한 작업을 진행 중에 있다.

이처럼 인공지능 기술은 환경, 콘텐츠, 제조, 헬스케어, 에너지, 스마트시티 등 다양한 분야에서 활용되고 있고 서비스를 위한 본격적인 준비를 하고 있다. 앞으로 인공지능 기술의 활용이 갈수록 많아질 것이다.

2. 인공지능 활용 분야

앞서 살펴본 것처럼 인공지능이 다양한 분야에 활용되고 있는데, 인공지능 효과와 인공지능 비중의 특징을 살펴보면 다음과 같다. 먼저 인공지능 효과와 인공지능이 차지하고 있는 비중이 가장 높은 분야는 소매업 분야, 교통 및 물류 분야, 관광 분야, 자동차 및 조립 분야로 나타났다. 반면, 인공지능 효과가 상대적으로 낮고, 인공지능이 차지하는 비중이 낮은 분야는 의약품 분야, 통신 분야, 우주 및 국방 분야, 농업 분야, 미디어 및 엔터테인먼트 분야, 화학 분야 등으로 나타났다. 그 밖에 다양한 분야에서 인공지능 활용이 증가하고 있으며, 그 효과는 갈수록 높아지고 있다.

정보통신기술진흥센터(2018)의 조사에 의하면 인공지능 활용도가 가장 높은 분야로는 스마트 교통 시스템 분야로 교통 혼잡을 해소하는 데 인공지능이 큰 기여

▌그림 2-18▐ 인공지능 효과가 나타나는 산업 분야

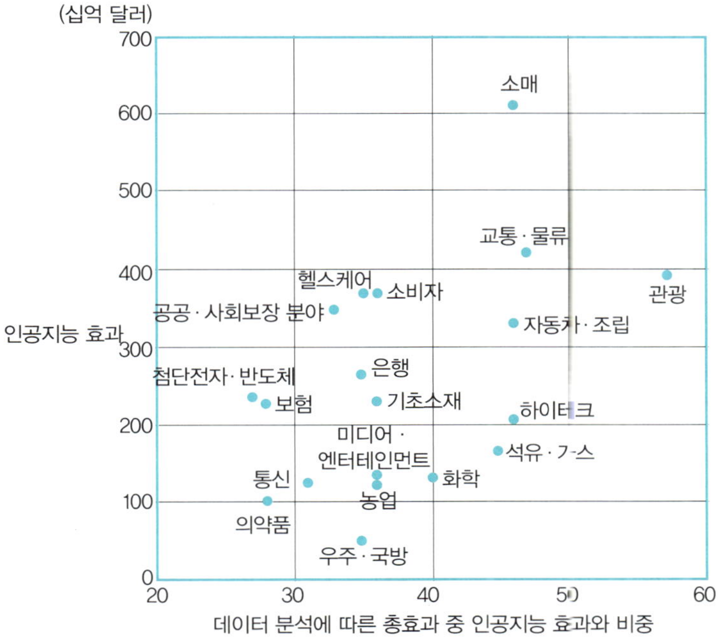

출처: McKinsey, Driving impact at scale from automation and AI, February 2019 (https://www.mckinsey.com/business-functions/mckinsey-digital/our-insights/driving-impact-at-scale-from-automation-and-ai) (재인용: 장효성, 주요국의 인공지능 정책 동향과 시사점, 2019년 11월 27일, ICT SPOT ISSUE, 정보통신기획평가원)

▌그림 2-19▐ 인공지능 활용 분야

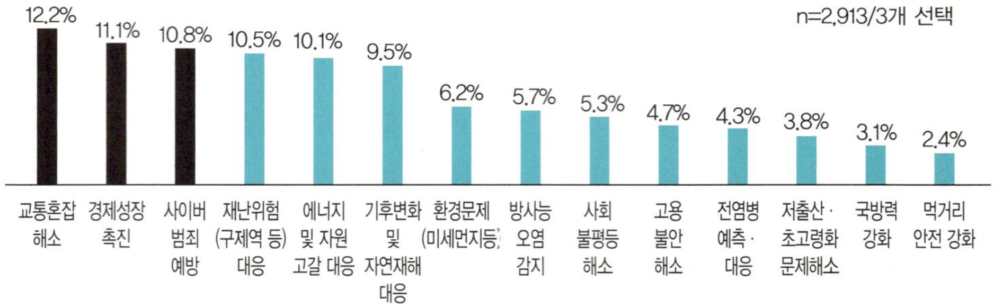

출처: 정보통신기술진흥센터 기술정책단 정책기획팀, 4차 산업혁명 시대, 우리의 인공지능 현황, 2018년 4월, IITP 정책브리프

를 할 것이고, 경제성장을 촉진하는 데도 인공지능 기술 활용이 높을 것이라고 하였다. 또한 사이버 범죄를 예방하는 데도 인공지능이 큰 기여를 할 것이라고 하였다. 그 밖에 인공지능이 활용될 수 있는 영역으로는 재난위험에 대응한 에너지 및 자원 고갈 대응, 기후변화 및 자연재해 대응, 방사능 오염 감지, 사회 불평등 해소, 고용 불평등 해소, 고용 불안 해소, 전염병 예측 대응, 저출산 및 초고령화 문제 해소, 국방력 강화, 먹거리 안전 강화 등이 있다.

제 7 절 인공지능 알고리즘

1. 규칙기반 모델

규칙기반 모델(Rule-based Model)은 미리 정해진 규칙에 따라 의사결정을 수행할 수 있는 대표적인 인공지능 방법론이다. 규칙기반 모델은 지식기반에 따른 IF-THEN 규칙과 데이터베이스에 기반해 추론엔진을 이용해서 원하는 지식을 탐색하는 방법으로 이용자들이 원하는 지식을 탐색할 수 있다. 규칙기반 모델은 전문가 시스템을 구축하는 데 활용되었다.

2. K-평균군집화

K-평균군집화(K-means Clustering)는 1957년 폴란드의 수학자 유고 스타인하우스(Hugo Steinhaus)에 의해 제안되었다. 이 알고리즘은 다양한 데이터가 k개의 군집으로 구분될 수 있다고 가정하고, 학습 데이터를 군집화하는 알고리즘이다. 이 알고리즘은 경영학, 경제학 등 다양한 학문 분야의 문제해결에 이용되고 있다.

3. 강화학습

강화학습(Reinforcement Learning)은 기계학습 중 하나로 환경에 영향을 받아 학습을 반복적으로 상호작용(관측-행동-보상)한다. 강화학습은 1954년 미국 인지과학 연구자 마빈 리 민스키(Marvin Lee Minsky)[10]의 박사학위 논문에서 최초로 나타났고, 후속 연구를 통해 체계화하였다. 현재 강화학습으로 동적계획법, 시뮬레이션 기반의 몬테카를로기법, 시간차방법(TD-learning, Q-learning) 등이 활용되고 있다. 공장 자동화, 물류관리, 재고관리, 자율주행 등에 활용된다.

4. CNN

CNN(Convolutional Neural Network)는 1979년에 인공지능 연구자인 후쿠시마 구니히코(Kunihiko Fukushima)에 의해 최초로 제안된 시각적 인지과정을 모방한 심층 신경망 모델이다. CNN은 이미지인식 분야에서 높은 예측성과를 보여준다. CNN은 합성곱 연산(convolution)을 지원하는 특성으로 일반 신경망 모델보다 2차원 이상의 데이터를 학습하기 용이하고, 적은 매개변수로 신경망을 훈련시킬 수 있는 장점이 있다.

10 마빈 리 민스키(Marvin Lee Minsky, 1927년 8월 9일~2016년 1월 24일)는 MIT 교수였으며, 인공지능(AI) 분야를 개척한 과학자이다.

5. RNN

RNN(Recurrent Neural Network)[11]은 일반 인공신경망 모델과 달리 시간에 따른 순서가 존재하는 데이터를 분석하기에 적합한 인공신경망 모델이다. 예를 들면, 문장을 입력 데이터로 받아 다음에 출현할 단어를 예측하는 경우, 데이터 사이의 상호 종속성을 고려하지 않은 일반 인공신경망을 활용하는 것보다 시간의 흐름을 고려한 RNN을 활용하는 것이 좋다.

6. 심층강화학습

심층강화학습(Deep Reinforcement Learning) 알고리즘은 심층학습과 강화학습을 결합한 기술이다. 심층강화학습 알고리즘은 딥마인드가 개발한 바둑 프로그램인 알파고에 적용되었다. 심층강화학습은 기존의 신경망 기술로는 다루기 힘들었던 문제를 해결했다.

7. GAN

GAN(Generative Adversarial Network)은 2014년에 이안 굿펠로우(Ian Goodfellow)가 제시한 모델이다. GAN은 생성자와 식별자가 서로 대립하면서 성능을 개선시켜 나가는 모델이다.

8. 자기지도학습

인공지능에서 깊이 있는 분석을 지원하는 학습 기술로 자기지도학습이 있다. 자

11 이전 정보를 더욱 오랫동안 기억하고 활용하기 위한 RNN의 변형 모델인 Long Short Term Memory Units 모형도 관련 분야에서 활발하게 활용되고 있다.

기지도학습은 기계가 지능이나 지식으로 학습하는 것이 아니라 스스로 대상을 인지하고 의미를 부여해가면서 학습하는 방식이다. 즉, 사람의 지도 없이 스스로 데이터를 분류하고 학습하는 기술이다.

제 8 절 다양한 국가의 인공지능 정책 동향

다양한 국가에서 인공지능이 미래사회에 경쟁력의 주요 원천이 될 것을 인식하고, 인공지능 연구개발, 산업육성, 기술 경쟁력 확보, 사회적 책임과 윤리 함양을 위해 다양한 전략과 가이드라인을 제시하고 있다. 유럽연합(EU), 영국, 프랑스, 미국, 중국, 일본의 인공지능 정책을 살펴보면 다음과 같다.[12]

유럽연합(EU)은 인간성을 강조하기 위한 가치, 윤리, 보안 등을 중심으로 인공지능 정책을 개발하고, 통합된 디지털 마켓에서 경쟁우위를 확보하기 위한 거시적 목표를 제시하며, 이를 실현하기 위한 정책을 추진하고 였다. 유럽연합의 인공지능 정책은 다음과 같다.

- 인공지능 협력선언(2018. 4. 10)
- 유럽을 위한 인공지능 정책(2018. 4. 25)
- 신뢰할 수 있는 AI 윤리 가이드라인(2019. 4)
- AI · 데이터 전략(2020. 2. 19)

유럽연합의 신뢰할 수 있는 인공지능 윤리 가이드라인(2019. 4)

인공지능이 준수해야 하는 기본원칙 · 가치*를 제시하고, 이를 바탕으로 신뢰할 수 있는 인공지능 구현방안**을 도출, 평가목록(체크리스트) 방향 제시

*인공지능 윤리 4원칙: ① 자율성, ② 무해성, ③ 공정성, ④ 설명 가능성

**신뢰할 수 있는 인공지능 실현을 위한 주요 요건: ① 인간주체성 · 자율성, ② 견고성과 안전성, ③ 프라이버시와 데이터 거버넌스, ④ 투명성, ⑤ 다양성 · 차별금지 · 공정성, ⑥사회적 · 환경적 웰빙, ⑦ 책임성

12 4차산업혁명위원회, 글로벌 AI 정책(전략, 권고안, 가이드라인 등) 동향, 2020년 2월 27일, 4차위 지원단, 회의자료 참조 (https://www.4th-ir.go.kr/)

신뢰할 수 있는 인공지능 평가목록(2020. 7)

인공지능 개발과정에서 신뢰할 수 있는 인공지능을 구현하고 있는지 스스로 판단할 수 있도록 하는 평가목록(체크리스트) 제공(7개 분야* 146개 항목**)

*평가 분야: ① 인간의 대리 · 감독, ② 기술적 견고성 · 안전성, ③ 프라이버시 · 데이터 거버넌스, ④ 투명성, ⑤ 다양성 · 차별금지 · 공정성, ⑥ 사회적 · 환경적 웰빙, ⑦ 책임성

**예: 필요할 때 작업을 안전하게 중단하기 위한 '중지 버튼' 또는 절차를 보장했는가? 최종 사용자에게 보안 적용 및 업데이트 기간을 알려주었는가? 등

출처: 관계부처합동, 사람이 중심이 되는 인공지능을 위한 신뢰할 수 있는 인공지능 실현 전략(안), 2021년 5월 13일

영국은 인공지능에 대한 연구와 개발을 지원하고, 인공지능 기술개발과 관련된 규제 및 윤리를 강화하고, 인공지능 교육 계획을 추진 중이다. 이를 위해 민관의 협력을 강화하고 있다. 영국의 주요 인공지능 정책은 다음과 같다.

- 인공지능 산업 육성 전략 권고안(2017. 10)
- AI Sector Deal(2018. 4)
- 영국 상원 인공지능 전략 보고서(2018. 4)
- 영국 공공 분야 AI 활용 지침(2019. 6)

영국의 공공 분야 인공지능 활용 지침(2019. 6)

공공 분야의 인공지능 활용 · 확산을 목적으로 공개한 실무 수준의 지침으로 인공지능의 윤리적이고 안전한 활용*을 위한 지침 포함

*고려요인: 데이터 품질, 공정성, 개인정보보호, 투명성, 설명 가능성, 비용 등 제시

출처: 관계부처합동, 사람이 중심이 되는 인공지능을 위한 신뢰할 수 있는 인공지능 실현 전략(안), 2021년 5월 13일

프랑스의 인공지능 정책은 국가 발전을 위한 전략으로 인공지능 인재 양성과 데이터 인재 양성에 집중하고 있다. 프랑스의 주요 인공지능 정책은 다음과 같다.

- 인공지능의 경제적 · 사회적 영향 전망(2017. 3)
- AI 권고안(2018. 3)
- 인공지능 윤리문제 보고서(2018. 8)

프랑스의 인공지능 윤리문제 보고서(2018. 8)

인공지능 윤리 문제에 대해 시민사회의 집단적 인식을 높이기 위해 윤리에 대한 주요 주제*와 윤리 정책 수립을 위한 권고사항** 제시

*주요 주제: 데이터 편향성, 알고리즘에 의한 차별 및 배제 등

**권고사항: 개발자 · 전문가 · 시민 등 모든 이해관계자 교육, 이해할 수 있는 알고리즘 시스템 만들기, 인공지능 비즈니스 분야의 윤리 강화

출처: 관계부처합동, 사람이 중심이 되는 인공지능을 위한 신뢰할 수 있는 인공지능 실현 전략(안), 2021년 5월 13일

미국의 인공지능 정책은 다양한 산업에서 활용할 수 있는 인공지능 기술개발을 지원하고, 더불어 규제를 완화해서 다양한 산업에서의 혁신을 구현하기 위한 정책을 지원하고 있다. 미국의 주요 인공지능 정책은 다음과 같다.

- 오바마 정부 인공지능 3부작 보고서(2016)
- 자율주행 관련 가이드라인(2016~2018)
- 기계를 활용한 정보 증강 이니셔티브(2019. 1)
- 국방부 AI 전략(2019. 2)
- 미국 AI 이니셔티브(2019. 12)
- AI 애플리케이션 규제에 관한 가이드(2020. 1)

미국의 인공지능 규제 가이드라인(2020. 1)

인공지능 규제 수립 시 과잉규제를 지양하고 규제의 영향을 면밀히 검토한다는 전제하에 인공지능 신뢰성을 확보하기 위한 10대 원칙*을 제시

*① 대중의 신뢰, ② 시민 참여, ③ 과학적 무결성과 정보 품질, ④ 위험 측정 및 관리, ⑤ 비용편익, ⑥ 유연성, ⑦ 공정성과 차별금지, ⑧ 정보공개와 투명성, ⑨ 안전과 보안, ⑩ 기관 간 협력

출처: 관계부처합동, 사람이 중심이 되는 인공지능을 위한 신뢰할 수 있는 인공지능 실현 전략(안), 2021년 5월 13일

중국의 인공지능 정책은 정부 주도로 대규모 투자가 이루어지고, 세계에서 인공지능 분야에서 경쟁력을 확보하기 위한 인력 양성에 중점을 두고 있다. 또한 인공지능의 기반을 제공하는 데이터 개방 및 공유 정책을 수립함으로써 인공지능 기술

발전을 지원하고 있다. 중국의 주요 인공지능 정책은 다음과 같다.

- 빅데이터 발전 촉진 행동 강요(2015. 9)
- 빅데이터 산업 발전계획(2016. 5)
- 차세대 인공지능 발전계획(2017. 7)
- 고등교육 AI 혁신 행동계획(2018. 4)

중국의 인공지능 구현 원칙

중국은 국가 주도로 인공지능 분야의 기술개발을 통한 경쟁력을 높이겠다는 목표하에 국가기관에 의해 하향식으로 인공지능 개발이 이루어지고 있으며, 인공지능 사회 구현을 위한 정책에 따라 기술개발이 이루어짐

일본의 인공지능 정책은 경제, 산업, 사회, 윤리 분야에서 포괄적인 발전이 이루어지도록 인공지능을 지원하고 있다. 일본의 주요 인공지능 정책은 다음과 같다.

- 일본 재흥전략(2016. 4)
- AI 산업화 로드맵(2017. 2)
- 신산업구조 비전(2017. 5)
- AI 개발 가이드라인(2017. 7)
- 인간중심의 AI 사회 원칙(2018. 3)
- AI 활용전략(2019. 2)
- AI 전략 2019(2019. 3)

일본의 인간 중심의 인공지능 사회 원칙(2018)

적극적인 인공지능 사회를 구현하기 위해서 모든 이해관계자가 유의해야 할 7대 기본원칙*을 수립

*7대 기본원칙: ① 인간중심, ② 교육 · 교양, ③ 개인정보보호, ④ 보안 확대, ⑤ 공정 경쟁, ⑥ 공정성 · 책임성 · 투명성, ⑦ 혁신

출처: 관계부처합동, 사람이 중심이 되는 인공지능을 위한 신뢰할 수 있는 인공지능 실현 전략(안), 2021년 5월 13일

제9절 인공지능의 미래

1. 다양한 국가의 인공지능 기술 수준

다양한 국가에서는 인공지능 미래를 대비하기 위해 준비하고 있다. 예를 들면, 2016년 미국 백악관 국가과학기술위원회(NSTC)에서는 '미래 인공지능을 위한 준비(Preparing for the Future of Artificial Intelligence)'라는 보고서를 출판하였다. 이 보고서에서는 인공지능은 지속적으로 성장할 것으로 보고하고 있다.

미국, 유럽연합(EU), 일본, 중국, 한국의 인공지능 기술 수준을 살펴보면, 미국이 인공지능 분야에서 가장 앞서있는 것으로 나타났다. 그 다음으로 유럽연합(EU)이 인공지능 분야에서 기술력이 높은 것으로 나타났다. 일본은 세계 3위의 인공지능 기술을 가지고 있는 것으로 나타났고, 중국은 4위의 인공지능 기술력을 가지고 있는 것으로 나타났다. 그 다음으로 한국이 인공지능 기술 수준이 높은 것으로 나타났다. 현재 대부분의 국가에서 인공지능 분야의 기술력을 높이기 위해 노력 중이다.

그림 2-20 한국과 주요국의 인공지능 기술 수준 비교

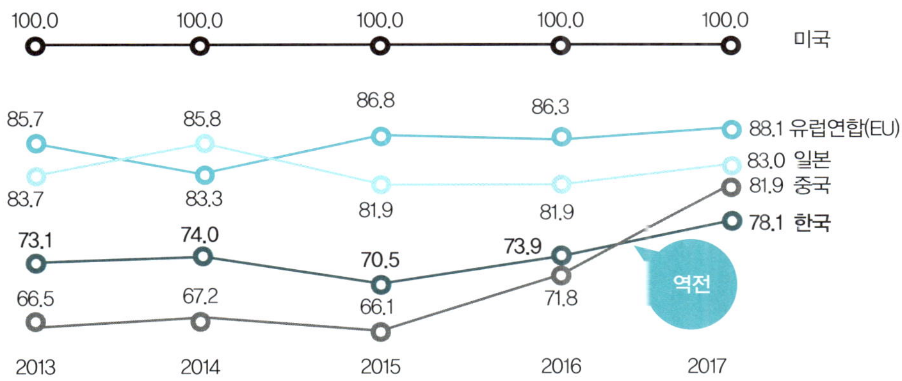

출처: 과학기술정보통신부, I-Korea 4.0 실현을 위한 인공지능(AI) R&D 전략, 2018년 5월

2. 미래 인공지능 분야의 경쟁력 강화전략

미래사회에는 인공지능이 경제 및 사회 전반에 영향을 미치게 될 것이다. 이에 따라 한국 정부는 국가 주도로 국가 경쟁력을 높이기 위해 기술개발을 해야 할 것이다. 인공지능 기술개발을 위해서는 오픈소스 기반의 알고리즘에 대한 적용과 인공지능을 학습하기 위한 데이터의 확보가 중요하다. 한국의 인공지능 분야의 강점, 약점, 기회, 위험요인을 살펴보면 다음과 같다.

표 2-6 우리나라 AI 경쟁력의 SWOT 분석

구분	내용
강점	• OS 없이 ICT 강국으로 도약한 경험 • 풍부한 데이터와 AI 활용을 준비하는 다수의 고도화된 산업군 • C-P-N-D 분야별 역량을 갖춘 기업 • 기술 수용성이 높은 소비자층
약점	• AI 분야 기술경쟁력 취약 • 양 · 질적으로 부족한 AI 인재 • 기계학습용 데이터와 컴퓨팅 파워 부족 • 개방 · 협력형 비즈니스 마인드 부족
기회	• 이제 막 개화한 AI 시장 • AI 알고리즘의 대부분이 오픈소스 공개 • 범용 AI 플랫폼 없이도 수익창출 가능 • AI 기반 지능화로 타 산업에서 성과 창출 기대
위험	• 미 · 중 등 선도국과의 기술격차 심화 • 글로벌 기업의 국내진출 가속화

출처: 과학기술정보통신부, I-Korea 4.0 실현을 위한 인공지능(AI) R&D 전략, 2018년 5월

인공지능 분야에서 한국의 강점은 다음과 같다. 우선 컴퓨터 운영체계(OS) 없이 정보통신기술(ICT) 강국으로 발전한 경험을 가지고 있다. 그렇기 때문에 한국은 인공지능 분야에서도 세계적으로 선도 기술력을 확보하는 국가로 발전할 수 있을 것이다. 또한 한국은 다양한 정보통신기술을 활용한 서비스가 일반화되어 있다. 그렇기 때문에 다양한 서비스 이용과정에서 풍부한 데이터를 확보하기 용이하고, 더불어 인공지능 시스템 활용을 준비하는 다수의 기업들이 존재한다. 또한

한국은 첨단 인공지능, 빅데이터, 사물인터넷을 위한 콘텐츠, 플랫폼, 네트워크, 디바이스 분야의 훌륭한 기업들이 존재하며, 신기술을 잘 수용할 수 있는 다수의 소비자를 확보하고 있는 장점이 있다.

인공지능 분야에서 한국의 약점은 다음과 같다. 우선, 한국은 인공지능 분야의 원천 기술 부분에서 경쟁력이 약하고, 인공지능 분야에서 양적으로나 질적으로 탁월한 인재가 부족한 실정이다. 더불어 한국은 인공지능 운영을 위한 학습 데이터와 컴퓨팅 역량, 개방형 비즈니스 마인드, 더불어 협력형 비즈니스 마인드가 부족하다.

인공지능 분야에서 한국의 기회요인은 다음과 같다. 먼저 한국에서 인공지능 시장은 지금 막 시작되고 있는 거대 시장이다. 그렇기 때문에 인공지능 분야에서의 성장 기회가 무궁무진하며, 인공지능 알고리즘은 대부분 오픈소스 형태로 공개되어 있기 때문에 새로운 인공지능 서비스를 개발할 수 있는 기회가 많다. 또한 인공지능 서비스는 일반적으로 플랫폼 없이 서비스를 구현할 수 있기에 수익창출이 가능하고, 더불어 인공지능을 활용해서 다양한 산업 분야에서 새로운 성과를 창출할 수 있다.

인공지능 분야에서 한국의 위험요인은 다음과 같다. 먼저 한국은 중국이나 미국과 같은 인공지능 분야의 선도국과 비교해서 기술력이 낮다. 그렇기 때문에 인공지능 분야의 선진국을 따라잡기 위해서는 많은 노력이 필요하다. 더불어 한국 시장에 인공지능 분야의 기술력을 확보한 글로벌 기업들의 진출이 가속화되고 있어 시장에서 기술력이 약한 한국 기업들의 고전이 나타날 위험이 있다.

제 10 절 빅테크 기업의 인공지능 기술개발

현재 다양한 국가에서 인공지능을 기반으로 성장하는 기업들이 늘어나고 있다. 우리가 알고 있는 인공지능 기술을 기반으로 성장하는 빅테크 기업으로 온라인 전자상거래 비즈니스를 토대로 성장한 아마존과 알리바바, 컴퓨터 제조 및 통신장비

제조업체를 토대로 성장한 애플과 화웨이, 소셜 네트워크 서비스로부터 성장한 페이스북과 텐센트, 검색 서비스를 토대로 성장한 구글과 바이두가 있다.

- 애플, 화웨이(컴퓨터 관련 디바이스 제조 비즈니스로 창업)
- 구글, 바이두(검색 서비스 비즈니스로 창업)
- 아마존, 알리바바(전자상거래 비즈니스로 창업)
- 페이스북, 텐센트(소셜 네트워크 서비스로 비즈니스 창업)

앞서 제시한 빅테크 기업의 인공지능 비즈니스에 대한 특성은 다음과 같다.

1. 애플

애플(Apple)은 1976년 스티브 잡스(Steve Jobs)와 스티브 워즈니악(Steve Gary Wozniak)이 창업한 컴퓨터 개발회사로 미국 캘리포니아에 본사가 있고, 스마트폰과 관련된 하드웨어 및 소프트웨어를 개발하고 있다. 현재 애플은 인공지능, 증강현실, 가상현실, 자율주행 등의 서비스를 개발하고 있다. 애플은 혁신적인 신기술을 토대로 새로운 서비스를 고객들에게 제공하고 있다. 최근 애플은 인공지능 기술을 활용해 독자적인 생태계를 구축하고 차별화된 서비스 개발을 추진하고 있다.

애플은 개인비서 시스템인 시리에 인공지능을 강화해서 보다 개인화된 서비스를 제공하고 있다. 예를 들면, 시리는 이용자의 라이프스타일 특성을 파악해서 음악 서비스 제공, 알림 서비스, 내비게이션 서비스 등을 제공하고 있다. 또한 애플은 가상현실과 증강현실을 활용하는 콘텐츠 개발에 사업역량을 집중하고 있고, 헬스케어 분야의 서비스 제공을 위한 사업을 추진하고 있다.

▌그림 2-21▐ 애플의 홈페이지

2. 구글

구글(Google)은 래리 페이지(Larry Page)와 세르게이 브린(Sergey Brin)이 스탠퍼드대학교 재학 시에 창업한 회사이다. 래리 페이지는 세르게이 브린과 기존 검색엔진의 단점을 보완한 새로운 검색엔진인 백럽(BackRub) 프로젝트를 추진하였다. 이 프로젝트가 구글 창업의 계기가 되었다. 1998년에 구글 검색 서비스가 제공되면서, 구글은 급성장하기 시작하였다. 현재 구글은 검색 서비스를 시작으로 관련된 다양한 첨단 비즈니스를 수행하고 있는 빅테크 기업이다. 최근 구글은 자율주행, 인공지능, 사물인터넷, 빅데이터, 증강현실, 가상현실과 관련된 첨단 비즈니스를 수행하고 있다.

최근 구글은 인공지능 분야의 중요성을 인지하고, 인공지능 하드웨어와 소프트웨어 사업에 중점을 두고 있다. 예를 들면, 하드웨어 부분에서 구글은 텐서플로우 프로세스 유닛(TPU: Tensorflow Process Unit)을 개발해서 최적의 인공지능을 구현하는 것을 지원하고, 또한 웨이모 프로젝트를 통해 인공지능 기술을 활용하는 자율주행 자동차의 핵심기능을 구현하고 있다. 더불어 구글은 소프트웨어 부분에서 인공지능 기술을 활용한 구글 듀플렉스를 선보였는데, 구글 듀플렉스 시스템은 레스토랑에서 고객들의 예약을 받는 첨단 인공지능 시스템이다. 고객들은 구글 듀플렉스를 사람으로 착각할 정도이다.

그림 2-22 구글 홈페이지

3. 페이스북

페이스북(Facebook)은 2004년 2월 4일 하버드대학교 학생이었던 마크 저커버그(Mark Zuckerberg)를 중심으로 크리스 휴즈(Chris Hughes), 에두아르도 새버린(Eduardo Saverin), 앤드류 맥컬럼(Andrew McCollum), 더스틴 모스코비치(Dustin Moskovitz)가 설립한 SNS(Social Network Services)회사이다. 페이스북은 미국 캘리포니아주 멜론 팍(Menlo Park)에 본사를 두고 있는 빅테크 기업으로 소셜 미디어 서비스를 활용한 다양한 사업을 펼치고 있다. 현재 페이스북은 SNS 분야에서 가장 저명한 회사이며, 사진 및 동영상 공유 서비스를 제공하는 인스타그램(Instagram)과 모바일 메신저 왓츠앱(WhatsApp)을 인수하였다. 현재 페이스북은 블록체인 및 핀테크, 인공지능, 빅데이터, 가상현실 및 증강현실 분야의 사업을 미래 비즈니스 분야로 결정하고 사업역량을 집중하고 있다.

페이스북은 혁신적인 기업문화를 토대로 고객이 원하는 새로운 서비스를 개발하고 있다. 페이스북은 사업 영역 확장을 위해 오큘러스, 인스타그램, 왓츠앱을 인수하였고, 소셜 네트워크 서비스 환경에서 다양한 콘텐츠 개발을 위해 가상현실과 증강현실 서비스 구현에 인공지능 기술을 활용하고 있다.

그림 2-23 페이스북 홈페이지

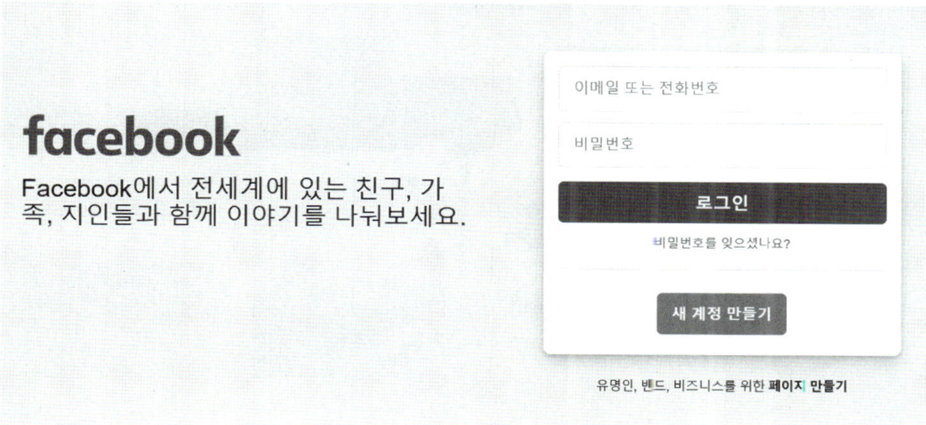

4. 아마존

아마존(Amazon)은 1994년 제프 베이조스(Jeff Bezos)가 설립한 전자상거래 업체이다. 아마존의 초기 사업 모델은 인터넷 서점으로 출발하였다. 현재 아마존은 유통, 패션, 물류, 전자책, 게임, 클라우드 서비스 등 다양한 서비스를 제공하는 기업으로 성장하였다. 아마존의 IT 서비스 분야에서의 사업 성장세는 놀라울 정도로 급성장하고 있다. 현재 아마존은 다양한 첨단 비즈니스 분야에서 두각을 나타내고 있다.

특히, 아마존은 신선식품 배송 서비스인 아마존프레시와 빠른 배송 서비스인 프라임나우를 통해 물류 부분에서 경쟁우위를 점하고 있다. 이러한 배송 서비스를 구현하는 핵심기술은 인공지능 기술이다. 현재 쿠팡에서도 인공지능 기술을 활용한 배송 서비스가 이루어지고 있다. 또한 아마존은 인공지능 개인비서 시스템인 알렉스를 이용해 실생활에서 다양한 서비스를 제공하고, 이미존고, 아마존페이 서비스를 통해 핀테크 및 관련된 비즈니스 부분에서 경쟁우위를 확보하고 있다.

▮ 그림 2-24 ▮ 아마존 홈페이지

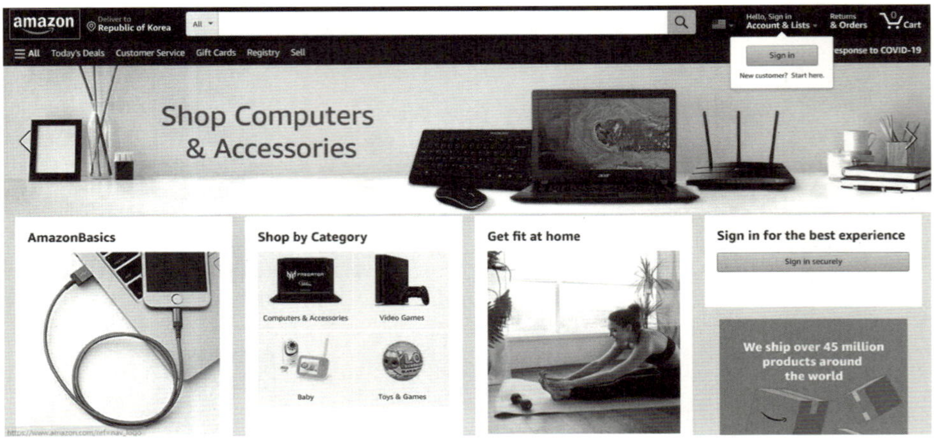

5. 바이두

바이두(baidu)는 2000년 1월 중국 베이징에서 리옌훙(李彦宏)이 쉬융(徐勇)과 함께 창업한 회사로 인터넷 검색 서비스뿐만 아니라 다양한 전자상거래 서비스를 제공하고 있는 회사이다. 창업자 리옌훙은 1968년 11월생으로 중국 베이징대학교에서 정보관리학을 전공하였고, 미국 뉴욕주립대학 버펄로캠퍼스 컴퓨터공학과에서 석사학위를 마취고 박사과정 중에 학업을 중단하고, 다우존스(Dow Jones)에 입사했다. 이후 그는 월가에서 다양한 금융 서비스를 개발하였고, 이러한 기술을 토대로 바이두를 창업하였다. 바이두는 중국 베이징에 본사가 있고, 미래 먹거리로 자율주행, 인공지능, 빅데이터와 관련된 기술개발을 추진하고 있다.

중국은 정보기술과 관련된 서비스 분야에서 정부의 규제가 막강한 국가이다. 그러므로 검색엔진 분야에서 구글이 중국에서 서비스를 하는 데 제약이 많다. 따라서 중국에서는 바이두가 검색 서비스 관련 분야에서 막강한 경쟁력이 있다. 바이두는 최근 인공지능 기술에 기반해서 다양한 비즈니스를 추구하고 있다. 예를 들면, 바이두는 자율주행 분야와 인공지능 스피커 분야에서 두각을 보여주고 있다.

▌그림 2-25▐ 바이두 홈페이지

6. 알리바바

알리바바(Alibaba)는 1999년에 마윈이 창업한 회사이다. 마윈은 1999년 알리바바를 창업하고, 미국 골드만삭스와 일본 소프트뱅크로부터 투자를 받아 사업을 확장하였다. 이후 알리바바는 사업을 확장하며 2003년에 오픈마켓 타오바오를 창립하고, 사세를 확장해 여러 계열사를 거느린 알리바바 그룹을 만들었다. 알리바바는 중국 항저우에 본사를 두고, 온라인 전자상거래로 창업한 기업이다. 현재 알리바바는 전자상거래뿐만 아니라 인공지능, 핀테크 부분으로 사업을 확장하고, 세계에서 가장 인공지능을 잘 활용하는 기업 중 하나로 알려져 있다.

알리바바는 온라인과 오프라인은 연결하는 전자상거래 사업 모델로 혁신을 이루고 있으며, 근거리에서 빠른 배송을 실현하는 사업 모델로 경쟁력을 확보하고 있다. 또한 물류 자사회인 차이냐오(菜鳥)를 통해 스마트물류 서비스를 구현하였고, 자율주행 기술을 활용해서 물류 분야에서 첨단 기술력을 선보이고 있다. 또한 알리바바는 앤트그룹을 통한 첨단 금융 서비스를 제공하고 있다. 앤트그룹이 제공하는 첨단 금융 서비스는 송금, 결제, 대출, 투자 등을 보다 편리하게 이용할 수 있도록 하고 있다.

그림 2-26 알리바바 홈페이지

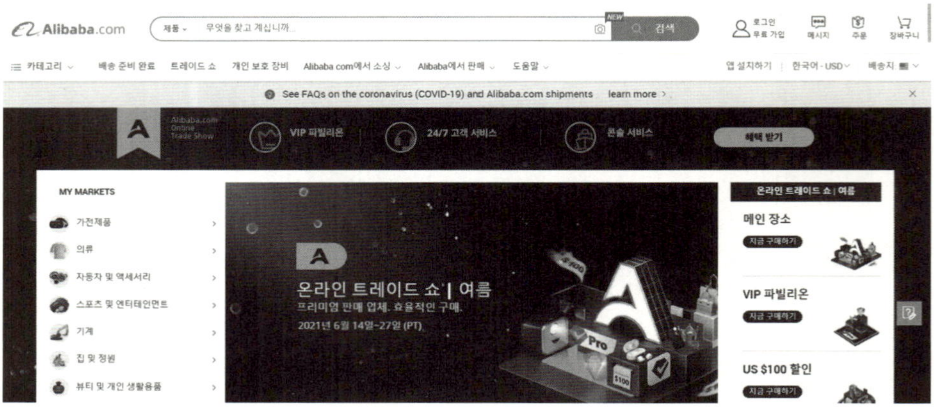

7. 텐센트

텐센트(Tencent)는 중국의 인터넷 미디어 기업으로 1998년 11월 마화텅(馬化騰)과 장즈둥(張志東)이 창업한 회사이다. 텐센트에서 개발한 대표적인 서비스로는 모바일 애플리케이션 위챗과 인스턴트 메시징 컴퓨터 프로그램 큐큐(QQ)가 있다. 현재 텐센트는 세계 최대 게임회사로 성장하였다. 텐센트는 중국 선전에 본사를 두고, 게임 분야에서 두각을 나타내는 빅테크 기업으로 인공지능, 디지털 콘텐츠, 자율주행 분야에서 기술개발을 추진하고 있다.

현재 텐센트는 소셜 네트워크 서비스(SNS) 메신저인 위챗(위이신) 서비스를 제공하고, 위챗을 통해 게임, 동영상, 음악 서비스를 제공하고 있다. 현재 텐센트는 인공지능 기술을 활용한 자율주행, 원격의료, 핀테크 분야에서 사업을 강화하고 있다.

▮ 그림 2-27 ▮ 텐센트 홈페이지

8. 화웨이

화웨이(Huawei)는 1987년 런정페이(任正非)가 설립한 중국의 대표적인 통신회사로 중국 선전에 본사를 두고, 통신장비, 스마트폰 등을 중심으로 사업을 펼치고 있다. 현재 화웨이는 초고속 통신장비와 클라우드 서비스에 중점을 두고 사업을 강화하고 있다.

화웨이는 차세대 통신기술인 5G 분야에서 핵심기술을 가지고 있고, 사물인터넷 자율주행과 관련된 기술개발을 추진하고 있다. 화웨이는 직원들에게 주식을 나누어주고, 직원들의 동기부여를 통해 급격한 성장을 이루었다. 현재 화웨이는 중국 정부의 지원하에 성장을 거듭하고 있다.

▌그림 2-28▌화웨이 홈페이지

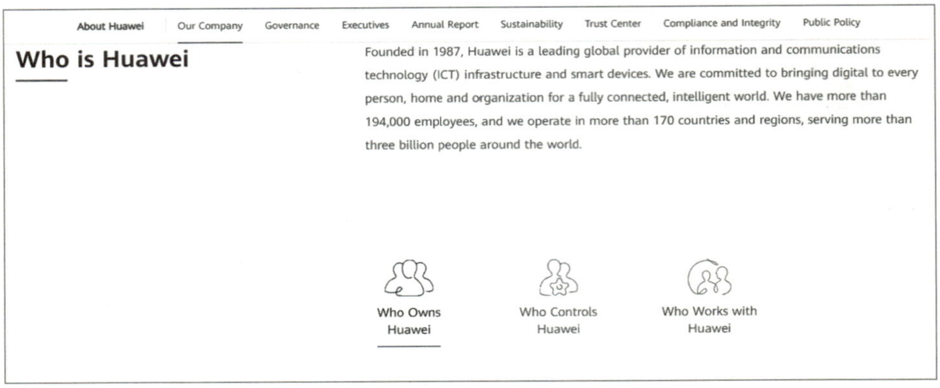

제 11 절 인공지능 시대의 경쟁우위 창출역량

1. 하드 스킬과 소프트 스킬

오늘날 기업에서의 개인의 역량은 기업의 경영성과에 직접적으로 영향을 미치기 때문에 기업에서는 탁월한 인재 선발을 희망한다. 한 명의 유능한 조직 구성원이 여러 조직 구성원의 역할을 수행할 수 있다는 사실은 이미 우리가 자주 들어서 아는 사실이다. 개인의 역량은 하드 스킬(Hard Skills)과 소프트 스킬(Soft Skills)로 구분할 수 있다. 하드 스킬이 조직에서 업무처리를 위한 전문적인 지식역량이라면, 소프트 스킬은 조직 구성원 사이에서 협업을 이끌어내기 위한 인간관계 역량이다. 하드 스킬과 소프트 스킬의 특성을 정의, 종류, 특성, 측정방법에 따라 비교하면 다음과 같다.

하드 스킬과 소프트 스킬의 정의를 살펴보면 다음과 같다. 먼저 하드 스킬은 앞서 설명한 것처럼 조직에서 특정한 업무를 수행하는 데 있어서 직접적으로 필요한 전문지식 및 기술력 등을 의미한다. 반면, 소프트 스킬은 조직의 다양한 구성원들 사이에서 협업을 위해서 상호작용할 수 있는 역량을 의미한다.

표 2-7 하드 스킬과 소프트 스킬의 비교

구분	하드 스킬	소프트 스킬
정의	업무 수행에 직접적으로 필요한 전문지식 및 기술력	다양한 사람들과의 우호적으로 상호작용할 수 있는 능력
종류	외국어능력, 학위, 자격증, 컴퓨터 프로그래밍 실력, 회계지식, 기술력	의사소통능력, 대인관계능력, 리더십, 책임감, 협상력, 갈등해결능력, 팀워크, 시간관리능력, 유연성, 창의성, 실행력, 조정능력, 비전제시능력
측정	정량화하고, 측정이 용이하고, 능력개발이 가능함	정량화하고, 측정하기 어려우며, 평생 살아온 행동의 축척된 결과로 쉽게 고치거나 개발하기 어려움
특성	서류 및 시험, 시간과 비용이 적게 소요됨	서류, 발표 면접, 토론 면접 등을 통해 파악하고, 시간 및 비용이 많이 소오됨

출처: 사람인 홈페이지의 자료를 일부 수정 인용(접속일: 2021년 8월 10일) (https://www.saramin.co.kr/zf_user/hr-magazine/view?hr_idx=671&magazine_join_type=subject)

하드 스킬과 소프트 스킬의 종류를 살펴보면 다음과 같다. 하드 스킬은 개인의 특정 지식 창출을 위한 노력으로 만들어지는 외국어능력, 전문학위, 다양한 업무 관련 전문자격증, 컴퓨터 프로그래밍 실력, 회계 및 금융과 관련된 지식, 기술력 등이 있다. 반면, 소프트 스킬은 개인의 경험에 의해 자연스럽게 형성된 대인 간 의사소통능력, 대인관계능력, 리더십, 책임감, 협상력, 갈등해결능력, 팀워크, 시간관리능력, 유연성, 창의성, 실행력, 갈등조정능력, 비전제시능력 등이 있다.

하드 스킬과 소프트 스킬의 측정 방법을 살펴보면 다음과 같다. 하드 스킬은 절대적인 기준을 만들 수 있기 때문에 정량화하기 용이하고, 측정이 용이하고, 역량 개발이 가능하다. 반면, 소프트 스킬은 상대적인 기준에 의해 평가되기 때문에 정량화하기 어렵고, 측정하기 어려우며, 평생 살아온 행동의 축척된 결과로 쉽게 변경하거나 새롭게 소프트 스킬 역량을 개발하는 것이 매우 어렵다.

하드 스킬과 소프트 스킬의 특성을 살펴보면 다음과 같다. 하드 스킬은 서류에 의한 평가가 이루어지고, 시험에 의한 평가가 가능하며, 스킬 측정을 위한 시간과 비용이 적게 소요되는 특성이 있다. 반면, 소프트 스킬의 경우 발표를 통해 개인의 특성을 측정하거나 토론을 통해 개인의 특성을 평가하기 때문에 많은 시간과 비용이 발생하는 특성이 있다. 인공지능이 강조되고 있는 현 시대에 기업에서는 다양한 인공지능 관련 기술력을 확보한 인재들이 모여 협업을 수행한다. 그렇기 때문에 하드 스킬도 중요하지만, 상호작용을 통한 업무 진행에 따라 소프트 스킬이 더욱더 중요해지고 있다. 따라서 하드 스킬 못지않게 소프트 스킬이 중요해지고 있기 때문에, 미래를 준비하는 사람들인 하드 스킬과 소프트 스킬의 균형 잡힌 역량개발을 위해 노력해야 할 것이다.

2. 인공지능 시대에 필요한 경쟁우위 창출을 위한 스킬

인공지능 기술 발전에 따라 기업인들에게는 비즈니스 성공을 위해 인공지능 기술에 대한 하드 스킬과 소프트 스킬, 비즈니스를 보다 원활하게 추진하는 소프트 스킬을 개발하는 것은 중요한 과제이다. 로우하이에넨(Rouhiainen, 2016)은 이에 기반해서 인공지능 시대에 필요한 ① 휴먼 소프트 스킬(Human Soft Skills), ② 비즈니스 스킬(Business Skills), ③ 경쟁력과 미래 스킬(Future Skills And Competencies)을 제시하였다. 각각의 스킬에 대한 설명은 다음과 같다.

그림 2-29 인공지능 시대의 경쟁우위 창출을 위한 스킬

휴먼 소프트 스킬	비즈니스 스킬	경쟁력과 미래 스킬
(1) 자기인식과 자기측정 스킬 (2) 감성지능 스킬 (3) 사회지능 스킬 (4) 대인지능 스킬 (5) 공감과 능동적 경청 스킬 (6) 문화적 유연성 스킬 (7) 인내와 열정 스킬 (8) 공익 중시 스킬 (9) 마인드폴니스 명상 스킬 (10) 체력단련 스킬 (11) 스토리텔링 스킬	(1) 문제해결능력 (2) 창의성 (3) 신기술에 대한 적응능력 (4) 기업가정신 (5) 영업과 마케팅 스킬 (6) 데이터 분석 스킬 (7) 프레젠테이션 스킬 (8) 환경지능 (9) 폭넓은 사고능력 (10) 회계와 자금관리능력 (12) 플러그를 뽑는 능력 (13) 주요 동향 파악 능력 (14) 디자인 씽킹과 디자인 마인드셋	(1) 인공지능과 블록체인 관련 기술 (2) 사회지능 스킬 (3) 창의적 사고 스킬 (4) 컴퓨터적 사고 스킬 (5) 학습능력

3. 인공지능 시대의 휴먼 소프트 스킬[13]

(1) 자기인식(Self-awareness)과 자기측정(Self-assessment) 스킬

인공지능 시대에 필요한 기업의 구성원으로서 업무처리를 위해 필요한 첫 번째 휴먼 소프트 스킬은 자기를 정확하게 파악하는 스킬이다. 로우하이에넨(2016)은 이를 자기인식 및 자기측정 스킬이라고 하였다. 오늘날 자기에 대한 인식은 타인에 대한 인식보다 중요하다. 협업이 강조되는 비즈니스 환경에서 여러 사람들 사이에서 상호작용할 수 있도록 자신을 잘 파악해야 할 것이다. 오늘날과 같은 시대를 경제학 용어로 긱 이코노미 시대라고 한다. 긱 이코노미 시대에는 전문가의 역량을 필요로 하는 곳에서 전문성을 발휘하는 프리랜서가 많아진다. 프리랜서로서 다양한 기업으로부터 업무 의뢰를 받으려면 이러한 스킬은 매우 중요하다고 할 수 있다.

(2) 감성지능(Emotional Intelligence) 스킬

감성지능은 자신의 감정과 타인의 감정을 이해하고, 자신의 감정을 통제하고, 자신의 감정을 활용할 수 있는 능력이다. 즉, 대인관계에 있어 가장 중요한 역량이 감성지능이라 할 수 있다. 기업은 개인이 아닌 다양한 사람들이 모여서 협업하는 공간이므로 타인으로부터 협조를 얻어내기 위해서 감성지능은 매우 중요해지고 있다.

(3) 사회지능(Social Intelligence) 스킬

사회지능은 감성지능과 마찬가지로 다양한 사람들 사이에서 상호작용하는 것과 밀접한 관련성을 맺고 있다. 다양한 사람들 사이의 상호작용은 비즈니스에서 가장 중요하다고 할 수 있다. 사회지능의 기본은 타인에 대한 이해이다. 그렇기 때문에 우리는 대인관계에 기본이 되는 사람과 사람의 상호작용을 잘할 수 있는 사회지능

13 Rouhiainen, Lasse, *The Future Of Higher Education: How Emerging Technologies Will Change Education Forever*, CreateSpace Independent Publishing Platform, Oct. 10, 2016

역량을 개발해야 할 것이다.

(4) 대인지능(Interpersonal Intelligence) 스킬

대인지능 스킬이란 사람과 사람의 소통에 대한 스킬이다. 사회지능이나 감성지능과 마찬가지로 조직 환경의 다양한 사람들 사이에서 균형 잡힌 삶을 살아가는 데 기본이 되는 역량이다. 세상에 노력 없이 얻어지는 것은 없다. 그렇기 때문에 대인관계에 있어 하나를 얻으면 하나를 줄 생각을 해야 하고, 하나를 받기 전에 먼저 하나를 줄 수 있는 마인드를 갖고 살아야 할 것이다.

(5) 공감과 능동적 경청(Empathy and Active Listening) 스킬

사람들은 살아온 삶 자체가 다르기 때문에 모든 사람은 서로 다른 가치관을 가지고 있다. 그럼에도 불구하고 모두가 같다는 착각에 빠지며 공감을 얻어내려고 하는 경향이 있다. 그렇기 때문에 상대방을 인정해주고, 공감해주고, 보다 적극적으로 이야기를 경청해준다면 보다 좋은 대인관계가 형성될 것이다. 이러한 공감 스킬과 능동적인 경청은 사회생활에 기본요소가 될 것이다.

(6) 문화적 유연성(Cultural Flexibility) 스킬

세상에는 다양한 사람들이 살고 있고, 이들은 다양한 환경에서 삶을 살아가고 있다. 우리가 살아가는 방식이 문화이다. 우리는 문화적 동질성 못지않게 문화적 이질성을 중시해야 한다. 우리는 글로벌 환경에서 살아가고 있다. 그렇기 때문에 서로 다른 문화적 환경에 이질감을 가질 수 있으나, 이러한 이질감에 적응할 수 있는 문화적 유연성을 확보하는 것이 중요하다.

(7) 인내와 열정(Perseverance and Passion) 스킬

급변하는 비즈니스 환경에서 빠른 일처리는 중요하다. 또한 비즈니스가 연속적이기에 지속적으로 문제가 유발되고 이에 대한 해결책을 요구한다. 따라서 우리는 보다 열정적으로 빠르게 인내하며 일처리를 해야 할 필요가 있다. 따라서 인내와 열정은 비즈니스에서 성공을 위해 중요한 요소이다.

(8) 공익 중시(A Focus on the Common Good) 스킬

우리는 다양한 비즈니스 환경에서 개인이 아닌 다양한 사람들의 이익을 추구하기 위해 살아간다. 그렇기 때문에 공익을 강조하는 것은 인공지능 시대에 매우 중요한 소프트 스킬일 수 있다. 인공지능 기술은 자동화를 통해 다양한 사람들에게 큰 이익을 가져다줄 것이다.

(9) 마인드풀니스 명상(Mindfulness Meditation) 스킬

사람들은 업무처리에 있어 심리상태가 중요하다. 심리적으로 안정된 사람들은 다양한 업무 부분에서 혁신적인 성과를 창출한다. 반면, 심리적으로 안정되지 못한 사람들은 업무성과가 낮은 경우가 많다. 구글과 같은 회사들은 조직 구성원의 업무성과를 높이기 위해서 마인드풀니스 프로그램을 도입하였다. 이를 통해 조직 구성원의 심리적 안정과 업무성과를 높일 수 있었다.

(10) 체력단련(Physical Training) 스킬

비즈니스에 있어 인적자원의 신체건강은 매우 중요하다. 신체가 건강해야 마음도 건강해질 수 있다. 인적자원이 건강한 신체를 가지고 있어야 보다 열심히 일할 수 있고 높은 성과를 창출할 수 있다.

(11) 스토리텔링(Storytelling) 스킬

스토리텔링은 사람들이 살아가는 과정에서의 커뮤니케이션 스킬이다. 사람들은 자신의 경험과 타인의 경험을 이야기한다. 따라서 보다 원만한 대인관계를 구축하기 위해서는 스토리텔링역량을 개발해야 할 것이다.

4. 인공지능 시대의 비즈니스 스킬[14]

(1) 문제해결능력(Problem Solving Skill)

기업의 구성원으로서 변화하는 환경에 적응하는 것은 매우 중요하다. 비즈니스에서 변화가 발생하면, 변화에 잘 적응하면 문제가 없겠지만 변화에 적응하지 못하면 문제가 발생한다. 이에 따라 다양한 사람들이 참여해서 상호작용을 통해 변화에서 발생하는 문제해결능력을 확보하는 것은 비즈니스에서 매우 중요한 능력이 될 것이다.

(2) 창의성(Creativity)

앞서 설명한 것처럼 인공지능 기술은 업무처리방식뿐만 아니라 다양한 제품과 서비스를 제공하는 방식을 변화시켜주었다. 따라서 인공지능을 활용한 기술개발에 있어 창의성은 기존의 비즈니스를 새롭게 해준다. 이에 따라 조직 구성원들은 다양한 기술과 비즈니스방식에 대한 교육을 통해 창의성을 확보해야 할 것이다.

(3) 신기술에 대한 적응성(Adaptability Skill to New Technology)

대부분의 전문가들은 인공지능 기술이 우리가 접하는 대부분의 제품과 서비스를 새롭게 만들어줄 것이라는 의견을 제시하고 있다. 그렇기 때문에 인공지능 기술에 의해 새롭게 나타나는 현상에 잘 적응하는 능력이 필요하다.

(4) 기업가정신(Entrepreneurial Mindset)

미래에는 다양한 부분에서 인공지능이 활용될 것이다. 예를 들면, 챗봇, 로봇 등 대부분의 기술이 활용되는 비즈니스 현장에서 인공지능을 활용할 수 있는 인적 역량을 요구할 것이다. 이에 따라 미래사회에 대비하기 위한 보다 도전적인 마인

14 Rouhiainen, Lasse, *Artificial Intelligence: 101 Things You Must Know Today About Our Future*, January 29, 2018

드를 가지고 사업을 바라보는 기업가정신이 중요해질 것이다.

(5) 영업과 마케팅(Sales and Marketing) 스킬

그 어느 때보다도 사람들은 그들의 열정을 중심으로 사업을 만들고 있다. 이를 위해 사람들은 새로운 고객을 확보하는 방법과 고객에게 커뮤니케이션을 하는 방법을 포함한 영업과 마케팅기법의 기초를 이해해야 할 것이다.

(6) 데이터 분석(Data Analysis) 스킬

세계적인 고객관계관리 솔루션 기업인 던험비(Dunnhumby)의 회장인 클라이브 험비(Clive Humby)는 비즈니스에서 새로운 통찰력을 얻기 위해서는 고객정보 분석이 중요하다고 강조하였다. 오늘날 기업의 마케팅은 데이터에 기반해 이루어지고 있다. 그렇기 때문에 데이터를 분석할 수 있는 스킬을 확보하는 것은 매우 중요하다 할 수 있다.

(7) 프레젠테이션 스킬(Presentation Skills)

비즈니스에 있어서 중요한 것은 표현하는 능력이다. 이에 따라 프리젠테이션 스킬은 기업가 및 구성원들에게 있어 매우 중요한 스킬이다 따라서 미래 기업의 구성원 및 비즈니스 전문가가 되기 위해서는 사전에 프레젠테이션 스킬을 개발해야 할 것이다.

(8) 환경지능(Environmental Intelligence)

오늘날 비즈니스는 다양한 사람들에게 혜택을 제공해야 한다. 그렇기 때문에 다양한 기업들의 네트워크에서 지속 가능성은 매우 중요한 경영상의 이슈이다. 따라서 친환경적이고 사회적인 비즈니스를 할 수 있도록 환경지능에 대한 학습을 해야 할 것이다.

(9) 폭넓은 사고능력(Large-scale Thinking Skills)

정보기술에 의해 국가 간 비즈니스의 경계가 무너져 글로벌 비즈니스가 일반화되었다. 이에 따라 기업에서 업무를 처리하는 데 있어 보다 폭넓은 가치관을 가지고 대응하는 역량이 필요하게 되었다.

(10) 회계와 자금관리능력(Accounting & Money Management Skills)

기업을 경영하는 데 있어 모든 비즈니스 프로세스가 재무 및 회계와 연결되어 있다. 뿐만 아니라 인적자원과 관련된 부분(채용, 급여, 출장, 복지 등)도 재무 및 회계 프로세스와 연결되어 있다. 그렇기 때문에 비즈니스에 대한 이해를 위해서는 회계와 자금관리에 대한 사전 지식 역량개발이 이루어져야 할 것이다.

(11) 플러그를 뽑는 능력(The Ability to Unplug)

오늘날 정보기술에 의해 대부분이 연결되어 있다. 예를 들면, 우리는 인터넷 또는 모바일 스마트폰을 이용해서 다양한 사람들과 업무처리를 하기도 하고, 커뮤니케이션을 수행하기도 한다. 과도한 정보기술에 대한 연결은 우리에게 다양한 도움을 제공하기도 하지만, 스트레스를 주기도 한다. 오늘날 사람들은 정보기술에 중독되어 기술에 종속되는 현상을 중단할 필요가 있다. 기술 종속성을 탈피하는 능력도 우리에게 필요한 중요한 능력 중 하나이다.

(12) 주요 동향 파악 능력(Spotting Trends Skills)

비즈니스에 있어서 변화하는 동향을 이해하는 것은 매우 중요하다. 미래 비즈니스는 기업들이 고객 수요의 빠른 변화에 적응하면 살아남고, 변화에 적응하지 못하면 살아남기 어렵게 될 것이다. 따라서 비즈니스의 변화 방향을 파악하고 대응할 수 있는 역량을 개발해야 할 것이다.

(13) 디자인 씽킹(Design Thinking)과 디자인 마인드셋(Design Mindset)

앞서 설명한 것처럼 인공지능 시대에는 제품과 서비스 부분에서 혁신이 이루어질 것이다. 사물인터넷 기술, 빅데이터 기술, 인공지능 기술의 융합은 기존에 경험하지 못한 높은 수준의 서비스 만족도를 제공해줄 것이다. 이에 따라 조직 구성원들은 미래를 위한 제품과 서비스에 대한 새로운 디자인을 할 수 있는 스킬을 개발해야 할 것이다.

5. 인공지능 시대의 경쟁력과 미래 스킬[15]

인공지능 시대에는 자동화 기술을 통제하기 위한 다양한 스킬이 요구된다. 로우하이에넨(Rouhiainen, 2018)은 이를 위해 미래 경쟁력을 개발하기 위해 ① 인공지능과 블록체인 관련 스킬, ② 사회지능 스킬, ③ 창의적 사고 스킬, ④ 컴퓨터적 사고 스킬, ⑤ 학습능력 스킬을 제시하였다. 각각에 대해 살펴보면 다음과 같다.

(1) 인공지능과 블록체인 기술(Technical Skills Related to AI and Blockchain)

오늘날 대부분의 제품과 서비스는 정보기술을 활용해서 유기적으로 연결되어 있고 자동화되고 있다. 이에 따라 블록체인 기술을 통한 상호 연결에 기반한 보안성 강화와 인공지능에 기반한 자동화는 매우 중요한 핵심기술이 되고 있다. 예를 들면, 오늘날 블록체인 기술은 금융권에서 많이 활용되고, 자율주행차 역시 인공지능 기술에 기반해 작동하고 있다. 오늘날 대부분의 기술에 인공지능 기술이 내재되어 있다.

(2) 사회지능(Social Intelligence) 스킬

기업의 경영 환경은 다양한 사람이 공통의 목표를 달성하기 위해 협업으로 업무를 처리하고 있다. 그렇기 때문에 사회지능은 사람 간의 관계역량을 강화하기 위해 매우 중요하다. 이러한 사회지능과 관련이 있는 요소로 공감과 경청, 감성지능 등이 있는데, 이러한 소프트 스킬 개발은 미래 조직 구성원으로서의 경쟁우위를

15 Rouhiainen, Lasse, *Artificial Intelligence: 101 Things You Must Know Today About Our Future*, January 29, 2018

창출하는 데 큰 역할을 할 것이다.

(3) 창의적 사고(A Creativity Mindset) 스킬

고객들이 선호하는 새로운 제품과 서비스를 개발한 기업만이 비즈니스 환경에서 생존할 수 있기 때문에, 창의성은 비즈니스에서 매우 중요한 경쟁우위요소이다. 창의성을 개발하기 위해서는 다양한 경험이 필요하다. 조직에서 인정받기 위해서는 자신을 차별화할 수 있도록 창의성을 키워야 할 것이다.

(4) 컴퓨터적 사고(Computational Thinking) 스킬

오늘날 비즈니스 환경에서 다양한 업무처리뿐만 아니라 제품과 서비스가 정보기술에 기반해 운영되고 있다. 그렇기 때문에 우리는 조직에서의 업무처리 및 기업과 기업 또는 기업과 고객 간 비즈니스를 위해서는 컴퓨터에 기반한 업무처리 역량을 개발해야 할 것이다.

(5) 학습능력(Learning) 스킬

인공지능 기술에 의해 업무처리방식뿐만 아니라 비즈니스 방식, 고객에게 제품과 서비스를 제공하는 방식 등 우리가 접하는 많은 것들이 변화하고 있다. 과거에 얽매여 변화하지 않으려는 고착성은 우리를 뒤떨어지게 한다. 따라서 우리는 변화하는 환경에서 새로운 것을 배울 수 있는 학습 스킬을 키워야 할 것이다.

6. 인공지능 기술의 직무 영향

인공지능 기술 발전에 따라 기업에서 수행하는 인적자원관리와 관련된 다양한 업무가 자동화되었다. 이에 따라 기업에서는 기존 인적자원관리 업무 담당자들이 하던 업무를 인공지능 시스템이 대신 수행하게 되었다. 예를 들면, 기존 채용과 관련된 업무는 기업의 인사 담당자들이 수행하는 업무였다. 그러나 오늘날 채용과 관련된 업무는 채용공고부터 시작해서 채용면접, 채용사원에 대한 교육 등에 이르기까지 인공지능 시스템에 의해 이루어진다. 이에 따라 기업에서는 보다 체계적인 인적자원관리 프로세스를 수행할 수 있게 되었다.

인공지능 기술은 현재 다양한 새로운 일자리를 만들고 있다. 예를 들면, 인공지능 챗봇 디자이너, 인공지능 컨설턴트, 데이터 분석가, 기계학습 전문가, 딥러닝 전문가 등이 있다. 현재 대부분의 업무 분야에서 인공지능이 적용되고 있다. 체임벌린(Chamberlain, 2017)에 따르면 인공지능 기술을 활용하는 새로운 직업군이 만들어지고 있다. 예를 들면, 뉴스 등 주요 미디어에 인공지능에 대한 기사를 쓸 수 있는 사람, 인공지능과 관련된 기술 및 지식재산권을 다룰 수 있는 전문 법조인, 인공지능과 관련된 제품과 서비스를 고객을 대상으로 판매 및 마케팅할 수 있는 IT 전문가, 인공지능 기술을 통해 솔루션을 개발할 수 있는 AI 개발자 등이 필요하다.[16]

반면, 인공지능에 의해 일자리가 줄어들기도 하지만 인공지능을 통제하기 위한 새로운 일자리가 만들어지기도 한다. 더불어 창의성을 요구하는 업무에는 인공지능 시스템을 활용하기보다는 사람이 업무를 수행하는 것이 보다 더 좋은 대안으로 간주되고 있다. 프레이와 오스본(Frey & Osborne, 2013, 2017)[17][18]의 연구에 따르면 향후 사람이 하던 일 중 일부는 로봇으로 대체된다고 하였다. 반면, 일부 업무는 인공지능이 발전해도 그 역할을 인공지능 시스템이 할 수 없고, 사람들이 수행해야 한다고 하였다. 이에 대해 상세히 살펴보면 다음과 같다.

사람들이 직업 서비스 제공을 위해 특정한 역할을 수행하는 업무가 있다. 이러한 업무는 인공지능에 의해 업무 보조를 받을 수 있지만, 인공지능 시스템으로 대체되기 어렵다. 여기에는 다음과 같은 직업이 있다.

■ 구강외과 의사

16 Andrew Chamberlain, "Who's Hiring AI Talent in America?", Glassdoor, November 16, 2017 (https://www.glassdoor.com/research/studies/ai-jobs)

17 Frey, C. B. & Osborne, M. A., "The future of employment: How susceptible are jobs to computerisation?", Oxford Martin, September, 2013 (http://www.oxfordmartin.ox.ac.uk/publications/view/1314)

18 Frey, C. B. & Osborne, M. A., "The future of employment: How susceptible are jobs to computerisation?", *Technological Forecasting and Social Change*, Vol.114, 2017, pp.254–280.

■ 메이크업 아티스트
■ 지압사
■ 소방관

앞서 살펴본 직업군과 마찬가지로 창의력을 필요로 하는 직업은 인공지능 시스템에 의해 지원을 받을 수는 있지만, 직업 자체가 인공지능으로 대체되지는 않을 것이다.

■ 안무가
■ 큐레이터
■ 예술감독

사회적인 지각을 필요로 하는 직업군 역시 인공지능 기술의 지원을 받을 수 있지만, 인공지능 기술에 의해 대체되지는 않을 것이다.

■ 정신건강 종사자
■ 성직자
■ 간호사
■ 코치와 스카우트

프레이와 오스본(2013, 2017)에 따르면 인공지능에 의해 자동화되지 않는 직업군은 다음과 같은 특성이 있다.

첫째, 이들 직업군은 대량의 데이터를 산출하지 않는 특성이 있다. 즉, 인공지능은 데이터에 기반한 자동화된 기술이기 때문에 데이터가 산출되지 않는 직업군에서는 구현이 용이하지 않다. 둘째, 인간의 상호작용이 강조되는 영역도 마찬가지로 인공지능에 의한 자동화는 쉽지 않음을 알 수 있다. 셋째, 반복이 최소한으로 일어나는 직업군은 데이터를 산출하기 어렵기 때문에 인공지능 기술에 의해 직업이 대체되기 쉽지 않다. 넷째, 단순한 관찰에 의해 학습이 어려운 업무를 수행하는 직업군 또는 인간 고도의 직관력과 고도의 유연성을 필요로 하는 직업군은 인공지능에 의해 대체되기 어렵다.

핵심문제

01 인공지능에 대해 정의하시오.

02 인공지능 분야에서 탁월한 업적을 남긴 연구자에 대해 설명하시오.

① 프랑크 로젠블라트(Frank Rosenblatt)

② 앨런 튜링(Alan Turing)

③ 제프리 에버레스트 힌턴(Geoffrey Everest Hinton)

④ 마빈 리 민스키(Marvin lee Minsky)

⑤ 존 매카시(John McCarthy)

⑥ 클로드 엘우드 섀넌(Claude Elwood Shannon)

03 인공지능, 기계학습, 딥러닝의 관계에 대해 설명하시오.

① 인공지능

② 기계학습

③ 딥러닝

04 지도학습, 비지도학습, 강화학습에 대해 설명하시오.

① 지도학습

② 비지도학습

③ 강화학습

05 인공지능의 미래에 대해 설명하시오.

06 인공지능과 관련된 미래 직무에 대해 설명하시오.

07 다음 인공지능 알고리즘에 대해 설명하시오.

① CNN(Convolutional Neural Network)

② RNN(Recurrent Neural Network)

③ GAN(Generative Adversarial Network)

08 인공지능에 있어서 나타나는 데이터 편향성에 대해 설명하시오.

참고문헌

관계부처합동, 사람이 중심이 되는 인공지능을 위한 신뢰할 수 있는 인공지능 실현 전략(안), 2021년 5월 13일

과학기술정보통신부, I-Korea 4.0 실현을 위한 인공지능(AI) R&D 전략, 2018년 5월

김윤정 · 유병운, 인공지능 기술 발전이 가져올 미래 사회 변화, 한국과학기술기획평가원(KISTEP), 2016년 3월 14일 (http://www.kistep.re.kr/c3/sub3_2.jsp?brdType=R&bbIdx=9800)

미국국가과학기술위원회(NSTC)(2016), The National Artificial Intelligence Research and Development Strategic Plan, 2016년 11월 4일 (https://www.whitehouse.gov/sites/default/files/whitehouse_files/microsites/ostp/NSTC/national_ai_rd_strategic_plan.pdf)

양희태 · 최병삼 · 이제영 · 장훈 · 백서인 · 김단비, 인공지능 기술 전망과 혁신정책 방향: 국가 인공지능 R&D 정책 개선방안을 중심으로(A Prospective Analysis of Artificial Intelligence(AI) Technology and Innovation Policies: Focused on Improving Korea's National AI R&D Policy), 과학기술정책연구원, 2018, p.7 도표 재정리

이승훈, "최근 인공지능 개발 트렌드와 미래의 진화방향", LG경제연구원, 2017년 12월

전혜정, AI랑 산다 #1 인공지능 역사로 알아보는 핵쉬운 용어사전, LG 전자 소셜 매거진(https://live.lge.co.kr/live_with_ai_01/)

정보통신기술진흥센터 기술정책단 정책기획팀, 4차 산업혁명 시대, 우리의 인공지능 현황, 2018년 4월, IITP 정책브리프

정보통신기획평가원, 인공지능 청사진 2030, 2020년 12월

정보통신산업진흥원, 소프트웨어정책연구소, 지능정보산업협회, 2020 인공지능산업 실태조사, 과학기술정보통신부, 2020

한국정보화진흥원, 인공지능 발전이 가져올 2030년의 삶(Artificial Intelligence And Life In 2030), Nia Special Report 2016-4, 2016년 10월 4일

4차 산업혁명위원회, 글로벌 AI 정책(전략, 권고안, 가이드라인 등) 동향, 2020년 2월 27

일, 4차위 지원단, 회의자료 참조 (https://www.4th-ir.go.kr/)

https://www.saramin.co.kr/zf_user/hr-magazine/view?hr_idx=671&magazine_join_type=subject (사람인 홈페이지, 접속일: 2021년 3월 10일)

Andrew Chamberlain, "Who's Hiring AI Talent in America?", Glassdoor, November 16, 2017 (https://www.glassdoor.com/research/studies/ai-jobs)

Frey, C. B. & Osborne, M. A., "The future of employment: How susceptible are jobs to computerisation?", Oxford Martin, September, 2013 (http://www.oxfordmartin.ox.ac.uk/publications/view/1314)

Frey, C. B. & Osborne, M. A., "The future of employment: How susceptible are jobs to computerisation?", *Technological Forecasting and Social Change*, Vol.114, 2017, pp.254-280.

McKinsey, AI adoption advances, but foundational barriers remain, November 13, 2018-Survey (https://www.mckinsey.com/featured-insights/artificial-intelligence/ai-adoption-advances-but-foundational-barriers-remain (재인용: 장효성, 주요국의 인공지능 정책 동향과 시사점, 2019년 11월 27일, ICT SPOT ISSUE, 정보통신기획평가원)

McKinsey, Driving impact at scale from automation and AI, February 2019 (https://www.mckinsey.com/business-functions/mckinsey-digital/our-insights/driving-impact-at-scale-from-automation-and-ai) (재인용: 장효성, 주요국의 인공지능 정책 동향과 시사점, 2019년 11월 27일, ICT SPOT ISSUE, 정보통신기획평가원)

Nils J. Nilsson, *The Quest for Artificial Intelligence, 1st Edition*, Cambridge University Press, October 1, 2009

Rouhiainen, Lasse, *Artificial Intelligence: 101 Things You Must Know Today About Our Future*, January 29, 2018

Rouhiainen, Lasse, *The Future Of Higher Education: How Emerging Technologies Will Change Education Forever*, CreateSpace Independent Publishing Platform, Oct. 10, 2016

Chapter 03 사물인터넷

학습목표

- 사물인터넷의 개념의 이해
- 사물인터넷 요소 기술 이해
- 사물인터넷 활용 사례 이해
- 사물인터넷 미래 발전 방향 이해

제 1 절 사물인터넷의 정의 및 특성

4차 산업혁명 시대에는 인공지능, 빅데이터, 사물인터넷 기술을 이용해 모든 사물을 연결하는 초연결사회를 만들어가고 있다. 이를 위한 핵심기술이 바로 사물인터넷 기술이다. [그림 3-1]에 나타난 것처럼 사물인터넷 기술은 클라우드 컴퓨팅, 빅데이터, 인공지능을 구현하는 중요한 연결기능을 담당하고 있다.

사물인터넷 기술은 생성되는 데이터를 수집하고 저장하는 데 도움을 제공하며, 더불어 빅데이터 기술을 활용해 분석한 정보를 다양한 곳에서 이용할 수 있도록 하는 데 도움을 제공하고 있다. 미래에는 대부분의 사물들이 사물인터넷 기술을 통해 연결될 것으로 예상되며, 이를 통한 보다 효율적 데이터 처리가 가능해질 것으로 예상되고 있다.

사물인터넷 개념을 살펴보면, ITU-T Y.2060에서는 사물인터넷을 다음과 같이 정의하였다. 사물인터넷은 기존에 존재하거나 또는 미래에 등장하게 될 상호 운용

▌그림 3-1▐ 4차 산업혁명 핵심기술

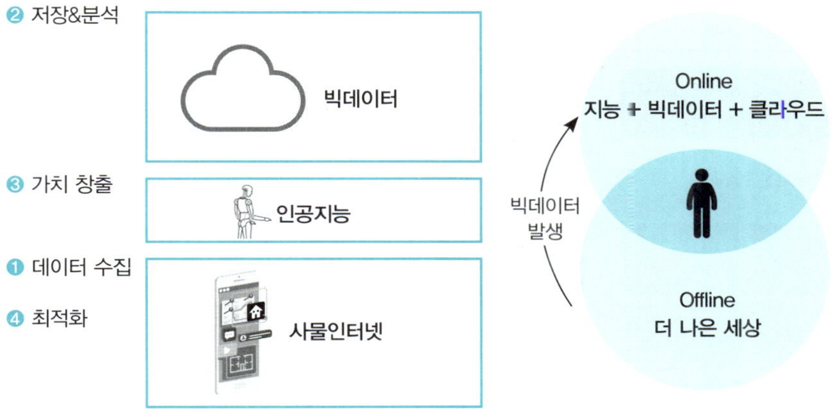

가능한 정보통신기술을 활용해 다양한 실제세계와 가상세계의 사물과 사람 사이의 연결로 개선된 서비스를 제공하는 글로벌 인프라스트럭처라고 하였다. 또한 정보통신기획평가원(IITP)에 의하면,[01] 사물인터넷은 통신 네트워크를 기반으로 다양한 사물, 공간 및 사람을 유기적으로 연결하고, 상황을 분석하고, 예측하고, 판단하는 보다 지능화된 서비스를 자율적으로 제공하는 인프라스트럭처와 융복합 기술의 집합체라고 정의하였다(ICT R&D 기술로드맵 2003, 2018). 사물인터넷을 위한 통신 프로토콜 스택, 통신표준, 표준화 단체를 살펴보면 [그림 3-2]와 같다.

먼저 프로토콜 스택의 계층을 살펴보면, 응용계층, 서비스계층, 애플리케이션 프로토콜계층, 수송계층, 네트워크계층, 연결계층으로 구분된다. 애플리케이션계층과 서비스계층의 표준화를 담당하는 기관은 oneM2M(one Machine-To-Machine),[02] OMA(Open Mobile Alliance),[03] BBF(Broadband Forum), IEEE(Institute of Electrical and Electronics Engineers)가 있는데 이들 기관에서

01 정보통신기획평가원(IITP), ICT R&D 기술로드맵 2023, 2018년 12월

02 원엠투엠(oneM2M: one Machine-To-Machine)은 사물통신(M2M) 분야의 표준화 단체이다. 현재, 원엠투엠에는 한국의 한국정보통신기술협회(TTA), 유럽의 유럽전기통신협회(ETSI), 미국의 통신산업협회(TIA)와 통신정보표준협회(ATIS), 중국의 중국통신표준협회(CCSA), 일본의 전파산업협회(ARIB) 및 여러 기업과 대학, 연구기관 등이 참여해 사물인터넷 표준화 연구를 수행하고 있다.

03 오마(OMA: Open Mobile Alliance)는 이동통신 디바이스에서 서비스를 제공하기 위한 표준화된 프로토콜을 개발하는 기구이다.

그림 3-2 통신 프로토콜 스택 및 사물인터넷 표준화 단체

프로토콜 스택	통신표준	표준화 단체
APPLICATION	• oneM2M • OMA DM, LWM2M • IEE P2413 • AllSeen, OIC	oneM2M, OMA, BBF, IEEE
SERVICE LAYER		
APPLICATION PROTOCOL LAYER	• HTTP, CoAP	IETE
TRANSPORT LAYER	• Security: DTLS, TLS	
NETWORK LAYER	• 6LowPAN • ROLL	
LINK LAYER	• 3GPP MTC • 802.15.4	IEEE, 3GPP

는 oneM2M(one Machine-To-Machine), OMA DM(Open Mobile Alliance Device Management), LWM2M(Lightweight M2M), IEEE P2413(Institute of Electrical and Electronics Engineers P2413), 올신얼라이언스(AllSeen Alliance),[04] OIC(Open Interconnect Consortium) 표준이 있다. 애플리케이션 프로토콜계층, 수송계층, 네트워크계층은 IETF(Internet Engineering Task Force)에서 인터넷 프로토콜에 대한 표준화를 담당하고 있고, 이 기관에서는 HTTP(HyperText Transfer Protocol),[05] CoAP(Constrained Application Protocol),[06] DTLS(Datagram Transport Layer Security),[07] 보안표준으로

04 올신얼라이언스(AllSeen Alliance)는 리눅스재단(Linux Foundation)이 주도해서 운영되는 사물인터넷 표준화 단체이다. 사물인터넷을 활성화하기 의한 시스템 개발, 프레임워크를 개발하고 있다.

05 HTTP(HyperText Transfer Protocol)는 월드와이드웹에서 데이터를 주고받는 데 이용되는 인터넷 프로토콜이다.

06 CoAP(Constrained Application Prortocol)는 사물인터넷(IoT: Internet of Things) 통신 환경에 최적화하여 개발된 레스트(REST: REpresentational State Transfer) 기반의 경량 메시지 전송 프로토콜을 지원한다. 이 프로토콜은 메시지가 작으며 기존의 HTTP(HyperText Transfer Protocol)와도 연동된다.

07 DTLS(Datagram Transport Layer Security)는 데이터를 안전하게 전송하는 프로토콜이다. 이 프로토콜은 SSL(Secure Socket Layer) 프로토콜 그리고 SSL이 개선된 TLS((Transport Layer Security)

DTLS(Datagram Transport Layer Security), TLS(Transport Layer Security), 6LowPAN(Low-power Wireless Personal Area Network)[08] 표준이 있다. 링크 계층의 표준화 기관으로는 IEEE(Institute of Electrical and Electronics Engineers), 3GPP가 있고, 이들 표준화 기관에서는 3GPP(3rd Generation Partnership Project) MTC(Machine Type Communication),[09] IEEE 802.14.3(Institute of Electrical and Electronics Engineers 802.14.3) 표준을 제정하고 있다.

제 2 절 사물인터넷과 산업인터넷

1. 사물인터넷 발전 단계

4차 산업혁명 시대에는 정보통신기술이 발전하면서 모든 컴퓨터와 사물들이 연결되어 사물인터넷 발전이 이루어졌다. 사물인터넷 기술의 발전과정을 살펴보면, ① 단말형, ② 연결형(connectivity), ③ 지능형(intelligence), ④ 자율형(autonomy)으로 진화하였다. 사물인터넷이 진화하면서 보다 다양한 기능을 구현할 수 있게 되었다. 각각 단계별 특징을 살펴보면 다음과 같다.

프로토콜과 같이 무결성, 인증성 등을 제공한다.

08 6LoWPAN(Low-power Wireless Personal Area Network)은 IETF(Internet Engineering Task Force)의 워킹그룹(working group) 중 하나이며, IEEE 802.15.4 관련 저전력 무선 개인 네트워크(Low-power Wireless Personal Area Network) 등을 표준화하고 있다.

09 MTC(Machine Type Communication)는 3GPP(3rd Generation Partnership Project)에서 사물인터넷을 위해 개발한 통신표준이다. ETSI(European Telecommunications Standards Insitute)에서는 M2M(Machine To Machine), ITU-T에서는 IoT(Internet of Things)라고 부른다.

▌그림 3-3▌사물인터넷 기술 발전 단계

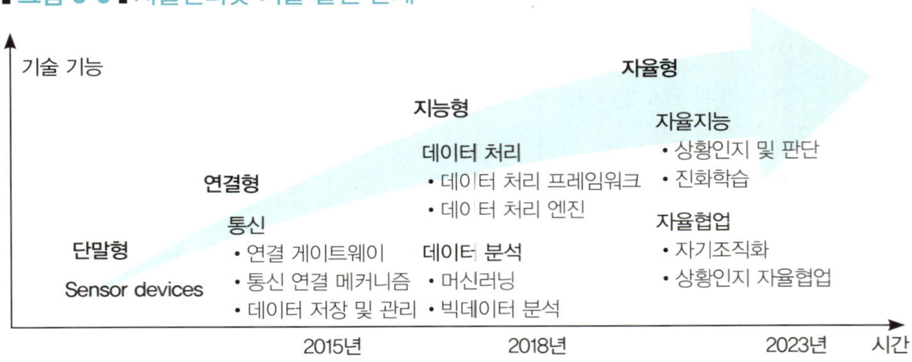

출처: 정보통신기획평가원(IITP), ICT R&D 기술로드맵 2023, 2018년 12월

(1) 단말형 사물인터넷 단계

단말기에서 센서를 통해 수집된 데이터를 분석하고 활용하였다.

(2) 연결형 사물인터넷 단계

사물이 유선통신과 무선통신 기술에 의해 상호 연결되면서, 센서를 통해 주변 환경에서 다양한 데이터를 확보할 수 있게 되었다. 이러한 데이터를 네트워크를 통해 서버로 전송하고, 서버에서는 전송된 데이터를 관리하게 되었다.

(3) 지능형 사물인터넷 단계

사물이 센서를 통해 확보한 데이터를 분석하고, 예측하는 활동을 할 수 있게 되었다. 이 단계에서는 빅데이터 분석을 위해 인공지능 기술과 머신러닝 기술이 이용되었다.

(4) 자율형 사물인터넷 단계

사물들 사이에서 분산화된 협업이 가능하게 되었다. 이를 통해 사물 사이에서 상호 소통하며 데이터 처리를 할 수 있게 되었고, 이에 기반해 스스로 의사결정을 하고, 물리세계를 자율로 제어할 수 있게 되었다. 특히, 자율형 사물인터넷 단계에서는 빅데이터 분석을 통해 미래를 예측하고, 분석 데이터에 기반해 미래를 계획하고, 이러한 정보를 전달하고 활용할 수 있게 되었다.

2. 산업인터넷

산업인터넷(IIoT: Industrial Internet of Things)은 산업에서 다양한 사물을 연결해서 운영하는 통신기술로 국가, 기관, 기업, 조직에 따라 다양하게 정의되고 있다. IIC(Industrial Internet of Things) 컨소시엄에서는 산업인터넷을 "사물인터넷, 기계, 컴퓨터 및 인간이 기업성과 개선을 목적으로 첨단 데이터 분석방법을 이용하여 지능적으로 산업을 운영하는 것"으로 정의하였다. 산업인터넷은 사물지능통신(M2M)에서 시작해서 사물인터넷(IoT), 만물인터넷(IoE), 초연결(Hyper-connectivity)을 거쳐 산업인터넷(IIoT)으로 발전하고 있다.[10] 각각의 특성에 대해 살펴보면 다음과 같다.

표 3-1 산업인터넷의 발달과정

기술 명칭	영문 명칭	제안자	비고
사물지능통신	M2M(Machine to Machine)	–	모든 사물에 센서와 통신기능이 부착되어 지능적으로 정보를 수집하고 상호 전달하는 기술
사물인터넷	IoT (Internet of Things)	–	사물지능통신이 인터넷으로 확장되어 사람과 사물, 사물과 사물 간 데이터를 교환하고 상호 소통하는 지능형 인프라 및 서비스
만물인터넷	IoE(Internet of Everything)	Cisco	사물인터넷이 진화하여 사람과 데이터 등 모든 것을 인터넷으로 연결하는 기술
초연결	Hyperconnectivity	Gartner	사람과 사람, 사람과 사물, 사물과 사물이 서로 연결되는 것
산업인터넷	IIoT (Industrial IoT)	GE	산업 분야의 기기에 IT를 적용하여 사람과 산업시설의 통신을 통해 산업관리 및 서비스

출처: 최봉 · 장윤희, 서울시 산업인터넷 육성방안, 서울연구원, 2019년 12월 11일

10 최봉 · 장윤희, 서울시 산업인터넷 육성방안, 서울연구원, 2019년 12월 11일

초기 산업인터넷을 위한 개념으로 사물지능 통신개념이 있다. 사물지능통신은 영어로 M2M(Machine to Machine)이라고 하며, 이는 모든 사물에 센서와 통신기능을 장착해서, 지능적으로 정보를 수집하고 상호 전달하는 통신기술을 의미한다.

사물인터넷은 영어로 IoT(Internet of Things)라고 표현하며, 사물지능통신이 발전한 개념이다. 사물지능통신이 통신 커버리지가 인터넷으로 확장되면서, 단순한 사물 간 통신뿐만 아니라 사람과 사물 등 다양한 객체 사이에서 통신하는 지능형 인프라이자 시스템을 의미한다.

만물인터넷은 영어로 IoE(Internet of Everything)라고 한다. 만물인터넷 개념은 사물인터넷이 확장된 개념으로 시스코(Cisco)에서 최초로 주장하였다. 만물인터넷은 사물인터넷이 발전하여 사람과 데이터 등 모든 만물을 연결하는 통신기술이다.

초연결(Hyperconnectivity) 개념은 만물인터넷이 확장된 개념이다. 이 개념은 가트너 리서치(Gartner Research)에서 주장한 개념으로 사람과 사람, 사람과 사물, 사물과 사물을 상호 연결하는 개념이다.

산업인터넷은 영어로 IIoT(Industrial IoT)라고 하며, 이 개념은 GE에서 최초로 주장한 개념이다. 이 개념은 사물인터넷이 발전한 개념으로 다양한 산업군에서 다양한 산업용 기기에 정보통신기술을 활용하여 사람과 산업시설 사이에서의 상호작용을 통한 산업혁신을 이루기 위한 개념이다.

제3절 사물인터넷 기술의 특성

1. 사물통신과 사물인터넷의 비교

사물통신은 과거의 통신방식으로 RFID/USN과 M2M으로 구분된다. 사물인터넷은 사물통신이 발전한 개념이다. 두 기술은 무선통신을 활용한다는 측면에서 공통성이 존재한다. 반면 차이점으로는 사물통신은 사물과 사물 사이의 통신에 중점을 두고, 사물인터넷은 인간과 환경에 중점을 둔다는 데 차이가 있다. 사물통신과 사물인터넷의 특성을 통신 및 네트워크, 디바이스 구성 형태, 사물의 구동 수준, 서비스 플랫폼, 사물 연결 규모, 서비스 적응성 측면에서 살펴보면 다음과 같다.

표 3-2 사물통신과 사물인터넷 비교

구분	사물통신(RFID/USN, M2M)	사물인터넷(IoT)
통신 및 네트워크	사물통신을 위한 목적망(근거리망, 이동망 등)	자율화 서비스를 위한 초연결망(근거리망, 이동망, 저전력 · 장거리망 등)
디바이스 구성 형태	RFID · 센서 중심	센서, 액츄에이터 등 실제 사물과 데이터와 프로세스 등을 포함한 가상 사물
사물의 구동 수준	수동적(단순 정보 수집)	자율적(자율 판단하는 지능 보유)
서비스 플랫폼	모니터링 정보처리	의미 기반 모니터링 및 자율 제어
사물 연결 규모	수천만 개의 사물	수백억 개 이상의 사물
서비스 적응성	수직적 대응 서비스 제공	즉시적, 맞춤식 · 지능화 서비스 제공

출처: 행정안전부 · 한국정보화진흥원, 정부사물인터넷 도입 가이드라인, 2019년 7월

첫째, 통신 및 네트워크 측면에서 사물통신(RFID/USN, M2M)은 사물통신을 위한 목적망 특성을 갖고 있는데, 예를 들면 근거리망, 이동망 등으로 나타난다. 반면, 사물인터넷(IoT)은 자율화 통신 서비스를 위한 초연결망으로 근거리망, 이동망, 저전력 및 장거리망 등으로 나타난다.

둘째, 디바이스 구성 형태 측면에서 사물통신(RFID/USN, M2M)은 RFID와 센서 중심의 특성이 있다. 반면, 사물인터넷(IoT)은 센서, 액추에이터 등 실제 사물과 사물 사이의 통신을 위한 데이터와 프로세스 등을 포함하고 있다.

셋째, 사물의 구동 수준 측면에서 사물통신(RFID/USN, M2M)은 수동적이며 단순한 정보 수집에 중점을 두고 있다. 반면, 사물인터넷(IoT)은 자율적이며 스스로 판단할 수 있는 지능을 보유하고 있다.

넷째, 서비스 플랫폼 측면에서 사물통신(RFID/USN, M2M)은 모니터링에 기반한 정보를 처리할 수 있는 특성이 있다. 반면, 사물인터넷(IoT)은 의미 기반 모니터링 및 자율 제어를 할 수 있는 특성이 있다.

다섯째, 사물 연결 규모 측면에서 사물통신(RFID/USN, M2M)은 수천만 개의 사물을 연결할 수 있다. 반면, 사물인터넷(IoT)은 수백억 개 이상의 사물을 연결할 수 있다.

여섯째, 서비스 적응성 측면에서 사물통신(RFID/USN, M2M)은 수직적 대응 서비스를 제공할 수 있다. 반면, 사물인터넷(IoT)은 즉각적이고, 맞춤형 및 지능화된 서비스를 제공할 수 있다.

2. 사물인터넷 기술 구성도

사물인터넷 기술 구성요소는 사물인터넷(IoT) 센서 및 디바이스, 사물인터넷(IoT) 네트워크, 사물인터넷(IoT) 플랫폼, 사물인터넷(IoT) 기반 디지털 트윈, 사물인터넷(IoT) 서비스로 구분된다. 또한 사물인터넷 서비스에는 연결형 사물인터넷 서비스, 지능형 사물인터넷 서비스, 지능형과 자율형이 결합된 사물인터넷 서비스, 자율형 사물인터넷 서비스가 있다. 각각의 특성을 살펴보면 다음과 같다.

(1) 사물인터넷 서비스

사물인터넷 서비스를 살펴보면 다음과 같다.

첫째, 개인 사물인터넷(IoT) 서비스는 스마트홈, 웨어러블, 건강관리 등의 분야 사례가 있다. 예를 들면, 가정에서 사물인터넷을 이용해 가정용 전자기기를 제어하기도 하고, 개인의 건강관리를 위해 웨어러블 디바이스를 착용하고, 이를 통해 개인의 생체정보를 수집하고 분석해서 활용한다.

둘째, 공공 사물인터넷 서비스는 재난, 환경, 안전 분야에서 활용된다. 예를 들면, 재난이 발생했을 때, 재난에 대한 정보를 유무선 네트워크를 이용해 알려주고, 대기오염, 해로운 가스 발생 등 환경 문제가 발생했을 때 이와 관련된 정보를 전달해주며, 안전 분야에서 위험 상황에 대해 미리 경고를 함으로써 사람들의 안전을 확보하는 데 도움을 제공해준다.

셋째, 산업 사물인터넷 서비스는 농축수산, 제조, 에너지 등 분야에서 활용되고 있다. 예를 들면, 농축수산 분야에서 사물인터넷 기술을 이용해 양육관리, 환경관리, 방제, 방역 등을 할 수 있고, 제조 분야에서는 스마트 팩토리와 같이 제조환경을 보다 유연하고 효율적으로 만들어주며, 에너지 분야에서도 에너지 소비를 줄여주고 환경보호를 가능하게 해준다.

▌그림 3-4▐ 사물인터넷 기술 구성도: 사물인터넷 서비스

IoT 서비스	개인 IoT 서비스 스마트홈, 웨어러블, 건강 등	공공 IoT 서비스 재난, 환경, 안전 등	산업 IoT 서비스 농축수산, 제조, 에너지 등

출처: 정보통신기획평가원(IITP), ICT R&D 기술로드맵 2023, 2018년 12월

(2) 사물인터넷 기반 디지털 트윈 구성도

사물인터넷 기반 디지털 트윈 구성도를 살펴보면 다음과 같다. 모델링 부분은 물리 모델과 지식 및 데이터 모델로 구성된다. 물리적 모델은 실제 물리적 세계의 특성을 파악하는 것을 의미하고, 이를 가상 디지털 세계에서 구현하기 위해 지식 및 데이터 모델을 구현한다. 시뮬레이션은 다계층 및 다목적 측면에서 결과를 사전에 예측하기 위한 과정이다. 이를 통해 보다 정확한 상황을 통제할 수 있고 생산성을 높일 수 있다. 디지털 트윈 관리는 실질세계와 가상세계를 동기화하기 위한 연동과정을 의미한다.

▌그림 3-5▐ 사물인터넷 기술 구성도: 사물인터넷 기반 디지털 트윈 서비스

IoT기반 디지털 트윈	Modeling • 물리 모델 • 지식 및 데이터 모델	Simulation 다계층 · 다목적 시뮬레이션	Management • 실세계–가상세계 동기화 • 트윈–트윈 연동

출처: 정보통신기획평가원(IITP), ICT R&D 기술로드맵 2023, 2018년 12월

(3) 사물인터넷 플랫폼 구성도

사물인터넷 플랫폼 구성도는 커넥티비티, 데이터 분석, 인공지능, 엠비언트 인터랙션으로 구성된다. 사물인터넷에서 커넥티비티는 자원 및 연결관리를 지원하고, 이종의 네트워크에서의 상호 연동을 지원한다. 데이터 분석은 사물인터넷 환경에서 발생하는 데이터를 수집하고 관리하고 처리하고 분석하며, 시멘틱 데이터 관리 기술이 적용된다. 인공지능은 인지, 추론, 학습, 예측, 계획과 관련된 업무를 처리한다. 앰비언트 인터랙션은 사물 중심의 사물 및 공장에서의 인터랙션을 수행한다.

그림 3-6 사물인터넷 기술 구성도: 사물인터넷 플랫폼

IoT 플랫폼	Connectivity • 자원 연결관리 • 이중상호 연동 등	Data Analytics • 수집 · 관리 · 처리 · 분석 • 시멘틱 데이터 관리 등	Artificial Intelligence • 인지 · 추론 · 학습 • 예측 · 계획	Ambient Interaction • 사람 중심의 사물 및 공간 인터랙션

출처: 정보통신기획평가원(IITP), ICT R&D 기술로드맵 2023, 2018년 12월

(4) 사물인터넷 네트워크 구성도

사물인터넷 네트워크 구성도는 확장성 및 안정성, 시간 민감성, 신뢰성, 적응성 및 지능성으로 구성된다. 사물인터넷 네트워크 특성 중에 확장성 및 안정성, 시간 민감성, 신뢰성은 연결형 사물인터넷에 해당하고, 적응성 및 지능성은 지능형 사물인터넷에 해당한다.[11] 또한 사물인터넷 네트워크는 전력 소모를 줄이기 위한 기술개발이 이루어지고, 네트워크에서 전송 지연을 이루기 위한 기술개발이 이루어지고 있다. 또한 대용량 데이터를 전송하기 위한 기술개발과 사물인터넷 셀룰러 네트워크와 관련된 기술 및 자율형 사물인터넷 기술개발이 이루어지고 있다.

11 사물인터넷 서비스에는 연결형 사물인터넷 서비스, 지능형 사물인터넷 서비스, 지능형과 자율형이 결합된 사물인터넷 서비스, 자율형 사물인터넷 서비스가 있다.

▮그림 3-7▮ 사물인터넷 기술 구성도: 사물인터넷 네트워크

IoT 네트워크	Massive & Scalable	Time-Sensitive	Reliable	Adaptive & Intelligent

출처: 정보통신기획평가원(IITP), ICT R&D 기술로드맵 2023, 2018년 12월

(5) 사물인터넷 센서 및 디바이스의 구성도

사물인터넷 센서 및 디바이스의 구성도를 살펴보면, 디바이스 운영체계 및 소프트웨어, 스마트 센서, 인텔리전스 사물, 분산 인공지능이 있다. 사물인터넷 디바이스 운영체계 및 소프트웨어는 경량화된 운영체계로 사물인터넷 개발 환경에서 네트워크 운영 및 디바이스 구성관리를 지원하며, 플러그 앤 플레이 기능을 지원한다. 스마트 센서는 고정밀 및 저전력 특성이 있고, 센서소자, 소재, 모듈화되어 있고, 복합기능을 제공하는 센서로 구성되고, 지능형 신호처리를 지원한다. 인텔리전스 사물은 인지, 추론, 학습을 할 수 있고, 경량 데이터를 분석하고, 지능을 실행하고, 제어 프레임워크를 제공한다. 분산 인공지능은 분산화된 협업 환경에서 미들웨어 및 자기 구성 기능이 있고, 지식공유를 지원하고, 분산화된 의사결정을 지원하고, 지능을 강화시키고, 자율인지 및 교감기능을 제공한다.

▮그림 3-8▮ 사물인터넷 기술 구성도: 사물인터넷 센서 및 디바이스

IoT 센서 · 디바이스	Device OS & SW	Smart Sensor	Intelliget Thing	Distributed AI
	• 경량운영체제 및 개발 환경 • NW 및 디바이스 구성관리 • 플러그 & 플레이	• 고정밀/고전력 • 센서소자/소재/모듈 • 복합센서, 지능형 신호처리	• 인지 · 추론 · 학습 • 경량 데이터 분석 • 지능실행 · 제어 프레임워크	• 분산협업 • 미들웨어 · 자기구성 • 지식공유, 분산 의사결정, 지능강화, 자율인지 · 교감

출처: 정보통신기획평가원(IITP), ICT R&D 기술로드맵 2023, 2018년 12월

제 4 절 사물인터넷의 비즈니스 현황

1. 사물인터넷 시장특성

사물인터넷(IoT)이란 사람, 사물, 서비스를 연결하는 정보통신기술을 의미한다. 4차 산업혁명 기술 발전에 힘입어 사물인터넷은 기업의 가치를 창출하는 도구로 중요한 역할을 제공하고 있다. 글로벌 리서치회사인 IoT 애널리틱스 리서치(IoT Analytic Research)에 의하면, 세계 사물인터넷 시장은 2017년 1,100억 달러에서 2025년 1조 5,670억 달러로 성장할 것이며, 이러한 사물인터넷 시장 발전 속도는 급속도로 증가할 것이라고 하였다. 현재, 사물인터넷 기술은 스마트시티, 스마트 팩토리, 커넥티드 빌딩, 커넥티드 자동차, 스마트 에너지 등 다양한 분야에서 활용되고 있다.

▮그림 3-9▮ 사물인터넷 활용 분야와 시장 동향

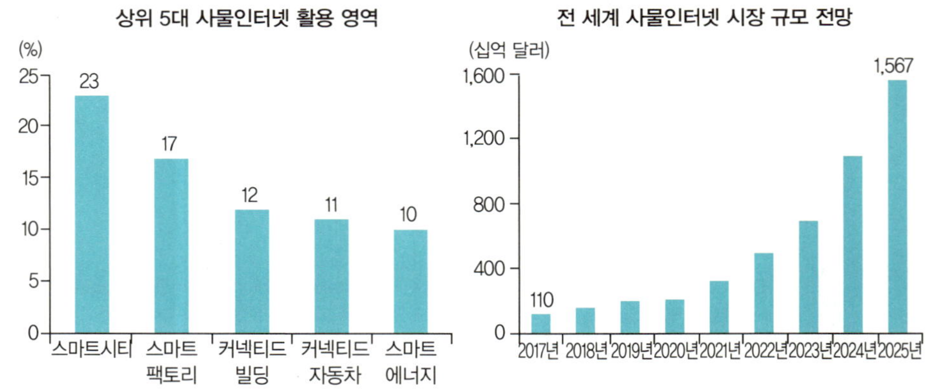

주: 전 세계 사물인터넷 프로젝트 1,600건 중 해당 부문 프로젝트 건수 비중
출처: IoT Analylic Reserarch

주: 시장 규모는 사물인터넷 솔루션에 대한 소비자의 총지출 금액 기준
출처: IoT Analytic Research

2. 사물인터넷 시장가치

과학기술정보통신부(2020)에 의하면, 2019년 사물인터넷 분야에서 발생한 매출액은 전년 대비 16.2% 증가한 10조 원을 돌파한 것으로 나타났고, 2020년 사물인터넷 분야의 신규 고용 계획은 약 4,300명이다. 특히, 사물인터넷 기술개발 부문에서의 고용이 2,900여 명에 이를 것으로 파악되었다.[12]

▌그림 3-10▐ 연도별, 사업 분야별 사물인터넷 기업체 수 (단위: 개사)

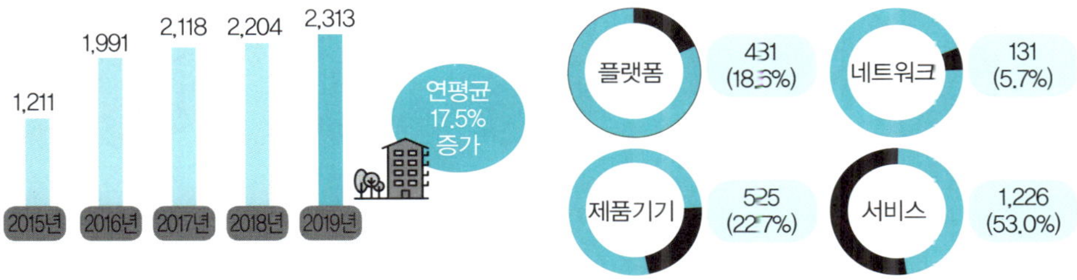

출처: 과학기술정보통신부, 2019년 사물인터넷 산업 실태조사 결과 발표, 보도자료 2020년 2월 26일

사물인터넷 기술개발은 다양한 분야에서 지속적으로 높은 발전이 이루어질 것이다. 서비스, 플랫폼, 네트워크, 디바이스 사업 분야 중 디바이스 분야의 매출이 4조 4,796억 원(전체 41.0%)으로 가장 큰 비율을 보여주었고, 2018년 대비 매출액 증가율은 네트워크에서 1조 8,815억 원으로 가장 높은 성장을 보여주었으며, 플랫폼 분야가 1조 7,092억 원으로 그 뒤를 이었다.

12 사물인터넷 사업 분야는 서비스, 플랫폼, 네트워크, 디바이스로 나누어지고, 그중 서비스 분야의 사업체(1,226개사, 53%)가 가장 많은 것으로 나타났다.

그림 3-11 사물인터넷 분야별 매출액 현황 및 전년 대비 증가율 (단위: 백만 원)

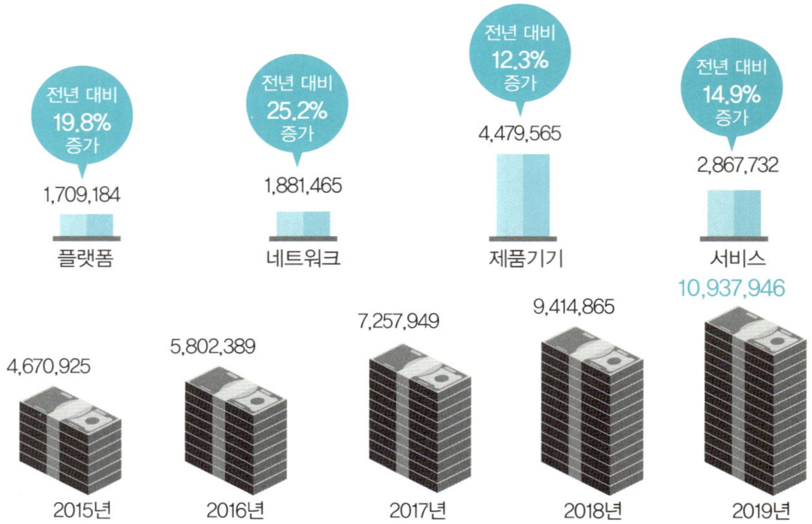

출처: 과학기술정보통신부, 2019년 사물인터넷 산업 실태조사 결과 발표, 보도자료, 2020년 2월 26일

국내 사물인터넷 시장의 고용인력 특성을 살펴보면, 2019년 사물인터넷 고용인력은 77,734명으로 나타났다. 2018년 대비 3,793명이 증가한 것으로 파악되었다. 20200년 사물인터넷 시장의 고용 예상인력은 약 4,300명으로 나타났다. 이러한 사물인터넷 분야 고용인력 필요성은 시간이 지날수록 사물인터넷 분야의 사업이 확산될 것이기 때문에 지속적으로 증가할 것이다.

그림 3-12 2019년 사물인터넷 인력 및 2020년 고용인력 현황 (단위: 명)

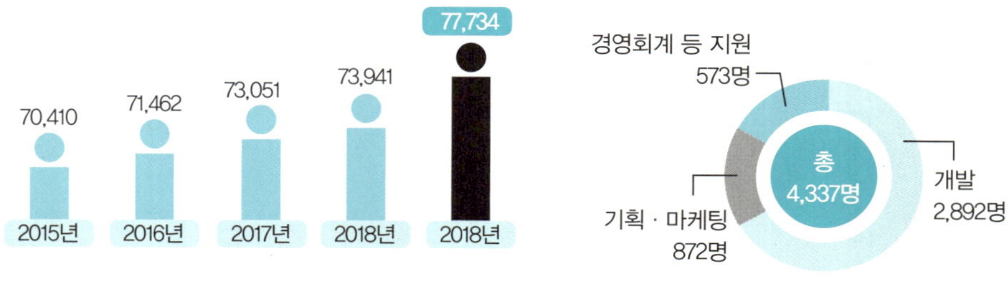

출처: 과학기술정보통신부, 2019년 사물인터넷 산업 실태조사 결과 발표, 보도자료, 2020년 2월 26일

제5절 사물인터넷 가치사슬과 아키텍처

1. 사물인터넷 가치사슬

사물인터넷 에코 시스템에는 다양한 기업들이 존재한다. 예를 들면, ① 칩벤더, ② 모듈업체 및 단말업체, ③ 플랫폼업체 및 솔루션업체, ④ 네트워크업체 및 서비스업체 등으로 구분된다.

첫째, 사물인터넷 서비스 제공을 위한 칩벤더는 주로 해외의 테크기업에 의해 생산되는 특성이 있다. 예를 들면, 칩벤더들은 무선 송신칩, 무선 수신칩, 센서, 마이크로컨트롤러 등을 제조한다. 이에 해당하는 글로벌 칩벤더로는 퀄컴(Qualcomm), 텍사스 인스트루먼트(TI: Texas Instruments,), 인피니온(Infineon), ARM(Advanced RISC Machine)[13] 등이 있다.

둘째, 모듈업체 및 단말업체는 사물인터넷 모듈 및 사물인터넷 단말기를 개발하는 기업이다. 사물인터넷 모듈은 무선 송신칩, 수신칩, 마이크로 컨트롤러를 포함하고 있다. 이에 해당하는 대표 기업은 신테리온(Cinterion), 텔릿(Telit), E-디바이스(E-device), 텔룰라(Telular), 시에라 와이어리스(Sierra Wireless), 심컴(SIMCOM) 등이 있다.

셋째, 플랫폼업체 및 솔루션업체는 고객 또는 고객사들이 원하는 서비스 제공을 위해 맞춤형 솔루션을 제공한다. 다양한 대기업 및 중소기업들이 사물인터넷 플랫폼 및 솔루션을 제공하고 있다. 예를 들면, 대표적인 해외기업으로 재스퍼 와이어리스(Jasper Wireless), 아에리스 와이어리스(Aeris Wireless), 퀄컴(Qualcomm), 데이터스마트(datasmart), 이니렉스(Inilex), 옴니링크(Omnilink) 등이 있다. 또

13 ARM(Advanced RISC Machine)의 기원은 1980년대 중반에 영국에서 설립한 컴퓨터 회사인 아콘 컴퓨터(Acorn Computer)에서 분사한 회사이다. 아콘 컴퓨터는 소피 윌슨(Sophie Wilson)과 스티브 퍼버(Steve Furber)를 주축으로 비즈니스용 고성능 컴퓨터 개발을 위해 RISC기반 CPU 아키텍처를 개발하였다. 이후 1985년 아콘 컴퓨터는 세계 최초의 ARM 프로세서 프로토타입인 VC2588을 만들었고, 1987년 Acorn은 ARM v2 프로세서를 메인 CPU로 사용한 개인용 컴퓨터를 출시하였다. (https://namu.wiki/w/ARM(CPU)의 내용을 일부 요약함)

한 대표적인 국내 플랫폼 및 솔루션 기업으로는 멜퍼, 페타리, 브레인넷, 엔티모아, 인사이드 M2M 등이 있다.

넷째, 네트워크업체 및 서비스업체는 사물인터넷 기술을 이용해 비즈니스 에코시스템에서 새로운 서비스를 제공한다. 이들 기업들은 기본적인 유선 및 무선 네트워크를 제공하고 전문적인 M2M 서비스를 제공한다. 대표적인 해외기업으로는 AT&T, 스프린트(Sprint), 보다폰(Vodafone), T-모바일(T-Mobile), 버라이즌(Verizon), 브리티쉬텔레콤(BT) 등이 있고, 국내기업으로는 SKT, KT, LGU+ 등이 있다.

표 3-3 IoT 가치사슬 및 생태계

가치사슬	유형	주요 전문업체
칩벤더	무선 송수신칩, 센서, 마이크로컨트롤러 등을 생산하는 제조업체	(해외) Qualcomm, Texas Instruments, Infineon, ARM
모듈 · 단말업체	IoT 모듈(무선 송수신칩+마이크로컨트롤러), 다양한 IoT 단말 등을 생산하는 제조업체	(해외) Sierra Wireless, E-device, Telular, Cinterion, Telit, SIMCOM
플랫폼 · 솔루션업체	IoT 플랫폼 소프트웨어나 IoT 종합 관리 솔루션을 개발하여 제공하는 업체	(해외) Jasper Wireless, Aeris Wireless, Qualcomm, datasmart, Inilex, Omnilink (국내) 멜퍼, 페타리, 브레인넷, 엔티모아, 인사이드 M2M
네트워크 · 서비스업체	기본적인 유무선 네트워크를 제공하고, 보다 전문적인 M2M 서비스를 제공하는 업체	(해외) AT&T, Sprint, Vodafone, T-Mobile, Verizon, BT (국내) SKT, KT, LGU+

출처: 방송통신위원회 자료 인용

2. 사물인터넷 아키텍처

기업에서 사물인터넷 구현을 위해서는 서비스, 플랫폼, 네트워크, 디바이스, 보안으로 구성된 아키텍처에 기반해 시스템을 구축한다. 사물인터넷 아키텍처 구성요소를 SPNDSE(Service, Platform, Network, Device, Security)라고 한다. 사물인터넷 아키텍처는 사물인터넷 시스템 및 서비스의 공통성, 통일성, 호환성을 구현하는 데 도움을 제공한다. 각각의 특성을 살펴보면 다음과 같다.

- 사물인터넷 서비스는 사물인터넷 응용 플랫폼에 기반해 헬스케어, 스마트홈, 스마트 팩토리, 스마트팜, 스마트그리드, 환경감시, 감시 정찰 서비스를 제공한다.
- 사물인터넷 플랫폼은 헬스케어, 건설, 제조, 농업, 에너지, 환경, 국방 등 다양한 분야에서 활용할 수 있는 기능을 제공한다.
- 사물인터넷 네트워크는 지그비, 4G, 블루투스, 와이파이 등 다양한 표준에 따른 통신 프로토콜을 지원한다.
- 사물인터넷 디바이스는 물리적 사물(Physical Thing)을 구성하는 센서와 액추에이터로 구성되며, 가상 사물(Virtual Thing)은 데이터와 프로세스로 구성된다.
- 사물인터넷 보안은 각각의 서비스, 플랫폼, 네트워크, 디바이스 측면에서 중요한 역할을 지원한다.

그림 3-13 사물인터넷 기술 개념도

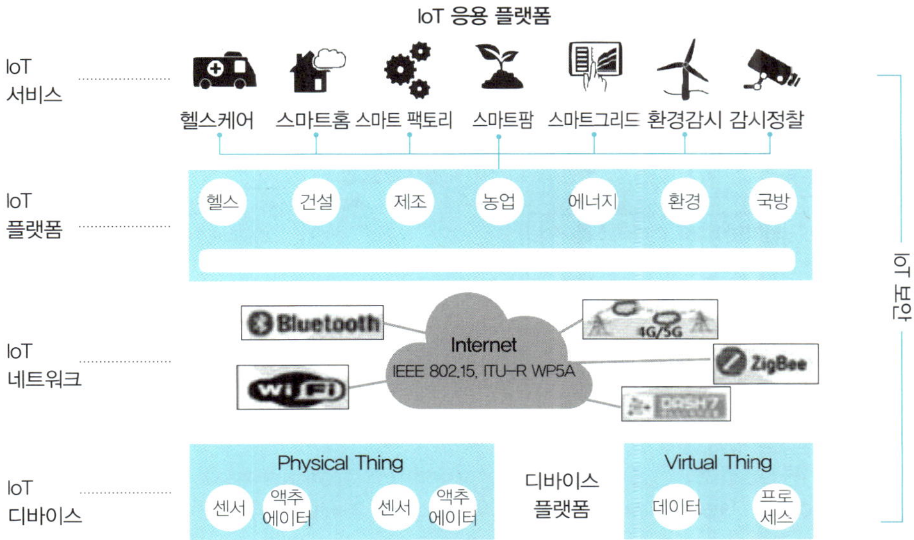

출처: 홍용근, 사물인터넷 기술 표준화 동향과 표준특허 확보를 위한 제언, 지식재산정책, 2016년 3월 Vol.26, pp.50-61

제 6 절 사물인터넷 표준화 단체와 현황

현재 다양한 국제표준화 기관에서 사물인터넷 표준을 개발하고 있다. 예를 들면, 사물인터넷 표준을 개발하는 단체로 W3C(World Wide Web Consortium),[14] ITU-T(International Telecommunications Union Telecommunication Standardization Sector),[15] 3GPP(3rd Generation Partnership Project), ISO(International Organization For Standardization),[16] IEEE(Institute of Electrical and Electronics Engineers), oneM2M(one Machine-To-Machine), IETF(Internet Engineering Task Force) 등이 있다.

그림 3-14 표준화 단체 및 주요 활동내용

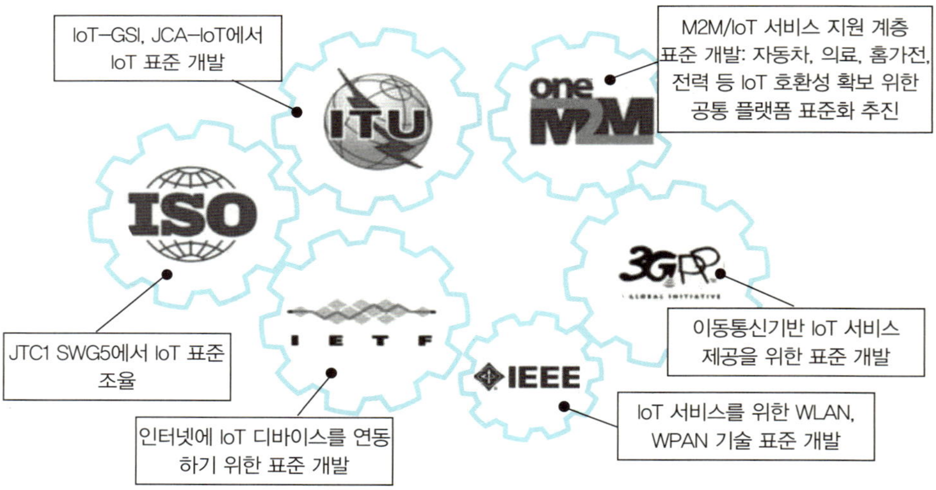

출처: 한국지능형 사물인터넷협회

14 월드와이드웹 컨소시엄(World Wide Web Consortium)은 1994년 10월에 창립된 웹 표준을 제정하는 국제표준화 단체이다.

15 국제전기통신연합 전기통신표준화 부문(International Telecommunications Union Telecommunication Standardization Sector)은 사물인터넷, 빅데이터, 보안 등과 관련된 국제표준을 제정하는 국제기구이다.

16 국제표준화기구(ISO: International Organization For Standardization)는 국제적인 시스템 품질을 제정하는 기관이다. 국내의 ISO 인증기관으로는 중소기업인증센터, 한국생산성본부 등이 있다.

표 3-4 국제표준화 단체 활동기준

구분	기준
ITU-T	사물인터넷 정의(ITU-T Content Application Protocol Y.2060)
	통신사업자 관점의 IoT 요구사항, 네트워크 기능, 서비스 표준 개발
	별도의 IoT-GSI, JCA-IoT 그룹 운영
oneM2M	다양한 M2M/IoT 서비스 지원 공통 서비스 지원 계층 표준 개발
	Requirement/Architecture/Protocols/Security/Management 표준
3GPP	MTC(Machine-Type Communication) 서비스 지원, 기존의 이동통신 기술을 확장하는 표준 개발
	이동통신의 Radio/Network 표준 개발
IEEE	IEEE 802.x 계열 무선 기술을 M2M/IoT에 적합한 수정 표준 개발
	스마트미터링 등의 서비스에 적합한 IEEE 802.11ah 표준 개발
IETF	저전력 무선 기술 사용 단말을 인터넷에 연동하는 표준 개발
	인터넷 기반 IoT 서비스 지원, CoAP 프로토콜 개발 및 확장
ISO	IoT의 개념, 시장의 요구사항 분석 및 IoT 표준화 갭 분석 작업 시작
	JTC1 SWG5에서 ISO 내 사물인터넷 표준화 동향과 표준 조율

출처: 행정안전부 · 한국정보화진흥원, 정부사물인터넷 도입 가이드라인, 2019년 7월

사물인터넷 네트워크 및 통신표준을 개발하는 ITU-T(International Telecommunications Union Telecommunication Standardization Sector)는 UN 산하 국제 공식적 표준화 기관이다. 이 표준화 기관에서는 사물인터넷 네트워크와 통신 분야의 표준을 개발하고 있다. ITU-T SG11에서는 통신 API, 신호처리 분야의 표준을 개발하고 있고, ITU-T SG13에서는 통신망 구조에 대한 표준을 개발하고 있다. ITU-T SG16에서는 멀티미디어 응용 서비스 분야의 표준을 개발하고 있고, ITU-T SG17에서는 보안 분야의 표준을 개발하고 있으며, 2015년 6월에 신설된 ITU-T SG20에서는 스마트시티와 커뮤니티와 관련된 사물인터넷 응용(IoT and its applications including smart cities and communities)에 대한 표준을 개발하고 있다.

사물인터넷 네트워크 및 통신표준을 개발하는 ISO(International Organization For Standardization)와 IEC JTC 1(International Electro-technical Commission

Joint Technical Committee 1)은 국제 공식적 표준화 기관으로 2006년부터 RFID, 유비쿼터스 센서 네트워크(USN), 사물인터넷 관련 통신표준을 제정하고 있다. 2012년에는 JTC1/SWG5가 신설되었고, 2014년 11월에는 JTC1/WG10이 신설되었다.

IETF(Internet Engineering Task Force)는 인터넷 관련 기술표준을 만드는 사실상 표준화 기관(de-facto organization)이다. 이 표준화 기관에서는 스마트 객체(Smart Object)의 저전력 소규모 네트워크 표준을 개발하고 있다.

사물인터넷 표준 개발 기관으로 oneM2M은 한국(TTA), 유럽(ETSI), 북미(ATIS, TIA), 중국(CCSA), 일본(ARIB, TTC)의 표준화 기관이 참여하는 사실상 사물인터넷 표준화 개발 기관이다.

IEEE(Institute of Electrical and Electronics Engineers)는 유선통신과 무선통신 관련 표준을 제정하는 사실상 표준화 기구이다. 이 기관에서는 무선통신에 기반한 사물인터넷을 위한 IEEE 802.11, IEEE 802.15 계열의 통신표준을 만들고 있다.

OCI(Open Interconnect Consortium)는 사물인터넷 공통 운영체계를 개발하기 위한 표준화 단체이다. 이 단체에는 퀄컴, 마이크로소프트, 일렉트로룩스(Electrolux)가 주도적으로 참여하고 있다. 현재 OCI는 OCF(Open Connectivity Foundation)로 단체 이름을 변경하였다.

사물인터넷 표준을 만드는 협의체로 올신 얼라이언스(AllSeen Alliance)는 오픈소스 코드 프레임워크인 올조인(AllJoyn) 개발로 다양한 사물인터넷 디바이스의 상호 호환성을 강화하는 작업을 하고 있다. 이 단체는 리눅스재단이 주도하고 있으며, 퀄컴, LG전자, 마이크로소프트 등이 참여하고 있다.

스레드 그룹(Thread Group)은 스마트홈을 위한 통신 프로토콜, 스레드(Thread) 개발을 하고 있다. 이 단체는 구글이 주도하고 있으며, 네스트랩스, ARM, 삼성전자 등이 참여하고 있다.

제7절 사물인터넷 서비스

맥킨지 & 컴퍼니(2010)에 의하면 사물인터넷 서비스는 정보 수집 및 분석 서비스와 자동화 및 제어 서비스로 구분된다고 한다.[17] 이들 서비스는 기존 서비스를 한층 더 개선하거나 새로운 융합 서비스를 제공한다. 예를 들면, 기존 서비스로는 내비게이션 서비스 등이 있고, 융합 서비스로는 자율주행 기술과 핀테크 기술이 결합된 무인택시 서비스 등이 있다.

표 3-5 IoT 서비스 유형별 활용 사례

구분	서비스	설명 및 활용 예시
정보 수집 및 분석	트래킹(Tracking Behavior)	사물(렌터카, 물류 등) · 사람(아동 등)의 이동, 행동 등을 추적하고, 모니터링 가능 예 화물 추적, 실시간 교통정보 등
	상황인식(Enhanced Situational Awareness)	주변 환경(온도, 풍량 등), 상황 변화(침입 등) 등의 정보를 제공하여 실시간 인식 가능 예 상황인지 CCTV, 고각 수위 등
	센서기반 분석(Sensor-driven Decision Analytics)	다양한 센서들을 통해 수집된 정보의 상세 분석, 데이터 시각화 등을 통해 의사결정 지원 예 석유 · 가스 자원 탐사 및 개발, 환자 모니터링 등
자동화 및 제어	프로세스 최적화 (Process Optimization)	일련의 반복과정(제품개발 등)을 자동화하고, 불필요한 과정을 제거 · 통합하여 생산성 향상에 기여 예 전자제품 자동화, 상품 분류 등
	최적화된 자원 소비(Optimized Resource Consumption)	자원 소비량을 측정하고 사용 패턴을 분석하여 최적화된 소비를 통해 자원 소비 기여 예 스마트 가로등, 스마트 그리드 등
	복합 자율 시스템(Complex Autonomous Systems)	사물 스스로가 상황에 따른 신속한 판단으로 자동 제어되는 시스템 예 자율주행 자동차, 무인항공기 등

출처: 금융보안원(보안연구부 보안기술연구팀, 개방형 사물인터넷 서비스 및 활용 사례 소개, 보안연구부-2016-060, 2016년 12월16일

17 Michael Chui, Markus Löffler, and Roger Roberts, "The Internet of Things", McKinsey & Company, 2010. 4.

(1) 사물인터넷 정보수집 및 분석 서비스

사물인터넷 정보수집 및 분석 서비스를 살펴보면, 이 서비스는 사물인터넷 기능을 이용해 수집한 데이터를 분석해서 위험 사항에 대처하고 새로운 신규 서비스를 제공하는 역할을 한다. 여기에는 트래킹 서비스, 상황인식 서비스, 센서기반 분석 서비스가 있다.

- 사물인터넷 기술을 이용하는 트래킹(Tracking Behavior) 서비스는 사물(예, 렌터카, 물류 장비 등), 사람(예, 아동, 어른 등)의 이동을 파악하고, 행동을 추적하는 등 모니터링 서비스를 제공한다. 트래킹 서비스는 화물을 추적하는 데 활용되고, 실시간 교통정보를 제공하는 데 활용된다.
- 사물인터넷 기술을 이용하는 상황인식(Enhanced Situational Awareness) 서비스는 주변 환경(온도, 습도, 풍량 등), 상황 변화(침입, 붕괴, 등) 등을 파악하고, 이에 대하여 정보를 제공하여 실시간으로 변화상황에 대한 인식을 지원한다. 예를 들면, 상황인지 CCTV(Closed-Circuit Television), 교각의 수위를 파악하는 서비스 등이 있다.
- 사물인터넷 기술을 이용하는 센서기반 분석(Sensor-driven Decision Analytics) 서비스는 다양한 센서들을 통해 수집된 정보를 상세히 분석해주며, 데이터 시각화 등을 통해 의사결정을 지원한다. 대표적 사례로 석유, 가스 자원을 탐사 또는 개발하는 데 이 기술이 이용되고, 병원에서 환자를 모니터링하는 데 이 기술이 이용된다.

(2) 사물인터넷 자동화 및 제어 서비스

사물인터넷 자동화 및 제어 서비스는 반복되는 업무를 자동화하거나 또는 사물인터넷을 이용해 획득한 데이터를 분석해서 구동기를 제어함으로써 생산성을 높이는 데 기여하는 서비스를 의미한다. 여기에는 프로세스 최적화 서비스, 최적화된 자원 소비 서비스, 복합 자율 시스템 서비스가 있다. 각각의 특징은 다음과 같다.

- 프로세스 최적화(Process Optimization) 서비스는 일련의 반복과정(예, 제품 개발 등)을 자동화하고, 불필요한 작업과정을 제거하거나 또는 통합하여 생산

성을 개선하는 역할을 한다. 예를 들면, 전자 제품 생산과정을 자동화하거나 또는 상품을 분류하는 데 사물인터넷 기술이 활용된다.

- 최적화된 자원 소비(Optimized Resource Consumption) 서비스는 사물인터넷 기술을 활용해 자원 소비량을 측정하고, 사용 패턴을 분석해 최적화된 소비가 이루어지도록 지원한다. 대표적인 자원 최적화 소비 사례로 스마트 가로등, 스마트 그리드 사례가 있다.
- 복합 자율 시스템(Complex Autonomous Systems) 서비스는 사물 스스로가 외부 상황에 따라 데이터 분석결과에 기반한 신속한 판단으로 자동으로 제어되는 시스템이다. 이 기술은 자율주행 자동차 또는 무인항공기 등에 활용된다.

제 8 절 사물인터넷 보안

1. 사물인터넷 보안 위협

사물인터넷 환경에서는 다양한 디바이스가 네트워크에 연결되어 있다. 예를 들면, 차량, 홈 가전기기, 헬스케어 디바이스 등은 보안 문제가 발생하면, 이용자의 개인정보와 관련되어 문제가 발생한다. 따라서 이러한 보안 문제를 사전에 예방하기 위해 사물인터넷 서비스를 설계할 때부터 운영, 폐기할 때까지 단계별로 보안상 취약점과 요구사항을 파악해서 문제를 사전에 예방해야 한다.

디바이스 측면에서 발생하는 문제로는 불법적인 디바이스 접근, 불법 디바이스 이용, 악성코드 문제, 오작동 및 센싱 정보 유출 문제, 미승인 센서 이용 문제 등이 있다. 네트워크 측면에서 발생하는 문제로는 트래픽 분석에 따른 문제, 네트워크에서 데이터의 도청 및 변조 문제, 데이터 유출 문제, 불법적인 접근 문제, 서비스 거부 공격 문제 등이 있다. 플랫폼 및 서비스 측면에서의 문제로는 비인가된 이용자의 불법 접근 문제, 정보 유출 문제, 프라이버시 침해 문제, 펌웨어 조작 문제, 서비스 거부 공격 문제 등이 있다.

▮그림 3-15▮ 사물인터넷 환경에서의 보안 위협

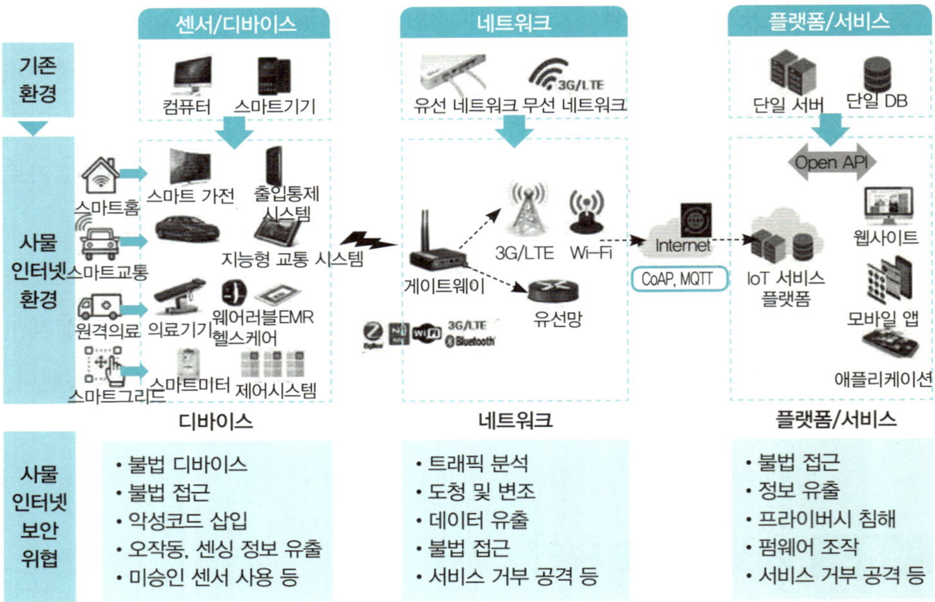

출처: 행정안전부 · 한국정보화진흥원, 정부사물인터넷 도입 가이드라인, 2019년 7월

2. 사물인터넷 보안 가이드라인

사물인터넷 보안은 다양한 서비스, 디바이스, 네트워크, 플랫폼에 제공된다. 그렇기 때문에 서비스를 설계하는 시점부터 운영 및 폐기하는 시점까지 보안대책이 요구된다. IoT 보안 얼라이언스(2017)[18]에서 제공하는 사물인터넷 공통 보안 가이드라인은 다음과 같다. 이 가이드라인은 7개의 보안 원칙과 15개의 세부 원칙으로 구성되어 있다.

18 미래창조과학부(2017)에 의하면 IoT 보안 얼라이언스란 "IoT 분야의 민간 자율적인 보안내재화 기반 조성 및 관련 보안산업 활성화를 위한 협력 등 IoT 보안 생태계 혁신 도모"를 위해 구성된 사물인터넷 제품 및 서비스 기업, 공공기관 등이 모인 단체로, IoT 보안 가이드라인 검토, 정책 이슈 검토 등을 하는 민간단체이다.

참고자료 | 보안 원칙

- **보안원칙 1 – 설계 및 개발:** 정보보호와 프라이버시 강화를 고려한 IoT 제품 · 서비스 설계
  ① IoT 장치의 특성을 고려하여 보안 서비스의 경량화 구현
  ② IoT 서비스 운영 환경에 적합한 접근권한 관리 및 인증, 종단 간 통신 보안, 데이터 암호화 등의 방안 제공
  ③ 소프트웨어 보안 기술과 하드웨어 보안 기술의 적용 검토 및 안전성이 검증된 보안 기술 활용
  ④ 민감 정보 보호를 위해 암호화, 비식별화, 접근관리 등의 방안 제공
  ⑤ 민감 정보 수집목적 및 이용방법 등에 대한 운영정책 가시화를 통해 투명성 보장
- **보안원칙 2 – 설계 및 개발:** 안전한 소프트웨어 및 하드웨어 개발 기술 적용 및 검증
  ⑥ 보안 취약점 사전 예방을 위해 시큐어 코딩 적용
  ⑦ 다양한 S/W에 대해 보안 취약점 점검 수행 및 보안패치 방안 구현
  ⑧ 다양한 하드웨어 보안 기법 적용
- **보안원칙 3 – 배포, 설치, 구성:** 안전한 초기 보안설정 방안 제공
  ⑨ IoT 제품 · 서비스 설치 시 시큐리티 바이 디폴트(Secure by Default)[19] 원칙에 따라 파라미터 설정
- **보안원칙 4 – 배포, 설치, 구성:** 안전한 설치를 위한 보안 프로토콜 준수 및 안전한 파라미터 설정
  ⑩ 안전성을 보장하는 보안 프로토콜 적용 및 보안 서비스 제공 시 안전한 파라미터 설정
- **보안원칙 5 – 운영, 관리, 폐기:** IoT 제품 · 서비스의 취약점 보안패치 및 업데이트 지속 이행
  ⑪ IoT 제품 · 서비스의 보안 취약점 분석 및 보안패치 이행
  ⑫ IoT 제품 · 서비스 보안 취약점 및 조치사항에 대해 공지
- **보안원칙 6 – 운영, 관리, 폐기:** 안전한 운영 · 관리를 위한 정보보호 및 프라이버시 관리체계 마련
  ⑬ 개인정보보호정책 수립 및 기술적 · 관리적 보호조치 마련
- **보안원칙 7 – 운영, 관리, 폐기:** IoT 침해사고 대응체계 및 책임 추적성 확보 방안 마련
  ⑭ 보안 침해사고에 대비하여 침입탐지 및 모니터링 수행
  ⑮ 침해사고 발생 원인 분석 및 책임 추적성 확보를 위해 로그기록 저장 · 관리

19 시큐리티 바이 디폴트(Secure by Default)는 소프트웨어에서 기본적으로 보안 설정을 구현하는 것을 의미한다.

3. 사물인터넷 디바이스 보안

사물인터넷 서비스를 이용하는 데 디바이스 보안의 중요성을 확보하는 것은 필수적이다. 그렇기 때문에 다양한 정보를 활용하는 디바이스에 대한 보안은 중요하다. 디바이스 보안 측면에서 나타나는 문제는 간섭, 재밍(Jamming), 충돌, 시빌(Sybil) 공격, 트래픽 분석 공격, 서비스 거부 공격, 동기화 해제, 웜홀(Wormhole), 위변조(Tampering) 공격, 도청(Eavesdropping) 공격, 선택적 포워딩(Selective Forwarding) 공격, 스푸핑(Spoofing)이 있다. 각각에 대해 상세히 살펴보면 다음과 같다.[20]

(1) 간섭, 재밍(Jamming), 충돌에 따른 보안 위협

이 보안 위협은 통신과정에서 노이즈가 발생하거나 무선통신 시 동시에 동일한 주파수 접속에 의해 혼선이 발생하거나 또는 통신과정에서 주파수의 위조 및 변조 등을 통해 네트워크에서의 실제 신호의 정상적인 송신 및 수신을 방해하는 공격을 의미한다.

(2) 시빌(Sybil) 공격에 따른 보안 위협

이 보안 위협은 사물인터넷 네트워크에서 디바이스의 다중식별이 허용되는 취약점을 이용해 디바이스를 공격하는 보안 위협이다. 각각의 디바이스 또는 센서에서 유일 식별자(Unique ID)를 부여하지 않을 경우에 이 보안 위협이 발생할 수 있다.

(3) 트래픽 분석 공격에 따른 보안 위협

이 보안 위협은 사물인터넷 네트워크에서 암호화되지 않은 패킷 또는 프레임의 페이로드를 분석해 정보를 취하는 공격을 의미한다. 사물인터넷 네트워크에서 센

20 사물인터넷 디바이스 보안 위협 내용은 "행정안전부 · 한국정보화진흥원, 정부사물인터넷 도입 가이드라인"(2019. 7)에 있는 내용을 정리함.

표 3-6 디바이스 보안

보안 위협	보안 취약점
간섭 · Jamming · 충돌	노이즈 발생, 동시 동일 주파수 접속(혼선), 주파수 위변조 등을 통해 실제 신호의 정상적인 송수신을 방해하는 공격
Sybil 공격	사물인터넷 디바이스 네트워크에서 다중식별이 허용되는 취약점을 이용한 공격으로, 각 디바이스나 센서에 Unique ID를 부여하지 않을 경우 발생
트래픽 분석	암호화되지 않은 패킷 또는 프레임의 페이로드를 분석하여 정보를 취하는 공격(암호화할 경우 상대적으로 안전하지만, System Performance에 영향이 갈 수 있음)
서비스 거부	주변 노드에 지속적인 광고 패킷을 송신, 프레임 반복 수정, CRC 반복 체크로 시스템에 무리를 주거나 주파수 Jamming 등으로 신호 송수신을 방해하는 공격
동기화 해제	Device Pool에 잘못된 시간정보를 송신하여 디바이스가 계속적으로 시간을 교정하는 데 자원을 소모하도록 하는 공격
Wormhole	상호 통신이 허가되지 않은 두 디바이스의 무선통신 모듈을 공격해 상호간 통신을 가능하게 조작하여 통신 경로 고의 변경 또는 악성코드 배포 경로로 이용하는 공격
위변조(Tampering)	단말에 저장된 데이터 혹은 송수신 데이터를 임으로 위조 및 변조하는 공격
도청(Eavesdropping)	암호화되지 않은 디바이스(센서)와 게이트웨이 구간 정보를 도청하는 공격
선택적 포워(Selective Forwarding) 공격	선택적으로 특정 노드에 패킷을 포워딩하지 않게 하여 해당 노드를 블랙홀로 만들어 버리는 공격
Spoofing	네트워크에 공유된 Key를 취득하여 허가되지 않는 위조된 디바이스(센서)를 네트워크에 접속시켜 악의적인 행위를 하도록 하는 공격

출처: 행정안전부 · 한국정보화진흥원, 정부사물인터넷 도입 가이드라인, 2019년 7월

서와 리시버 사이에서 데이터를 암호화해서 통신을 할 경우 상대적으로 안전하지만, 시스템 성능(System Performance)을 저하시키는 문제점을 유발할 수 있다.

(4) 서비스 거부 공격에 따른 보안 위협

서비스 거부 공격은 주변 컴퓨터에서 특정한 컴퓨터를 목적지로 지속적인 패킷을 송신하거나 프레임을 반복적으로 수정하거나 또는 CRC(Cyclic Redundancy Check)를 반복적으로 체크해서 특정 목적지의 컴퓨터 시스템에 과부하를 걸리게

하거나 또는 주파수 재밍(Jamming) 등을 유발함으로써 네트워크에서 데이터의 송신과 수신을 방해하는 공격을 의미한다.

(5) 동기화 해제에 따른 보안 위협

컴퓨터의 동기화 해제 공격은 디바이스 풀(Device Pool)에 잘못된 시간정보를 보내게 신하여 디바이스(컴퓨터)가 지속적으로 시간을 교정하는 데 자원을 소모하도록 하는 공격이다.

(6) 웜홀에 따른 보안 위협

웜홀(Wormhole)은 천문학에서 이용되는 용어로 우주에서 블랙홀(Black Hole)과 화이트홀(White Hole)을 연결하는 개념으로, 우주의 시간과 공간의 벽에 존재하는 구멍으로 간주된다. 웜홀이론은 아인슈타인의 상대성이론을 토대로 한다. 웜홀 보안 위협은 상호 통신이 허가되지 않은 두 디바이스 사이에서 무선통신 모듈을 공격해 두 디바이스 상호 간에 데이터 통신을 가능하게 하여 통신 경로의 고의 변경을 유발하거나 또는 악성코드의 배포 경로로 이용하는 공격을 의미한다.

(7) 위변조 공격에 따른 보안 위협

위변조(Tampering) 공격은 사물인터넷 네트워크에서 단말기(디바이스)에 저장된 데이터 또는 송신 데이터와 수신 데이터를 임으로 위조하거나 변조하는 공격을 의미한다.

(8) 도청 공격에 따른 보안 위협

도청(Eavesdropping) 공격은 사물인터넷 네트워크에서 암호화되지 않은 디바이스(센서)와 게이트웨이 사이에서 네트워크에 존재하는 정보를 도청하는 공격이다.

(9) 선택적 포워딩 공격에 따른 보안 위협

선택적 포워딩(Selective Forwarding) 공격은 사물인터넷 네트워크에서 선택적으로 특정 컴퓨터(노드)에 패킷을 포워딩하지 않도록 해서 해당 컴퓨터(노드)를 블랙홀로 만드는 공격을 의미한다.

(10) 스푸핑에 따른 보안 위협

스푸핑(Spoofing) 보안 위협은 사물인터넷 네트워크에서 맥 주소(MAC Address), IP주소(IP Address), 포트 등 데이터 통신과 관련된 다양한 정보를 속이는 악의적인 공격을 하는 행위를 의미한다.

4. 사물인터넷 디바이스 관련 보안 요구사항

사물인터넷 디바이스 보안 요구사항은 안전한 사물인터넷 서비스 이용을 위해 필수적인 요소이다. 보안 요구사항에는 기밀성(Confidentiality), 무결성(Integrity), 가용성(Availability), 인증 및 허가(Authentication & Authorization)가 있다. 각각에 대한 내용은 다음과 같다.

(1) 기밀성(Confidentiality)

사물인터넷 통신 환경에서 네트워크에서 전송되는 메시지에 대한 도청을 방지하기 위해 데이터를 암호화해서 통신하는 형태를 의미한다. 사물인터넷 환경에서 서비스 이용자들은 디바이스의 개인정보 유출을 예방하기 위해서 암호화를 통한 데이터 처리 및 데이터베이스에 저장한다. 또한 디바이스에서의 복제를 예방하기 위해서 개별 식별 번호를 안전하게 보호한다.

(2) 무결성(Integrity)

사물인터넷 네트워크에서 데이터의 위조와 변조를 예방하기 위해서 데이터의 무결성을 확인하는 기능을 제공한다.

(3) 가용성(Availability)

사물인터넷 서비스 이용에 따라 디바이스의 파괴 및 이상 프로그램 설치를 사전에 예방하고, 안전한 소프트웨어 업데이트 및 보안 패치를 적용하는 기능을 제공한다. 더불어 디바이스의 소프트웨어 오류 및 악성코드에 대한 오작동을 예방함으로써 안정성을 확보해주는 기능을 제공한다.

표 3-7 사물인터넷 디바이스 보안 요구사항

요구사항	요구내용
기밀성(Confidentiality)	• 디바이스 간 전송되는 메시지는 불법적인 sniffing 또는 도청 방지를 위해 암호화된 형태로 메시지 전송 • 디바이스에서는 정보유출 방지를 위해 개인정보 및 암호키와 같은 중요 데이터를 암호화하여 안전하게 처리 및 저장관리 • 기기 복제 방지를 위해 디바이스의 고유 식별정보가 외부로 유출되거나 변경되지 않도록 안전하게 처리 및 관리
무결성(Integrity)	• 데이터 위변조 방지를 위해 디바이스에 데이터 무결성 검증기능을 제공
가용성(Availability)	• 물리적 제거 · 파괴 및 비정상적인 설치시도 등의 위협예방을 위해 디바이스에서 주기적인 Keep Alive 메시지 전송 또는 기기상태 정보 전송기능을 제공 • 디바이스에서 안전한 소프트웨어 업데이트 및 보안 패치 기능을 제공 • 디바이스에서 소프트웨어 오류나 악성코드 감염에 의한 오동작 시에도 해당 모듈 분리 및 제거, 접근권한 제한 등의 기능을 통해 소프트웨어 안전성을 보장
인증 및 허가(Authentication/Authorization)	• 안전하고 자율적인 통신 환경 구축을 위해 디바이스에서 기기 간 상호 인증기능을 제공 • 정보유출 방지 및 프라이버시 보호를 위해 디바이스에서 Ownership 제어와 같은 권한제어 및 설정기능을 제공 • 불법적인 사용자 및 기기의 접근을 차단하는 접근 제어기능을 디바이스에서 제공
선택사항	• 별도 UI가 제공(OS 기반)되는 사물인터넷 기기의 경우 비인가된 사용자의 접근 차단을 위한 사용자 인증 및 불법적인 기기의 접근 차단을 위한 기기 인증 기능을 제공하고, 안전하고 강력한 비밀번호 설정 및 주기적인 업데이트 기능 제공

출처: 행정안전부 · 한국정보화진흥원, 정부사물인터넷 도입 가이드라인, 2019년 7월

(4) 인증 및 허가(Authentication & Authorization)

디바이스의 안전한 통신환경 제공을 위해 상호 인증을 수행하고, 정보유출을 예방하고, 프라이버시 보호를 위해 권한을 설정하고, 불법적인 이용자의 디바이스 접근을 제어하는 기능을 제공한다.

(5) 선택사항

비인가된 이용자의 접근 차단을 위한 인증기능을 제공하고 패스워드 설정기능을 제공한다.

5. 게이트웨이 및 네트워크 서버 보안

사물인터넷 환경에서 네트워크와 네트워크를 연결하는 게이트웨이와 서버의 보안은 중요하다. 게이트웨이 및 네트워크 서버에서 발생할 수 있는 보안 위협으로는 ① 사물봇(ThingBot) 공격 위협, ② 프로토콜 변환 취약점 공격 위협, ③ 서비스 마비 위협, ④ 악성코드 감염 위협, ⑤ 데이터 유출 위협, ⑥ 메시지 불법 동작 제어 위협, ⑦ 웹 인터페이스 취약점 위협, ⑧ 물리적 탈취 위협이 있다. 각각의 내용을 살펴보면 다음과 같다.

(1) 사물봇(ThingBot) 공격 위협

사물봇은 광범위한 사물로 구성되어 있다. 사물봇은 사물인터넷 기기를 감염시켜 스팸과 피싱 메시지를 통한 트래픽 공격을 수행한다.

(2) 프로토콜 변환 취약점 공격 위협

사물인터넷 디바이스는 저전력을 소모하고, 소형화돈 기기를 이용하며, 낮은 연산능력을 가지고 있다. 주로 사물인터넷 통신은 다양한 사물을 경량화된 프로토콜을 이용해 네트워크를 게이트웨이를 통해 연결한다. 게이트웨이는 네트워크를 연결하는 프로토콜을 지원한다. 통신과정에서 프로토콜 취약점에 의한 공격으로 데이터 기밀성이 훼손되고, 악의적인 위조와 변조가 발생할 가능성이 있고, 보안정책을 훼손하고, 임의의 메시지 주입에 따른 보안 문제가 발생할 수 있다.

(3) 서비스 마비 위협

사물인터넷 통신은 유선통신과 무선통신을 지원하는 게이트웨이로 이루어진다. 게이트웨이와 디바이스의 상호 작용은 주로 무선통신을 통해 이루어진다. 그렇기 때문에 통신 프로토콜의 취약점과 재밍(Jamming)에 따라 통신 서비스가 발생할 수 있다.

(4) 악성코드 감염 위협

사물인터넷 네트워크에서 게이트웨이가 악성코드에 감염되어 있을 경우, 외부의 부정적 조정 영향에 의해 디도스 공격에 악용될 가능성이 있다. 따라서 악성코드에 감염된 게이트웨이는 사전에 파악해서 보안 문제를 적절하게 해결해야 할 것이다. 더불어 악성코드는 게이트웨이에 연결된 다양한 디바이스를 감염시킴으로써 피해를 증폭시킬 수 있다.

(5) 데이터 유출 위협

사물인터넷 네트워크에서 데이터의 도청, 중간자 공격, 메시지 위조 및 변조 등을 통해 공격자(예, 해커)가 네트워크상의 민감한 개인정보 데이터 등을 확보한다.

(6) 메시지 불법 동작 제어 위협

사물인터넷 네트워크에서 데이터에 대한 도청, 데이터의 재전송 공격, 네트워크에서 메시지의 위조 및 변조 등을 통해 특정한 부정 작동 메시지를 전송하여 네트워크 공격자들의 게이트웨이에서의 악의적인 동작을 제어한다.

(7) 웹 인터페이스 취약점 위협

사물인터넷 네트워크에서 이용자들이 통신을 위해 게이트웨이에 접근하는데, 통신과정에서 웹 인터페이스의 취약점을 이용해 공격한다 예를 들면, 통신과정에서 관리자의 권한을 탈취해서 특정 사이트에 부정적인 악영향을 미칠 수 있다.

(8) 물리적 탈취 위협

물리적 탈취 위협이란 사물인터넷 네트워크에서 악의적인 이용자가 게이트웨이에 설치된 펌웨어를 임의로 바꾸거나 하드웨어 또는 메모리에 대한 접근권한을 물리적으로 탈취해서 데이터를 확보한다.

표 3-8 게이트웨이 및 네트워크 서버 보안 위협

보안 위협	보안 취약점
사물(ThingBot)	광범위한 사물로 구성된 사물봇에 의한 트래픽 폭증 공격
프로토콜 변환 취약점 공격	사물인터넷 기기는 자원의 제약(저전력 · 소형화, 낮은 연산능력 등)으로 경량 프로토콜을 사용하고, 이를 게이트웨이가 고기능성 프로토콜로 전환하는 과정에서 데이터 기밀성 훼손, 악의적인 위 · 변조, 보안정책 훼손, 임의의 메시지 주입 등의 보안 위협이 존재
서비스 마비	게이트웨이 프론트홀(디바이스 방향)은 주로 무선을 통해 이루어지므로 무선 프로토콜의 취약점과 Jamming 등으로 게이트웨이의 통신을 방해하거나 동작을 정지시키는 등 서비스가 불가능하게 하는 위협
악성코드 감염	악성코드 감염으로 사물인터넷 게이트웨이가 좀비화되어 DDoS 등 공격에 악용될 수 있으며, 감염된 게이트웨이를 통해 사용자 데이터의 유출이 가능하고, 또한 사물인터넷 게이트웨이에 연결된 디바이스를 감염시킴으로써 2차 피해를 유발할 수 있음
데이터 유출	도청, 중간자 공격, 메시지 위 · 변조 등을 통해 공격자가 개인정보 등 사용자의 민감한 정보를 습득할 수 있음
메시지 불법 동작 제어	재전송 공격, 메시지 위 · 변조 등을 통해 특정한 동작을 수행하는 메시지를 주입하여 공격자가 게이트웨이의 동작을 악의적으로 제어할 수 있음
웹 인터페이스 취약점	게이트웨이 접근을 위한 웹 인터페이스의 취약점을 활용한 공격(사이트 간 요청 위조 등)으로 관리자 권한 탈취 등의 피해를 입을 수 있음
물리적 탈취	물리적인 접근을 통해 악의적인 공격자는 게이트웨이의 펌웨어를 임의로 교체하거나 하드웨어 인터페이스 또는 플래시 메모리의 물리적인 탈취를 통해 데이터를 획득할 수 있음

출처: 행정안전부 · 한국정보화진흥원, 정부사물인터넷 도입 가이드라인, 2019년 7월

6. 스마트홈 가전기기의 사물인터넷 보안 가이드라인

사물인터넷 시대에는 다양한 스마트홈 가전기기에 사물인터넷 통신기능이 제공된다. 그렇기 때문에 가전기기가 유무선 네트워크로 연결된다. 이에 따라 보다 안전한 가전기기 이용을 위해서는 보안이 중요하다. 다음은 IoT 보안 얼라이언스에서 제시하는 홈가전 디바이스의 보안 가이드라인을 위한 6대 기준이다. 이 기준은 소프트웨어 보안, 물리적 보안, 플랫폼 보안, 인증, 암호화, 데이터 보호이다.[21] 각각의 기준에 대한 상세한 내용은 다음과 같다.

(1) 스마트홈 가전기기에 대한 소프트웨어 보안

스마트홈 가전기기에 대한 보안 요구사항은 시큐어 코딩, 사물인터넷 디바이스의 알려진 보안 취약점 점검 및 제거, 사물인터넷 디바이스의 3자 소프트웨어 이용 가능성이 세부 요구사항이다. 각각에 대해 살펴보면 [표 3-9]와 같다.

표 3-9 스마트홈 가전기기에 대한 소프트웨어 보안

보안항목	세부 요구사항	해당 기기
소프트웨어 보안	시큐어코딩	프로그램이 가능한 IoT 디바이스
	알려진 보안 취약점 점검 및 제거	프로토콜, API, 패키지, 오픈소스 등과 펌웨어 또는 운영체제를 사용하는 IoT 디바이스
	최신 3rd party 소프트웨어 사용	펌웨어 또는 운영체제 및 애플리케이션 소프트웨어에 3rd party 소프트웨어를 사용하는 IoT 디바이스

출처: 미래창조과학부, 안전한 스마트홈 구현을 위한 '홈 · 가전 IoT 보안가이드' 발표: 국내 최대 민간 IoT보안 협의체 'IoT 보안 얼라이언스', 4차 회의, 2017년 7월 17일

소프트웨어 보안을 위해서는 프로그램이 가능한 사물인터넷 홈 가전기기에 대하여 시큐어 코딩 기준을 준수해야 하고, 홈 가전기기의 프로토콜, 응용 프로그래밍 인터페이스, 오픈소스에 대한 알려진 보안 취약점을 점거하거나 제거해야

21 미래창조과학부, 안전한 스마트홈 구현을 위한 '홈 · 가전 IoT 보안가이드' 발표: 국내 최대 민간 IoT보안 협의체 'IoT 보안 얼라이언스', 4차 회의, 2017년 7월 17일

한다. 더불어 펌웨어 및 운영체계를 사용하는 사물인터넷 디바이스의 보안 취약점 문제를 해결해야 한다. 그리고 펌웨어 및 운영체계, 애플리케이션을 이용하는 사물인터넷 디바이스에 최신 버전의 제3자 소프트웨어를 이용하도록 해야 한다.

(2) 스마트홈 가전기기에 대한 물리적 보안

스마트홈 가전기기에 대한 물리적 보안을 위해서는 외부 인터페이스에 대한 접근에 대한 보안, 내부 디버그 포트 접근 보안, 부채널 공격 대응, 메모리 공격 및 역공학 공격 대응으로 세부 요구사항이 구성된다. 각각에 대한 상세한 내용은 [표 3-10]과 같다.

표 3-10 스마트홈 가전기기에 대한 물리적 보안

보안항목	세부 요구사항	해당 기기
물리적 보안	외부 인터페이스 접근 보안	외부에 인터페이스가 존재하는 IoT 디바이스(USB, RS232, 메모리카드 포트 등 외부 접근포트)
	내부 디버그 포트 접근 보안	개발 및 고장 수리 등 외부기구를 해체 후 내부 PCB에 메모리 및 MCU에 접근 가능한 포트가 존재하는 IoT 디바이스
	부채널 공격 대응	IoT 디바이스 간 통신하는 기기로 암호화 통신이 요구되며, 고유식별정보, 금융정보, 신체식별정보, 식별코드, 사진 등 개인정보를 처리 · 저장 · 전송하는 IoT 디바이스
	메모리 공격 및 역공학 공격 대응	IoT 디바이스 간 통신하는 기기로 암호화 통신이 요구되며, 고유식별정보, 금융정보, 신체식별정보, 식별코드, 사진 등 개인정보를 처리 · 저장 · 전송하는 IoT 디바이스

출처: 미래창조과학부, 안전한 스마트홈 구현을 위한 '홈 · 가전 IoT 보안가이드' 발표: 국내 최대 민간 IoT보안 협의체 'IoT 보안 얼라이언스', 4차 회의, 2017년 7월 17일

첫째, 스마트홈 가전기기의 외부 인터페이스 접근에 대한 보안은 가전기기 외부에 인터페이스가 존재하는 사물인터넷(IoT) 디바이스와 관련된 물리적 보안을 특성으로 USB(Universal Serial Bus), RS232,[22] 메모리카드 포트 등 외부 접근 포트

22 RS-232 커넥터는 미국전자공업협회(EIA: Electronic Industries Alliance)의 컴퓨터 직렬통신 표준으로 9핀, 25핀, 9핀 등이 있다.

와 관련된 보안이다. 둘째, 사물인터넷 가전기기의 내부 디버그 포트 접근에 따른 보안은 스마트홈 가전기기 개발 및 고장 수리 등과 관련되어 내부 인쇄회로기판(PCB: Printed Circuit Board) 메모리와 마이크로 제어장치(MCU: Micro Controller Unit)에 접근 가능한 포트와 관련된 보안사항이다. 셋째, 사물인터넷 스마트홈 가전기기에 대한 부채널 공격 대응은 스마트홈 가전기기 디바이스 사이에서 보안을 위해 암호화된 통신이 요구되며, 스마트홈 가전기기 고유의 식별정보, 금융정보, 식별 코드, 사진 등 사물인터넷 디바이스 이용과 관련된 개인정보를 처리하고, 저장하고, 전송하는 것과 관련된 보안사항이다. 넷째, 사물인터넷 스마트홈 가전기기의 메모리 공격 및 역공학 공격 대응은 스마트홈 디바이스 사이에서 통신하는 스마트홈 디바이스의 암호화된 통신이 요구된다. 이를 위해 사물인터넷 디바이스에서 다양한 개인정보를 처리하고, 저장하고, 활용하는 것과 관련된 보안사항이다.

(3) 스마트홈 가전기기의 물리적 보안

사물인터넷 스마트홈 가전기기의 플랫폼 보안 세부 요구사항은 ① 스마트홈 가전기기 플랫폼의 설정값 및 실행코드 무결성 검증, ② 스마트홈 가전기기 플랫폼의 안전한 업데이트, ③ 플랫폼 보안 감사 기록이다. 각각의 내용에 대해 상세히 살펴보면 [표 3-11]과 같다.

표 3-11 사물인터넷 스마트홈 가전기기에 대한 플랫폼 보안

보안항목	세부 요구사항	해당 기기
플랫폼 보안	설정값 및 실행코드 무결성 검증	설정값 및 거래 등 무결성 검증이 필요한 IoT 디바이스 (스마트TV/셋톱박스 등 결제 관련 키관리가 필요한 기기, 보안기기, 고등급 개인정보보호 기기 등)
	안전한 업데이트	유무선통신 및 내 · 외부 포트를 이용한 업데이트가 가능한 기기
	감사기록	보안기능이 구현된 IoT 디바이스

출처: 미래창조과학부, 안전한 스마트홈 구현을 위한 '홈 · 가전 IoT 보안가이드' 발표: 국내 최대 민간 IoT보안 협의체 'IoT 보안 얼라이언스', 4차 회의, 2017년 7월 17일

첫째, 사물인터넷 스마트홈 가전기기 플랫폼 보안을 위한 요구사항으로 설정값 및 실행코드 무결성 검증은 플랫폼의 설정값 및 거래 등에 있어서 사물인터넷 디바이스의 무결성을 검증한다. 둘째, 스마트홈 가전기기 플랫폼 보안을 위한 안전한 업데이트를 수행하기 위해 유선통신, 무선통신, 내부 및 외부 포트를 이용해 안전한 업데이트가 가능해야 한다. 셋째, 스마트홈 가전기기 플랫폼의 감사 기록이 요구된다. 이를 통해 IoT 디바이스의 보안기능을 구현한다.

(4) 스마트홈 가전기기에 대한 인증

사물인터넷 스마트홈 가전기기에 대한 인증을 위한 세부 요구사항으로는 접근통제 및 인증을 해야 하고, 사물인터넷 디바이스 사이의 상호 인증이 이루어져야 한다.

표 3-12 스마트홈 가전기기에 대한 인증

보안항목	세부 요구사항	해당 기기
인증	인증 및 접근통제	IoT 디바이스 유 · 무선 접속 및 디바이스 설정 및 제어 시 인증 절차 또는 패스워드를 설정해야 하는 기기
	IoT 디바이스 간 상호 인증	IoT 디바이스 간 연결 시 인증이 필요한 기기

출처: 미래창조과학부, 안전한 스마트홈 구현을 위한 '홈 · 가전 IoT 보안가이드' 발표: 국내 최대 민간 IoT보안 협의체 'IoT 보안 얼라이언스', 4차 회의 개최, 2017년 7월 17일

첫째, 인증 및 접근통제는 사물인터넷 스마트홈 가전기기의 유선 및 무선 접속, 디바이스 설정과 제어를 할 때, 스마트홈 가전기기(디바이스)에서 인증절차를 설정하도록 한다. 둘째, 사물인터넷 스마트홈 디바이스에서 상호 인증을 하도록 해야 한다.

(5) 스마트홈 가전기기에 대한 암호화

스마트홈 가전기기의 암호화를 위한 세부 요구사항으로 ① 안전한 암호화 알고리즘을 이용해야 하고, ② 안전하게 암호키를 관리해야 하고, ③ 안전한 난수 생

성 알고리즘을 이용해야 한다. 각각에 대한 상세한 내용을 살펴보면 [표 3-13]과 같다.

▌표 3-13 ▌ 스마트홈 가전기기에 대한 암호화

보안항목	세부 요구사항	해당 기기
암호화	안전한 암호 알고리즘 사용	민감 정보를 저장하거나 IoT 디바이스 간 통신 시 암호화 통신이 요구되는 기기
	안전한 암호키 관리	민감 정보를 저장하거나 IoT 디바이스 간 통신 시 암호화 통신이 요구되는 기기
	안전한 난수 생성 알고리즘 사용	암호키 생성, 분배, 상호 인증 등 안전한 난수의 사용이 요구되는 기기

출처: 미래창조과학부, 안전한 스마트홈 구현을 위한 '홈 · 가전 IoT 보안가이드' 발표: 국내 최대 민간 IoT보안 협의체 'IoT 보안 얼라이언스', 4차 회의 개최, 2017년 7월 17일

첫째, 안전한 암호화 알고리즘을 이용하는 것은 사물인터넷 스마트홈 디바이스에서 민감한 정보를 저장하거나 또는 사물인터넷 스마트홈 디바이스 사이에서 통신을 할 때 암호화를 통한 통신을 해야 한다. 둘째, 안전한 암호키 관리는 사물인터넷 스마트홈 디바이스에서 민감 정보를 저장하거나 스마트홈 디바이스 사이에서 암호화된 통신을 하도록 해야 한다. 셋째, 사물인터넷 스마트홈 디바이스에서 안전한 난수 생성 알고리즘을 이용해서 암호키를 생성하고, 분배, 디바이스 사이에서 암호키에 대한 상호 인증을 수행하도록 해야 한다.

(6) 스마트홈 가전기기에 대한 데이터 보호

사물인터넷 스마트홈을 위한 가전기기에 대한 데이터 보호를 위한 세부 사항으로 안전한 통신 채널을 확보해야 하고, 저장 및 전송 데이터를 보호해야 하고, 개인정보를 보호해야 한다. 각각에 대한 세부 내용은 다음과 같다.

표 3-14 스마트홈 가전기기에 대한 데이터 보호

보안항목	세부 요구사항	해당 기기
데이터 보호	안전한 통신 채널	IoT 디바이스 간 통신하는 기기로 암호화 통신이 요구되는 기기
	저장 및 전송 데이터 보호	IoT 디바이스 간 통신하는 기기로 암호화 통신이 요구되는 기기
	개인정보보호	고유식별정보, 금융정보, 신체식별정보, 식별코드, 사진 등 개인정보를 처리 · 저장 · 전송하는 IoT 디바이스

출처: 미래창조과학부, 안전한 스마트홈 구현을 위한 '홈 · 가전 IoT 보안가이드' 발표: 국내 최대 민간 IoT보안 협의체 'IoT 보안 얼라이언스', 4차 회의 개최, 2017년 7월 17일

첫째, 사물인터넷 스마트홈 디바이스에서 안전한 통신 채널 확보를 위해 암호화 통신이 이루어지도록 해야 한다. 둘째, 스마트홈 디바이스에서 통신과정에서 암호화를 통해 데이터의 전송 및 저장이 이루어지도록 해야 한다. 셋째, 스마트홈 디바이스에서의 통신과정에서 개인정보보호를 위해 다양한 정보를 식별할 수 있도록 처리, 저장, 관리해야 한다.

제 9 절 사물인터넷 통신기술

1. 무선통신 기술

사물인터넷 서비스는 주로 무선통신망을 통해 디바이스와 센서 그리고 게이트웨이를 연결한다. 주로 무선 사물인터넷 통신 네트워크를 구축하는 데 RFID(Radio-Frequency Identification), NFC(Near Field Communication) 기술을 적용한 근접거리 통신망과 지그비(Zigbee), 블루투스(Bluetooth) 기술을 적용한 근거리 통신망, 장거리 통신을 지원하는 로라(LoRa), 시그폭스(Sigfox), LTE-M, NB-IoT(Narrow Band-IoT)와 같은 저전력 광역통신망(LPWAN) 기술이 있다.

그림 3-16 사물인터넷 통신망

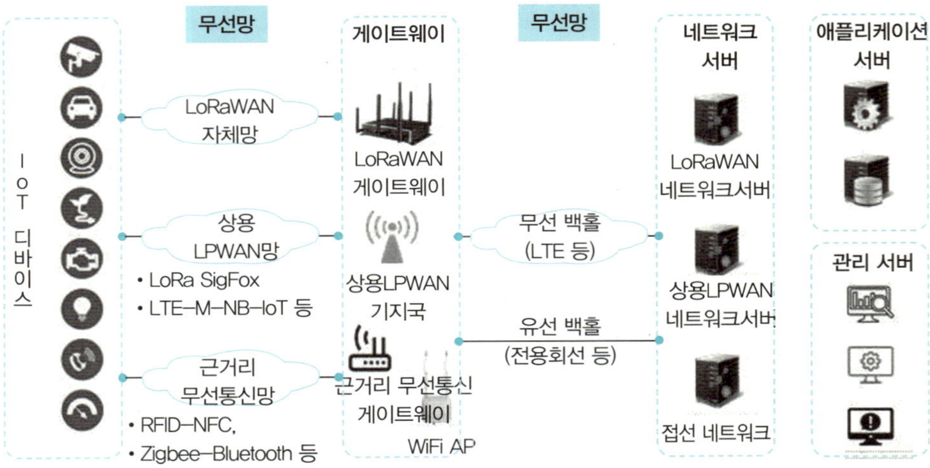

출처: 행정안전부 · 한국정보화진흥원, 정부사물인터넷 도입 가이드라인, 2019년 7월

저전력 광역통신망(LPWAN) 대역에는 면허 주파수 대역과 비면허 주파수 대역이 있다. 비면허 주파수 대역을 사용하는 저전력 광역통신망(LPWAN)에는 로라(LoRa) WAN(Wide Area Network))과 시그폭스(Sigfox)가 있다. 면허 주파수 대역은 통신사업자가 사물인터넷 통신망을 구축해 서비스를 제공한다. 면허 주파수 대역을 사용하는 저전력 광역통신망(LPWAN)에는 LTE-M과 NB-IoT(Narrow Band-IoT)가 있다. 비면허 주파수 대역은 통신사업자 또는 행정기관에서 통신망을 구축하여 서비스를 제공한다.

표 3-15 LPWAN 네트워크 기술방식 비교

구분		비면허 대역		면허 대역	
		SigFox	LoRa	LTE-M	NB-IoT
커버리지		~30km(지방) ~10km(도심)	~15km(지방) ~5km(도심)	~11km	~15km
주파수	대역	900MHz	900MHz	LTE 주파수	LTE 주파수
	대역폭	200KHz	~ 500KHz	20MHz	200KHz
표준화		ETSI	LoRa Alliance	3GPP Rel.8, Rel.12	3GPP Rel.13

통신 속도		~1Kbps	~5Kbps	DL: ~10Mbps UL: ~5Mbps	~100Kbps
Device Stack		Non-IP	Non-IP	IP	Non-IP, IP
배터리 수명		~10년	~10년	~10년	~10년
주요 특징	장점	저전력 장거리 통신	• 저전력 장거리 통신 • LTE-M 모듈 ¼ 가격 • 저렴한 구축비용	• 전국 서비스 가능 • 통신 품질의 안정성 • 기존 네트워크 활용	• 통신 품질의 안정성 • 실내 커버리지 가능
	단점	비면허 대역으로 네트워크 불안정	비면허 대역으로 네트워크 불안정	고가의 통신 모듈 가격	LoRa에 비해 2배 비싼 통신 모듈 가격

출처: 행정안전부 · 한국정보화진흥원, 정부사물인터넷 도입 가이드라인, 2019년 7월

(1) 시그폭스(SigFox)

시그폭스는 비면허 대역에서 활용할 수 있는 사물인터넷 통신기술이다. 시그폭스의 커버리지는 지방의 경우 30km 이하이고, 도심의 경우 10km 이하에 이르는 특성이 있다. 일반적으로 도심보다 지방에서 커버리지가 큰 특성이 있다. 시그폭스의 주파수 대역은 900MHz이고, 주파수 대역폭은 200KHz이다. 더불어 시그폭스의 표준화는 ETSI에서 담당하고, 시그폭스(SigFox)의 통신 속도는 1Kbps 이하이다. 또한 시그폭스의 디바이스 스택(Device Stack)은 Non-IP이고, 배터리 수명은 10년 내외이다. 시그폭스의 주요 특징을 살펴보면, 장점은 저전력으로 장거리 통신을 할 수 있고, 단점은 비면허 대역에서 통신을 수행하므로 네트워크 불안정성이 유발될 수 있다.

(2) 로라(LoRa)

로라는 사물인터넷을 위한 비면허 대역의 통신기술로 커버리지는 지방의 경우 15km 이하이고, 도심의 경우 5km 이하이다. 로라의 주파수 대역은 900MHz이고, 주파수 대역폭은 500KHz 이하이다. 로라의 표준화는 로라 얼라이언스(LoRa Alliance)에서 담당하고 있다. 로라는 통신 속도가 5Kbps 이하이고, 로라의 디바

이스 스택은 Non-IP이다. 로라는 배터리 수명이 10년 이하이다. 로라의 주요 장점으로 저전력으로 장거리 통신을 수행할 수 있으며, 면허 대역의 LTE-M 통신 모듈과 비교해 25% 수준의 가격으로 통신할 수 있으며, 사물인터넷 통신 시스템을 구축하는 데 저렴한 비용으로 구축할 수 있다. 로라의 단점은 사물인터넷 통신을 수행하는 데 비면허 대역을 이용하기 때문에 네트워크가 불안정하다.

(3) LTE-M

LTE-M은 사물인터넷을 위한 면허 대역의 통신기술이다. LTE-M의 커버리지는 11km 이하이고, 통신을 위한 주파수 대역은 LTE 주파수 대역을 이용하며, 주파수 대역폭은 20MHz이다. LTE-M의 표준화는 3GPP Rel.8, Rel.12이고, LTE-M의 통신 속도 다운로드(DL)가 10Mbps 이하이고, 업로드(UL) 5Mbps 이하이다. LTE-M의 디바이스 스택은 IP이고, 배터리 수명은 10년 이하이다. LTE-M의 주요 특징을 살펴보면, LTE-M의 장점으로는 전국 단위의 사물인터넷 통신 서비스가 가능하고, 통신 품질이 안정적이며, 기존 네트워크를 활용하는 장점이 있다. 반면, LTE-M의 단점으로는 통신 모듈 가격이 높은 단점이 있다.

(4) NB-IoT

NB-IoT는 사물인터넷 통신을 위한 면허 대역 통신기술이다. NB-IoT의 커버리지는 15km 이하이고, NB-IoT 주파수 대역은 LTE 주파수 대역을 이용하는 특성이 있고, 주파수 대역폭은 200KHz이다. NB-IoT의 표준화는 3GPP Rel.13이고, 통신 속도는 100Kbps 이하이다. NB-IoT의 디바이스 스택은 Non-IP, IP이고, NB-IoT에 이용되는 배터리의 수명은 10년 이하이다. NB-IoT의 장점은 NB-IoT 통신 품질이 안정적이며, 실내에서도 커버리지 확보가 가능한 특성이 있다. NB-IoT의 단점으로는 로라(LoRa)에 비해 통신 모듈 이용비용이 두 배 정도 높은 단점이 있다.

2. 사물인터넷을 위한 근거리 무선통신 기술

사물인터넷 통신을 위해서는 다양한 근거리 무선통신 기술이 이용되고 있다. 블루투스, 와이파이, 지그비 등 근거리 무선통신 기술은 통신거리가 제한적이지만, 다양한 기술들 간 혼합하여 사용할 수 있는 특성이 있다. 각각의 근거리 무선통신 기술을 살펴보면 [표 3-16]과 같다.

표 3-16 주요 근거리 무선통신 기술 비교

구분	블루투스	NFC	지그비	지웨이브	WiFi
주파수 대역	2.4GHz	13.56MHz	2.4GHz(글로벌)	868~929MHz	2.4G, 5GHz, 60GHz
전송거리	1~100m	10cm 이내	100m 이상	100m 이상	약 100m
전송 속도	~2M(BLE~1M) bps	424Kbps	250Kbps	40Kbps	ac: 1.7G, ah: 100Kbps, ax: 9.6Gbps, ay: 20Gbps
응용 분야	주변기기(헤드셋, 마우스 등)	전자결제, 기기간 직접전송	홈 네트워킹, 빌딩 자동화	홈 네트워킹, 빌딩 자동화	인터넷 접속, 무선LAN 구성
소비전력	1~100mW	50mW	1~100mW(Low)	Low	평균 100mW
특징	저전력 가능, AP 없이 접속 가능, 커버리지에 제약	무 전원 동작, 전파간섭 없음	저전력 · 저비용 네트워크 구성 가능, 타 통신과 간섭 우려	전다효율성 및 호환성 우수	전력소모 많고 소형화 어려움, 커버리지 확장 가능

출처: 행정안전부 · 한국정보화진흥원, 정부사물인터넷 도입 가이드라인, 2019년 7월

(1) 블루투스(Bluetooth)

근거리 통신기술로 블루투스의 주파수 대역은 비면허 대역인 2.4GHz ISM대역을 이용하고, 블루투스의 전송거리는 1~100m이다. 또한 블루투스의 전송 속도는 2M(BLE~1M)bps 이하이고, 블루투스의 응용 분야는 주변기기(헤드셋, 휴대용 디바이스, 가정용 전자제품, PC 주변장치 등) 운용에 활용되며, 소비전력이 1~100mW이다. 블루투스는 저전력을 활용하며, 액세스 포인트(AP) 없이 다양한

디바이스 간 접속으로 통신이 가능하며, 커버리지에 제한이 있다. 블루투스는 와이파이(Wi-Fi)와 동일한 주파수 대역을 활용하기 때문에 와이파이 신호가 강한 곳에서는 혼잡이 발생해서 접속에 약간의 문제가 발생할 가능성이 있다.

(2) NFC(Near Field Communication)

NFC 기술은 RFID(Radio Frequency Identification) 기술의 발전된 한 형태로 다양한 분야에서 이용되고 있다. NFC 기술은 다양한 핀테크 전자결제에서 활용되는 근접거리 통신기술이다. NFC 기술의 활용 주파수 대역은 13.56MHz이고, 전송거리는 10cm 이내이다. NFC 기술은 매우 근접한 거리에서 통신을 할 수 있는 기술이다. NFC의 전송 속도는 424Kbps이고, NFC의 응용 분야는 근거리 전자결제, 다양한 디바이스 간 데이터 통신을 지원하고, 소비전력은 50mW이고, 무전원으로 통신을 할 수 있고, 전파간섭을 받지 않는 특성이 있다.

(3) 지그비(Zigbee)

지그비의 주파수 대역은 비면허 대역인 2.4GHz 대역을 이용하고, 지그비의 전송거리는 100m 이상이고, 전송 속도는 250Kbps이다. 지그비의 응용 분야는 홈 네트워킹, 빌딩 자동화 등에 이용된다. 지그비의 소비전력은 1~100mW로 매우 저전력을 활용한다. 지그비는 저전력 통신을 지원하고, 저비용 네트워크 구성을 할 수 있으며, 다른 통신기술과 비교할 때 간섭 우려가 낮은 특성이 있다.

(4) 지웨이브(Z-Wave)

지웨이브는 홈오토메이션을 위해 활용되는 저전력 통신기술이다. 지웨이브의 주파수 대역은 868~929MHz이다. 다른 비면허 대역을 이용하는 통신기술인 WiFi, Bluetooth, ZigBee 2.4GHz를 사용하는 통신기술과 비교해볼 때 지웨이브는 통신거리가 길고 활용도가 높은 특성이 있다. 지웨이브의 전송거리는 100m 이상이고, 전송속도는 40Kbps이다. 지웨이브의 응용 분야는 홈 네트워킹, 빌딩 자동화 등에 활용되고, 지웨이브의 소비전력은 낮으며, 지웨이브는 전파 효율성 및 호환성에 우수한 특성을 가지고 있다.

(5) 와이파이(Wi-Fi)

와이파이는 무선 근거리 통신망이라고 한다. 최근 출시되는 대부분의 개인용 무선통신 디바이스는 와이파이를 지원한다. 와이파이는 AP(Access Point) 또는 WiFi 핫스팟(Hot Spot)에 접속해서 통신을 할 수 있다. 와이파이의 주파수 대역은 비면허 대역으로 2.4G, 5GHz, 60GHz이고, 전송거리는 약 100m이다. 와이파이의 전송 속도는 IEEE 802.11 표준을 따르고, IEEE 802.11 ac는 1.7G 이하, IEEE 802.11 ah는 100Kbps 이하, IEEE 802.11 ax는 9.6Gbps 이하, IEEE 802.11 ay는 20Gbps 이하이다. 와이파이의 응용 분야는 무선 인터넷 접속 및 무선 근거리 통신망 구성이 가능하다. 와이파이의 소비전력은 평균 100mW이다. 와이파이는 다른 근거리 통신기술과 비교할 때 전력 소모가 많지만 커버리지가 확장 가능한 특성이 있다.

핵심문제

01 사물인터넷에 대해 정의하시오.

02 oneM2M(one Machine-To-Machine)에 대해 설명하시오.

03 올신 얼라이언스(AllSeen Alliance)에 대해 설명하시오.

04 CoAP(Constrained Application Protocol)에 대해 설명하시오.

05 DTLS(Datagram Transport Layer Security)에 대해 설명하시오.

06 6LoWPAN(Low-power Wireless Personal Area Network)에 대해 설명하시오.

07 MTC(Machine Type Communication)에 대해 설명하시오.

08 사물인터넷 발전 단계에 대해 설명하시오.

09 산업인터넷(IIoT: Industrial Internet of Things)에 대해 설명하시오.

10 만물인터넷(IoE: Internet of Everything)에 대해 설명하시오.

11 사물통신과 사물인터넷을 비교설명하시오.

12 사물인터넷 가치사슬에 대해 설명하시오.

13 사물인터넷 아키텍처에 대해 설명하시오.

14 국제표준화기구(ISO: International Organization For Standardization)에 대해 설명하시오.

15 ITU-T(International Telecommunications Union Telecommunication Standardization Sector)에 대해 설명하시오.

16 OCI(Open Interconnect Consortium)에 대해 설명하시오.

17 스레드 그룹(Thread Group)에 대해 설명하시오.

18 다음 보안 위험에 대해 설명하시오.
① 재밍(Jamming)
② 시빌(Sybil) 공격
③ 서비스 거부 공격
④ 동기화 해제
⑤ 웜홀(Wormhole)
⑥ 위변조(Tampering) 공격
⑦ 도청(Eavesdropping) 공격
⑧ 선택적 포워딩(Selective Forwarding) 공격
⑨ 스푸핑(Spoofing)

19 다음 디바이스 보안 요구사항에 대해 설명하시오.
① 기밀성(Confidentiality)
② 무결성(Integrity)
③ 가용성(Availability)
④ 인증 및 허가(Authentication & Authorization)

20 다음 게이트웨이 및 네트워크 서버 보안 위협에 대해 설명하시오.
① 사물봇(ThingBot) 공격 위협
② 프로토콜 변환 취약점 공격 위협
③ 서비스 마비 위협
④ 악성코드 감염 위협
⑤ 데이터 유출 위협
⑥ 메시지 불법 동작 제어 위협
⑦ 웹 인터페이스 취약점 위협
⑧ 물리적 탈취 위협

21 다음 무선통신 기술에 대해 설명하시오.
① RFID(Radio-Frequency Identification)
② NFC(Near Field Communication)
③ 지그비(Zigbee)
④ 블루투스(Bluetooth)

⑤ 로라(LoRa)

⑥ 시그폭스(Sigfox)

⑦ LTE-M

⑧ NB-IoT(Narrow Band-IoT)

참고문헌

과학기술정보통신부, 2019년 사물인터넷 산업 실태조사 결과 발표, 보도자료, 2020년 2월 26일

금융보안원(보안연구부 보안기술연구팀, 개방형 사물인터넷 서비스 및 활용 사례 소개, 보안연구부-2016-060, 2016년 12월 16일

미래창조과학부, 안전한 스마트홈 구현을 위한 '홈 · 가전 IoT 보안가이드' 발표: 국내 최대 민간 IoT보안 협의체 'IoT 보안 얼라이언스', 4차 회의, 2017년 7월 17일

정보통신기획평가원(IITP), ICT R&D 기술로드맵 2023, 2018년 12월

최봉 · 장윤희, 서울시 산업인터넷 육성방안, 서울연구원, 2019년 12월 11일

행정안전부 · 한국정보화진흥원, 정부사물인터넷 도입 가이드라인, 2019년 7월

홍용근, 사물인터넷 기술 표준화 동향과 표준특허 확보를 위한 제언, 지식재산정책, 제26호, 2016년 3월, pp.50-61

Michael Chui, Markus Löffler, and Roger Roberts, "The Internet of Things", McKinsey & Company, 2010. 4.

Chapter 04 빅데이터

학습목표

- 빅데이터 개념의 이해
- 빅데이터 요소 기술 이해
- 빅데이터 활용 현황 이해
- 빅데이터 활용성과 이해

제 1 절 빅데이터 개요 및 특성

1. 빅데이터의 개요와 시장가치

4차 산업혁명 기술 발전에 따라 사물인터넷, 빅데이터, 인공지능의 활용이 급증하였고, 이에 따라 빅데이터 생성이 급속하게 이루어지게 되었다. 특히, 유무선 네트워크의 활용 증대와 소셜 네트워크 서비스(SNS: Social Network Services) 활성화에 힘입어 데이터 생성량은 급증할 것으로 예상되고 있다. Reinsel, Gantz, and Rydning(2017)에 의하면 2017년 약 20억 제타바이트(Zettabytes)를 상회하던 데이터양은 2025년 160억 제타바이트를 넘을 것으로 전망되고 있다.

▮그림 4-1▮ 연도별 세계 데이터 예측 규모

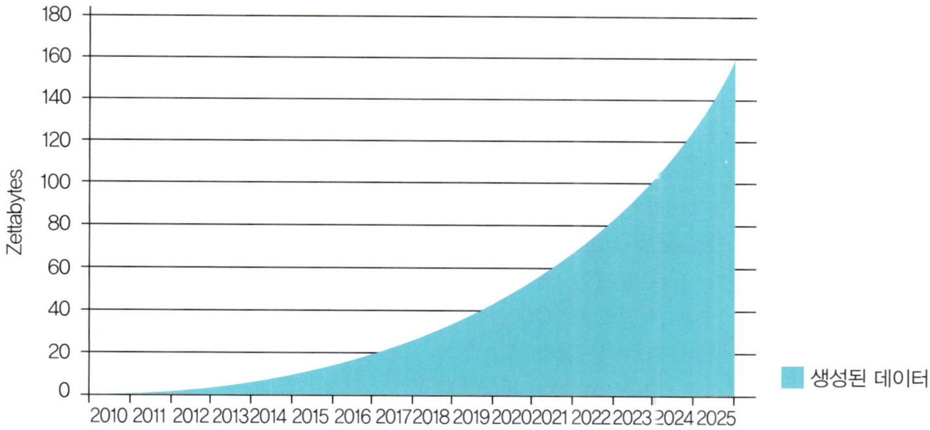

출처: Reinsel, D., Gantz, J., and Rydning, J.(2017), Data Age 2025: The Evolution of Data to Life-Critical Don't Focus on Big Data; Focus on the Data That's Big (IDC White Paper Sponsored by SEAGATE)

2. 빅데이터 성장에 중요한 영향을 미친 이벤트

오늘날 빅데이터 환경은 정보통신기술 발전에 따른 영향으로 공공 부문과 민간 부문에서 데이터를 활용하는 비즈니스의 급속한 발전이 이루어졌다. 다양한 통신 서비스를 비롯한 스마트TV, SNS, CCTV, 통신서비스 등의 유통, 금융, 교통 등 다양한 분야에서 데이터의 생성을 높여주었다. 각 연대별 특성은 [표 4-1]과 같다.

1990년대에 나타난 데이터를 활용하는 주요 비즈니스 특성은 다음과 같다. 예를 들면, DEC(Digital Equipment Corporation)의 상업용 웹사이트가 등장하였고(1993), 1995년에 온라인 쇼핑 기업인 이베이(eBay)와 아마존(Amazon)이 출범하였고, 1996년에는 아메리칸온라인(AOL) 메신저가 등장하였으며, 1998년에는 구글의 검색기반 광고 서비스가 등장하였다.

2000년대 나타난 데이터를 활용하는 주요 비즈니스 특성은 다음과 같다. 예를 들면, 2001년 블랙베리의 이메일 기능이 가능한 휴대전화가 출시되었고, 2004년에는 소셜 네트워크 서비스인 페이스북(Facebook) 서비스가 출시되었으며, 2005년에는 유튜브(YouTube) 영상 서비스가 제공되었고, 2006년에는 트위터

표 4-1 빅데이터 환경에 영향을 미친 주요 사건

구분	주요 사건
1990년대	• 최초의 상업용 웹사이트(Digital Equipment Corporation) 등장(1993) • 온라인 쇼핑(eBay, Amazon) 출범(1995) • AOL 메신저 등장(1996) • 구글의 검색기반 광고 서비스 등장(1998)
2000년대	• 블랙베리 이메일 가능 휴대전화(2001) • Facebook 서비스 시작(2004) • YouTube 온라인 서비스(2005) • Twitter 서비스 개시(2006) • 애플 iPhone 등장(2007) • 소셜 커머스 Groupon 등장(2008) • 위치기반 소셜 네트워크 서비스 Foursquare 등장(2009)
2010년 이후	• iPad 출시(2010) • 구글 고객 서비스 정보통합관리 발표(2012) • 통합 커뮤니케이션 서비스(Rich Communication Suite) 등장(2012)

출처: Craig, T and Ludloff, M. E.(2011). *Privacy and Big Data*의 내용을 참고하여 작성; 정용찬, 빅데이터 혁명과 미디어 정책 이슈, KISDI Premium Report, 정보통신정책연구원, 2012년 2월

(Twitter) 서비스가 출시되었다. 2007년에는 애플의 아이폰(iPhone) 서비스가 등장하였고, 2008년에는 소셜 커머스 비즈니스 기업인 그루폰(Groupon)이 등장하였으며, 2009년에는 위치기반 소셜 네트워크 서비스인 포스퀘어(Foursquare)가 등장하였다.

2010년대 나타난 데이터를 활용하는 주요 비즈니스 특성은 다음과 같다. 예를 들면, 2010년 애플의 아이패드(iPad)가 출시되었고, 2012년에는 구글의 고객 서비스에 대한 통합정보관리 방안이 발표되었다. 또한 통합 커뮤니케이션 서비스인 리치 커뮤니케이션 슈트(Rich Communication Suite)가 등장하였다.

또한 빅데이터의 환경적 특성을 살펴보면, 데이터는 정형화된 데이터에서 비정형화된 데이터를 활용하는 방향으로 변화하였고, 하드웨어는 고가의 장비를 활용하는 특성에서 클라우드기반 시스템을 활용하는 방향으로 변화하였다. 소프트웨어 및 분석에 있어서도 기존 통계적 기반 분석을 넘어 다양한 데이터 분석방법이 나타나게 되었다.

표 4-2 빅데이터 환경의 특징

구분	기존	빅데이터 환경
데이터	• 정형화된 수치자료 중심	• 비정형의 다양한 데이터 • 문자데이터(SMS, 검색어) • 영상데이터(CCTV, 동영상) • 위치데이터
하드웨어	• 고가의 저장장치 • 데이터베이스 • 대규모 데이터웨어하우스 (Datawarehouse)	• 클라우드 컴퓨팅 등 비용효율적인 장비 활용 가능
소프트웨어/분석방법	• 관계형 데이터베이스(RDBMS) • 통계패키지(SAS, SPSS) • 데이터마이닝(Data Mining) • 기계학습(Machine Learning), 지식탐색(Knowledge Discovery)	• 오픈소스 형태의 무료 소프트웨어 • NoSQL, Hadoop, Cassandra, MapReduce • 오픈소스 통계솔루션(R) • 텍스트마이닝(Text Mining) • 온라인 버즈 분석(Opinion Mining) • 감성 분석(Sentiment Analysis)

출처: 정용찬, 빅데이터 혁명과 미디어 정책 이슈, KISDI Premium Report, 정보통신정책연구원, 2012년 2월

데이터의 특성을 살펴보면 기존에는 정형화된 수치자료 중심의 데이터가 활용되었는데, 빅데이터 환경에서는 비정형화된 다양한 데이터가 활용되었고, 문자데이터(SMS, 검색어), 영상데이터(CCTV, 동영상), 위치데이터가 활용되었다.

빅데이터 이용을 위한 하드웨어에 따른 특성을 살펴보면 기존에는 고가의 하드웨어 저장장치를 이용했고, 대규모 데이터베이스 및 데이터웨어하우스(Datawarehouse)를 이용하였지만, 빅데이터 환경에서는 클라우드 컴퓨팅 등 비용효율적으로 하드웨어 장비를 활용 가능하게 되었다.

소프트웨어 및 분석방법에 따른 특성을 살펴보면, 기존에는 관계형 데이터베이스(RDBMS), 통계패키지(SAS, SPSS), 데이터마이닝(Data Mining), 기계학습(Machine Learning), 지식탐색(Knowledge Discovery)을 활용하였는데, 빅데이터 환경에서는 오픈소스 형태의 무료 소프트웨어, NoSQL, 하둡(Hadoop), 카산드라(Cassandra), 맵리듀스(Mapreduce), 오픈소스 통계솔루션(R), 텍스트마이닝(Text Mining), 온라인 버즈 분석(Opinion Mining) 감성 분석(Sentiment Analysis) 등이 있다.

3. 전통적 데이터와 빅데이터의 특성

빅데이터는 일반데이터와 데이터의 수집, 관리, 분석, 활용 측면에서 차이가 난다. 앞서 살펴본 것처럼 빅데이터의 3대 특성인 데이터의 양(Volume), 속도(Velocity), 다양성(Variety) 측면의 차별성은 다음과 같다.

표 4-3 ▌ 전통적 데이터와 빅데이터의 특성 비교

구분	전통적 데이터	빅데이터
양	기가바이트(GB)	테라바이트(TB), 페타바이트(PB)
생성주기(속도)	시간, 일	실시간
구조	구조적	반구조 및 비정형
데이터 원천	중앙집중	분산
데이터 통합	쉬움	어려움
데이터 저장	RDBMS	HDFS, NoSQL

출처: 김수연 · 도지훈 · 김보라, 빅데이터, KISTEP 기술동향브리프, 2018-11호, 한국과학기술기획평가원, 2018년 11월

첫째, 데이터의 양 측면에서 전통적 데이터는 기가바이트(GB) 단위로 구성되고, 빅데이터는 테라바이트(TB), 페타바이트(PB) 단위로 구성된다. 둘째, 데이터의 생성 주기 또는 속도 측면에서 전통적 데이터는 시간, 일 단위로 생성주기를 갖고, 빅데이터는 실시간으로 방대한 규모의 데이터가 생성되는 특성이 있다. 셋째, 데이터의 구조 측면에서 전통적 데이터는 구조적 데이터 특성을 갖고 있으며, 이에 반해 빅데이터는 반구조 및 비정형 데이터 특성을 갖고 있다. 넷째, 데이터 원천 측면에서 전통적 데이터는 다양한 데이터 원천으로부터 중앙집중식 데이터관리가 이루어지며, 빅데이터는 다양한 데이터 원천으로부터 분산관리가 이루어진다. 다섯째, 데이터 통합 측면에서 전통적 데이터는 통합이 용이한 특성이 있다. 반면, 빅데이터는 데이터 통합에 어려움이 뒤따르는 특성이 있다. 여섯째, 데이터 저장 측면에서 전통적 데이터는 관계형 데이터베이스관리 시스템(RDBMS: Relational Database Management System)을 이용하고 있다. 반면에

빅데이터는 하둡분산파일 시스템(HDFS: Hadoop Distributed File System),[01] NoSQL(non SQL or non relational)[02][03] 등을 이용한다.

4. 데이터 품질 기준

기업에서 데이터 활용을 통한 성과창출을 위해서는 데이터 품질관리가 중요하다. 국제데이터관리협회의 영국지부 자료를 살펴보면, 데이터 품질 주요 기준은 완전성(Completeness), 유일성(Uniqueness), 적시성(Timeliness), 정당성(Validity), 정확성(Accuracy), 일관성(Consistency)의 여섯 가지가 있다. 각각의 특성을 살펴보면 다음과 같다.[04]

첫째, 완전성(Completeness)은 기업이 보유하고 있는 데이터가 잠재적으로 100% 완벽한 특성이다. 둘째, 유일성(Uniqueness)은 특정 대상이 두 줄 이상에 걸쳐 기록되어 있지 않은 것이다. 셋째, 적시성(Timeliness)은 요구하는 시점의 현실적인 적합도를 나타내고 있는 정도이다. 넷째, 정당성(Validity)은 정의되어 있는 구문규칙(포맷, 형태, 범위)이 올바른 것을 의미한다. 다섯째, 정확성(Accuracy)은 기술하고 있는 분야의 대상이나 이벤트를 정확히 나타내고 있는 정도를 의미한다. 여섯째, 일관성(Consistency)은 데이터셋 내 또는 데이터셋 사이에서 일관된 정의에 따라 표현된 것을 의미한다.

01 하둡(Hadoop)은 빅데이터를 분석할 수 있는 기술이다. 일반적으로 하둡은 대용량 빅데이터를 분석 및 처리하는 데 이용되는 오픈소스 프레임워크이다. 하둡은 구글파일 시스템(GFS)과 맵리듀스(MapReduce)를 이용해 구현한 빅데이터 분석기술이다.

02 NoSQL은 데이터베이스에서 데이터의 단순 검색 및 저장을 위한 언어이다.

03 Grolinger, K. Higashino, W. A. Tiwari, A., Capretz, M. A. M.(2013). "Data management in cloud environments: NoSQL and NewSQL data stores"(PDF), Aira, Springer

04 https://www.dama-uk.org/?&dx=1&ob=3&rpn=magazine&sid=0e587b494fb8e2bbd524fc741daf9df1

제2절 빅데이터 비즈니스 현황

빅데이터는 대규모 데이터로 대용량 데이터(Volume Data), 다양한 유형의 데이터(Variety Data), 빠른 생성이 이루어지는 데이터(Velocity Data)를 의미한다. 빅데이터 아키텍처의 특성은 데이터를 수집, 분석, 저장, 활용하는 기능을 제공한다.

시장조사기관인 위키본(Wikibon)에 의하면 빅데이터 소프트웨어, 하드웨어, 서비스 시장은 2026년에 총 922억 달러의 규모로 성장할 것이라고 하였다. 이는 2011년 기록했던 7.6억 달러에서 10배 이상 급성장한 수치이다.

그림 4-2 빅데이터 세계시장 규모 예측: 2011~2026년

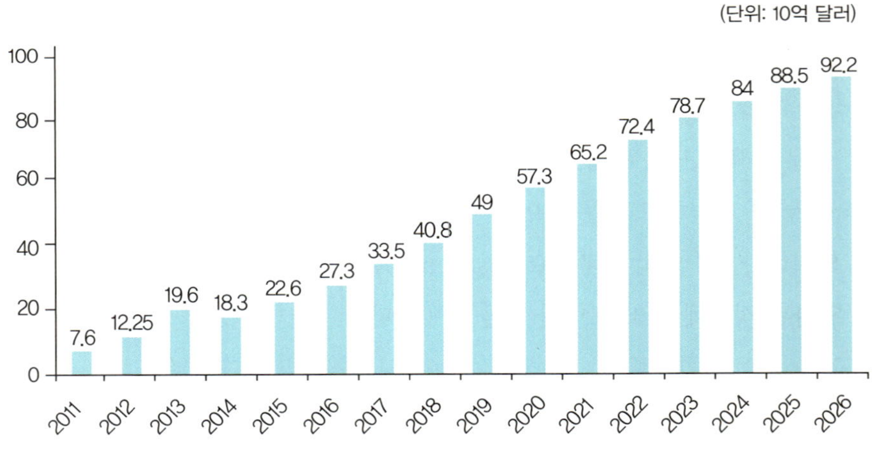

출처: Wikibon Big Data in the Public Cloud Forecast, 2016-2026(Wikibon)

IDC(2016)에 의하면 국내 빅데이터 시장가치는 연평균 24.7% 성장할 것으로 예측된다. 예를 들면, 국내 빅데이터 시장가치는 2017년 2,442억 원에서 2020년 4,468억 원, 2022년 694.8억 원 규모에 이를 것으로 전망되고 있다.

▮그림 4-3▮ 빅데이터 국내 시장 규모 및 전망

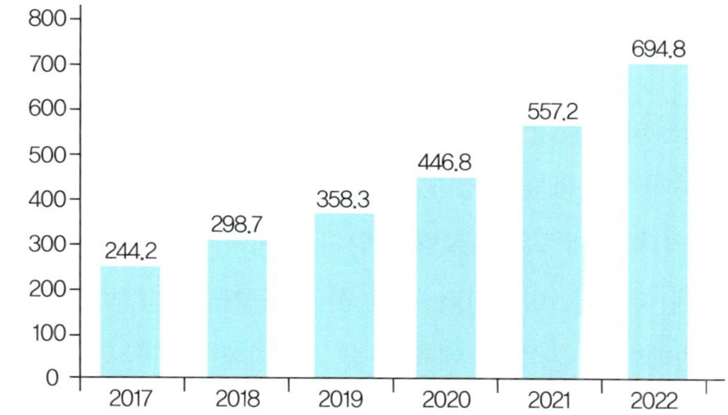

출처: IDC Korea Big Data Technology and Services 2015–2019 Forecast, Feb 2016

더불어 IDC(2017)에 의하면 세계 빅데이터 시장 역시 연평균 10.6% 성장할 것으로 전망되고 있다. 예를 들면, 세계 빅데이터 시장은 2017년 534억 달러에서 2022년 900억 달러 이상으로 성장할 것이라고 하였다.

▮그림 4-4▮ 빅데이터 세계 시장 규모 및 전망

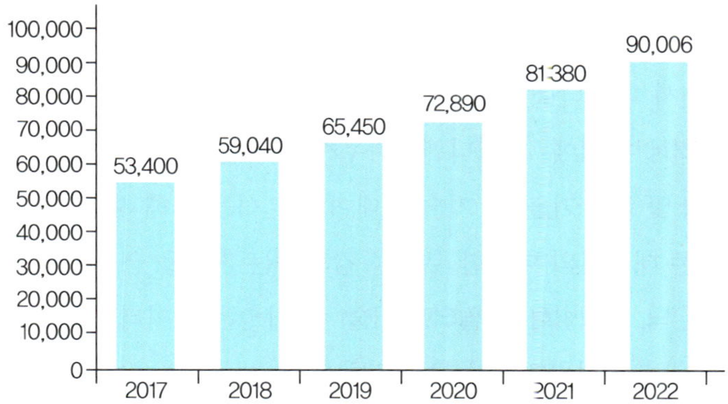

출처: IDC's Semiannual Big Data and Analytics Software Tracker, May 2017

제3절 빅데이터 기술 분류체계

빅데이터는 다양하게 분류된다. 기업에서는 데이터를 수집하고, 저장하고, 처리하는 등 다양하게 데이터를 운영하기 위한 플랫폼을 운영하고, 데이터를 활용하고, 데이터를 분석해서 새로운 통찰력을 얻기 위해 시각화하고 있다. 이러한 빅데이터 활용 특성에 따라 ① 빅데이터 수집 및 유통 기술, ② 빅데이터 저장, 처리, 관리 기술, ③ 빅데이터 분석 및 예측 기술, ④ 빅데이터 활용 및 시각화 기술로 구분된다. 각각의 세부 하위 기술은 다음과 같다.[05]

1. 빅데이터 수집 및 유통 기술

- **빅데이터 수집 · 정제 · 융합 · 가공 기술**: 이 기술은 빅데이터를 수집하고, 데이터 분석을 용이하게 하기 위해 정제하고, 기존 데이터를 융합하고, 분석에 필요한 정보를 추출하기 위해 가공하는 기술이다.
- **실시간 추출, 변환, 적재(ETL: Extract, Transform, Load)[06] 기술**: 이 기술은 데이터베이스에서 데이터를 추출하고, 분석에 용이하도록 변환하고, 분석을 위해 특정 데이터베이스(예, 데이터웨어하우스)에 적재하는 기술이다.
- **데이터 생성 및 증강 기술**: 이 기술은 데이터 분석을 위해 새롭게 데이터를 생성하거나 기존 데이터의 미흡한 부분을 강화하는 기술을 의미한다.
- **민간 정보 은닉, 비식별화 및 필터링 기술**: 이 기술은 데이터가 가지고 있는 민간 정보를 은닉하고 식별화하지 못하도록 하는 기술이고, 더불어 데이터의 일정 부분을 필터링하는 기술을 의미한다.
- **센서 및 머신 데이터 수집 및 정제**: 이 기술은 센서 및 기계를 통해 데이터를 수

05 중소기업기술정보진흥원, 중소기업 전략기술로드맵 2019–2021, 빅데이터, 중소벤처기업부, 중소기업기술정보진흥원, NICE 평가정보(주), 2019년 9월

06 Kimball, Ralph, Caserta, Joe(2004), The Data Warehouse ETL Toolkit: Practical Techniques for Extracting, Cleaning, Conforming, and Delivering Data, 1965–, Indianapolis, IN: Wiley.

집하고, 수집한 데이터를 분석에 용이하도록 정제하는 기술이다.

- **웹 및 소셜 데이터 수집 및 정제:** 이 기술은 웹사이트 및 소셜 네트워크 서비스 사이트에서 다양한 유형의 데이터(예, 정형 데이터와 비정형 데이터, 반정형 데이터)를 수집하고, 데이터를 정제하는 기술을 의미한다.
- **데이터 품질 및 생명주기 관리:** 이 기술은 데이터 품질을 유지하고 데이터의 생성부터 소멸(폐기)까지 데이터 전 주기를 관리하는 기술을 의미한다.
- **데이터 유통 및 공유:** 이 기술은 수집한 데이터를 유통하고, 다양한 사람들이 데이터를 공유해 활용하도록 하는 기술이다.

2. 빅데이터 저장, 처리, 관리 기술

- **대규모 데이터 분산 저장:** 이 기술은 대규모 데이터를 한 곳이 아니라 여러 곳에 분산해서 저장할 수 있는 기술이다.
- **대규모 데이터 분산처리:** 이 기술은 대규모 데이터를 한 곳이 아니라 다양한 곳에서 분산해서 데이터를 처리할 수 있는 기술이다.
- **복합 스트림 및 이벤트 데이터 실시간 처리:** 이 기술은 다량의 데이터를 시간 지연 없이 이벤트가 발생하는 시점으로부터 실시간으로 데이터를 처리하는 기술을 의미한다.
- **인메모리 기반 실시간 데이터 관리:** 이 기술은 하드디스크의 데이터가 아니라 메모리의 데이터를 처리하는 기술을 의미한다.
- **운영 및 분석 통합형 데이터 관리:** 이 기술은 데이터의 운영 및 분석에 있어 통합적으로 데이터를 관리하는 기술을 의미한다.
- **데이터 큐레이션 자동화:** 이 기술을 데이터를 이용하는 사람의 선호에 맞도록 적절하게 데이터를 선정해서 자동적으로 처리해주는 기술을 의미한다.
- **가상 데이터맵 관리:** 이 기술은 가상의 공간에 데이터 지도를 그려 전체적인 데이터를 관리할 수 있는 기술을 의미한다.

3. 빅데이터 분석 및 예측 기술

- **통계 분석 및 데이터 마이닝**: 이 기술은 데이터를 통계적 기법에 의해 분석하고, 인공지능 기법에 의해 방대한 데이터로부터 기존에 알지 못하는 새로운 사실을 발견하는 데이터 분석기법을 의미한다.
- **대규모 기계학습 및 딥러닝**: 이 기술은 방대한 데이터를 인공지능(기계학습 및 딥러닝) 기술을 이용해서 보다 정확하게 분석할 수 있는 기법을 의미한다.
- **모델링 및 시뮬레이션**: 이 기술은 데이터의 특성을 파악하기 위해 데이터를 구성하는 특성 사이의 관계를 파악하는 기술이며, 실험을 통해 데이터의 관계를 파악하는 기법이다.
- **추론 및 예측 분석**: 이 기술의 데이터 변수 사이의 관계에 대한 가설을 설정하고 데이터 변수 사이의 특성관계를 예측하는 기법이다.
- **고속 데이터 스트림 실시간 분석**: 이 기술은 실시간으로 데이터를 빠르게 처리하는 기술을 의미한다.
- **계층형 협업 분석**: 이 기술은 단계적으로 데이터의 상호관계를 분석하는 기법을 의미한다.
- **지시적 분석**: 이 기술은 급변하는 환경에 대해 미래에 대응해 목표를 달성할 수 있도록 분석을 수행하는 기술을 의미한다.
- **이상치 검출**: 이 기술은 데이터가 가지고 있는 이상치를 파악해서 제거함으로써 보다 좋은 분석결과를 제공하도록 지원하는 기술을 의미한다.

4. 빅데이터 활용 및 시각화 기술

- **데이터 시각화 구성(인포그래픽스)**: 이 기술은 데이터 분석결과를 보다 이해하기 쉽도록 그래픽화해서 보여주는 시각화 기술을 의미한다.
- **데이터 그래픽 프로그래밍 도구**: 이 기술은 데이터 분석결과를 보여주도록 프로그래밍하는 기술을 의미한다.

- **소셜 데이터 분석 및 응용:** 이 기술은 소셜 네트워크 서비스 제공 사이트의 데이터를 분석하고 활용하도록 지원하는 기술을 의미한다
- **자동화 시설 오류 예측 및 최적화:** 이 기술은 데이터 분석의 자동화과정에서 발생할 수 있는 오류를 예측하고, 최적의 결과를 제공해주는 기술을 의미한다.
- **이슈 탐지 및 트렌드 예측:** 이 기술은 데이터가 가지고 있는 이슈를 파악하고, 추세를 예측하도록 지원하는 기술을 의미한다.
- **빅데이터 서비스:** 이 기술은 빅데이터 분석을 통해 서비스를 제공하는 기술을 의미한다.

제4절 빅데이터 가치사슬과 생태계

1. 빅데이터 가치사슬

2015년 가트너 그룹은 빅데이터 분석을 통한 경쟁력 확보를 위해 빅데이터 가치 모델(Big Data Value Model)을 제시하였다. 빅데이터 가치 모델은 빅데이터 분석의 활용 목적을 우선 이용 사례(Primary Use Cases) 6개와 빅데이터 역량(Big Data Capabilities) 3개로 구분한다.

먼저 6개의 우선 이용 사례는 ① 고객 인사이트(Customer Insight), ② 상품 및 프로세스 효율성(Product & Process Efficiency), ③ 디지털 상품 및 서비스(Digital Products & Service), ④ 운영의 탁월성(Operational Excellence), ⑤ 디지털 마케팅(Digital Marketing), ⑥ 위험관리 및 컴플라이언스(Risk Management and Compliance)이다.

빅데이터 역량은 ① 비구조화된 데이터의 저장 및 프로세스, 상황 데이터, 히스토리컬 데이터, ② 다양한 유형의 데이터 결합, ③ 적절한 플랫폼에 대한 포괄적 분석으로 구성되어 있다. 빅데이터 분석은 고객관계관리 및 경험의 변화 파악, 내부 프로세스 효율성 개선, 신규 가치 제안(Value Proposition) 창출 등을 지원한다.

그림 4-5 가트너 그룹의 빅데이터 가치 모델(Big Data Value Model)

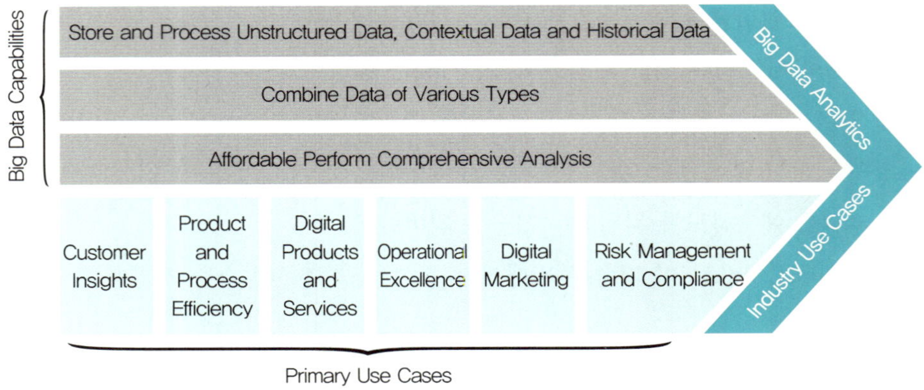

출처: Gartner, Selecting Impactful Big Data Use Cases, 2015

2. 빅데이터 생태계

4차 산업혁명 시대에는 다양한 산업에서 정보통신기술을 활용하기 때문에 매우 방대한 데이터가 생성된다. 따라서 데이터가 산업 발전의 가치 촉매제 역할을 수행하기에 데이터 경제(Data Economy)를 강조하고 있다. 데이터 경제 시대에는 가치사슬에서 데이터의 공급(생성), 중계(유통), 수요(활용)을 통해 새로운 가치가 만들어지고 있다.

데이터 가치 창출 가치체계를 살펴보면, 생산자들이 데이터 서비스 제공자에게

그림 4-6 데이터 경제의 가치 창출 체계

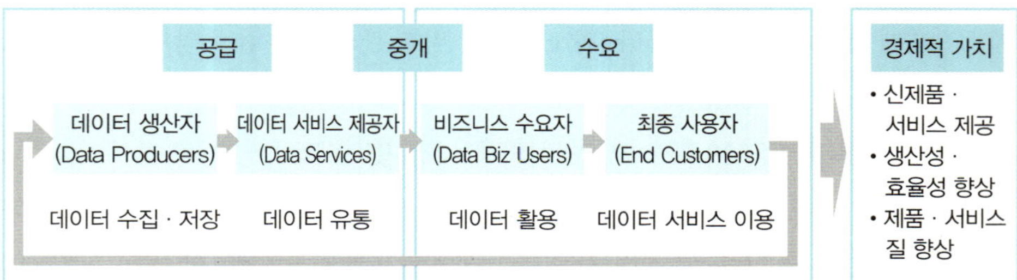

출처: 데이터 산업 활성화 전략, 2018년 6월 (재인용: 김인현 등, 2020 데이터산업 백서, 통권 23호, 한국데이터산업진흥원, 2020년 12월 30일)

데이터를 유통시켜주고, 데이터 서비스 제공자는 데이터를 활용해 비즈니스를 수행하려는 수요자에게 데이터를 중개해주고, 비즈니스 수요자들은 데이터 서비스를 이용하는 최종 사용자들에게 새로운 수요를 창출해준다. 이를 통해 경제적 측면에서 신제품 및 서비스 창출이 가능해지고, 비즈니스의 생산성과 효율성이 개선되고, 제품 및 서비스의 품질이 개선된다.

3. 데이터 생태계의 구성요소와 역할

데이터 생태계의 구성요소와 촉진 역할을 살펴보면, 플레이어로는 데이터 생성자, 데이터 서비스 제공자, 비즈니스 수요자가 있다. 각각의 플레이어 역할은 다음과 같다.[07]

플레이어인 데이터 생산자는 사물인터넷(IoT), 5G, LPWA, 영상 및 음인식 기술, 스마트기기를 활용한다. 데이터 생산자의 빅데이터 생태계에서의 역할을 살펴보면, 사물인터넷 기술로 실시간 수집한 데이터를 분석해, 현실세계에서 물리적인 제품과 가상세계의 정보시스템을 디지털로 재현한다. 또한 데이터 생성을 통해 디지털 혁신을 실현한다. 이를 위해 데이터 기반 비즈니스 모델 전환을 촉진하며, 온라인 및 스마트 디바이스를 활용해서 실시간 개인정보를 수집한다.

데이터 서비스 제공자는 외부 데이터와의 연계 및 축적 업무를 수행한다. 데이터 서비스 제공자는 API 연계, 빅데이터 제어, 사이버 보안, 블록체인 기술을 활용한다. 이를 통해 API 개방으로 다양한 서비스 간 융합을 실현하고, 블록체인을 이용함으로써 중앙 서버를 매개하지 않고 탈중앙화를 통해 기업은 외부 서비스 연계를 구현하고, 외부 데이터 공유를 실현한다. 더불어 블록체인 기술을 활용하면, 데이터 위조 및 변조가 원천적으로 불가능하므로 투명성과 신뢰성 높은 시스템을 구축할 수 있게 된다.

07 디지털 생태계의 최전선 칼럼(デジタルエコシステムの最前線」コラム): 업종 제휴를 통한 디지털 생태계 형성(異業種連携によるデジタルエコシステム形成) Pwc Japan, 2020년 8월 24일 재구성 (재인용: 2020 데이터산업 백서, 통권 23호, 한국데이터산업진흥원, 2020년 12월 30일)

비즈니스 수요자는 데이터 분석과 데이터 활용 프로세스를 가지고 있다. 비즈니스 수요자는 데이터 분석을 위해 인공지능 기술, 엣지컴퓨팅 기술, 데이터 플랫폼 기술을 이용해서 다양한 디지털 기술로 수집된 데이터를 수집해서 적합한 형태로 분석하고, 기업들은 고객 행동 로그 데이터와 고객 속성 데이터 등을 결합 및 연계해서 고객관계관리(CRM) 등에 이용한다. 또한 비즈니스 수요자는 데이터 활용 측면에서 로보틱스, 자율주행, 드론 기술을 활용해서 수집된 많은 데이터를 AI 기술을 활용함으로써 데이터 분석 및 예측을 자동화한다.

제5절 빅데이터 산업 특성

1. 데이터 산업 시장에서의 인력 부족

한국데이터산업진흥원(2020)에 의하면 향후 데이터산업은 2024년까지 연평균 증가율 7.3%의 성장세로 23조 원대의 시장 규모가 될 것으로 전망된다. 이에 따라 다양한 유형의 빅데이터 산업이 형성될 것으로 예측된다. 이에 따라 시장에서는 다양한 빅데이터 전문가를 필요로 한다.

데이터 아키텍트는 데이터 산업에서는 10.8%, 일반 산업에서는 32.1%, 전 산업에서 22.5% 인력부족 현상이 나타날 것으로 조사되었다. 데이터 개발자는 데이터 산업에서는 9%, 일반 산업에서는 22.6%, 전 산업에서 13.4% 인력부족 현상이 나타날 것으로 조사되었다. 데이터 엔지니어는 데이터 산업에서는 6.6%, 일반 산업에서는 22.4%, 전 산업에서 10.5% 인력부족 현상이 나타날 것으로 조사되었다. 데이터 분석가는 데이터 산업에서는 21.1%, 일반 산업에서는 33.1%, 전 산업에서 26.7% 인력부족 현상이 나타날 것으로 조사되었다. 데이터베이스 관리자는 데이터 산업에서는 7.4%, 일반 산업에서는 27.2%, 전 산업에서 15% 인력부족 현상이 나타날 것으로 조사되었다. 데이터 과학자는 데이터 산업에서는 19.8%, 일반 산업에서는 33%, 전 산업에서 24.1% 인력부족 현상이 나타날 것으로 조사되었다.

표 4-4 향후 5년 내 전 산업의 데이터 직무별 인력 부족률

구분	데이터 산업	일반 산업	전 산업
데이터 아키텍트	10.8%	32.1%	22.5%
데이터 개발자	9.0%	22.6%	13.4%
데이터 엔지니어	6.6%	22.4%	10.5%
데이터 분석가	21.1%	33.1%	26.7%
데이터베이스 관리자	7.4%	27.2%	15.0%
데이터 과학자	19.8%	33.0%	24.1%
데이터 컨설턴트	16.0%	32.5%	20.0%
데이터 기획자	10.7%	31.2%	13.8%
평균	10.3%	27.2%	16.1%

출처: 김인현 등, 2020 데이터산업 백서, 통권 23호, 한국데이터산업진흥원, 2020년 12월 30일

데이터 컨설턴트는 데이터 산업에서는 16%, 일반 산업에서는 32.5%, 전 산업에서 20% 인력부족 현상이 나타날 것으로 조사되었다. 데이터 기획자는 데이터 산업에서는 10.7%, 일반 산업에서는 31.2%, 전 산업에서 13.8% 인력부족 현상이 나타날 것으로 조사되었다.

2. 국내 데이터 산업 특성

데이터산업진흥원(2020)에 의하면 2020년 국내에서 데이터 정책과 관련된 5대 이슈가 있었다고 한다.[08] 그 다섯 가지 특성을 살펴보면 다음과 같다.

그림 4-7 2020년 데이터 산업 국내 정책적 5대 이슈

08 김인현 등, 2020 데이터산업 백서, 통권 23호, 한국데이터산업진흥원, 2020년 12월 30일

첫째, 국내에서 개인의 데이터를 비즈니스에 보다 체계적으로 활용할 수 있는 법률적 근거가 마련되었다. 그 법을 데이터3법이라고 한다. 2020년 8월 5일 데이터3법의 시행에 따라 국내의 데이터 산업은 보다 혁신적으로 패러다임 변화가 나타났다. 예를 들면, 금융산업, 의료산업, 소매산업 등 다양한 산업에서 개인의 데이터를 분석해서 보다 고객 친화적인 비즈니스를 할 수 있게 되었다.

둘째, 정보통신기술 활성화에 따라 다양한 데이터가 생성되는데 이를 보다 체계적으로 활용할 수 있는 인프라를 구축하였다. 4차 산업혁명 시대의 디지털 뉴딜 정책이라고 하는 데이터 레이크(댐) 프로젝트를 추진하였다. 정부에서는 이 프로젝트에 2025년까지 총 58.2조 원(국비 44.8조 원)을 투자할 계획이다. 또한 이 프로젝트를 통해서 2025년까지 데이터 산업 분야에서의 일자리 90.3만 개 창출을 목표로 하고 있다.

셋째, 2020년에는 코로나 감염증이 전 세계적으로 유행하였다. 한국은 코로나 감염증과 관련된 의료 관련 데이터를 체계적으로 활용하였다. 한국의 의료 데이터를 활용한 K-방역은 의료데이터의 공중보건을 위해 활용한 세계적인 베스트 프랙티스(모범사례)로 인정받고 있다. 이를 통해 한국에서는 코로나19 확산 방지를 위한 다양한 정보를 국민들에게 제공할 수 있었다. 이러한 한국 코로나 바이러스 확산과 관련된 의료 데이터 활용 방역 사례는 해외 다양한 국가에서 벤치마킹하였다.

넷째, 한국은 전 세계적으로 정보통신기술이 발전한 국가이고, 정보통신기술을 잘 활용하는 국가이다. 한국에서는 정부 주도의 공공데이터 정책을 체계적으로 수립하였고, 3년 연속 OECD(Organization for Economic Cooperation and Development) 국가 중 데이터 활용 정책을 잘하는 1위 국가로 기록되었다. 한국에서는 중앙정부뿐만 아니라 지방정부의 활발한 공공데이터 개방 확대가 이루어지고, 공공데이터를 활용해 정책을 수립하는 수준이 높아지고 있어 OECD 국가 중 1위를 달성하고 있다.

다섯째, 정보통신기술 발전에 따라 방대한 데이터가 생성되고 있는 현 시점에서 데이터의 활용을 매우 중요한 이슈이다. 정부에서는 방대하게 생성되는 데이터를 분석할 수 있는 전문인력을 양성하기 위해 노력하고, 일자리 고용 창출을 위한 정책을 수립하고 있다. 예를 들면, 주요 정부기관의 빅데이터 전문인력 양성 교육이 이루어지고, 데이터 산업 일자리 확대 및 고용정책 추진이 이루어지고 있다.

제 6 절 빅데이터 관련 비즈니스 이슈

1. 기업의 빅데이터 분석 미도입 이유

기업 경영에 있어서 빅데이터 기술은 여전히 중요한 영역이지만, 기업들은 현재도 빅데이터 기술을 도입하지 않고 있다. 정보통신산업진흥원(2015)에서는 빅데이터 수요 기업 908개 곳을 대상으로 빅데이터 기술을 도입하지 않은 이유를 조사하였다. 중요도 순서에 따른 조사결과는 다음과 같다.

그림 4-8 빅데이터 분석을 도입하지 않은 이유

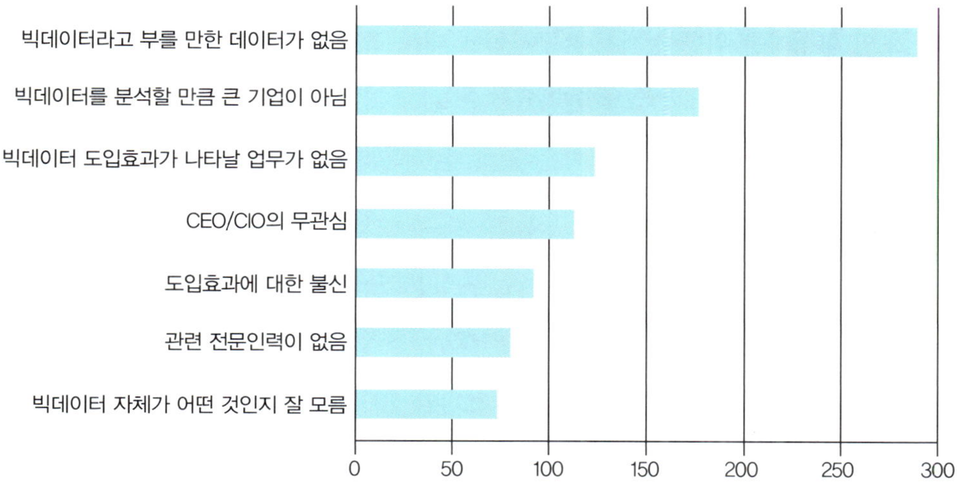

출처: NIA, 2015년 빅데이터 시장현황조사, 2016

- 기업에 빅데이터라고 부를 만한 데이터가 존재하지 않기 때문에 빅데이터 기술을 도입하지 않는 것으로 나타났다.

- 빅데이터 기술의 유용성은 인정하나 빅데이터 기술을 도입해서 분석할 데이터가 없기 때문에 빅데이터 기술을 도입하지 않는 것으로 나타났다.
- 기업에서 빅데이터 기술을 도입해 성과를 창출할 수 있는 업무 영역이 없기 때문에 빅데이터 기술을 도입하지 않는 것으로 나타났다.
- 기업의 경영자나 관리자들이 빅데이터 기술에 대해 관심이 없기 때문에 빅데이터 기술을 도입하지 않는 것으로 나타났다.
- 빅데이터 기술 도입을 통해 효과를 확신할 수 없기 때문에 빅데이터 기술을 도입하지 않는 것으로 나타났다.
- 기업에서 빅데이터 관련 전문인력이 없기 때문에 기술 도입 후, 활용이 불가능하기 때문에 기술을 도입하지 않는 것으로 나타났다.
- 기업에서 빅데이터 기술의 특성을 확인하지 못해서 이 기술을 도입하지 않는 것으로 나타났다.

또한 기업에서의 빅데이터 기술 도입에 있어서 정부의 역할은 중요하다. 한국정보통신산업진흥원(2016)이 908개의 빅데이터 수요 기업을 대상으로 빅데이터 기술 도입 활성화를 위한 정책적 요구사항에 대해 조사한 결과는 다음과 같다. 중요도 순서에 따른 조사내용은 다음과 같다.

그림 4-9 국내 빅데이터 분석 활성화 관련 정책 요구사항

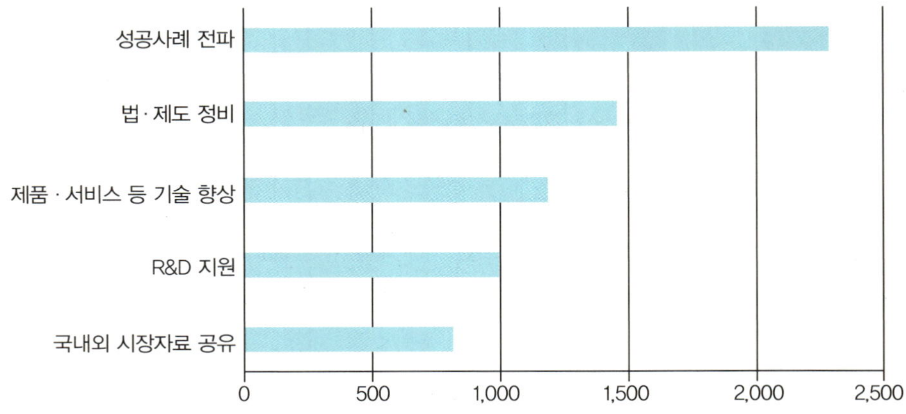

출처: NIA, 2015년 빅데이터 시장현황조사, 2016

- 기업 측면에서의 빅데이터 도입 성공사례에 대한 사리를 발굴해서 다양한 기업에 배포함으로써 빅데이터 도입을 정책적으로 확산할 필요가 있다.
- 기업에서의 빅데이터 도입과 관련해서 관련된 법과 제도의 정비가 필요한 것으로 나타났다.
- 빅데이터와 관련된 제품 및 서비스 등 기술향상에 대한 정책 지원이 필요한 것으로 나타났다.
- 빅데이터 활성화를 위한 정부의 정책적 측면에서 연구와 개발을 지원하는 것이 필요한 것으로 나타났다.
- 빅데이터 활성화와 관련해서 국내 및 국외의 시장자료 공유가 필요한 것으로 나타났다.

제 7 절 빅데이터와 개인정보보호 이슈

1. 개인정보보호와 데이터 3법

개인의 프라이버시 보호를 위해 개인정보보호가 중요해졌다. 뉴스를 보면 다양한 개인정보 유출사고를 접할 수 있다. 예를 들면, 국내 대형마트인 홈플러스는 2011년부터 2014년에 걸쳐 보험회사에 홈플러스 이용자들로 취득한 개인정보 712만 건을 판매해서 231억 원의 추정 손익을 올렸다(데이터산업진흥원, 2020). 그러나 홈플러스는 취득한 개인정보를 활용하는 과정에서 고객들에게 사전 공지를 하였지만, 고객의 충분한 동의를 얻지 못해 문제가 유발되었다. 이에 따라 개인정보보호 위반으로 소송을 당하게 된 홈플러스는 고객들에게 8,465만 원을 손해배상하였다. 이 사건은 기업들에게 고객의 개인정보를 체계적으로 관리하는 것이 중요하다는 것을 알려주었고, 더불어 고객들에게는 스스로 개인정브를 중요하게 관리해야 한다는 것을 알려주었다. 현재, 다양한 국가에서 개인정브보호와 관련된 다양한 법률이 있는데, 대표적인 개인정보보호 법률로는 GDPR(General

Data Protection Regulation)이 있다.

- 유럽연합(EU)은 2018년 5월 25일, 세계 최초로 개인정보보호를 위한 법률인 GDPR(General Data Protection Regulation)을 시행하였다.
- 미국 캘리포니아주는 2020년 1월에 소비자의 개인정보보호를 위한 CCPA (California Consumer Privacy Act)를 시행하였다. CCPA는 미국 역사상 가장 포괄적인 개인정보보호법으로 평가받고 있다.
- 한국정부는 2020년 1월 9일에 데이터3법을 만들었다. 데이터3법은 정보통신망법(정보통신망 이용촉진 및 정보보호 등에 관한 법률, 이하 정보통신망법), 신용정보법(신용정보의 이용 및 보호에 관한 법률), 개인정보보호법을 의미한다.

2. 데이터 권리 주체와 제재

개인정보보호가 중요해지면서 기업에서는 보다 철저한 개인정보관리를 위한 노력을 하고 있다. 더불어 정부에서도 다양한 개인정보보호 법안을 만들어, 기업이 개인정보보호 규정을 준수하도록 안내하고 있다. 개인정보보호법에 따른 관리 주체와 제재규정에 따른 특성은 다음과 같다.

표 4-5 데이터 권리의 주체 비교 및 법규 위반에 따른 제재 비교

구분	권리 주체	제재규정
신용정보법(신용정보의 이용 및 보호에 관한 법률)	개인인 신용정보 주체(살아 있는 개인)	• 과징금은 전체 매출액의 100분의 3 이하와 50억 원 이하 손해배상 책임과 사안별 과태료(3,000만 원~1억 원) 양벌규정 적용
GDPR(General Data Protection Regulation)	EU 거주자(살아 있는 개인)	• 전 세계 연간 총매출의 최대 4% 또는 2,000만 유로 중 큰 금액으로 벌금 부과
CCPA(California Consumer Privacy Act)	미국 캘리포니아에 거주하는 캘리포니아 주민(자연인뿐 아니라 가계도 포함)	• 형사벌 제도는 도입하지 않음 • 소비자 집단소송, 법정 손해배상, 실제 손해배상, 민사 벌금제도(손해배상액은 소비자당 100~750달러와 실제 손해배상액 중 높은 금액으로 하되 상한은 없음)

출처: 김인현 등, 2020 데이터산업 백서, 통권 23호, 한국데이터산업진흥원, 2020년(수정인용)

한국에서 개인정보 활용을 촉진하기 위해 만든 데이터 3법 중 하나로 신용정보법(신용정보의 이용 및 보호에 관한 법률)이 있다. 신용정보보호법에서의 관리 주체는 살아 있는 개인이 신용정보의 주체이다. 신용정보법에 의하면 기업에서 개인정보보호에 대한 법률 위반 시 과징금은 전체 매출액의 100분의 3 이하 또는 50억 원 이하 손해배상 책임과 사안별 과태료로 4천만 원에서 1억 원에 이르는 처벌규정을 적용한다고 하였다.

유럽연합은 기업에서의 개인정보보호에 대한 규정 준수를 위해 GDPR을 제안하였다. 이 법률에서는 EU에 거주하는 사람을 관리 주체로 규정하고 있다. 기업들이 개인정보보호에 규한 규정을 위반하게 되면, 기업이 전 세계를 대상으로 만든 연간 전체 매출의 최대 4%에 해당하는 벌금을 부과하거나 또는 2,000만 유로 중 벌금을 부과하는 규정을 담고 있다.

미국 캘리포니아에서는 소비자들의 개인정보를 보호하기 위해 CCPA를 제정하였다. 이 법의 관리 주체는 캘리포니아에 살고 있는 개인뿐만 아니라 가계도 포함하고 있다. 이 법에서는 형사벌에 대한 규정은 도입하지 않고 있고, 소비자 집단소송, 법정 손해배상, 실제 손해배상, 민사 벌금제도를 도입하고 있다. 이 법에 따르면 기업들이 개인정보보호 규정을 위배하였을 경우에 소비자당 손해배상금액은 100달러에서 750달러에 이른다고 하였고, 실제 손해배상금액과 비교해서 보다 높은 금액으로 손해배상을 하되, 이에 대한 상한규정을 정해두지 않았다고 한다.

3. 개인정보에 대한 통제권

앞서 살펴본 개인정보보호법은 국가별로 서로 다른 권리를 규정하고 있다. 이러한 이유는 국가별 문화 차이가 큰 영향을 미친 것으로 사료된다. 각각의 법률에 대한 정보를 제공받을 권리, 정보에 접근할 권리, 정보 정정권, 정보 삭제권(잊혀질 권리), 처리 제한권, 개인정보 이동권, 반대할 권리(OPT IN), 판매중단 지시권리(OPT OUT), 자동화처리 선택권, 서비스 평등권에 대한 특징은 다음과 같다.

표 4-6 개인정보에 대한 통제권 비교

데이터 권리	신용정보법	GDPR	CCPA
정보를 제공받을 권리	○	○	○
정보에 접근할 권리	○	○	○
정보 정정권	○	○	
정보 삭제권(잊혀질 권리)	○	○	○
처리 제한권	○	○	
개인정보 이동권	○	○	○
반대할 권리(OPT IN)	○	○	
판매중단 지시권리(OPT OUT)			○
자동화처리 선택권	○	○	
서비스 평등권			○

출처: 김인현 등, 2020 데이터산업 백서, 통권 23호, 데이터산업진흥원, 2020년

한국의 신용정보법에서는 정보를 제공받을 권리, 정보에 접근할 권리, 정보 정정권, 정보 삭제권(잊혀질 권리), 처리 제한권, 개인정보 이동권, 반대할 권리(OPT IN), 자동화처리 선택권에 대한 통제권을 규정하고 있지만, 판매중단 지시권리(OPT OUT), 서비스 평등권에 대한 통제권을 규정하고 있지 않다.

한국의 신용정보법과 마찬가지로 유럽의 개인정보보호법인 GDPR에서도 정보를 제공받을 권리, 정보에 접근할 권리, 정보 정정권, 정보 삭제권(잊혀질 권리), 처리 제한권, 개인정보 이동권, 반대할 권리(OPT IN), 자동화처리 선택권에 대한 통제권을 규정하고 있지만, 판매중단 지시권리(OPT OUT), 서비스 평등권에 대한 통제권을 규정하고 있지 않다.

반면에 미국 캘리포니아의 CCPA 법률에서는 정보를 제공받을 권리, 정보 정정권, 정보 삭제권(잊혀질 권리), 개인정보 이동권, 판매중단 지시권리(OPT OUT), 서비스 평등권에 대한 통제권을 규정하고 있지만, 정보에 접근할 권리, 처리 제한권, 반대할 권리(OPT IN), 자동화처리 선택권에 대한 통제권은 규정하고 있지 않다.

4. 데이터 3법과 산업혁신

정부의 데이터 3법 개정으로 기업들은 보다 다양한 개인정보를 활용해 비즈니스를 할 수 있게 되었다.[09] 데이터 3법 개정에 따른 정보 주체 주도 데이터 산업 및 신용정보산업, 전자금융거래법 개정 등의 변화를 살펴보면 다음과 같다.

▮그림 4-10▮ 데이터 3법 개정으로 바뀌는 산업들

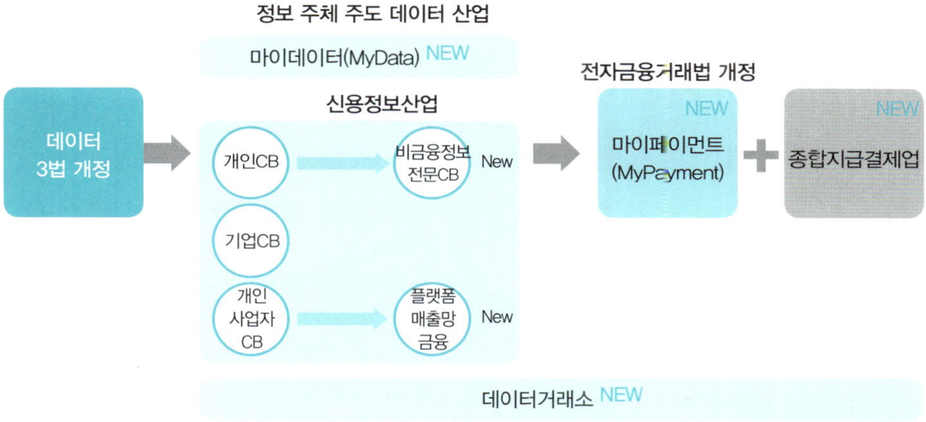

출처: 김소혜, 데이터 비즈니스의 시작, 승부는 지금부터, 한화투자증권, 2020년 5월 25일

데이터 3법은 기업들에게 소비자들의 개인정보를 활용해서 비즈니스를 할 수 있는 가능성을 제공해주었다. 이에 따라 기업들은 개인의 정보를 활용허서 소비자들의 특성을 분석해 맞춤형 상품이나 서비스를 제공할 수 있게 되었다. 예를 들면, 기업들은 데이터 거래소로부터 개인의 비금융 전문정보를 활용한 비즈니스를 활용할 수 있게 되었고, 마이페이먼트 서비스와 종합지급결제 서비스 사업을 할 수 있게 되었다.

09 데이터 3법이란 '개인정보보호법', '신용정보법', '정보통신망법'을 의미한다.

5. 정부의 디지털 뉴딜정책

정부에서는 디지털 뉴딜정책을 수립하였다. 디지털 뉴딜정책은 정보통신기술 발전에 따라 기업 환경, 인프라, 산업, 사회간접자본에서의 혁신을 가능하게 해주었다. 디지털 뉴딜정책은 4대 분야로 DNA(데이터, 네트워크와 센서, 인공지능) 생태계 강화, 교육 인프라의 디지털 전환, 비대면산업의 육성, 사회간접자본의 디지털화로 구성된다. 각각의 특성을 살펴보면 다음과 같다.

표 4-7 디지털 뉴딜 4대 분야 12개 추진과제

D.N.A. 생태계 강화	교육 인프라 디지털 전환	비대면산업 육성	사회간접자본(SOC) 디지털화
① 데이터 구축 · 개방 · 활용 ② 전 산업 5G · AI 융합 확산 ③ 5G · AI 기반 지능형(AI) 정부 ④ K-사이버 방역체계	⑤ 초중고 디지털 기반 교육 인프라 조성 ⑥ 전국 대학, 직업훈련 기관 온라인 교육 강화	⑦ 스마트 의료 · 돌봄 인프라 ⑧ 중소기업 원격근무 확산 ⑨ 소상공인 온라인 비즈니스 지원	⑩ 4대 분야 핵심인프라 디지털 관리체계 구축 ⑪ 도시 · 산단 공간 디지털 혁신 ⑫ 스마트 물류체계 구축

출처: 과학기술정보통신부, 디지털 뉴딜, 코로나 이후 디지털 대전환을 선도합니다(보도자료), 2020년 7월 5일

(1) D.N.A. 생태계 강화

D(데이터), N(네트워크와 센서), A(인공지능), 생태계 강화 분야는 네 가지 과제(① 데이터 구축, 개방, 활용, ② 전 산업 5G · AI 융합 확산, ③ 5G · AI 기반 지능형(AI) 정부, ④ K-사이버 방역체계)를 추진하고 있다.

① **데이터 구축, 개방, 활용**: 이 분야는 4차 산업혁명 확산에 따라 기업의 다양한 부분이 디지털화됨에 따라 통신 네트워크와 정보 시스템 이용으로 많은 데이터가 생성되고 있다. 이에 따라 정부에서는 다양한 산업에서 데이터를 활용하기 위해서 데이터를 체계적으로 활용할 수 있는 기반을 구축하고, 데이터를 다양한 사람들에게 개방하고, 데이터를 보다 체계적으로 활용할 수 있도록 지원한다.

② **전 산업 5G · AI 융합 확산:** 앞서 살펴본 것과 마찬가지로 다양한 산업에서 통신기술과 인공지능 기술 활용이 일반화됨에 따라 정부에서는 이 두 가지 기술의 융합을 통한 혁신을 이룰 수 있도록 지원한다.

③ **5G · AI 기반 지능형(AI) 정부:** 정보통신기술 발전에 다라 인공지능을 활용한 정부의 구현이 중요한 과제가 되었다. 이를 통해 대중들은 보다 편리한 정부 서비스를 제공받을 수 있게 되었다.

④ **K-사이버 방역체계:** 정부에서는 대중의 건강을 관리허야 하는 중요한 임무를 수행해야 한다. 코로나19 감염병 확산에 따라 정보통신기술을 통한 K-사이버 방역체계 구축을 시도하고 있다.

(2) 교육 인프라 디지털 전환

정부에서는 교육 인프라 디지털 전환을 위해 두 가지 과제(⑤ 초중고 디지털 기반 교육 인프라 조성, ⑥ 전국 대학, 직업훈련기관 온라인 교육 강화)를 지원하고 있다.

⑤ **초중고 디지털 기반 교육 인프라 조성:** 코로나19 감염증 확산에 따라 정부에서는 정보통신기술을 활용하는 교육 인프라 조성을 강조하고 있다. 이에 따라 교육과 관련된 통신 인프라스트럭처, 하드웨어 디바이스, 소프트웨어 기술에 대한 지원을 하고 있다.

⑥ **전국 대학, 직업훈련기관 온라인 교육 강화:** 코로나19 감염증 확산에 따라 비대면 교육은 일반화된 교육의 하나로 자리매김하게 되었다. 이에 따라 전국 대학 및 직업훈련기관에서는 온라인 교육이 강화되었다. 정부에서는 교육자와 학생들 사이에서 보다 상호작용이 잘되고, 교육효과를 높일 수 있는 교육 프로그램을 지원하고 있다. 예를 들면, 4차 산업혁명에 대한 한국형 온라인 공개강좌(K-MOOC)를 개설하고, 여기에서 인공지능, 챗봇, 클라우드 컴퓨팅 등 첨단 분야 기술 및 활용에 대한 강좌를 준비하고 있다.

(3) 비대면 산업 육성

정부에서는 코로나19 감염증 확산에 따라 비대면 산업 육성을 위해 세 가지 과제(⑦ 스마트 의료 · 돌봄 인프라, ⑧ 중소기업 원격근무 확산, ⑨ 소상공인 온라인 비즈니스 지원)를 지원하고 있다.

⑦ **스마트 의료 및 돌봄 인프라:** 정부에서는 코로나19 감염증 확산에 따라 정보통신 기술 발전에 따라 비대면 스마트 의료서비스 개발을 지원하고, 이러한 기술을 통해 사회적으로 돌봄이 필요한 인프라를 구축하는 것을 지원하고 있다.

⑧ **중소기업 원격근무 확산:** 코로나19 감염증 확산에 따라 비대면 기술을 활용해 비즈니스를 수행하는 것이 증가하게 되었다. 이를 위해 중소기업에서의 원격근무 확산을 위한 기술개발을 지원하고 있다.

⑨ **소상공인 온라인 비즈니스 지원:** 코로나19 감염증 확산에 따라 대면 비즈니스에서 비대면 비즈니스로 비즈니스 패턴이 변화하게 되었다. 이에 따라 정부에서는 비대면 기술수용도가 낮은 소상공인을 지원하기 위한 비대면 온라인 비즈니스 개발 활성화정책을 개발하고 있다.

(4) 사회간접자본 디지털화

정부에서는 4차 산업혁명 기술융합에 따라 사회간접자본(SOC) 디지털화를 위한 세 가지(⑩ 4대 분야 핵심인프라 디지털 관리체계 구축, ⑪ 도시 및 산단 공간 디지털 혁신, ⑫ 스마트 물류체계 구축)를 지원하고 있다.

⑩ **4대 분야 핵심인프라 디지털 관리체계 구축:** 4차 산업혁명에 따라 기술혁신이 급속하게 이루어지고 있다. 이에 따라 국민들의 안전을 위한 교통, 디지털 트윈, 수자원, 재난대응 분야에서의 디지털 관리체계 구축을 지원하고 있다. 예를 들면, 교통 분야에서 국민들이 보다 안전하도록 교통망을 구축하고, 이에 대한 디지털 관리체계를 도입하고 있다. 또한 국가시설물, 도로 항만 등에 대한 체계적인 디지털관리를 위한 디지털 트윈 시스템을 구축하고 있다. 더불어 국가하천 및 저수지 등 수자원에 대한 원격제어 시스템과 상시 모니터링 시스템을 구축하고 있다. 재난대응을 위해 위험지역 경보시스템 구축

및 재난자원관리를 위한 통합 시스템을 구축하고 있다.

⑪ **도시 · 산단 공간 디지털 혁신:** 정부에서는 도시와 산업단지를 디지털 기술을 이용해 관리하기 위한 시스템을 구축하고 있다. 예를 들면, 국민들의 안전을 위한 교통 및 방범 등을 위해 통합 CCTV 시스템을 구축하고 있고, 산업단지 운영과 기업의 생산성 지원관리를 위한 스마트 산업단지 시스템을 구축하고 있다.

⑫ **스마트 물류체계 구축:** 정부에서는 정보통신 기술발전에 따라 물류체계를 첨단화하고 있다. 예를 들면, 정부에서는 교통 중심지에 스마트 물류산지를 구축하고, 글로벌 물류관리 효율화를 위한 빅데이터, 블록체인 기술을 활용해 스마트 물류 시스템 구축을 지원하고 있다.

6. 마이데이터 거래소 운영과 활용절차

마이데이터 거래를 위해서는 마이데이터 거래소 플랫폼을 구성하는 데이터 공급자, 금융 데이터 거래소, 데이터 수요자 사이의 관계를 이해해야 한다. 이들의 데이터 거래관계는 다음과 같다.[10]

그림 4-11 데이터 거래소의 거래절차

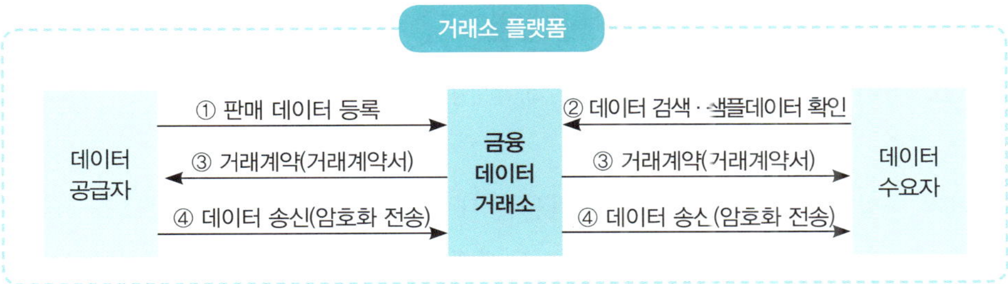

출처: 데이터 경제 활성화를 위한 금융분야 '데이터 거래소' 출범(보도자료), 금융위원회, 2020년 5월 11일

10 데이터산업진흥원(2020)에 의하면 "마이데이터 산업(본인 신용정보 관리업)이란 신용정보 주체의 권리행사에 따라 개인신용정보 등을 수집하고, 수집된 정보를 신용정보 주체가 조회 · 열람 등 제공하는 행위를 영업으로 하는 산업"이라고 정의하였다(출처: 2020년 데이터산업백서).

먼저 마이데이터 거래소 플랫폼의 데이터 공급자는 마이데이터에 대한 판매를 위해 금융 데이터 거래소에 데이터를 등록해야 한다(① 판매 데이터 등록). 금융데이터 거래소의 마이데이터에 대해 데이터 수요자들이 데이터에 대한 검색 및 샘플데이터를 확인한다(② 데이터 검색 · 샘플데이터 확인). 데이터 수요자들은 데이터 구입을 위해 데이터 거래소와 거래계약을 작성하고, 데이터 거래소는 데이터 공급자에게 거래계약을 위한 서류를 작성한다(③ 거래계약(거래계약서)). 데이터 공급자는 마이데이터 거래소 플랫폼에 데이터를 송신하고, 거래소 플랫폼에서는 데이터 수요자에게 데이터를 전송한다(④ 암호화를 통한 데이터 송신).

더불어 마이데이터 활용구조를 살펴보면, 데이터 보유기관, 정보 주체, 서비스 사업자, 비즈니스 기업의 데이터 활용 혜택에 대한 관계를 파악해야 한다. 각각의 관계를 살펴보면 다음과 같다.

그림 4-12 마이데이터 활용구조

출처: 4차산업혁명위원회, 데이터 산업 활성화 전략, 2018년 6월

먼저 다양한 데이터를 보유한 기관들은 데이터 주체에 대한 다운로드를 가능하도록 한다. 정보 주체는 서비스 사업자들에게 스마트폰을 이용한 개인데이터 분석을 가능하도록 하거나 또는 제3자 기업에게 데이터를 제공한다. 이러한 데이터를 활용해서 기업들은 개인을 대상으로 실시간 건강관리 서비스를 제공할 수 있고, 재테크를 수행할 수 있게 된다.

제8절 빅데이터의 비즈니스 활용

1. 금융 분야의 빅데이터 활용사례

먼저 금융 분야 데이터 활용 비즈니스 현황을 살펴보면 다음과 같다. 금융시장에서도 4차 산업혁명 기술 발전에 따라 디지털 전환이 가속화되었다. 인공지능과 빅데이터 기술의 발전은 기존 금융 서비스에 혁신을 제공하여 금융 서비스 이용자들이 보다 편리하게 금융 서비스를 이용할 수 있게 해주었다. 여기에 코로나19 감염증 여파는 사람들로 하여금 비대면 서비스 이용을 강화하는 동기를 제공해주었다. 이에 따라 금융 서비스의 디지털 전환을 촉진시켰다.

그림 4-13 디지털 금융시장의 성장 속도

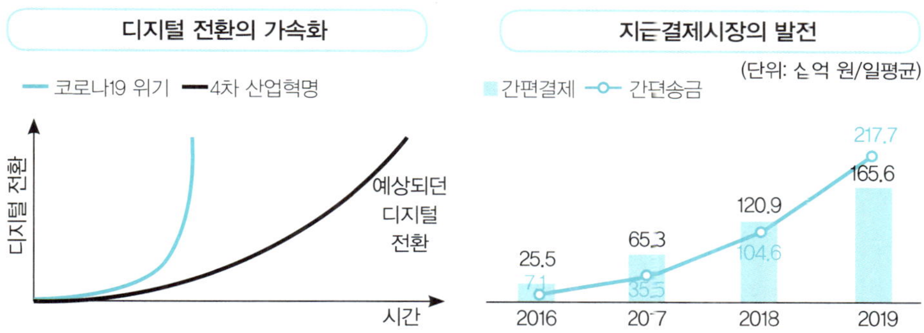

출처: 금융위원회, 4차 산업혁명 시대의 디지털금융 종합혁신방안(보도자료), 2020년 7월

혁신적인 디지털 금융 서비스는 핀테크 서비스로 나타난다. 대표적인 핀테크 서비스로는 간편결제 서비스와 간편송금 서비스가 있다. 일일 평균 지급결제(간편결제와 간편송금)시장의 발전과정을 살펴보면, 먼저 지급결제의 경우 2016년 255억 원, 2017년 653억 원, 2018년 1,209억 원, 2019년 1,656억 원으로 급성장하였고, 이러한 성장 추세는 갈수록 증가할 것으로 나타나고 있다. 간편송금의 경우 2016년 71억 원, 2017년 355억 원, 2018년 1,046억 원, 2019년 2,177억 원으로 급성장하였고, 이러한 성장 추세는 갈수록 증가할 것으로 나타나고 있다.

그림 4-14 금융데이터 거래소 소개

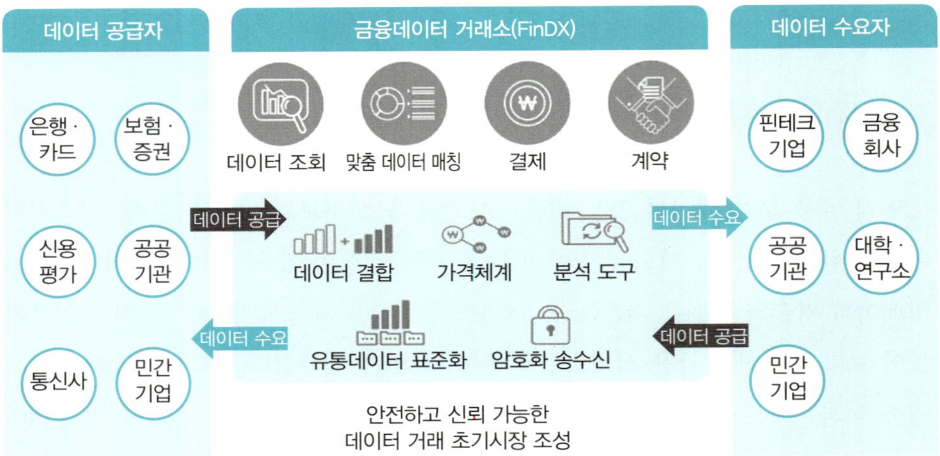

출처: 금융데이터거래소(FinDX)

금융데이터 거래는 데이터 공급자, 금융데이터 거래소, 데이터 수요자 사이에서 거래가 이루어진다. 데이터 공급자에는 은행, 카드회사, 보험, 증권, 신용평가사, 공공기관, 통신사, 민간기업 등이 있다. 이들 기업들은 다양한 금융 관련 데이터를 금융데이터 거래소에 제공한다. 금융데이터 거래소에서는 데이터를 조회하고, 맞춤 데이터 매칭을 하고, 결제를 하고, 계약업무를 수행한다. 보다 좋은 데이터를 수요자들에게 제공하기 위해 데이터 결합, 가격체계 결정, 분석 도구 제공 등과 유통데이터를 표준화하고 암호화된 기술을 이용해서 데이터 송수신을 수행한다. 데이터 수요자로는 핀테크기업, 금융회사, 공공기관, 대학 및 연구소, 민간기업 등이 있다. 금융기관에서의 데이터 활용사례로 개인 데이터를 이용한 금융서비스를 살펴보면 다음과 같다(데이터산업진흥원, 2020).

은행에서는 개인의 금융데이터인 계좌거래 내역, 대출금액 잔액, 금리, 이자 등 개인의 다양한 금융자산 현황을 분석한다. 이러한 개인의 금융데이터 분석을 통해 저축 방안, 재테크 방안 등을 안내하고, 금융자산 재테크를 지원한다. 현재 은행에서 제공하는 서비스로는 다른 금융회사 계좌정보와 자사 은행의 정보를 함께 제공하는 오픈뱅킹 서비스가 있다. 이러한 오픈뱅킹 서비스는 여러 은행에서 서비스를 제공 중이다.

카드회사에서는 개인의 카드 이용 내역(이용 일시, 결제 내역, 카드대출 이용 등)을 분석해 다양한 혜택을 제공 및 합리적인 카드 이용 습관 형성을 지원하고 있다. 현재 카드회사에서 제공하는 서비스로는 자산조회 서비스, 소비 컨설팅 서비스 등이 있다. 예를 들면, 현대카드는 소비자의 금융 지출을 돌보는 서비스를 운영하고 있다. 우리카드는 핀테크 애플리케이션 개발기업 브로콜리와 제휴를 통해 금융자산관리 서비스를 제공하고 있다. 신한카드는 종합적인 카드 이용관리 서비스를 제공하고 있다. KB국민카드는 리브메이트를 기반으로 개인사업자를 위한 특화된 신용평가 서비스인 크레딧 트리(Credit Tree) 서비스를 제공하고 있다. 그 밖에 카드회사에서는 카드 이용자들의 구매 이력을 토대로 데이터를 분석해서 다양한 상품을 개발하고, 데이터 비즈니스를 수행하고 있다.

금융투자기관에서는 개인의 투자데이터(투자종목, 투자금액, 자산규모 등)를 분석해서 투자 컨설팅 서비스를 제공하고 있다. 이를 통해 개인들은 세제 혜택을 받을 수 있고, 올바른 투자 습관을 형성할 수 있다. 더불어 투자에 대한 바람직한 포트폴리오를 구성할 수 있다. 개인 데이터 활용사례를 보면, 투자자문 부분 등에서 고액 자산가와 일반 고객을 대상으로 다양한 투자자문 서비스를 확대하고 있다.

보험 부분에서는 개인의 보험 관련 데이터인 보험료 납부 내역, 보험 가입 기간, 보험 보장 내역 등 개인의 보험정보를 이용해 건강 예측 및 질병 분석, 연금관리 등 노후 설계와 헬스케어 서비스를 제공하고 있다. 현재 보험회사에서는 개인의 건강관리를 위해 헬스케어 앱을 개발해서 헬스케어 데이터를 수집하고, 분석해서 개인에게 건강관리 서비스를 제공해주고 있다. 예를 들면, SK텔레콤은 에이아이에이 바이탈리티(AIA Vitality)사와 전략적 제휴를 맺어, 개인들이 걷기 목표를 달성할 경우 또는 건강식품을 구매할 경우 통신 이용비용 할인 혜택 등을 제공하는 마케팅을 수행하고 있다.

핀테크기업에서도 개인의 금융데이터를 분석해서 비즈니스를 수행하고 있다. 예를 들면, 개인의 은행, 카드, 증권, 보험정보 등을 활용하고, 비교 분석을 통해서 보다 맞춤화된 금융상품 추천 서비스를 제공하고 있다. 예를 들면, 뱅크샐러드는 개인의 카드, 은행, 투자, 대출, 연금 등 종합적으로 자산을 조회하고, 소비 패턴에 대한 컨설팅을 수행하고, 금융상품을 추천해주는 앱을 운영하고 있다.

다양한 비즈니스 융복합 기업 및 IT기업에서는 금융과 통신, 유통 등 다양한 데이터와 융복합을 통해 보다 다양한 금융상품을 개발하고 혁신적인 금융 서비스를 제공하고 있다. 예를 들면, 서비스 이용자의 공과금, 세금, 통신비, 카드이력 등을 조회한 신용평가 서비스를 제공하고 있다.

2. 교육 분야의 빅데이터 활용사례

교육 분야 데이터 활용 비즈니스 현황을 살펴보면 다음과 같다. 4차 산업혁명 기술융합에 따라 교육 분야에서도 첨단 정보통신기술 활용이 두드러지게 나타나고 있다. 이러한 기술을 에듀테크라고 하는데, 에듀테크 시장 규모는 기술 발전에 따라 급성장하고 있다.

그림 4-15 세계 에듀테크 시장 전망과 교육시장 규모

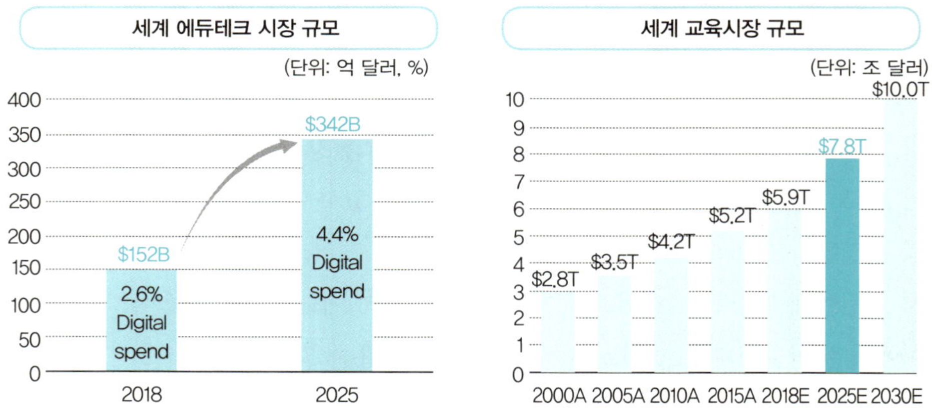

출처: Holon IQ(2019), Smart Estimates™

호론 IQ(Holon IQ)의 2019년 조사에 의하면 에듀테크 분야의 시장 규모는 2018년 152빌리언달러(약 167.2조 원)에서 매년 급성장해서 2025년 342빌리언달러(약 376.2조 원)에 이를 것으로 전망되고 있다. 더불어 세계 교육시장 규모는 2000년 2.8조 달러에서 2018년 5.9조 달러, 그리고 2030년 10조 달러에 이를 것

▮그림 4-16▮ 국내 에듀테크 시장 규모 및 성장률

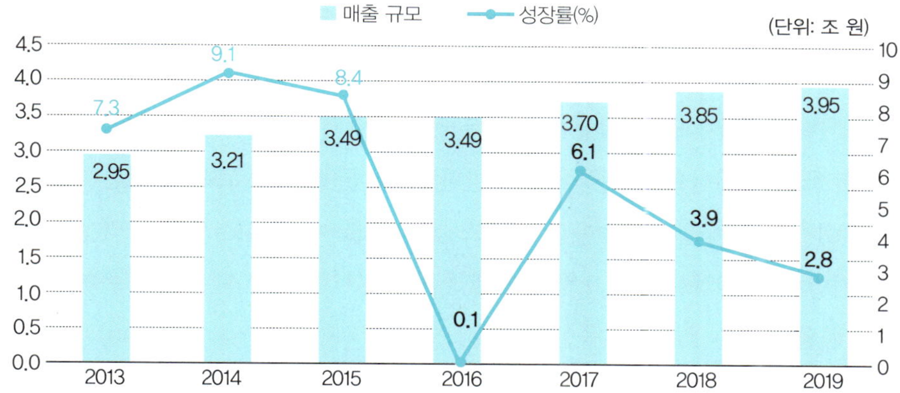

출처: 정보통신산업진흥원, 2019년 이러닝산업 실태조사, 2019년 재구성

으로 예측되고 있다.

또한 정보통신산업진흥원(2019)에 의하면 국내 에듀테크 시장 성장률은 2013년 2.95조 원에서 2016년 3.49조 원, 2019년 3.95조 원으로 성장하였고, 매출 규모는 2013년 7.3조 원, 2017년 6.1조 원, 2019년 2.8조 원으로 나타났다. 현재, 에듀테크에 활용되는 첨단 정보통신기술로는 가상현실 기술, 원격 데이터 처리 기술, 클라우드 컴퓨팅 기술, 스마트 화상회의 지원 기술 등이 있다. 대표적인 에듀테크 분야의 솔루션으로 줌, 웹엑스 등이 있다.

에듀테크 분야의 빅데이터 기술 활용 사례를 살펴보면 다음과 같다. 먼저 에듀테크 솔루션 동향을 살펴보면 다음과 같다. 에듀테크 솔루션은 ① 학습 콘텐츠, ② 학급 및 커뮤니티 관리, ③ 빅데이터를 통한 학습 진단 및 분석 솔루션으로 구분된다. 각각의 에듀테크 솔루션별 특성은 다음과 같다.

첫째, 빅데이터 기술을 활용하는 에듀테크 분야의 학습 콘텐츠는 다음과 같다. 대표적인 솔루션으로 구글 익스페디션(Google Expedition)이 있다. 이 기술은 첨단 4차 산업혁명 응용 기술인 가상현실(VR) 기술과 증강현실(AR) 기술을 활용하고 있다. 이 솔루션은 교육 콘텐츠를 활용하는 솔루션으로 교육시장에서 활용이 급성장하고 있다. 예를 들면, 이 솔루션은 체험형 학습을 가능하게 한다. 이 솔루션은 이용해 유적지, 박물관 등에 대한 직간접 체험학습을 가능하게 한다. 또 다른 솔루션으로 아마존 인스파이어(Amazon Inspire)가 있다. 이 솔루션은 아마존 킨들을 통해 학습기능을 제공하는 솔루션이다. 킨들을 이용해서 다양한 콘텐츠를 이용할 수 있고, 다양한 사람들 사이에서 다양한 학습 콘텐츠를 공유할 수 있다.

둘째, 빅데이터 기술을 활용하는 에듀테크 분야의 학급 및 커뮤니티 관리를 위한 대표적인 솔루션으로 구글에서 개발한 구글 클래스룸, 교육을 위한 지스위트 솔루션이 있다. 예를 들면, 구글 클래스룸(Google Classroom)은 클라우드 컴퓨팅에 기반해서 강의실에서 교원과 학생들 사이에서 학습 콘텐츠를 공유하고 교육하는 데 활용할 수 있다. 교육을 위한 지스위트(G Suite for Education) 솔루션은 구글의 전자메일 서비스, 캘린더 서비스, 데이터 저장 기능 및 문서 작성, 공유기능을 지원하는 드라이브 등 다양한 교육 관련 도구를 학습 상황에 따라 활용할 수 있다. 또한 빅데이터 기술을 활용한 에듀테크 분야의 솔루션으로 마이크로소프트 오피스 365 에듀케이션(MS Office 365 Education)이 있다. 이 솔루션은 교육 현장에서 다양한 학습자료를 공유하고, 활용하고, 협업할 수 있는 기능을 제공하는 소프트웨어 플랫폼이다. 이 소프트웨어 플랫폼은 마이크로소프트사에서 지원하는 데이터 저장관리 서비스인 원드라이브(OneDrive), 가상공간을 통한 협업, 상호작용 및 토론을 지원하는 팀즈(Teams), 자료 전송, 컨퍼런스 콜 및 화상회의를 지원하는 스카이프(Skype) 등 다양한 학습관리 솔루션들과 연계해서 원활한 교육 커뮤니케이션을 지원한다.

셋째, 에듀테크 분야에서 활용되는 빅데이터를 통한 학습 진단 및 분석을 위한 솔루션으로 듀오링고(Duolingo), 카네기러닝(Carnegie Learning) 솔루션 등이 있다. 예를 들면, 에듀테크 분야에서 빅데이터 분석 및 진단 기술을 활용하는 솔루션으로 듀오링고가 있다. 이 솔루션은 외국어 학습에 대한 개인별 수준 진단, 학습능력 평가 서비스를 제공한다. 또한 학습자의 언어 수준을 진단해 단계적으로 어려움을 경험하지 않고 학습할 수 있는 영어 교육 학습 콘텐츠를 지원하고, 수준 평가결과를 분석하고, 진단하는 기능을 제공하며, 이 솔루션 이용자들에게 외국어에 대한 반복 학습을 유도한다. 에듀테크 분야에서 빅데이터 분석 및 진단 기술을 활용하는 솔루션으로 카네기러닝(Carnegie Learning)이 있다. 이 솔루션은 컴퓨터 과학과 수학 분야에 특화된 기능을 제공한다. 대표적인 서비스인 메스랩

(MATHlab)은 학생들의 개별적인 학습능력을 진단할 수 있는 기능을 제공하고, 학습결과에 대한 성과분석 보고서를 제공한다. 더불어 이 솔루션은 라이브랩(LIVELAB) 기능을 이용해 학생들의 학업에 대한 집중도, 학업목표 달성도 등을 실시간 확인할 수 있는 기능을 제공한다.

3. 유통 및 물류 분야의 빅데이터 활용사례

유통 및 물류 분야 데이터 활용 비즈니스 현황을 살펴보면 다음과 같다. 전자상거래 확산에 따라 유통 및 물류 분야에서도 급격한 발전이 이루어졌다. 온라인 쇼핑몰 거래 분야에서도 급격한 시장 확대가 이루어졌다. 예를 들면, 온라인 활용 수준이 2017년 1/4분기에는 약 65%를 약간 상회하였는데, 2020년 2/4분기에는 약 90%를 상회하는 것으로 나타났다. 이러한 온라인 쇼핑몰 분야의 발전은 4차 산업혁명 융합기술 발전에 따라 쇼핑 편리성과 유용성 측면이 강화되면서 지속될 것이다.

그림 4-17 온라인 쇼핑몰 거래 규모

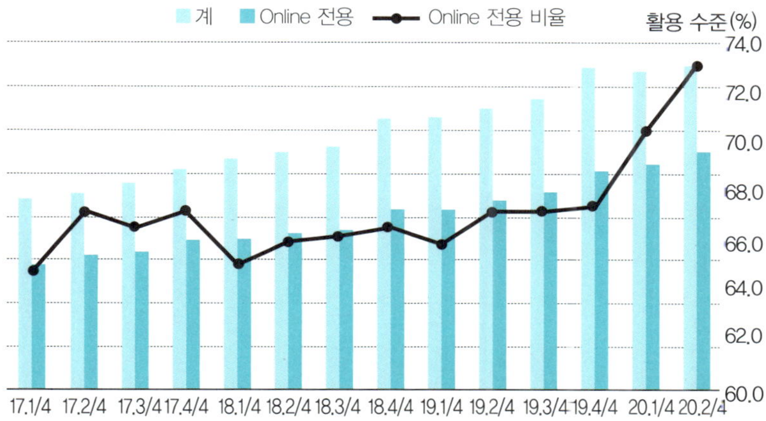

출처: KOSIS 국가 통계 포털, 온라인쇼핑 동향조사: 온라인 쇼핑몰 운영형태별 (재인용: 김인현 등, 2020 데이터산업 백서, 통권 23호, 데이터산업진흥원, 2020년)

더불어 택배 물동량 변천과정 및 경제활동 특성을 살펴보면 다음과 같다. 2012년 택배 물동량은 140,598 수준에서 2019년 택배 물동량은 278,980 수준으로 급격하게 성장하였다. 이러한 이유는 전자상거래 발전에 따라 택배 물류가 급격히 증가하기 때문이다. 또한 2020년 2월 이후, 코로나19 감염증 확산 여파에 따라 쇼핑 소비자들이 비대면 채널을 선호하게 되면서, 전자상거래는 보다 급격하게 확산되고 있다.

그림 4-18 택배 물동량 및 이용 현황

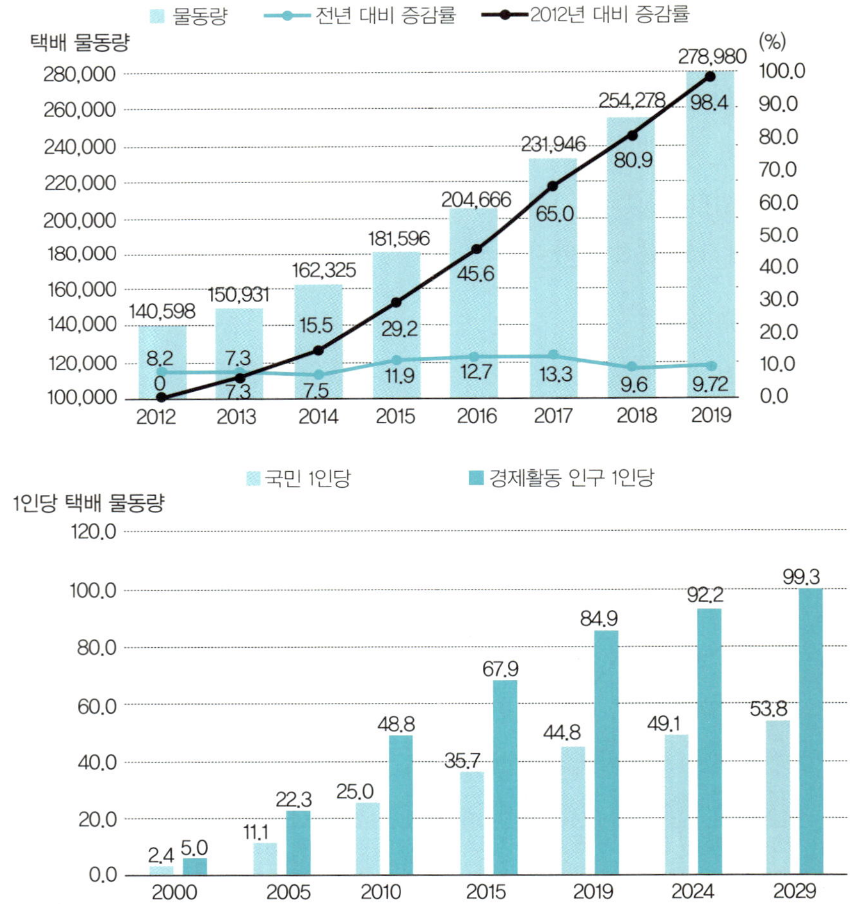

출처: 국가통합물류정보센터, 생활물류통계 (재인용: 김인현 등, 2020 데이터산업 백서, 통권 23호, 데이터산업진흥원, 2020년)

국민 1인당 또는 경제활동 인구 1인당 택배 물동량 이용 현황을 보면, 2000년에는 국민 1인당 택배 물동량은 2.4와 경제활동 인구 1인당 5.0으로 나타났다. 또한 2019년에는 국민 1인당 택배 물동량은 44.8와 경제활동 인구 1인당 84.9로 나타났다. 더불어 2029년에는 국민 1인당 택배 물동량은 53.8과 경제활동 인구 1인당 99.3에 이를 것으로 전망되고 있다. 2020년 2월 이후, 국내에서 코로나19 감염증이 확산하기 시작했다. 이에 따라 쇼핑 소비자들은 기존 오프라인 쇼핑과 온라인 쇼핑을 이용하다가 코로나19 감염증에 대한 우려감으로 급격하게 온라인 쇼핑으로 쇼핑 채널을 변경하였다.

그림 4-19 코로나19 이후 온라인 쇼핑 및 택배 물동량 변화

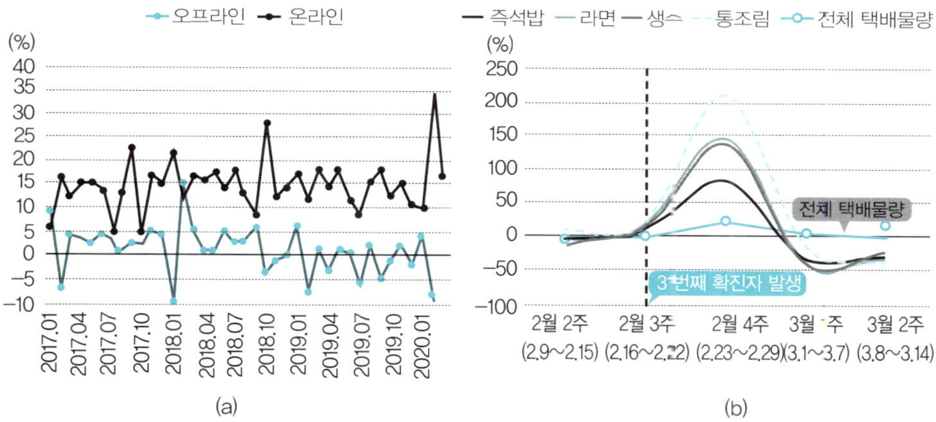

출처: 산업통상자원부, 대신증권 리서치센터, CJ대한통운 (재인용: 김인현 등, 2020 데이터산업 백서, 통권 23호, 데이터산업진흥원, 2020년)

앞서 설명한 대로 전자상거래 발전이 급속화되면서 택배물동량이 급성장하였다. 이에 따라 기업들은 보다 다양한 유통 및 물류전략을 개발하게 되었다. 택배 물류서비스와 말단 배송서비스의 다양화 특성은 다음과 같다. 예를 들면, 물류 프로세스에서 발생하는 비용을 최소화하기 위해 경영혁신이 나타났다. 택배상품을 모으는 집화과정, 택배상품을 분류하는 과정, 택배 터미널 사이의 배송과정, 라스트마일 배송과정에서 각각 발생하는 소요비용은 집화과정에서 4%, 분류과정에서 6%, 수송과정에서 37%, 라스트마일 배송과정에서 53%로 나타났다.

▌그림 4-20▐ 택배 물류서비스와 말단배송 서비스 다양화

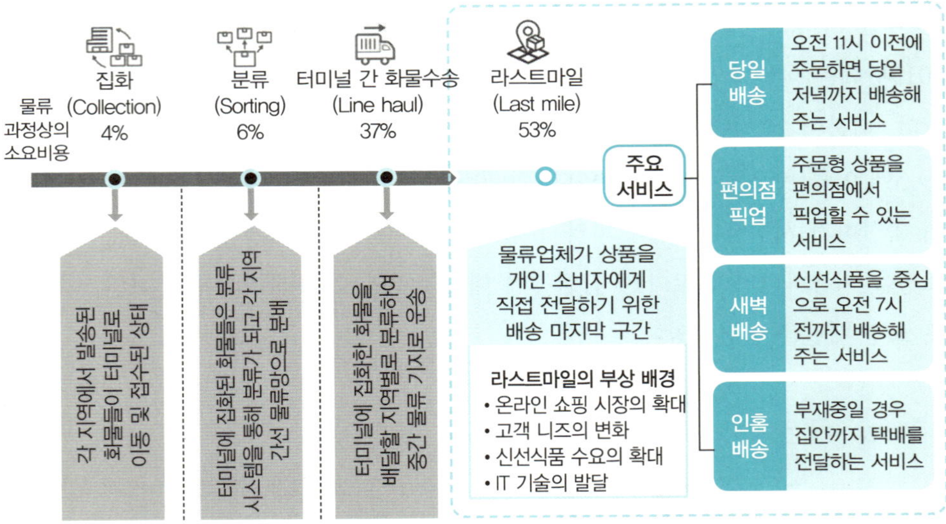

출처: Business Insider Intelligence, 삼정KPMG 경제연구원 재구성

특히, 최근 물류 서비스는 라스트마일 배송(Last Mile Delivery)을 강조하고 있다. 라스트마일 배송이란 물류 서비스 제공기업이 소비자들에게 택배상품을 최종적으로 배송하는 마지막 구간을 의미한다. 라스트마일 배송이 중요하게 된 이유는 온라인 전자상거래가 급격하게 발전하고, 고객 니즈의 변화에 따른 대응이 요구되고, 신선식품의 수요가 확산됨에 따라 신속한 대응이 필요하고, 정보기술 발전에 따라 물류 프로세스에서 혁신이 일어났기 때문이다.

당일배송 서비스란 오전 11시 이전에 전자상거래 쇼핑몰을 통해 주문한 상품을 당일 저녁까지 배송해주는 서비스를 의미한다. 편의점 픽업서비스는 전자상거래 쇼핑몰을 통해 주문한 상품을 소비자의 집 가까운 편의점에서 픽업할 수 있는 서비스를 의미한다. 새벽배송 서비스란 신선식품을 중심으로 이른 아침에 택배 배송상품을 전달해주는 서비스를 의미한다. 인홈배송 서비스란 고객이 부재중일 경우에 집 안으로 택배 배송상품을 전달하는 배송서비스를 의미한다.

핵심문제

01 빅데이터의 3대 특성에 대해 설명하시오.

02 정형 데이터에 대해 설명하시오.

03 비정형 데이터에 대해 설명하시오.

04 전통적 데이터와 빅데이터를 비교설명하시오.

05 데이터의 추출, 변환, 적재(ETL: Extract, Transform, Load)에 대해 설명하시오.

06 하둡(Hadoop)에 대해 설명하시오.

07 인메모리 기반 실시간 데이터 관리에 대해 설명하시오.

08 데이터 큐레이션 자동화에 대해 설명하시오.

09 인포그래픽스에 대해 설명하시오.

10 빅데이터 가치 모델(Big Data Value Model)에 대해 설명하시오.

11 다음 데이터 품질 주요 기준에 대해 설명하시오.
① 완전성(Completeness)
② 유일성(Uniqueness)
③ 적시성(Timeliness)
④ 정당성(Validity)
⑤ 정확성(Accuracy)
⑥ 일관성(Consistency)

12 GDPR(General Data Protection Regulation)에 대해 설명하시오.

13 CCPA(California Consumer Privacy Act)에 대해 설명하시오.

14 한국의 데이터3법에 대해 설명하시오.

① 정보통신망법(정보통신망 이용촉진 및 정보보호 등에 관한 법률)

② 신용정보법(신용정보의 이용 및 보호에 관한 법률)

③ 개인정보보호법

15 개인정보 활용에 있어 옵트인(OPT IN)에 대해 설명하시오.

16 개인정보 활용에 있어 옵트아웃(OPT OUT)에 대해 설명하시오.

17 라스트마일 배송(Last Mile Delivery)에 대해 설명하시오.

참고문헌

김소혜, 데이터 비즈니스의 시작, 승부는 지금부터」, 한화투자증권 2020년 5월 25일

김인현 등, 2020 데이터산업 백서, 통권 23호, 한국데이터산업진흥원, 2020년 12월 30일

김수연 · 도지훈 · 김보라, 빅데이터, KISTEP 기술동향브리프, 2018-11호, 한국과학기술기획평가원, 2018년 11월

국가통합물류정보센터, 생활물류통계 (재인용: 김인현 등, 2020 데이터산업 백서, 통권 23호, 데이터산업진흥원, 2020년)

금융위원회, 데이터 경제 활성화를 위한 금융분야 '데이터 거래소' 출범(보도자료), 2020년 5월 11일

금융위원회, 4차 산업혁명 시대의 디지털금융 종합혁신방안(보도자료), 2020년 7월

디지털 생태계의 최전선 칼럼(デジタルエコシステムの最前線」コラム): 업종 제휴를 통한 디지털 생태계 형성(異業種連携によるデジタルエコシステム形成), Pwc Japan, 2020년 8월 24일 재구성 (재인용: 2020 데이터산업 백서, 통권 23호, 한국데이터산업진흥원, 2020년 12월 30일)

산업통상자원부, 대신증권 리서치센터, CJ대한통운 (재인용: 김인현 등, 2020 데이터산업 백서, 통권 23호, 데이터산업진흥원, 2020년)

정보통신산업진흥원, 2019년 이러닝산업 실태조사, 2019년 자구성

정용찬, 빅데이터 혁명과 미디어 정책 이슈, KISDI Premium Report, 정보통신정책연구원, 2012년 2월

중소기업기술정보진흥원, 중소기업 전략기술로드맵 2019-2021, 빅데이터, 중소벤처기업부, 중소기업기술정보진흥원, NICE 평가정보(주) 2019년 9월

4차 산업혁명위원회, 데이터 산업 활성화 전략, 2018년 6월 (재인용: 김인현 등, 2020 데이터산업 백서, 통권 23호, 한국데이터산업진흥원, 2020년 12월 30일)

Business Insider Intelligence, 삼정KPMG 경제연구원, 재구성

KOSIS 국가 통계 포털, 온라인쇼핑 동향조사: 온라인 쇼핑몰 운영형태별 (재인용: 김인현 등, 2020 데이터산업 백서, 통권 23호, 데이터산업진흥원, 2020년)

NIA, 2015년 빅데이터 시장현황조사, 2016

Gartner, Selecting Impactful Big Data Use Cases, 2015

Grolinger, K., Higashino, W. A., Tiwari, A., Capretz, M. A. M.(2013), "Data management in cloud environments: NoSQL and NewSQL data stores"(PDF), Aira, Springer

Holon IQ(2019), Smart Estimates™

IDC Korea Big Data Technology and Services 2015–2019 Forecast, Feb. 2016

Reinsel, D., Gantz, J. and Rydning, J.(2017), Data Age 2025: The Evolution of Data to Life-Critical Don't Focus on Big Data; Focus on the Data That's Big. (IDC White Paper Sponsored by SEAGATE)

Kimball, Ralph, Caserta, Joe(2004), *The Data Warehouse ETL Toolkit: Practical Techniques For Extracting, Cleaning, Conforming, And Delivering Data*, 1965–, Indianapolis, IN: Wiley

Wikibon Big Data in the Public Cloud Forecast, 2016–2026(Wikibon)

https://www.dama-uk.org/?&dx=1&ob=3&rpn=magazine&sid=0e587b494fb8e2bbd524fc741daf9df1

Part

03 인공지능 제품 및 서비스 개발과 윤리적 가이드라인

Chapter 05 인공지능 개발과 윤리적 가이드라인

학습목표

- 인공지능 기술개발의 이해
- 인공지능 규제의 이해
- 인공지능 윤리의 이해
- 인공지능 개발 가이드라인의 이해

제 1 절 인공지능 개발과 윤리적 고려사항

1. 인간 중심의 정보화사회로의 발전

4차 산업혁명에 따른 기술 발전은 실생활과 비즈니스 현장에서 급격한 변화를 초래하였다. 기술의 중심에는 인간이 존재하기에 보다 지능화된 사회로 진행하기 위한 다양한 연구 및 논의가 이루어지게 되었다. 그중 가장 핵심이 되고 있는 사항으로는 ① 인간 중심의 인공지능 기술개발 추진, ② 인공지능 개발을 위한 윤리, ③ 인공지능 시대에 적합한 새로운 법과 제도의 정비이다(한국정보화진흥원, 2018).[01] 각각의 사항에 대해 살펴보면 다음과 같다.

01 한국정보화진흥원, 4차 산업혁명 대한민국의 미래를 찾다, IT & Future Strategy, 2018년 3월

그림 5-1 인간 중심의 지능정보사회로 발전하기 위한 논의 사항

인간 중심의 첨단 인공지능 기술개발	인공지능 개발을 위한 윤리	새로운 법과 제도의 정비

출처: 한국정보화진흥원, 4차 산업혁명 대한민국의 미래를 찾다, IT & Future Strategy, 2018년 3월

첫째, 인공지능을 위해서는 인간 중심 기술개발을 추진해야 한다. 2014년 3월 선진국의 대학(예, MIT, UC 버클리, 케임브리지 등)에서는 인공지능이 가져올 미래에 대비하기 위한 미래생명연구소를 설립하고, 인공지능에 대한 활발한 연구를 추진하고 있다. 또한 2015년 12월에 일론 머스크 등 세계적인 저명한 기업인 등은 인공지능 연구를 위한 비영리기관인 오픈AI(OpenAI)를 설립하였다.

둘째, 인공지능 개발을 위해서는 결과물의 활용에 대한 윤리를 중시해야 한다. 2016년 IEEE(Institute of Electrical and Electronics Engineers)에서는 인공지능 개발에 있어 윤리적 연계에 기반한 시스템 설계(Ethically Aligned Design) 방안을 제시하였다. 이는 인공지능과 사람들 사이의 신뢰를 회복하기 위해 인공지능 시스템을 개발하는 데 있어 윤리적 가이드라인을 제시한 것이다. 또한 2017년 아실로마 컨퍼런스(2017 Asiloma Conference)에서는 인공지능 개발에 있어서 인간에게 도움을 줄 수 있는 23가지의 아실로마 인공지능 원칙(Asilomar AI Principles)을 제시하였다. 그리고 2017년 일본의 총무성에서는 AI 개발 가이드라인 제시를 통해 인간 중심의 삶에서 편익을 증진하고 위험을 감소 방안을 제시하였다.

셋째, 인공지능 시대에는 새로운 법과 제도를 정비해야 한다. 유럽 의회는 로봇에게 인간으로서의 법적 지위를 부여하는 '로봇 시민법(Civil Law Rules on Robotics)'을 제정하였다.

2. 인공지능 개발과 윤리

4차 산업혁명 확산에 따라 인공지능 기술이 사회의 다양한 분야에서 활용되기 시작하였다. 미국 스탠퍼드대학교 앤드류 응(Andrew Ng) 교수는 "인공지능은 새로운 전기다(AI is the new electricity)"라고 설명하면서, 인공지능 기술이 실생활에서 일반적으로 활용될 것이라고 강조하였다. 또한 그는 "인공지능은 21세기 산업 전반을 관통하는 '새로운 전기(new electricity)'가 될 것이다. 100년 전 전기가 전체 산업을 혁명적으로 바꾸어놓은 것처럼 미래에는 인공지능이 의료건강, 교통, 엔터테인먼트, 제조 등 다양한 산업 분야에 걸쳐 중대한 변화를 가져올 것이다. 다만 AI가 당장 할 수 있는 것과 그렇지 않은 것을 명확하게 구분해서 과대망상을 경계하고 AI가 현 시점에서 진정 무엇을 할 수 있는지를 주시해야 한다"라고 말했다.[02]

그림 5-2 앤드류 응 교수

임정욱(2017)에 의하면 인공지능을 전기에 비유한 이유는 미래사회에는 인공지능을 실생활에서 전기를 이용하는 것처럼 바로 적용해서 활용할 수 있고, 이미지 인식, 음성인식, 자동통역 분야에서 인공지능이 활용되기 때문에 인공지능이 없는

02 한국정보화진흥원, 4차 산업혁명 대한민국의 미래를 찾다, IT & Future Strategy, 2018년 3월

실생활을 생각할 수 없다. 또한 인공지능을 활용한 비즈니스가 홍수를 이루고, 인공지능이 미래사회가 원하는 바람직한 인재상을 바꿀 것이고, 인공지능이 발전하면서 다양한 비용을 빠르게 감소시킬 것이기 때문이다.[03] 그러나 인공지능이 우리의 일상생활에서 활용이 증가하면서 인공지능 오남용에 따른 사회적 둔제와 윤리적 문제를 유발하게 되었다.

▮ 그림 5-3 ▮ 인공지능이 관련된 주요 사회적 이슈 사례

인공지능 챗봇 '이루다' (2021. 1)	MIT 개발 '사이코패스 AI' (2018. 6)	오바마 전 대통령 딥페이크 (2018. 7)
	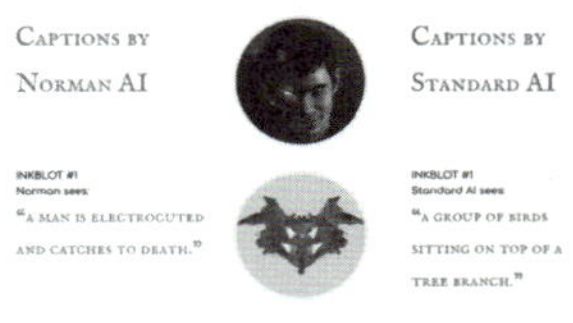	
성소수자 혐오발언, 성적인 대화 등으로 출시 1달여 만에 서비스 중단	반사회 · 반인륜적 데이터로 훈련된 부정 · 편향적 인공지능 공개	합성된 얼굴과 목소리로 오바마 전 대통령을 모욕하는 영상 유포

출처: 관계부처합동, 사람이 중심이 되는 인공지능을 위한 신뢰할 수 있는 인공지능 실현 전략(안), 2021년 5월 13일

예를 들면, 인공지능 챗봇 서비스는 성적 소수자에 대한 혐오발언을 함으로써 서비스 출시 한 달 만에 사회적인 물의를 일으켜서 서비스를 중단하였다. 또한 MIT에서 개발한 사이코패스 AI는 반사회적이고 반인륜적인 데이터를 통해 인공지능 시스템이 훈련됨으로써 부정적이고 편향적인 인공지능 시스템을 선보여 문제를 일으켰다. 또한 오바마 대통령의 연설을 악의적으로 모방한 딥페이크의 활용 또한 사회적인 문제를 유발하였다. 이처럼 인공지능 기술을 통해 개발된 다양한 서비스들은 사회적인 문제를 유발하고, 개인정보 유출 문제를 유발하고, 저작권 문제를 유발하는 등 사회적으로 인공지능 시스템의 신뢰성에 대한 심각성을 알려주었다.

따라서 인공지능 기술을 이용해 제품 및 서비스를 구현할 때는 법과 제도, 윤

03 임정욱, 제4차 산업혁명과 지능정보 사회로의 패러다임 변화, 제4차 산업혁명으로의 패러다임 변화와 법제도 대응방안 토론회, 2017

리, 기술적 요구사항에 대한 개발 단계, 검증 단계, 인증 단계에서 명확한 검토를 통해 신뢰성을 높여야 할 것이다.

그림 5-4 인공지능 제품 · 서비스 구현 단계별 지원 흐름도

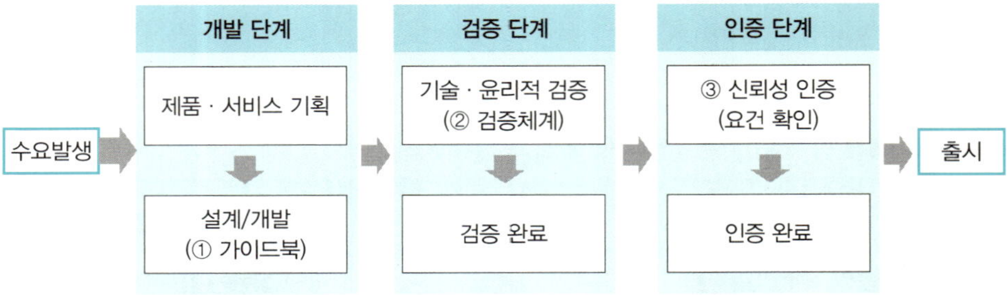

출처: 관계부처합동, 사람이 중심이 되는 인공지능을 위한 신뢰할 수 있는 인공지능 실현 전략(안), 2021년 5월 13일

3. 인공지능 신뢰성

인공지능 기술개발에 있어서 신뢰성은 인공지능의 위험과 활용과정에서의 부작용을 예방하기 위해 중요한 요소이다. 인공지능 기술을 통해 개발된 제품과 서비스가 신뢰성을 확보하기 위해서는 인공지능 작동과정의 불투명성 문제와 학습 데이터의 편향성 문제를 예방하기 위한 노력이 필요하다. 현재 다양한 국가에서 인공지능 제품과 서비스의 이용과 관련된 핵심 윤리요소로 신뢰성을 강조하고 있다. 인공지능 신뢰성의 구성요소에는 안전, 설명 가능, 투명, 견고, 공정 등이 있고, 그 밖에 인공지능 신뢰성을 구성하는 요소로 프라이버시(Privacy), 지속 가능성(Sustainability)이 있다.[04] 각각의 특성은 다음과 같다.

04 4차산업혁명위원회의 자료에 의하면 주요 기관에서 논의 중인 인공지능 신뢰성에 대한 개념은 다음과 같다. 첫째, 국제표준화기구(ISO)는 "신뢰성의 세부 속성으로 가용성, 회복탄력성, 보안성, 안전성, 프라이버시, 책임성, 투명성, 통합성 등을 제시(ISO/IEC TR 24028, 2020)"하였다. 둘째, 경제협력개발기구(OECD)는 신뢰할 수 있는 인공지능을 "지속 가능한 사회와 인간 중심의 가치에 부합하고 투명성 및 설명 가능성, 견고성 및 안전성을 갖춘 인공지능(Recommendation of the Council on AI, 2019)"이라고 하였다. 셋째, 미국 국립표준연구소(NIST)는 "인공지능 신뢰성과 관련된 특성으로 정확성, 탄력성, 객관성, 보안성, 설명 가능성, 안전성 등을 제시(U.S. leadership in AI, 2019)"을 제시하였다. 넷째, 유럽위원회(EC)에 의하면 "인공지능은 활용 및 동작이 합법적이어야 하며,

표 5-1 인공지능 신뢰성(Trustworthiness)의 주요 핵심요소 및 의미

핵심요소	의미
안전 (Safety)	인공지능의 판단 · 예측결과로 인한 시스템 동작과 기능 수행이 사람과 환경에 악영향을 미치지 않도록 예방할 수 있는 상태
설명 가능 (Explainability)	인공지능의 판단 · 예측의 근거와 결과에 이르는 과정이 사람이 이해 가능한 방식으로 제시되거나, 문제 발생 시 결과 도출과정의 분석이 가능한 상태
투명 (Transparency)	인공지능의 판단 · 예측 등 작동과정과 이를 구현하기 위한 구성요소에 있어 이용자가 인지하고 확인 · 검사가 가능한 상태
견고 (Robustness)	인공지능이 외부의 간섭 및 극한적인 운영 환경에서도 사용자가 의도한 수준의 성능 및 기능을 유지하는 상태
공정 (Fairness)	인공지능이 데이터를 처리하는 과정에서 특정 그룹에 대한 차별이나 편향을 포함하는 결론을 도출하지 않도록 하는 기능성

출처: 관계부처합동, 사람이 중심이 되는 인공지능을 위한 신뢰할 수 있는 인공지능 실현 전략(안), 2021년 5월 13일

첫째, 인공지능 신뢰를 구성하는 요소로 안전성(Safety)은 인공지능 시스템의 의사결정(예, 판단 및 예측)에 따라 인공지능 시스템 동작과 기능 수행이 사람에게 부정적인 영향을 미치지 않도록 해야 한다는 특성이다.

둘째, 인공지능 신뢰를 구성하는 요소로 설명 가능성(Explainability)은 인공지능 시스템의 의사결정(예, 판단 및 예측)의 근거와 결과를 사람들이 이해할 수 있도록 설명할 수 있어야 한다.

셋째, 인공지능 신뢰를 구성하는 요소로 투명성(Transparency)은 인공지능 시스템의 의사결정(예, 판단 및 예측)과정에 대하여 이용자들이 인지하고, 확인하고, 검사할 수 있어야 한다.

넷째, 인공지능 신뢰를 구성하는 요소로 견고성(Robustness)은 인공지능 시스템이 외부의 간섭 환경에서도 이용자가 의도한 성능 및 기능을 유지할 수 있어야 한다.

다섯째, 인공지능 신뢰를 구성하는 요소로 공정성(Fairness)은 인공지능 시스템이 데이터를 처리하는 과정에서 다른 사람에 대해 차별성 또는 편향성을 포함하는 결과를 제시하지 않아야 한다.

윤리적이어야 하고 기술적 · 사회적으로 견고해야 함(Ethics guidelines for trustworthy AI, 2019)"이라고 하였다(출처: 관계부처합동, 2021).

제2절 인공지능 개발원칙

1. 인공지능 개발을 위한 설계원칙

오늘날 모든 부분에서 인공지능의 이용이 일반화되고 있다. 미국의 구글은 모든 인류를 위한 인공지능 활용을 선언하였다. 이를 위해 구글은 인공지능 개발에 있어 사회적으로 유익하고, 불공정한 인공지능 이용을 거부하고, 안전하고, 책임성을 갖고, 개인의 정보를 보호하고, 과학적인 우수성과를 창출하기 위한 인공지능 개발원칙을 제안하였다. 또한 2018년 마이크로소프트 개발자 컨퍼런스인 'MS 빌드 2018'에서 인공지능 개발에 있어 프라이버시, 사이버 보안, 윤리적 인공지능 활용을 강조하였다.

표 5-2 인공지능 개발자를 위한 AI 설계원칙

원칙	내용
1	**AI는 인류를 지원하고 인류의 자치권을 존중해야 한다.** 협업로봇('코봇')은 위험한 노동을 해 인류를 보호할 역량 필요
2	**AI는 투명성을 갖춰야 한다.** 인류는 인공지능 기술에 대해 정확히 이해해야 한다는 의미. 인공지능도 마찬가지로 인류를 이해해 공생관계를 구축하여야 함
3	**AI는 효율성을 극대화하되 인류의 위엄을 훼손하면 안 된다.** 인공지능 기술이 발전에 투입될 필요. 인류의 역사와 문화유산이 보존되려면 인공지능 기술 발전에 다양한 문화권의 연구원이 투입되어야 함
4	**AI는 인텔리전트 프라이버시를 수행할 수 있도록 디자인되어야 한다.** 인류의 개인 및 조직정보를 수급하되 인류가 신뢰할 수 있도록 철저한 보호가 필요함
5	**AI의 책임체제를 구축할 수 있는 알고리즘이 있어야 한다.** 예상할 수 있거나 예상치 못한 상황들을 대비해 인공지능이 수행한 피해를 되돌릴 수 있는 대책이 필요함
6	**AI는 편견이나 차별을 배우지 않도록 도덕 교육을 받아야 한다.** 도덕적인 태도에 대한 자료를 활용해 인공지능을 바르게 교육하여야 함

출처: Guidelines for human-AI Design Principle, MS Blog의 내용을 표로 재구성 (재인용: 이희옥, 인공지능 의사결정에 대응한 자기결정권의 보장, 헌법학연구, 제27권, 제1호, 2021, pp.33-74

이희옥(2021)은 인공지능 개발을 위한 여섯 가지 원칙을 제시하였다. 첫째, 인공지능은 인간을 지원하고 존중해야 한다. 예를 들면, 인공지능을 가지고 있는 협업로봇은 사람들과 협력을 통해 업무를 지원해야 한다. 둘째, 인공지능은 투명성을 확보해야 한다. 즉, 인공지능은 어떻게 작동되는지를 명확하게 보여주어야 한다. 그래야 인간과 인공지능과의 공생관계가 구축된다 셋째, 인공지능은 여러 가지 업무 효율성을 극대화하되 인간의 존엄성에 부정적 영향을 미치면 안 된다. 즉, 인공지능은 인류에 역사와 문화유산을 보조하는 것을 지원하며 도움을 제공해야 한다. 넷째, 인공지능은 인류의 프라이버시를 지원하드록 설계되어야 한다. 다섯째, 인공지능은 알고리즘에 대한 책임성을 부과해야 한다. 여섯째, 인공지능은 편견을 갖거나 차별을 학습하지 않아야 한다.

2. 하버드대학교 법과대학 버크만 연구센터의 인공지능 윤리[05]

하버드대학교 법과대학 버크만 센터에서는 인공지능 윤리를 정립하였다. AI 윤리 원칙은 8가지로 구성된다. AI 윤리원칙 8대 원칙은 ① 개인정보보호 AI 윤리원칙, ② 책무성 AI 윤리원칙, ③ 안전과 보안 AI 윤리원칙, ④ 투명성과 설명 가능성 AI 윤리원칙, ⑤ 공정성과 무(無)차별성 AI 윤리원칙, ⑥ 기술 통제권 AI 윤리원칙, ⑦ 전문가 및 이해관계자 책임 AI 윤리원칙, ⑧ 인적가치 증진 AI 윤리원칙이다. 각 주제별 주요 내용은 다음과 같다.

(1) 개인정보보호(Privacy) AI 윤리원칙

인공지능 기술 발전에 따라 데이터의 중요성이 높아졌다. 이에 따라 데이터의 개인정보보호가 중요해졌다. AI를 위한 개인정보보호를 위한 원칙에는 여덟 가지가 있다.

첫째, AI 구현을 위한 동의(Consent)의 원칙은 사람들의 개인정보 수집에 대해

05 황선영, 인공지능 윤리원칙 분석 보고서: 하버드 법대 버크만 센터의 'Principled Artificial Intelligence'를 중심으로, 정보통신방송정책, 제32권 제6호, 통권 701호, 2020년 6월 31일

고지 및 동의(Notice-and-consent)절차가 필요하다.

둘째, AI 운영에 있어 개인정보 사용을 통제(Control over Use of Data)해야 한다. 이를 위해서는 개인정보를 활용할 때 이용자에게 사전에 개인정보 이용에 대한 사실을 사전에 안내하고 동의를 구한 이후에 사용해야 한다.

표 5-3 개인정보보호와 관련된 AI 윤리원칙[06]

원칙	핵심	세부 내용
1	동의(Consent)	개인정보 활용 시 이 사실을 안내 · 통지하고 동의를 구한 후 사용해야 함
2	정보 사용 통제 (Control over Use of Data)	자신의 정보가 어떠한 이유와 방식으로 사용되는지 결정할 수 있어야 함
3	정보처리 제한능력(Ability to Restrict Processing)	인공지능과 관련된 개인정보 처리를 제한 · 통제할 수 있어야 함
4	정보 정정권 (Right to Rectification)	데이터 컨트롤러(Data Controller)가 보유한 정보가 부정확하거나 불완전한 경우, 사람들이 이를 수정할 권리가 있어야 함
5	정보 삭제권 (Right to Erasure	자신의 개인정보를 삭제할 수 있는 법적 강제력이 있는 권리가 있어야 함
6	설계에 의한 개인정보 보호(Privacy by Design)	AI 개발자와 운영자가 AI 시스템 구축과정 및 정보(사용)라이프 사이클 전체를 고려하여 개인정보를 보호할 의무가 있음(이를 '설계에 의한 데이터 보호'라고도 함)
7	개인정보보호법 (Recommends Data Protection Laws)	AI 기술 발전으로 인해 개인정보보호를 위한 새로운 정부규제가 필요함
8	개인정보보호(기타/일반) (Privacy - Other/General)	인권 · 권리 관련 논의 중 예시로 개인정보보호가 논의될 때 사용된 분류를 위해 원칙. 인권 · 권리 문제 외에도 국제적 경쟁력과 기업적 의무 등과 같은 이유로 개인정보보호를 옹호하는 내용 등이 담김

출처: Berkman Klein Center(2020년 1월)를 참고하여 작성 (재인용: 황선영, 인공지능 윤리원칙 분석 보고서: 하버드 법대 버크만 센터의 'Principled Artificial Intelligence'을 중심으로, 정보통신방송정책, 제32권 제6호, 통권 701호), 2020년 6월 31일, pp.20-33

06 한국인터넷진흥원(2018)에 의하면 데이터 컨트롤러는 개인정보 처리의 목적과 수단을 결정하는 주체를 말한다(한국인터넷진흥원, "우리 기업을 위한 EU 일반 개인정보보호법 가이드북", 2018년 5월).

셋째, AI 운영을 위한 정보처리 제한능력(Ability to Restrict Processing)이 있다. 이는 윤리적인 인공지능 운영을 위해 개인정보 처리를 제한해야 한다는 것을 의미한다.

넷째, 정보 정정권(Right to Rectification)은 개인정보가 부정확할 때 사람들이 부정확한 개인정보를 수정할 수 있어야 한다.

다섯째, 정보 삭제권(Right to Erasure)은 개인이 자신의 정보를 삭제할 수 있는 권리를 가지고 있어야 함을 의미한다.

여섯째, 설계에 의한 개인정보보호(Privacy by Design)는 인공지능 시스템 개발자와 인공지능 시스템 운영자가 정보이용 수명주기 전체에서 개인정보를 보호해야 한다는 것을 의미한다.

일곱째, 개인정보보호법(Recommends Data Protection Laws)은 인공지능 기술 발전으로 새로운 개인정보보호 규제가 필요함을 의미한다.

여덟째, 개인정보보호(기타 및 일반)(Privacy – Other & General)는 인권, 권리 이외에도 국제적 경쟁력 및 기업 의무 등에 있어서도 개인정보를 보호해야 한다는 것을 의미한다.

(2) 책무성(Accountability) AI 윤리원칙

책무성은 자동화된 인공지능 시스템에 의한 의사결정 책임을 누가 질 것인가에 대한 것을 다룬다. 인공지능 시스템의 책무성은 열 가지로 ① 검증 및 복제 가능성, ② 영향평가, ③ 환경에 대한 책임, ④ 평가 · 감사 요구, ⑤ 관리감독기관 창설, ⑥ 이의제기 가능성, ⑦ 배상 · 구제조치, ⑧ 법적 책임, ⑨ 새로운 규제 도입, ⑩ 책무성이 있다.

첫째, 검증 및 복제 가능성(Verifiability & Replicability)은 인공지능 시스템이 동일한 조건에서 동일한 결과를 도출해야 하고, 타당성이 검증되기 위한 충분한 정보를 제공해야 한다는 것을 의미한다.

둘째, 영향평가(Impact Assessments)는 인공지능 기술의 부정적인 영향을 방지하고 완화하기 위한 측정이 있어야 한다는 것을 의미한다.

셋째, 환경에 대한 책임(Environmental Responsibility)은 인공지능 시스템을 이용함에 있어서 환경적으로 영향을 미치게 된다. 따라서 인공지능 시스템 설계 및 구현에 있어 환경을 고려해야 한다는 것을 의미한다.

표 5-4 책무성과 관련된 AI 윤리원칙

원칙	핵심	세부 내용
1	검증 및 복제 가능성 (Verifiability & Replicability)	AI 시스템의 정상적 작동을 위해 ① 실험 시 같은 조건에 같은 결과를 산출하고, ② 타당성 검증이 가능하도록 운영체계에 대한 충분한 정보가 제공되어야 함
2	영향평가(Impact Assessments)	인권 영향평가 및 AI 기술의 부정적 영향을 예측, 방지 및 완화를 위한 평가가 있어야 함
3	환경에 대한 책임 (Environmental Responsibility)	AI는 미래에 널리 사용될 기술로 큰 환경적 영향이 있을 것이며, 해당 기술을 설계 · 구현하는 사람들은 이에 대한 책임을 져야 함
4	평가 · 감사 요구(Evaluation & Auditing Requirement)	감사를 실시할 수 있는 기술 구축뿐만 아니라 평가를 통해 얻은 지식을 다시 시스템에 적용하여 끊임없이 시스템을 개선해야 함
5	관리감독기관 창설(Creation of a Monitoring Body)	AI 기술 발전으로 인해 관련 기술표준과 모범사례를 발굴 · 감독하기 위한 새로운 기관 또는 체계가 필요함
6	이의제기 가능성(Ability to Appeal)	AI 의사결정의 대상인 사람은 해당 결정에 대한 이의를 제기할 수 있어야 함
7	배상 · 구제조치(Remedy for Automated Decisions)	인공지능 기술이 더 널리 활용되며 실질적 피해를 야기할 수 있고 이에 대한 배상 · 구제조치를 준비해야 함
8	법적 책임(Liability & Legal Responsibility)	개인 또는 조직의 잘못으로 인해 발생한 AI 관련 피해에 대한 책임을 해당 개인 · 조직이 져야 함
9	새로운 규제 도입 (Recommends Adoption of New Regulations)	AI 기술을 위한 새로운 규제체계가 필요함. 특히 관련 관계자의 책임의무를 명확히 하며 맥락과 분야에 맞는 맞춤형 규제가 필요함
10	책무성 (Accountability Per Se)	'책무성(Accountability)' 또는 '책임이 있는(Accountable)' 이란 용어를 사용한 내용을 분류하기 위한 원칙. 다양한 관계자의 책무를 구체화할 '책무성 프레임워크' 개발이 필요하다는 내용 등을 담음

출처: Berkman Klein Center(2020년 1월)를 참고하여 작성 (재인용: 황선영, 인공지능 윤리원칙 분석 보고서: 하버드 법대 버크만 센터의 'Principled Artificial Intelligence'을 중심으로, 정보통신방송정책, 제32권 제6호, 통권 701호, 2020년 6월 31일, pp.20-33

넷째, 평가 및 감사 요구사항(Evaluation & Auditing Requirement)은 인공지능 시스템을 감사할 수 있는 체계 구축이 필요하고, 평가할 수 있는 체계 구축으로 끊임없이 인공지능 시스템을 개선하도록 해야 한다.

다섯째, 인공지능 시스템에 대한 관리 및 감독기관의 설립(Creation of a Monitoring Body)을 통해, 인공지능 기술표준을 정립하고 모범사례를 발굴해야 한다.

여섯째, 이의제기 가능성(Ability to Appeal)은 인공지능에 의한 의사결정이 이루어질 경우에, 이에 대한 이의제기를 할 수 있도록 해야 한다.

일곱째, 인공지능 시스템의 자동화된 의사결정에 대한 배상 및 구제조치(Remedy for Automated Decisions)는 인공지능이 유발하는 문제에 대해 실질적인 피해에 대한 배상 및 구제조치를 마련해야 하는 것을 의미한다.

여덟째, 인공지능에 의해 유발되는 문제에 대한 법적 책임(Liability & Legal Responsibility)은 이와 관련된 개인 및 조직에 있다는 것을 의미한다.

아홉째, 새로운 규제 도입(Recommends Adoption of New Regulations)은 인공지능 기술을 활용하는 데 있어 새로운 규제가 필요하며, 인공지능과 관련된 관계자들에 대한 책임과 의무를 명확히 하는 규제가 필요하다.

열째, 책무성(Accountability Per Se)은 인공지능 기술 활용과 관련된 관계자의 책임을 명확하게 규정하는 책무성 프레임워크를 개발해야 한다.

(3) 안전과 보안(Safety and Security) AI 윤리원칙

인공지능 기술과 관련된 안전과 보안은 중요하다. 인공지능 시스템 개발 단계에서 보안에 관심을 가져야 하고, 안전을 위해 예측 가능성에 기반한 방식으로 인공지능 시스템을 운영해야 한다. 이와 관련된 네 가지 원칙에는 안전성, 보안성, 설계에 의한 보안, 예측 가능성이 있다. 각각에 대해 살펴보면 다음과 같다.

첫째, 안전성(Safety)은 인공지능 시스템이 다양한 환경과 생명체에 대해 해악을 끼치지 않고, 사전에 계획한 대로 운영되어야 하는 것을 의미한다.

둘째, 보안성(Security)은 인공지능 시스템이 외부의 위험 및 공격에 대응할 수 있는 역량이 있어야 함을 의미한다.

셋째, 설계에 의한 보안(Security by Design)은 인공지능 시스템이 개발 단계부터 보안성을 확보해야 한다는 것을 의미한다.

넷째, 예측 가능성(Predictability)은 인공지능 시스템이 사전에 입력된 정보(Input)에 따라 일관된 성과물을 창출해야 한다는 것을 의미한다.

표 5-5 안전과 보안과 관련된 AI 윤리원칙

원칙	핵심	세부 내용
1	안전성(Safety)	AI 시스템은 생명체와 환경을 해치지 않고 의도한 대로 작동해야 함
2	보안성(Security)	AI 시스템은 외부 공격 · 위협에 대처할 수 있는 능력이 있어야 함
3	설계에 의한 보안 (Security by Design)	AI 시스템은 개발 단계에서부터 보안성을 보장해야 함
4	예측 가능성 (Predictability)	AI 시스템은 입력된 정보(Input)에 따라 일관된 결과가 나와야 함

출처: Berkman Klein Center(2020년 1월)를 참고하여 작성 (재인용: 황선영, 인공지능 윤리원칙 분석 보고서: 하버드 법대 버크만 센터의 'Principled Artificial Intelligence'을 중심으로, 정보통신방송정책, 제32권 제6호, 통권 701호, 2020년 6월 31일, pp.20–33

(4) 투명성과 설명 가능성(Transparency and Explainability) AI 윤리원칙

인공지능 시스템의 투명성과 설명 가능성은 AI 거버넌스와 관련된 이슈로 데이터를 기반으로 작동하는 AI 시스템을 보다 투명한 방식으로 운영하기 위한 방안을 제공한다. 인공지능 시스템의 투명성과 설명 가능성에 대한 8대 원칙은 ① 인공지능 운영에 대한 투명성, ② 인공지능 결과물에 대한 설명 가능성, ③ 오픈소스 데이터 및 알고리즘, ④ 공개조달, ⑤ 정보에 대한 권리, ⑥ 인공지능 시스템에 의한 의사결정 알림, ⑦ 인공지능 시스템과 상호작용 중일 때의 알림, ⑧ 정기적인 보고로 구성되어 있다.

첫째, 인공지능 시스템의 투명성(Transparency)은 조직 및 기관에서 인공지능 시스템의 운영에 대한 관리와 감독이 가능하도록 시스템이 설계되고 운영되어야 하는 것을 의미한다.

둘째, 설명 가능성(Explainability)은 인공지능 시스템을 통해 얻을 결과물에 대한 명확한 근거를 제시해야 된다는 것을 의미한다.

셋째, 오픈소스 데이터 및 알고리즘(Open Source Data and Algorithms)은 인공지능 시스템 운영과 관련된 데이터 및 플랫폼의 독점을 예방하기 위해 개방된 협력체계를 구축해야 한다는 것을 의미한다.

넷째, 공개조달(Open Government Procurement)은 공공 부문에서 인공지능 시스템을 조달하려고 할 때 투명한 기준에 의해 이루어져야 한다는 것을 의미한다.

표 5-6 투명성과 설명 가능성과 관련된 AI 윤리원칙

원칙	핵심	세부 내용
1	투명성(Transparency)	AI 시스템의 작동 · 운영에 대한 관리 · 감독이 가능하도록 시스템을 설계 및 실행해야 함
2	설명 가능성(Explainability)	사람이 비슷한 의사결정을 할 때 요구되는 설명과 같이, AI 시스템이 무엇을 어떤 이유로 하고 있는지에 대한 명확하며 완전한 설명이 이해하기 쉬운 형태로 제공되어야 함
3	오픈소스 데이터 및 알고리즘(Open Source Data and Algorithms)	데이터 · 플랫폼 독점을 방지하며 공평하게 AI의 혜택을 나눌 수 있도록 다양한 관계자가 공동으로 알고리즘을 개발하고 개방된 연구협력을 할 수 있어야 함
4	공개조달(Open Government Procurement)	정부기관이 AI 시스템이나 구성요소를 조달하려고 할 때 공개적 조달기준에 맞는 투명한 방식으로 해야 함
5	정보에 대한 권리(Right to Information)	일상생활에 사용되는 AI 시스템과 이로 인해 영향을 받는 사람들이 관련 정보를 알 권리가 있으며 해당 조직은 이러한 정보를 제공할 의무가 있음
6	AI 의사결정에 대한 알림(Notification When AI Makes a Decision about an Individual)	AI가 사용될 때 활용된 AI의 '대상자'가 이 사실을 알아야 함
7	상호작용 중인 AI에 대한 알림(Notification when Interacting with AI)	인간과 구분하기 힘든 인공지능이 나타날 것을 염두에 두며, 사람들이 인간이 아닌 인공지능과 상호작용할 때 해당 사실을 반드시 알려야 함
8	정기적인 보고(Regular Reporting)	AI 시스템을 사용하는 기관이 이에 대한 주요 정보를 체계적으로 공개해야 함

출처: Berkman Klein Center(2020년 1월)를 참고하여 작성 (재인용: 황선영, 인공지능 윤리원칙 분석 보고서: 하버드 법대 버크만 센터의 'Principled Artificial Intelligence'을 중심으로, 정보통신방송정책, 제32권 제6호, 통권 701호, 2020년 6월 31일, pp.20–33

다섯째, 정보에 대한 권리(Right to Information)는 인공지능 시스템에 의해 영향을 받는 사람들은 조직으로부터 관련된 정보를 제공받을 의무가 있다는 것을 의미한다.

여섯째, 인공지능 시스템에 의한 의사결정 알림(Notification When AI Makes a Decision about an Individual)은 인공지능 시스템의 의사결정이 영향을 미치는 사람들에게 사전에 그 내용을 알려야 한다는 것을 의미한다.

일곱째, 인공지능과 상호작용하고 있다는 것에 대한 알림(Notification when Interacting with AI)은 사람이 하는 것과 인공지능이 하는 것에 대한 상호작용 내용을 알려야 한다는 것을 의미한다.

여덟째, 정기적인 보고(Regular Reporting)는 인공지능 시스템을 이용하는 기관에서 관련된 정보를 공개해야 한다는 것을 의미한다.

(5) 공정성과 무차별성(Fairness and Non-discrimination) AI 윤리원칙

인공지능 윤리와 관련된 공정성과 무차별성은 특정한 조직과 개인에게 있어 차별적인 의사결정을 내리는 인공지능 알고리즘 편향성 문제는 심각한 문제를 유발할 수 있다. 따라서 이러한 문제를 해결하기 위한 ① 무차별성 및 편견방지, ② 대표성 있는 고품질의 데이터, ③ 공정성, ④ 평등성, ⑤ 혜택의 포괄성, ⑥ 설계과정의 포괄성 원칙이 있다.

첫째, 인공지능 시스템의 무차별성 및 편견방지(Nondiscrimination & the Prevention of Bias)는 인공지능 시스템의 훈련하기 위해 이용되는 데이터, 관련 기술 설계 등에 따라 편향성이 발생하지 않도록 해야 한다.

둘째, 인공지능 시스템을 잘 이용하기 위해서는 대표성을 확보한 고품질의 데이터(Representative & High Quality Data)가 필요하다. “쓰레기를 넣으면 쓰레기가 나온다”라는 속담과 같이 인공지능 시스템을 이용한 예측을 위해서는 적절한 품질 수준을 확보한 데이터를 이용해야 한다.

셋째, 공정성(Fairness)은 인공지능 시스템이 다양한 사람들을 대상으로 공정하고 편견을 갖지 않도록 운영되어야 한다.

넷째, 평등성(Equality)은 인공지능 기술 발전과 관련되어 사람들이 동등한 기회와 보호를 받아야 한다는 것을 의미한다.

다섯째, 인공지능 시스템 활용을 통한 혜택의 포괄성(Inclusiveness in Impact)은 소외된 집단 없이 다수가 포괄적으로 정당하게 혜택을 받아야 한다는 것을 의미한다.

여섯째, 인공지능 시스템의 설계과정의 포괄성(Inclusiveness in Design)은 인공지능 시스템을 개발하는 데 다양한 사람들이 설계팀을 구성해 참여하고, 다양한 사람들의 의견을 반영해야 한다.

표 5-7 공정성과 무(無)차별성과 관련된 AI 윤리원칙

원칙	핵심	세부 내용
1	무(無)차별성 및 편견방지 (Nondiscrimination & the Prevention of Bias)	인공지능을 훈련하기 위해 사용되는 데이터, 관련 기술 설계 또는 배포 등으로 인해 발생하는 인공지능 편향성을 완화하여 차별을 방지해야 함
2	대표성 있는 양질의 데이터 (Representative & High Quality Data)	"쓰레기를 넣으면 쓰레기가 나온다"라는 말과 같이 예측 대상에 맞는 적절한 데이터를 AI 시스템에 사용해야 함
3	공정성(Fairness)	AI 시스템은 사람들을 공정하고 편견 없이 대우해야 함
4	평등성(Equality)	사람들은 AI 기술의 발전과 관련하여 동등한 기회와 보호를 받을 자격이 있음
5	혜택의 포괄성 (Inclusiveness in Impact)	AI 기술의 혜택을 정당히 분배해야 함. 특히 과거에 소외된 집단도 혜택을 누릴 수 있도록 보장해야 함
6	설계과정의 다양성 · 포괄성 (Inclusiveness in Design)	AI 시스템 개발과정에 현재보다 더 다양한 사람들이 참여해야 함. 다양한 사람들로 구성된 AI 설계팀을 구성해야 하며, AI 시스템에 대한 사회구성원의 의견 수렴을 진행하고 이를 반영해야 함

출처: Berkman Klein Center(2020년 1월)를 참고하여 작성 (재인용: 황선영, 인공지능 윤리원칙 분석 보고서: 하버드 법대 버크만 센터의 'Principled Artificial Intelligence'을 중심으로, 정보통신방송정책, 제32권 제6호, 통권 701호, 2020년 6월 31일, pp.20-33

(6) 기술통제권(Human Control of Technology) AI 윤리원칙

인공지능 시스템 개발에 있어 윤리적 이슈는 인공지능 시스템에 대해 사람들이 통제권을 잃어버릴 수 있다는 것이다. 이러한 인공지능 시스템의 기술 통제권 문제를 예방하기 위해서는 ① 자동화된 의사결정에 대한 재검토, ② 자동화된 결정에서 제외될 선택권, ③ 기술통제권(기타 및 일반)에 대한 고려가 필요하다. 각각에 대해 보다 상세히 살펴보면 다음과 같다.

첫째, 인공지능에 의한 자동화된 의사결정에 대한 재검토(Human Review of Automated Decisions)는 AI 시스템에 따른 의사결정을 사람이 재검토를 요청할 수 있다는 것이며, 의사결정에 대한 재검토는 기계가 아닌 사람이 해야 한다.

둘째, 인공지능에 의한 자동화된 의사결정에서 제외될 선택권(Ability to Opt out of Automated Decisions)은 AI 시스템에 의한 의사결정에서 제외를 선택할 수 있는 기회를 제공해야 한다.

셋째, 일반적 또는 그 밖의 인공지능 시스템에 대한 기술통제권(Human Control of Technology - Other & General)은 사람들이 AI 시스템의 의사결정에 개입할 수 있도록 인공지능 시스템을 설계해야 한다는 것이다.

표 5-8 기술통제권과 관련된 AI 윤리원칙

원칙	핵심	세부 내용
1	자동화된 의사결정에 대한 재검토(Human Review of Automated Decisions)	AI 시스템 의사결정의 대상자는 해당 결정에 대한 재검토를 요청할 수 있으며 이 검토는 기계가 아닌 사람이 해야 함
2	자동화된 결정에서 제외될 선택권(Ability to Opt out of Automated Decisions)	AI 시스템이 사용되는 경우, 해당 시스템의 대상자에서 제외될 수 있는 선택권(옵트아웃할 기회)을 제공해야 함
3	기술통제권(기타/일반)(Human Control of Technology - Other/General)	사람들이 AI 시스템의 의사결정과 행위에 개입할 수 있도록 시스템을 설계 및 배포해야 함

출처: Berkman Klein Center(2020년 1월)를 참고하여 작성 (재인용: 황선영, 인공지능 윤리원칙 분석 보고서: 하버드 법대 버크만 센터의 'Principled Artificial Intelligence'을 중심으로, 정보통신방송정책, 제32권 제6호, 통권 701호, 2020년 6월 31일, pp.20–33

(7) 전문가 및 이해관계자 책임(Professional Responsibility) AI 윤리원칙

인공지능 시스템을 설계, 개발, 배포할 때 이와 관련된 전문가 및 이해관계자의 전문가다운 책임이 필요하다. 이를 위한 5대 원칙으로는 ① 정확성, ② 책임성 있는 설계, ③ 장기적인 영향 고려, ④ 다중 이해당사자와 협력, ⑤ 연구윤리가 있다.

첫째, 인공지능 시스템의 정확성(Accuracy)은 인공지능 시스템의 정보를 적합하게 분류할 수 있어야 하며, 인공지능 모델에 기반한 예측, 추천, 의사결정을 수행할 수 있어야 한다.

둘째, 인공지능 시스템의 책임성 있는 설계(Responsible Design)는 인공지능 시스템 개발자들이 미래에 강력한 영향을 미칠 수 있기 대문에 보다 양심적으로 행동하고, 사회적인 가치를 고려해서 행동해야 한다.

셋째, 인공지능 시스템의 장기적인 영향 고려(Consideration of Long Term Effects)는 인공지능 시스템을 설계하고, 개발하고, 배포하는 과정에서 미래에 영향을 미친다는 것을 고려해야 한다는 것이다.

표 5-9 | 전문가 및 이해관계자 책임과 관련된 AI 윤리원칙

원칙	핵심	세부 내용
1	정확성(Accuracy)	AI 기술은 정보를 알맞은 부류 · 범주로 분류할 수 있어야 하며, 데이터와 모델을 기반으로 정확한 예측, 추천, 또는 의사결정을 할 수 있어야 함
2	책임성 있는 설계 (Responsible Design)	AI 시스템 설계에 종사하는 관계자들은 미래 인공지능 기술에 강한 영향력을 행사할 수 있는 독특한 위치에 있으며, 양심적으로 행동하며 맥락 및 사회적 가치를 섬세하게 고려해야 함
3	장기적인 영향 고려 (Consideration of Long Term Effects)	AI 시스템 설계 및 배포 단계에서 해당 시스템으로 인해 먼 미래에 발생할 수 있는 영향을 의도적으로 고려해야 함
4	다중 이해당사자와 협력 (Multi-stakeholder Collaboration)	AI 애플리케이션을 개발하고 관리할 때, 설계자와 사용자들이 관련 이해관계자단체의 자문을 구할 것을 요구 또는 권장해야 함
5	연구윤리 (Scientific Integrity)	AI 시스템을 설계하고 상용화하는 종사자는 해당 분야에 이미 존재하는 가치와 규범을 따라야 함

출처: Berkman Klein Center(2020년 1월)를 참고하여 작성 (재인용: 황선영, 인공지능 윤리원칙 분석 보고서: 하버드 법대 버크만 센터의 'Principled Artificial Intelligence'을 중심으로, 정보통신방송정책, 제32권 제6호, 통권 701호, 2020년 6월 31일, pp.20–33

넷째, 다중 이해당사자와 협력(Multi-stakeholder Collaboration)은 인공지능 시스템을 설계하고, 개발하고, 배포할 때 다양한 이해관계자들의 의견을 들어보아야 한다는 것이다.

다섯째, 연구윤리(Scientific Integrity)는 인공지능 시스템을 설계하는 과정에서 기존의 윤리와 규범을 준수해야 한다는 것을 의미한다.

(8) 인적가치 증진(Promotion of Human Values) AI 윤리원칙

인공지능 시스템의 인적가치 증진은 인공지능이 인류의 번영과 공익에 기여해야 한다는 원칙이다. 이에 해당하는 3대 원칙은 ① 인적가치 및 인간의 번영, ② 기술접근성, ③ 사회에 이롭게 사용이다.

첫째, 인적 가치 및 인간의 번영(Human Values & Flourishing)은 인공지능 시스템 개발과 활용에 있어서 사회의 규범을 준수하고, 문화적 신념을 고려하고, 인류의 번영을 염두에 두어야 한다는 것을 의미한다.

둘째, 기술 접근성(Access to Technology)은 인공지능이 사회의 불평등을 심화할 수 있기 때문에 다양한 사람들이 인공지능을 이용해 혜택을 누릴 수 있도록 해야 한다는 것을 의미한다.

셋째, 인공지능 시스템은 공공 부문과 사회에 이롭게 사용(Leveraged to Benefit Society)되어야 한다.

표 5-10 인적가치 증진과 관련된 AI 윤리원칙

원칙	핵심	세부 내용
1	인적가치 및 인간의 번영 (Human Values & Flourishing)	AI 개발과 활용방식이 기존 사회규범, 문화적 신념 그리고 인류의 번영을 염두에 두어야 함
2	기술 접근성 (Access to Technology)	인공지능이 (사회적) 불평등을 심화할 수 있으므로 많은 사람이 AI 기술을 사용할 수 있도록 보장하여 혜택을 누릴 수 있어야 함
3	사회에 이롭게 사용 (Leveraged to Benefit Society)	AI 시스템은 공공의 이익에 기여하도록 사용되어야 함

출처: Berkman Klein Center(2020년 1월)를 참고하여 작성 (재인용: 황선영, 인공지능 윤리원칙 분석 보고서: 하버드 법대 버크만 센터의 'Principled Artificial Intelligence'을 중심으로, 정보통신방송정책, 제32권 제6호, 통권 701호, 2020년 6월 31일, pp.20-33

제3절 미국 연방거래위원회의 인공지능 알고리즘 사용 가이드라인

미국 연방거래위원회(FTC: Federal Trade Commission)에서는 소비자에게 발생하는 위험관리 방안으로 AI 및 알고리즘 사용에 대한 지침을 발표하였다. FTC는 기업이 AI 및 알고리즘을 이용할 때 소비자들을 위해서 알고리즘의 ① 투명성, ② 설명 가능성, ③ 공정성, ④ 견고성과 실증적 타당성, ⑤ 책임성을 확보하기 위한 가이드라인을 제시하였다.[07]

1. AI 및 알고리즘 활용의 투명성 제고(Be transparent)

기업들은 인공지능 시스템을 활용해서 비즈니스를 수행함에 있어 고객들을 기만하지 않아야 한다. 인공지능 및 알고리즘에 대한 투명성을 높이기 위한 3대 원칙으로는 ① 소비자의 기만 금지, ② 민감한 데이터 수집 시 투명성 확보, ③ 불리한 조치에 대한 사전 통지 등이다. 각각의 내용을 보다 상세히 살펴보면 다음과 같다.

첫째, 인공지능 기술을 이용해 서비스를 제공하는 기업은 소비자를 기만하지 않도록 주의해야 한다. 예를 들면, 허위 계정을 만들지 말아야 하고, 가짜 프로필을 생성하지 말아야 하고, 딥페이크 등 AI 도구를 부적절하게 활용하는 것을 경계해야 한다.

둘째, 인공지능을 학습하기 위한 민감한 데이터를 수집할 때에는 데이터의 습득과 학습에 대한 투명성을 확보해야 한다. 즉, 데이터 수집과정에서 사람의 생체정보 등을 수집할 때에는 데이터 수집에 대해 이용자에게 투명하게 고지해야 한다.

07 FTC(Federal Trade Commission), "Using Artificial Intelligence and Algorithms", 2020년 4월, https://www.ftc.gov/news-events/blogs/business-blog/2020/04/usingartificial-intelligence-algorithms (재인용: 양기문, 기업의 AI 및 알고리즘 이용에 관한 지침: 미국 FTC의 'Using Artificial Intelligence and Algorithms'을 중심으로, 제32권 제4호, 통권 699호, 2020년 4월 30일, pp.50-58)

표 5-11 AI 및 알고리즘 활용의 투명성 제고

구분	내용	설명
1	소비자 기만 금지	AI 기반 서비스를 제공하는 경우 소비자를 기만하지 않도록 주의: 허위 계정, 가짜 프로필, 딥페이크 등 AI 툴의 부적절한 활용 경계
2	민감한 데이터 수집 시 투명성 담보	알고리즘 학습을 위해 생체정보 등 이용자의 민감 데이터를 수집할 경우 투명하게 고지: 민감 데이터를 비밀리에 수집할 경우 FTC 조사 대상이 될 수 있음
3	불리한 조치에 대한 통지	자동화된 의사결정으로 발생한 불리한 조치를 투명하게 통지: 정보 접근 권한 및 부정확한 정보를 수정할 권리를 소비자에게 부여

출처: FTC, "Using Artificial Intelligence and Algorithms", 2020년 4월, https://www.ftc.gov/news-events/blogs/business-blog/2020/04/usingartificial-intelligence-algorithms (재인용: 양기문, 기업의 AI 및 알고리즘 이용에 관한 지침: 미국 FTC의 'Using Artificial Intelligence and Algorithms'을 중심으로, 제32권 제4호, 통권 699호, 2020년 4월 30일, pp.50-58)

셋째, 인공지능을 이용한 의사결정으로 인해 이용자들에게 불리한 조치에 대한 통지를 해야 한다. 이를 통해 잘못된 정보를 수정할 수 있는 권리를 이용자들에게 부여해야 한다.

2. AI 및 알고리즘을 활용한 의사결정에 대한 설명

기업들은 인공지능 시스템에 의해 소비자들에게 불리한 의사결정을 내려야 할 때, 그 이유를 설명해주어야 한다. 이에 대한 세 가지 원칙은 ① 의사결정에 대한 구체적 이유 설명, ② 의사결정에 영향을 미친 상위 주요 요인 공개, ③ 거래조건 변경 시 통지 등이다. 각각의 내용은 다음과 같다.

첫째, 인공지능 시스템이 소비자에게 불리한 의사결정을 내릴 때에는 그 의사결정에 대한 구체적인 이유를 설명해주어야 한다. 여기에는 활용되는 데이터와 데이터 활용방법 등에 대한 구체적인 설명이 이루어져야 한다. 둘째, 인공지능 시스템의 의사결정에 영향을 미친 요인을 최소 네 가지를 공개해야 한다. 셋째, 인공지능 알고리즘에 의해 거래조건이 변경될 경우에는 소비자들에게 변경 내용에 대해 사전에 통지해야 한다.

표 5-12 주요 내용: AI 및 알고리즘을 활용한 의사결정에 대한 설명

구분	내용	설명
1	결정에 대한 구체적 이유 설명	소비자에게 불리한 결정을 내릴 때, 그 이유를 구체적으로 설명: 활용 데이터 및 데이터 활용방법을 구체적으로 설명할 수 있어야 함
2	영향을 미친 상위 주요 요인 공개	부정적 결과에 대한 설명과 함께 주요 요인 공개: 결과에 영향을 준 상위 주요 요인을 최소 네 가지 공개할 수 있어야 함
3	거래조건 변경 시 통지	AI · 알고리즘에 의해 거래조건이 변경될 때 소비자에게 반드시 통지: 이용자에게 고지하지 않을 경우 FTC 규정 위배라 판단할 수 있음

출처: FTC, "Using Artificial Intelligence and Algorithms", 2020년 4월, https://www.ftc.gov/news-events/blogs/business-blog/2020/04/usingartificial-intelligence-algorithms (재인용: 양기문, 기업의 AI 및 알고리즘 이용에 관한 지침: 미국 FTC의 'Using Artificial Intelligence and Algorithms'을 중심으로, 제32권 제4호, 통권 699호, 2020년 4월 30일, pp.50-58)

3. 의사결정 결과의 공정성에 대해 보장

인공지능 시스템은 사람들을 차별하지 않아야 한다. 이를 통해 의사결정 결과에 대한 공정성을 확보해야 한다. 이를 위한 3대 원칙은 ① 특정 집단 · 계층에 대한 차별 금지, ② 의사결정 결과의 공정성 보장, ③ 정보 접근 권한 및 수정 기회를 소비자에게 제공 등이다. 각각에 대해 살펴보면 다음과 같다.

첫째, 인공지능 시스템을 이용할 때에는 인종, 종교, 국적, 성별 등에 대한 차별을 하지 말아야 한다. 인공지능 알고리즘이 차별을 유발하지 않도록 철저한 관리가 이루어져야 한다.

둘째, 인공지능 시스템을 이용해 의사결정을 내릴 때는 결과에 대한 공정성을 보장해야 한다. 즉, 인공지능 시스템이 차별성이 발생하지 않도록 통제되고 관리되어야 한다. 이를 통해 결과의 공정성을 보장해야 한다.

셋째, 인공지능 시스템을 이용해 의사결정을 내릴 때에는 판단 근거로 활용되는 정보에 대한 접근 권한과 수정 기회를 소비자에게 제공해야 한다. 이를 통해 기업들은 소비자들의 권리와 기회를 보장해주어야 한다.

표 5-13 주요 내용: 결과의 공정성에 대해 보장

구분	내용	설명
1	특정 집단 · 계층에 대한 차별 금지	AI 사용 시 인종, 종교, 국적, 성별 등 특정 집단 · 계층에 대한 차별 금지: 알고리즘이 차별을 유발하지 않도록 사용 전후 엄격한 관리가 필요
2	결과의 공정성 보장	입력값의 차별적 요소와 별개로 도출되는 결과에도 차별이 발생하지 않도록 통제 · 관리: 검토를 통해 결과의 공정성도 보장해야 함
3	정보 접근 권한 및 수정 기회를 소비자에게 제공	의사결정에 대한 판단근거로 사용되는 정보에 대한 접근 권한과 수정 기회를 소비자에게 제공: 기업은 이용자의 권리를 소비자에게 안내해 권리와 기회를 보장해야 함

출처: FTC, "Using Artificial Intelligence and Algorithms", 2020년 4월, https://www.ftc.gov/news-events/blogs/business-blog/2020/04/usingartificial-intelligence-algorithms (재인용: 양기문, 기업의 AI 및 알고리즘 이용에 관한 지침: 미국 FTC의 'Using Artificial Intelligence and Algorithms'을 중심으로, 제32권 제4호, 통권 699호, 2020년 4월 30일, pp.50-58)

4. 데이터 및 인공지능 모델의 견고성 및 실증적 타당성 보장

기업들이 소비자에 대한 정보를 제3자에게 제공할 경우 데이터에 대한 정확성, 최신성을 확보해야 하며, 의사결정을 위한 모델의 견고성과 타당성을 확보해야 한다. 이를 위한 3대 원칙은 ① 정보의 정확성과 최신성 유지, ② 명문화된 정책과 절차 마련, ③ AI 모형의 유효성 검사 등이다. 각각의 내용에 대한 상세한 설명은 다음과 같다.

첫째, 인공지능 시스템에 활용되는 정보의 정확성과 최신성을 유지해야 한다. 이를 위해 정보의 정확성을 보장하고, 정보의 접근성 및 오류에 대한 수정 방안을 마련해야 한다.

둘째, 인공지능 시스템에 활용되는 데이터가 정확성과 무결성을 갖도록 명문화된 정책과 절차를 마련해야 한다.

셋째, 기업들은 AI 모형이 설계 의도에 적합하도록 작동되고 차별성이 발생하지 않도록 유효성을 검사해야 한다. AI 모형의 유효성 검사를 위해 통계원칙과 방법론을 사용하여 모형을 검증하고 조정해야 한다.

표 5-14 주요 내용: 데이터 · 모델의 견고성 및 실증적 타당성 보장

구분	내용	설명
1	정보의 정확성과 최신성 유지	소비자 정보를 제3자에게 제공하는 경우 정보의 정확성과 최신성 유지: 정확성을 최대한 보장하고, 정보 접근 및 오류 수정을 위한 합리적인 절차를 마련할 의무가 있음
2	명문화된 정책과 절차 마련	제공 데이터가 정확성 · 무결성을 갖도록 명문화된 정책과 절차 마련: 정책 및 절차를 유지 못할 시 FTC가 제재할 수 있음
3	AI 모형의 유효성 검사	기업은 AI 모형이 설계 의도와 맞게 작동하고 불법적 차별을 일으키지 않도록 AI 모형의 유효성을 검사: 명확하고 실증적인 통계원칙과 방법론을 사용하여 모형의 유효성을 재검증하고 예측력 유지를 위해 모형을 조정해야 함

출처: FTC, "Using Artificial Intelligence and Algorithms", 2020년 4월, https://www.ftc.gov/news-events/blogs/business-blog/2020/04/usingartificial-intelligence-algorithms (재인용: 양기문, 기업의 AI 및 알고리즘 이용에 관한 지침: 미국 FTC의 'Using Artificial Intelligence and Algorithms'을 중심으로, 제32권 제4호, 통권 699호, 2020년 4월 30일, pp.50-58)

5. 법령 준수, 윤리, 공정성 및 비차별성에 대한 책임 견지

보다 윤리적인 인공지능 시스템 구현을 위해서는 데이터가 대표성을 확보하고, 편향성을 개선할 수 있어야 하며, 윤리적인 문제를 유발하지 않도록 공정성과 비차별성을 확보하고 있어야 한다. 이를 위한 3대 원칙에는 ① 스스로 자가 점검을 통해 편견과 피해를 방지할 수 있어야 하며, ② 인공지능 도구의 무단 이용을 예방할 수 있어야 하고, ③ 인공지능 기술에 대한 책임 메커니즘 구축 방안을 구축해야 한다. 각각에 대해 살펴보면 다음과 같다.

첫째, 인공지능 시스템은 알고리즘으로 인해 문제가 발생하지 않도록 자가 점검을 통한 편견을 예방해야 하고, 피해가 발생하지 않도록 대응 방안을 수립해야 한다. 이를 통해 인공지능 시스템의 결과에 대한 대표성, 정확성, 편향성 극복, 문제 발생 가능성을 사전에 점검해야 한다.

둘째, 인공지능 시스템의 악용 및 무단 이용에 대한 사전 검토를 통해 범죄에 악용될 가능성을 줄여야 한다.

셋째, 인공지능 시스템에 대한 책임감을 가지고 시스템을 운영할 수 있는 메커니즘을 구축해야 한다.

표 5-15 주요 내용: 법령 준수, 윤리, 공정성 및 비차별성에 대한 책임

구분	내용	설명
1	자가 점검을 통한 편견 · 피해 방지	알고리즘으로 인한 피해 방지를 위해 사용 전 자가 점검 실시: 대표성, 편향성 보정 가능성, 정확성, 문제 발생 가능성 등 점검
2	무단 사용에 대한 알고리즘 보호	개발된 AI 툴의 악용 및 무단 이용 가능성 검토: 범죄에 악용될 가능성을 검토하고 대비책을 마련해야 함
3	책임 메커니즘 구축 방안 고려	개발한 AI에 더해 책임을 다하는 방안 고려: 객관적인 시각에서 당사가 개발한 AI를 평가할 수 있는 체계를 구축하는 것을 고려해야 함

출처: FTC, "Using Artificial Intelligence and Algorithms", 2020년 4월, https://www.ftc.gov/news-events/blogs/business-blog/2020/04/usingartificial-intelligence-algorithms (재인용: 양기문, 기업의 AI 및 알고리즘 이용에 관한 지침: 미국 FTC의 'Using Artificial Intelligence and Algorithms'을 중심으로, 제32권 제4호, 통권 699호, 2020년 4월 30일, pp.50-58)

제 4 절 다양한 국가의 인공지능 윤리 가이드라인

1. 국가별 인공지능 윤리 가이드라인

소프트웨어정책연구원(2021)에 의하면 국가별로 다양한 인공지능 개발과 관련된 윤리적 대응을 준비 중이라고 한다.[08] 기업, 정부, 국제사회의 노력을 살펴보면 다음과 같다.

(1) 기업에서의 윤리 대응

카카오에서는 2028년 1월 카카오 알고리즘 윤리헌장을 제정하였고, 2021년 2

08 유재흥 · 추형석 · 강송희, 유럽(EU)의 인공지능 윤리 정책 현황과 시사점: 원칙에서 실천으로(An European approach to ethics on artificial intelligence: from principles to practices), 소프트웨어정책연구원, ISSUE REPORT IS-114, 2021년 3월 25일

월부터 카카오 전 직원을 대상으로 AI 윤리에 대한 교육을 추진하고 있다. 또한 삼성전자에서는 2018년 11월 국내 기업 최초로 인공지능 파트너십(Partnership on AI)에 가입하였고, 자체적으로 AI 윤리기준을 제정하였다. 더불어 네이버에서는 2021년 2월 서울대학교와 공동 연구를 통해 AI 윤리준칙을 발표하였다. 글로벌 기업으로서는 구글이 2018년 6월에 구글 AI 원칙을 발표하였고, 마이크로소프트는 2020년에 책임 있는 AI 원칙을 발표하였다.

표 5-16 AI 윤리 대응 동향: 기업

구분	주체	AI 윤리 관련 정책 대응 동향
기업	카카오	• 카카오 알고리즘 윤리헌장 제정(2018. 1) • 전 직원 대상 AI윤리 교육 추진(2021. 2)
	삼성전자	• 국내 기업 최초 Partnership on AI 가입(2018. 11) • AI 윤리기준 제정 준비
기업	네이버	서울대와 공동으로 AI 윤리준칙 발표(2021. 2)
	구글	구글 AI 원칙 발표(2018. 6)
	마이크로소프트	마이크로소프트 책임 있는 AI 원칙 발표(2020)

출처: 유재흥 · 추형석 · 강송희, 유럽(EU)의 인공지능 윤리 정책 현황과 시사점: 원칙에서 실천으로(An European approach to ethics on artificial intelligence: from principles to practices), 소프트웨어정책연구원, ISSUE REPORT IS-114, 2021년 3월 25일

(2) 국가별 인공지능 윤리 대응

미국의 백악관에서는 2019년 2월에 AI 이니셔티브를 구축하였다. 일본은 2017년에 AI 개발원칙을 제정하였고, 2019년에 AI 사회원칙을 발표하였다.[09] 영국은 2018년 8월에 데이터 윤리 프레임워크를 제정하였고, 2019년 앨런 튜링 연구소에서는 인공지능 윤리와 안전성의 이해 가이드라인을 발표하였으며, 2020년 7월 정보위원회(ICO)에서 인공지능 및 데이터 보호 가이드라인을 발표하였다. 한국은 2020년 12월에 인공지능 윤리기준을 발표하였다.

09 NIA(2017. 9), AI 연구개발과 활용촉진을 위한 AI 개발 가이드라인(안)

표 5-17 AI 윤리 대응 동향: 정부

구분	주체	AI윤리 관련 정책 대응 동향
정부	미국	• 백악관, AI 이니셔티브(2019. 2)
	일본	• AI 개발원칙(2017), AI 사회원칙(2019)
	영국	• 데이터 윤리 프레임워크(2018. 8) • 앨런 튜링 연구소, 인공지능 윤리와 안전성의 이해 가이드라인(2019) • 정보위원회(ICO), 인공지능 및 데이터 보호 가이드라인(2020. 7)
	한국	• 인공지능 윤리기준(2020. 12) 발표

출처: 유재흥 · 추형석 · 강송희, 유럽(EU)의 인공지능 윤리 정책 현황과 시사점: 원칙에서 실천으로(An European approach to ethics on artificial intelligence: from principles to practices), 소프트웨어정책연구원, ISSUE REPORT IS-114, 2021년 3월 25일

(3) 국제사회 차원에서의 인공지능 윤리 대응

OECD에서는 2019년 5월에 AI 원칙을 발표하였고, 2019년 6월 G20 회의에서 OECD AI 원칙 수용을 발표하였다. 또한 EU는 2019년 4월에 신뢰할 만한 인공지능 윤리 가이드라인(Ethics guidelines for trustworthy AI)을 발표하였고, 2020년 7월 평가 목록을 발표하였다. 또한 유네스코(UNESCO)는 2019년 5월 인공지능 윤리에 대한 권고사항 초안을 발표하였다.[10]

표 5-18 AI 윤리 대응 동향: 국제사회

구분	주체	AI 윤리 관련 정책 대응 동향
국제 사회	OECD	OECD AI 원칙(2019. 5), G20에서 OECD AI 원칙 수용(2019. 6)
	EU	신뢰할 만한 인공지능 윤리 가이드라인(2019. 4) 및 평가 목록 발표(2020. 7)
	UNESCO	인공지능 윤리에 대한 권고사항 초안(2019. 5)

출처: 유재흥, 추형석, 강송희, 유럽(EU)의 인공지능 윤리 정책 현황과 시사점: 원칙에서 실천으로(An European approach to ethics on artificial intelligence: from principles to practices), 소프트웨어정책연구원, ISSUE REPORT IS-114, 2021년 3월 25일

10 UNESCO, Elaboration of a recommendation on the ethics of artificial intelligence, 2019. 5.

2. 지능정보사회 윤리 가이드라인

4차 산업혁명 기술 발전에 힘입어 기업의 인공지능 활용이 증가하고 있다. 기업에서의 지능정보사회를 위한 정보기술의 활용은 윤리적으로 이용되어 문제를 유발하지 않아야 한다. 과학기술정보통신부(2018)에서 I-Korea 4.0 실현을 위한 인공지능(AI) 연구와 개발을 위한 윤리적 가이드라인은 공공성, 책무성, 통제성, 투명성으로 구성된다. 각각의 내용에 대한 상세한 내용은 다음과 같다.

표 5-19 지능정보사회 윤리 가이드라인, 4대 공통원칙

특성	내용
공공성 (Publicness)	지능정보 기술은 가능한 많은 사람들에게 도움을 주어야 하며, 지능정보 기술에 의해 창출된 경제적 번영은 모든 인류의 혜택을 위해 광범위하게 공유되어야 한다. * 유관개념: 공정성, 차별배제, 접근성 보장
책무성 (Accountability)	지능정보 기술 및 서비스에 의한 사고 등의 책임 분배를 명확히 하고, 안전과 관련한 정보 공유, 이용자 권익보호 등 사회적 의무를 충실히 수행해야 한다. * 유관개념: 책임성, 윤리적 절차 이행, 위험 예방
통제성 (Controllability)	지능정보 기술 및 서비스에 대한 인간의 제어 가능성 및 오작동에 대한 대비책을 미리 마련하고, 이용자의 이용선택권을 최대한 보장하여야 한다. * 유관개념: 제어 가능성, 위험관리, 이용자 주도성
투명성 (Transparency)	기술개발, 서비스 설계, 제품기획 등 의사결정과정에서 이용자 · 소비자 · 시민 등의 의견을 반영하도록 노력해야 하며, 이용 단계에서 예상되는 위험과 관련한 정보를 공개 · 공유하고, 개인정보 처리의 전 과정은 적절하게 이루어져야 한다. * 유관개념: 설명 가능성, 위험정보 공유, 이용자 · 시민참여

출처: 과학기술정보통신부, I-Korea 4.0 실현을 위한 인공지능(AI) R&D 전략, 2018년 5월

첫째, 공공성(Publicness)은 지능정보 기술의 활용이 많은 사람들에게 도움을 제공해야 하며, 지능정보 기술에 의해 창출된 경제적 가치는 모든 사람들과 혜택을 공유해야 한다. 공공성의 유사 개념으로는 차별배제, 접근성 보장 등이 있다. 둘째, 책무성(Accountability)은 지능정보 기술에 의한 사고 발생 시에 책임소재를 명확히 하고, 안전과 관련한 정보를 공유하고, 이용자의 권익을 보호하는 등 사회적 의무를 다해야 한다. 책무성의 유사 개념으로는 책임성, 윤리적 절차 이행

등이 있다. 셋째, 통제성(Controllability)은 지능정보 기술의 오작동에 대한 대비책을 미리 마련하고, 이용자의 선택권을 보장하는 것이다. 통제성의 유사 개념으로는 제어 가능성, 위험관리 등이 있다. 넷째, 투명성(Transparency)은 지능형 기술개발, 서비스 개발 제품기획과정에서 이용자의 의견을 반영하며, 이용과정에서 발생할 수 있는 위험 관련 정보를 공개하고, 개인정보 처리의 과정을 적절히 수행해야 한다. 투명성의 유사 개념으로는 설명 가능성, 참여 등이 있다.

3. 인공지능 개발 자율 점검기준

정부(개인정보보호위원회)에서는 인공지능 서비스 ① 설계, ② 개발, ③ 운영에 있어서 서비스 이용자의 개인정보보호와 프라이버시 침해를 위한 가이드라인을 제시하였다. 이 원칙에는 인공지능 개발과정에서 지켜야 할 6가지 인공지능 관련 개인정보보호 원칙, 16가지 점검항목, 54가지 확인사항을 제시하고 있다.

먼저 AI 관련 개인정보보호 6대 원칙은 적법성, 안전성, 투명성, 참여성, 책임성, 공정성이다. 그리고 인공지능 개발 및 활용과 관련된 업무처리 8단계별 주요 점검 항목은 ① 기획 · 설계, ② 개인정보 수집, ③ 이용 · 제공, ④ 보관 · 파기, ⑤ AI 서비스 관리 · 감독, ⑥ 이용자 보호, ⑦ 자율보호활동, ⑧ AI 윤리 점검이다. 각각에 대한 상세한 내용은 다음과 같다.[11]

첫째, 기획 · 설계를 살펴보면 인공지능 서비스 특성상 예상치 못한 개인정보 침해가 발생할 수 있으므로 기획 단계부터 사전 점검과 예방을 위해 ① 개인정보보호 중심 설계(PbD) 원칙을 적용하고, 침해가 우려되는 경우 ② 개인정보 영향평가를 수행하도록 하였다.[12]

11 개인정보보호위원회, 인공지능(AI) 자율점검표 발표: 인공지능 개발 · 운영 시 자율점검이 가능한 개인정보보호 기준 제시, 2021년 6월 1일. 보다 상세한 내용은 '개인정보보호위원회 누리집'(www.pipc.go.kr) 또는 '개인정보보호 포털'(www.privacy.go.kr)을 참고하기 바란다.

12 프라이버시 바이 디자인(Privacy by Design) 원칙은 인공지능 기술을 이용해 서비스를 개발할 때, 전체 개발과정에서부터 활용 후 폐기에 이르기까지 이용자의 프라이버시를 고려하는 국제적인 가이드라인을 의미한다.

둘째, 개인정보 수집을 살펴보면 인공지능 개발 · 운영 시 대규모 개인정보가 수집 · 이용되는 점을 고려하여 ③ 적법한 동의방법, ④ 동의 이외의 수집근거 확인, ⑤ 공개된 정보 등 정보주체 이외로부터 수집 시 유의사항을 점검하도록 하고, 동의 예시를 제시하여 잘못된 방법으로 동의를 받지 않도록 안내하였다.[13]

셋째, 이용 · 제공을 살펴보면 ⑥ 개인정보는 수집 목적 내 이용 · 제공해야 하고, 목적 외 이용은 적법한 근거를 확인하도록 하였다. ⑦ 동의 없이 가명처리하여 활용하려는 경우 과학적 연구, 통계작성 등 허용된 목적인지, 관련 기준에 부합하는지 등 점검 내용을 제시하고, 학습데이터의 가명처리 시 유의사항, 가명정보의 공개제한 등을 안내하였다.[14]

넷째, 보관 · 파기를 살펴보면 ⑧ 개인정보의 유 · 노출 및 해킹 방지를 위한 안전조치를 점검하고, ⑨ 개인정보가 불필요해지면 안전하게 파기하도록 하였다.

다섯째, AI 서비스 관리 · 감독을 살펴보면 ⑩ 개인정보 취급자, ⑪ 개인정보 처리업무 수탁자에 대한 관리 · 감독을 수행하도록 하여, 인공지능 개발 · 운영과정에서 직원의 실수 또는 고의로 개인정보 침해가 발생하지 않도록 하였다.

여섯째, 이용자 보호를 살펴보면 ⑫ 개인정보 처리 내역을 처리방침에 투명하게 공개, ⑬ 개인정보의 열람 · 정정 · 삭제 · 처리정지 등 정보 주체의 권리보장 절차 마련 · 이행, ⑭ 개인정보 유출사고에 대비한 점검내용을 제시하였다.

일곱째, 자율보호활동을 살펴보면 인공지능 기술 발전과 서비스 등장에 따른 다양한 개인정보 침해를 예방하고자 ⑮ 개인정보 보호활동을 자율적으로 수행할 것을 권장하였다.

여덟째, AI 윤리 점검을 살펴보면 개인정보 처리 시 ⑯ 사회적 차별, 편향 등이 최소화되도록 점검 · 개선하고, 윤리적 이슈에 대한 판단은 AI 윤리기준을 참고할 수 있도록 하였다.

인공지능 기술은 자율주행차, 드론 등 신기술에 활용되기 때문에 보다 안전한 개인정보 활용을 통한 기술개발이 이루어져야 할 것이다.

13 인공지능 기술을 이용한 새로운 서비스를 개발할 때, 개인정보 수집에 따른 동의를 이용자들에게 구함에 있어, 보다 구체적으로 충분히 개인정보의 활용 분야를 이해할 수 있도록 알려야 한다.

14 소셜 네트워크 서비스(SNS) 데이터의 경우, 사생활 침해가 발생하지 않도록 가명처리를 해야 하며, 가명정보를 불특정 다수에 공개하는 것을 제한하고 익명처리하는 것을 원칙으로 한다.

제5절 인공지능에 대한 윤리적 대응 방안

1. 유럽의 인공지능 윤리 대응 방안[15]

유럽에서는 인공지능이 사회와 기업에서 필요로 하는 솔루션 개발에 적극적으로 활용되면서 보다 신뢰할 수 있는 인공지능 개발을 위한 다양한 노력을 하고 있다. 예를 들면, 인공지능 윤리를 위한 AI의 필수 3요소, AI의 7대 요구사항, AI 구현을 위한 기술적 방안과 비기술적 방안을 제시하였다. 예를 들면, 인공지능 시스템은 특정 목적을 수행하기 위한 자율성(Autonomy)을 갖고 있는 지능화된 시스템을 갖고 있고, 음성인식, 이미지 인식 등 다양한 기능을 가지고 있어 자율주행이나 로봇에 활용되고 있다.

인공지능 시스템을 구현하기 위한 AI의 필수 3요소에는 ① 적법성, ② 윤리성, ③ 견고성이 있다.

① **적법성(Lawful)**: 인공지능 시스템 활용에 있어서 법적 구속력이 있는 모든 법률과 규정을 준수하는 것이다.

② **윤리성(Ethical)**: 인공지능 시스템 활용에 있어서 법적인 구속력이 없더라도 윤리적 원칙과 가치에 부합해야 하는 것이다.

③ **견고성(Robust)**: 인공지능 활용에 있어 선한 의도로 개발된 인공지능 시스템이라도 기술적 측면과 사회적 측면에서 대중에게 피해를 유발하지 않아야 하는 것이다.

신뢰할 만한 인공지능 시스템 개발을 위해서는 7가지 요구사항을 충족해야 한다. AI 시스템 구현을 위한 7대 요구사항으로 ① 인간 행위자와 감독에 대한 요구사항, ② 인공지능 시스템의 기술적 견고성 및 안전에 대한 요구사항, ③ 인공

15 유재흥 · 추형석 · 강송희, 유럽(EU)의 인공지능 윤리 정책 현황과 시사점: 원칙에서 실천으로(An European approach to ethics on artificial intelligence: from principles to practices), 소프트웨어정책연구원, ISSUE REPORT IS-114, 2021년 3월 25일

지능 시스템의 프라이버시와 데이터 거버넌스에 대한 요구사항, ④ 인공지능 시스템의 투명성에 대한 요구사항, ⑤ 인공지능 시스템의 다양성, 차별금지 그리고 공정성에 대한 요구사항, ⑥ 인공지능 시스템의 사회적 복지와 환경적 복지에 대한 요구사항, ⑦ 인공지능 시스템의 책임성에 대한 요구사항이 있다. 각각의 요구사항에 대해 살펴보면 다음과 같다.

(1) 인공지능 시스템의 인간 행위자와 감독에 대한 요구사항

인공지능 시스템은 사람들의 자율성과 의사결정을 보조 및 지원하는 역할을 수행하고, 사람이 인공지능 시스템을 감독해야 한다. 이러한 원칙이 보다 민주적인 절차에 의해 인공지능을 통제할 수 있고, 사람의 기본권을 증진할 수 있을 것이다. 즉, 인공지능 시스템에 대한 감독을 위해 인간의 개입(HITL: Human-In-The-Loop), 인간의 감시(HOTL: Human-On-The-Loop), 인간의 명령(HIC: Human-In-Command)에 대한 거버넌스 체계를 구축해야 한다. 사람들이 인공지능 시스템에 대해 행사할 수 있는 감독권이 줄어들수록 인공지능 시스템에 대한 보다 광범위한 확인 방안과 보다 엄격한 거버넌스 체계가 요구된다.

표 5-20 EU의 신뢰할 만한 AI의 7대 요구사항: 인간 행위자와 감독

요구사항	내용
인간 행위자와 감독 (Human agency and oversight)	• AI 시스템은 인간의 자율성과 의사결정을 뒷받침하는 역할로 사용자의 주체성을 뒷받침함으로써 번성하고 평등한 민주주의 사회를 가능하게 하는 역할을 하고, 기본권을 증진하며, 인간의 감독을 허용해야 함 • 감독은 인간의 개입(HITL: Human-In-The-Loop), 인간의 감시(HOTL: Human-On-The-Loop), 인간의 명령(HIC: Human-In-Command)과 같은 거버넌스 체계를 통해 달성 가능 • 인간이 AI 시스템에 대해 행사할 수 있는 감독권이 적을수록 보다 광범위한 시험과 엄격한 거버넌스가 요구

출처: (1) European AI Strategy(Communication: Artificial Intelligence for Europe Press Release), (2) Coordinated Plan on AI(Communication on " AI Made in Europe" – Press Release) (재인용: 유재흥 · 추형석 · 강송희, 유럽(EU)의 인공지능 윤리 정책 현황과 시사점: 원칙에서 실천으로(An European approach to ethics on artificial intelligence: from principles to practices), 소프트웨어정책연구원, ISSUE REPORT IS-114, 2021년 3월 25일)

(2) 인공지능 시스템의 기술적 견고성 및 안전 요구사항

인공지능 시스템은 기술적 견고성과 안전성을 가지고 있어야 한다. 인공지능 시스템은 외부 공격에 대응하여 회복 탄력성을 가지고 있어야 하고, 인공지능 시스템의 오류 및 실패 발생 시 체계적인 대체 계획을 수립해야 하며, 인공지능 시스템의 안정성, 정확성, 재현 가능성을 확보해야 한다. 또한 인공지능 시스템은 기술적 견고성을 확보해야 한다. 이를 통해 위험을 사전에 예방할 수 있는 방법으로 기술개발이 이루어져야 하고, 의도하지 않은 상황에서 발생할 수 있는 위험을 최소화하도록 인공지능 시스템을 개발해야 할 것이다. 즉, 인공지능 시스템은 의도치 않은 악의적인 행동을 하는 해커에 의한 시스템 남용 가능성을 고려해야 하고, 이러한 문제 발생을 예방하거나 위험을 완화할 수 있어야 한다. 또한 인공지능 시스템은 사람들의 신체적 무결성과 정신적 무결성을 보장하도록 개발되어야 하고, 문

표 5-21 EU의 신뢰할 만한 AI의 7대 요구사항: 기술적 견고성과 안전성

요구사항	내용
기술적 견고성과 안전성 (Technical robustness and safety)	• 공격에 대한 회복 탄력성과 시스템 에러 및 실패의 대체 계획, 일반적 안전, 정확성, 신뢰성, 재현 가능성 포함 • 기술적 견고성은 AI 시스템의 개발에 있어 위험 예방을 위한 접근방식이 존재하고 의도한 대로 신뢰성 있게 작동하는 한편, 의도치 않고 예상하지 못한 위해를 최소화하며 용인 불가능한 위해를 방지하는 방식으로 개발할 것을 요구 • AI 시스템의 의도치 않은 응용(예 이중용도 애플리케이션)과 악의적 행위자에 의한 시스템 남용 가능성을 고려해 이를 완화, 방지하기 위한 조치를 취해야 함 • 인간의 신체적 · 정신적 무결성도 보장 • AI 시스템은 문제 발생 시 대체 계획을 가능하게 하는 보호조치를 구비해야 함 • 시스템이 생명체 또는 환경에 위해를 가하지 않는 일을 할 것이라는 점을 반드시 담보해야 함 • 다양한 응용 분야에 걸쳐 AI 시스템의 이용과 관련된 잠재적 위험을 분명히 파악하고 평가하기 위한 절차를 수립

출처: (1) European AI Strategy(Communication: Artificial Intelligence for EuropePress Release), (2) Coordinated Plan on AI (Communication on "AI Made in Europe" – Press Release) (재인용: 유재흥 · 추형석 · 강송희, 유럽(EU)의 인공지능 윤리 정책 현황과 시사점: 원칙에서 실천으로(An European approach to ethics on artificial intelligence: from principles to practices), 소프트웨어정책연구원, ISSUE REPORT IS-114, 2021년 3월 25일)

제가 발생할 경우에 이에 대한 대응 계획을 수립해야 한다. 또한 인공지능 시스템이 생명체 또는 환경에 부정적인 영향을 주지 않도록 해야 할 것이다. 인공지능 시스템은 다양한 응용 분야에서 인공지능 시스템 이용과 관련되어 발생할 수 있는 잠재적 위험을 파악하고 대응하는 절차를 수립해야 한다.

(3) 인공지능 시스템의 프라이버시와 데이터 거버넌스 요구사항

인공지능 시스템은 프라이버시와 데이터 거버넌스 체계를 가지고 있어야 한다. 인공지능 시스템 전 주기(시스템 개발부터 활용, 폐기)에서 개인정보와 데이터를 보호해야 한다. 이를 위해서 데이터의 품질을 확보하고 무결성을 보증해야 하며, 데이터 접근성을 확보해야 한다. 또한 인공지능 시스템은 시스템 수명주기 전체 사이클에서 개인정보를 보호하고, 데이터에 대한 보호를 지원해야 한다. 또한 인공지능 시스템의 학습을 위한 적합하고 충분한 데이터 세트에 대한 품질 및 데이터의 무결성을 확보해야 한다. 더불어 인공지능 시스템에서 이용되는 프로세스와 데이터 셋에 대해 계획, 학습, 테스트, 배포 단계가 체계적으로 테스트되고 문서화되어야 한다. 이는 자체적으로 개발한 인공지능 시스템뿐만 아니라 외부로부터 도입한 인공지능 시스템에도 적용되어야 한다. 더불어 인공지능 시스템은 개인의

표 5-22 EU의 신뢰할 만한 AI의 7대 요구사항: 프라이버시와 데이터 거버넌스

요구사항	내용
프라이버시와 데이터 거버넌스 (Privacy and Data governance)	• 개인정보 존중, 데이터의 질과 무결성, 데이터에 대한 접근성 포함 • AI 시스템이 시스템의 수명 주기 전체에 걸쳐 개인정보와 데이터 보호 보장 • 학습에 적합한 충분한 품질의 데이터 셋과 데이터의 무결성을 확보해야 함 • 사용되는 프로세스와 데이터 셋에 대해 반드시 계획, 학습, 시험, 배포와 같은 각 단계에서 시험과 문서화가 이루어져야 하고 이는 자체적으로 개발했으나 다른 곳에서 인수한 AI 시스템에도 적용 • 개인 데이터를 다루는 조직에는 데이터 접근을 규율하는 데이터 프로토콜 확보

출처: (1) European AI Strategy(Communication: Artificial Intelligence for EuropePress Release), (2) Coordinated Plan on AI (Communication on " AI Made in Europe" – Press Release) (재인용: 유재흥 · 추형석 · 강송희, 유럽(EU)의 인공지능 윤리 정책 현황과 시사점: 원칙에서 실천으로(An European approach to ethics on artificial intelligence: from principles to practices), 소프트웨어정책연구원, ISSUE REPORT IS-114, 2021년 3월 25일)

프라이버시 보호를 위해 개인정보가 포함된 데이터를 다루는 프로토콜을 확보해야 한다.

(4) 인공지능 시스템의 투명성 요구사항

인공지능 시스템은 투명성을 확보해야 한다. 인공지능 시스템은 데이터의 수집 및 가공, 학습과정에서 추적 가능성 및 설명 가능성을 확보해야 한다. 인공지능 시스템에서 데이터 수집과 라벨링 그리고 데이터를 학습하기 위한 알고리즘은 표준화 및 문서화를 통해 투명성을 확보하고 향상시켜야 한다. 인공지능 시스템이 사람들의 생활에 중요한 영향을 미치는 경우, 인공지능 시스템의 의사결정과정에 대한 설명을 할 수 있어야 한다. 인공지능 시스템은 이용자들과 상호작용할 수 있어야 하고, 이용자들은 인공지능 시스템으로부터 정보를 제공받을 수 있어야 한다. 인공지능 시스템과 관련된 개발자는 인공지능 시스템 이용자 및 관계자에게 인공지능 시스템의 정확성 등 역량에 대해 알려야 한다.

표 5-23 EU의 신뢰할 만한 AI의 7대 요구사항: 투명성

요구사항	내용
투명성 (Transparency)	• 추적 가능성, 설명 가능성, 의사소통 포함 • 데이터 수집과 라벨링, 사용되는 알고리즘을 포함하여 AI 시스템의 결정을 만들어내는 데이터 세트와 프로세스는 가능한 최선의 표준에 맞게 문서화하여 추적 가능성과 투명성을 향상시켜야 함 • AI 시스템이 사람의 삶에 중대한 영향을 미치는 경우 AI 시스템의 의사결정 과정에 대해 적합한 설명을 요구할 수 있어야 함 • AI 시스템은 사용자에게 자신을 인간으로 표현해서는 안 되며, 인간은 자신이 AI 시스템과 상호작용하고 있다는 정보를 제공받을 권리가 있음 • AI 관계자 또는 최종 사용자에게 AI 시스템의 역량(정확도 등)과 한계에 대해 알려야 함

출처: (1) European AI Strategy(Communication: Artificial Intelligence for EuropePress Release), (2) Coordinated Plan on AI (Communication on " AI Made in Europe" – Press Release) (재인용: 유재흥 · 추형석 · 강송희, 유럽(EU)의 인공지능 윤리 정책 현황과 시사점: 원칙에서 실천으로(An European approach to ethics on artificial intelligence: from principles to practices), 소프트웨어정책연구원, ISSUE REPORT IS-114, 2021년 3월 25일)

(5) 인공지능 시스템의 다양성, 차별금지, 공정성 요구사항

인공지능 시스템은 다양성을 확보해야 하고, 차별하지 말아야 하며, 공정성을 확보해야 한다. 인공지능 시스템은 시스템을 개발할 때는 불공정한 편향성을 사전에 예방해야 하고, 보편적인 시스템 설계를 해야 하며, 인공지능 시스템과 관련된 다양한 이해관계자와의 참여 및 독려를 이끌어내야 한다. 인공지능 시스템은 가능한 데이터를 수집하는 단계에서부터 차별적인 편향성이 발생하지 않도록 해야 하고, 시스템의 목적, 요구사항, 의사결정에 대한 투명성을 확보하는 감시 프로세스를 확보해야 한다. 또한 인공지능 시스템을 개발하는 데 있어서 다양한 문화와 다양한 분야의 인력을 고용해서 다양성을 확보해야 한다. 또한 인공지능 시스템의 이용자 접근성을 확보하기 위해서 성별, 연령, 장애와 관련 없이 모든 이용자들이 인공지능 제품 및 서비스를 이용할 수 있도록 보편적 설계원칙을 적용해야 한다. 마지막으로 인공지능 시스템을 개발하는 데 있어서 시스템개발 수명주기 전체에 걸쳐서 직접적인 영향과 간접적인 영향을 받을 수 있는 이해관계자들과 협의를 해야 한다.

표 5-24 EU의 신뢰할 만한 AI의 7대 요구사항: 다양성, 차별금지, 공정성

요구사항	내용
다양성, 차별 금지, 공정성 (Diversity, non-discrimination and fairness)	• 불공정한 편향의 방지, 보편적 설계, 이해관계자의 참여 포함 • 가능한 경우 수집 단계에서 파악할 수 있는 차별적 편향을 제거 • 시스템의 목적과 제약, 요구사항, 의사결정을 투명하고 분명한 방식으로 분석하고 다루는 감시 프로세스를 시행함 • 다양한 배경, 문화, 분야의 인력을 고용함으로써 의견 다양성 확보 • 사용자의 접근성 확보를 위해 특히 기업 대 고객의 영역에서 시스템은 사용자 중심적이어야 하며 연령, 성별, 능력, 장애에 관계없이 모든 사람들이 AI 제품 또는 서비스를 사용할 수 있도록 보편적 설계원칙을 고려해야 함 • AI 시스템을 개발하기 위해 수명주기 전체에 걸쳐 시스템의 영향을 직접적 또는 간접적으로 받을 수 있는 이해관계자들과 협의하는 것이 바람직

출처: (1) European AI Strategy(Communication: Artificial Intelligence for EuropePress Release), (2) Coordinated Plan on AI (Communication on " AI Made in Europe" – Press Release) (재인용: 유재흥 · 추형석 · 강송희, 유럽(EU)의 인공지능 윤리 정책 현황과 시사점: 원칙에서 실천으로(An European approach to ethics on artificial intelligence: from principles to practices), 소프트웨어정책연구원, ISSUE REPORT IS-114, 2021년 3월 25일)

(6) 인공지능 시스템의 사회적 · 환경적 복지 요구사항

인공지능 시스템은 사회적 웰빙과 환경적 웰빙을 지원해야 한다. 인공지능 시스템을 개발할 때 지속 가능성을 고려해야 하고, 환경적 측면에서 친화성을 확보하고, 사회적 영향을 고려해야 한다. 또한 정치적 의사결정 및 선거 상황에서 인공지능 시스템이 민주적으로 활용될 수 있도록 개발해야 한다. 인공지능 시스템은 학습과정에서 전기 에너지를 이용하는데, 에너지 소비과정에 대한 조사를 수행한다. 이를 통해 인공지능 시스템이 보다 친환경적인 시스템으로 개발되고, 친환경적으로 배포 및 이용되도록 환경적 측면을 고려해야 한다. 인공지능 시스템은 교육, 근로, 양육 등 다양한 삶의 영역에서 다양한 사람들의 정신, 신체, 사회적 관계에 영향을 미칠 수 있는 것을 관찰하야 한다. 그리고 인공지능 시스템의 개발, 배포, 활용에 대한 개인의 영향뿐만 아니라 사회적 영향에 대한 고려를 해야 한다.

표 5-25 EU의 신뢰할 만한 AI의 7대 요구사항: 사회적 · 환경적 웰빙

요구사항	내용
사회적 · 환경적 웰빙 (Societal and environmental well-being)	• 지속 가능성과 환경 친화성, 사회적 영향, 사회와 민주주의 포함 • (친환경) 학습과정에서의 자원 이용과 에너지 소비를 철저히 조사하고 보다 덜 해로운 선택을 하는 것 등을 통해 시스템의 개발, 배포 및 이용과정과 공급사슬 전체를 환경적 측면에서 평가할 필요 • 우리 삶의 모든 영역에서(교육, 근로, 양육, 오락 등) 사회적 AI 시스템에 대한 전방위적 노출이 사람의 신체적, 정신적, 사회적 관계에도 영향을 미칠 수 있음을 고려해 시스템효과를 면밀히 관찰 • AI 시스템의 개발, 배포, 이용의 개인적 차원의 영향력뿐만 아니라 제도, 민주주의 등 사회적 관점에 대한 영향력 평가도 이루어져야 함

출처: (1) European AI Strategy(Communication: Artificial Intelligence for EuropePress Release), (2) Coordinated Plan on AI (Communication on " AI Made in Europe" – Press Release) (재인용: 유재흥 · 추형석 · 강송희, 유럽(EU)의 인공지능 윤리 정책 현황과 시사점: 원칙에서 실천으로(An European approach to ethics on artificial intelligence: from principles to practices), 소프트웨어정책연구원, ISSUE REPORT IS-114, 2021년 3월 25일)

(7) 인공지능 시스템의 책임성 요구사항

인공지능 시스템은 책임성을 확보해야 한다. 인공지능 시스템은 개발, 배포, 활용과정에서 책임성을 이해하기 위해서는 감사가 가능해야 하고, 부정적인 영향을 줄여야 하고, 문제가 발생하는 부분에 대한 해결방안을 포함해야 한다. 이를 위해 인공지능 시스템 개발, 배포, 활용 전후에 대한 책임성을 평가하기 위한 체계를 구축해야 한다. 또한 인공지능 시스템의 설계과정에서의 알고리즘과 데이터 이용에 대한 감사 가능성을 확보해야 한다. 이러한 과정이 비즈니스 모델을 공개하는 것은 아니며, 또한 지식재산권을 공개하는 것은 아니다. 이것은 인공지능 시스템의 부정적인 영향을 파악하고, 평가하고, 문서화하고, 최소화하기 위한 과정이다. 인공지능 시스템과 관련한 우려를 신고할 때는 내부고발자에 대한 보호, 비정부조직, 노조, 기타 단체에 대해 보호해주어야 한다. 또한 인공지능 시스템과 관련된

표 5-26 EU의 신뢰할 만한 AI의 7대 요구사항: 책임성

요구사항	내용
책임성 (Accountability)	• 감사 가능성, 부정적 영향의 최소화와 보고, 상충과 구제 포함 • AI 시스템의 개발, 배포, 이용 전후에 AI 시스템과 그 결과물의 책임성을 담보하기 위한 체계를 시행할 것을 요구 • 알고리즘, 데이터 및 설계과정의 평가를 가능하게 해야 하나(감사 가능성 확보) 이것이 사업 모델, 지식 재산의 공개를 의미하지는 않음 • AI 시스템의 잠재적인 부정적 영향력을 파악, 평가, 문서화, 최소화 • AI 시스템에 관한 적절한 우려사항을 신고할 때는 내부고발자, 비정부조직, 노조 또는 기타 단체에 대해 정당한 보호가 제공 • AI 시스템과 관련이 있는 이해관계와 가치를 파악하고 충돌이 발생하는 경우 기본권을 포함한 윤리원칙에 대한 위험성의 측면에서 상충관계를 명시적으로 인정하고 평가해야 하며, 윤리적으로 용인 가능한 상충관계를 파악할 수 없는 상황에서는 그러한 형태로 AI 시스템의 개발, 배포, 이용을 진행시켜서는 안 됨 • 부당한 악영향이 발생하는 경우 충분한 이용자 구제를 가능하게 접근체계 제공

출처: (1) European AI Strategy(Communication: Artificial Intelligence for EuropePress Release), (2) Coordinated Plan on AI (Communication on " AI Made in Europe" – Press Release) (재인용: 우재흥 · 추형석 · 강송희, 유럽(EU)의 인공지능 윤리 정책 현황과 시사점: 원칙에서 실천으로(An European approach to ethics on artificial intelligence: from principles to practices), 소프트웨어정책연구원, ISSUE REPORT IS-114, 2021년 3월 25일)

이해관계자와의 가치를 파악하고, 가치 충돌이 발생하는 경우 이에 대한 상충관계를 명시해야 하고, 윤리적인 문제점을 파악할 수 없는 경우에는 인공지능 시스템에 대한 개발, 배포, 활용을 해서는 안 된다. 또한 인공지능 시스템의 부적정한 악영향이 발생할 경우 이용자에 대한 구제 방안을 구축해야 한다.

2. 신뢰할 수 있는 인공지능 시스템 구현 방안

인공지능 시스템을 개발, 배포, 활용하는 데 있어 신뢰성을 높일 수 있는 기술적 방안과 비기술적 방안이 있다. 이러한 방안은 인공지능 시스템 전체 수명주기에 걸쳐 이용하고, 분석하고, 재설계하고, 개발하는 과정을 평가하고 보완해야 한다.

인공지능 시스템의 신뢰도를 높이기 위한 기술적 방법은 다음과 같다. ① 인공지능 시스템 제한사항 기반의 아키텍처를 검토한다. ② 인공지능 시스템을 규범에 기반해 설계한다. ③ 설명 가능한 인공지능 시스템의 기술개발을 추진한다. ④ 인공지능 시스템 개발, 배포, 활용과 관련된 전체 수명주기에 걸친 시험과 검증을 수행한다. 각각의 내용은 다음과 같다.

▮그림 5-5▮ 시스템 수명주기에 걸쳐 신뢰할 수 있는 AI의 실현과정

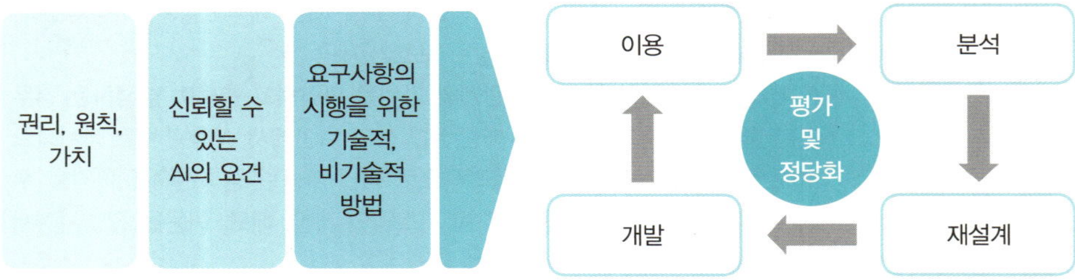

출처: 유재흥 · 추형석 · 강송희, 유럽(EU)의 인공지능 윤리 정책 현황과 시사점: 원칙에서 실천으로(An European approach to ethics on artificial intelligence: from principles to practices), 소프트웨어정책연구원, ISSUE REPORT IS-114, 2021년 3월 25일

표 5-27 인공지능 시스템의 신뢰도를 높이는 기술적 방법

기술적 방법	내용
아키텍처	시스템이 항상 따라야 하는 일련의 '화이트리스트(white list)' 규칙(행동 또는 상태) 또는 시스템이 절대 위반해서는 안 되는 행동 또는 상태에 대한 '블랙리스트(black list)' 제한사항 등을 작성해 시스템 아키텍처 차원에서 윤리적 요구사항 준수
설계 (X-by-Design)	설계에 의한 개인정보보호, 설계에 의한 보안 등과 같이 다양한 '설계에 의한 X' 개념을 적용, 같이 신뢰를 얻기 위해 AI는 프로세스와 데이터, 결과물 측면에서 안전해야 하며 적대적인 데이터와 공격에 대해 견고하게 설계되어야 함
설명 가능한 AI (eXplainable AI)	시스템이 특정한 방식으로 행동한 이유와 특정한 해석을 내놓은 이유를 이해하는 기술로 설명 가능한 인공지능 기술개발
시험과 검증	시스템의 시험과 검증은 가능한 초기부터 시행해 시스템이 수명주기 전체에 걸쳐, 특히 배포 이후 의도한 대로 행동하도록 해야 하며 데이터, 사전 학습 모델, 환경, 전체적인 시스템의 행동을 비롯해 AI 시스템의 모든 구성요소들이 포함되어야 함

출처: (1) European AI Strategy(Communication: Artificial Intelligence for EuropePress Release), (2) Coordinated Plan on AI (Communication on " AI Made in Europe" – Press Release) (재인용: 유재흥 · 추형석 · 강송희, 유럽(EU)의 인공지능 윤리 정책 현황과 시사점: 원칙에서 실천으로(An European approach to ethics on artificial intelligence: from principles to practices), 소프트웨어정책연구원, ISSUE REPORT IS-114, 2021년 3월 25일)

① 아키텍처: 아키텍처는 인공지능 시스템에 적용되는 일반적인 규칙이다. 아키텍처는 윤리적인 요구사항을 준수하도록 해야 한다.

② 설계(X-by-Design): 인공지능 시스템을 설계할 때는 개인정보보호가 잘 이루어질수록 설계를 해야 한다. 인공지능 시스템은 프로세스, 데이터, 산출물 측면에서 신뢰할 수 있도록 견고하게 설계되어야 한다.

③ 설명 가능한 AI(eXplainable AI): 인공지능 시스템은 인공지능 시스템이 작동하는 원리와 결과에 대해 설명할 수 있도록 개발되어야 한다.

④ 시험과 검증: 인공지능 시스템은 전체 시스템 수명주기(설계, 배포, 활용, 폐기)에 걸쳐 사전 계획대로 작동되어야 하며, 데이터, 학습 모델, 학습 환경, 시스템을 검증할 수 있어야 한다.

인공지능 시스템의 신뢰도를 높이기 위한 비기술적 방법은 다음과 같다. ① 인

공지능 시스템 개발 및 활용과 관련된 규제를 준수한다. ② 인공지능 시스템 개발 및 활용과 관련된 행동강령을 준수한다. ③ 인공지능 시스템 개발 및 활용과 관련된 표준화규정을 준수한다. ④ 인공지능 시스템 개발 및 활용과 관련된 인증제도를 이행한다. ⑤ 인공지능 시스템 개발 및 활용과 관련된 거버넌스 체계를 구축한다. ⑥ 인공지능 시스템 개발 및 활용과 관련된 교육을 수행한다. ⑦ 인공지능

표 5-28 인공지능 시스템의 신뢰도를 높이는 비기술적 방법

비기술적 방법	내용
규제	• AI 신뢰성을 담보하는 규제(예, 제품 안전 법률, 사용자 보호조치 등)
행동강령	• 기업 책임 헌장, 핵심성과지표(KPI), 행동강령 또는 내부 정책에 신뢰할 수 있는 AI를 위한 노력을 추가
표준화	• 설계, 제조, 사업행위 등에 대한 표준은 구매 결정을 통해 윤리적 행동을 인식하고 독려하고 품질관리 기능을 제공 • 현재 ISO 표준 또는 IEEE P7000 표준과 같은 예가 있으며, 앞으로는 구체적인 기술적 기준에 비추어 시스템이 안전성, 기술적 견고성, 투명성을 준수한다는 것을 확인하는 '신뢰할 수 있는 AI' 표식이 적합하게 될 수도 있음
인증	• AI 시스템의 투명성과 책임성, 공정성을 대중에게 증명할 수 있는 조직을 고려 • 인증은 책임성을 대체할 수 없으므로 책임의 한계와 검토, 구제 메커니즘을 포함한 책임성의 체계를 통해 인증의 한계를 보완
거버넌스	• 내부 및 외부 거버넌스 체계를 수립해 AI 시스템의 개발과 배포, 이용과 관련 있는 의사결정의 윤리적 차원에 대한 책임성을 담보 • AI 시스템과 관련된 윤리적 사안에 대한 담당자를 지정하는 것 또는 내외부 윤리위원회를 설치하는 것 등이 포함
교육과 인식	• 의사소통과 교육, 훈련은 AI 시스템의 잠재적 영향력에 대한 지식이 널리 퍼질 수 있게 하고 사람들이 사회적 발전을 형성하는 데에 참여할 수 있음을 인식하게 하는 데에 중요
사회적 논의	• 법률가, 기술전문가, 윤리학자, 소비자단체, 노동자 등 다양한 이해관계자들과 함께 AI 시스템의 이용과 데이터 분석에 대해 논의
포용적 설계팀	• 설계, 개발, 시험, 유지, 배포, 조달하는 팀이 사용자와 사회 전반의 다양성을 반영할 필요

출처: (1) European AI Strategy(Communication: Artificial Intelligence for EuropePress Release), (2) Coordinated Plan on AI (Communication on " AI Made in Europe" – Press Release) (재인용: 유재흥 · 추형석 · 강송희, 유럽(EU)의 인공지능 윤리 정책 현황과 시사점: 원칙에서 실천으로(An European approach to ethics on artificial intelligence: from principles to practices), 소프트웨어정책연구원, ISSUE REPORT IS-114, 2021년 3월 25일)

시스템 개발 및 활용과 관련된 사회적 논의를 수행한다. ⑧ 인공지능 시스템 개발 및 활용과 관련된 포용적 설계팀을 구성한다. 각각의 내용은 다음과 같다.

① **규제:** 인공지능 시스템은 제품 관련 법률, 사용자 보호조치 등 관련된 규제를 준수해 신뢰성을 확보해야 한다.

② **행동강령:** 인공지능 시스템은 기업의 책임 헌장, 핵심성능지표, 행동강령, 내부정책을 반영해야 한다.

③ **표준화:** 인공지능 시스템은 시스템 설계, 제조, 비즈니스 등에 있어서 표준화된 품질을 제공한다. 현재 인공지능 시스템과 관련된 표준에는 ISO, IEEE P7000 등이 있다. 인공지능 시스템은 신뢰도를 높일 수 있도록 안전성, 투명성, 기술적 견고성을 준수해야 한다.

④ **인증:** 인공지능 시스템은 투명성, 책임성, 공정성을 확보해야 한다. 또한 인공지능 시스템은 책임과 한계를 명확하게 제시해야 한다.

⑤ **거버넌스:** 인공지능 시스템은 내부 거버넌스와 외부 거버넌스 체계에 따라 개발되고, 배포되고, 이용되어서 윤리적 측면의 책임성을 확보해야 한다. 또한 인공지능 시스템 운영과 관련된 위원회를 설치해야 하고, 인공지능 윤리 담당자를 지정해야 한다.

⑥ **교육과 인식:** 인공지능 시스템의 잠재적 영향, 교육과 훈련 등을 통해 사람들이 인공지능 시스템을 활용해서 사회발전에 기여하도록 해야 한다.

⑦ **사회적 논의:** 인공지능 시스템 이용과 관련된 법률 전문가, 기술자, 윤리학자, 소비자, 노동자 등 다양한 이해관계자들과의 논의가 필요하다.

⑧ **포용적 설계팀:** 인공지능 시스템을 개발하는 데 있어서 설계, 개발, 시험, 유지보수 및 배포에 있어 다양한 사람들의 의견을 반영해야 한다.

참고자료 | EU 신뢰할 만한 AI 윤리 가이드라인 자가평가 목록[16]

(기본권) 기본권 보장에 대한 12문항: (평가 내용) 인간의 기본권에 대한 영향평가를 수행하고, 상충되는 원칙과 권리 간 절충관계를 확인하고 문서화함

2.1(인간행위자와 감독) 인간행위자와 자율성 14문항: (평가 내용) 의사결정의 자동화 수준을 고려할 때 사람과의 상호작용과 통제 · 감독 수준이 적절한지 확인

2.2(인간행위자와 감독) 인간의 감독 8문항:(평가 내용) HITL(Human-in-the-loop), HOTL(Human-on-the-loop), HIC(human-in-command)와 같은 시스템 통제 메커니즘의 확보 여부, 필요할 때 안전한 중단 수단 · 절차를 구비했는지 확인

3.1(기술적 견고성과 안정성) 공격 회복성과 보안 9문항: (평가 내용) 시스템의 취약성과 잠재적 위험을 검토하고 대비하여 회복성과 안전성을 보장하기 위한 대비 계획 · 절차 · 보험 · 거버넌스 등 구비 여부 확인

3.2(기술적 견고성과 안정성) 일반적 안전성 10문항: (평가 내용) 위험 정의, 위험 지표 및 수준 관리, 잠재적 위협 식별 및 예상결과 검토 여부, 핵심 시스템의 의존성 등 평가방법 확보 여부

3.3(기술적 견고성과 안정성) 정확성 5문항: (평가 내용) 데이터의 품질, 시스템의 최신성, 정확성 확보 노력 등 평가

3.4(기술적 견고성과 안정성) 신뢰성, 대체 계획, 재현성 9문항: (평가 내용) 신뢰성과 재현성의 중요성, 신뢰성 및 재현성의 보장방법, 시스템 에러에 대비한 대체 계획의 여부

4.1(프라이버시 · 데이터 관리) 프라이버시 2문항: (평가 내용) 민감한 데이터를 최소화하고 적절한 개인정보보호 강화조치 여부 확인

4.2(프라이버시 · 데이터 관리) 데이터 거버넌스 11문항: (평가 내용) 데이터의 품질 및 무결성 감독절차를 수립 여부, 국제관리표준 준수 여부 확인

5.1(투명성) 추적 가능성 6문항: (평가 내용) 시스템을 설계 · 개발 · 테스트 · 검증하는 데 사용되는 방법과 결과 활용에 대한 의사결정사항들을 문서화하여 추적이 가능한지 확인함

5.2(투명성) 설명 가능성 2문항: (평가 내용) 시스템에 의한 선택이나 자동화된 의사결정이 설명이 가능한지 확인함

5.3(투명성) 고지의 의무 5문항: (평가 내용) 시스템의 목적 · 용례 · 특성 · 한계를 이해관계자에게 충분히 고지했는지 확인함

16 Assessment List for Trustworthy Artificial Intelligence(ALTAI) for self-assessment(2020. 7) (재인용: 유재흥 · 추형석 · 강송희, 유럽(EU)의 인공지능 윤리 정책 현황과 시사점: 원칙에서 실천으로(An European approach to ethics on artificial intelligence: from principles to practices), 소프트웨어정책연구원, ISSUE REPORT IS-114, 2021년 3월 25일)

6.1(다양성, 차별금지, 공정성) 편향 회피 15문항: (평가 내용) 시스템 설계 시 사용한 공정성의 정의가 목적, 사용자 등에 적절한 수준인지, 불공정한 편향을 지양하기 위한 절차와 메커니즘을 수립하고 투명하게 고지했는지 확인함

6.2(다양성, 차별금지, 공정성) 접근 가능성 · 보편적 설계 9문항: (평가 내용) 접근성 · 이해관계자의 다양성을 보장하고 보편적인 디자인을 채택했는지 확인함

6.3(다양성, 차별금지, 공정성) 이해관계자 참여 1문항: (평가 내용) 시스템의 설계 및 개발 과정에서 다양한 이해관계자의 참여 기회 여부

7.1(사회 · 환경적 복지) 환경적 영향 4문항: (평가 내용) 지속 가능하고 환경 친화적인 방식의 시스템 구현 및 운영 여부

7.2(사회 · 환경적 복지) 일자리 및 직무영향 8문항: (평가 내용) 시스템이 근로 환경, 고용관계, 직무 등에 미치는 영향을 평가

7.3(사회 · 환경적 복지) 거시적 사회 영향 및 민주주의 4문항: (평가 내용) 제도, 민주주의, 거시적 차원에서의 시스템의 사회적 영향력 평가

8.1(책임성) 감사 가능성 2문항: (평가 내용) 시스템의 절차 및 결과물에 대한 감사기능을 적절하게 구현하여 추적성과 감사 가능성을 보장하고 있는지, 상충되는 원칙 간 절충에 대한 의사결정이 문서화되었는지 확인함

8.2(책임성) 위험관리 10문항: (평가 내용) 시스템의 영향평가와 책임성 강화 교육 · 훈련을 하고 있는지, AI 윤리 검토 위원회를 설치하고 내부 지침을 마련했는지, 제3자나 근로자에게 위험 보고 프로세스를 수립했는지 확인함

핵심문제

01 데이터 편향성에 대해 설명하시오.

02 인공지능 신뢰성(Trustworthiness)의 구성요소에 대해 설명하시오.

① 안전(Safety)

② 설명 가능(Explainability)

③ 투명(Transparency)

④ 견고(Robustness)

⑤ 공정(Fairness)

03 하버드대학교 법과대학 버크만 연구센터의 인공지능에 있어 개인정보보호(Privacy) 8대 윤리원칙에 대해 설명하시오.

① 동의(Consent)

② 정보 사용 통제(Control over Use of Data)

③ 정보처리 제한능력(Ability to Restrict Processing)

④ 정보 정정권(Right to Rectification)

⑤ 정보 삭제권(Right to Erasure

⑥ 설계에 의한 개인정보보호(Privacy by Design)

⑦ 개인정보보호법(Recommends Data Protection Laws)

⑧ 개인정보보호(기타/일반)(Privacy – Other/General)

04 하버드대학교 법과대학 버크만 연구센터의 인공지능에 있어 책무성(Accountability) 10대 윤리원칙에 대해 설명하시오.

① 검증 및 복제 가능성(Verifiability & Replicability)

② 영향평가(Impact Assessments)

③ 환경에 대한 책임(Environmental Responsibility)

④ 평가 및 감사 요구(Evaluation & Auditing Requirement)

⑤ 관리감독기관 창설(Creation of a Monitoring Body)

⑥ 이의제기 가능성(Ability to Appeal)

⑦ 배상 · 구제조치(Remedy for Automated Decisions)

⑧ 법적 책임(Liability & Legal Responsibility)
⑨ 새로운 규제 도입(Recommends Adoption of New Regulations)
⑩ 책무성(Accountability Per Se)

05 인공지능 윤리원칙 중 안전과 보안(Safety and Security) 원칙에 대해 설명하시오.
① 안전성(Safety)
② 보안성(Security)
③ 설계에 의한 보안(Security by Design)
④ 예측 가능성(Predictability

06 인공지능 윤리원칙 중 투명성과 설명 가능성(Transparency and Explainability)에 대해 설명하시오.
① 인공지능 운영에 대한 투명성(Transparency)
② 인공지능 결과물에 대한 설명 가능성(Explainability)
③ 오픈소스 데이터 및 알고리즘(Open Source Data and Algorithms)
④ 공개조달(Open Government Procurement)
⑤ 정보에 대한 권리(Right to Information)
⑥ 인공지능 시스템에 의한 의사결정 알림(Notification When AI Makes a Decision about an Individual)
⑦ 인공지능 시스템과 상호작용 중일 때에 대한 알림(Notification when Interacting with AI)
⑧ 정기적인 보고(Regular Reporting)

07 인공지능 윤리원칙 중에 공정성과 무차별성(Fairness and Non-discrimination)에 대해 설명하시오.
① 무차별성 및 편견방지(Nondiscrimination & the Prevention of Bias)
② 대표성 있는 고품질의 데이터(Representative & High Quality Data)
③ 공정성(Fairness)
④ 평등성(Equality)
⑤ 혜택의 포괄성(Inclusiveness in Impact)
⑥ 설계과정의 포괄성(Inclusiveness in Design)

08 인공지능 윤리원칙 중에 기술통제권(Human Control of Technology) 에 대해 설명하시오.

① 자동화된 의사결정에 대한 재검토(Human Review of Automated Decisions),
② 자동화된 결정에서 제외될 선택권(Ability to Opt out of Automated Decisions)
③ 기술통제권(기타 및 일반)(Human Control of Technology – Other & General)

09 인공지능 윤리원칙 중에 전문가 및 이해관계자 책임(Professional Responsibility)에 대해 설명하시오.
① 정확성(Accuracy)
② 책임성 있는 설계(Responsible Design)
③ 장기적인 영향 고려(Consideration of Long Term Effects)
④ 다중 이해당사자와 협력(Multi-stakeholder Collaboration)
⑤ 연구윤리(Scientific Integrity)

10 인공지능 윤리원칙 중에 인적가치 증진(Promotion of Human Values)에 대해 설명하시오.
① 인적가치 및 인간의 번영(Human Values & Flourishing)
② 기술접근성(Access to Technology)
③ 사회에 이롭게 사용(Leveraged to Benefit Society)

참고문헌

관계부처합동, 사람이 중심이 되는 인공지능을 위한 신뢰할 수 있는 인공지능 실현 전략(안), 2021년 5월 13일

양기문, 기업의 AI 및 알고리즘 이용에 관한 지침: 미국 FTC의 'Using Artificial Intelligence and Algorithms'을 중심으로, 제32권 제4호, 통권 699호, 2020년 4월 30일, pp.50-58

유재흥 · 추형석 · 강송희, 유럽(EU)의 인공지능 윤리 정책 현황과 시사점: 원칙에서 실천으로(An European approach to ethics on artificial intelligence: from principles to practices), 소프트웨어정책연구원, ISSUE REPORT IS-114, 2021년 3월 25일

이희옥, 인공지능 의사결정에 대응한 자기결정권의 보장, 헌법학연구, 제27권, 제1호, 2021, pp.33-74.

임정욱, 제4차 산업혁명과 기능정보사회로의 패러다임 변화, 제4차 산업혁명으로의 패러다임 변화와 법제도 대응방안 토론회, 2017

한국인터넷진흥원, 우리 기업을 위한 EU 일반 개인정보보호법 가이드북, 2018년 5월

한국정보화진흥원, 4차 산업혁명 대한민국의 미래를 찾다, IT & Future Strategy, 2018년 3월

황선영, 인공지능 윤리원칙 분석 보고서: 하버드 법대 버크만 센터의 'Principled Artificial Intelligence'을 중심으로, 정보통신방송정책, 제32권 제6호, 통권 701호, 2020년 6월 31일

NIA, AI 연구개발과 활용 촉진을 위한 AI 개발 가이드라인(안), 2017년 9월

UNESCO, Elaboration of a recommendation on the ethics of artificial intelligence, 2019. 5.

https://www.ftc.gov/news-events/blogs/business-blog/2020/04/usingartificial-intelligence-algorithms

Part

04 인공지능과 기하급수 기술 융합

Chapter 06

핀테크 서비스

학습목표

- 디지털 금융의 이해
- 핀테크 서비스의 개념 이해
- 핀테크 활용 현황의 이해
- 핀테크 서비스 미래 방향 이해

제 1 절 디지털 금융과 핀테크

1. 금융 분야에서의 IT 활용

정보통신기술 발전에 힘입어 다양한 금융 서비스 부분(예, 소비자 금융, 기업 금융, 결제, 투자, 자산관리, 송금 등)에서의 혁신이 이루어졌다. 금융 서비스에 있어 초기에는 단순한 업무처리 부분을 지원하던 정보통신기술은 최근 고객과 관련된 다양한 부분에서 혁신적인 서비스를 제공하는 가치창출 도구로 큰 인기를 얻고 있다. 이처럼 기술혁신은 금융에 있어 필수 불가결한 요소로 지속적 발전을 가능하게 해주었는데, 그 과정을 ① 1980년대, ② 1990년대, ③ 2000년대, ④ 2010년대, ⑤ 2020년대로 나누어 살펴보면 다음과 같다.

┃그림 6-1┃기술혁신과 금융 서비스의 변화

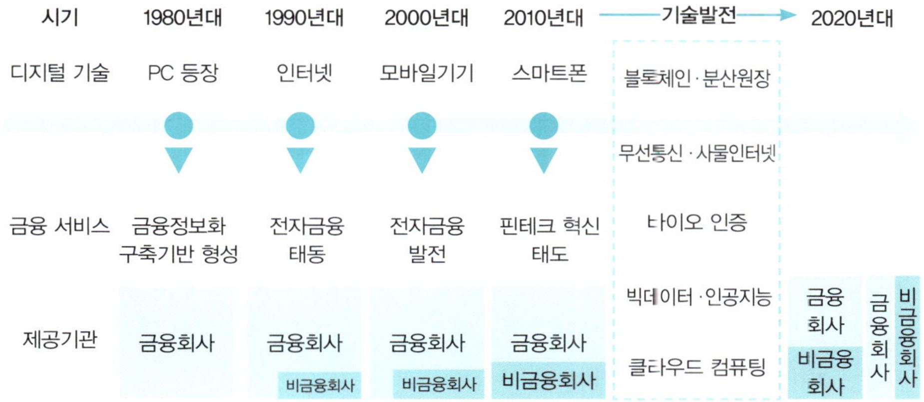

출처: World Economic Forum and Deloitte(2016)를 일부 수정

- 1980년대에는 컴퓨터 전산망이 구축되고, 개인용 컴퓨터의 이용이 활성화되면서, 금융 서비스 부분에서 금융정보화 구축의 기반이 형성되었다. 이 시기에는 금융회사에서 보다 개선된 금융 서비스를 고객들에게 제공하기 위해 적극적인 정보기술 활용이 이루어졌다.
- 1990년대에는 인터넷 기술이 발전하면서 전자금융 서비스가 출현하기 시작하였다. 비금융회사보다는 금융회사에서 디지털 기술을 고객 서비스 제공에 활용하였다.
- 2000년대에는 모바일 기기가 금융 서비스 부분에 이용되면서, 전자금융 분야의 발전이 이루어졌다. 이 시기에는 비금융회사보다는 주로 금융회사에서 정보기술을 주도적으로 활용하였다.
- 2010년 들어서 스마트폰이 일반화되면서 핀테크 혁신이 태동되기 시작하였다. 이 시기에는 금융회사와 비금융회사 모두 보다 적극적인 정보통신기술 활용이 이루어지기 시작하였다. 예를 들면, ① 블록체인과 분산원장 기술, ② 무선통신과 사물인터넷 기술, ③ 바이오 인증 기술, ④ 빅데이터 및 인공지능 기술, ⑤ 클라우드 컴퓨팅 기술이 핀테크 부분에 적용되었다.
- 2020년대에 들어서 4차 산업혁명 발전으로 다양한 정보통신기술의 융합화현상이 나타났다. 이러한 융합기술은 금융 및 비금융 서비스 부분에 적용되면

서, 기존 금융산업을 보다 혁신적으로 발전시켜주었다. 이러한 정보통신기술 분야에서의 디지털 기술 융합현상은 금융 서비스 혁신을 지속적으로 강화시켜줄 것으로 전망되고 있다.

최근 4차 산업혁명 기술발전에 따라 다양한 기술의 융합현상이 나타났다. 한국은행(2017)에 의하면 블록체인 및 분산원장기술,[01] 인공지능, 사물인터넷 기술 등이 금융에 도입되면서 새로운 핀테크 서비스 개발이 이루어졌다. 이에 따라 다양한 소비자 금융 서비스가 나타나게 되었다.[02] 금융혁신을 가능하게 한 기술로는 인공지능, 디지털 통화, 블록체인 및 분산원장 기술, 사물인터넷, 바이오 인증, 빅데이터, 클라우드 컴퓨팅 기술 등이 있다. 이러한 기술들은 기술 융합을 통해 로보어드바이저 서비스, 모바일 결제 서비스, 생체인증 기술(바이오 인증),[03] P2P 대출, 크라우드 펀딩 등 다양한 금융 서비스로 발전되었다.

궁극적으로 4차 산업혁명 시대의 기술 융합은 핀테크 혁신을 가능하게 해주었다. 예를 들면, 지급 및 청산, 결제(Payments, Clearing & Settlement) 부분에 혁신을 가져다주었고, 여신 및 수신(Deposits, Lending & Capital raising), 자금조달(Market provisioning) 부분에도 혁신을 가져왔으며, 시장 관련 정보 및 서비스를 제공해주었고, 투자 자산관리(Investment Management) 서비스를 가능하게 해주었다.

01 블록체인 및 분산원장 기술은 가상화폐에 이용되는 암호화 기술이다. 대표적으로 블록체인 및 분산원장 기술이 적용된 사례로는 비트코인(Bitccin)이 있다. 또한 블록체인 기술은 스마트 계약 분야에도 활용되고 있는데, 이는 일정조건을 충족하면 거래가 자동으로 실행되는 프로토콜을 의미한다.

02 한국은행 금융결제국, 디지털혁신과 금융서비스의 미래: 도전과 과제, 지급결제조사자료, 2017년 1월

03 바이오 인증(biometrics)은 개인의 생체정보를 이용해 디지털 시스템을 인증하는 신기술을 의미한다. 개인을 식별할 수 있는 생체정보로는 지문, 정맥, 얼굴형태, 홍채, 정맥, 음성 등이 있다. 바이오 인증은 분실우려가 적고, 별도의 보관이 필요하지 않고, 도용이 어려워서 금융 인증수단으로 인기를 얻고 있다.

▮그림 6-2▮ 디지털 기술과 금융 서비스의 관계

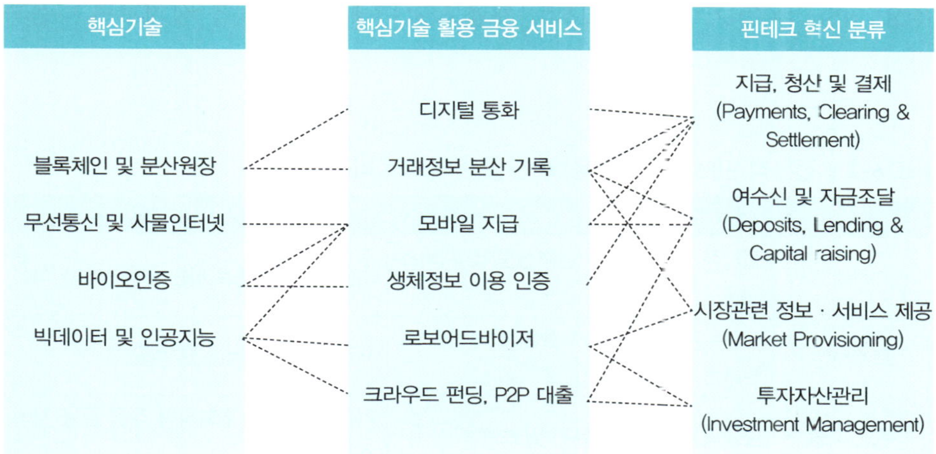

출처: 한국은행(2017)

2. 핀테크 서비스 유형

Ernst & Young(2014)에 의하면 핀테크(FinTech)는 금융 서비스 부문의 디지털 혁신 현상으로 기술과 금융이 융합된 새로운 서비스라고 하였다. 금융 서비스의 혁신 수준에 따라 전통적 핀테크(traditional FinTech)와 신흥 핀테크(emergent FinTech)로 구분된다고 하였다. 전통적 핀테크는 기존 금융 서비스를 혁신한 서비스를 의미한다. 예를 들면, 모바일 뱅킹과 같은 서비스가 여기에 해당한다 할 수 있다. 반면, 신흥 핀테크는 기존 금융 서비스를 근본적으로 혁신한 금융 서비스를 의미한다. 예를 들면, 최근 다양한 모바일 앱 환경에서 다양한 기관 및 개인 간 거래를 지원하는 가상통화를 활용하는 등과 같은 금융 서비스를 의미한다.

▮표 6-1▮ 핀테크 서비스의 유형

구분	낮은 혁신 ◀—— 혁신의 정도 ——▶ 높은 혁신				
	전통적 핀테크		중간	신흥 핀테크	
예시	인터넷 뱅킹	모바일 뱅킹	간편결제 간편송금	P2P 대출 로보어드바이저	비트코인

출처: Ernst & Young(2014) 참고 (재인용: 한국은행 금융결제국, 디지털혁신과 금융서비스의 미래: 도전과 과제, 지급결제조사자료, 2017년 1월)

또한 전통적인 핀테크인 전자금융과 혁신적인 신형 핀테크의 정의, 포지셔닝, 주요 역할, 주요 기업, 수익 모델, 개념도 측면에서의 특성을 살펴보면 다음과 같다.

▌표 6-2 ▌ 전통적 핀테크(전자금융)와 신생 핀테크의 비교

구분	전자금융	핀테크
정의	전자적 채널을 통한 금융상품 및 서비스 제공	기술을 핵심요소로 하는 금융 서비스 혁신
포지셔닝	기존 금융 서비스의 효율성 개선을 지원하는 역할	새로운 금융 서비스를 제공
주요 역할	금융 인프라 지원, 유지 및 보수	기존 인프라를 우회하여 직접 금융 서비스 제공
주요 기업	IBM(솔루션), Symantec(정보보안) 등	Ailpay(지급결제), Kickstater(크라우드 펀딩) 등
수익 모델	고객접점을 금융회사가 주도	고객접점을 비금융회사가 주도
개념도	자금공급자 – 금융회사 – 자금수요자	자금공급자 – 플랫폼 – 자금수요자
특성	PC 기반	모바일 기반

출처: Ernst & Young, 대신증권 Research & Strategy 본부

첫째, 전통적인 핀테크(전자금융)와 핀테크 서비스의 정의를 살펴보면, 전자금융은 전자적 채널을 통한 금융상품 및 서비스를 제공하는 금융 서비스를 의미한다. 반면, 핀테크는 최신 정보통신기술을 핵심요소로 하는 혁신적인 금융 서비스를 의미한다.

둘째, 포지셔닝 측면의 특성을 살펴보면, 전자금융 서비스는 기존 금융 서비스의 효율성 개선을 지원하는 역할을 하는 반면, 핀테크는 혁신적이고 새로운 금융 서비스를 제공하는 특성이 있다.

셋째, 주요 역할 특성을 살펴보면, 전자금융의 역할은 금융 인프라 지원, 유지 및 보수에 있다. 반면, 핀테크의 역할은 기존 인프라를 우회하여 직접 금융 서비스를 제공하는 데 있다.

넷째, 전자금융과 핀테크 서비스를 주도하는 주요 기업을 살펴보면, 전자금융을

대표하는 기업으로 IBM이 있다. IBM은 전자금융 솔루션을 이용한 사업을 수행하고 있다. 또한 전자금융 보안을 주도하는 사업자로 시만틱(Symantec)이 있다. 반면, 핀테크는 주로 빅테크 기업들이 주도로 사업을 펼치고 있다. 알리페이(Ailpay)는 지급결제 서비스를 제공하고, 킥스타터(Kickstater)는 크라우드 펀딩 서비스를 제공하고 있다.

다섯째, 주요 수익 모델을 살펴보면 전자금융은 고객접점을 금융회사가 주도하여 거래를 통해 수익을 창출한다. 반면, 핀테크는 고객접점을 비금융회사가 주도하며 거래를 통해 수익을 창출한다.

여섯째, 에코시스템 구성 개념 특성을 살펴보면, 전자금융은 자금공급자, 금융회사, 자금수요자가 금융 서비스 에코 시스템 구성자이다. 반면, 핀테크 서비스는 자금공급자, 플랫폼, 자금수요자가 금융 서비스 에코시스템 구성자이다.

일곱째, 서비스 이용 특성을 살펴보면 전자금융은 PC 기반에서 서비스가 이루어지는 반면, 핀테크는 모바일 기반에서 서비스가 이루어진다.

현재 정보기술 발전에 힘입어 핀테크 서비스는 세계적으로 빠르게 성장하고 있다. 특히, 핀테크 서비스 중 결제 서비스는 이커머스 확산에 따라 급속도로 증가하고 있다. 예를 들면, 2018년 말 전 세계 시장 규모는 약 2.9조 달러였는데, 20023년에는 6.5조 달러에 이를 것으로 예측되고 있다.[04, 05] 대표적인 핀테크 결제 서비스로는 삼성페이, 카카오페이, 구글페이, 애플페이 등이 있다.

3. 핀테크 서비스 분류 및 특성

현재 다양한 핀테크 서비스가 활성화되고 있다. 예를 들면, 핀테크 서비스 유형으로는 간편송금, 인터넷뱅킹, 크라우드 펀딩, P2P 대출 등 다양하다. 특히, 핀테

04 eMarketer, Global Ecommerce 2019, Ecommerce Continues Strong Gains Amid Global Economic Uncertainty, 2019. 1. 27.

05 참고로 모바일 커머스 확산에 따라 모바일 결제시장 역시 급성장하였다. 예를 들면, 2011년 1,011억 달러에서 2017년 7,214억 달러로 급성장하였다. (Accenture, "Payments in the Digital age_How the digital payments paradigm is redefining banking", 2018)

크 서비스는 금융 서비스의 이용 용이성과 유용성을 높여주기 때문에 그 성장세는 갈수록 높아지고 있다. 핀테크 서비스 유형 및 특성을 살펴보면 다음과 같다.

표 6-3 핀테크 주요 유형과 대표기업

구 분	내용	대표 기업
간편송금 및 결제	공인인증서, 일회용 비밀번호(OTP: One-Time Password) 등 복잡한 인증절차 없이 간편하게 송금 및 결제	카카오페이, 삼성페이, 토스
크라우드 펀딩	창의적 아이디어를 가진 기업이 온라인 플랫폼을 이용해 다수의 투자자로부터 자금조달	와디즈
P2P 대출	기업 · 개인이 금융기관의 중개 없이 온라인 플랫폼으로 대출 계약	렌딧
인터넷 전문은행	기존 대형은행과 차별화된 온라인 채널 등을 통해 디지털화된 은행업무 제공	카카오뱅크, K뱅크
자산관리	알고리즘 · 빅데이터 분석 등을 통한 자산 포트폴리오 및 자문, 운용	뱅크샐러드
레그테크	금융규제 사항에 대한 효율적 대응	에임스
인슈어테크	신기술을 이용해 보험 가입 및 관리	보맵

출처: 이코노미스트, 2019년 5월

첫째, 간편 송금 및 결제 서비스 핀테크 모델은 공인인증서 또는 일회용 비밀번호(OTP: One-Time Password) 등과 같이 복잡한 인증과정을 거치지 않고, 간편한 인증절차로 송금을 하거나 결제를 할 수 있는 서비스를 제공한다. 대표적인 기업으로는 카카오페이, 토스 등이 있다.

둘째, 크라우드 펀딩은 다양한 기업들이 온라인 플랫폼을 활용해서 투자 유치를 용이하게 할 수 있는 핀테크 비즈니스 모델이다. 대표적인 기업으로는 와디즈가 있다.

셋째, P2P 금융 모델은 빅데이터 분석에 기반해서 개인의 신용을 평가하고, 이에 기반해서 온라인 금융거래 플랫폼에서 금융거래를 지원해주는 서비스를 제공한다. 대표적인 기업으로는 렌딧 등이 있다.

넷째, 인터넷 전문은행으로는 기존 오프라인 금융기관을 확보하지 않고, 온라인에서 금융기관과 금융소비자 간에 금융 서비스를 제공할 수 있는 사업 모델을 의미한다. 대표적인 기업으로는 카카오뱅크, K뱅크 등이 있다.

다섯째, 자산관리 모델은 빅데이터 분석을 이용해서 개인의 경제적 특성과 자산 특성을 분석해서, 자산관리에 정보를 제공하는 사업 모델을 의미한다. 대표적인 기업으로는 뱅크샐러드 등이 있다.

여섯째, 레그테크는 금융규제와 관련된 다양한 정보를 제공하여 효율적인 대응을 지원해주는 사업 모델이다. 대표적인 기업으로는 에임스 등이 있다.

일곱째, 인슈어테크는 보험 분야에서 정보통신기술을 적용한 사업 모델로 보험소비자의 보험 가입 및 보험상품관리를 지원하는 사업 모델이다. 대표적인 기업으로는 보맵 등이 있다.

4. 핀테크 산업의 성장

최근 핀테크(FinTech) 열풍에 힘입어 다양한 기업에서 금융과 기술을 융합하는 사업을 준비하고 있다.[06] 핀테크(FinTech)는 파이넌스(Finance)와 테크놀로지(Technology)의 합성어로, 금융과 정보기술을 융합한 첨단 금융 서비스를 의미한다. 일부에서는 핀테크라는 용어 대신에 테크핀(TechFin)이라는 용어를 이용하기도 한다.

핀테크가 등장하게 된 이유는 다양하다. 정보통신기술의 발전과 금융소비자의 새로운 서비스 욕구, 금융기관의 혁신, 정부의 규제완화 등 다양한 이유가 핀테크 산업의 발전에 영향을 미쳤다. 보다 상세한 핀테크 등장 및 성장 배경은 다음과 같다.

06 핀테크(FinTech)란 용어와 함께 테크핀(TechFin)이라는 용어도 이용되고 있는데, 이 용어는 빅데이터 기술을 이용한 혁신적인 금융 서비스를 의미한다. (참고: Zetzsche, D. A., Buckley, R. P., Arner, D. W., Barberis, J. N., From FinTech to TechFin: The Regulatory Challenges of Data-Driven Finance, European Banking Institute Working Paper Series 2017, No. 6, 2017). 대표적인 핀테크 서비스를 제공하는 기업으로 GAFA(Google, Amazon, Facebook, Apple)와 BAT(Baidu, Alibaba, Tencent)가 있다.

표 6-4 핀테크 등장 및 성장 배경

구분	내용
금융위기	금융위기 이후 기존 금융상품과 서비스의 한계를 절감하고 새로운 성장동력으로 핀테크를 주목
모바일 기술	많은 상업거래가 모바일로 전환됨에 따라 스마트폰을 이용한 금융 거래 수요 증가
화폐 개념의 변화	물리적 실체를 교환하던 것에서 전자 데이터상의 수치를 전송하는 것으로 화폐 개념이 변화
빅데이터	빅데이터 기술의 발전으로 데이터 처리가 불가능했던 금융 데이터를 활용한 새로운 비즈니스 모델 모색
개별화 금융 서비스 요구	금융상품의 복잡도가 증가하면서 금융 소비자 개인에게 최적화된 서비스에 대한 요구가 증대
금융규제 완화	선진국에서 먼저 핀테크 서비스가 등장하자 국내에서도 핀테크에 대한 규제 완화 추진
금융 생산성 향상	정보통신기술을 이용해서 저비용 실시간으로 서비스 제공 가능
금융 롱테일	기존의 금융 서비스에서 소외되었던 소액 금융과 소액 대출에 대한 서비스 가능
데이터 수익 창출	광고나 3자에 대한 데이터 판매 등을 통해 틈새 수익 창출 가능
금융사기 예방	금융 데이터에 대한 보호가 중요해짐
금융 인프라 교체	P2P 네트워크나 비트코인 등 기존의 금융 인프라 외의 새로운 인프라 등장
금융기관 이탈	P2P 대출 등 새로운 금융 서비스의 등장으로 기존의 금융기관의 비즈니스 모델을 파괴하거나 기존 소비자의 금융기관 이탈을 촉발

출처: 과학기술정책연구원, 신기술과 산업 지형의 변화 ③ 핀테크, 2016년

첫째, 금융위기는 핀테크 성장동력이 되었다. 금융위기가 발생한 이후에 금융회사들은 기존 금융상품과 서비스의 한계를 파악하게 되었고, 금융소비자에게 다가가기 위해 정보통신기술을 활용하는 새로운 성장동력으로 핀테크에 관심을 갖게 되었다.

둘째, 모바일 기술은 금융산업에 새로운 대안을 제시해주었다. 정보통신기술 발전으로 다양한 상거래가 기존 인터넷 환경에서 모바일 환경으로 전환됨에 따라 스마트폰을 이용한 금융거래 수요가 증가되었다. 이에 따라 모바일 디바이스를 활용하는 핀테크 서비스가 발전하기 시작하였다.

셋째, 핀테크의 발전에 따라 화폐 개념에 변화가 발생하였다. 과거에 화폐의 개념은 물리적 실체를 교환하였던 것이다. 그러나 오늘날 화폐 교환의 개념은 전자 데이터상의 수치를 전송하는 개념으로 변화하였다. 이에 따라 전자적 기술을 이용하는 핀테크 개념이 발전하게 되었다.

다섯째, 빅데이터 기술의 발전에 따라 핀테크 산업이 발전하게 되었다. 핀테크 산업은 빅데이터 기술의 발전으로 기존에 데이터 처리가 불가능했던 금융 데이터를 다양한 방법으로 활용할 수 있게 되었다. 이에 따라 빅데이터 분석을 활용한 새로운 핀테크 비즈니스 모델을 찾게 되었다.

여섯째, 정보기술 발전에 따라 보다 개별화 금융 서비스를 요구하는 사회적 욕구가 증가하게 되었다. 최근 정보기술의 발전에 따라 금융상품의 복잡도가 증가하였다. 이에 따라 소비자에게 최적화된 금융 서비스에 대한 요구가 증대하게 되었다. 이에 따라 핀테크 서비스가 발전하게 되었다.

일곱째, 금융규제 완화에 따라 핀테크 서비스가 발전하게 되었다. 핀테크 서비스는 선진국에서 먼저 등장하였다. 선진국의 영향을 받은 국내에서도 핀테크에 대한 규제 완화가 이루어지면서 핀테크 서비스가 발전하게 되었다.

여덟째, 정보기술의 발전으로 금융 생산성이 개선되었다. 핀테크 서비스는 정보통신기술을 이용해서 저비용 실시간으로 서비스 제공이 가능해졌다. 이에 따라 핀테크 서비스가 발전하게 되었다.

아홉째, 기존에 중요도가 떨어지던 금융 롱테일에 대한 관심을 핀테크 서비스가 높여주었다. 기존의 롱테일의 법칙에 의하면, 80% 대 20% 중에서 중요도가 낮은 80%에서 새로운 기회를 창출할 수 있다고 하였다. 핀테크 서비스는 금융 서비스에서 소외되었던 소액 금융 부분에서의 서비스와 소액 대출 서비스에서 새로운 가능성을 찾을 수 있게 되었다.

열째, 핀테크 서비스는 데이터 수익 창출을 가능하게 하였다. 핀테크 서비스는 광고나 3자에 대한 데이터 판매 등 새로운 틈새 수익 창출을 가능하게 하였다.

열한째, 핀테크 서비스는 금융사기 예방에 도움을 주었다. 정보통신기술의 발전은 금융 데이터에 대한 보호가 중요함을 알려주었다.

열두째, 핀테크 서비스는 금융 인프라 교체를 유발했다. 핀테크 서비스는 P2P

네트워크나 암호화폐(예, 비트코인) 등 기존의 금융 인프라 이외의 새로운 인프라를 등장하게 했다.

열셋째, 핀테크 서비스 활성화는 금융기관 이탈을 가속화시켰다. 정보통신기술의 발전은 P2P 대출 등 새로운 금융 서비스를 등장시켰다. 핀테크 서비스는 기존 금융기관의 비즈니스 모델을 파괴하였고, 기존 소비자의 금융기관 이탈을 촉발하였다.

5. 핀테크 기업의 투자와 인수합병

한국은행(2017)에 의하면 금융 부문에서의 디지털 혁신(Digital Innovation)은 정보, 통신, 네트워크 등의 다양한 디지털 기술을 융합해서 새로운 금융상품 및 서비스를 만들어내는 데 일조하고 있다고 하였다. 금융감독원(2019)에 의하면 핀테크 산업은 지속적으로 급성장하고 있다고 한다.[07] 국내외 핀테크 산업혁신 특성에 나타난 것처럼, 핀테크 산업은 지속적으로 투자가 급증하고 있으며 다양한 기업 간 입수합병이 이루어지고 있다. 예를 들면, 핀테크 산업에서의 2016년 70조 원(1,893건)의 투자가 나타났고, 2017년 56조 원(2,165건)의 투자가 나타났으며, 2018년에는 123조 원(2,196건)의 투자가 나타났다. 또한 핀테크 기업들 사이의 인수합병 역시 지속적으로 증가하고 있다.

07 금융감독원 핀테크 혁신실, 글로벌 핀테크 10대 트렌드 및 시사점, 2019년 10월

▮그림 6-3▮ 글로벌 핀테크 투자 및 인수합병 특성

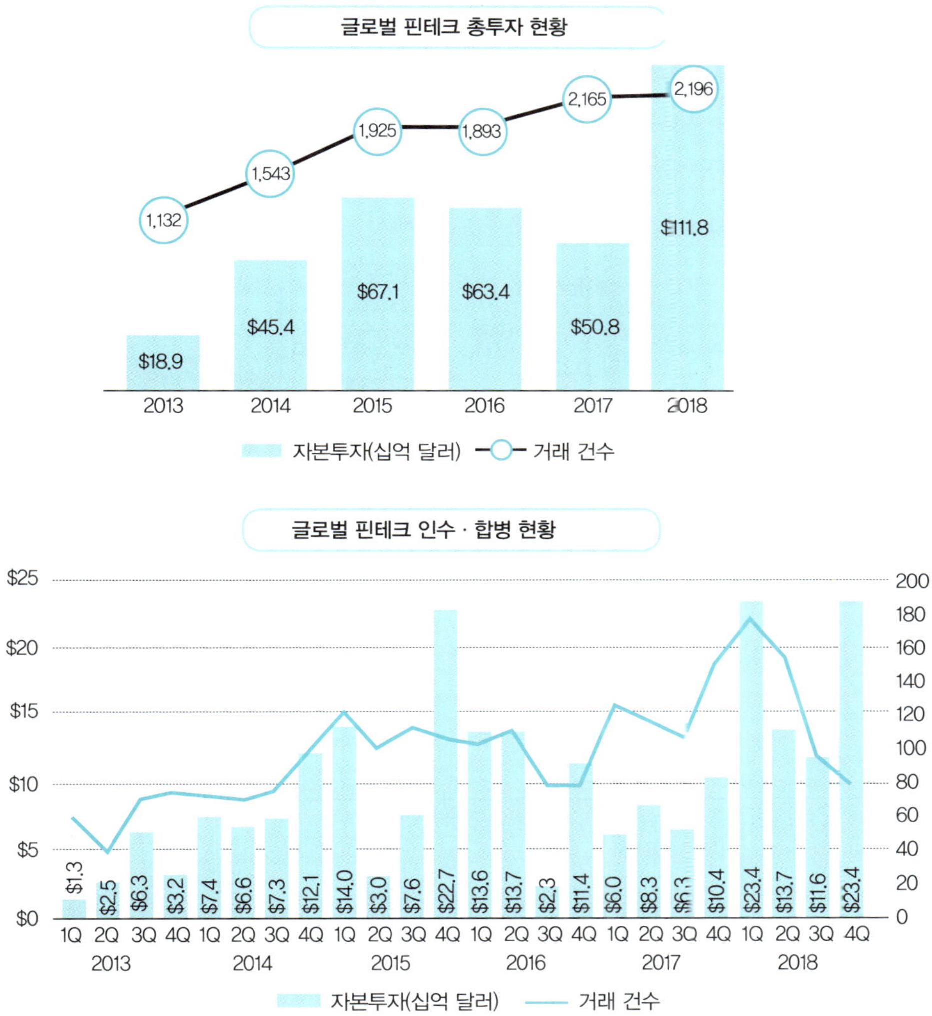

출처: 금융감독원(2019)

더불어 미국과 유럽에서는 핀테크 서비스 분야 중에 지급결제 분야에서 활발한 투자가 나타나고 있는 것을 알 수 있다. 또한 글로벌 핀테크 기업들의 인수와 합병이 전반적으로 증가하고 있는 것을 알 수 있다.

표 6-5 2018년도 글로벌 Top 10 투자 현황

순위	국가	업체명	서비스유형	투자자	거래 규모	거래월	거래 유형
1	미국	Refinitiv	금융정보제공	Blackstone 등	$17B	10월	인수
2	중국	Ant Financial	지급결제 등	Silver Lake Partners 등	$14B	5월	지분 투자
3	영국	Worldpay	지급결제	Vantiv	$12.9B	1월	인수
4	덴마크	Nets	지급결제	Hellman & Friedman	$5.5B	6월	인수
5	미국	Blackhawk Network Holdings	지급결제	Silver Lake and P2 Capital Partners	$3.5B	1월	인수
6	미국	VeriFone	지급결제	Francisco Partners	$3.4B	8월	인수
7	스웨덴	iZettle	지급결제	PayPal	$2.2B	5월	인수
8	영국	Fidessa Group	지급결제	ION Investment	$2.1B	8월	인수
9	미국	Ipreo	솔루션 구축	Blackstone, Goldman Sachs 등	$1.9B	5월	합병
10	영국	IRIS Software Group	솔루션 구축	Hg Saturn Fund, ICG	$1.7B	5월	인수

출처: KPMG, Pulse of Fintech 2018(2019. 1) (재인용: 금융감독원(2019))

미국의 핀테크 기업 레피니티브(Refinitiv)는 금융정보를 제공하고 있다. 투자회사인 블랙스톤(Blackstone) 등은 2018년 10월에 레피니티브를 $17B(빌리언달러)에 인수하였다.

중국의 앤트 파이낸셜(Ant Financial)은 지급결제 서비스를 제공하고 있다. 투자회사인 실버 레이크 파트너스(Silver Lake Partners) 등은 2018년 5월에 앤트 파이낸셜에 $14B(빌리언달러)를 투자해 지분을 확보하였다.

영국의 월드페이(Worldpay)는 지급결제 서비스를 제공하고 있다. 투자업체인 벤티브(Vantiv)는 2018년 1월에 $12.9B(빌리언달러)를 투자해 이 기업을 인수하였다.

덴마크의 네츠(Nets)는 지급결제 서비스를 제공하고 있다. 투자업체인 헬맨 & 프리드만(Hellman & Friedman)은 2018년 6월에 $5.5B(빌리언달러)를 투자해 이 회사를 인수하였다.

미국의 블랙호크 네트워크 홀딩스(Blackhawk Network Holdings)는 지급결제 서비스를 제공하고 있다. 투자회사인 실버 레이크(Silver Lake)와 P2 캐피털 파트너스(P2 Capital Partners)는 2018년 1월 $3.5B(빌리언달러)를 투자해 이 회사를 인수하였다.

미국의 핀테크 업체 베리폰(VeriFone)은 지급결제 서비스를 제공하고 있다. 투자업체인 프랜시스코 파트너스(Francisco Partners)는 2018년 8월에 $3.4B(빌리언달러)를 투자해서 이 회사를 인수하였다.

스웨덴의 아이제틀(iZettle)은 지급결제 서비스를 제공하고 있다. 핀테크 업체인 PayPal은 2018년 5월에 $2.2B(빌리언달러)를 투자해 이 회사를 인수하였다.

영국의 피데사 그룹(Fidessa Group)은 지급결제 서비스를 제공하고 있다. 투자업체인 아이온 인베스트먼트(ION Investment)는 2018년 8월 $2.1B(빌리언달러)를 투자해 이 회사를 인수하였다.

미국의 아이프레오(Ipreo)는 핀테크 솔루션을 구축하는 비즈니스를 추구하고 있다. 투자업체인 블랙스톤(Blackstone), 골드만삭스(Goldman Sachs) 등은 2018년 5월에 $1.9B(빌리언달러)를 투자해 이 회사와 합병을 하였다.

영국의 아이리스 소프트웨어그룹(IRIS Software Group)은 핀테크 솔루션 구축 비즈니스를 수행하고 있다. 투자회사인 Hg Saturn Fund, ICG는 2018년 5월에 $1.7B(빌리언달러)를 투자해 이 회사를 인수하였다.

국내에서도 핀테크 기업들의 인수합병이 활발하게 일어나고 있다. 현재 국내에서는 금융회사들의 직접적 또는 간접적으로 핀테크 기업들을 지원하고 있다. 예를 들면, 금융지주, 카드사, 증권에서 핀테크 기업에 투자하거나 또는 인수합병을 수행하고 있다. 핀테크 기업 중, 1조 원 이상의 시장가치를 확보하는 기업을 유니콘 기업이라고 한다. 현재 국내 핀테크 유니콘 업체로 간편송금 서비스인 토스를 제공하는 비바리퍼블리카가 있다. 글로벌 측면에서는 비금융 플랫폼을 보유한 빅테크(Big-Tech) 기업들이 핀테크 시장에서 큰 영향력을 발휘하고 있다. 미국의

GAFA(Google, Amazon, Facebook, Apple), 중국의 알리바바, 텐센트 등은 지급결제 서비스, 대출 서비스, 보험 서비스 등 다양한 금융 서비스를 제공하고 있다.

6. 핀테크 글로벌 트렌드

최근 4차 산업혁명 기술발전에 따라 핀테크 산업에서의 성장과 합종연횡에 따라 급격한 산업구조 변화가 나타났다. 금융감독원(2019)에서는 해외감독기구(예, FSB), 글로벌 컨설팅업체(예, KPMG, McKinsey), 해외언론(예, 포브스), 글로벌 리서치업체(예, CB-Insight), 금융보안원 등 다양한 기관의 보고서를 토대로, 핀테크 산업에서 나타나는 열 가지 변화를 다음과 같이 제시하였다. 그 특징은 다음과 같다.

첫째, 핀테크 기업 인수 · 합병 확대현상이 나타나고 있다. 핀테크 산업에서 수익 모델이 검증된 성장 단계의 핀테크 기업에 대한 투자 선호도가 높게 나타나는 현상이 있다. 즉, 핀테크 산업에서의 경쟁우위가 명확하게 나타남에 따라 선택과 집중현상이 나타나고 있음을 알 수 있다.

둘째, 핀테크 사업 영역에 있어서 빅테크(Big-Tech) 기업의 금융 서비스 시장 잠식현상이 가속화되는 현상이 나타나고 있다. 핀테크 사업 영역에서 규모의 경제 효과가 나타나고 있는 결제 서비스, 대출 서비스, 보험 서비스 영역을 중심으로 빅테크 기업의 시장지배력이 확대되는 특징이 있다.

셋째, 핀테크 기업과 전통 금융기관 사이에서 협력이 강화되는 현상이 나타나고 있다. 빅테크 기업 출현으로 인해서 금융회사와 핀테크 기업의 관계가 경쟁에서 협업으로 변화하는 양상이 나타났다. 이에 따라 빅테크 기업들은 금융시장에서 핀테크 선도기업으로 발돋움할 수 있고, 금융기관들은 기존 입지를 굳힐 수 있게 되었다.

넷째, 핀테크 기업들이 종합 금융 플랫폼 사업자로 비즈니스를 확대하는 현상이 나타나기 시작하였다. 국내에서는 마이데이터 사업 활성화, 오픈뱅킹 서비스가 본

표 6-6 글로벌 핀테크 10대 트렌드

글로벌 핀테크 트렌드	현황 및 전망
핀테크 기업 인수 · 합병 확대	수익 모델이 검증된 성장 단계 기업에 대한 투자 선호현상 반영
빅테크(Big-Tech) 기업의 시장 잠식 가속화	규모의 경제 효과를 누릴 수 있는 결제, 대출, 보험 영역을 중심으로 빅테크 기업의 시장지배력 확대
핀테크 기업과 전통 금융기관 간 협력 강화	빅테크 기업 출현으로 금융회사와 핀테크 기업 간 관계가 경쟁에서 협업으로 변화하는 양상
핀테크 기업의 종합 금융 플랫폼 사업 확대	(국내) 마이데이터 · 오픈뱅킹 본격화 시 핀테크 기업의 적극적 서비스 영역 확장 시도 예상
핀테크 기업의 IPO 성공 추세 둔화	(국내) 핀테크 기업의 경영권 우려 등으로 기업공개를 기피하는 경향
금융 IT 인프라의 클라우드 전환 가속화	보안관리 및 비용절감 등의 사유로 핵심(Core) 시스템의 클라우드 전환이 가속화
인슈어테크의 성장	미국 · 유럽의 전통 보험사들이 성장 잠재력이 풍부한 아시아 지역에서 대체 보험상품 출시 확대
블록체인 기술 적용 확대	거래비용 절감 및 편리성 등으로 암호자산을 활용한 지급결제 서비스 활성화 예상
레그테크(RegTech) 투자 가속화	(국내) 글로벌 대비 컴플라이언스 기능 강화를 위한 레그테크 적용이 다소 부진: 국내의 경우 주로 자금세탁방지 및 이상거래탐지 분야를 중심으로 레그테크 적용을 시도
사회적 혁신금융의 부상	밀레니얼 세대의 관심 및 금융기관 니즈 등으로 임팩트 핀테크(Impact Fintech)의 성장 가능성 대두

출처: 금융감독원, 글로벌 핀테크 10대 트렌드 및 시사점, 2019년 6월 7일 보도자료

격적으로 시작되면서 핀테크 기업들의 적극적 금융 서비스 영역 확장 시도가 나타나고 있다.

다섯째, 핀테크 기업의 IPO 성공 트렌드가 둔화되는 현상이 나타나고 있다. 국내에서 핀테크 기업들의 경영권 우려 등으로 기업공개를 기피하는 현상이 나타나고 있다.

여섯째, 금융IT 인프라의 클라우드 컴퓨팅 도입 전환이 가속화되는 것으로 나타났다. 핀테크 기업들은 보안관리 및 비용절감 등의 사유로 핵심사업 브분을 제외한 다른 시스템 사업 부분을 클라우드 컴퓨팅 서비스 도입으로 전환을 가속화하고 있는 것으로 나타났다.

일곱째, 인슈어테크의 성장세가 두드러지게 나타나고 있다. 미국과 유럽의 전통적인 보험회사들이 시장 성장 잠재력이 풍부한 아시아 시장에서 다양한 보험상품 출시를 확대하는 현상이 나타나고 있다.

여덟째, 핀테크 분야에서 블록체인 기술 적용이 확대되는 현상이 나타나고 있다. 핀테크 사업 부문에서 거래비용 절감 및 편리성 등으로 인해서 암호화폐를 이용한 지급결제 서비스가 활성화될 것으로 예상되고 있다.

아홉째, 핀테크와 관련된 레그테크(RegTech) 분야에 대한 투자가 증가하고 있다. 국내에서는 글로벌 시장과 비교해서 금융기관의 컴플라이언스 기능을 강화하기 위한 레그테크 적용은 다소 미진한 상황이다. 국내의 경우 주로 자금세탁 방지와 이상거래 탐지 분야를 중심으로 레그테크를 적용하고 있다.

열째, 핀테크 관련 사업 부문에서 사회적 혁신금융이 급부상하고 있다. 밀레니얼 세대의 관심 분야로 핀테크의 성장 가능성이 높아지고 있다.

7. 국가별 핀테크 도입지수

핀테크 서비스는 정보통신기술이 발전된 국가에서 주도적으로 활용 수준이 높아지고 있다. Ernst & Young(2019)에 의하면 세계 다양한 국가에서의 핀테크 도입 현황을 살펴보면 영국이 가장 핀테크 도입지수가 높은 것으로 나타났고, 그 다음이 한국, 홍콩, 싱가포르로 나타났다. 이러한 글로벌 핀테크 도입지수 조사결과

▮그림 6-4▮ 주요국 핀테크 도입지수 비교 (단위: %)

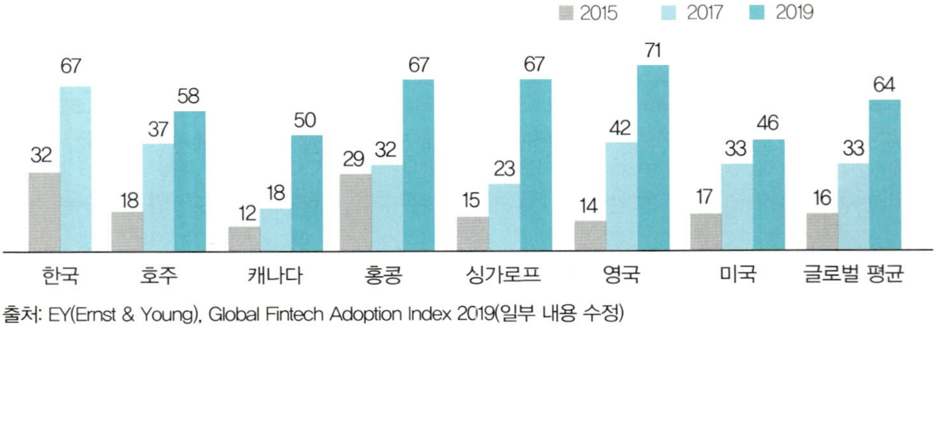

출처: EY(Ernst & Young), Global Fintech Adoption Index 2019(일부 내용 수정)

를 보면, 한국이 핀테크 분야에서 혁신적으로 앞서가고 있는 국가 중 하나임을 알 수 있다.

제2절 빅테크 기업의 금융 서비스

1. 빅테크 기업의 금융 서비스 사업

현재 빅테크 기업은 자사의 빅데이터와 플랫폼 기술력을 토대로 금융사업을 강화하고 있다. 빅테크 기업들은 핀테크 시장에서 결제 서비스와 금융 서비스를 통해 경쟁우위를 강화하고 있다. 대표적인 빅테크 글로벌 빅테크 기업(예, 구글, 아마존, 페이스북, 애플)도 핀테크 시장에 적극적으로 진출하고 있다. 그 특성은 다음과 같다.

표 6-7 글로벌 빅테크 기업의 페이 · 금융시장 진출 주요 현황

구분	구글	아마존	페이스북	애플
간편결제	구글페이 영미권, 일본 등에서 사용	아마존 페이	페이스북 페이	애플페이 50여 개국에서 사용
금융업 진출	2020년부터 씨티은행과 협업을 통해 계좌 서비스 제공 예정	2019년 싱크로니 파이낸셜과 협업하여 저신용자 대상 신용카드 출시	2019년 블록체인 기반 가상 자산인 리브라 출시 계획 발표	2019년 골드만삭스, 마스터카드와 협업하여 아이폰 연동 신용카드 애플카드 출시

출처: 배기헌, 핀테크 · 빅테크의 금융시장 진출 및 시사점, 금융결제원, 지급결제와 정보기술 75호, 2020년 6월

구글은 미국에서 간편결제 서비스를 제공하고 있고, 시티은행과 협업을 통해 금융계좌 서비스 시장 진출을 준비 중이다. 아마존은 아마존 페이 서비스를 이용해 간편결제 시장에서 서비스를 제공하고 있고, 2019년 싱크로니 파이낸셜과 저신용자를 대상으로 카드 서비스를 출시하였다. 페이스북은 페이스북 페이를 통해 간편

결제 서비스를 제공하고 있으며, 2019년 블록체인 기반 가상화폐인 리브라 출시 계획을 발표하였다. 애플은 간편결제 서비스로 애플페이 서비스를 제공하고 있고, 2019년 골드만삭스, 마스터카드와 협업으로 카드사업을 시작하였다.[08,09,10,11,12]

▮그림 6-5▮ 다양한 핀테크 기업 유형

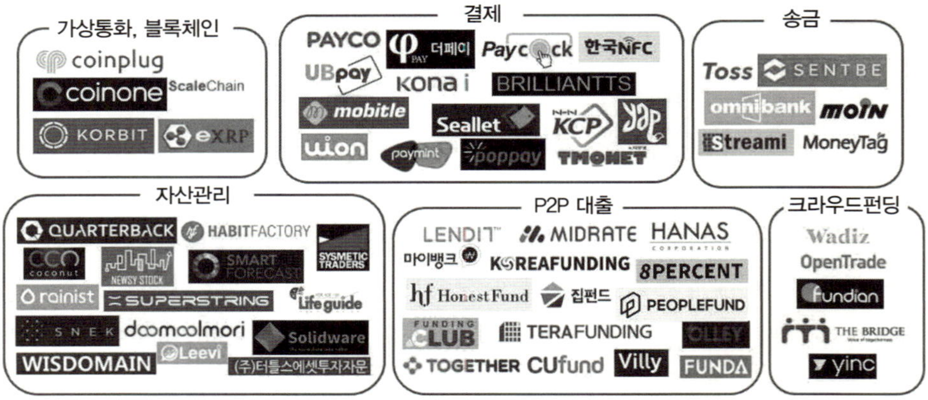

출처: 한국은행 금융결제국, 디지털혁신과 금융서비스의 미래: 도전과 과제, 지급결제조사자료, 2017년 1월

앞서 설명한 것처럼 핀테크 기업은 다양하게 나타난다. 예를 들면, 가상통화 및 블록체인 서비스 제공 핀테크 기업에는 코비트, 코인원, 코인프러그 등이 있다. 결제 서비스 제공 핀테크 기업에는 더페이, 페이코, 한국NFC, 카카오페이 등이 있다. 송금 서비스 제공 핀테크 기업에는 토스, 센트비, 옴니뱅크 등이 있다. 자산관리 서비스를 제공하는 핀테크 기업에는 한빗팩토리, 라이프 가이드(Life Guide) 등이 있다. P2P 대출 서비스를 제공하는 핀테크 기업에는 미드레이트, 마이핑크, 집펀드 등이 있다. 크라우드 펀딩 서비스를 제공하는 핀테크 기업에는 와디즈, 오픈트레이드 등이 있다. 그 밖에도 다양한 정보기술을 활용하는 핀테크 서비스가

08 배기헌, 핀테크 · 빅테크의 금융시장 진출 및 시사점 금융결제원, 지급결제와 정보기술 75호, 2020년 6월

09 이보미, 빅테크의 금융업 진출 현황 및 시사점, 2019년 12월, 한국금융연구원

10 매일경제, "'구글카드' 나온다...애플카드 넘어설까", 2020년 4월 28일 기사참조

11 매일경제, "24억명 연결된 결제망 '페북 페이' 등장", 2019년 11월 26일 기사참조

12 중앙일보, "페이스북 간편결제 서비스 '페이스북 페이', 국내엔 언제 출시?", 2019년 11월 14일 기사참조

출현하고 있다. 핀테크 서비스와 관련된 다양한 용어가 존재하는데 몇몇 용어를 살펴보면 다음과 같다.

- **가상은행(Virtual Bank)**: 인터넷 통신 네트워크를 활용해서 금융 서비스를 제공하는 비대면 거래방식의 금융기관을 의미한다. 가상은행은 인터넷 전문은행(Internet only Bank) 또는 다이렉트 뱅크(Direct Bank)라고도 한다.
- **P2P 대출(Peer-to-Peer Lending)**: 유무선통신 네트워크를 이용해서 개인 투자자들과 대출 서비스 이용자들을 연결해서 금융 서비스를 제공하는 사업 모델을 의미한다.
- **인슈어테크(InsurTech)**: 보험(Insurance)과 기술(Technology)의 합성어이다. 인슈어테크는 다양한 정보통신 신기술을 활용해서 보험 관련 데이터 분석 서비스를 제공하는 사업 모델이다.
- **프롭테크(PropTech)**: 부동산(Property)과 기술(Technology)의 합성어이다. 프롭테크는 다양한 정보통신 신기술을 활용해서 부동산 관련 데이터를 분석해서 서비스를 제공하는 사업 모델이다.
- **캡테크(CapTech)**: 자본시장(Capital Market)과 기술(Technology)의 합성어이다. 캡테크는 정보통신기술을 자본시장에서 활용하는 증권 서비스 및 자산 운용을 지원하는 핀테크 서비스이다.
- **레그테크(RegTech)**: 규제(Regulation)와 기술(Technology)의 합성어이다. 레그테크는 금융 관련 규제에 대해 보다 효율적이고 효과적으로 대응할 수 있도록 지원하는 기술을 의미한다.

2. 핀테크 기업의 데이터 활용

현재 다양한 기업들이 핀테크 사업을 진행 중이다. 빅테크 기업들은 전자상거래, 검색서비스, 하드웨어, 소프트웨어 등 다양한 사업 영역에서 핀테크와 관련된 사업을 진행하면서 고객의 금융 관련 데이터를 수집해 서비스를 개발하고 있다. 각각의 특성은 다음과 같다.

표 6-8 핀테크 기업의 활용 데이터 특징

구분	데이터 제공 기업	특징
전자상거래(e-commerce)	Amazon, Alibaba, Wal-Mart	소비자 수요 및 결제 이력에 대한 인사이트 제공
소셜 미디어 서비스 및 검색엔진(social media services and search engines)	Facebook, Tencent, Google, Baidu	사회적 선호도 및 활동에 대한 인사이트 제공
소프트웨어 기업(software companies)	Google, Microsoft	사용자 활동 정보 집계 및 제공
하드웨어 기업(hardware companies)	Apple, Huawei, Tesla	사용자 동작 및 위치를 지속적으로 모니터링
통신 서비스 제공업체(telecommunications services providers)	Vodafone	모바일 사용자 활동 데이터 제공

출처: Zetzsche, D. A., Buckley, R. P., Arner, D. W., Barberis, J. N., From FinTech to TechFin: The Regulatory Challenges of Data-Driven Finance, European Banking Institute Working Paper Series 2017, No. 6, 2017(일부 수정)

첫째, 전자상거래(e-Commerce)인 아마존(Amazon), 알리바바(Alibaba), 월마트(Wal-Mart)는 소비자의 전자상거래 구매 내역 자료 및 결제 이력 자료를 분석해 새로운 통찰력을 얻을 수 있었다. 둘째, 소셜 미디어 서비스 및 검색엔진(Social Media Services and Search Engines)을 이용한 서비스를 제공하고 있는 페이스북(Facebook), 텐센트(Tencent), 구글(Google), 바이두(Baidu) 등은 핀테크 서비스 제공을 위해 개인의 사회적 선호도 및 개인 활동에 대한 인사이트를 활용하였다. 셋째, 소프트웨어 기업(Software Companies)인 구글(Google), 마이크로소프트(Microsoft)는 금융 서비스 제공을 위해 사용자 활동 정보를 집계하고, 이를 활용하였다. 넷째, 하드웨어 기업(Hardware Companies)인 애플(Apple), 화웨이(Huawei), 테슬라(Tesla)는 금융 서비스에서 데이터 활용을 위해 사용자 동작 및 위치를 지속적으로 모니터링하였다. 다섯째, 통신서비스 제공업체(Telecommunications Services Providers)인 보다폰(Vodafone)은 모바일 사용자 활동 데이터를 핀테크 서비스에 활용하고 있다.

제3절 핀테크와 금융 서비스의 미래 방향

1. 핀테크 서비스 확산과 금융 서비스의 변화

핀테크 기술 발전으로 인해 금융회사가 아닌 기관에서의 금융 서비스 제공이 일반화된 현상으로 확산되고 있다. 이에 따라 금융 소비자들은 더욱더 편리한 금융 서비스를 이용할 수 있게 되었다.

핀테크에 의한 금융 서비스 사업의 변화 방향을 살펴보면, 과거에는 소비자가 금융회사를 통해서 예금, 대출, 국내송금, 투자자문, 국제송금 등과 같은 서비스를 이용할 수 있었다. 그러나 정보통신기술 발전에 따라 소비자들은 예금, 대출, 국내송금, 투자자문, 국제송금 등과 금융 서비스를 다양한 은행, P2P 플랫폼, 모바일 앱을 통한 송금, 로보어드바이저, 핀테크 회사 등을 통해 금융 서비스를 이용할 수 있게 되었다. 따라서 보다 편리한 금융 서비스 이용이 가능해졌다.

정보통신기술 발전에 따른 금융 서비스의 분화현상이 나타났다. 정보통신기술을 활용하는 금융 서비스는 ① 탈집중화(Decentralization) 현상과 ② 탈중개화(Disintermediation) 현상에 따라 새로운 금융 시스템으로 발전하고 있다. 첫째, 금융 서비스의 탈집중화(Decentralization) 현상은 기존 대형 금융회사들이 종합적인 금융 서비스(Packed Financial Services)를 제공하고, 핀테크 업체들은 금융

▌그림 6-6▌핀테크에 의한 금융업의 분화

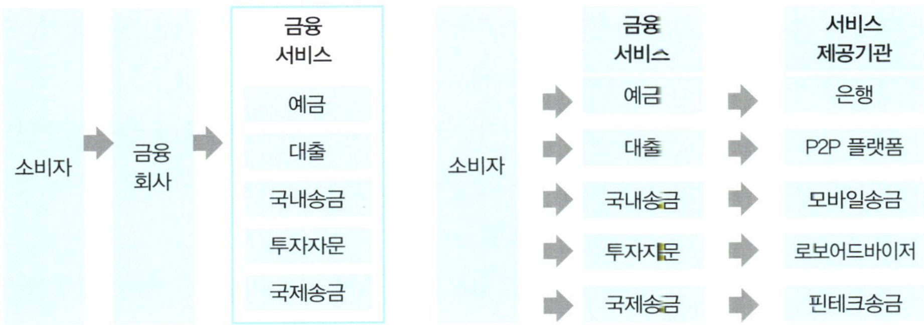

출처: 한국은행 금융결제국, 디지털혁신과 금융서비스의 미래: 도전과 과제, 지급결제조사자료, 2017년 1월

서비스를 해체해서 특화된 금융 서비스(Unbundling Financial Services)를 제공하게 되는 현상이다. 둘째, 금융 서비스의 탈중개화는 금융중개기관에 대한 금융 서비스 공급자 수를 감소시킨다.

표 6-9 부문별 금융인프라 구조 변화

구분	구조변화
국제송금	중개은행 및 SWIFT 등 기존 인프라를 분산원장 시스템이 대체(Ripple 등)
자본시장	증권의 발행, 등록, 거래 등이 크게 효율화되고 기존 중개기관의 기능 축소
무역금융	기존 수작업으로 이루어지던 무역금융절차가 자동화되어 효율성이 높아지고 사고발생 확률이 감소
규제준수 및 감사	거래데이터의 실시간 보고, 감사가 가능해지고 기관 간 비교 및 통합이 용이
자금세탁 및 테러 자금 조달 방지	고객신원 정보의 공유가 용이해지고 규제준수비용 절감
보험	보험금 청구 및 지급이 자동화되고 보험사기 위험 감소
P2P 대출 및 보험	마이크로파이낸스 및 마이크로보험 활성화

출처: World Economic Forum and Deloitte(2016)에서 재인용; 한국은행 금융결제국, 디지털혁신과 금융서비스의 미래: 도전과 과제, 지급결제 조사자료, 2017년 1월

정보통신기술이 금융 부분에 활용되면서 금융 업무가 디지털화되었다. 이에 따라 다양한 금융 서비스 분야에서 변화가 발생하였다.

첫째, 국제송금에 있어서 중개은행 및 SWIFT(Society for Worldwide Interbank Financial Telecommunication) 등 기존 금융 인프라가 정보통신기술에 기반한 분산원장 시스템으로 대체되었다.[13] 예를 들면, SWIFT는 1973년 5월에 유럽 지역 은행들이 보다 효율적인 금융거래(예, 유가증권, 신용장, 고객송금, 지급보증, 여행자수표 등)를 지원하기 위해 브뤼셀에서 설립한 금융통신망이다.

둘째, 자본시장에 있어서 정보통신기술을 활용함으로써 금융중개기관은 증권의 발행, 등록, 거래 등의 업무를 보다 효율적으로 처리할 수 있게 되었고, 기존 금융중개기관의 기능 및 업무는 축소되었다.

셋째, 무역금융에 있어서 기존 수작업으로 이루어지던 무역금융 업무 진행을 정

13 리플(Ripple)은 금융거래에 있어 분산원장을 기반으로 하는 결제 프로토콜이다.

보통신기술을 활용함으로써 무역금융 업무처리가 자동화되었고, 이에 따라 업무 효율성이 높아졌다. 또한 무역금융 업무에서 사고 발생 가능성이 줄어들었다.

넷째, 금융거래에 따른 규제 준수 및 감사에 있어서 정보통신기술을 활용함으로써 금융거래 데이터에 대한 실시간 파악 및 통제가 가능해졌다.

다섯째, 자금세탁 및 테러자금 조달방지에 있어서 정보통신기술을 활용함으로써 고객의 신원에 대한 정보공유가 쉬워졌고, 더불어 금융규제를 위한 비용을 절감할 수 있게 되었다.

여섯째, 보험 측면에서 정보통신기술을 활용함으로써 보다 용이한 보험금 청구가 가능해졌고, 보험금 지급이 가능해졌다. 이에 따라 보험사기에 따른 위험이 줄어들었다.

일곱째, P2P 대출 및 보험에 있어서 정보통신기술을 활용한 마이크로파이낸스(Microfinance) 및 마이크로인슈어런스(Microinsurance)가 보다 활성화되었다. 마이크로파이낸스는 빈곤층을 위한 소액 금융 대출 서비스이다. 마이크로 인슈어런스란 소액보험 서비스이다. 이러한 상품을 운영하는 기관을 마이크로 금융기관(MFIs: Microfinance Institutions)이라고 한다. 이들 기업은 빈곤층을 위한 금융사업을 통해 수익성 창출을 추구하고 있다.

2. 핀테크 기업과 금융기업의 경쟁과 협력

정보통신기술의 발전에 따라 금융회사와 핀테크 기업 사이의 경쟁과 협력이 이루어지게 되었다. 현재 금융기관들은 적극적으로 새로운 금융 신기술을 받아들이기 위해 노력하고 있다. 또한 대형 빅테크 기업들은 그들의 플랫폼에 기반해 새로운 금융 서비스를 적극적으로 개발하고 있다. 예를 들면, 빅테크 기업들은 그들의 차별화된 인증방식을 이용해 보다 고객 편의성을 제공할 수 있는 금융 서비스를 제공하였다. 이에 따라 기존 금융기관들의 복잡한 인증방식은 고객들로부터 외면받게 되었다.

금융감독원(2019)에 의하면 현재 빅테크 기업들은 인공지능, 빅데이터, 로봇틱스 기술 등을 이용해 다양한 금융기관과 핀테크 기업들과 협력을 수행하고 있다. 예를 들면, 은행이나 증권사에서 인공지능 기술을 이용해서 로보어드바이저 서비스를 고객들에게 제공하고 있다. 예를 들면, 크래프트테크놀로지는 신한은행, 하나은행과 제휴를 통해 자산관리서비스를 제공하고 있고, 파운트는 우리은행과 제휴를 통해 로보어드바이저 서비스를 제공하고 있다. 또한 인공지능 기술을 이용해서 은행과 보험회사는 고객에게 보다 효율적으로 응대하기 위해서 챗봇 서비스를 도입하고 있다. 예를 들면, 신한은행은 데일리인텔리전스와 협력해서 챗봇 서비스를 도입하고 있고, 하나은행은 마인즈랩과 협업해서 챗봇 서비스를 도입하고 있으며, 교보생명은 와이즈넛과 협업해서 챗봇 서비스를 제공하고 있다. 또한 오픈뱅킹이 일반화되면서 금융기관과 핀테크 기업의 협력은 보다 확대될 것이다. 은행은 빅데이터를 분석하는 데 있어 핀테크 기업의 지원을 받을 것이고, 이에 따라 금융기관은 경쟁력 확보를 위해 핀테크 기업에 대한 인수를 시도할 것이다.

최근 정보통신기술 발전에 따라 금융결제 인프라 부분에서 혁신이 나타나고 있다. 예를 들면, 보다 편리한 소비자 금융을 위해 금융기관들은 오픈뱅킹 시스템을 구축해서 원스톱 금융 서비스 이용 환경을 구축하고 있다. 오픈뱅킹 시스템은 고객에게 보다 편리한 지급결제 서비스를 제공할 것이다. 핀테크 발전에 따라 금융회사들의 기존 핀테크 기업에 대한 대응사례는 다음과 같다.

첫째, 송금 분야에서 영국의 핀테크 기업인 트랜스퍼와이즈(Transferwise)는 영국의 인터넷 은행인 몬조(Monzo)와의 협력을 통해 경쟁력을 강화하였다. 예를 들면, 인터넷 은행 몬조는 2018년 6월부터 금융 서비스 이용자를 대상으로 16개국에 대한 해외송금 서비스를 제공하였다.

둘째, P2P 대출 서비스에 있어 JP모건(JPMorgan)은 영국의 크라우드 펀딩 기업인 온덱(Ondeck)과 협력을 하였다. 이를 통해 온덱은 2015년 2월에 JP모건의 자금을 바탕으로 P2P 대출 플랫폼 온덱에서 소상공인 등에게 차별화된 상품을 출시하였다.

셋째, 모바일 금융 서비스에 있어 캐나다 은행인 TD뱅크(TD Bank)와 미국 모바일 은행 모벤(Moven)은 모바일 금융 서비스 분야에서 상호 협력하였다. 이를 통해 TD뱅크는 모벤의 모바일 금융 플랫폼을 통해 금융 서비스 이용자에게 실시

표 6-10 금융기관과 핀테크 업체의 협력

분야	협력업체	협력 내용
송금	영국 송금업체 트랜스퍼와이즈(Transferwise)와 영국 인터넷은행 몬조(Monzo)와의 협력	Monzo 이용자를 대상으로 16개국에 대한 해외송금 서비스 개시(2018년 6월)
P2P	JPMorgan과 영국 크라우드 펀딩 온덱(Ondeck)의 협력	JPMorgan의 자금을 바탕으로 P2P 플랫폼 Ondeck에서 소상공인 등에게 차별화된 상품 출시(2015년 2월)
모바일	캐나다 은행 TD Bank와 미국 모바일은행 모벤(Moven)의 협력	TD Bank는 Moven의 모바일 플랫폼을 통해 이용자에게 실시간 자산관리, 결제 · 송금 · 환전 등의 서비스를 제공

출처: 금융감독원, 디지털 혁신과 금융서비스의 미래: 도전과 과제, 지급결제 조사자료, 2017년 1월

간 자산관리 서비스를 제공하였고, 결제 서비스, 송금 서비스, 환전 서비스 등을 제공하였다.

최근 정보통신기술 발전에 따라 금융결제 인프라 부분에서 혁신이 나타나고 있다. 예를 들면, 보다 편리한 소비자 금융을 위해 금융기관들은 오픈뱅킹 시스템을 구축해서 원스톱 금융 서비스 이용 환경을 구축하고 있다. 오픈뱅킹 시스템은 고객에게 보다 편리한 지급결제 서비스를 제공할 것이다.

3. 핀테크와 클라우드 시스템

정보통신기술 발전에 따라 핀테크 서비스가 급성장하였다. 핀테크 서비스의 급성장은 다양한 IT 산업의 영향을 받게 되었다. 예를 들면, 핀테크 분야에서 빅데이터, 클라우드 컴퓨팅 등 다양한 신기술의 활용이 증가하였다. 특히, 핀테크 서비스 분야에서의 클라우드 시스템의 이용은 비용 감소, 효율성 개선 등에 기여하였다. 국내에서는 2019년 1월 전자금융감독규정 개정으로 핀테크 분야의 정보처리에 규제가 완화되었다. 이에 따라 핀테크 분야에서의 클라우드 전환이 빠르게 진행되었다.

예를 들면, 핀테크 기업과 금융회사는 클라우드 시스템을 이용해서 중요성이 낮은 분야에서 개인의 신용정보 및 고유 식별정보 활용이 가능해졌다. 쿠팡이나 배

달의 민족, 이베이코리아(옥션 및 G마켓) 역시 클라우드 시스템의 이용을 추진 중이다. PWC 컨설팅은 2020년까지 금융기관의 핵심 시스템(결제, 신용평가, 당좌 예금관리 등) 클라우드 전환이 활발할 것이라고 하였다.

포레스트 리서치(Forrest Reserch)에서 제시한 클라우드 컴퓨팅 시장의 변화과정을 살펴보면, 이와 관련된 시장이 급성장하고 있는 것을 알 수 있다. 또한 시너지 리서치 그룹(Synergy Research Group)의 조사에 의하면 아마존, IBM, 마이크로소프트, 알리바바, 구글 등 역시 클라우드 컴퓨팅 사업에 역량을 집중하고 있는 것을 알 수 있다. 클라우드 컴퓨팅 서비스는 기업이 제공하는 정보기술 자원에 범위에 따라 IaaS(Infrastructure as a Service), PaaS(Platform as a Service), SaaS(Software as a Service)로 분류된다.

그림 6-7 클라우드 컴퓨팅 시장 발전 및 점유율

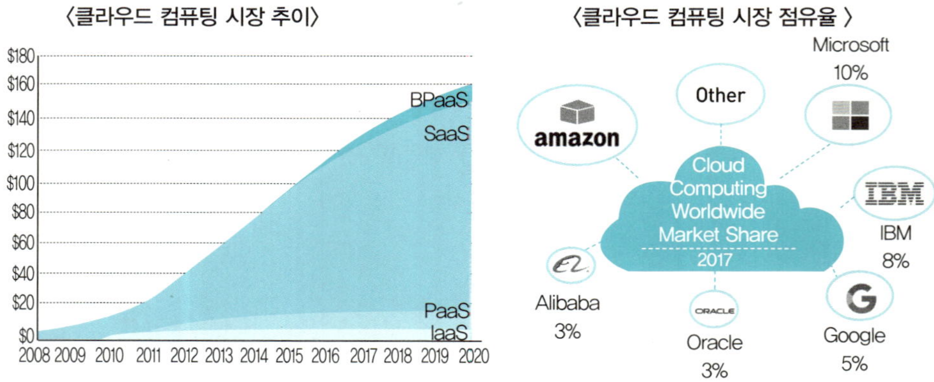

출처: Forrest Research; 금융감독원(2019) 재인용

출처: Synergy Research Group

- IaaS(Infrastructure as a Service): 클라우드 서비스 이용자들에게 서버, 스토리지, 네트워크 등과 같은 컴퓨팅에 필요한 하드웨어 자원을 임대하거나 제공하는 방식의 클라우드 서비스를 의미한다. IaaS는 초기 기업들에게 전산설비를 구축하는 비용을 절감해주는 장점이 있다.
- PaaS(Platform as a Service): 클라우드 서비스 구현에 있어서 운영체제, 데이터베이스, 프로그램 개발 도구 등 클라우드 서비스 이용자에게 필요한 플랫폼

표 6-11 클라우드 서비스 유형

클라우드 서비스 유형	서비스 특징
IaaS(Infrastructure as a Service)	이용자에게 서버, 스토리지, 네트워크 등 하드웨어 자원을 임대 · 제공하는 방식 → 초기 전산설비 구축비용 절감
PaaS(Platform as a Service)	운영체제, 데이터베이스, 프로그램 개발 도구 등 이용자에게 필요한 플랫폼을 임대 · 제공 → 빠른 서비스 개발 지원
SaaS(Software as a Service)	이용자가 원하는 소프트웨어를 임대 · 제공(고객관리 프로그램, 문서편집/공유 프로그램 등) → 상용S/W를 편리하게 활용

출처: 금융감독원(2017)

을 임대하거나 또는 플랫폼을 제공하는 서비스를 의미한다. PaaS는 기업들에게 빠른 컴퓨팅 서비스 개발을 지원한다.

- SaaS(Software as a Service): 클라우드 서비스 이용자들이 원하는 소프트웨어를 임대하거나 또는 제공하는 서비스를 의미한다. 예를 들면, 고객관리 프로그램 서비스를 제공하거나, 문서편집 서비스를 제공하거나, 공유 프로그램 서비스를 제공하는 클라우드 컴퓨팅 서비스가 있다. SaaS는 상용 소프트웨어를 보다 편리하게 이용할 수 있도록 해준다.

더불어 핀테크 서비스 분야에서 활용되는 클라우드 서비스를 종류별로 분류하면, 퍼블릭 클라우드 서비스(Public Cloud Service), 프라이빗 클라우드 서비스(Private Cloud Service), 하이브리드 클라우드 서비스(Hybrid Cloud Service)가 있다. 퍼블릭 클라우드 서비스는 불특정 다수를 대상으로 클라우드 서비스를 제공하는 형태를 의미하며, 프라이빗 클라우드 서비스는 특정 회사를 대상으로 클라우드 서비스를 제공하는 형태이고, 하이브리드 클라우드 서비스는 퍼블릭 클라우드 서비스와 프라이빗 클라우드 서비스를 융합한 형태의 클라우드 서비스이다.

핀테크 기업의 IaaS, SaaS, PaaS에 기반한 클라우드 컴퓨팅 서비스 활용사례를 살펴보면 다음과 같다.

- 미국의 FINRA(Financial Industry Regulatory Authority)[14]는 증권 이벤트 분

14 FINRA(Financial Industry Regulatory Authority)는 미국에서 금융산업 관련 규제기관으로 금융 브로

▮그림 6-8▮ 클라우드 서비스 종류

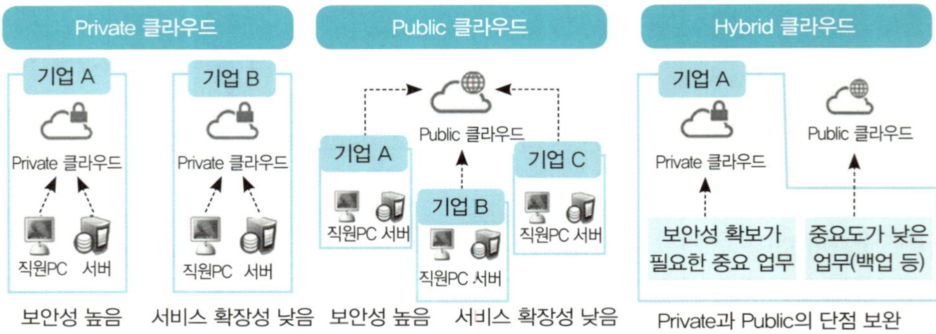

출처: 금융감독원(2019)

석 서비스를 제공하고 있다. 이 기업은 아마존 IaaS 클라우드 서비스를 활용하고 있다.

- 미국의 자동차 보험과 관련된 서비스를 제공하는 회사인 USAA(United States Automoblie Association)는 베리사인(Verisign)의 솔루션을 활용해 클라우드 기반 인증 서비스를 도입하였다.
- 미국의 리스크 메트릭스 그룹(Risk Metrics Group)은 마이크로소프트 애저에서 제공하는 SasS를 이용해서 위험관리 분석업무를 구현하였다.
- 스페인의 Bankinter는 아마존 기반 IaaS를 활용해서 시뮬레이션 시스템을 구현하였다.
- 스페인의 BBVA(Banco Bilbao Vizcaya Argentaria)는 구글의 앱기반 솔루션을 활용해서 SaaS 기반 전 세계 직원 간 협업을 위한 시스템을 도입하였다.
- 호주의 선콥그룹(Suncorp Group)은 금융, 보험, 은행 서비스를 제공하는 기업으로 아마존 IaaS 서비스를 이용해서 핀테크 응용 프로그램을 구동하였다.
- 호주의 커몬웰스 뱅크(Commonwealth Bank)는 오라클이 제공하는 데이터베이스 플랫폼 클라우드 서비스(PssS)를 이용해서 데이터베이스 시스템을 통합하였다.
- 호주의 ME Bank는 아마존에서 제공하는 IaaS 서비스를 이용해서 운영 프로

커와 딜러를 관리하는 규칙 및 규정을 제정하고, 법적인 문제를 자문하고 시행한다.

표 6-12 핀테크 기업의 클라우드 컴퓨팅 활용사례

회사명	국가	서비스 내용		
		목적	종류	서비스 업체명
FINRA	미국	증권 이벤트 분석	IaaS	Amazon 기반
USAA	미국	클라우드 기반 인증 서비스 도입	–	Verisign
Risk Metrics Group	미국	위험관리 분석업무	SaaS	Azure
Bankinter	스페인	알고리즘 시뮬레이션	IaaS	Amazon 기반
BBVA	스페인	전 세계 직원 간 협업 시스템 도입	SaaS	Google Apps 기반
Suncorp	호주	응용 프로그램 구동	IaaS	Amazon 기반
Commonwealth Bank	호주	데이터베이스 통합	PaaS	Oracle 기반
ME Bank	호주	운영프로세스 개선	IaaS	Amazon 기반
Zitouna	튀니지	모바일 · 인터넷 뱅킹 개발, 플랫폼 구축	IaaS	IBM
UniCredit	이탈리아	개인 뱅킹 시스템 지원	IaaS	IBM
ICM Asia Pacific	뉴질랜드	미들웨어 서비스	SaaS	MS
Deutsche Bank	독일	금융사기/데이터 분석	–	–
ABN Amro	네덜란드	메인프레임, 서버, 스토리지 등	IaaS	IBM

출처: 금융감독원(2019)

세스를 개선하였다.

- 튀니지의 Zitouna는 IBM의 IaaS를 이용해서 모바일 및 인터넷 뱅킹 시스템을 개발하였고, 플랫폼을 구축하였다.
- 이탈리아의 유니크레딧(UniCredit)은 IBM의 IaaS를 이용해서 개인 뱅킹 시스템을 지원하는 시스템을 구현하였다.
- 뉴질랜드의 ICM Asia Pacific은 마이크로소프트사의 SaaS를 이용해서 미들웨어 서비스를 구현하였다.
- 독일의 Deutsche Bank는 클라우드 서비스를 이용해 금융사기 및 데이터 분석 시스템을 구현하였다.
- 네덜란드의 ABN 암로그룹(ABN Amro Group)은 IBM에서 제공하는 IaaS를 이용해서 메인프레임, 서버, 스토리지 등을 구현하였다.

4. 인슈어테크

인슈어테크(InsurTech)는 보험과 기술의 합성어이다. 인슈어테크는 보험료 산정 및 보험 마케팅에 활용되면서 많은 투자가 이루어지고 있다. 핀테크 글로벌 조사(Fintech Global Survey)에 의하면, 글로벌 인슈어테크 투자 규모는 2016년 1.5조 원, 2017년 1.9조 원, 2018년 3.5조 원으로 지속적으로 성장하고 있다고 한다. 이는 그만큼 보험 분야에서의 정보기술 활용이 중요하다는 것을 알려준다. 현재 다양한 글로벌 기업들이 인슈어테크 시장에 진입하고 있다. 글로벌 보험시장 개방에 따른 4차 산업혁명 기술을 활용하는 인슈어테크 특성은 다음과 같다.

표 6-13 인슈어테크 분야의 정보기술 활용

구분	주요 내용
인공지능(AI)	인공지능이 적용된 챗봇(Chatbot)을 통해 보험계약, 보험금 청구 등의 보험 업무를 알기 쉽게 설명하고 안내
블록체인	블록체인을 통한 보험금 청구망을 구축하여 보험 가입자가 보험금 지급조건을 충족하면 보험금 청구서가 자동 생성되어 보험사로 전달
사물인터넷	웨어러블 기기를 통해 사용자의 건강정보 등을 축적하고 생활습관 등을 분석하여 건강상태에 맞는 합리적인 보험요율 적용
빅데이터	보험가입 현황이나 질병 발생 빈도, 노후준비 수준 등 다양한 통계정보를 제공

출처: 금융감독원(2019)

첫째, 인슈어테크 분야에서 인공지능(AI) 기술이 활용되고 있다. 보험회사들은 인공지능 기술이 적용된 챗봇(Chatbot)을 활용해 다양한 비즈니스를 수행하고 있다. 예를 들면, 보험사들은 보험계약, 보험금 청구 등의 보험 업무를 알기 쉽게 설명하고 안내하는 분야에 챗봇을 활용하고 있다.

둘째, 인슈어테크 분야에서 블록체인 기술이 활용되고 있다. 보험회사들은 블록체인 기술을 활용해서 고객에게 보험금을 청구하고 있다. 예를 들면, 블록체인 기술에 기반해 고객이 보험금 지급조건을 충족하면 보험금 청구서가 자동 생성되어 보험사로 전달된다.

셋째, 인슈어테크 분야에서 사물인터넷 기술이 활용되고 있다. 예를 들면, 보험회사들은 웨어러블 디바이스를 이용해서 사용자의 건강정보 및 생활습관 데이터를 수집, 축적, 분석하여 이용자의 건강상태에 적합한 보험요율을 적용하는 방안을 연구하고 있다.

넷째, 인슈어테크 분야에서 빅데이터 기술이 활용되고 있다. 보험사들은 고객들의 보험가입 현황이나 질병 발생 빈도, 노후 준비 수준 등 다양한 통계정보를 분석해서 보험서비스 제공을 위해 활용하고 있다.

국내에서 인슈어테크를 활용한 보험상품 분석 및 보험금 청구 서비스가 제공되고 있다. 국내의 인슈어테크 기업인 디레몬은 보험관리 및 보험상품 보장성 분석 솔루션을 보험사에 제공하고 있다. 현재, 국내의 다양한 보험사들이 미래 시대에 대비하기 위한 인슈어테크 상품개발을 적극적으로 하고 있다.

- 알리바바(Alibaba): 금융 분야 사업을 특화하기 위해 앤트 파이낸셜(Ant Financial)을 설립하였다. 앤트 파이낸셜은 2017년 6월에 인공지능 기술을 활용해서 손해사정 시스템을 자동화하였다. 이 시스템을 '딩순바오'라고 한다. 더불어 앤트 파이낸셜은 블록체인 기술을 활용해서 자동차 보험 인덱스인 '처센펀'을 개발하였다. 현재 앤트 파이낸셜의 다양한 인슈어테크 상품은 첨단 기술을 활용하고 있으며, 손해사정과 보험금 심사 및 지급 분야에서 비용을 절감해주었다. 2017년 앤트 파이낸셜의 인슈어테크 상품의 이용자는 6억 명을 초과하였고, 자산 규모도 3,000억 달러를 넘었다.
- 텐센트(Tencent): 중국의 첨단 산업 분야에서 두각을 나타내고 있는 빅테크 기업 중 하나로 정보기술을 활용하는 다양한 서비스를 제공하고 있다. 텐센트는 2017년 11월 2일 인슈어테크 분야에서의 사업화를 위해 보험 플랫폼인 마이크로 인슈어런스(Micro Insurance)를 출시하였다. 이 보험 플랫폼은 보험 가입, 보험상품 조회, 보험금 청구 업무를 편리하게 도와준다. 텐센트에서 가장 먼저 출시한 인슈어테크 상품은 타이강 온라인(Taikang Online)과 협업을 통해 의료보험상품을 출시하였다. 이 상품은 다른 의료보험상품보다 가격이 저렴하고 100세까지 의료보험을 갱신할 수 있고 중증질병에 대한 신속한 의료보

험 서비스를 제공하고 있다. 텐센트의 보험상품 판매 플랫폼 위슈어 플랫폼(WeSure Platform)은 의료보험뿐만 아니라 자동차보험, 생명보험, 상해보험 등을 판매하고 있고, 더불어 보험금 지급 및 보험금 청구 서비스를 지원하고 있다.

| 표 6-14 | 중국 빅테크 기업의 인슈어테크 추진 현황

회사명	주요 추진 현황
Alibaba.com 알리바바 (Alibaba)	• Ant Financial이 2017년 6월에 AI 기반의 자동화 손해사정 시스템 '딩순바오', 블록체인 기반의 자동차 보험점수 '처센펀' 등 다양한 인슈어테크 상품을 출시 • 해당 상품들은 모든 보험사에 오픈된 것이 특징이며 첨단 기술을 활용해 손해사정과 보험금 심사 · 지급 등 업무에서 대규모 비용절감 효과를 구현 • 2017년 Ant Financial 사용자수는 6억 명을 넘어섰고 자산 규모도 3,000억 달러를 초과
Tencent 腾讯 텐센트 (Tencent)	• Tencent의 보험 플랫폼인 Micro Insurance(微保)는 2017년 11월 2일에 공식 출시, 메신저 플랫폼을 통해 가입, 조회, 청구 업무를 편리하게 처리할 수 있음 • 가장 먼저 출시한 상품은 Taikang Online과의 합작상품인 의료보험 계약으로 시장의 유사 제품보다 가격이 저렴하고 100세까지 갱신할 수 있고 중증질환에 대한 신속한 의료 서비스를 제공하는 것이 특징 • 보험판매 플랫폼 WeSure에서 의료보험, 자동차보험, 정기보험, 상해보험 판매, 위챗 원스톱 지급, 보험금 청구는 보험사 통해 처리
Bai du 百度 바이두 (Baidu)	• 2017년 11월 26일, Baidu, Allianz, 힐하우스 캐피탈은 온라인 보험회사 바이안보험(百安保險) 설립을 공동 발표 • Allianz는 바이안보험을 통해 은행이나 대리점 같은 전통적인 보험판매 채널을 이용하는 대신 여행이나, 자동차, 건강보험 등에서 온라인 보험에 집중할 계획 • Baidu는 인터넷 사업허가를 보유한 보험중개사 100% 지분 인수, 2018년 2월 Baidu 월렛에 보험중개 플랫폼을 런칭하여 각종 보험사 상품 판매
JD 京东 .COM 징동금융 (JD Finance)	• 2017년 5월 JD Finance는 정식으로 온라인 보험사업 진출을 선포 • 해외직구 보장보험, 투자신용 보장보험, 가구 애프터서비스 보장보험, 30일 이내 제품 환불 보장보험 등의 다섯 가지 혁신 보험상품을 출시 • JD Finance가 출시한 새로운 보험상품 아이디어는 소비자 행위에 대한 빅데이터 분석에 기반을 두고 있음 • 보험정보, 보험계약, 보험계약심사 등의 서비스 전 과정을 네트워크화하여 고객들에게 맞춤형 서비스를 제공하는 것이 목표 • 2018년에 Allianz(중국) 손해보험의 지분 30%를 약 7천만 달러에 인수하여 2대 주주가 됨 • 보험판매 플랫폼으로서 주요 보험사의 자동차 보험, 건강보험, 생명보험상품을 판매

출처: 금융감독원(2019)

- **바이두(Baidu)**: 중국의 선도 빅테크 기업 중 하나로 인공지능 기술을 활용한 다양한 서비스를 제공하고 있다. 바이두는 2017년 11월 26일 힐하우스 캐피탈, 알리안츠(Allianz), 힐하우스 캐피탈과 협업으로 온라인 보험회사인 바이안보험을 설립하였다. 알리안츠는 바이안보험을 통해 금융기관, 보험대리점과 같은 전통적인 보험 판매 채널을 이용하는 대신에 온라인 보험 채널을 통해 여행, 자동차, 건강보험 등을 판매하고 있다. 바이두는 인터넷 보험판매 사업허가를 보유한 보험중개사(보험회사)의 지분을 100% 인수하였고, 2018년 2월 바이두는 월렛에 보험중개 플랫폼을 런칭하여 각종 보험사 상품을 판매하고 있다.
- **징동 파이낸스(JD Finance)**: 2017년 5월 온라인 보험사업에 진출하였고, 2018년에 알리안츠(Allianz) 손해보험의 지분 30%를 인수하였다. 이후 징동 파이낸스는 빅데이터 분석을 통해 새로운 보험상품(해외직구 보장보험, 투자신용 보장보험, 가구 애프터서비스 보장보험, 30일 이내 지품 환불 보장보험) 등 5가지 혁신 보험상품을 출시하였다. 징동 파이낸스는 자사의 보험판매 플랫폼에서 보험정보, 보험계약, 보험계약심사 등의 모든 브험 관련 프로세스를 과학화하여 보험 가입자들에게 맞춤형 보험 서비스를 지공하고 있다.

5. 래그테크

4차 산업혁명에 따라 정보기술이 발전하면서 규제 및 내부 통제 관련 분야에서도 정보기술 활용이 급증하였다. 글로벌 금융위기 이후 규제가 다양화되면서 규제에 대한 통제 및 활용을 위해 레그테크(RegTech)에 대한 투자와 관심이 증가하였다.

글로벌 컨설팅 회사인 KPMG의 조사에 의하면 글로벌 레그테크 투자 규모가 2017년 1.3조 원에서 2018년 4.0조 원으로 급증하였다고 한다. 이는 전 세계 국가들이 레그테크에 대해 많은 관심을 가지고 있다는 것을 보여준다. 예를 들면, 아시아 국가에서는 안면인식 기술, 음성인식 기술을 활용한 디지털 인증관리에 있어서 핀테크와 레그테크의 협력이 증가하고 있다.

글로벌 레그테크에 대한 사례를 살펴보면 다음과 같다. 영국에서는 사람들이 주택 담보대출 계약을 체결할 때 계약원장이 실시간으로 금융당국으로 전달되어 금융규제 위반 여부를 판단한다. 호주의 증권투자위원회(ASIC)에서는 인공지능(AI) 시스템인 IBM Watson을 도입하였다. IBM 왓슨의 음성변환 시스템을 이용해 금융투자상품의 불완전 판매 검사를 하고 있다. 미국의 금융당국은 자금세탁을 원천 차단하는 레그테크 기술을 개발하고 있다. 이를 통해 불법적인 자금을 원천적으로 차단하기 위해 노력하고 있다.

국내의 금융기관에서도 레그테크 기술을 활용해서 자금세탁을 방지하고, 이상 금융거래를 탐지하고 있다. 또한 레그테크 기술은 보이스피싱 범죄 예방, 카드 부정사용 탐지, 보험사기 적발 등에 활용되고 있다. 현재, 국내의 금융 컴플라이언스 규제는 다른 국가와 비교해 다소 약한 실정이다. 향후 보다 적극적으로 금융기관 통제를 위해 레그테크를 강화할 것이다.

그림 6-9 레그테크 투자 현황

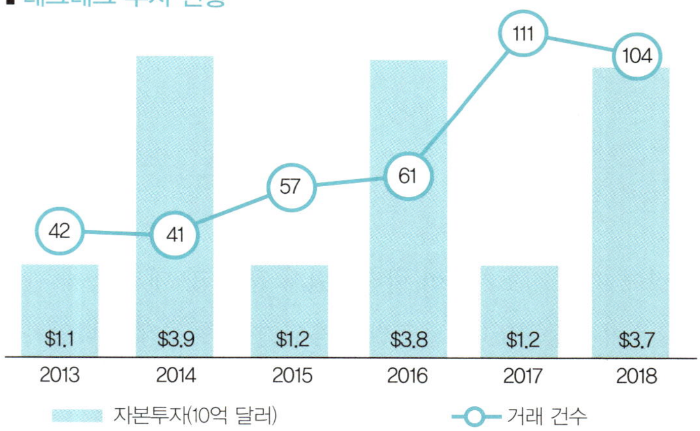

6. 레그테크 솔루션 현황

4차 산업혁명에 따른 기술 발전으로, 금융 서비스 분야에서 디지털화가 가속화되고 있다. 이에 따라 다양한 국가에서 핀테크와 같은 첨단 금융 서비스가 증가하고 있다. 첨단 기술을 활용하는 핀테크 서비스에 보다 효율적으로 대응하기 위해 규제에 대한 통제를 자동화할 필요가 생겼다. 이에 따라 금융거래와 관련된 다양한 레그테크 산업이 발전하게 되었다. 현재 국내의 대표적인 레그테크 솔루션을 살펴보면 다음과 같다.

유니타스에서는 자금세탁 방지를 위한 레그테크 솔루션을 개발하였다. 이 솔루션은 위험국가와의 금융거래에 대한 분석을 지원한다. 예를 들면, 이 솔루션은 마약, 테러, 국제제재 등 다양한 금융거래에 따른 위험요인을 34개로 분리하고, 실시간 특성에 따라 국가별 위험지수를 도출해서 자금세탁 방지에 대한 기능을 제공한다.

닉컴퍼니는 핀테크 전문 컴플라이언스 기능을 제공하는 레그테크 솔루션을 제공한다. 이 회사는 디지털 컴플라이언스를 위한 플랫폼을 제공하는데, 금융기관에서 제공하는 모든 서비스에 대한 스코어링 시스템을 구축해서 시각화된 통제기능을 제공한다.

에임스에서는 보험금 착오지급 점검을 위한 레그테크 솔루션을 개발하였다. 이 솔루션은 보험약관 내용을 분석해서 자동 알고리즘을 개발하고, 보험금 지급과정에서의 착오를 자동으로 검출할 수 있는 기능을 제공한다.

옥타솔루션에서는 자금세탁 방지를 위한 레그테크 솔루션을 개발하였다. 이 솔루션은 업종별로 특화된 자금세탁을 클라우드 방식으로 서비스를 제공하고, 가상통화를 취급하는 기관, 해외 송금기관, 전자금융기관 등에 적합한 맞춤형 자금세탁 방지기능을 제공한다.

코스콤에서는 금융투자 컴플라이언스를 위한 상시 모니터링 시스템을 개발하였다. 이 레그테크 시스템은 금융투자회사의 데이터베이스를 실시간으로 분석하고 모니터링해서 내부 직원의 횡령 및 사기 등 이상거래를 파악하는 기능을 제공한다.

금융보안원은 금융보안 점검을 위한 레그테크 솔루션을 개발하였다. 이 솔루션은 금융회사의 정보보호 수준에 대한 자율 진단, 금융보안 관련 보고서의 생성 및 리포팅 기능을 제공한다.

▮그림 6-10▮국내 레그테크 솔루션

대표적 국내 레그테크 솔루션		
unitas Community of Veritas 유니타스	자금세탁 방지	UNITAS CRI(Country Risk Index) Servcie 마약, 테러, 제재 등과 관련된 34개 변수를 실시간 반영한 '국가위험지수(CRI) '산출
nic COMPANY 닉컴퍼니	핀테크 전문 컴플라이언스	NIC 디지털 컴플라이언스 플랫폼 금융회사가 제공하는 모든 서비스를 위험지표화(스코어링)하여 시각화된 모니터링 기능 제공
AIMS 에임스	보험금 착오지급 점검	보험금 착오지급 점검 업무 자동화 솔루션(Autodit) 보험약관의 자동 알고리즘화 및 보험금 착오 지급 자동 검출
OCTA SOLUTION 옥타솔루션	자금세탁 방지	업종별 특화 AML/RBA 솔루션 Saas 서비스 가상통화 취급업소, 해외송금업자, 전자금융업자 등에게 업종 맞춤형 자금세탁방지 솔루션 제공
koscom 코스콤	금융투자 컴플라이언스	상시모니터링 서비스 시스템 KI-Guard 금융투자회사의 DB를 실시간으로 분석 · 모니터링하여 내부 직원의 횡령 · 사기 등 이상거래를 적출
금융보안원 금융보안원	금융보안 점검	금융보안 레그테크 시스템 금융회사의 정보보호 수준 자율진단, 금융보안 관련 보고서의 자동생성 · 리포팅 등

출처: 금융감독원, 재인용: 김형주, 특금법 통과와 금융 및 블록체인 산업의 대응방향, 코스콤 뉴스룸, 2020년 4월 20일 (https://newsroom.koscom.co.kr/21877)

제4절 핀테크와 관련된 비즈니스 이슈

1. 인터넷 및 모바일 결제 시스템 미사용 이유

4차 산업혁명에 따라 이커머스가 확산되었다. 다양한 플랫폼하에서 결제는 기본이 되었고, 이 결제과정에서 금융사고가 빈번하게 발생하고 있다. 통계청에서 조사한 인터넷 및 모바일 결제 서비스를 사용하지 않는 이유를 살펴보면 [그림 6-11]과 같다.

▮그림 6-11▮ 인터넷 결제 및 모바일 결제 미사용 이유

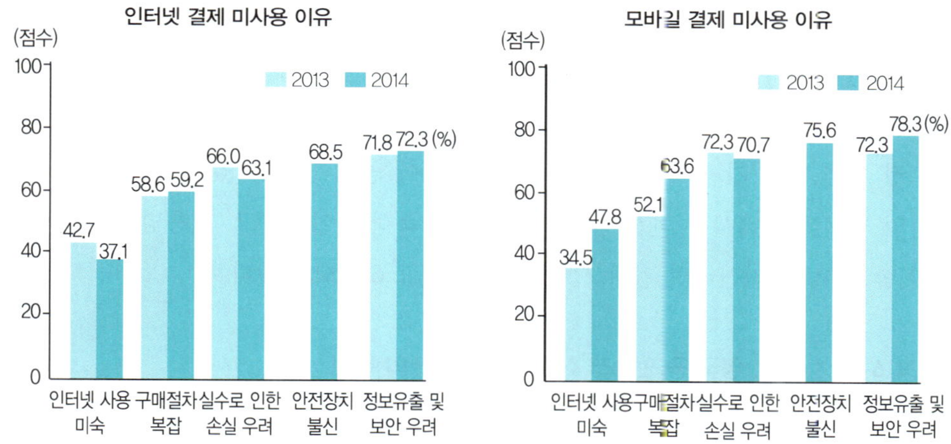

출처: 통계청, 2014년 지급수단 이용행태 조사결과 및 시사점, 2014년

먼저 인터넷 결제 서비스를 이용하지 않는 이유를 살펴보면, 인터넷 사용 미숙이 2013년 42.7%로 나타났고, 2014년 37.1%로 나타났다 구매절차 복잡이 2013년 58.6%에서 2014년 59.2%로 나타났다. 실수로 인한 손실 우려는 2013년 66.0%에서 2014년 63.1%로 나타났다. 안전장치 불신은 2013년은 조사되지 않았는데, 2014년 68.5%로 나타났다. 정보유출 및 보안 우려는 2013년 71.8%에서 2014년 72.3%로 나타났다. 결과적으로 정보 유출 및 보안 우려가 결제 서비스를 이용하지 않는 주된 이유로 나타났다.

더불어 모바일 측면에서의 인터넷 사용 미숙이 2013년 34.5%에서 2014년 47.8%로 나타났고, 구매절차 복잡은 2013년 52.1%에서 2014년 63.6%로 나타났다. 실수로 인한 손실 우려는 2013년 72.3%에서 2014년 70.7%로 나타났고, 안전장치 불신은 2013년에 조사되지 않았지만, 2014년에는 75.6%로 나타났다. 마지막으로 개인정보 유출 및 보안 우려는 2013년에는 72.3%에서 2014년에는 78.3%로 나타났다. 따라서 모바일 부분에서도 정보 유출 및 보안 문제는 결제 서비스 미사용에 중요한 영향을 미치는 것으로 나타났다.

2. 선진국의 핀테크 보안 시스템 특성

선진국들은 핀테크 보안에 있어 보다 안정적인 시스템이 구축되어 있다. 이에 따라 선진국의 핀테크 서비스는 보다 안정된 특성이 있다. 선진국에서는 핀테크 부정 거래 및 사기 등과 같은 사후 보안 강화에 중점을 두고 있다. 국내의 핀테크 산업 발전을 위해서는 선진 핀테크 시스템의 특성을 살펴보고, 대응방안을 수립해야 할 것이다. 선진국의 핀테크 보안 특성은 [표 6-15]와 같다.

표 6-15 미국, 영국 등 핀테크 선진국 보안체계의 특징

구분	특징
'사전 규제'보다' 사후 보안' 강화	소비자의 편의를 위해 금융거래를 할 때는 보안절차를 완화하는 대신 사후에 부정 · 사기 거래를 찾아내고 문제를 걸러내는 방식
선별적 · 선택적 규제	획일적으로 똑같은 보안 수준을 강요하지 않고 거래 규모나 고객의 신용도에 따라 보안 강도를 차별적으로 집행. 소비자에게 보안 수위에 대한 선택권도 부여
사고 당사자에 대한 무거운 처벌	중대한 보안사고를 저지른 기업에 대해서는 천문학적인 과징금을 매기는 등 가중 처벌
민간 자율 규제체계	민간이 자율적으로 보안체계를 갖춤(PCI-DSS 등)
보안사고의 책임 분산	전자결제 업체나 IT 기업, 금융소비자에게도 책임을 묻는 방식
핀테크 기업들의 풍부한 인력과 기술	검증된 첨단 FDS, 빅데이터 분석기술, 인증기술 등 확보, 풍부한 보안 관련 인력

출처: 장상수, 핀테크(Fintech)가 정보보호산업에 미치는 영향에 대한 고찰, Internet & Security Focus, 2015년 2월, pp.4-32

첫째, 선진국은 핀테크 보안에 있어서 '사전 규제'보다 '사후 보안'을 강화하고 있다. 즉, 선진국에서 핀테크 기업들은 금융 소비자의 편의(혜택)를 위해 금융거래를 할 때는 보안절차를 완화한다. 이를 통해 핀테크 이용 용이성을 높인다. 대신 핀테크 서비스 이용 이후에 부정거래 및 사기거래를 찾아내고 문제를 해결하는 방식을 취한다.

둘째, 선진국은 핀테크 보안에 있어 선별적이고 선택적인 규제를 수행하고 있다. 선진국의 핀테크 기업들은 획일적으로 동일한 보안 수준을 강요하지 않고,

금융거래 규모와 고객의 금융거래 신용도에 따라 보안 수준을 차별화한다. 이러한 보안 차별화전략을 활용해 금융 서비스 소비자에게 보안 수위에 대한 선택권도 부여한다.

셋째, 선진국에서 핀테크 보안은 보안사고 당사자(기업)에 대한 무거운 처벌을 강조한다. 핀테크 시스템에서 중대한 보안사고가 발생한 기업들에 대해서는 천문학적인 과징금을 매기는 등 무거운 처벌을 부과함으로써 보다 철저한 보안 시스템이 구축되도록 한다.

넷째, 선진국에서 핀테크 보안은 민간 자율 규제체계를 도입하고 있다. 핀테크 기업들이 자율적으로 핀테크 보안체계를 갖추도록 한다.

다섯째, 선진국에서 핀테크 보안사고의 책임이 분산된 특징이 있다. 핀테크 에코 시스템을 구성하는 전자결제 기업, IT 기업, 금융소비자에게도 책임을 묻는 방식을 도입하고 있다.

여섯째, 선진국에서 핀테크 기업들은 풍부한 인력과 기술을 확보하고 있다. 핀테크 기업들은 검증된 첨단 사기탐지시스템(FDS)을 구축하고 있고, 빅데이터 분석 기술을 활용하고 있다. 또한 보안인증 기술 등을 확보하고, 풍부한 보안 관련 인력을 확보하고 있다.

핵심문제

01 핀테크에 대해 설명하시오.

02 전자금융과 핀테크에 대해 비교 설명하시오.

03 전통적인 핀테크와 신흥 핀테크에 대해 비교 설명하시오.

04 인슈어테크(InsurTech)에 대해 설명하시오.

05 레그테크(RegTech)에 대해 설명하시오.

06 크라우드 펀딩에 대해 설명하시오.

07 가상은행(Virtual Bank)에 대해 설명하시오.

08 프롭테크(PropTech)에 대해 설명하시오.

09 캡테크(CapTech)에 대해 설명하시오.

10 디지털 금융 서비스에서 나타나는 탈집중화(decentralization)현상과 탈중개화(disintermediation) 현상에 대해 설명하시오.

11 금융 분야에서 나타나는 클라우드 서비스 3대 유형에 대해 설명하시오.

참고문헌

과학기술정책연구원, 신기술과 산업 지형의 변화 ③ 핀테크, 2016년

금융감독원, 글로벌 핀테크 10대 트렌드 및 시사점, 2019년 6월 7일 보도자료

금융감독원(핀테크 혁신실), 글로벌 핀테크 10대 트렌드 및 시사점, 2019년 10월

매일경제, "'구글카드' 나온다…애플카드 넘어설까", 2020년 4월 28일 기사참조

매일경제, "24억명 연결된 결제망 '페북 페이' 등장", 2019년 11월 26일 기사참조

배기헌, 핀테크 · 빅테크의 금융시장 진출 및 시사점, 금융결제원, 지급결제와 정보기술 75호, 2020년 6월

이보미, 빅테크의 금융업 진출 현황 및 시사점, 2019년 12월 한국금융연구원

장상수, 핀테크(Fintech)가 정보보호산업에 미치는 영향에 대한 고찰, Internet & Security Focus, 2015년 2월, pp.4-32

중앙일보, "페이스북 간편결제 서비스 '페이스북 페이', 국내엔 언제 출시?", 2019년 11월 14일 기사참조

통계청, 2014년 지급수단 이용행태 조사결과 및 시사점, 2014년

한국은행 금융결제국, 디지털혁신과 금융서비스의 미래: 도전과 과제, 지급결제조사자료, 2017년 1월

Accenture, "Payments in the Digital age_How the digital payments paradigm is redefining banking", 2018

eMarketer, Global Ecommerce 2019, Ecommerce Continues Strong Gains Amid Global Economic Uncertainty, 2019. 1. 27.

EY(Ernst & Young), Global Fintech Adoption Index 2019

Zetzsche, D. A., Buckley, R. P., Arner, D. W., Barberis J. N., From FinTech to TechFin: The Regulatory Challenges of Data-Driven Finance, European Banking Institute Working Paper Series 2017, No. 6, 2017

Chapter 07 스마트 팩토리

학습목표

- 스마트 팩토리의 개념 이해
- 스마트 팩토리 구현 기술 이해
- 스마트 팩토리 보안 이해
- 스마트 팩토리 구현 프로세스 이해

제 1 절 스마트 팩토리의 개요

1. 스마트 팩토리 등장 배경

스마트 팩토리는 최신 정보기술을 활용해 공장에 혁신을 제공해주는 기술이다. 최근 인공지능 기술 발전에 따라 스마트 팩토리는 제조업체의 비즈니스 프로세스를 자동화시켜줌으로써 큰 성과를 제공해주었다. 이에 따라 스마트 팩토리 시장은 지속적으로 성장하고 있다.

시장조사 전문기업인 Markets and Markets의 조사에 의하면 스마트 팩토리 시장 규모(예, ERP, SCM, MES, 로봇기술, 사물인터넷 등)는 해마다 성장할 것이라고 하였다. 스마트 팩토리 시장은 매년 급성장할 것으로 보고되고 있다. 전 세계의 스마트 팩토리 시장 규모를 살펴보면, 아시아에서 가장 큰 성장세가 나타나고 있는 것을 알 수 있다. 아시아의 스마트 팩토리 성장세를 살펴보면, 2018년 86.28, 2019년 94.83, 2020년 104.23으로 나타났다. 그 이유는 아시아는 생산에

▌그림 7-1▐ 스마트 팩토리 시장 성장 전망

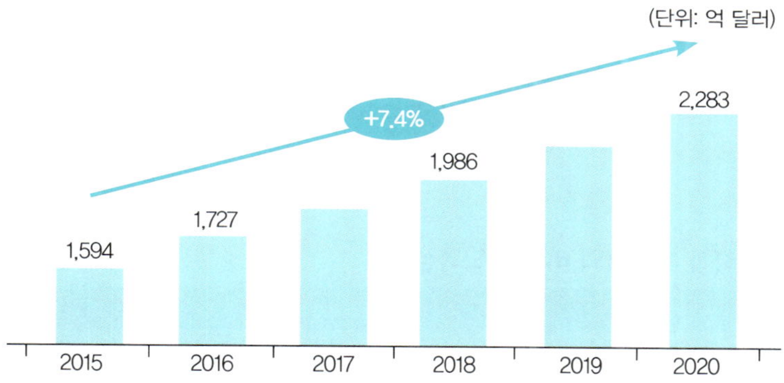

▌표 7-1▐ 스마트 팩토리 시장 규모

(단위: 10억 달러, 실현 단위: %)

지역	2018	2019	2020	CAGR
미국	76.11	81.7	87.74	7.37
유럽	70.97	75.44	80.19	6.30
아시아	86.28	94.83	104.23	9.90
중동	12.66	14.10	15.68	11.30
합계	246.02	266.07	287.84	8.08

출처: EC(2015; 국가기술표준원, 2018에서 재인용)를 활용하여 2020년까지 추측(출처: 에트리 표준연구본부, 스마트 제조 기술 및 표준, ETRI Insight 표준화동향 2018-01)

따른 인건비가 저렴해서 세계 다양한 국가에서 생산시설을 집중적으로 구축하였기 때문으로 파악된다.

과거에는 대부분 국가에서 사업은 제조기반 비즈니스가 주를 이루었다. 이에 반해 오늘날에는 대부분 국가에서 사업이 서비스기반 비즈니스가 주를 이루고 있다. 오늘날 경제가 발전하면서 제조업체 노동자의 인건비가 상승하였다. 이에 따라 제조기업들은 비용 절감을 위해서 생산시설을 해외로 이전하였다. 그러나 자국이 아닌 타국의 규제는 기업경영에 어려움을 유발하였다. 최근 추세는 제조기반 비즈니스에서 인공지능 및 로봇 기술 등을 활용하여 사업을 운영하는 것이 보편화되고 있다. 이에 따라 인공지능 기술을 활용하는 스마트 팩토리는 점점 더 많은 인기를 얻고 있다.

현재 선진국에서는 첨단 지식재산권 확보에 기반한 제조가 강조되고, 후진국에서는 저원가에 기반한 위탁생산 제조가 중심을 이루고 있다. 이에 따라 다양한 상황에서의 스마트 제조전략 수립이 요구된다. [표 7-2]는 선진국과 후진국의 비즈니스 특성이다.

표 7-2 선진국과 후진국의 비즈니스 특성

구분	비즈니스 특성
선진국	선진국의 기업들은 연구개발을 통한 다양한 지식재산권과 기술력을 확보하여 제조업의 서비스화를 통한 경쟁우위를 창출하는 방향으로 비즈니스를 추구하고 있다.
후진국	후진국들은 저렴한 인건비를 기반으로 저원가전략(비용 리더십 전략)에 기반해 저렴한 비용으로 제품을 만들어 수출하는 방향으로 비즈니스를 추구하고 있다.

출처: 산업통상자원부, 4차 산업혁명 시대 스마트 공장 확산을 위한 핵심 분야별 정책 방안 연구, 2017년 12월

스마트 팩토리가 인기를 얻게 된 이유는 기존 제조업체의 성장방식의 한계를 극복하고, 새로운 인공지능 기술을 활용해 제조업의 패러다임을 전환시켜주었기 때문이다. 산업통상자원부(2017)는 스마트 팩토리를 다음과 같이 정의하였다. "스마트 팩토리란 ① 제품의 설계 · 개발, ② 제조, ③ 유통 및 물류 등 생산 전체 과정에 디지털 자동화 솔루션이 결합된 선진적 ICT를 적용하여 생산성, 품질, 고객만족도를 향상시키는 지능형 유연생산공장"이라고 하였다.[01]

2 스마트 팩토리에 대한 정의

스마트 팩토리는 4차 산업혁명에 따른 첨단 기술을 활용해서 제조 부분의 혁신을 달성하는 개념이다. 현재 다양한 기관에서 다양한 스마트 팩토리에 대한 정의를

01 산업통상자원부, 4차 산업혁명 시대 스마트 공장 확산을 위한 핵심 분야별 정책 방안 연구, 2017년 12월, 산업통상자원부 '민관합동스마트공장추진단' 웹페이지(http://www.smart-factory.kr/Service/Intro/appl/Business.asp)

제시하고 있다. 주요 기관이 제시하는 스마트 팩토리에 대한 정의는 다음과 같다.[02]

표 7-3 스마트 팩토리에 대한 정의

용어	기관	정의
스마트공장	민관합동 스마트공장 추진단	설계 · 개발, 제조, 유통 · 물류 등 생산 전체 과정에 디지털 자동화 솔루션이 결합된 선진적 ICT를 적용하여 생산성, 품질, 고객만족도를 향상시키는 지능형 유연생산공장
스마트공장	산업통상 자원부	• 제품의 기획 · 설계, 생산, 유통 · 판매 등 전 과정을 IT 기술로 통합, 최소비용 · 시간으로 고객맞춤형 제품을 생산하는 공장. 궁극적으로는 IoT, CPS를 기반으로 제조 전 단계가 자동화. 정보화(디지털화)되고 가치사슬 전체가 하나의 공장처럼 실시간 연동되는 생산체계 지향 • 정보기술(IT) · 소프트웨어(SW) · 입체(3D)프린팅 등 첨단 제조기술을 생산 현장에 맞춤형으로 결합하여 생산 전반의 효율을 극대화한 공장 • IT · SW, 사물인터넷 등을 활용하여 생산 전 과정을 지능화 · 최적화한 '낭비 Zero' 공장
스마트공장	관계부처합동	제품 기획 · 설계, 제조 · 공정, 유통 · 판매 등 전 과정을 IT로 통합하여 최소비용 · 시간으로 고객맞춤형 제품을 생산하는 공장
CSF(Connected Smart Factory)	미래창조 과학부	외부 환경변화(고객주문, 설비고장 등)에 공장 내 기기들이 즉각 반응하여 자율적으로 최적솔루션을 제안하는 사이버물리시스템(CPS) 기반 지능형 생산공간
Smart Factory	Deloitte 안진	감지(sensor), 판단(control), 수행(actuator)의 3가지 기능이 적용되어, 각각의 기능이 일체화된 사람처럼 유기적으로 연계되어 동작하는 공장
Smart Factory	LG CNS	산업/고객 특성에 맞는 최적화된 공장 운영 설계와 이에 따른 생산 운영 시스템 및 지능형 설비 공급을 통해 Global Top 수준의 제조 경쟁력을 갖춘 공장
스마트 팩토리	시스코 코리아	자산 활용, 공급망 및 물류혁신을 위해 만물인터넷(IoE)을 통해 보다 지능적인 생산설비 설계, 생산 환경 및 설비에 대한 제어력이 향상되는 공장
스마트 팩토리	포스코 ICT	사물인터넷(Internet of Things) 기술을 기반으로 공장 안의 모든 요소가 유기적으로 연결되어 지능적으로 운영되는 공장

출처: 산업통상자원부, 미래 스마트공장 방향 제시 및 스마트제조산업 발전 방안 연구, 2016년 12월(일부 인용)

02 산업통상자원부, 미래 스마트공장 방향 제시 및 스마트 제조산업 발전 방안 연구, 2016년 12월

앞서 살펴본 것처럼 스마트 팩토리는 다양하게 정의됨을 알 수 있다. 이러한 스마트 팩토리에 대한 다양한 정의를 종합하면, 전반적으로 스마트 팩토리는 4차 산업혁명 기술을 활용하는 것을 알 수 있다. 특히, 스마트 팩토리에서는 인공지능(Artificial Intelligence), 빅데이터(Big Data), 사물인터넷(Internet of Thing) 기술이 강조됨을 알 수 있고, 이러한 4차 산업혁명 기술을 활용해서 기업의 제조 프로세스 혁신을 구현하고 있음을 알 수 있다.

3. 스마트 팩토리 발전과정

4차 산업혁명 발전에 따른 스마트 팩토리 기술 적용 및 생산 진화 특성을 살펴보면 [그림 7-2]와 같다.

1차 산업혁명은 18세기 후반에 시작되었고, 증기의 동력화가 혁신을 이끌었다. 이 시기에는 책과 신문 등이 커뮤니케이션 도구로 활용되었고, 생산방식에서 기계화가 이루어졌고, 사람에 의한 생산 통제가 이루어졌다.

2차 산업혁명은 20세기 초반에 이루어졌고, 전력과 노동 분업에 의해 혁신이 이

그림 7-2 4차 산업혁명 발전에 따른 생산 기술의 발전 과정

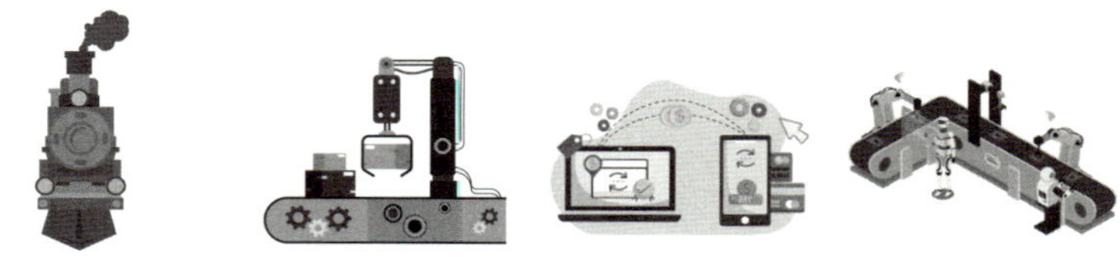

구분	1차 산업혁명	2차 산업혁명	3차 산업혁명	4차 산업혁명
시기	18세기 후반	20세기 초반	1970년대 이후	2020년 이후
혁신 부문	증기의 동력화	전력, 노동 분업	전자기기, ICT혁명	ICT와 제조업 융합
커뮤니케이션 방식	책, 신문 등	전화기, TV 등	인터넷, SNS 등	IoT, IoS
생산방식	생산 기계화	대량생산	부분자동화	시뮬레이션을 통한 자동생산
생산 통제	사람	사람	사람	기계 스스로

출처: KSA 한국표준협회, [인포그래픽] 4차 산업혁명, 융복합 기술에 기반한 산업의 진화, 2016년 8월

루어졌다. 이 시기에는 전화와 TV를 이용한 커뮤니케이션이 이루어졌고, 대량생산 시스템이 구축되었고, 사람에 의한 생산 통제가 이루어졌다.

3차 산업혁명은 1970년대 이후에 이루어졌고, 전자기기와 정보통신기술 혁명이 혁신을 가능하게 해주었다. 커뮤니케이션은 주로 인터넷과 소셜 네트워크 서비스 등이 이용되었고, 생산방식의 부분자동화가 이루어졌고, 사람에 의한 생산 통제가 이루었다.

4차 산업혁명은 2020년 이후에 정보통신기술과 제조업의 융합에 의해 혁신이 이루어졌다. 커뮤니케이션 방식으로는 사물인터넷 기술이 이용되었고, 생산방식은 시뮬레이션을 이용한 자동화된 생산 시스템에 의한 생산이 이루어졌고, 기계에 의한 생산 통제가 이루어졌다.

4. 스마트 팩토리 기술 구조 및 발전 방향

김호인(2017)에 의하면 스마트 팩토리 구현에 있어서 가장 중시되는 기술은 인공지능 기술이다. 인공지능 기술을 이용해서 공장의 설비에 대한 예방정비를 할 수 있고, 공정 사이에서 연계제어를 할 수 있으며, 전문가에 의한 공정제어를 할 수 있다. 또한 인공지능 기술을 내재한 로봇을 통한 제조자동화를 실현할 수 있다고 한다. 이 모든 과정이 사물인터넷을 지원하는 센서와 네트워크 기술에 의해 연결되며, 생성되는 다양한 제조공정 데이터를 수집할 수 있다고 한다. 이를 통해 제조과정을 보다 스마트하게 만들 수 있다고 한다.

더불어 김호인(2017)에 의하면 스마트 팩토리 분야에 인공지능 기술이 적용되면서 설비 예방정비, 공정 간 연계제어, 전문가 공정제어, 로봇자동화 측면에서 새로운 혁신이 이루어질 것이다.

조립가공산업과 프로세스장치산업에서 설비 예방정비 도구가 적용되면서 나타나는 특징은 다음과 같다. 조립가공산업(자동차, 가전, 부품)은 설비 규모가 작은 특성이 있고, 여분의 설비를 보유할 가능성이 있다. 따라서 이 도구를 적용하면 개선의 영향이 작을 것이다. 프로세스장치산업(철강, 화학, 에너지)은 핵심 설비

▌그림 7-3▐ 인공지능을 활용한 스마트 팩토리 개념도

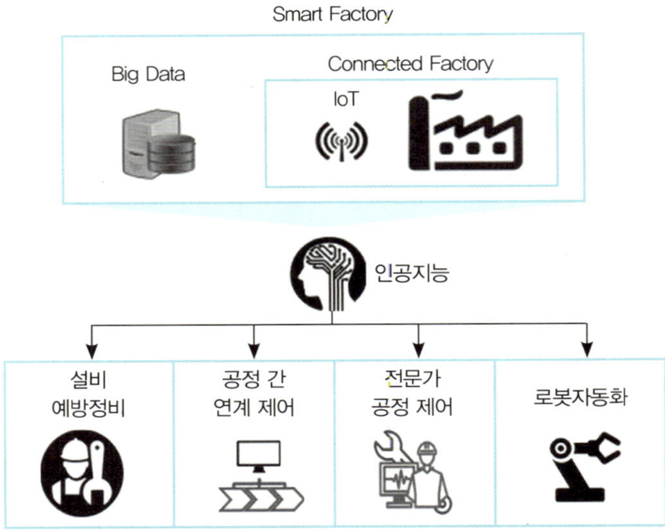

출처: 김호인, 스마트팩토리, 인공지능으로 날개를 달다. POSRI 이슈리포트, 2017년 5월 18일

▌표 7-4▐ 스마트 팩토리 발전 방향

스마트 팩토리 주요 분야	스마트 팩토리에 인공지능 적용을 통한 돌파구 마련 방안
설비 예방정비	다양한 설비 데이터를 수집한 후 단순한 통계분석보다 인공지능 분석을 적용함으로써 예방정비 신뢰성 개선
공정 간 연계제어	통계적 분석기법으로 예측하기 힘든 공정 간 품질결함도 인공지능 분석을 통해 예측할 수 있을 전망
전문가 공정제어	전문가 공정제어에 강화학습기반의 인공지능을 적용하면서 과거 전문가 제어 시스템의 한계를 극복하고 전문가보다 나은 생산성 성과를 보여줄 것으로 기대
로봇 자동화	인공지능과 로봇의 융합을 통해 로봇 스스로 학습이 가능해짐으로써 다양한 작업에 대한 범용성 증가

출처: 김호인, 스마트팩토리, 인공지능으로 날개를 달다. POSRI 이슈리포트, 2017년 5월 18일

의 고장 방지가 가능해지고, 설비 고장에 따라 큰 손실이 발생할 수 있다. 따라서 이 도구를 적용하면 개선의 영향이 커질 것이다.

조립가공산업과 프로세스장치산업에서 공정 간 연계제어 도구를 적용하면서 나타나는 특징은 다음과 같다. 조립가공산업(자동차, 가전, 부품)은 공정 간 연계제

어에 있어 상호작용이 제한적이다. 따라서 이 도구를 적용하면 개선의 영향이 작을 것이다. 프로세스장치산업(철강, 화학, 에너지)은 공정 간 상호작용이 활발하게 이루어지기 때문에 이 도구를 적용함으로써 개선 영향이 커질 것이다.

조립가공산업과 프로세스장치산업에서 전문가 공정제어 도구를 적용하면서 나타나는 특징은 다음과 같다. 조립가공산업(자동차, 가전, 부품)은 전문가 적용대상 공정이 제한적이다. 그렇기 때문에 이 도구를 통한 개선의 영향이 작을 것이다. 프로세스장치산업(철강, 화학, 에너지)은 전문가 공정제어 도구를 도입함으로써 생산성 핵심공정에서 개선 영향이 커질 것이다.

조립가공산업과 프로세스장치산업에서 로봇자동화 도구를 적용하면서 나타나는 특징은 다음과 같다. 조립가공산업(자동차, 가전, 부품)에 로봇 자동화 도구를 도입하면 높은 노무비 비중을 로봇에 의해 대체할 수 있다. 이에 따라 개선의 영향이 크게 나타날 것이다. 프로세스장치산업(철강, 화학, 에너지)에 로봇 자동화 도구를 도입하면 노무비가 낮은 산업특성으로 인해 제한적 공정에 로봇을 도입하게 될 것이다. 따라서 로봇자동화에 따른 개선 영향이 작을 것이다.

제2절 스마트 팩토리 구현

1. 스마트 팩토리 요소 기술

산업통상자원부(2017)에서는 스마트 팩토리를 위한 요소기술로 스마트 센서(Smart Sensor), 사이버물리시스템(Cyber Physical Systems), 3D 프린팅(3D Printing), 사물인터넷(Internet of Things), 홀로그램(Hologram), 클라우드 컴퓨팅(Cloud Computing), 빅데이터(Bigdata) 등을 제시하였다. 각각의 스마트 팩토리 요소기술의 특성을 살펴보면 다음과 같다.[03]

03 산업통상자원부, 4차 산업혁명 시대 스마트 공장 확산을 위한 핵심 분야별 정책 방안 연구, 2017년 12월의 내용을 수정 인용함

- **스마트센서(Smart Sensor)**: 사물인터넷 기반 스마트 기술을 활용하는 제조 환경을 가능하게 하는 기술이다. 스마트 시대의 제조기업들은 센서와 네트워크가 연계된 융합 기술을 이용해 다양한 정보를 감지할 수 있다.
- **사이버물리시스템(CPS: Cyber Physical Systems)**: 제조기업의 정보시스템과 사람, 공정, 설비 등과 같이 제조시설의 물리적 형태를 가지고 있는 시스템을 사물인터넷 유무선 네트워크로 통합하여 보다 안전하고 신뢰성 있게 제어할 수 있는 지능형 제조시스템 구축 기술을 의미한다.
- **3D 프린팅(3D Printing) 기술**: 3차원 설계 기술을 기반으로 디지털 정보를 제조시설 설계장비에 입력하고, 소재를 출력하는 과정에서 부가방식으로 소재를 쌓아 부품을 제조하는 기술을 의미한다.
- **에너지 절감 기술(Energy reduction technology)**: 정보통신기술과 에너지 관리 기술에 기반하여 제조업 전 주기에서 소요되는 에너지를 보다 합리적으로 활용하는 기술을 의미한다.
- **사물인터넷(IoT: Internet of Things)**: 유선 및 무선 인터넷을 기반으로 다양한 물리적 세계와 가상세계의 사물들을 연결하여 제조, 유통, 물류 등의 분야에 활용해서 산업의 효율성을 높이는 기술을 의미한다.
- **빅데이터(Bigdata)**: 스마트 제조 환경에 요구되는 컴퓨팅 자원, 스토리지, 소프트웨어 등 모든 필요 정보기술 자원을 클라우드 컴퓨팅 환경에서 서비스로 데이터를 제공하는 기술을 의미한다.
- **클라우드 컴퓨팅(Cloud Computing)**: 제조과정에서 발생하는 데이터와 시장, 환경, 정책, 기술 동향 등을 외부에서 데이터를 수집하고, 분석하고, 저장하고, 활용해서 제조업체 전 주기에서 수요예측, 제품설계, 설비 운영, 제조, 유통 등의 분야에서 활용되는 지능화 기술 또는 서비스화 기술을 의미한다.
- **홀로그램(Hologram)**: 가상 환경에서 실제 사물을 보는 것과 마찬가지의 3D 입체감을 제공하고 현실감을 제공하는 인간 친화형 영상 기술이다. 이 홀로그램 기술은 아날로그 기술과 디지털 기술로 구분된다.

2. 스마트 팩토리 구성요소

산업통상자원부 스마트공장추진단(2017)에 의하면 스마트 팩토리는 응용시스템, 제어자동화, 현장자동화, 클라우드, 가상물리시스템, 인공지능으로 구성된다고 한다.

- 응용시스템은 소프트웨어로 공급사슬에서 수요예측어 기반해서 자재를 조달하고, 생산활동을 수행하고, 물류활동을 수행하는 전반에 걸쳐 프로세스를 효율화해주는 기술이다.
- 제어자동화는 컨트롤러 및 센서 기술로 공정을 제어하고, 인터페이스를 제공하고, 컴퓨터 수치제어를 가능하게 해준다.
- 현장자동화는 로봇 및 생산설비를 의미한다. 스마트 팩토리 구현에 따라 다양한 정보화된 인터페이스에서 시스템을 제어한다.
- 클라우드 플랫폼은 가상통합 환경으로 다양한 데이터를 클라우드 시스템에서 통합관리 및 처리할 수 있도록 지원해준다.
- 가상물리시스템은 물리적 환경에서 정보시스템과 제조시설을 연결해서 효율적 생산활동을 지원해준다.
- 인공지능은 데이터를 분석할 수 있는 알고리즘으로 공장을 지능적으로 운영할 수 있도록 지원해준다.

산업연구원(2019)에 의하면 스마트 팩토리 구성요소는 솔루션, 서비스, 설비로 구성된다.[04] 각각에 대해 보다 상세히 살펴보면 다음과 같다.

- 스마트 팩토리 솔루션에는 APS(Advanced Planning System), ERP(Enterprise Resources Planning), PLM(Product Lifecycle Management), SCM(Supply Chain Management), FEMS(Factory Energy Management System), MES(Manufacturing Execution System)가 있다.

04 정은미 · 김경유 · 이은창 · 박양신 · 지민웅 · 박상수 · 송명구 · 심우중 · 윤자영 · 박진 · 김경문, 한국형 스마트 제조전략, 산업연구원 연구보고서, 2019년, pp.174–175

▮그림 7-4▮ 스마트 팩토리 구성요소

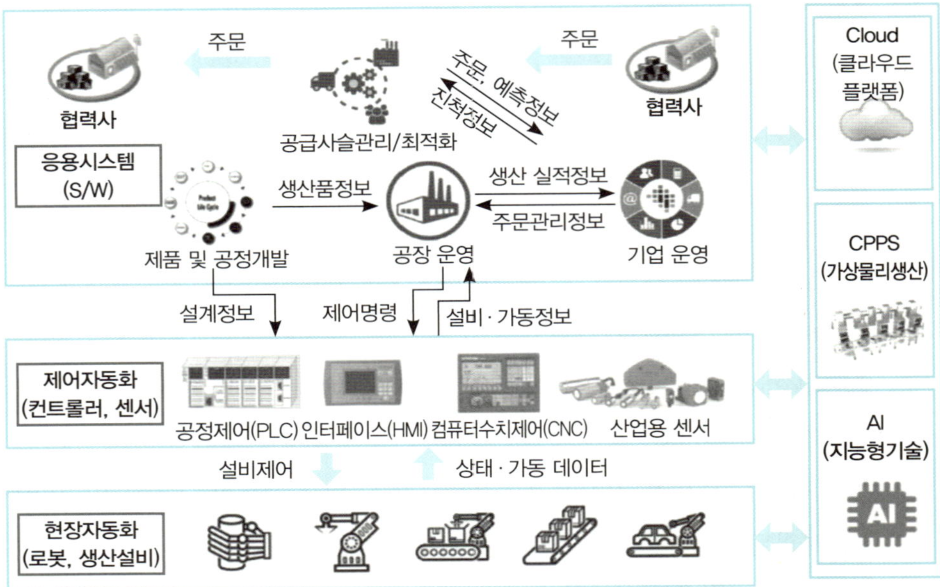

출처: 산업통상자원부 스마트공장추진단(2017)

- 스마트 팩토리 서비스에는 시스템 통합, 컨설팅, 클라우드, 빅데이터 및 인공지능, 보안이 있다.
- 스마트 팩토리 설비에는 제조로봇, 협동로봇, 자율이송 로봇, 3D 프린팅, VR(Virtual Reality), AR(Augmented Reality), 통신 네트워크 장비, 스마트 센서 및 머신 비전, IoT 기기 및 장비, 사이버물리시스템(CPS) 및 디지털 트윈 시스템이 있다.

(1) 스마트 팩토리 솔루션

- APS(Advanced Planning System)는 ERP시스템과 MES의 중간에 위치한 시스템으로 제조업체의 수요 계획, 생산 계획, 스케줄 관리를 지원하는 정보시스템이다.
- ERP(Enterprise Resources Planning) 시스템은 기업의 전사적인 경영활동과 관련된 데이터를 통합해서 관리해주는 전사적 자원관리 시스템이다.

- PLM(Product Lifecycle Management)은 기업에서 제품개발부터 시작해서 제품의 폐기에 이르기까지 제품 전체 수명주기에 대한 관리를 지원해주는 시스템을 의미한다.
- SCM(Supply Chain Management) 시스템은 제조업체의 전체 공급사슬에서 다양한 업무를 효율적으로 처리할 수 있는 협업관리 시스템을 의미한다.
- FEMS(Factory Energy Management System)는 제조업체의 생산시설에서 에너지의 효율적 이용을 지원해주는 에너지관리시스템(EMS)을 의미한다.
- MES(Manufacturing Execution System)는 기업에서 제조 데이터를 통합해 관리해주는 정보시스템으로 공장운영, 생산통제, 품질관리, 창고관리, 공장설비관리, 제조금형관리 등 제조 현장과 관련된 다양한 기능을 지원하는 시스템을 의미한다.

(2) 스마트 팩토리 서비스

- 시스템 통합(SI: Systems Integration)은 기업의 제조 현장에서의 스마트 팩토리화에 필요한 다양한 제조설비와 소프트웨어를 통합하는 서비스이다. 이를 통해 수요 기업이 필요로 하는 기능을 구현한다.
- 컨설팅(Consulting)은 스마트 팩토리 구현에 필요한 설비와 솔루션을 보다 잘 운영하도록 도움을 제공하는 자문 및 교육 서비스를 의미한다.
- 클라우드 컴퓨팅(Clouding Computing)은 스마트 팩토리 구현과 관련되어 소프트웨어를 통해 가상 통합을 이룰 수 있는 서비스를 의미한다. 클라우드 서비스 이용자들은 유무선 네트워크를 통해 데이터를 공유하고, 분석하고, 활용할 수 있는 환경을 구현할 수 있다.
- 빅데이터 및 인공지능(AI)은 스마트 팩토리 환경에서 자재의 입고, 제품의 생산, 제품의 재고관리 및 납기관리 등 제조와 관련된 다양한 데이터를 수집하고 분석하고, 활용할 수 있도록 도움을 제공하는 서비스를 제공한다. 예를 들면, 빅데이터와 인공지능 기술은 데이터를 분산처리하고, 인과관계를 분석하며, 미래를 예측하고, 대안을 탐색하고, 문제점을 찾는다.

- 보안(Security)은 기업의 생산시스템의 통제, 제어, 데이터 분석 등 모든 과정에서 데이터를 보호해준다. 보안 서비스에는 방화벽 소프트웨어를 이용한 보안 서비스, 침입 탐지 서비스, 가상 사설망 서비스, 접근 통제 보안 서비스, 위험 통합관리 보안 서비스 등이 있다.

(3) 스마트 팩토리 설비

- 제조로봇은 기업의 다양한 스마트 팩토리 현장에서 자재 조달부터 제품생산, 그리고 제품 출하까지 공정 내의 다양한 작업을 수행하기 위해 로봇을 활용하고, 재프로그램이 가능하고 다양한 목적으로 다양한 축을 가지고 있는 자동조정장치이다.
- 협동로봇은 사람과 함께 스마트 팩토리 공간에서 협업 작업을 수행할 수 있는 상호작용 로봇이다.
- 자율이송 로봇은 스마트 팩토리 내에서 제품의 분류, 적재, 포장, 이송 등의 업무를 수행한다.
- 3D 프린팅은 스마트 팩토리에서 3차원 디지털 설계도에 따라 금속, 플라스틱 등 다양한 액체, 가루, 분말, 필라멘트사, 박판 등을 재료로 적층식으로 쌓아 올려 다양한 부품을 제조하는 장비이다.
- 증강현실(AR)과 가상현실(VR), 혼합현실(MR) 기술은 스마트 팩토리 환경에서 효율적인 작업공정을 구현하는 데 활용되고, 보다 효율적인 작업이 이루어질 수 있도록 다양한 정보를 제공한다.
- 통신 네트워크 장비에는 통신이 가능하도록 지원하는 무선통신 게이트웨이가 있다. 이러한 통신장비는 스마트 단말기 사이의 무선통신 프로토콜(BLE, Z-WAVE, Zigbee, LoRa, UUWB 등)과 유선통신 프로토콜(PLC, RS-485, USB 등)을 활용해 통신기기 사이에서 통신을 가능하게 해준다.
- 스마트센서 및 머신비전은 스마트 팩토리 내에서 다양한 부품과 센서, 데이터 및 영상처리 기술, 통신기술을 융합한 정보처리를 가능하게 해준다. 다양한 데이터를 습득할 수 있는 센서로는 광학센서, 바이오센서, 물리센서 등이 있다.

- IoT 기기 및 장비는 다양한 디바이스와 장비 사이에서 사물인터넷 센서를 탑재하여 데이터를 수집하고, 전달할 수 있도록 해주고 더불어 데이터에 대한 통제와 설비제어를 지원한다.
- 사이버물리시스템(CPS) 및 디지털 트윈 시스템은 스마트팩토리에서 네트워크 기술을 활용해서 다양한 객체들 사이에서 분산제어를 가능하게 해준다. 이를 통해 생산설비를 운용하고 생산설비를 통제한다. 도한 실제 물리적 환경과 가상 환경을 구축해서 보다 효율적인 작업이 가능하도록 지원하고, 가상 공장 시뮬레이션 기능을 제공한다.

3. 스마트 팩토리의 차별화된 특성

스마트 팩토리는 기존 레거시 팩토리와 비교할 때, ① 능동성, ② 지능성, ③ 연계성, ④ 민첩성, ⑤ 신뢰성 측면에서 차별성을 가지고 있다. 각각의 특성을 살펴보면 [표 7-5]와 같다.

표 7-5 | 스마트공장의 5대 특징

구분	내용
능동성	신규 데이터 상관성 도출, 재고 감축 작업 지시, 장기 재고 이적 등 판단 결과에 기반을 둔 이행 기능 수행
지능성	• 변화된 여건에 따라 스스로 판단하는 의사결정력을 발휘 • 배치 잡(Batch Job)을 통한 주기적 판단 • 마스터 판단기준을 통한 Input Data에 따른 Output 도출
연계성	• 다양한 대량의 데이터를 유관 데이터 영역으로 검토해 활용 • 기능과의 연계(예 수집, 저장, 가공, 활용 사이클상의 CEP)
민첩성	• 실시간 처리 수준의 향상 • 제조 운영 관련 경보, 조치 소요시간, 정보 공유 등의 기능의 빠른 대응력 확보
신뢰성	수집된 데이터의 신뢰성에서 시작해 인터록(Interlock) 등 작업 이상 상황에 대한 안정성, 예측 가능한 작업 수행 보장까지의 역할 수행

출처: 김승택, "스마트 팩토리의 성공적 도입을 위한 고려사항", 딜로이트 컨설팅(https://www2.deloitte.com/content/dam/Deloitte/kr/Documents/insights/deloitte-anjin-review/07/kr_insights_deloitte-anjin-review-07_05.pdf)

(1) 스마트 팩토리의 능동적 특성

스마트 팩토리는 레거시 팩토리와 비교할 때 보다 능동적으로 대처할 수 있는 역량을 가지고 있다. 따라서 스마트 팩토리는 지능형 기술을 활용해서 데이터를 수집하고, 분석하고, 평가할 수 있다.

(2) 스마트 팩토리의 지능성 특성

스마트 팩토리는 레거시 팩토리와 비교할 때 지능성이라는 특성을 가지고 있다. 따라서 공장의 가동 환경에 따라 자체적으로 데이터 수집결과를 토대로 분석을 통해 의사결정을 수행할 수 있다.

(3) 스마트 팩토리의 연계성 특성

스마트 팩토리는 연계성 측면에서 다양한 데이터를 참고해서 시스템을 운영할 수 있다. 따라서 공장 내부뿐만 아니라 공장 외부의 데이터를 연결시킬 수 있다. 이를 통해 공장 운영을 보다 스마트하게 운영할 수 있다.

(4) 스마트 팩토리의 민첩성 특성

스마트 팩토리는 기존 레거시 팩토리와 비교할 때, 공장을 보다 민첩하게 운영함으로써 개선된 성과를 얻을 수 있다. 스마트 팩토리는 다양한 내부 데이터를 활용함으로써 문제를 빠르게 간파하고 해결할 수 있다.

(5) 스마트 팩토리의 신뢰성 특성

스마트 팩토리는 데이터에 기반한 공장 운영을 지원하게 때문에 보다 신뢰할 수 있는 공장 운영을 지원하고, 더불어 안정적인 공장운영을 지원하며, 사전에 오류를 파악할 수 있는 기능을 제공한다.

4. 스마트 팩토리 구현 특성

스마트 팩토리 기술은 기업의 제조 현장에서 투입되는 자원의 효율적 활용을 위해 첨단 ICT 기술인 사물인터넷, 빅데이터, 인공지능, 르보틱스 등을 활용하고 있다(산업통상자원부, 2017). 이러한 첨단 기술 활용은 기업의 가치사슬 전반을 스마트화하여 보다 효율적인 제조과정을 만들어준다. 스마트팩토리는 3단계로 구분된다.

- 1단계: 생산정보 감지 단계이다.
- 2단계: 감지된 정보에 기반해 의사결정을 하는 단계이다.
- 3단계: 생산시설의 제어 및 실행이 가능한 단계이다.

현재 스마트 팩토리는 다양한 형태로 발전되고 있다. 정보통신기술의 활용 및 역량에 따라 4단계로 구분하면 다음과 같다.[05]

(1) 소프트웨어를 이용한 공장 운영 측면

- 1단계: 소프트웨어 기술을 이용해 공장에서 생산 실적, 이력, 불량관리를 실현한다.
- 2단계: 소프트웨어 기술을 이용해 공장에서 실시간 생산정보 수집 및 분석을 통한 생산관리와 품질관리를 수행한다.
- 3단계: 소프트웨어 기술을 이용해 공장에서의 실시간 공장 자동 제어를 실현한다.
- 4단계: 소프트웨어 기술을 이용해 공장에서의 설비 및 시스템 스스로의 자율 판단에 의한 자율 생산체계를 구현한다.

05 산업통상자원부, 4차 산업혁명 시대 스마트 공장 확산을 위한 핵심 분야별 정책 방안 연구, 2017년 12월을 수정함

(2) 하드웨어를 통한 설비자동화 측면

- 1단계: 하드웨어 시스템을 통해 공장에서 바코드, RFID 기술 등을 활용해 데이터를 수집한다.
- 2단계: 하드웨어 시스템을 통해 공장에서 네트워크와 센서 기술 등을 활용한 설비 데이터를 자동집계한다.
- 3단계: 하드웨어 시스템을 통해 공장에서 PLC(제어기) 등을 통하여 시스템 설비를 실시간 연동한다.
- 4단계: 하드웨어 시스템을 통해 공장에서 다기능 지능화 로봇과 시스템 간 유무선통신 시스템을 구현한다.

참고자료 | 독일의 스마트 팩토리 구현사례

EU F3(Flexible · Fast · Future) 팩토리는 모듈라 설비를 구현, 고객 요구에 맞춰 레고블럭을 조립하듯이 생산라인을 구축하고 운영하는 스마트팩토리이다. F3 팩토리는 3가지로 구성되어 있다.

- [1단계] 프로세스 설비조립(PEA: Process Equipment Assembly): 3가지 유형으로 설비를 표준화, 모듈화하여 레고블럭과 같이 제품별로 특화된 생산라인 구현
- [2단계] 프로세스 설비조합(PEC: Process Equipment Container): 프로세스 설비조립(PEA) 이동, 설치가 용이하도록 표준 컨테이너 규격(ISO 1C H8*W8*L19ft)에 맞춰 표준화
- [3단계] 플러그앤플레이(Plug and Play): 외부 환경(수요 변화 또는 고장 발생 등)에 따라 프로세스 설비조합(PEC)을 유연하게 조정할 수 있는 백본(Backbone) 개발

출처: 산업통상자원부, 4차 산업혁명 시대 스마트 공장 확산을 위한 핵심 분야별 정책 방안 연구, 2017년 12월

5. 스마트 팩토리 구현을 위한 성공요인

스마트 팩토리를 성공적으로 구축하기 위해서는 성과요인, 기능요인, 기술요인이 있다. 각각의 요인별 특성은 [그림 7-5]와 같다.

- 스마트 팩토리 성과요인: 공장 운영과 관련된 요인으로 공장 운영의 품질

(quality), 효율성(efficiency), 유연성(flexibility)이 있다. 품질요인은 스마트 팩토리 품질 보증 수준과 품질관리 목표요인이다. 효율성은 스마트 팩토리 운영 목표로 운영 수준과 비용 원가 경쟁력 요인이다. 유연성은 스마트 팩토리 운영 목표로 변화에 대응한 민첩 대응능력이다.

- **스마트 팩토리 기능요인**: 네트워크를 통한 운영과 관련이 있는 요인으로 센서(sensor), 통제(control), 작동(actuator)이 있다. 센서는 스마트 팩토리 제조 환경에서 다양한 특성에 대한 데이터 수집기능을 의미한다. 통제는 스마트 팩토리 환경에서 데이터에 의해 분석된 정보를 활용하는 능력이다. 작동은 데이터 분석결과에 기반에 스마트 팩토리를 운영하는 역량이다.

그림 7-5 스마트 팩토리 구현을 위한 성공요인

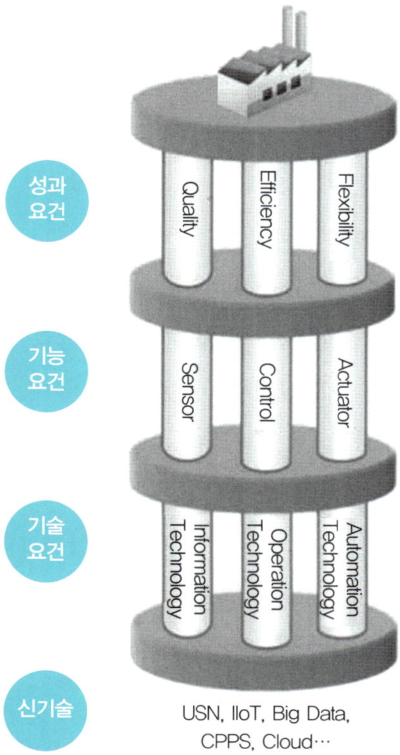

품질 (Quality)	공장의 운영 목표로서 품질 보증 수준과 품질관리에 대한 지향점
효율성 (Efficiency)	공장의 운영 목표로서 효율적 운영 수준, 제조원가 경쟁력 의존
유연성 (Flexibility)	공장의 운영 목표로서 변화에 대한 민첩한 대응 수준(변경 운영 수준)
센서 (Sensor)	조업조건 등 제조에 영향을 미치는 인자에 대한 수집기능(감지력)
통제 (Control)	감지된 데이터에 의거해 정보로 의사결정을 할 수 있는 판단력
작동 (Actuator)	판단의 결과가 생산 운경에서 이행될 수 있도록 수행하는 기능
정보기술 (Information Technology)	정보처리 IT기술, 즉 HW, SW 및 MW에 대한 기술
운영기술 (Operation Technology)	제조에 필요한 업무 운영 기술 (제조 기술, 업무 프로세스, 기준 등)
자동화 기술 (Automation Technology)	PLC, DCS, SCADA 등 계장과 로봇으로 대표되는 자동화 기술

출처: 김승택, "스마트팩토리의 성공적 도입을 위한 고려사항", 딜로이트 컨설팅(접속: 2021년 3월 23일) (https://www2.deloitte.com/content/dam/Deloitte/kr/Documents/insights/deloitte-anjin-review/07/kr_insights_deloitteanjin-review-07_05.pdf)

■ **스마트 팩토리 기술요인:** 정보기술(Information Technology), 운영 기술(Operation Technology), 자동화 기술(Automation Technology)이 있다. 정보기술은 데이터 처리를 위한 기술로 하드웨어, 소프트웨어, 휴먼웨어 등이 있다. 운영 기술은 제조에 필요한 업무 기술, 업무 프로세스 지원 기술 등이 있다. 자동화 기술은 PLM(Product Lifecycle Management), DCS(Data Collection System), SCADA(Supervisory Control And Data Acquisition) 등이 있다.

6. 레거시 팩토리에서 스마트 팩토리로의 전환

최근 4차 산업혁명 기술 발전에 따라 기업의 레거시 팩토리(Regacy Factory)는 첨단 기술을 활용하는 스마트 팩토리(Smart Factory)로 전환되고 있다. 앞서 살펴본 것처럼 스마트 팩토리는 스마트 센서(Smart Sensor), 사이버물리시스템(Cyber Physical Systems), 3D 프린팅(3D Printing), 사물인터넷(Internet of Things) 홀로그램(Hologram), 클라우드 컴퓨팅(Cloud Computing), 빅데이터(Bigdata) 등과 같은 신기술을 활용해서 다양한 정보를 교환하며, 자동화된 설비를 갖춘 시장이다. 박한구(2017)에 의하면 4차 산업혁명 시대의 스마트 팩토리와 3차 산업혁명 시대의 레거시 팩토리의 주요 특성(산업혁명 단계, 핵심기술, 공정 과정, 설비, 제어, 통신기술, 지원, 생산, 팩토리 구조)을 비교하면 [표 7-6]과 같다.

첫째, 산업혁명 단계 특성에서 레거시 팩토리는 컴퓨터와 통신기술 이용이 강조되는 3차 산업혁명 특성이 있고, 스마트 팩토리는 첨단 정보통신기술 융합이 이루어지는 4차 산업혁명 특성이 있다.

둘째, 핵심기술 측면에서 레거시 팩토리는 컴퓨터와 통신기술이 활용되고, 스마트 팩토리는 첨단 기술의 융복합이 나타나는 특성이 있다.

셋째, 공정과정에서 특징을 살펴보면 레거시 팩토리는 일반 공정을 활용하고, 스마트 팩토리는 모듈화된 공정을 활용하는 특성이 있다.

넷째, 설비 측면에서 레거시 팩토리는 순차적인 고정설비를 활용하고, 스마트

표 7-6 레거시 팩토리와 스마트 팩토리의 비교

구분	레거시 팩토리	스마트 팩토리
산업혁명	3차 산업혁명	4차 산업혁명
핵심기술	컴퓨터와 통신	첨단 기술의 융복합
공정과정	일반 공정	모듈 공정
설비	순차, 고정설비	가변, 유연 설비
제어	중앙 집중 제어	자율 분산 제어
통신기술	유선통신	유선통신과 무선통신
지원	실시간 위치 추적 불가	실시간 위치 추적
생산	소품종 대량생산	다품종 대량생산
팩토리 구조	자동화	지능화

자료: 박한구, "제조업의 스마트 팩토리 화에 따른 경영 전략의 변화", 한국인더스트리4.0협회, 2017(일부 내용 수정)

팩토리는 가변적인 유연설비를 활용하는 특성이 있다.

다섯째, 제어 측면에서 레거시 팩토리는 중앙 집중 제어방식을 활용하고, 스마트 팩토리는 자율 분산 제어 기술을 활용한다.

여섯째, 통신기술 측면에서 레거시 팩토리는 유선통신을 집중적으로 활용하는 특성이 있고, 스마트 팩토리는 유무선통신을 활용하되, 주로 무선통신을 활용하는 특성이 있다.

일곱째, 지원 측면에서 레거시 팩토리는 실시간 위치 추적이 불가능하였지만, 스마트 팩토리는 실시간 위치추적이 강조되고 있다.

여덟째, 생산 측면에서 레거시 팩토리는 소품종 대량생산 시스템 활용이 강조되고, 스마트 팩토리는 다품종 대량생산 시스템 활용이 강조된다.

아홉째, 팩토리 구조 특성 측면에서 레거시 팩토리는 자동화가 강조되며, 스마트 팩토리는 지능화가 강조된다.

제3절 스마트 팩토리의 특성 및 도입 효과

1. 스마트 팩토리의 특성

전시현(2018)에 의하면 최근 유행하는 스마트 팩토리(Smart Factory)는 공장자동화(Factory Automation)와는 상이한 특성을 갖는데, ① 스마트 팩토리의 개념, ② 스마트 팩토리의 특성, ③ 스마트 팩토리의 통합 방향, ④ 스마트 팩토리의 지원 기술 측면에서 특징을 살펴보면 다음과 같다.

표 7-7 스마트 팩토리와 공장 자동화의 비교

구분	스마트 팩토리	공장 자동화
개념	제조에 관련된 조달, 물류, 소비자 등의 객체가 존재하여 객체에 각각 지능을 부여하고, 이를 사물인터넷으로 연결해 자율적으로 데이터를 연결 · 수집 · 분석	컴퓨터와 로봇 같은 장비를 이용해 공장 전체의 무인화를 이루고, 생산과정의 자동화를 만드는 시스템
특징	전체 제조과정을 정보통신기술(Information Communication Technology)로 통합해 최소비용 · 시간으로 고객맞춤형 제품생산	컴퓨터를 이용한 설계 및 제조, 해석 시스템, 다품종 소량생산을 가능하게 하는 생산 시스템 등을 조합한 것
통합 방향	수평적 통합	수직적 통합
지원 기술	제품설계 도구인 CAD/CAE 등의 PLM 솔루션, 3D 프린터, 사이버물리시스템(CPS), 공정 시뮬레이션 등을 포함	스마트 센서, 사물인터넷 기술, 생산 현장 에너지 절감 기술, 제조 빅데이터 기술 등을 포함

출처: 전시현, 스마트 팩토리, 공장자동화와 다른 점 5가지, FA저널, 2018년 5월 24일

첫째, 스마트 팩토리 개념은 제품 제조 관련 조달, 물류 등에 있어서, 개별 객체에 대해 개별적인 지능이 부여된다. 이 개별 객체를 사물인터넷 기술로 연결해서 자율적으로 데이터를 수집 및 분석하는 특징을 갖고 있다. 반면, 공장 자동화 개념은 로봇과 컴퓨터를 이용해서 공장을 무인화하고 생산 프로세스를 자동화하는 개념이다.

둘째, 스마트 팩토리의 특성을 살펴보면, 전체 제조 프로세스를 정보통신기술을 이용해서 모든 프로세스를 연결하고 최소비용, 최소시간으로 고객맞춤형 제품 생산이 가능한 구조를 만드는 특성이 있다. 반면, 공장자동화 특성을 살펴보면 제조 시설을 운용하는 데 있어 컴퓨터를 이용한 제품설계, 제조, 해석을 할 수 있는 시스템을 구현하며, 다품종 소량생산을 가능하게 하는 생산 시스템을 구현한다.

셋째, 스마트 팩토리는 제조시설의 통합 측면에서 다양한 제조시설의 수평적 통합을 중시하고, 공장 자동화는 제조시설의 통합 측면에서 수직적 통합을 강조한다. 즉, 프로세스 통합 측면에서 스마트 팩토리는 보다 큰 프로세스 효율성을 얻을 수 있다.

넷째, 스마트 팩토리는 지원 기술 측면에서 제품설계 도구인 컴퓨터지원설계(CAD: Computer Aided Design) 시스템, 컴퓨터지원생산(CAM: computer Aided Manufacture) 시스템, 제품수명주기관리(PLM: Product Lifecycle Management) 시스템, 3D 프린터, 사이버물리시스템(CPS: Cyber Physical Systems),[06] 공정 시뮬레이션 기술 등을 포함한다. 반면, 공장자동화는 지원 기술 측면에서 스마트 센서, 사물인터넷, 생산 현장 에너지 절감 기술, 제조 빅데이터 기술 등을 포함한다.

2. 스마트 팩토리의 도입효과

박한구(2017)에 의하면 스마트 팩토리를 구현함으로써 공장자동화의 한계점을 극복할 수 있다고 하였다. 그 변화과정을 사람, 설비, 생산, 품질, 에너지, 환경, 연구개발 측면에서 살펴보면 [표 7-8]과 같다.

06 사이버물리시스템(CPS: Cyber Physical Systems)은 센서 네트워크(sensor networks) 기술, 사이버네틱스(cybernetics) 기술, 메카트로닉스(mechatronics) 기술, 임베디드 시스템(embedded systems) 기술이 통합되어 운용되는 시스템을 의미한다.

표 7-8 공장자동화의 한계와 스마트 팩토리 구현 장점

구분	자동화의 한계 (현재 공장의 한계)	스마트화로 해결 (스마트공장의 혜택)
사람	숙련자 퇴직, 기술 전수 곤란, 3D 작업의 기피현상	직원의 역할 변경(단순근로자를 지식근로자로 전환)
설비	지속적 돌발고장 발생, 예지정비 불가	설비 이상을 사전에 감지하여 안내
생산	• 생산전략 변수 간의 상쇄관계 존재 • 노동생산성 저하	• 설비, 소재가 스스로 분석, 판단하여 자율 운전 가능 • 생산전략 변수의 병행관계 가능
품질	사람, 설비의 컨디션에 따라 품질 수준의 편차 발생	설비 성능 예지기반의 품질 예측 및 선행 제어 가능
에너지	에너지 낭비 발생, 원가에도 부담	설비 성능에 따른 에너지 효율성 향상 가능
환경	설비 이상으로 예기치 못한 오명 등 사고 발생	설비 성능에 따른 환경오염 선행 제어 가능
연구개발	새로운 제품개발 소요시간 장기화, 개발비용도 과다	디지털 트윈 기반의 연구개발로 신제품 개발기간 단축 및 비용 절감

출처: 박한구, "제조업의 스마트 팩토리화에 따른 경영 전략의 변화", 한국인더스트리4.0협회, 2017년

박한구(2017)에 의하면 스마트 팩토리를 구현함으로써 공장자동화의 한계점을 극복할 수 있다고 하였다. 그 변화과정을 사람, 설비, 생산, 품질, 에너지, 환경, 연구개발 측면에서 살펴보면 다음과 같다.

첫째, 사람 측면의 특성을 살펴보면 숙련자 퇴직이 나타나며, 기술 전수가 곤란해지며, 3D 작업의 기피현상이 나타난다. 이러한 문제를 스마트 팩토리를 도입해서 해결하면 직원의 역할 변경이 요구된다. 즉, 직원들이 단순 근로자에서 지식 근로자로의 전환이 이루어진다.

둘째, 설비 측면의 특성을 살펴보면 공장시설의 지속적 고장이 발생하며, 예측에 따른 공장시설 정비가 불가하다. 그러나 스마트 팩토리를 도입함으로써 설비에서 발생하는 문제를 사전에 감지하여 안내할 수 있다.

셋째, 생산 측면의 특성을 살펴보면 생산전략 변수 간의 상쇄관계가 존재하고, 노동생산성이 저하된다. 스마트 팩토리를 도입함으로써 설비가 스스로 데이터를 수집해 분석을 수행하고, 자율적으로 판단하여 설비 운행이 가능해지며, 생산전략

변수의 병행관계 형성이 가능해진다.

넷째, 품질 측면의 특성을 살펴보면 사람 및 설비의 조건에 따라 품질 수준의 편차가 발생한다. 스마트 팩토리 도입을 통해 설비 성능에 대해 예측기반의 품질을 파악할 수 있고, 선행 제어가 가능해진다.

다섯째, 에너지 측면의 특성을 살펴보면 에너지 낭비가 발생하며 원가에도 부담이 발생한다. 스마트 팩토리를 구현함으로써 설비 성능에 따른 에너지 효율성을 향상시킬 수 있다.

여섯째, 환경 측면의 특성을 살펴보면 설비 이상으로 예기치 못한 오류 등으로 사고가 발생할 수 있다. 스마트 팩토리를 도입함으로써 설비 성능에 따른 환경오염에 대응하여 선행 제어를 할 수 있다.

일곱째, 연구개발 측면의 특성을 살펴보면 새로운 제품개발에 소요되는 시간이 길어지며 개발 비용도 증가한다. 이러한 문제를 해결하기 위해 스마트 팩토리를 도입하면 디지털 트윈 기반의 기술개발로 신제품 개발기간을 단축할 수 있고, 비용을 절감할 수 있다.

제 4 절 스마트 팩토리 구현에 따른 고려사항

1. 스마트 팩토리 도입에 따른 방향성과 고려사항

김승택(2017)에 의하면 스마트 팩토리 추진을 위해서는 명확한 방향성 제시가 필요하다고 하였다.

- 기업들은 스마트 팩토리를 도입하면서 시스템의 구현이라는 명분보다는 시스템 구현을 통한 효율성과 효과성 창출이라는 실리에 중점을 두어야 한다.
- 기업들은 스마트 팩토리를 도입하면서 현재 프로세스에 대한 평가를 통한 스마트 팩토리 모델 설계가 필요하다.
- 기업들은 스마트 팩토리 구현에 있어 사람의 역할과 시스템의 역할을 명확히

해야 한다.

- 기업들은 스마트 팩토리 구현에 있어 전체 기능을 고려해서 부분에서의 최적 성과를 창출할 수 있는 방향을 제시해야 한다.
- 기업들은 스마트 팩토리 구현에 있어 지속적으로 최적을 성과를 창출할 수 있는 방안을 제시해야 한다.
- 기업들은 스마트 팩토리 구현에 있어 실질적인 노하우를 활용해서 운영 역량을 보강해야 한다.
- 기업들은 스마트 팩토리 구현에 있어 전략적 연계에 기반해서 내부 환경과 외부 환경 변화에 민첩한 대응체계를 구축한다.
- 기업들은 스마트 팩토리 구현에 있어 복잡한 시스템은 운영상 문제를 도출할 가능성이 높기 때문에 단순한 시스템을 구현한다.
- 기업들은 스마트 팩토리 구현에 있어 작게 시작하여 성공을 맛보면서 점진적으로 전사 차원 확산전략을 수립한다.

표 7-9 스마트 팩토리 추진 방향성

구분	내용
혜택(Benefit)	명분보다 실리(도입이 목적화되는 것 지양)
접근(Assess)	현 수준에 대한 인식기반의 구현 모델 작성
강조(Strength)	사람이 잘하는 것은 사람이 하도록 하고, 시스템이 잘하는 것은 시스템이 담당하게 하는 일종의 적재적소방식을 적용
균형 확보(Balance)	부분 최적화를 지향하고 전체적 기능 간 균형을 고려해 구현
지속 가능한 고도화 추진(Sustainable)	지속적 고도화 기반을 구축하고 도입 모델이 이벤트화된 종결 지양
인력 보강(People)	운영 역량 보강에서 시작하고 실질적 운영 노하우 반영을 지향
전략과의 연계로 유연하게(Flexible) 대응	내 · 외부적 환경 변화에 민첩한 대응체계 구축
단순한 운영(Simple)	모든 복잡한 체계는 결국 운영상 문제를 도출
작게 시작(Start Small)	빅뱅방식은 리스크로 인해 적합하지 않음

출처: 김승택, "스마트팩토리의 성공적 도입을 위한 고려사항", 2017년 5월 (https://www2.deloitte.com/content/dam/Deloitte/kr/Documents/insights/deloitte-anjin-review/07/kr_insights_deloitte-anjin-review-07_05.pdf)

2. 스마트 팩토리 도입 시 검토사항

기업들은 레거시 팩토리 문제를 해결하기 위해 현재 문제를 파악해야 한다. 그리고 이러한 문제를 극복할 수 있는 스마트 팩토리 구현방안을 수립해야 한다. 스마트 팩토리 구현에 있어 성공적 구현을 위해서는 철저한 사전 준비가 필요하다. 김승택(2018)에 의하면 스마트 팩토리 구현을 위한 10가지 검토사항에 대한 고려가 필요하다.

| 표 7-10 | 스마트 팩토리 도입 시 검토사항

스마트공장 도입 검토 시 사전 체크리스트
1. 고객 관점에서 서비스 강화가 이루어지는가?
2. 비용 대비 효과(재무적 효과)가 대안 대비 우수한가?
3. 비효율 개선 영역과 고도화 영역이 구분되는가?
4. 운영에 대한 인적 역량은 충족될 수 있는가?
5. 스마트공장이 되어야 하는 이유는 무엇인가?
6. 도입 시 예측되는 리스크에 대해 해소방안이 있는가?
7. 도입의 필요성에 대해 내부 구성원과 공감대를 형성했는가?
8. 지금 도입해야 하는가?
9. 도입을 통해 발생하는 잉여자원에 대한 대책이 있는가?
10. 현안이 무엇인가?

출처: 김승택, "스마트팩토리의 성공적 도입을 위한 고려사항", 2017년 5월 (https://www2.deloitte.com/content/dam/Deloitte/kr/Documents/insights/deloitte-anjin-review/07/kr_insights_deloitte-anjin-review-07_05.pdf 등 참조하여 작성)

첫째, 기업의 제조시설에서 스마트 팩토리를 도입함으로써 고객 관점에서 서비스 강화가 이루어지는 부분을 확인해야 한다. 둘째, 기업의 제조시설에서 스마트 팩토리를 도입하면서 비용 대비 성과를 파악한다. 셋째, 기업의 제조시설에서 스마트 팩토리를 도입하면서 문제가 되는 부분에 대한 개선을 명확하게 파악하고, 시스템의 고도화 부분을 명확히 한다. 넷째, 기업의 제조시설에서 스마트 팩토리를 도입하면서 제조시설 운영에 대한 인적자본 역량에 대하여 파악한다. 다섯째, 기업의 제조시설에서 스마트 팩토리를 도입해야 하는 이유를 명확히 한다. 즉, 스마트 팩토리를 도입할 이유가 명확하지 않을 경우에는 보다 심사숙고해서 도입 준비를 해야 할 필요가 있다. 여섯째, 기업의 제조시설에서 스마트 팩토리를 도입하면서 발생하는 위험을 파악하고 위험을 해결할 수 있는 방안을 검토한다. 일곱째, 기업의 제조시설에서 스마트 팩토리의 도입의 필요성에 대해 내부 구성원과의 공감대를 형성한다. 여덟째, 기업의 제조시설에서 스마트 팩토리를 도입해야 하는 시점을 명확하게 파악한다. 아홉째, 기업의 제조시설에서 스마트 팩토리 도입을 통해 발생하는 잉여자원에 대한 대책을 수립한다. 열째, 기업의 제조시설에서 스마트 팩토리 도입과 관련되어 나타날 수 있는 현안을 파악한다.

제 5 절 스마트 팩토리의 미래

1. 제조업의 혁신 키워드 스마트(S.M.A.R.T.)

산업통상자원부(2017)에 의하면 스마트 팩토리를 통한 제조업 혁신 방향을 제시해주는 키워드를 스마트(S.M.A.R.T.)라고 한다. 이 약자의 의미를 살펴보면, S는 안전한 제조(Safety & Security), M은 인간중심 제조(Manufacturer focusing on Human), A는 개인맞춤형 제조(Adaptive Manufacturing), R은 지속가능 제조(Recycling Manufacturing on Sustainability), T는 신속하고 최적화된 제조(Time to market)를 의미한다. 산업통상자원부(2017)에서 제안한 혁신방안에 대해 살펴보면 다음과 같다.[07]

(1) 작업장에서의 안전한 제조(Safety & Security)

안전한 제조를 위해서는 안전사고에 대한 사전 대응과 보안 강화가 중요하다. 먼저 안전사고에 대한 사전 대응 측면에서 작업장에서의 안전에 대한 사회적 요구가 높아지고 있으며, 더불어 작업장에서의 안전사고가 대형화 및 복합화되어 가고

07 산업통상자원부(2017), 스마트 제조혁신 비전 2025 발표자료와 산업통상자원부(2017), 제2차 뿌리산업 진흥 기본계획(2018~2022)을 정리함

있음에 따라 전체 제조과정에서의 안전사고에 대한 예방 대책이 필요하다. 또한 초연결사회로의 발전에 따라 작업장에서의 보안의 중요성이 높아짐에 따라 사물간 통신을 안정화하고, 모든 제조과정에서의 정보보안을 확보할 수 있는 대안이 필요하다.

(2) 작업장에서의 인간중심 제조(Manufacturer)

인간중심 제조를 위해서는 생산성을 높이고, 능동적인 사전 예측 보수 시스템을 구축할 필요가 있다. 먼저 작업장에서 자동화 및 지능화된 기계를 활용해 생산성을 높이고, 생산 현장의 자동화를 이루어야 한다. 또한 기존 수동적 방식의 정보로는 사고에 대응력이 떨어진다. 이에 따라 최신 정보기술을 활용해 능동적 예측 보수 시스템을 구축해야 할 것이다.

(3) 작업장에서의 개인맞춤형 제조(Adaptive)

작업장에서의 혁신을 위해서는 유연생산과 수요예측은 중요하다. 먼저 유연생산 시스템은 소비자의 수요에 맞추어 제품을 유연하게 변경해서 생산할 수 있는 시스템이다. 이러한 시스템은 작업장에서의 경쟁력을 제공해줄 것이다. 또한 개인화되는 소비자 수요의 파악은 제품 사전 조사를 통해 파악하고, 이를 통해 기획 및 시제품개발에 반영함으로써 경쟁력을 확보할 수 있다.

(4) 작업장에서의 지속 가능 제조(Recycling)

작업장에서의 지속 가능 제조를 위해서는 에너지를 공유하고 관리하는 역량이 필요하다. 이를 통해 각각의 제조기업들은 독자적으로 에너지 절감을 위해 에너지 공유방안을 수립할 필요가 있다. 또한 에너지 관리를 위해 에너지 공급능력에 대한 한계 상황에 대비하고, 보다 유연하게 대처할 수 있는 역량이 요구된다.

(5) 작업장에서의 신속하고 최적화된 제조(Time to Market)

작업장에서 보다 신속한 제조를 위해서는 제품개발기간을 단축하고 물류 및 재고관리에 있어서의 최적화가 요구된다. 이를 위해서 제조업체에서는 먼저 제품개발에 소요되는 시간을 줄이고 비용을 줄일 수 있는 방안을 수립해야 한다. 더불어 제조업체에서는 적시생산 시스템과 물류관리를 효율화함으로써 비용을 절감해야 할 것이다.

2. 스마트 팩토리의 미래

스마트 팩토리 제조 프로세스를 살펴보면, 먼저 제품 수요예측을 수행하고, 제품 설계를 실행하고, 공장설비를 가동하고, 실제 제품 제조를 수행하고, 만들어진 제품을 유통하는 과정으로 구성된다. 각각의 제조 프로세스에서 스마트 팩토리를 구현하면서 현재의 상태와 미래의 상태는 다음과 같이 변화하게 된다.

첫째, 제품 수요 예측 측면에서 레거시 팩토리에서의 시장조사는 상품, 판매, 마케팅 수요 등 2~3개월이 소요된다. 그러나 스마트 팩토리가 구현되면 빅데이터 수집이 가능해지기 때문에 빅데이터 분석을 통해 실시간 정보수집을 통해 실시간으로 데이터 분석을 통해 시장 예측이 가능해진다.

둘째, 제품설계 측면에서 레거시 팩토리에서는 시제품을 제작하는 데, 목업(Mock up)으로 제작되는 시제품은 1~2개월이 소요되고 수천만 원의 비용이 발생한다. 그러나 스마트 팩토리가 도입되면 3D 프린팅 기술과 홀로그램 기술을 활용해서 가상 시뮬레이션으로 짧은 시간 내에 수백만 원의 적은 비용으로 가상 시제품 제작이 가능해진다.

셋째, 공장설비 측면에서 레거시 팩토리에서의 단일 품종에 대한 대량생산을 구축하기 위해 막대한 설비투자가 이루어진다. 하지만 스마트 팩토리가 구현되면 사물인터넷 기술과 스마트 센서 기술을 활용해서 다품종 대량생산 및 저렴한 설비투자로 소형 · 맞춤형 설비가 구현 가능해진다.

넷째, 제조 측면에서 레거시 팩토리 환경에서는 원료, 제품, 품질 공정자동화

▮그림 7-6▮ 스마트 팩토리 기술 도입성과

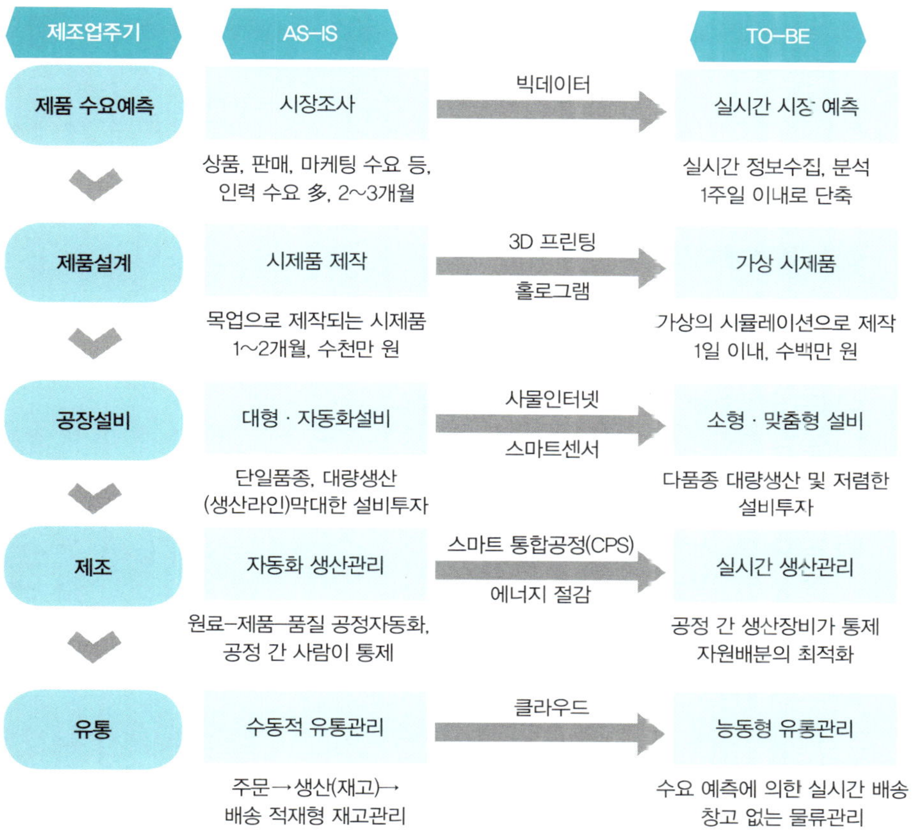

자료: 산업통상자원부, 미래 스마트공장 방향 제시 및 스마트제조산업 발전 방안 연구, 2016년 12월

및 공정 간 사람이 통제한다. 그러나 스마트 팩토리 환경하에서는 스마트 통합공정 시스템과 에너지 절감 기술을 활용해 공정 간 생산 장비를 통제하고, 자원의 최적 배분이 이루어지는 실시간 생산관리 시스템을 구현할 수 있다.

다섯째, 유통 측면에서 주문과 생산, 배송에 있어 적재형 재고관리 시스템에 따른 수동형 유통관리가 이루어진다. 반면, 스마트 팩토리 구현에 따라 클라우드 기술을 활용해서 수요예측에 의한 실시간 배송체계가 구현되고, 창고 없는 물류관리 환경인 능동형 유통관리 시스템 구현이 가능해진다.

핵심문제

01 스마트 팩토리(Smart Factory)에 대해 정의하시오.

02 로봇 자동화에 대해 설명하시오.

03 4차 산업혁명 발전에 따른 생산 기술의 발전과정을 설명하시오.

04 스마트 센서(Smart Sensor)에 대해 설명하시오.

05 사이버물리시스템(Cyber Physical Systems)에 대해 설명하시오.

06 3D 프린팅(3D Printing)에 대해 설명하시오.

07 사물인터넷(Internet of Things)에 대해 설명하시오.

08 홀로그램(Hologram)에 대해 설명하시오.

09 레거시 팩토리(Regacy Factory)에 대해 설명하시오.

10 스마트 팩토리(Smart Factory)와 공장자동화(Factory Automation)에 대해 비교설명하시오.

11 컴퓨터지원설계(CAD: Computer Aided Design) 시스템에 대해 설명하시오.

12 컴퓨터지원생산(CAM: Computer Aided Manufacture) 시스템에 대해 설명하시오.

13 제품수명주기관리(PLM: Product Lifecycle Management) 시스템에 대해 설명하시오.

14 APS(Advanced Planning System)에 대해 설명하시오.

15 시스템 통합(SI: Systems Integration)에 대해 설명하시오.

16 스마트 팩토리의 5대 특성에 대해 설명하시오.
① 신뢰성

② 능동성

③ 지능성

④ 연계성

⑤ 민첩성

참고문헌

김승택, 스마트팩토리의 성공적 도입을 위한 고려사항, 딜로이트 컨설팅, 2017년 5월 (https://www2.deloitte.com/content/dam/Deloitte/kr/Documents/insights/deloitte-anjin-review/07/kr_insights_deloitte-anjin-review-07_05.pdf)

김호인, 스마트팩토리, 인공지능으로 날개를 달다. POSRI 이슈리포트, 2017년 5월 18일

박한구, 제조업의 스마트 팩토리화에 따른 경영 전략의 변화, 한국인더스트리4.0협회, 2017년

산업통상자원부, 미래 스마트공장 방향 제시 및 스마트 제조산업 발전 방안 연구, 2016년 12월

산업통상자원부, 4차 산업혁명 시대 스마트 공장 확산을 위한 핵심 분야별 정책 방안 연구, 2017년 12월, 산업통상자원부 '민관합동스마트공장추진단' 웹페이지 (http://www.smart-factory.kr/Service/Intro/appl/Business.asp) 산업통상자원부(2017), 스마트 제조혁신 비전 2025 발표자료

산업통상자원부(2017), 제2차 뿌리산업 진흥 기본계획(2018~2022)

전시현, 스마트 팩토리, 공장자동화와 다른 점 5가지, FA저널, 2018년 5월 24일

정은미 · 김경유 · 이은창 · 박양신 · 지민웅 · 박상수 · 송명구 · 심우중 · 윤자영 · 박진 · 김경문, 한국형 스마트 제조전략, 산업연구원 연구보고서, 2019년, pp.174-175

ETRI 표준연구본부, 스마트 제조 기술 및 표준, ETRI Insight 표준화동향 2018-01.

KSA 한국표준협회, [인포그래픽] 4차 산업혁명, 융복합 기술에 기반한 산업의 진화, 2016년 8월

Chapter 08 드론

학습목표

- 드론의 개념 이해
- 드론의 요소 기술 이해
- 드론의 유형과 활용사례 이해
- 미래 드론 방향의 이해

제 1 절 드론의 개요

1. 드론산업 개요 및 정의

한국에서 드론산업은 항공, 정보통신기술, 센서, 소프트웨어 기술을 활용하는 첨단 융합산업으로 공공 분야, 서비스 창출 분야, 첨단 시스템 분야에서 급성장하고 있다. 글로벌 드론시장은 2016년 7.2조 원에서 202년 43.2조 원, 2026년 90.3조 원에 이를 것으로 전망되고, 2016년 7위, 2022년 6위, 2026년 5위에 이를 것으로 전망되고 있다. 사업용 드론 대수를 살펴보면, 2016년 2천 대에서 2022년 2.8만 대, 2026년 5.3만 대에 이를 것으로 예측되고 있다.

그림 8-1 드론산업 발전 동향

출처: 국토부, 드론산업 규모 5년 내 20배 육성 위한 종합계획 발표, 2017년 12월 21일 (http://www.molit.go.kr/USR/NEWS/m_71/dtl.jsp?id=95080117)

국토부(2017) 발표자료에 의하면 드론산업의 기대효과는 향후 10년간 고용 유발효과가 17만 명에 이를 것으로 예측되고 있다. 또한 드론과 관련된 생산 및 부가가치 창출효과가 29조 원에 이를 것으로 전망되고 있다. 이처럼 드론산업은 중요성이 증대되고 있고, 미래 시장가치가 클 것으로 예측되고 있다.

그림 8-2 글로벌 드론시장 성장률

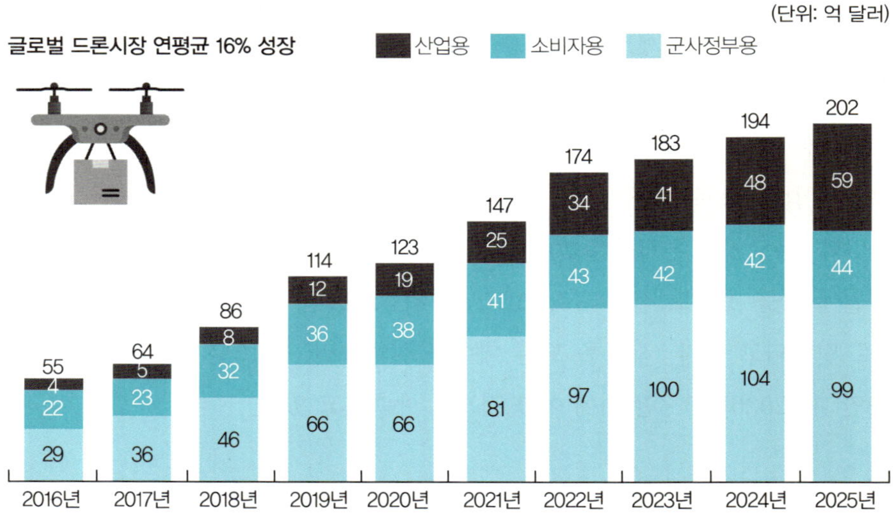

출처: World Aircraft Production Forecast, 2017, 윈터그린, 골드만삭스, 맥킨지 분석

현재, 글로벌 드론시장은 매년 성장하고 있으며, 주로 군수용 시장이 핵심이었으나 최근 들어 상업용 시장에서 드론 활용이 증가하고 있다. 예를 들면, 농업, 치안, 물류, 방송 등에서의 드론 활용이 급성장하고 있다.

2. 드론의 정의

드론은 무인항공기(UAV: Unmanned Aerial Vehicle)르 최신 첨단 기술에 의해 자동화된 시스템에 의해 조정이 가능한 공중로봇으로, 고도 20~100km의 성층권에서 비행하는 근공간 항공기이다. 일반적으로 드론에는 무인헬기, 고정익기, 멀티로터 항공기, 무인비행선, 무인 파라솔 항공기(Parasol Aircraft) 등 다양한 종류가 있다. 한국드론산업진흥협회에서는 다음과 같이 드론을 다양하게 정의하고 있다.[01]

그림 8-3 드론의 유형

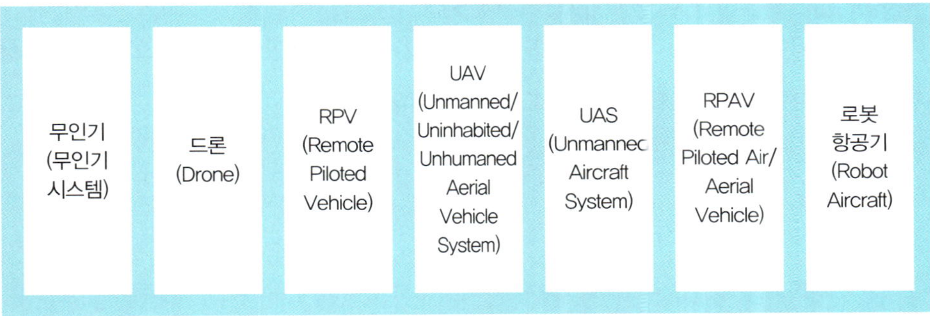

첫째, 무인기(무인기 시스템)는 조종사가 무인비행체에 직접 탑승하지 않고 지상에서 원격조종할 수 있으며, 사전에 프로그램된 경로에 따라 자동 또는 반자동 형식으로 자율비행을 하거나 인공지능을 탑재하여 자체 환경 판단에 따라 임무를 수행하는 비행체와 지상 통제 장비 및 통신 장비, 지원 장비 등의 전체 시스템을 통칭한다.

01 한국드론산업진흥협회 (http://kodipa.org/?page_id=391)(수정인용

둘째, 드론(Drone)은 사전 입력된 비행 프로그램에 따라 상공을 비행하는 무인비행체를 의미한다.

셋째, RPV(Remote Piloted Vehicle)는 지상에서 무선통신 원격조종으로 비행하는 무인비행체를 의미한다.

넷째, UAV(Unmanned/Uninhabited/Unhumaned Aerial Vehicle System)는 무인비행 시스템을 의미한다.

다섯째, UAS(Unmanned Aircraft System)는 무인기가 일정하게 정해진 공역뿐만 아니라 민간 공역에 진입하게 됨에 따라 수송 수단(Vehicle)이 아닌 항공기(Aircraft)로서의 안전성을 확보하는 항공기임을 강조하는 용어이다.

여섯째, RPAV(Remote Piloted Air/Aerial Vehicle)는 2011년 이후 유럽을 중심으로 드론을 설명하기 위해 새로 쓰이기 시작한 용어이다.

일곱째, 로봇 항공기(Robot Aircraft)는 지상의 로봇 시스템과 같은 개념에서 비행하는 로봇을 의미하는 용어이다.

드론은 일반적으로 사람이 탑승하지 않는 무인비행체로 지상에서 통신기술을 활용해서 무인비행체인 드론 제어를 한다. 그러나 최근 인공지능 기술과 정보통신기술 발전에 따라 자율 지능을 가진 드론에 탑재된 시스템에 의해 스스로 외부 상황을 파악하여 비행을 할 수 있는 드론이 개발되고 있다.

3. 드론의 활용효과

국토부, 산업부, 과기부 등 관계부처합동회의(2017) 발표자료에 의하면 드론산업은 정보통신기술 융합산업, 다양한 분야에서의 활용, 경제적 파급효과 급증, 다양한 드론 모델 활용, 미래 항공산업 기반 제공, 4차 산업혁명 테스트 베드 측면에서 핵심 역할을 제공하고 있다.

첫째, 정보통신기술 융합산업 측면에서 드론산업은 항공, 소재, 소프트웨어 통신 등 다양한 첨단 기술 분야의 산업과 관련성을 맺고 있으며, 다양한 분야에서 기술 확산효과가 큰 것으로 나타나고 있다.

둘째, 드론은 군사용뿐만 아니라 취미 생활용, 영상 촬영용, 안전진단, 감시 및 측량, 배송 등 다양한 부분에서 활용이 급증하고 있다. 드론은 사물인터넷과 빅데이터 기술을 연계해서 다양한 정보를 습득하고, 이를 활용해 새로운 가치를 창출하고 있다.

셋째, 드론은 부품 및 완제품 제조뿐만 아니라 드론 서비스 운영 측면에서 관련된 시장을 창출하고 있다. 드론을 활용해서 다양한 분야에서 효율성과 효과성을 높이고 있다.

넷째, 드론은 다양한 모델이 존재한다. 예를 들면, 드론은 완구형 소형 드론부터 사람이 탑승할 수 있는 대형 항공기급 드론에 이르기까지 다양한 제품군이 존재한다.

다섯째, 드론은 미래 항공산업의 기반을 제공한다. 드론은 미래 교통혁신에 있어, 개인용 자율비행 항공기(PAV: Personal Air Vehicle)로서 미래 항공산업에 중추적인 역할을 할 기술이다.

여섯째, 드론은 사물인터넷 인공지능, 센서 기술, 나노 기술, 3D 프린팅 등 다양한 4차 산업혁명 연관 기술의 핵심기술을 종용할 수 있는 테스트베드 역할을 제공하고 있다. 예를 들면, 인공지능은 자율비행 분야에 활용되고, 사물인터넷은 드론 간 통신에 활용되며, 센서 및 나노 기술은 드론의 소형화 및 복합화에 기여하고, 3D 프린팅 기술은 드론 부품 제작에 활용된다.

제 2 절 드론의 구성요소 및 분류체계

1. 드론의 구성 범위

드론은 ① 항법센서, ② 탑재 컴퓨터, ③ 프로펠러 및 프레임, ④ 임무장비, ⑤ 모터 및 배터리, ⑥ 지상 조정국 및 통신 부분 등으로 구성되어 있다.[02]

02 중소기업 전략기술로드맵 2019-2021 드론, 중소벤처기업부, 중소기업기술정보진흥원, NICE평가정

▌그림 8-4▐ 드론의 구성

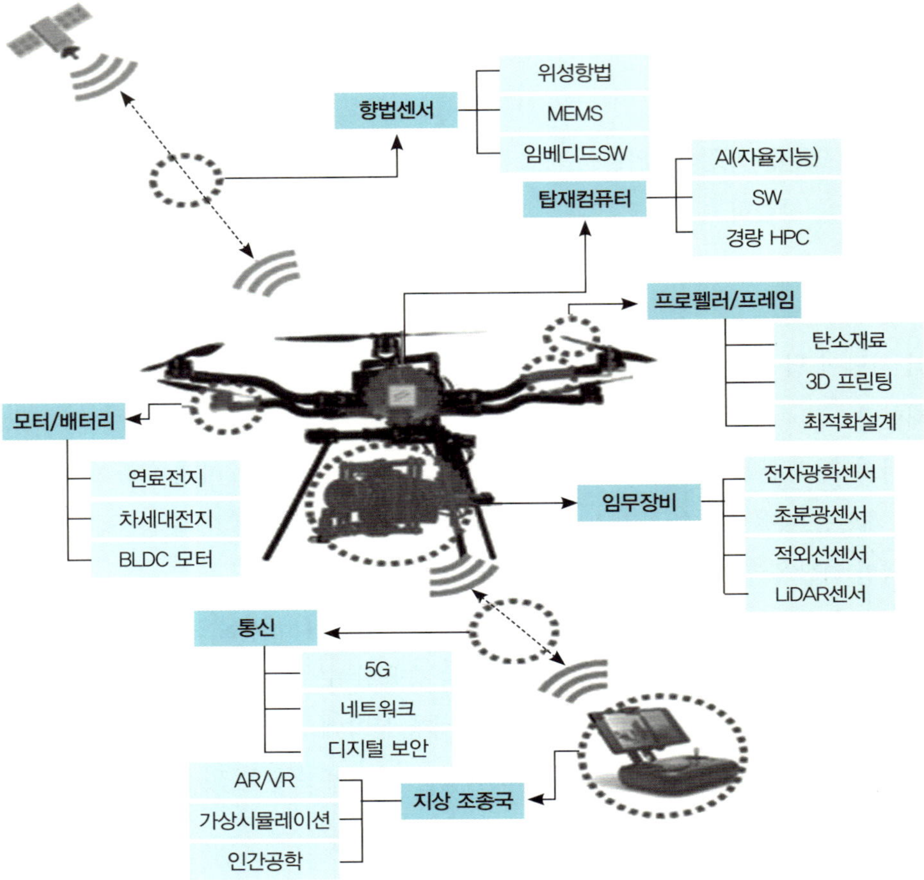

출처: 과학기술정보통신부, 무인이동체 기술혁신과 성장 10개년 로드맵, 2018년

첫째, 드론의 항법센서는 드론을 운용하는 데 있어서 인공위성으로부터 위치신호를 받아 드론의 현재 위치 및 이동 방향을 설정하는 역할을 한다. 여기에는 위성항법 기술, MEMS(Micro Electro Mechanical Systems, 미세전자기계 시스템), 임베디드 소프트웨어 기술 등이 세부 기술로 활용된다.

둘째, 드론에 탑재된 컴퓨터는 드론을 운영하는 브레인(brain) 역할을 수행한다. 이 컴퓨터는 항법센서, 모터 및 배터리 등을 확인하고, 인공위성 및 지상조

보(주), 2019년(수정인용)

종국과 통신기능을 수행하는 데 주도적인 역할을 수행한다. 여기에 적용되는 기술에는 인공지능, 경량 초고성능 컴퓨팅 기술 등이 있다.

셋째, 드론의 모터는 드론의 움직임을 가능하게 하고, 배터리는 에너지를 제공하는 역할을 수행한다. 여기에 적용되는 기술로는 연료 전지 기술, 차세대 전지 기술, 브러시리스 모터(Brushless Direct Current Motor) 기술 등이 있다.

넷째, 드론의 임무장비는 드론 비행에 따라 장비를 장착하는 역할을 수행한다. 여기에 적용되는 주요 기술은 전자광학센서, 초분광센서, 적외선센서, LIDAR센서 등이 있다.

다섯째, 드론의 프로펠러 및 프레임은 드론이 비행하도록 프레임워크를 구성한다. 여기에 적용된 주요 기술로는 탄소섬유 기술, 3D 프린팅 기술, 최적화설계 기술 등이 있다.

여섯째, 드론의 지상 조종국 및 통신 기술은 지상에서 드론 조종사가 드론을 제어하도록 지원하는 장치이다. 여기에 적용되는 기술로는 증강현실(AR) 및 가상현실(VR), 시뮬레이션 기술, 인간공학 기술, 5G 통신기술, 디지털 보안 기술 등이 있다.

2. 드론의 분류체계

드론은 무인항공기의 체계에 따른 분류, 무인항공기의 형태 분류, 비행 반경 분류, 비행 고도에 따른 분류, 무인항공기 크기에 따라 다양하게 분류된다. 각각의 기준에 따른 드론 분류를 살펴보면 다음과 같다.[03]

(1) 무인항공기 체계에 따른 분류

중소기업 전략기술로드맵(2019)에 의하면, 무인항공기 체계에 따라 분류하면 무인항공기, 무인지상차량, 무인함정 및 잠수정으로 분류할 수 있다.

첫째, 무인항공기로 UAV(Unhumaned Aerial Vehicle System), UAS(Un-

03 중소기업 전략기술로드맵 2019-2021 드론, 중소벤처기업부, 중소기업기술정보진흥원, NICE평가정보(주), 2019년(수정인용)

manned Aircraft System), RPVS(Remote Piloted Air Vehicle) 등은 조종사가 직접 탑승하지 않으며, 네트워크를 활용해 데이터 링크 기반의 원격 조정 항공기 및 운용 시스템을 활용한다.

둘째, 무인지상차량(UGV: Unmanned Ground Vehicle)은 운전자가 직접 탑승하지 않는 데이터 링크 기반의 차량체이다.

셋째, 무인함정 및 잠수정으로 UMV(Unmanned Marine Vehicle), UUV(Unmanned Underwater Vehicle) 등은 항해사가 직접 탑승하지 않는 데이터 링크 기반의 함정 또는 무인 잠수정이다.

그림 8-5 무인항공기 체계에 따른 분류

무인항공기	무인지상차량	무인함정 및 무인잠수정

(2) 무인항공기 비행체 형태에 따른 분류

중소기업 전략기술 로드맵(2019)에 의하면, 무인항공기의 비행체 형태에 따른 분류를 살펴보면 다음과 같다.[04]

첫째, 고정익 무인항공기는 일반적인 비행기 형태의 고정익 무인 항공기 시스템으로 정지 비행이 불가하여 저고도에서 표적 추적이 어렵고 바람의 영향을 많이 받는 특징이 있다.

둘째, 회전익 무인항공기는 헬리콥터형 무인항공기 시스템으로 수직 이착륙이 가능하여 좁은 공간에서 운용이 가능하나, 연료 효율이 낮아 체공시간이 짧은 특징이 있다.

셋째, 틸트로터형 무인항공기는 로터 및 프로펠러 시스템이 가변형으로 이륙 및 착륙 시에 수직 양력을 이용하고 비행 시에는 고정익 비행체 형태로 비행하는 시

04 중소기업 전략기술로드맵 2019–2021 드론, 중소벤처기업부, 중소기업기술정보진흥원, NICE평가정보(주), 2019년(수정인용)

스템이다.

넷째, 동축 반전형 무인항공기는 테일로터형 회전익의 단점인 반토크 현상[05]을 상쇄시켜 시스템이 안정적이고 동력 효율이 높으나 고속 비행 진입 소요시간이 긴 특징이 있다.

다섯째, 다중 로터형 무인항공기는 3개 이상의 다중 로터를 탑재한 비행체로 바람의 영향을 많이 받아 비행시간과 비행 거리가 짧으나 조종이 용이하고 소형화가 가능한 특징이 있다.

그림 8-6 비행체 형태에 따른 분류

고정익 무인항공기	회전익 무인항공기	틸트로터형 무인항공기	동축 반전형 무인항공기	다중 로터형 무인항공기

(3) 무인항공기 비행 반경에 따른 분류

무인항공기의 비행 반경(비행시간)에 따라 분류하면 근거리 무인항공기, 단거리 무인항공기, 중거리 무인항공기, 장거리 체공형으로 분류할 수 있다.[06]

첫째, 근거리(CR: Close Range) 무인항공기는 약 50km 이내에서 3시간 이상, 사단급 이하 부대를 지원하는 전술 무인항공기를 의미한다.

둘째, 단거리 무인항공기(SR: Short Range) 무인항공기는 약 50~200km 이내에서 8시간에서 12시간 사이에서, 군단급 이하 부대를 지원하는 무인항공기를 의미한다.

셋째, 중거리 무인항공기(MR: Medium Range) 무인항공기는 약 200~650km 사이에서, 12시간 이상, 정찰 및 정보 수집을 수행하는 무인항공기를 의미한다.

넷째, 장거리 체공형(LR: Long Range) 무인항공기는 약 650~3,000km 사이에

05 드론에서 토크(torque)는 돌리는 힘으로 힘과 프로펠러의 길이의 곱으로 계산된다. 즉, 토크는 물체를 회전시키는 힘으로 힘이 세고, 크기가 길수록 토크가 높아진다. 힘이 가해지면 그 반대의 힘도 생기는데 그 힘은 반작용 토크(torque reaction)라고 한다.

06 세명대학교 웹사이트, 드론의 활용과 이해, 자료를 일부 수정해서 인용함 (http://dept.saekyung.ac.kr/dept11/)

서 전략적 정보지원 임무를 수행하는 항공기를 의미한다.

그림 8-7 군사용 무인항공기의 비행 반경에 따른 분류

근거리 무인항공기 (CR: Close Range)	단거리 무인항공기 (SR: Short Range)	중거리 무인항공기 (MR: Medium Range)	장거리 체공형 (LR: Long Range)

(4) 무인항공기 비행 고도에 따른 분류

무인항공기 비행 고도에 따라 분류하면 저고도 무인항공기, 중고도 무인항공기, 고고도 체공형 무인항공기로 분류할 수 있다.[07]

첫째, 저고도 무인항공기(LAUAV: Low Altitude Unmanned Aerial Vehicle)는 비행고도가 20,000ft 이하 저고도에서 비행이 가능하고, 영상정보 탑재장비로 전자광학 카메라, IR 감지기 등을 장착하고 있다.

둘째, 중고도 체공형 무인항공기(MUAV: Medium-Altitude Unmanned Aerial Vehicle)는 비행고도가 20,000~45,000ft 대류권에서 비행하며, 영상정보 탑재장비로 전자광학 카메라, R/D 합성 카메라 등을 장착하고 있다.

셋째, 고고도 체공형 무인항공기(HUAV: High-Altitude Unmanned Aerial Vehicle)는 비행고도 45,000ft 이상 성층권에서 비행하며, 영상정보 탑재장비로 R/D 합성 카메라 등을 장착하고 있다.

그림 8-8 비행 고도에 따른 무인항공기 구분

저고도 무인항공기 (Low Altitude UAV)	중고도 체공형 무인항공기 (MUAV: Medium-Altitude Unmanned Aerial Vehicle)	고고도 체공형 무인항공기 (HUAV: High-Altitude Unmanned Aerial Vehicle)

07 세명대학교 웹사이트, 드론의 활용과 이해, 자료를 일부 수정해서 인용함 (http://dept.saekyung.ac.kr/dept11/)

(5) 무인항공기 크기에 따른 분류

무인항공기의 크기에 따라 분류하면 초소형 무인기, 소형 무인기, 중소형 무인기, 중형 무인기, 대형 무인기로 구분할 수 있다.[08]

첫째, 초소형 무인기(MAV: Micro-Air Vehicle)는 무인기의 크기가 15cm 이내이며, 1인이 손으로 던져서 운용할 수 있는 무인기이다.

둘째, 소형 무인기(Mini-UAV)는 1~2명이 휴대하면서 운용할 수 있는 무인기이다.

셋째, 중소형 무인기(OAV: Organic Aerial Vehicle)는 차량 1대에 장비 및 운용자가 탑재되어 이동하면서 운용할 수 있는 무인기이다.

넷째, 중형 무인기는 SR(단거리 무인항공기)급 이상의 두인기를 의미한다.

다섯째, 대형 무인기는 MR(중거리 무인항공기)급 이상의 무인기를 의미한다.

그림 8-9 무인항공기 크기에 따른 분류

(6) 무인항공기 임무 수행방식에 따른 분류

무인항공기는 임무 수행방식에 따라 드론, UAV, VTOL, VTOL, MAV로 구분된다.[09]

첫째, 드론(Drone)은 정찰기와 공격기로 구분된다. 정찰기는 사전에 프로그램된 비행로를 따라 비행 및 촬영 후 녹화된 VCR 테이프를 회수하여 분석할 수 있는 무인기이다. 공격기는 적의 레이더 방공망 파괴에 많이 쓰이는 형태의 무인공격기

08 세명대학교 웹사이트, 드론의 활용과 이해, 자료를 일부 수정해서 인용함 (http://dept.saekyung.ac.kr/dept11/)

09 세명대학교 웹사이트, 드론의 활용과 이해, 자료를 일부 수정해서 인용함 (http://dept.saekyung.ac.kr/dept11/)

이다. 공격기는 일정 상공에서 비행 중 적의 레이더가 작동하면 레이더 신호를 따라가서 자폭하는 데 활용된다.

둘째, UAV는 정찰기, 폭격기, 전투기, 표적기로 구분된다. 정찰기는 실시간에 표적 정보를 수집하기 위한 무인항공기 시스템을 의미한다. 폭격기는 탑재 장비로 폭탄을 탑재하여 표적 지역에 투하하는 기능을 제공한다. 전투기는 현재의 유인 전투기를 대신하기 위해 개발 중인 전술 무인항공기를 의미한다. 표적기는 방공포나 전투기의 훈련을 위해 표적으로 사용되는 무인항공기를 의미한다.

셋째, VTOL(Vertical Take-off and Landing)은 무인헬리콥터로 이착륙 장소의 제약을 해소하기 위한 수직 이착륙이 가능한 무인항공기를 의미한다.

넷째, MAV는 초소형 비행체이다. MAV는 소형 비행체로서 휴대용 정찰 수단으로 활용된다.

▌그림 8-10▐ 무인항공기의 비행 임무 수행방식별 분류

드론	UAV	VTOL	MAV
• 정찰기 • 공격기	• 정찰기 • 폭격기 • 전투기 • 표적기	• 무인헬리콥터	• 초소형 비행체

(7) 무인항공기 이륙방식에 따른 분류

무인항공기 이륙방식에 따른 분류로는 핸드런치 이륙, 지상활주 이륙, 발사대 이륙, 공중 투하방식 이륙이 있다.[10]

첫째, 핸드런치 이륙은 산악지형이나 좁은 지형에서 무인항공기를 손으로 공중으로 던져 이륙할 수 있다.

둘째, 지상활주 이륙은 양호한 활주로가 가용할 경우만 무인항공기를 이륙할 수 있다.

10 세명대학교 웹사이트, 드론의 활용과 이해, 자료를 일부 수정해서 인용함 (http://dept.saekyung.ac.kr/dept11/)

셋째, 발사대 이륙은 무인항공기 이륙에 있어서 활주로가 없거나 주변 장애물로 인해 활주 이륙이 불가할 경우 이를 극복하기 위해 고안된 방식이다.

넷째, 공중 투하 방식 이륙은 무인항공기 이륙에 있어서 다른 수송용 항공기에 의해 일정지역까지 운송된 후 공중에서 투하되는 방식이다.

그림 8-11 이륙방식에 따른 무인항공기 분류

핸드런치 이륙	지상활주 이륙	발사대 이륙	공중 투하방식 이륙

(8) 무인항공기 착륙방식에 따른 분류

무인항공기 착륙방식에 따른 분류로는 지상활주 착륙, 낙하산 전개 착륙, 그물망 착륙이 있다.[11]

첫째, 지상활주 착륙은 무인항공기 착륙에 있어서 양호한 활주로를 활용할 수 있고, 주변 지형이나 장애물이 활주 착륙에 적합한 경우에 사용되는 방식으로이다. 이 착륙법은 착륙 활주 거리를 짧게 하기 위해 사용하거나, 바퀴에 브레이크 장치를 사용하는 특징이 있다.

둘째, 낙하산 전개 착륙은 무인기 착륙에 있어 지형이 활주 착륙에 부적합하거나, 엔진 고장 등의 비상 상황 발생 시 사용되는 방식이다.

셋째, 그물망 착륙은 주로 해군용으로 활주 여건이 안 되는 함상에서 착륙 시 활용되는 착륙방식이다.

그림 8-12 착륙방식에 따른 무인항공기 분류

지상활주 착륙	낙하산 전개 착륙	그물망 착륙

11 세명대학교 웹사이트, 드론의 활용과 이해, 자료를 일부 수정해서 인용함 (http://dept.saekyung.ac.kr/dept11/)

(9) 무인항공기 자동 이착륙방식에 따른 분류

무인항공기 자동 이착륙방식에는 무인헬리콥터의 수직 이착륙(VTOL: Vertical Take-off and Landing) 방법과 자동 이착륙 시스템 방법이 있다.[12]

첫째, 무인헬리콥터의 수직 이착륙(VTOL: Vertical Take-off and Landing) 방법은 이착륙 시 무인항공기의 발진과 회수의 어려움을 극복하기 위해 개발되었다.

둘째, 자동 이착륙 시스템 방법은 무인항공기에 장착된 자동화된 이착륙 시스템에 의해 외부의 조종사 없이 자동으로 회수되는 방식으로 대부분의 시스템이 채택하여 적용되고 있다.

그림 8-13 이륙 및 착륙방식에 따른 무인항공기 분류

수직 이착륙 방법	자동 이착륙 시스템

제 3 절 드론의 요소 기술

드론의 핵심기술에는 ① 통신, 항법, 교통관리 기술, ② 제어, 탐지, 회피 기술, ③ 센서 기술, ④ 소프트웨어 및 응용 기술, ⑤ 플랫폼 및 표준 인터페이스 기술, ⑥ 플랫폼 기술, ⑦ 동력원 기술 등이 있다.

첫째, 드론에 이용되는 통신, 항법, 교통관리 기술로는 국가 공역으로의 안전한 통합을 위한 높은 신뢰도 제어링크 기술, 항재밍(anti-jamming) 및 항기만(anti-spoofing) 항법 및 대체항법 기술, 차세대 항공 교통관리와의 통합을 위한 기술 및 항공 교통관리 기술이 있다.

둘째, 드론에 이용되는 제어, 탐지, 회피 기술로는 드론의 이륙 및 착륙과 비행

12 세명대학교 웹사이트, 드론의 활용과 이해. 자료를 일부 수정해서 인용함 (http://dept.saekyung.ac.kr/dept11/)

▌표 8-1 ▌ 드론의 핵심기술

구분	내용
통신/항법/교통관리	• 국가 공역으로의 안전한 통합을 위한 고신뢰도 제어링크 기술 • 항재밍/항기만 항법 및 대체항법 기술 • 차세대 항공교통관리와의 통합 및 항공교통관티 기술
제어/탐지/회피	• 드론의 이착륙과 비행제어 및 자율화 향상 기술 • 안전한 비행과 임무 수행을 위해 다른 비행체나 물체 등 위험요소를 탐지하고 충돌을 회피하는 탐지 회피 기술
센서	• 드론의 안전한 운항 지원 및 임무 수행을 위한 센서 기술
S/W 및 응용	• 드론의 제어 및 임무 수행을 위한 높은 신뢰도를 갖고 있는 실시간 운영체계 시스템(OS)과 높은 상호 운용성(Interoperability)을 지원하는 개방형 소프트웨어
플랫폼 및 표준 인터페이스 기술	• 드론이 수행하게 될 특정한 임무 수행을 위해 필요한 탑재체 기술 및 빅데이터 처리 등 응용 기술
플랫폼	• 다기능 초경량 소재 및 구조물 기술 • 무인기 구동기(actuator) 및 기계/전기 기술 • 다학제 설계 기술 • 설계 자동화 기술
동력원	• 친환경적 고성능 동력원 기술

출처: 드론핵심기술 및 향후과제, KISA 이슈&트렌드 2015년 5월)

제어 및 자율화 향상을 위해 이용되는 기술, 드론의 안전한 비행과 임무 수행을 위해 다른 비행체나 물체 등 위험요소를 탐지하고 충돌을 회피하는 탐지 회피 기술이 있다.

셋째, 드론에 이용되는 센서 기술은 드론의 안전한 운항 지원 및 임무 수행을 위해 활용된다.

넷째, 드론에 이용되는 소프트웨어 및 및 응용 기술은 드론의 제어 및 임무 수행을 위한 높은 신뢰도를 확보한 실시간 운영시스템(OS)과 상호 운용성(Interoperability)을 지원하는 개방형 소프트웨어가 있다.

다섯째, 드론의 플랫폼 및 표준 인터페이스 기술은 드론이 수행하게 될 특정한 임무 수행을 위해 필요한 탑재체 기술 및 빅데이터 처리 등 응용 기술이 있다.

여섯째, 드론의 플랫폼 기술에는 다기능 초경량 소재 기술 및 구조물 기술, 무인기 구동기(actuator) 및 기계, 전기 기술, 다학제 설계 기술, 설계 자동화 기술이 있다.

일곱째, 드론의 동력원 기술은 친환경적이며 고성능 동력원 기술이 활용된다.

과학기술정보통신부(2018)는 하늘, 육지, 바다에서의 다양한 업무를 수행하기 위해 무인이동체와 관련한 기술개발을 하였다. 이를 통해 하늘, 바다, 육지에서 활용되는 무인이동체 간 부품을 호환함으로써 중복투자를 방지할 수 있다. 과학기술정보통신부(2018)에서 제시한 무인이동체 6대 핵심기술로는 ① 탐지 · 인식(Sensing and Perception), ② 자율기능(Autonomy), ③ 인간기계 교감(Human-machine Interface), ④ 통신 · 네트워크(Connectivity), ⑤ 동력원 · 이동(Mobility & Power), ⑥ 시스템 통합(System Integration) 기술이 있다.

첫째, 탐지 및 인식(Sensing and Perception) 기술은 이동체 위치, 운동 상태와 지형, 장애물을 탐지해 인식하는 기술이다. 관련 부품 및 기술로는 항법센터(영상, GPS,[13] INS,[14] 초음파), 임무센서(영상, IR,[15] LIDAR,[16] RADAR[17]), 인식 알고리즘 및 SW가 있다.

둘째, 자율기능(Autonomy) 기술은 인식된 상황, 환경을 바탕으로 스스로 이동하여 임무를 수행하는 기술이다. 이 기술에는 상태진단 및 예측, 임무계획 수행 및 자율판단, 자율(비행, 운항, 항행) 제어 및 항법, 다중개체 협력, 인공지능을 통한 사물, 지형, 개체 분류, 디지털 맵 생성 및 태깅(Tagging)이 있다.

---

13 GPS(Global Positioning System)는 위성항법장치이다. GPS는 1970년대 초반에 미국 국방성에서 지구에 있는 물체의 위치를 측정하기 위해 만든 군사용 기술이었다. 오늘날 이 기술은 다양한 분야에서 상업용으로 이용되고 있다.

14 INS(Information Network System)는 데이터, 음성 통신을 위한 통신시스템을 의미한다.

15 IR은 Infrared Ray Sensor를 의미한다. 적외선신서는 적외선으로 온도, 압력 등의 물리량 또는 화학량을 감지할 수 있도록 신호로 변화할 수 있다. 적외선센서는 화재 예방 및 방법을 위해 활용된다.

16 LIDAR(Light Detection And Ranging or Laser Imaging, Detection and Ranging)는 빛을 탐지하고 빛의 범위를 측정하는 기술이다. 라이다는 빛을 분석해서 빛이 들어오는 데 걸리는 시간, 강도, 거리, 방향, 분포, 농도, 속도, 형태 등을 측정하는 기술이다. 이 기술은 자율주행차에 활용되는 핵심 기술이다.

17 RADAR(RAdio Detection And Ranging)는 전파 범위 측정 기술이다. 레이더 기술은 물체에 전파를 발사하고, 반사되어 오는 전파를 평가해서, 전파가 돌아오는 시간 및 거리를 파악한다. 이 기술은 전쟁 중에 적군의 비행기를 파악하기 위해 활용되었다.

셋째, 인간기계 교감(Human-machine Interface) 기술은 무인이동체를 조종하고 활용하기 위한 장비 및 관련 기술이다. 이 기술에는 원격조종(지상컨트롤, 가상증강현실), 시뮬레이터(개발, 조종, 훈련), 무인체 활용 기술(문화)이 있다.

넷째, 통신 및 네트워크(Connectivity) 기술은 무인이동체 간 통신기술 무인이동체와 보안 네트워크를 연결하는 기술이다. 이 곳에는 통신장비(모뎀, 송수신기), 통신 인프라, 통신 및 네트워크 보안기술이 있다.

다섯째, 동력원 및 이동(Mobility & Power) 기술은 이동에 필요한 에너지원,

표 8-2 무인이동체 6대 핵심기술

구분	주요 내용	관련 부품 및 기술
탐지 · 인식 (Sensing and Perception)	이동체 위치, 운동상태와 지형, 장애물을 탐지해 인식하는 기술	• 항법센터(영상, GPS, INS, 초음파) • 임무센서(영상, IR, LIDAR, RADAR) • 인식알고리즘 및 SW
자율기능 (Autonomy)	인식된 상황, 환경을 바탕으로 스스로 이동하여 임무 수행	• 상태진단 및 예측 • 임무계획 수행 및 자율판단 • 자율(비행, 운항, 항행)제어 및 항법 • 다중개체 협력 • 인공지능을 통한 사물/지형/개체 분류 • 디지털 맵 생성 및 태깅(Tagging)
인간기계 교감 (Human-machine Interface)	무인이동체를 조종하고 활용하기 위한 장비 및 관련 기술	• 원격조종(지상컨트롤, 가상증강현실) • 시뮬레이터(개발, 조종, 훈련) • 무인체 활용 기술(문화)
통신 및 네트워크 (Connectivity)	무인이동체 간 통신기술 무인이동체와 보안 네트워크 연결	• 통신장비(모뎀, 송수신기) • 통신 인프라 • 통신 · 네트워크 보안기술
동력원 · 이동 (Mobility & Power)	이동에 필요한 에너지원, 동력장치, 구동장치 및 작업장치 및 관련 기술	• 에너지 저장(배터리, 연료전지) • 동력장치(모터, 엔진) • 구동장치(휠, 프로펠러, 스크류) • 작업장치(짐벌, 매니퓰레이터)
시스템 통합 (System Integration)	무인이동체 통합에 필요한 HW, SW체계, 설계개발, 시험평가 기술	• 운영체계(OS) 및 S/W 아키텍처 • 모듈 부품, 공통 부품, 상호 운영성 • 설계 최적화, 시험평가

출처: 과학기술정보통신부, 무인이동체 기술혁신과 성장 10개년 로드맵, 2018년

동력장치, 구동장치 및 작업장치 및 관련 기술이다. 이 기술에는 에너지 저장(배터리, 연료전지), 동력장치(모터, 엔진), 구동장치(휠, 프로펠러, 스크류), 작업장치(짐벌, 매니퓰레이터) 기술이 있다.

여섯째, 시스템 통합(System Integration) 기술은 무인이동체 통합에 필요한 HW, SW체계, 설계개발, 시험평가 기술이 포함된다. 이 기술은 운영체계(OS) 및 S/W 아키텍처, 모듈 부품, 공통 부품, 상호 운용성, 설계 최적화, 시험평가 기술이 있다.

드론 관련 기술을 살펴보면 대처 가능 기술과 응용 분야 확장 연계 기술이 있다. 대처 가능 기술로는 장애물 회피 및 충돌방지 기술과 배터리 용량 증대 기술이 있다. 응용 분야 확장 연계 기술로는 인공지능 기술과 이미지 처리 기술이 있다(과학기술일자리진흥원, 2019). 각각 기술의 특성에 대해 살펴보면 [표 8-3]과 같다.

표 8-3 국내외 기술 연구사례

구분	기술	내용
대처 가능 기술	장애물 회피 및 충돌방지	Airware, PixiePath 등의 기업들은 드론의 안전한 운용을 위한 자동비행 제어 시스템과 지상제어 S/W를 제공하고 있음
	배터리 용량 증대	한국의 배터리 생산기업 KoKam은 통상적인 다른 배터리에 비해 에너지 밀도가 50% 높은 드론 전용 배터리 제품을 발표(2015. 3)
응용 분야 확장 연계 기술	인공지능	드론과 관련된 인공지능 연구의 성과로, 취리히 ETH대학팀은 최근 다양한 장애물을 피할 수 있는 자동항법의 드론 군집비행을 통해 공중에서 현수교를 건축하는 기술을 구현함
	이미지 처리	스위스 기업 Pix4D는 드론으로 획득한 수천 개의 항공 사진과 경사도 사진을 2D 모자이크, 3D 표면 모델로 변환하는 S/W 제공. 실제로 알프스 마테호른산의 30억 개 지점의 3차원 지리정보 구축에 드론 활용(5시간 40분 비행, 263.6Km, 2,188장 사진 획득)

출처: 과학기술일자리진흥원, 드론 기술 및 시장동향 보고서, S&T Market Report, Vol. 67, 2019년 8월

첫째, 대처 가능 기술을 살펴보면 다음과 같다.

- **장애물 회피 및 충돌방지 기술**: 이 기술을 구현한 기업으로 Airware, PixiePath 등이 있다. 이 기업들은 드론의 안전한 운용을 위한 자동비행 제어 시스템과

지상제어 소프트웨어(S/W)를 제공하고 있다.

- **배터리 용량 증대 기술**: 한국의 배터리 생산기업 코캄(KoKam)은 2015년 3월에 통상적인 다른 배터리에 비해 에너지 밀도가 50% 높은 드론 전용 배터리 제품을 발표하였다.

둘째, 분야 확장 연계 기술을 살펴보면 다음과 같다.

- **인공지능 기술**: 드론과 관련된 인공지능 연구의 성과로, 취리히 ETH 대학팀은 최근 다양한 장애물을 피할 수 있는 자동항법의 드론 군집비행을 통해 공중에서 현수교를 건축하는 기술을 구현하였다.
- **이미지 처리 기술**: 스위스 기업 Pix4D는 드론으로 획득한 수천 개의 항공 사진과 경사도 사진을 2D 모자이크, 3D 표면 모델로 변환하는 소프트웨어를 제공하고 있다. 실제로 알프스 마테호른산의 30억 개 지점의 3차원 지리정보 구축에 드론을 활용하였다. 이 작업에 드론 비행시간 5시간 40분이 소요되었고, 비행거리는 263.6Km, 2,188장의 사진을 획득하였다.

제4절 드론 활용에 따른 규제

드론 규제 수준은 국가별로 상이하다. 한국, 미국, 중국, 일본의 드론 규제 수준을 ① 드론 비행 고도제한 수준, ② 드론 제한 구역, ③ 드론 제한 속도, ④ 드론 비가시권 야간비행 허용 여부, ⑤ 드론 군중 위 비행 여부, ⑥ 드론 기체 신고제도 및 등록제도, ⑦ 드론 조종 자격, ⑧ 드론 사업 범위의 특징 등으로 살펴보면 다음과 같다.

표 8-4 국가별 드론 규제 수준 비교

구분	한국	미국	중국	일본
고도제한	150m 이하	120m 이하	120m 이하	150m 이하
구역제한	서울 일부(9.3km) 공항(9.3km) 원전(19km) 휴전선 일대	워싱턴 주변(24km) 공항(반경 9.3km) 원전(반경 5.6km) 경기장(반경 5.6km)	베이징 일대, 공항 주변 원전 주변 등	도쿄 전역(인구 4천 명/km^2 이상 지역), 공항(반경 9km), 원전 주변 등
속도 제한	제한 없음	161km/h 이하	100km/h 이하	제한 없음
비가시권 야간비행	원칙 불허 예외 허용	원칙 불허 예외 허용	원칙 불허 예외 허용	원칙 불허 예외 허용
군중 위 비행	원칙 불허 예외 허용	원칙 불허 예외 허용	원칙 불허 예외 허용	원칙 불허 예외 허용
기체 신고 · 등록	사업용 또는 12kg 초과	사업용 또는 25kg 초과	25kg 초과	비행허가 시 관련 증빙 제출
조종자격	12kg 초과 사업용	사업용	7kg 초과	비행허가 시 관련 증빙 제출
사업 범위	제한 없음	제한 없음	제한 없음	제한 없음

출처: 관계부처합동, 드론산업 발전 기본계획(안), 2017년 12월

한국의 경우, 드론의 고도제한은 150m 이하이고, 서울 일부에서는 9.3km, 공항 반경 9.3km, 원전 반경 19km, 휴전선 일대에서 드론 비행 구역을 제한하고 있다. 또한 드론 속도는 제한하지 않고 있고, 드론의 비가시권 야간비행의 경우 다른 국가와 마찬가지로 원칙적으로 허가하지 않으며, 예외가 있을 경우에만 허용을 하고 있다. 군중 위의 비행의 경우에도 위험을 고려해서 원칙적으로 허가하지 않고 예외적으로 허가하고 있다. 드론 기체 신고 및 등록은 사업용 또는 12kg을 초과할 경우에 허용하고 있다. 더불어 드론 조정 자격은 12kg을 초과하거나 사업용에 한해서 허용하고 있다. 더불어 드론을 이용한 사업 범위는 제한을 두지 않고 있다.

미국의 경우, 드론의 고도제한은 120m 이하이고, 워싱턴 주변 24km, 공항 반경 9.3km, 원전 반경 5.6km, 경기장 반경 5.6km에서 비행 구역을 제한하고 있다. 또한 드론 속도는 161km/h로 규제하고 있고, 드론의 비가시권 야간비행의

경우 다른 국가와 마찬가지로 원칙적으로 허가하지 않으며, 예외가 있을 경우에만 허용하고 있다. 군중 위의 비행의 경우에도 위험을 고려해서 원칙적으로 허가하지 않고 예외적으로 허가하고 있다. 드론 기체 신고 및 등록은 사업용 또는 25kg을 초과할 경우에 허용하고 있다. 더불어 드론 조정 자격은 사업용에 한허서 허용하고 있다. 더불어 드론을 이용한 사업 범위는 제한을 두지 앟고 있다.

중국의 경우, 드론의 고도제한은 120m 이하이고, 베이 징 일대, 공항 주변, 원전 주변 등에서 규제를 하고 있다. 또한 드론 속도는 100km/h로 규제하고 있고, 드론의 비가시권 야간비행의 경우 원칙적으로 허가하지 않으며, 예외가 있을 경우에만 허용하고 있다. 군중 위의 비행의 경우에도 위험을 고려해서 원칙적으로 허가하지 않고 예외적으로 허가하고 있다. 드론 기체 신고 및 등록은 25kg을 초과할 경우에 허용하고 있다. 더불어 드론 조정 자격은 7kg을 초과할 때 허용하고 있다. 더불어 드론을 이용한 사업 범위는 제한을 두지 않고 있다.

일본의 경우, 드론의 고도제한은 150m 이하이고, 도쿄 전역, 공항, 원전 주변 등의 지역에서 규제를 하고 있다. 또한 드론 속도는 규제하지 않고, 드론의 비가시권 야간비행의 경우 원칙적으로 허가하지 않으며, 예외가 있을 경우에 허용하고 있다. 드론 기체 신고 및 등록은 비행 허가 시 관련 자료를 증빙서류로 제출하도록 하고 있다. 군중 위의 비행의 경우에도 위험을 고려해서 원칙적으로 허가하지 않고 예외적으로 허가하고 있다. 더불어 드론 조정 자격은 비행 허가 시 관련 증빙자료를 제출하도록 하고 있다. 더불어 드론을 이용한 사업 범위는 제한을 두지 않고 있다.

제5절 드론의 활용 분야

현재 드론은 측량, 건설관리, 항공촬영, 택배, 재난감시 및 대응, 시설 점검 등 다양한 분야에서 활용되고 있다.

그림 8-14 드론 활용 분야

출처: 국토부 보도자료, 드론산업 규모 5년 내 20배 육성 위한 종합계획 발표, 2017년 12월 21일

드론의 활용 분야를 살펴보면, ① 공공건설, ② 하천관리, ③ 산림보호, ④ 수색 · 정찰, ⑤ 에너지, ⑥ 국가 통계로 나누어 살펴볼 수 있다(국토부 보도자료, 2017년).

표 8-5 공공 분야 드론 활용 모델

분야	활용 모델	기대효과
공공건설	토지보상 단계 현지조사	비용 50% 절감(연간 약 10억 원), 해상도 10배 증가
하천관리	하천측량 및 하상 변동조사	비용 70% 절감 및 작업시간 90% 단축
산림보호	소나무 재선충 피해조사 (국토의 64%가 산림)	인력 대비 90% 기간 단축 및 1인당 조사 면적 10배 증가
수색 · 정찰	적외선 카메라 탑재 드론 활용 실종자 수색	인력 접근이 어려운 지역 효과적 수색 · 탐지
에너지	송전선 철탑 안전점검 (철탑 4만 2,372개)	점검시간 최대 90% 단축 및 1일 점검량 10배 이상 증가
국가 통계	농업면적 등 통계조사 (3만 2천 개 표본조사구)	인력 접근이 어려운 지역 효과적 조사

출처: 국토부 보도자료, 드론산업 규모 5년 내 20배 육성 위한 종합계획 발표 , 2017년 12월 21일

첫째, 공공건설 분야에서는 토지 보상 단계에서 현지조사에 드론을 활용하고 있다. 이를 통해 현지 조사비용 50%(연간 약 10억 원)를 절감할 수 있고, 드론을 이용한 조사자료에 있어서 해상도를 10배 높일 수 있다.

둘째, 하천관리 분야에서는 드론을 이용하면 하천 측량 및 하상 변동조사비용의 70%를 절감할 수 있고, 작업시간을 90% 단축시킬 수 있다.

셋째, 산림보호 분야에서는 소나무 재선충 피해조사(국토의 64%가 산림)에 드론을 활용하면, 기존 인력 대비 90% 기간을 단축할 수 있고, 1인당 조사 면적 10배를 증가시킬 수 있다.

넷째, 수색 및 정찰에 드론을 활용하면, 적외선 카메라를 탑재한 드론을 활용해 실종자를 수색할 수 있고, 이를 통해 인력 접근이 어려운 지역에서 효과적 수색 및 탐지 활용을 할 수 있다.

다섯째, 에너지 분야에서는 송전선 철탑 안전점검(철탑 4만 2,372개)에 드론을 활용하면, 점검시간을 최대 90% 단축시킬 수 있고, 더불어 1일 점검량을 10배 이상 증가시킬 수 있다.

여섯째, 국가 통계 분야에 드론을 활용하면, 농업 면적 등 통계조사(3만 2천개 표본조사구)에 있어 인력 접근이 어려운 지역을 효과적으로 조사할 수 있는 장점이 있다.

제 6 절 드론 관련 정부정책

1. 드론 활용 촉진 및 기반 조성을 위한 정책과제

드론은 무인항공기 및 무인비행장치로 향후에는 드론을 이용해 사물뿐만 아니라 사람을 운송하게 될 것이다. 이에 따라 정부는 드론 정책을 위한 관련 법안을 정비하고, 법적인 제도 지원을 위해 노력하고 있다. 이를 위해 정부에서는 국토교통부 및 관계부처 장관, 차관, 지자체 공무원, 공공기관 및 관련 산업계 종사자 및 연구자를 중심으로 드론산업협의체를 구성하였다.

여기에서는 드론 활용을 촉진하기 위해 항공안정법 및 전파법에 대한 규제 완화를 수행하고, 드론을 활용하는 비즈니스 활성화를 위한 행정적 지원책 개발 및 행정규제 특구를 지정하고 운영할 계획을 수립하고 있다. 또한 드론 관련 기술개발을 지원하고, 사업을 활성화하고, 드론 관련 지식재산권 보호 및 육성을 지원하고 있다. 또한 드론 관련 서비스 개발을 위해 드론 관제 시스템 개발 및 운영을 위한 관련 규정을 수립하고 있다. 더불어 드론 사업자들의 글로벌 비즈니스 지원을 위한 국제교류 지원, 국제표적 지원 등 다양한 노력을 하고 있다.

정부에서 드론 관련 산업 육성을 위해 다양한 정책과제를 수행하였다. 각각 부처별로 추진한 주요 드론 정책과제를 살펴보면 다음과 같다.

참고자료 | 관계부처 무인이동체 정책과제 현황

■ 미래부

- 무인이동체 미래선도 핵심기술개발사업(미래부)
- 무인이동체사업단 운영(미래부)
- 가이드라인 마련(미래부)
- 무인이동체 통합 테스트베드 구축 계획 수립(미래부)
- 무선데이터 통신용 비면허 주파수 추가분배(미래부)
- 무인기제어전용주파수(위성)(미래부)
- IT · SW융합산업원천기술개발사업(미래부)

■ 산업부

- 자율주행자동차 핵심기술개발사업 추진(산업부)
- 유망 분야 무인기 실증 · 확산사업(산업부)
- 안전 · 편의서비스용 스마트드론 활용기술 기반구축사업(산업부)
- 로봇항공기 경연대회(산업부)
- '드론쇼 코리아' 전시회 및 컨퍼런스(산업부)

■ 국토부

- 자율주행차 안전성 평가기술 개발(국토부)
- 드론 길을 위한 3차원 정밀지도 구축(국토부)

- 스마트 자율협력주행 도로시스템 개발(국토부)
- 클라우드 기반 통합 모빌리티 실증기술 개발(국토부)
- 무인비행장치 활용 신사업 분야 안전성 검증 시범사업(국토부)

■ 농식품부
- 무인제초기 실용화사업(농식품부/농진청)
- 무인기 영상기반 농경지 관측 및 작황평가 기술개발(농진청)
- 정밀농업 구현을 위한 한국형 농업로봇시스템 개발(농식품부, 농진청)

■ 해수부
- 해양개발용 수중건설로봇 개발사업(해수부)
- 수중로봇 개발 다각화 및 수중건설로봇 실용화사업(해수부)
- 다목적 지능형 무인선 국산화 개발(해수부)
- 무인선, 무인 수중로봇 운용 지원용 선박 구축(해수부)

■ 방사청
- 복합임무 무인수상정 개발(방사청)

■ 관계부처합동
- 국민안전감시 및 대응 무인항공기 융합시스템 구축 및 운용(안전처, 산업부, 미래부, 경찰청)
- 고신뢰성 다종 무인이동체 통합운용체계 구축(국토부, 미래부, 해수부)
- 저고도 드론(무인비행장치) 교통관리체계 개발 및 실증(국토부, 미래부, 경찰청)
- 농업용 무인기 개발(농식품부, 산업부)
- 국가 종합 비행성능 인프라 구축사업(산업부, 국토부)
- 자율주행자동차 법 · 제도 개선(미래부, 산업부, 국토부 등)
- 무인선용 통신 주파수 할당 추진 및 운용계획 수립(해수부, 미래부)

2. 드론 활용 촉진을 위한 관련 법 제정

정부에서는 드론 활용을 촉진하기 위해 관련 법을 제정하였다.

첫째, 드론과 관련된 법으로 '드론 활용의 촉진 및 기반조성에 관한 법률(약칭: 드론법)'이 있다. 이 드론법의 특성은 다음과 같다.

드론법의 목적은 “드론 활용의 촉진 및 기반조성, 드론 시스템의 운영 · 관리 등에 관한 사항을 규정하여 드론산업의 발전 기반을 조성하고 드론산업의 진흥을 통한 국민편의 증진과 국민경제 발전에 이바지”하는 데 있다. 정책추진체계 구성을 위해 “드론산업발전 기본계획 수립, 드론산업 실태조사, 드론산업 협의체 구성 · 운영, 공공기관 드론 활용 등의 요청”에 따라 구성한다. 그리고 드론산업 육성을 위해 “드론시스템 연구 · 개발, “드론특별자유화구역의 지정 및 관리, 드론시범사업구역의 지역 및 관리, 창업의 활성화, 드론 첨단 기술의 지정 및 지원, 인증 등의 의제, 지식재산권의 보호 및 육성, 우수사업자의 지정, 드론교통관리시스템을 구축 및 운영”한다. 보칙으로 “전문인력 양성, 해외진출 및 국제협력”을 수행한다.

둘째, 자율주행과 관련된 법으로 ‘자율주행자동차 상용화 촉진 및 지원에 관한 법률(약칭: 자율주행자동차법)’과 ‘자율주행자동차의 안전운행요건 및 시험운행 등에 관한 규정’이 있다. 이 자율주행자동차법의 특성은 다음과 같다.

자율주행자동차법의 목적은 “자율주행자동차의 도입 · 확산과 안전한 운행을 위한 운행기반 조성 및 지원 등에 필요한 사항을 규정하여 자율주행자동차의 상용화를 촉진하고 지원함으로써 국민의 생활환경 개선과 국가경제의 발전에 이바지”하는 데 있다. 이 법의 구성 항목은 “기본계획 수립(5년마다), 자율주행차 현황조사, 자율주행 안전구간 지정, 시범지구 지정 · 운영 · 관리, 규제, 지원시책 등”으로 구성된다.

자율주행자동차의 안전운행요건 및 시험운행 등에 관한 규정의 목적은 “자율주행자동차의 임시운행에 필요한 세부 요건 및 확인방법 등 안전운행요건을 정함”에 있고, 안전운행요건으로 일반규정은 “자율주행차 제작대상 및 방법, 손해배상, 시험품 및 자료제출, 시험 · 연구계획서, 자율주행차의 표지 부착, 시험운행 등”, 자율주행자동차의 구조 및 기능으로 “조종장치, 표시장치, 기능고장 자동감지, 경고장치, 운전자우선모드 자동전환, 최고속도제한 및 전방충돌방지 기능, 운행기록장치, 영상기록장치 등”으로 구성된다. 임시운행 관련 “운전자 지정 및 관리, 연결자동차 금지, 재검토기한, 기준적용의 특례 등”이 있다.

셋째, 지능형 로봇과 관련된 법으로 ‘지능형 로봇 개발 및 보급 촉진법(약칭: 지능형 로봇법)’이 있다. 이 지능형 로봇법의 특성은 다음과 같다.

지능형 로봇 개발 및 보급 촉진법(약칭: 지능형 로봇법)의 목적은 "지능형 로봇의 개발과 보급을 촉진하고 그 기반을 조성하여 지능형 로봇산업의 지속적 발전을 위한 시책을 수립 · 추진함으로써 국민의 삶의 질 향상과 국가경제에 이바지"하는 데 있다. 지능형 로봇의 개발 등의 기본계획 등에 따라 "기본계획 수립 등, 로봇산업정책심의회, 자금지원 등, 산업통계 및 실태조사, 국제협력을 촉진"한다. 지능형 로봇의 보급 촉진을 위해서 "지능형 로봇제품 지원시책을 수립"한다. 이 법은 시행령, 시행규칙을 포함하고 있다.

그 밖에 드론 및 관련 산업 촉진을 위한 법안으로는 항공안전법(항공안전법 시행령, 시행규칙 포함), 개인정보보호법, 위치정보의 보호 및 이용 등에 관한 법률, 도로법, 자동차관리법, 전파법, 여객자동차 운수사업법, 화물자동차 운수사업법, 국가통합교통체계효율화법 등이 있다.

핵심문제

01 무인항공기(UAV: Unmanned Aerial Vehicle)에 대해 설명하시오.

02 드론은 다양하게 분류되는데, 각각의 특징에 대해 설명하시오.
① RPV(Remote Piloted Vehicle)
② UAV(Unmanned/Uninhabited/Unhumaned Aerial Vehicle System)
③ UAS(Unmanned Aircraft System)
④ RPAV(Remote Piloted Air/Aerial Vehicle)
⑤ 로봇 항공기(Robot Aircraft)

03 드론의 구성요소에 대해 설명하시오.
① 항법센서
② 탑재 컴퓨터
③ 프로펠러 및 프레임
④ 임무장비
⑤ 모터 및 배터리
⑥ 지상조정국 및 통신 부분

04 MEMS(Micro Electro Mechanical Systems)에 대해 설명하시오.

05 무인항공기에 대해 설명하시오.
① UAV(Unhumaned Aerial Vehicle System)
② UAS(Unmanned Aircraft System)
③ RPVS(Remote Piloted Air Vehicle)

06 무인지상차량(UGV: Unmanned Ground Vehicle)에 대해 설명하시오.

07 무인함정 및 잠수정에 대해 설명하시오.
① UMV(Unmanned Marine Vehicle)
② UUV(Unmanned Underwater Vehicle)

08 비행체 행태에 대해 설명하시오.
① 고정익 무인항공기
② 회전익 무인항공기
③ 틸트로터형 무인항공기
④ 동축 반전형 무인항공기
⑤ 다중 로터형 무인항공기

09 군사용 무인항공기의 비행 반경에 따른 분류할 때, 다음 항공기 용어에 대해 설명하시오.
① 근거리 무인항공기(CR: Close Range)
② 단거리 무인항공기(SR: Short Range)
③ 중거리 무인항공기(MR: Medium Range)
④ 장거리 체공형(LR: Long Range)

10 비행 고도에 따른 무인항공기 구분에 따라 분류할 때, 다음 항공기 용어에 대해 설명하시오.
① 저고도 무인항공기(Low Altitude UAV)
② 중고도 체공형 무인항공기(MUAVL: Medium-Altitude Unmanned Aerial Vehicle)
③ 고고도 체공형 무인항공기(HUAV: High-Altitude Unmanned Aerial Vehicle)

11 무인항공기 크기에 따른 분류할 때, 다음 무인기 유형에 대해 설명하시오.
① 초소형 무인기(MAV: Micro-Air Vehicle)
② 소형 무인기(Mini-UAV)
③ 중소형 무인기(OAV: Organic Aerial Vehicle)
④ 중형 무인기(SR)
⑤ 대형 무인기(MR)

12 이륙방식에 따라 무인항공기를 분류할 때, 다음 용어를 설명하시오.
① 핸드런치 이륙
② 지상활주 이륙
③ 발사대 이륙
④ 공중 투하방식 이륙

13 착륙방식에 따라 무인항공기를 분류할 때, 다음 용어를 설명하시오.

① 지상활주 착륙
② 낙하산 전개 착륙
③ 그물망 착륙

14 수직 이착륙 방법과 자동 이착륙 시스템에 대해 설명하시오.

15 드론의 핵심기술에 대해 설명하시오.
① 통신, 항법, 교통관리 기술
② 제어, 탐지, 회피 기술
③ 센서 기술
④ 소프트웨어 및 응용 기술
⑤ 플랫폼 및 표준 인터페이스 기술
⑥ 플랫폼 기술
⑦ 동력원 기술

16 과학기술정보통신부(2018)에서 제시한 무인이동체 6대 핵심기술에 대해 설명하시오.
① 탐지 · 인식(Sensing and Perception)
② 자율기능(Autonomy)
③ 인간기계 교감(Human-machine Interface)
④ 통신 · 네트워크(Connectivity)
⑤ 동력원 · 이동(Mobility & Power)
⑥ 시스템 통합(System Integration)

참고문헌

과학기술정보통신부, 무인이동체 기술혁신과 성장 10개년 로드맵, 2018년

과학기술일자리진흥원, 드론 기술 및 시장동향 보고서, S&T Market Report, Vol.67, 2019년 8월

관계부처합동, 드론산업 발전 기본계획(안), 2017년 12월

국토부, 드론산업 규모 5년 내 20배 육성 위한 종합계획 발표, 2017년 12월 21일 (http://www.molit.go.kr/USR/NEWS/m_71/dtl.jsp?id=95080117)

세명대학교 웹사이트, 드론의 활용과 이해, 자료를 일부 수정해서 인용함 (http://dept.saekyung.ac.kr/dept11/)

중소벤처기업부, 중소기업기술정보진흥원, NICE평가정보(주), 중소기업 전략기술로드맵 2019-2021 드론, 2019년

한국드론산업진흥협회 (http://kodipa.org/?page_id=391)

한국인터넷진흥원, 드론 핵심기술 및 향후과제, KISA 이슈&트렌드, 2015년 5월

World Aircraft Production Forecast, 2017, 윈터그린, 골드만삭스, 맥킨지 분석

Chapter 09 클라우드 컴퓨팅과 엣지 컴퓨팅

학습목표

- 클라우드 컴퓨팅 개념의 이해
- 클라우드 컴퓨팅 요소 기술의 이해
- 클라우드 컴퓨팅 현황과 비즈니스 사례 이해
- 엣지 컴퓨팅의 현황 및 미래 방향 이해

제 1 절 클라우드 컴퓨팅의 개요

1. 클라우드 컴퓨팅의 정의[01]

클라우드 컴퓨팅은 원격자원관리가 가능한 새로운 정보자원관리 기술이다. 현재 클라우드 컴퓨팅은 조직 내 통합정보자원관리 시스템을 구현하는 것과 비교해서 보다 저렴한 비용으로 보다 편리하고 효율적으로 정보자원관리를 지원해준다. 클라우드 컴퓨팅은 다양하게 정의되는데, 그 특징은 [표 9-1]과 같다.

- 미국 표준기술연구소(NIST: National Institute of Standards and Technology)에 의하면 클라우드 컴퓨팅은 "이용자는 IT 자원(소프트웨어, 스

01 강원영(2013)에 의하면 가상화란 "물리적인 하드웨어 자원을 논리적인 단위로 나누고 통합하여 자원을 활용할 수 있게 해주는 기술로 운영체계나 중앙처리장치, 스토리지 등 주로 하드웨어의 의존성을 배제, 통합을 위한 수단으로 이용"하는 개념이라고 하였고, 분산처리란 "① 하나의 중앙처리장치가 처리 또는 제어기능을 여러 개의 처리장치에 분산시키는 것, ② 중앙의 대형 컴퓨터에 의한 집중처리와는 달리 지점, 영업소, 공장 등 데이터의 발생 장소에서 처리하는 방식"이라고 하였다.

표 9-1 클라우드 컴퓨팅 정의

기관	정의
NIST	이용자는 IT 자원(소프트웨어, 스토리지, 서버, 네트워크)을 필요한 만큼 빌려서 사용하고, 서비스 부하에 따라서 실시간 확장성을 지원받으며, 사용한 만큼 비용을 지불하는 컴퓨팅
Gartner	인터넷 기술을 활용해 많은 고객들에게 수준 높은 확장성을 가진 자원들을 서비스로 제공하는 컴퓨팅의 한 형태
Forrester Research	표준화된 IT 기반 기능들이 IP로 제공되고, 언제나 접근이 허용되며, 수요 변화에 따라 가변적이며, 사용량이나 광고를 기반으로 비용을 지불하고 웹 또는 프로그램적인 인터페이스를 제공하는 형태
IBM	웹기반 응용 소프트웨어를 활용해 대용량 데이터베이스를 인터넷 가상공간에서 분산처리하고, 이 데이터를 컴퓨터나 휴대전화, PDA 등 다양한 단말기에서 불러오거나 가공할 수 있게 하는 환경
TTA	가상화와 분산처리 기술을 기반으로 인터넷을 통해 대규모 IT 자원을 임대하고, 사용한 만큼의 요금을 지불하는 컴퓨팅 환경을 의미

출처: KISA, 강원영, 최근 클라우드 컴퓨팅 서비스 동향, 2013년 3월

토리지, 서버, 네트워크)을 필요한 만큼 빌려서 사용하고, 서비스 부하에 따라서 실시간 확장성을 지원받으며, 사용한 만큼 비용을 지불하는 컴퓨팅"이라고 하였다.

- 가트너 리서치(Gartner Research)에 의하면 클라우드 컴퓨팅은 "인터넷 기술을 활용해 많은 고객들에게 수준 높은 확장성을 가진 자원들을 서비스로 제공하는 컴퓨팅의 한 형태"라고 하였다.
- 포레스터 리서치(Forrester Research)에 의하면 클라우드 컴퓨팅은 "표준화된 IT 기반 기능들이 IP(Intellectual Property)로 제공되고, 언제나 접근이 허용되며, 수요 변화에 따라 가변적이며, 사용량이나 광고를 기반으로 비용을 지불하고 웹 또는 프로그램적인 인터페이스를 제공하는 형태"라고 하였다.
- IBM(International Business Machines)에 의하면 클라우드 컴퓨팅은 "웹기반 응용 소프트웨어를 활용해 대용량 데이터베이스를 인터넷 가상공간에서 분산처리하고, 이 데이터를 컴퓨터나 휴대전화, PDA(Personal Digital Assistant) 등 다양한 단말기에서 불러오거나 가공할 수 있게 하는 환경"이라고 하였다.

- 한국의 정보통신기술 표준화단체인 한국정보통신기술협회(TTA: Telecommunications Technology Association)에 의하면 클라우드 컴퓨팅은 "가상화와 분산처리 기술을 기반으로 인터넷을 통해 대규모 IT 자원(소프트웨어, 스토리지, 서버, 네트워크를 임대하고, 사용한 만큼의 요금을 지불하는 컴퓨팅 환경을 의미"한다고 하였다.

한국정보통신기술협회(TTA)에서는 클라우드 컴퓨팅과 클라우드 서비스의 개념을 분리해 설명하였다. 클라우드 컴퓨팅은 클라우드 서버에서의 가상화 기술과 분산처리 기술을 기반으로 네트워크를 활용해서 필요로 하는 IT 자원(소프트웨어, 스토리지, 서버, 네트워크)을 빌려주고, 이용한 수준에 따라 비용을 지불하는 컴퓨팅 환경으로 정의하였고, 클라우드 서비스는 클라우드 컴퓨팅 서비스 이용자를 중심으로 컴퓨팅 환경을 제공하는 주문형 컴퓨팅 IT 아웃소싱 서비스라고 하였다. 그러나 오늘날 클라우드 서비스와 클라우드 컴퓨팅 그리고 클라우드 컴퓨팅 서비스는 함께 혼재되어 사용되고 있다.

2. 클라우드 컴퓨팅의 기업에의 영향

클라우드 컴퓨팅은 기업의 컴퓨팅 환경뿐만 아니라 개인의 컴퓨팅 환경에도 큰 변화를 가져다줄 것이다. 클라우드 컴퓨팅 서비스의 특징, 고객에게 제공하는 가치 그리고 미래 컴퓨팅 환경의 변화를 살펴보면 다음과 같다.

클라우드 컴퓨팅은 온디맨드 셀프 서비스, 광대역 네트워크 서비스, 리소스 풀링, 신속한 확장성, 계측서비스의 특징을 가지고 있다. 각각에 대해 상세히 살펴보면 다음과 같다.

첫째, 클라우드 컴퓨팅 서비스는 온디맨드 셀프 서비스로서 이용자들의 요구에 따라 즉각적으로 대응해서 서비스를 제공받을 수 있는 특징이 있다. 둘째, 클라우드 컴퓨팅 서비스는 광대역 네트워크를 이용해 접속하기 때문에 빠른 속도로 접속할 수 있고, 네트워크를 이용해 관리할 수 있다. 셋째, 클라우드 컴퓨팅 서비스는

그림 9-1 클라우드 컴퓨팅으로 인한 미래 변화

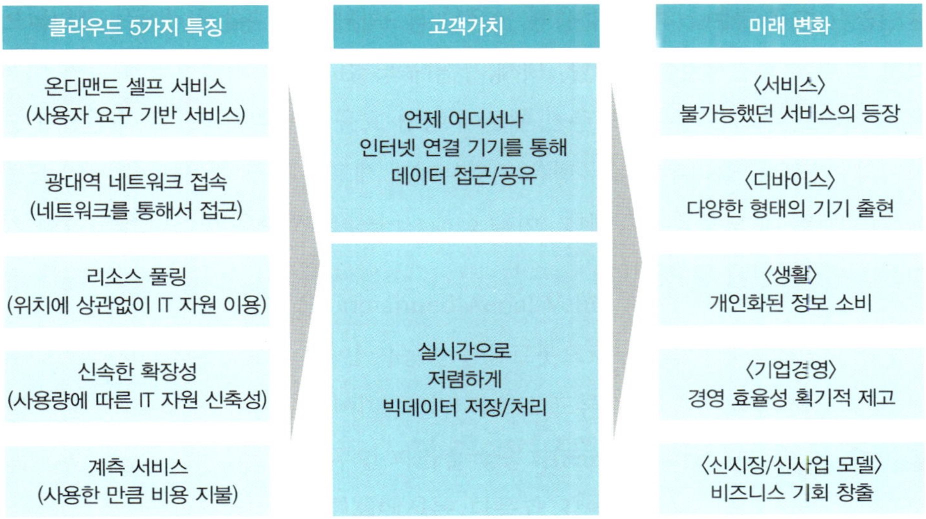

출처: SERI, 클라우드 혁명이 바꾸는 미래, 2013년 3월 28일

IT 자원 풀을 활용해서 위치와 관련 없이 적절하게 IT 자원을 활용할 수 있다. 넷째, 클라우드 컴퓨팅 서비스는 신속하게 확장할 수 있는 특성을 가지고 있다. 이에 따라 클라우드 컴퓨팅 서비스 이용자들은 추가로 필요한 IT 자원이 있을 경우 신속하게 IT 자원을 확장해서 이용할 수 있다. 다섯째, 클라우드 컴퓨팅 서비스는 이용량을 측정할 수 있는 계측 서비스이다. 즉, 클라우드 컴퓨팅 서비스는 컴퓨팅 지원을 이용한 만큼 비용을 지불하는 방식을 채택하고 있다.

이러한 클라우드 컴퓨팅 서비스는 고객가치를 증진시켜줄 것이다. 고객들은 클라우드 컴퓨팅 서비스를 이용해서 언제 어디에서나 네트워크에 연결할 수 있게 되고, 데이터에 접근할 수 있게 되며, 데이터의 활용 및 공유가 가능하게 된다. 궁극적으로 클라우드 컴퓨팅 서비스는 실시간으로 데이터를 보다 저렴하게 저장 및 활용할 수 있도록 지원하게 될 것이다.

클라우드 컴퓨팅 일반화에 따라 다음과 같은 변화가 일어날 것이다.

첫째, 클라우드 컴퓨팅 서비스는 이전에는 불가능 했던 새로운 인프라, 플랫폼, 서비스를 제공해 줄것이다. 둘째, 클라우드 컴퓨팅은 다양한 디바이스를 이용해서 클라우드 서버에 접속할 수 있도록 지원해주기 때문에 다양한 형태의 IT 디바이스 출현을 가속화시켜줄 것이다. 셋째, 클라우드 컴퓨팅은 생활 측면에서 개인화된 정보 소비를 촉진시켜줄 것이다. 넷째, 클라우드 컴퓨팅은 기업경영에 있어 비용을 줄여주고 수익을 증가시켜주기 때문에 경영 효율성을 획기적으로 개선시켜 줄 것이다. 다섯째, 클라우드 컴퓨팅은 기업들에게 새로운 시장 및 새로운 사업 모델을 개발하는 데 도움을 제공한다. 이를 통해 기술들은 새로운 비즈니스를 통한 기회를 만들 수 있게 될 것이다.

제2절 클라우드 컴퓨팅의 특성

1. 클라우드 컴퓨팅과 전략

클라우드 컴퓨팅은 미래를 위한 중요한 전략 기술이다. 미국의 저명한 리서치회사인 가트너그룹에서는 매년 중요한 전략 기술을 발표하고, 기업에서 기술전략을 수립하는 데 방향이 될 수 있는 정보를 제공하고 있다. 가트너에서는 2020년과 2021년 클라우드 컴퓨팅을 중요한 전략 기술로 강조하고 있다. 2020년과 2021년 전략 기술 특징은 다음과 같다.

2019년 9대 전략 기술은 사람중심 기술, 위치 독립성 기술, 탄력적 배포 기술로 구분된다. 인간중심 기술에는 행동 인터넷 기술, 전사 체험 기술, 프라이버시 강화 계산 기술이 있다. 위치 독립성 기술에는 분산 클라우드 기술, 어디서나 운영 가능한 기술, 사이버 보안 메시 네트워크 기술이 있다. 탄력적 배포 기술에는 지능적으로 구성 가능한 비즈니스 기술, 인공지능 엔지니어링 기술, 초자동화 기술이 있다. 2020년 10대 전략 기술은 인간중심 기술과 스마트 공간 기술로 구분된다. 인간중심 기술로는 초자동화 기술, 다중 경험 기술, 전문성의 민주화, 인간 증강 기술, 투명성 및 추적성 기술이 있다. 스마트 공간 기술로는 자율권을 가진 엣지, 분산형 클라우드 기술, 자율 사물 기술, 실용적 블록체인, 인공지능 보안 기

▮그림 9-2▮ 2020년과 2021년 가트너의 전략 기술 비교

출처: 최형광, 2021 달라진 가트너 전략, 코스콤 리포트, 2020년 12월 24일 (https://newsroom.koscom.co.kr/wp-content/uploads/2020/12/koscom-report_201223.pdf)

술이 있다. 이처럼 2019년과 2020년 전략 기술에서 네트워크에서의 클라우드 컴퓨팅 기술과 엣지 컴퓨팅 기술이 중요한 기술임을 알 수 있다.

2. 컴퓨팅 환경의 변화

최근 기술 발전에 따라 클라우드 컴퓨팅이 기업에서의 일반화된 컴퓨팅 환경으로 자리매김하고 있다. 기업의 컴퓨팅 환경의 발전과정을 ① 개인용 컴퓨팅 환경, ② 서버-클라이언트 환경, ③ 클라우드 컴퓨팅 환경으로 살펴보고 이에 따른 각각의 특성을 살펴보면 다음과 같다.

첫째, 컴퓨팅 환경에서의 데이터의 위치와 컴퓨팅 주체에 따른 특징은 다음과 같다. 개인용 컴퓨팅 환경에서는 개인용 PC가 컴퓨팅 환경의 주체가 되었고 데이터가 저장되고 있다. 서버-클라우드 환경에서는 서버 및 클라이언트 컴퓨터가 데이터 활용의 주체이고 데이터가 저장되고 있다. 셋째, 클라우드 컴퓨팅 환경에서는 클라우드 서버가 컴퓨팅의 주체이고 데이터가 저장되는 특징이 있다.

둘째, 자원 구매와 자원 폐기에 따른 특성을 살펴보면, 개인용 컴퓨팅 환경과

표 9-2 컴퓨팅 환경의 특성

컴퓨팅 환경	개인용 컴퓨팅 환경	서버-클라이언트 환경	클라우드 컴퓨팅 환경
데이터 위치 및 컴퓨팅 주체	개인용 PC, 노트북	서버/클라이언트	클라우드 서버(온라인)
자원 구매/폐기	이용자	이용자	서비스 제공자
사용자 컴퓨터 설치 S/W	OS, 응용S/W	OS, 응용S/W, 클라이언트	클라이언트(웹브라우저)
데이터의 소유 및 관리	소유와 관리가 동일	소유와 관리가 일부 분리	소유와 관리 분리(소유는 이용자, 관리는 서비스 제공자)
제공 서비스	오프라인 컴퓨팅 서비스 ※문서작성, 통계 계산, 그래픽 작업 등	• 기본 인터넷 서비스: 웹, FTP, 이메일 등 • 응용인터넷 서비스: 웹하드, SBC, ASP 등 • IT 융합서비스: VoIP, IPTV 등	• 가상 서버/데스크탑 서비스 • 스토리지 제공 서비스 • S/W 임대 서비스 등

출처: KISA, 클라우드 서비스 정보보호 안내서, 2011년 10월

서버-클라이언트 환경에서는 이용자가 자원 구매와 자원 폐기의 주체이고, 클라우드 컴퓨팅 환경에서는 클라우드 서비스 이용자가 자원 구매와 폐기의 주체이다.

셋째, 컴퓨팅 환경에 따라 설치되는 소프트웨어의 특성을 살펴보면 다음과 같다. 개인용 컴퓨팅 환경에서는 이용자의 컴퓨터에 운영체계와 응용 소프트웨어가 설치되고, 서버-클라이언트 환경에서는 이용자의 컴퓨터에 운영체계, 응용 소프트웨어, 클라이언트 웹브라우저가 설치되며, 클라우드 컴퓨팅 환경에서는 이용자의 컴퓨터에 클라이언트 웹브라우저가 설치된다.

넷째, 데이터의 소유 및 관리 특성을 살펴보면 다음과 같다. 개인용 컴퓨팅 환경에서는 데이터의 소유와 관리가 동일하게 이루어지고, 서버-클라이언트 환경에서는 데이터의 소유와 관리가 일부분 분리되어 있고, 클라우드 컴퓨팅 환경에서는 데이터의 소유 및 관리가 분리되어 있다. 일반적으로 클라우드 컴퓨팅 환경에서는 데이터의 소유는 이용자가 가지고 있고, 관리는 서비스 제공자가 하고 있다.

다섯째, 컴퓨팅 환경에 따라 제공되는 서비스를 살펴보면, 개인용 컴퓨팅 환경

에서는 오프라인 환경에서 이용되는 컴퓨팅 서비스로 문서 작성, 통계 계산, 그래픽 작업 등이 이루어진다. 서버-클라우드 환경에서는 기본적인 인터넷 서비스로 웹 전자메일 등의 서비스와 응용 인터넷 서비스로 웹하드 서비스 및 응용 서비스 제공자(ASP) 등의 서비스가 이루어진다. 클라우드 컴퓨팅 서비스 환경에서는 IT 융합 서비스로 VoIP, IPTV 등의 서비스와 가상 서버 및 데스크탑 서비스 그리고 스토리지 제공 서비스, 소프트웨어 임대 서비스 등이 이루어진다.

참고자료 | 클라우드 컴퓨팅 발전 및 이용자보호에 관한 법률

제12조(국가기관 등의 클라우드 컴퓨팅 도입 촉진)
① 국가기관 등은 클라우드 컴퓨팅을 도입하도록 노력하여야 한다.
② 정부는 '국가정보화 기본법'에 따른 국가정보화 정책이나 사업 추진에 필요한 예산을 편성할 때에는 클라우드 컴퓨팅 도입을 우선적으로 고려하여야 한다.
제20조(공공기관의 클라우드 컴퓨팅 서비스 이용촉진)
정부는 공공기관이 업무를 위하여 클라우드 컴퓨팅 서비스 제공자의 클라우드 컴퓨팅 서비스를 이용할 수 있도록 노력하여야 한다.

3. 클라우드 컴퓨팅 종류

클라우드 컴퓨팅 서비스 관련 특성을 살펴보면 다음과 같다. 먼저 클라우드 서비스 유형으로 IaaS(Infrastructure as a Service), PaaS(Platform as a Service), SaaS(Software as a Service)가 있고, 클라우드 서비스 운영 형태로는 퍼블릭 클라우드 서비스, 프라이빗 클라우드 서비스, 하이브리드 클라우드 서비스가 있다. 각각의 특성을 살펴보면 다음과 같다.

IaaS(Infrastructure as a Service)는 클라우드 서비스 이용자에게 인프라스트럭처로 서버 및 스토리지 등의 하드웨어 기능 자원을 제공하는 컴퓨팅 서비스를 의미한다. PaaS(Platform as a Service)는 클라우드 서비스 이용자에게 소프트웨어 개발에 필요한 플랫폼을 제공하는 컴퓨팅 서비스를 의미한다. SaaS(Software as

| 표 9-3 | 클라우드 컴퓨팅 서비스 관련 주요 용어

구분	서비스 종류	주요 개념
서비스 유형	IaaS(Infrastructure as a Service)	이용자에게 서버, 스토리지 등의 하드웨어 자원만을 임대 · 제공하는 서비스
	PaaS(Platform as a Service)	이용자에게 소프트웨어 개발에 필요한 플랫폼을 임대 · 제공하는 서비스
	SaaS(Software as a Service)	이용자가 원하는 소프트웨어를 임대 · 제공하는 서비스
서비스 운용 형태	퍼블릭 클라우드	불특정 다수를 대상으로 하는 서비스로 여러 서비스 사용자가 이용하는 형태
	프라이빗 클라우드	기업 및 기관 내부에 클라우드 서비스 환경을 구성하여 내부자에게 제한적으로 서비스를 제공하는 형태
	하이브리드 클라우드	• 퍼블릭 클라우드와 프라이빗 클라우드가 결합한 형태 • 공유를 원하지 않는 일부 데이터 및 서비스에 대해 프라이빗 정책을 설정하여 서비스를 제공

출처: KISA, 강원영, 최근 클라우드 컴퓨팅 서비스 동향, 2013년 3월

a Service)는 클라우드 서비스 이용자가 원하는 소프트웨어로서의 서비스 기능을 제공하는 것을 의미한다.

퍼블릭 클라우드 서비스(Public Cloud Service)란 불특정 다수의 컴퓨팅 서비스 이용자들을 대상으로 하는 클라우드 서비스를 제공한다. 프라이빗 클라우드 서비스(Private Cloud Service)는 기업에서 제한된 환경에서 일부의 이용자들을 대상으로 제공되는 클라우드 서비스이다. 하이브리드 클라우드 서비스(Hybrid Cloud Service)란 퍼블릭 클라우드와 프라이빗 클라우드가 결합한 형태의 서비스로 공유를 원하지 않는 일부 데이터 및 서비스에 대해 사적인 서비스를 제공하는 것을 의미한다.

그 밖에 클라우드 서비스로 퍼스널 클라우드 서비스와 모바일 클라우드 서비스가 있다. 퍼스널 클라우드 서비스(Personal Cloud Service)는 개인 이용자를 대상으로 제공되는 클라우드 서비스로, 대부분이 개인용 컴퓨터를 이용해서, 개인이 가지고 있는 파일을 클라우드 저장공간에 업로드하는 등의 형태로 서비스가 제공된다. 대표적인 사례로는 구글 드라이브가 있다. 더불어 모바일 클라우드 서비스

(Mobile Cloud Service)는 스마트폰 이용자들이 개인의 단말기를 이용해서 클라우드 서비스를 이용하는 서비스이다. 모바일 클라우드 서비스는 이용자의 개인용 컴퓨터 중심의 클라우드 서비스 방식과 달리 모바일 디바이스를 이용해서 클라우드를 이용함으로써 정보 접근성을 높일 수 있는 특징이 있다.

제3절 클라우드 컴퓨팅 특성

1. 클라우드 서비스 시장

앞서 살펴본 것처럼 퍼블릭 클라우드 서비스(클라우드 비즈니스 프로세스 서비스, 클라우드 애플리케이션 인프라 서비스, 클라우드 애플리케이션 서비스, 클라우드 관리 및 안전 서비스, 클라우드 시스템 인프라 서비스, 클라우드 광고)는 다양하게 나타나고 지속적으로 성장할 것이다.

표 9-4 전 세계 퍼블릭 클라우드 최종 사용자 지출 전망 (단위: 백만 달러)

클라우드 분류	2016년	2017년	2018년	2019년	2020년
클라우드 비즈니스 프로세스 서비스 (BPaaS, 서비스형 비즈니스 프로세스)	40,812	43,772	47,556	51,652	56,176
클라우드 애플리케이션 인프라 서비스 (PaaS, 서비스형 플랫폼)	7,169	8,851	10,616	12,580	14,798
클라우드 애플리케이션 서비스 (SaaS, 서비스형 소프트웨어)	38,567	46,331	55,143	64,870	75,734
클라우드 관리 및 안전서비스	7,150	8,768	10,427	12,159	14,004
클라우드 시스템 인프라 서비스 (IaaS, 서비스형 인프라)	25,290	34,603	45,559	57,897	71,552
클라우드 광고	90,257	104,516	118,520	133,566	151,091
총계	09,244	246,841	287,820	332,723	383,355

출처: 가트너, 2017년 2월 22일 (재인용: 손가녕 · 이은민, IoT 생태계 확산과 엣지 컴퓨팅의 역할, 정보통신방송정책, 제29권 16호, 통권 653호, 2017년 9월 1일)

가트너(2017)는 클라우드 서비스 시장은 매년 성장할 것으로 예측했다. 클라우드 비즈니스 프로세스로서의 플랫폼 서비스는 2016년 40,812백만 달러에서 2020년 56,176백만 달러, 클라우드 애플리케이션 인프라 서비스는 2016년 7,169백만 달러에서 2020년 14,798백만 달러, 클라우드 애플리케이션 서비스는 2016년 38,567백만 달러에서 2020년 75,734백만 달러, 클라우드 관리 및 안전 서비스는 2016년 7,150백만 달러에서 2020년 14,004백만 달러, 클라우드 시스템 인프라 서비스의 경우, 2016년 25,290백만 달러에서 2020년 71,552백만 달러, 클라우드 광고는 2016년 90,257백만 달러에서 2020년 71,552백만 달러로 성장할 것이라고 하였다.

2. 클라우드 컴퓨팅에 이용되는 요소 기술

클라우드 컴퓨팅은 원격지에서 다양한 인프라스트럭처, 서비스, 플랫폼을 지원하는 서비스이다. 클라우드 컴퓨팅 서비스를 이용하기 위해서는 하드웨어 인프라스트럭처 구축을 위한 데이터 센터를 구축해야 한다. 더불어 이에 대한 주문형 서비스, 데이터 동기화, 서비스 이용에 대한 과금체계, 데이터 처리 기술, 가상화 기술 등 다양한 요소 기술이 필요하다. 한국정보사회진흥원(2009)에서 제안하는 클라우드 컴퓨팅 요소 기술에 대한 내용은 다음과 같다.

첫째, 가상화 기술(Virtualization Technology)[02]은 가상 하드웨어 인프라스트럭처를 구축해 물리적인 하드웨어의 한계를 넘어 소프트웨어 시스템 운영에 대한 기술을 의미한다. 또한 가상화 기술은 한 대의 컴퓨팅 자원을 여러 대의 컴퓨터처럼 운영하거나 또는 여러 대의 컴퓨팅 지원을 한 대의 컴퓨터처럼 운영하는 기술

02 가상화 기술(Virtualization Technology)은 컴퓨팅 환경에서 물리적 자원을 이용자에게 보다 효율적이고 다양한 방법으로 활용할 수 있도록 전달하는 기술이다. 가상화 기술을 이용하면, 서버의 용량은 적게 사용하고, 서버의 가동률은 높일 수 있는 장점이 있다. 가상화에는 플랫폼 가상화와 리소스 가상화가 있다. 가상화를 위한 요소 기술로는 컴퓨팅 가상화 기술로 하이퍼바이저(Hypervisor)가 있고, 스토리지를 가상화하는 기술이 있다. 또한 인풋과 아웃풋을 가상화하는 기술이 있고, 컨테이너화된 애플리케이션을 단일 운영체제에서 작동하도록 하는 컨테이너 기술, 분산처리 기술, 네트워크 가상화 기술이 있다.

표 9-5 클라우드 서비스 요소 기술

주요 기술	개념 및 의미	요소 기술
가상화 기술	• 가상 하드웨어 인프라를 구축해 물리적인 하드웨어의 한계를 넘어선 시스템 운영 • 한 대의 전산자원을 한 대처럼 운영하거나 그 반대로 운영하는 기술	Resource Pool, 하이퍼바이저(Hypervisor), 가상 I/O, Partition Mobility 등
대규모 분산처리	• 대규모의 서버 환경(수천 노드 이상)에서 대용량 데이터를 분산처리하는 기술	맵리듀스 분산처리 기술
오픈 인터페이스	• 인터넷을 통해 서비스를 이용하고 서비스 간 정보공유를 지원하는 인터페이스 기술 • 클라우드 기반 SaaS, PaaS에서 기존 서비스에 대한 확장 및 기능 변경에 적용 가능	SOA, Open API, Web Service 등
서비스 프로비저닝	• 서비스 제공업체가 실시간으로 자원을 제공 • 서비스 신청부터 자원 제공까지의 업무자동화, 클라우드의 경제성과 유연성 증가	자원 제공 기술
자원 유틸리티	• 전산자원에 대한 사용량 수집을 통해 과금체계를 정립하기 위한 기술	사용량 측정, 과금, 사용자 계정관리 등
SLA (서비스 수준관리)	• 외부 컴퓨팅 자원을 활용하는 클라우드 서비스의 특성상 서비스 수준이라는 계량화된 형태의 품질 관리 기술 요구됨	서비스 수준관리 시스템
보안 및 개인정보 관리	• 민감한 보안정보를 외부 컴퓨팅 자원에 안전하게 보관하기 위한 기술	방화벽, 침입방지 기술, 접근권한관리 기술 등
다중 공유 모델	• 하나의 정보자원 인스턴스를 여러 사용자 그룹이 완전히 분리된 형태로 사용하는 모델 • SaaS를 제공하는 데 필수 요소로 꼽힘	공유 기술

을 의미한다. 대표적인 가상화 기술을 구성하는 세부 기술로 자원 풀(Resource Pool), 하이퍼바이저(Hypervisor),[03] 가상 I/O, 자원이동(Partition Mobility) 등이 있다.

둘째, 대규모 분산처리는 대규모의 컴퓨터 서버 환경(수천 노드 이상)에서 대용량 데이터를 분산으로 처리하는 기술을 의미한다. 대표적인 요소 기술로는 맵리듀

03 하이퍼바이저(Hypervisor)는 서버를 가상화해서 하나의 시스템에서 여러 개의 운영체계를 가동할 수 있는 기술을 의미한다. 이를 통해서 컴퓨터 서버를 보다 가상 논리적 단위로 활용해서 효율적으로 활용할 수 있다.

스 분산처리 기술 등이 있다.

셋째, 개방형 인터페이스(Open Interface)는 인터넷을 통해 서비스를 이용하고 서비스 사이에서 정보를 공유할 수 있는 인터페이스 기술을 의미한다. 이 기술은 클라우드 기반 SaaS(Software as a Service), PaaS(Platform as a Service)에서 기존 서비스에 대한 확장이 가능하고 기능을 변경할 수 있다. 대표적인 개방형 인터페이스 기술로는 서비스 지향 아키텍처(SOA: Service Oriented Architecture), Open API, 웹 서비스(Web Service) 등이 있다.

넷째, 서비스 프로비저닝은 클라우드 서비스 제공업체가 실시간으로 자원을 제하고, 클라우드 서비스 신청부터 클라우드 자원 제공까지의 업무자동화, 클라우드의 경제성과 유연성을 높여준다. 이에 대한 요소 기술로는 자원 제공 기술이 있다.

다섯째, 자원 활용(Resource Utility)은 전산 자원에 대한 이용량 수집을 통해 클라우드 컴퓨팅 서비스 과금체계를 정립하기 것이다. 자원 활용 기술로는 사용량 측정 기술, 과금체계 기술, 사용자계정관리 등이 있다.

여섯째, SLA(서비스 수준관리)는 외부 클라우드 컴퓨팅 자원을 활용하는 클라우드 서비스의 특성에 따라 클라우드 서비스 수준을 계량화된 형태로 품질관리를 하는 기술이다. 이에 대한 요소 기술로는 클라우드 서비스 수준관리 시스템이 있다.

일곱째, 보안 및 개인정보관리는 클라우드 서비스 이용에 따라 민감한 보안정보를 외부 컴퓨팅 자원에 안전하게 보관하기 위한 기술이다. 이를 구현하기 위한 요소 기술로는 방화벽 기술, 침입 방지 기술, 접근권한관리 기술 등이 있다.

여덟째, 다중 공유 모델은 클라우드 서비스 이용에 있어 하나의 정보자원 인스턴스를 여러 클라우드 컴퓨팅 서비스 사용자 그룹이 완전히 분리된 형태로 서비스를 이용하는 모델이다. 다중 공유 모델은 SaaS(Software as a Service)를 제공하는 데 필수 요소이다. 이를 구현하기 위해서는 공유 기술이 필요하다.

3. 클라우드 컴퓨팅 도입전략

클라우드 컴퓨팅 서비스 도입을 위해서는 사전 준비가 필요하다. 라이트스케일(Rightscale)사 클라우드 성숙도 모델(Cloud Maturity Model)을 통해 기업에서의 클라우드 컴퓨팅 활용 수준을 평가하였다. 클라우드 컴퓨팅 발전 단계로 ① 무계획 단계(None), ② 관심 단계(Watcher), ③ 초기 단계(Beginner), ④ 중간 단계(Intermediate), ⑤ 진보 단계(Advanced)로 나누고 각각의 단계별 특징은 다음과 같다.

그림 9-3 클라우드 활용 수준별 분류

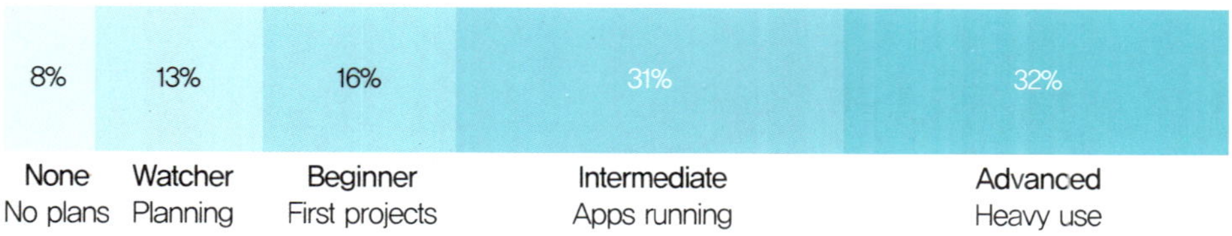

출처: Rightscale (재인용: 윤대균, 클라우드 컴퓨팅 동향 및 금융산업에서의 시사점 Issue & Trend, DIGIECO, 2020년 1월 8일)

① **무계획 단계(None)**: 클라우드 컴퓨팅 도입에 대해 도입할 의도가 없고, 관심이 없는 단계이다.

② **관심 단계(Watcher)**: 클라우드 컴퓨팅 도입 전략 및 계획에 관심을 가진 단계로 조직에서 클라우드 컴퓨팅이 구현되지 않은 단계이다. 이 단계에서는 조직에 적용할 수 있는 다양한 클라우드 컴퓨팅 도입 옵션에 대한 평가와 구현 방안을 검토하는 단계이다.

③ **초기 단계(Beginner)**: 클라우드 컴퓨팅 도입에 대한 개념 검증(POC: Proof of Concept) 차원에서 일부 서비스에 대한 프로젝트를 수행하는 단계이다. 향후 클라우드 컴퓨팅 서비스의 본격적 도입을 위한 사전 경험을 구축하는 단계이다.

④ **중간 단계(Intermediate)**: 조직에서 클라우드 컴퓨팅 환경에서 다양한 응용 프로그램이 운영되는 단계이며, 새로운 애플리케이션 구현을 준비하는 단계이

다. 이 시기에는 클라우드 컴퓨팅 서비스에 대한 활용 확산을 위한 투자가 집중된다.

⑤ **진보 단계(Advanced):** 조직에서 일반적인 업무처리를 클라우드 컴퓨팅 서비스를 이용해 처리하는 단계이다.

클라우드 운영의 '최적화'를 위해 IT 역량이 집중되는 단계의 기업 내 주요 업무들을 클라우드로 전환하는 데에는 리스크를 최소화하기 위한 전략적인 접근이 필요하다. 클라우드 도입 각 단계별 목표와 태스크를 명확히 정의한 후 서두르지 않고 단계별 성과를 분석하며 진행하는 것이 중요하다. 우선 클라우드 컴퓨팅에 대한 이해 및 최근 동향을 살펴볼 필요가 있다.

▮그림 9-4▮ 클라우드 컴퓨팅 우선순위

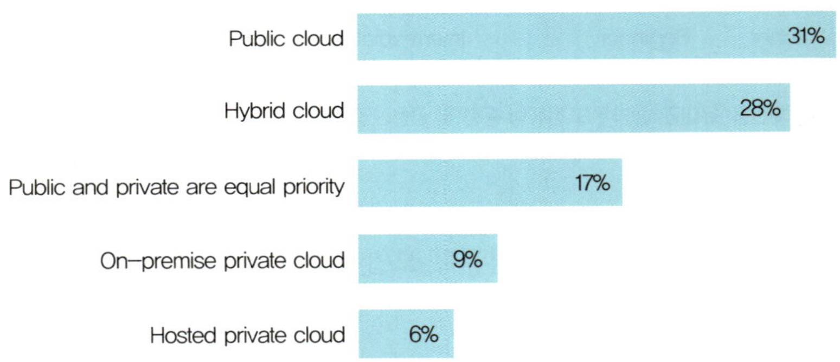

출처: Rightscale (재인용: 윤대균, 클라우드 컴퓨팅 동향 및 금융산업에서의 시사점, Issue & Trend, DIGIECO, 2020년 1월 8일)

더불어 기업에서의 클라우드 컴퓨팅 우선순위를 살펴보면 다음과 같다. 라이트스케일(Rightscale, 2020)에 의하면 기업에서는 퍼블릭 클라우드 컴퓨팅 도입에 우선순위를 두는 경우가 31%로 나타났고, 하이브리드 클라우드 컴퓨팅 도입에 우선순위를 두는 경우가 28%, 퍼블릭과 프라이빗 클라우드에 동일하게 우선순위를 두는 경우가 9%, 온 프레미스에 기반한 프라이빗 클라우드 컴퓨팅에 우선순위를 두는 경우가 9%, 호스팅된 프라이빗 클라우드 컴퓨팅에 우선수위를 두는 경우는

6%로 나타났다. 따라서 기업들이 가장 관심을 두고 있는 클라우드 컴퓨팅은 퍼블릭 클리우드 컴퓨팅으로 나타났다.

4. 클라우드 컴퓨팅 표준화

클라우드 서비스는 외부의 컴퓨팅 환경을 임차해 이용하는 서비스로 다양한 부분에서의 컴퓨팅 환경이 공유되기에 표준화된 요구가 증가하고 있다. 현재 다양한 사업자들이 클라우드 서비스를 제공하고 있지만, 클라우드 서비스에 대한 표준 모델은 아직까지 구현되지 않았다. 클라우드 서비스 발전을 위해 관련 단체에서는

표 9-6 클라우드 컴퓨팅 표준화방안

구분	표준화더상
클라우드 서비스 및 응용	스마트 클라우드 표준
	클라우드 SLA 표준
	클라우드 미터링 표준
	클라우드 상호 운용성 표준
클라우드 클라이언트	클라우드 클라이언트 표준
	모바일 클라우드
클라우드 플랫폼	클라우드 보안 표준
	클라우드 서비스 플랫폼 API 표준
	센서 클라우드 플랫폼 표준
	대규모 데이터 분산 병렬처리 표준
	클라우드 플랫폼
	클라우드 메타데이터 관리 표준
클라우드 인프라스트럭처	입출력장치 가상화 표준
	컴퓨팅 시스템 가상화 표준
	스토리지 가상화 표준
	클라우드 네트워크 자원관리 표준
	클라우드 스토리지 관리 표준
	클라우드 시스템 관리 표준

출처: ICT 중점기술 표준화 전략맵 Ver. 2011 종합보고서 5, 한국정보통신기술협회, 2011년 1월 31일

표준화를 위한 다양한 노력을 하고 있다. 한국정보통신기술협회에서는 'ICT 중점 기술 표준화전략맵 종합보고서'에서 클라우드 서비스 및 응용, 클라우드 클라이언트, 클라우드 플랫폼, 클라우드 인프라 등 4개의 영역에서 표준화방안을 제시하였다. 클라우드 컴퓨팅 표준화방안과 그에 따른 표준화대상은 [표 9-6]과 같다.

첫째, 클라우드 서비스 및 응용 분야는 스마트 클라우드 표준, 클라우드 SLA 표준, 클라우드 미터링 표준, 클라우드 상호 운용성 표준으로 구성되어 있다.

둘째, 클라우드 클라이언트는 클라우드 클라이언트 표준과 모바일 클라우드 표준으로 구성되어 있다.

셋째, 클라우드 플랫폼 분야는 클라우드 보안 표준, 클라우드 서비스 플랫폼 API 표준, 센서 클라우드 플랫폼 표준, 대규모 데이터 분산 병렬처리 표준, 클라우드 메타데이터 관리 표준으로 구성되어 있다.

넷째, 클라우드 인프라 분야는 입출력 장치 가상화 표준, 컴퓨팅 시스템 가상화 표준, 스토리지 가상화 표준, 클라우드 네트워크 자원관리 표준, 클라우드 스토리지 관리 표준, 클라우드 시스템 관리 표준으로 구성되어 있다.

제4절 엣지 컴퓨팅의 개요 및 특성

1. 엣지 컴퓨팅의 개요

사물인터넷 기술 확산에 따라 클라우드 컴퓨팅이 발전하였다. 더불어 클라우드 컴퓨팅의 한계점을 극복하기 위해 새로운 컴퓨팅 기술의 필요성이 부각되었다. 사물인터넷 디바이스에서의 프로세스 혁신을 위해 엣지 컴퓨팅 개념에 관심을 갖게 되었다. 엣지 컴퓨팅은 2018년 가트너 리서치에서 중요한 10대 기술 중 하나로 선정하면서 다양한 사람들의 관심을 불러일으켰다.

엣지 컴퓨팅의 개념을 이해하기 위해서는 클라우드 컴퓨팅의 개념을 먼저 이해해야 한다. 앞서 설명한 것처럼 클라우드 컴퓨팅은 클라우드 서버에 데이터를 저장하는 개념이다. 반면, 엣지 컴퓨팅은 데이터를 클라우드 서버가 아닌 사물인터넷 디바이스에서 실시간으로 데이터를 처리하는 개념이다. 즉, 엣지 컴퓨팅은 개인 디바이스와 네트워크의 끝에서 컴퓨팅을 하는 개념이다.

| 표 9-7 | 가트너 2018년 10대 전략 기술

구분	전략 기술명	비고
Intelligent	1. 인공지능 강화 시스템(AI Foundation)	인공지능
	2. 지능형 앱과 애널리틱스(Intelligent Apps and Analytics)	지능형 애플리케이션(가상개인비서, 로보어드바이저 등)
	3. 지능형 사물(Intelligent Things)	지능형 디바이스(로봇, 자율차, 드론, IoT 등)
Digital	4. 디지털 트윈(Digital Twins)	현실 객체 · 시스템의 실시간 가상 복제(산업 IoT, 스마트 팩토리 등)
	5. 클라우드에서 엣지로(Cloud to the Edge)	엣지 컴퓨팅(클라우드 컴퓨팅의 진화)
	6. 대화형 플랫폼(Conversational Platforms)	음성인식비서, 챗봇, 통번역 등
	7. 몰입 경험(Immersive Experience)	VR · AR · MR · HMD
Mesh	8. 블록체인(Blockchain)	블록체인
	9. 이벤트 기반 모델(Event-Driven Model)	사건 · 상황 지향 비즈니스 모델(IoT, 클라우드, 블록체인, 인공지능 등)
	10. 지속적 위험과 신뢰에 대한 적응형 보안 시스템(Continuous Adaptive Risk and Trust)	(지속적으로 증가 · 복잡해지는) 보안

출처: 가트너, 2018년 10대 전략기술 트렌드(Top 10 Strategic Technology Trends for 2018) (https://now.k2base.re.kr/portal/trend/mainTrend/view.do?poliTrndId=TRND0000000000032321&menuNo=200004&pageIndex=39)

전 세계 엣지 컴퓨팅 시장 동향을 살펴보면 시장가치가 2017년 1억 달러를 조금 상회하였다. 그 이후 엣지 컴퓨팅 시장은 지속적으로 성장할 것으로 예상되며, 2024년 엣지 컴퓨팅 시장은 8억 달러를 상회할 것으로 전망된다. 또한 엣지 컴퓨팅 시장은 북미와 유럽, 아시아퍼시픽 시장을 중심으로 크게 확산될 것으로 예상된다.

▮그림 9-5▮ 전 세계 엣지 컴퓨팅 시장 규모 전망(2017~2024)

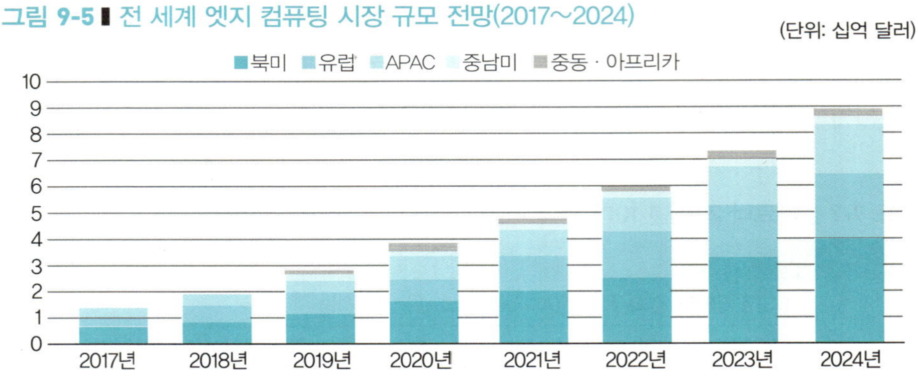

출처: 최형광, 2021 달라진 가트너 전략, 코스콤 리포트, 2020년 12월 24일 (https://newsroom.koscom.co.kr/wp-content/uploads/2020/12/koscom-report_201223.pdf)

2. 엣지 컴퓨팅의 특징

엣지 컴퓨팅은 안정성, 즉시성, 효율성의 특징을 갖는다. 각각의 특성에 대해 살펴보면 다음과 같다.[04]

- **안정성**: 클라우드와 엣지 사이에서 네트워크 의존도를 줄이고, 안정적으로 데이터를 송신하고, 수신할 수 있는 특성이 있다. 이에 따라 네트워크에서의 지연 전송이나 오류를 줄일 수 있고, 더불어 해커의 공격으로부터 위험도를 줄일 수 있다.
- **즉시성**: 단말기 말단에서 연산이 이루어지기 때문에 클라우드 컴퓨팅보다 데이터의 처리 및 연산을 빠르게 할 수 있다. 일반적으로 네트워크에서 디바이스와 데이터 사이에서의 물리적 거리가 클라우드 컴퓨팅과 비교해 짧고, 더불어 데이터양도 적기 때문에 빠른 데이터 전송과 데이터 처리가 가능하다. 미국전기전자학회(IEEE)의 발표 자료에 의하면, 클라우드 컴퓨팅과 엣지 컴퓨팅 사이에는 포그 컴퓨팅(Fog Computing)이 있다. 포그 컴퓨팅은 클라우드 컴퓨팅 방식에 비해 10배 빠른 속도를 보인다. 따라서 엣지 컴퓨팅은 포그 컴퓨팅보다 속도가 빠르기 때문에 보다 빠른 컴퓨팅이 가능하다.

04 엣지컴퓨팅 클라우드 컴퓨팅 시대의 새 장을 열다, 삼성뉴스룸(2017)

- **효율성**: 네트워크에서 발생된 데이터를 빠르게 자체 처리할 수 있는 기능을 제공한다. 클라우드 데이터 센터로는 필요한 데이터만 전송하기 때문에 효율성이 높고 보안 위험을 피할 수 있다. 궁극적으로 엣지 컴퓨팅은 기존 클라우드 컴퓨팅의 문제를 극복 및 보완할 수 있다. 4차 산업혁명 시대의 대표 플랫폼인 클라우드 컴퓨팅은 엣지 컴퓨팅을 더불어 활용함으로써 보다 높은 성과를 창출할 수 있다.

3. 엣지 컴퓨팅의 장점

엣지 컴퓨팅은 클라우드가 아닌 네트워크 하부에서 컴퓨팅이 이루어지기 때문에 보다 빠른 데이터 처리가 가능하다. 이에 따라 엣지 컴퓨팅은 증강현실과 가상현실 기술을 구현하는 데 빠른 대응이 가능해 활용성과가 높을 것으로 예측되고 있다. 즉, 엣지 컴퓨팅은 클라우드 컴퓨팅과 데이터 처리 속도를 비교할 때, 데이터의 송신과 수신시간을 10배 이상 단축시킨다.

클라우드 컴퓨팅과 엣지 컴퓨팅의 구조를 살펴보면, 클라우드 컴퓨팅은 클라우드, 네트워크 단말로 구현되며, 클라우드에서 데이터 처리 속도가 100ms 이하로 나타난다. 반면, 엣지 컴퓨팅은 엣지 네트워크에서 데이터 처리가 이루어지며, 10ms 이내의 처리 속도를 갖는다.[05] 즉, 구조적 측면에서 엣지 컴퓨팅은 분산처리 기능을 구현하는 데 유용하고 빠른 데이터 처리 속도를 확보할 수 있다.

제 5 절 엣지 컴퓨팅과 클라우드 컴퓨팅

앞서 살펴본 대로 엣지 컴퓨팅과 클라우드 컴퓨팅은 네트워크에서의 데이터의 수집 및 활용 측면에서 장단점이 존재한다. 엣지 컴퓨팅과 클라우드 컴퓨팅의 장

05 ms는 밀리세컨드를 의미한다. 1ms는 1초의 1,000분의 1이다.

그림 9-6 클라우드 컴퓨팅과 엣지 컴퓨팅 구조

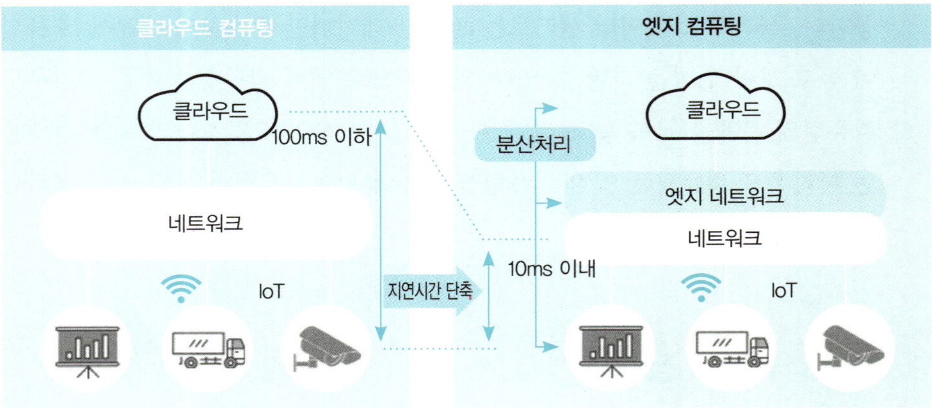

출처: 최형광, 2021 달라진 가트너 전략, 코스콤 리포트, 2020년 12월 24일 (https://newsroom.koscom.co.kr/wp-content/uploads/2020/12/koscom-report_201223.pdf)

표 9-8 클라우드 컴퓨팅과 엣지 컴퓨팅 비교

구분	클라우드 컴퓨팅	엣지 컴퓨팅
장점	• 사용량 기반의 지불로 합리적인 가격 모델	• 엔드포인트에서 직접 데이터가 수집되므로 광대역이 필요하지 않음 • 응답 속도가 빠름
단점	• 서버 안정성에 대한 우려 • 보안 문제 • 상대적으로 응답 속도가 느림	• 엣지 컴퓨팅의 GPU는 클라우드 컴퓨팅의 CPU에 비해 상대적으로 연산능력이 떨어짐

출처: 손가녕 · 이은민, IoT 생태계 확산과 엣지 컴퓨팅의 역할, 정보통신방송정책, 제29권 16호, 통권 653호, 2017년 9월 1일

점과 단점을 살펴보면 다음과 같다.

먼저 클라우드 컴퓨팅의 장점은 서비스의 사용량에 따라 비용을 지불하기 때문에 저렴한 비용으로 서비스 이용이 가능하다. 반면, 클라우드 컴퓨팅 서비스 단점으로는 클라우드 서버의 안정성에 문제가 발생할 경우 심각한 우려가 발생하며, 클라우드 서버가 외부에 있기 때문에 보안 문제가 발생할 우려가 있고, 상대적으로 반응 속도가 느린 단점이 있다.

다음으로 엣지 컴퓨팅은 클라우드 컴퓨팅과 비교해 엔드포인트 디바이스에서

직접 데이터를 수집하기 때문에 광대역 통신이 필요하지 않으며, 빠른 응답 속도가 장점이다. 반면, 엣지 컴퓨팅의 단점은 엣지 컴퓨팅의 GPU는 클라우드 컴퓨팅의 CPU에 비해 상대적으로 연산능력이 낮은 한계점이 존재한다.

제 6 절 엣지 컴퓨팅 표준화 및 미래 방향

1. 엣지 컴퓨팅 표준화 동향

현재 엣지 컴퓨팅이 지속적으로 발전됨에 따라 엣지 컴퓨팅 관련 디바이스, 네트워크, 플랫폼, 관리(Management) 등 다양한 영역에 표준화 작업이 이루어지고 있다. 국제표준화기구에서 이루어지고 있는 엣지 컴퓨팅 개발 특성은 다음과 같다.[06]

- ITU-T: 엣지 컴퓨팅 개발 개요-5G 엣지 컴퓨팅, 엣지 클라우드 등 다양한 유무선통신 환경에서의 엣지 컴퓨팅 관련 표준을 개발 중(2017년~현재)
- ISO/IEC: JTC1 본격적인 엣지 컴퓨팅 표준개발을 위한 사전 작업으로 클라우드 컴퓨팅 관점에서의 엣지 컴퓨팅(SC 38)과 사물인터넷 관점에서의 엣지 컴퓨팅(SC 41) 관련 용어 및 요구사항 관련 기술문서 개발(2018~2019년)
- 3GPP: 이동통신 서비스 환경에서 MEC 개념을 수용하기 위한 5G 기반 MEC 관련 표준을 개발 중(2018년~현재)
- ETSI: 모바일 엣지 컴퓨팅(MEC) 개념을 정립하고 MEC 관련 서비스 시나리오, 용어, 참조구조, API 등 약 35종의 규격을 표준화 완료(2014~2020년)
- IETF/IRTF: 사물인터넷 관점에서 엣지 컴퓨팅 요구사항 및 기능표준을 개발중에 있으며(2018년~현재), 이기종 네트워크 접속관리 기술(Multi-Access Management Services)을 최근 표준으로 제정(RFC 8743)(2020년 3월)

06 인민교 외, 엣지 컴퓨팅 표준화 동향, OSIA S&TR 저널, vol.33, no.2, 2020년, pp.17-25

▌그림 9-7 ▌엣지 컴퓨팅 관련 표준화 현황

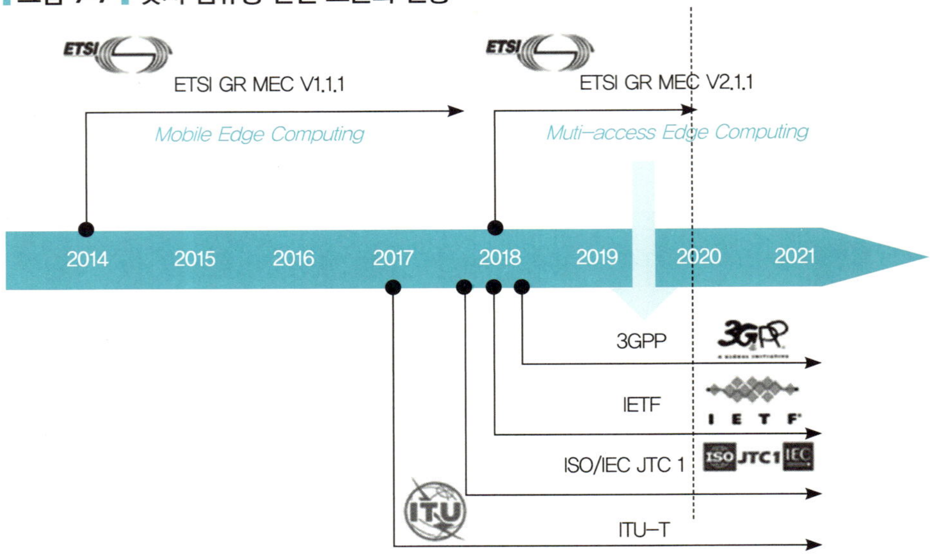

출처: 안민교 등(2020)

2. 리눅스재단의 엣지 산하 프로젝트

리눅스재단(Linux Foundation)이 엣지 컴퓨팅에 활용할 프레임워크 개발을 위해 2019년 2월에 'LF Edge'라는 새로운 재단을 설립하였다. 리눅스재단 엣지 산하에 9개의 프로젝트가 있으며 Impact, Growth, At Large의 단계로 구분한다. 각각의 내용은 다음과 같다.

(1) Impact

리눅스재단의 엣지 산하 프로젝트 Impact는 EdgeX Foundry, Akraino, Growth Home Edge로 구성된다.

① EdgeX Foundry: 이 프로젝트는 델 EMC가 처음 시작한 프로젝트로 IoT Edge에서 이기종 디바이스와 애플리케이션 간의 상호 운용성을 지원하는 오픈소스 기반의 소프트웨어 프레임워크이다.

② Akraino: 이 프로젝트는 AT&T를 중심으로 시작되었고, 엣지 컴퓨팅 시스템

및 애플리케이션에 최적화되고 가용성 높은 클라우드 서비스를 지원하는 오픈소스 기반의 소프트웨어 스택이다.

③ Growth Home Edge: 이 프로젝트는 삼성이 지원하는 프로젝트로 라이브러리 및 런타임으로도 실행할 수 있는 API 세트가 있고 상호 운용성, 유연성, 확장성을 지원하는 엣지 컴퓨팅 서비스 플랫폼이다.

(2) Growth

리눅스재단의 엣지 산하 프로젝트 Growth는 EVE, Fledge, State of the Edge로 구성된다.

④ EVE: Zededa의 프로젝트로 엣지 하드웨어 가상화를 지원하며 운영체제, 통신 프로토콜, 하드웨어 등 엣지 컴퓨팅 환경을 통합하는 플랫폼이다.

⑤ Fledge: 산업용 엣지를 위한 오픈소스 기반의 프레임워크 및 커뮤니티이며 기존의 산업용 브라운 필드 시스템 및 클라우드와 연동을 지원하는 플랫폼이다.

⑥ State of the Edge: 엣지 컴퓨팅의 구성 요소 및 개념에 대한 표준 정의 데이터베이스 유지를 통하여 엣지 컴퓨팅 관련 기술 용어를 쉽게 찾을 수 있도록 함이다.

(3) At Large

리눅스재단의 엣지 산하 프로젝트 At Large는 At Large Baetyl, Open Horizon, Secure Device OnBoard로 구성된다.

⑦ At Large Baetyl: 다양한 하드웨어 및 디바이스 기능을 표준화된 컨테이너 런타임 환경 및 API로 처리하는 엣지 컴퓨팅 범용 플랫폼이다.

⑧ Open Horizon: IBM이 지원하며, 컨테이너화된 워크로드 및 관련 기계 학습 서비스 소프트웨어 수명주기를 관리하기 위한 플랫폼이다.

⑨ Secure Device OnBoard: IoT 기기를 확장해 데이터 처리 인프라 생태계의 가속화를 목표로 하고, 더욱 쉽고 빠르며 저렴하고 안전한 장치 온 보딩을 제공한다.

핵심문제

01 클라우드 컴퓨팅에 대해 설명하시오.

02 엣지 컴퓨팅에 대해 설명하시오.

03 다음 클라우드 서비스 특성에 대해 설명하시오.
① 온디맨드 셀프 서비스
② 광대역 네트워크
③ 리소스 풀링
④ 확장성
⑤ 계측 서비스

04 개인용 컴퓨팅 환경, 서버-클라이언트 환경, 클라우드 컴퓨팅 환경에서 다음 각각에 따른 특성에 대해 설명하시오.
① 데이터 위치 및 컴퓨팅 주체
② 자원 구매 및 폐기
③ 사용자 컴퓨터 설치 소프트웨어
④ 데이터의 소유 및 관리
⑤ 제공 서비스

05 클라우드 서비스 플랫폼 유형에 대해 설명하시오.
① IaaS(Infrastructure as a Service)
② PaaS(Platform as a Service)
③ SaaS(Software as a Service)

06 클라우드 서비스 운영 형태에 대해 설명하시오.
① 퍼블릭 클라우드
② 프라이빗 클라우드
③ 하이브리드 클라우드

07 클라우드 서비스 요소 기술에 대해 설명하시오.

① 가상화 기술
② 대규모 분산처리
③ 오픈 인터페이스
④ 서비스 프로비저닝
⑤ 자원 유틸리티
⑥ SLA(서비스 수준관리
⑦ 보안 및 개인정보 관리
⑧ 다중 공유 모델

08 하이퍼바이저(Hypervisor)에 대해 설명하시오.

09 클라우드 컴퓨팅 표준화를 위한 다음 영역에 대해 설명하시오.
① 클라우드 서비스 및 응용
② 클라우드 클라이언트
③ 클라우드 플랫폼
④ 클라우드 인프라

10 가트너에서 제시한 10대 전략 기술에 대해 설명하시오.
① 인공지능 강화 시스템(AI Foundation)
② 지능형 앱과 애널리틱스(Intelligent Apps and Analytics)
③ 지능형 사물(Intelligent Things)
④ 디지털 트윈(Digital Twins)
⑤ 클라우드에서 엣지로(Cloud to the Edge)
⑥ 대화형 플랫폼(Conversational Platforms)
⑦ 몰입 경험(Immersive Experience)
⑧ 블록체인(Blockchain)
⑨ 이벤트 기반 모델(Event-Driven Model)
⑩ 지속적 위험과 신뢰에 대한 적응형 보안 시스템(Continuous Adaptive Risk and Trust)

11 엣지 컴퓨팅의 다음 특성에 대해 설명하시오.
① 안정성
② 즉시성
③ 효율성

참고문헌

가트너, 2018년 10대 전략기술 트렌드(Top 10 Strategic Technology Trends for 2018) (https://now.k2base.re.kr/portal/trend/mainTrend/view.do?poliTrndId=TRND0000000000032321&menuNo=200004&pageIndex=39)

삼성뉴스룸, 엣지컴퓨팅 클라우드 컴퓨팅 시대의 새 장을 열다, 2017년

손가녕 · 이은민, IoT 생태계 확산과 엣지 컴퓨팅의 역할, 정보통신방송정책, 제29권 16호, 통권 653호, 2017년 9월 1일

인민교 외, 엣지 컴퓨팅 표준화 동향, OSIA S&TR 저널, vol.33, no.2, 2020년, pp.17-25.

윤대균, 클라우드 컴퓨팅 동향 및 금융산업에서의 시사점, Issue & Trend, DIGIECO, 2020년 1월 8일

최형광, 2021 달라진 가트너 전략, 코스콤 리포트, 2020년 12월 24일 (https://newsroom.koscom.co.kr/wp-content/uploads/2020/12/koscom-report_201223.pdf)

한국정보통신기술협회, ICT 중점기술 표준화 전략맵 종합보고서, 2011년 1월 31일

한국정보화진흥원, 클라우드 컴퓨팅 활성화 전략, CIO 리포트, 제17호, 2009년 12월 7일

KISA, 클라우드 서비스 정보보호 안내서, 2011년 10월

KISA, 강원영, 최근 클라우드 컴퓨팅 서비스 동향, 2013년 3월

SERI, 클라우드 혁명이 바꾸는 미래, 2013년 3월 28일

Chapter 10 가상현실과 메타버스

학습목표

- 가상현실과 증강현실 개념의 이해
- 가상현실과 증강현실 활용 현황 이해
- 혼합현실의 비즈니스 활용방안 이해
- 가상현실, 증강현실, 혼합현실의 미래
- 메타버스의 이해

제 1 절 가상현실과 증강현실

1. 가상현실과 증강현실의 발전 동향

4차 산업혁명 융합기술 발전에 따라 온라인상에서 생성한 세계를 표현 가능하게 해주는 가상현실(Virtual Reality)과 증강현실(Augmented Reality) 기술은 다양한 산업 분야에 응용되고 있고, 이에 따라 두 기술의 시장가치가 급성장하고 있다. Digital Capital(2018)에 의하면 가상현실과 증강현실은 모바일 증강현실 분야, 스마트 클래스 분야, 가상현실 분야, 모바일 가상현실 분야에서 지속적으로 성장할 것이라고 하였다. 특히 2022년 글로벌 증강현실과 가상현실산업 분야의 예상 시장 규모는 약 1,050억 달러에 이를 것으로 예측되며, 특히 가상현실보다 증강현실 시장가치가 매우 높게 나타날 것이라고 하였다.

▮그림 10-1▮ 가상현실과 증강현실의 시장 발전

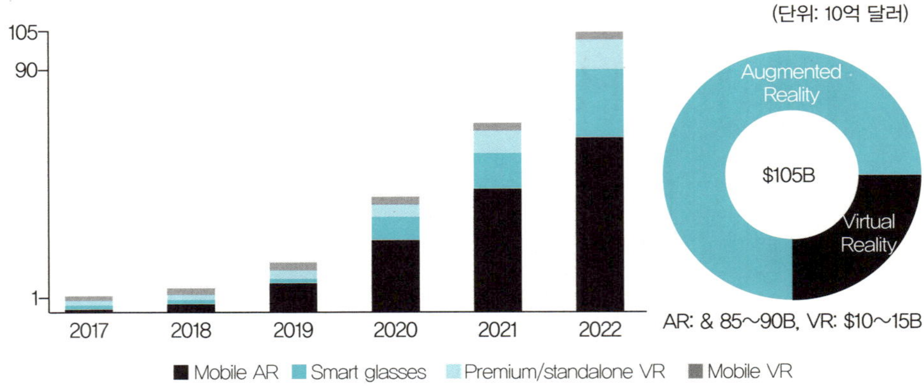

출처: Digital Capital(2018-Q1) 재편집 (재인용: 임상우 · 서경원, AR/VR 기술, 한국과학기술기획평가원, 2018년 9월)

리서치회사인 가트너(Gartner)에 의하면 '2019년 Top 10 전략 기술' 가운데 하나로 '몰입 기술(Immersive technologies)'을 선정하였다. 몰입 기술에는 가상현실 기술(VR: Virtual Reality)과 증강현실 기술(AR: Augmented Reality) 그리고 혼합현실(MR: Mixed Reality) 기술이 있다. 가트너 리서치에 의하면 가상현실 기술은 초기 성숙기에 있으며 증강현실 기술은 성장기에 있다. 현재 이러한 기술들

▮그림 10-2▮ 가트너 하이프 사이클

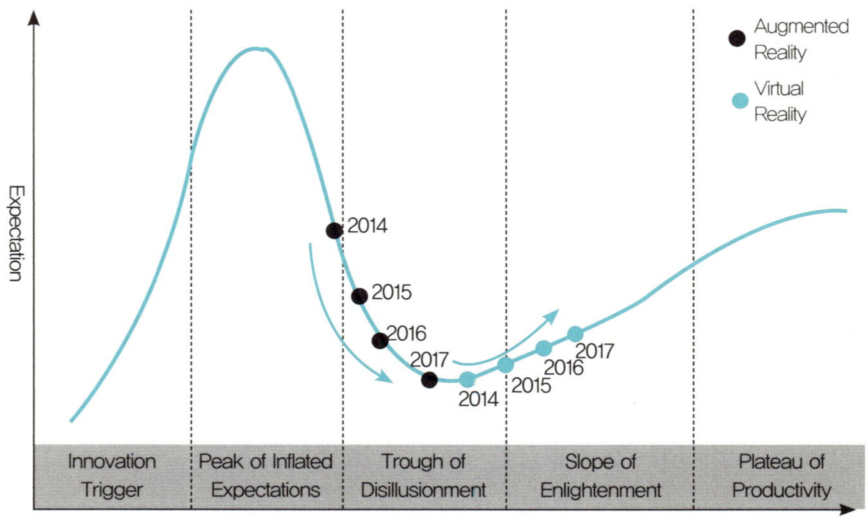

출처: Digital Capital(2018-Q1) 재편집 (재인용: 임상우 · 서경원, AR/VR 기술, 한국과학기술기획평가원, 2018년 9월)

의 융합으로 시장이 성장하고 있다. 가트너 하이프 사이클(Gartner Hype Cycle, 2014~2017)은 [그림 10-2]와 같다.

2. 가상현실과 증강현실의 정의

(1) 가상현실(Virtual Reality)

가상현실은 실제세계가 아닌 가상세계에서 현실적인 이미지를 구현하는 기술이다. 가상환경 기술을 통해 이용자들에게 몰입감을 구현하기 위해서는 헤드 마운티드 디스플레이(HMD: Head Mounted Display) 디바이스를 활용하며, 더불어 프로젝션 기술을 활용한 케이브 오토매틱 가상 환경(CAVE: Cave Automatic Virtual Environment)을 활용한다.

표 10-1 가상현실(VR)에 대한 학술적 정의

연구자	정의
Nicholas Negroponte(1995)	층위를 달리 하는 실제세계와 가상세계를 인공감각을 통해 상호 대체하는 기술을 이용함으로써 거기에 있는 것 같고 그것이 있는 것 같은(being there) 감각(being thing)을 느끼게 하는 것
Allan Langdale(2002)	관람자 혹은 사용자가 거기에서 현실감을 느끼지만 사물은 물리적 형태를 갖지 않고 빛의 조각들과 전자적 데이터 비트들로 구성되는 공간
E. Greosz(2002)	전혀 리얼하지 않는 리얼, 즉 'actually real'이지만 'really real'이 아닌 'real'이어서 그 리얼리티가 기껏해야 'virtual'한 것에 지나지 않지만 'real'인 것
히로세 미치타키(2009)	컴퓨터로 합성되는 공간 속으로 들어가는 기술
박소연(2003)	Virtual, 즉 논리적 또는 결과적으로는 존재하지만 실제로는 존재하지 않는 것과 Reality 현실화가 결합되어 실제로 존재하지 않는 가상의 것을 현실에서 경험할 수 있도록 하는 것을 의미

출처: 메가리서치(안태숙 · 유정훈 · 박슬란 · 신정우 · 이대범), 가상현실 콘텐츠 산업 실태조사, 한국콘텐츠진흥원, 2020년

(2) 증강현실(Augmented Reality)

증강현실은 실제세계와 가상세계를 결합하여 콘텐츠를 창출하는 기술이다. 이 기술은 휴대폰을 통해 증강현실을 쉽게 구현할 수 있기 때문에, 다양한 산업 영역에서 빠르게 확산되고 있다. 대표적인 증강현실 기술을 활용한 분야로 게임 분야(예, 포켓몬 고)가 있다.

표 10-2 증강현실(AR)에 대한 학술적 정의

연구자	정의
Milgram & Kishino(1994)	사용자가 주시하는 실제세계 장면에 컴퓨터에서 생성한 3차원의 가상 객체를 실시간으로 합성하여 표현하는 것
Azuma(1997)	사용자가 보는 실제세계 및 컴퓨터에서 생성한 가상세계와 동시에 상호작용이 가능하도록 하는 기술
Sanders, Elizabeth (2001)	현실세계와 가상의 이미지가 중첩되는 복합성 가상현실 시스템
박수곤, 강혜림, 김정기(2019)	실제 환경 위에 헤드셋이나 스마트폰과 같은 전자장비를 통해 정보를 보여주는 것으로 가상이미지를 실제에 실시간으로 혼합시키는 기술

출처: 메가리서치(안태숙 · 유정훈 · 박슬란 · 신정우 · 이대범), 가상현실 콘텐츠 산업 실태조사, 한국콘텐츠진흥원, 2020년

(3) 혼합현실(Mixed Reality)

혼합현실은 증강현실의 장점과 가상현실의 장점을 혼합한 개념이다. 혼합현실은 스마트폰과 헤드 마운티드 디스플레이 기술을 활용한다. 다른 용어로 혼합현실은 확장현실(XR: eXtended Reality)이라고도 한다.

표 10-3 혼합현실(MR)에 대한 학술적 정의

연구자	정의
R. T. Azuma, Ron Azuma(2001)	실제 환경의 객체에 가상으로 생성한 정보(소리, 이미지, 냄새, 촉감 등)를 실시간으로 혼합하여 사용자와 상호작용함으로써 정보의 사용성과 효용성을 극대화하는 차세대 정보처리 기술
정보통신연구진흥원(2007)	실제세계와 가상세계를 결합하여 실물과 가상 객체들이 공존하는 새로운 환경을 만들고 사용자가 해당 환경과 실시간으로 상호작용함으로써 다양한 디지털 정보들을 보다 실감나게 체험할 수 있도록 하는 기술

출처: 메가리서치(안태숙 · 유정훈 · 박슬란 · 신정우 · 이대범), 가상현실 콘텐츠 산업 실태조사, 한국콘텐츠진흥원, 2020년

▌그림 10-3▐ 확장현실(XR)의 개념도

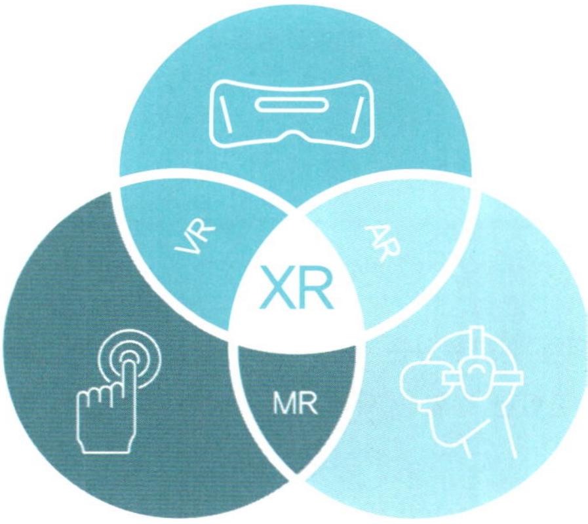

출처: 2020 marketing innovation(2019), How Extended Reality(XR) Will Change The Face of Marketing In 2019

4차 산업혁명 융합기술 발전에 따라서 가상현실(Virtual Reality), 증강현실(Augmented Reality), 혼합현실(Mixed Reality)의 융합이 나타나고 있다. 따라서 이러한 기술의 융합현상을 확장현실(XR: eXtended Reality)이라고 한다. 4차 산업혁명이 발전하면서 기술 융합이 증가하고 있어, 확장현실 기술은 미래에 활용 가치가 증가할 것이다.

참고자료 | 가상현실(VR: Virtual Reality) 기술의 기원

① **기술 기원:** 스테레오스코피와 HMD 기술이 VR 기술의 기원
- 양쪽 눈이 인식하는 이미지를 구별하여 보여줌으로써 입체감을 구현하는 스테레오 스코피 기술은 1852년 독일의 빌헬름 롤만에 의해 고안된 적색과 청색 필터를 이용한 애너글리프가 기원
- 미국 유타대학의 이반 서덜랜드는 1965년 HMD의 개념에 대한 논문을 발표하고, 1968년에 선으로 표현된 3차원 영상을 보여주는 최초의 HMD 개발

② **용어의 기원:** 1938년 프랑스의 극작가인 앙토냉 아르토는 'The Theatre and its Double'라는 에세이에서 극장 안의 환상적인 자연과 물체들을 묘사하는 단어로 'Virtual Reality'를 사용

③ **개념과 용어 정착:** 1세대 가상현실 연구자로 알려진 마이런 크루거는 1970년대, '인공현실'로 현재의 가상현실 개념을 설명했고, 1980년대 후반 컴퓨터 과학자인 재런 래니어에 의

해 '인공현실' 대신 '가상현실' 용어가 정착

출처: 양병석 · 임영모 · 조태훈, 가상현실/증강현실 기술발전 방향과 시사점, 소프트웨어정책연구소, SPRi 이슈 리포트, 제2016-014호, 2017년 1월 26일

참고자료 | 혼합현실(MR: Mixed Reality)의 정의

- 1994년 폴 밀그램이 정의한 혼합현실은 하이브리드 현실이라고도 불리며, 실제세계의 물리적 환경과 가상환경을 혼합한 경험을 제공하는 가상현실 기술로 현실 환경과 가상 환경의 연속구간에 해당
- 증강현실(AR)과 증강가상(Augmented Virtuality)을 포함하며 현실 환경의 TUI(Tangible UI)와 가상 환경의 가상 현실 기술과 맞닿아 있고, 혼합현실은 가상현실이나 증강현실과 배타적인 개념이 아닌 포괄적 개념으로 정의

출처: 양병석 · 임영모 · 조태훈, 가상현실/증강현실 기술발전 방향과 시사점, 소프트웨어정책연구소, SPRi 이슈 리포트, 제2016-014호, 2017년 1월 26일

3. 가상현실의 실감 경험 수준

이승환 · 남현숙 · 김항규(2019)에 의하면 가상현실을 지원하는 실감 기술은 다양한 산업에 영향을 미친다고 하였다. 이러한 기술을 또 다른 용어로 사회적으로 큰 파괴적 영향을 미치고, 다양한 산업에 공통의 영향을 미친다고 하여 범용 기술(General Purpose Technology)이라고 한다. 대표적인 범용 기술로 인터넷이 있다. 오늘날 가상현실 기술은 인터넷과 마찬가지로 범용 기술로 자리매김하고 있다.[01]

가상현실 기술은 5G 통신기술 발전에 따라 보다 실감을 느끼게 해주었다. 5G 통신기술은 데이터를 빠르고 초고속으로 전송해준다. 이에 따라 디지털 콘텐츠를 이용하는 이용자들은 보다 몰입감을 느끼고 사실감을 느낄 수 있게 되었다.

01 이승환 · 남현숙 · 김항규, 실감 경제의 부상과 다급효과, 소프트웨어정책연구소, ISSUE REPORT, 2019년 10월 8일

제2절 통신 환경 발전에 따른 가상현실과 증강현실 발전

1. 통신기술과 콘텐츠 특성

과학기술정보통신부(2019)의 발표에 의하면 4G LTE에서 5G로 통신기술이 발전함에 따라 ① 고화질 멀티뷰(Multi View) 생중계 특성, ② 홀로그램 영상 통화, 회의, 공연에 따른 특성, ③ 가상현실 게임 활용에 대한 특성 등이 나타났다. 이를 살펴보면 다음과 같다.

표 10-4 네트워크 환경 변화에 따른 콘텐츠 변화

구분	4G	5G
고화질 멀티뷰(Multi View) 생중계	• UHD급(4K) 스포츠 생중계 불가능 • UHD급 영상 0.7개 생중계 가능	• UHD급(4K) 스포츠 생중계 가능 • UHD급 영상 15개 생중계 가능
홀로그램 영상 통화, 회의, 공연	실시간 홀로그램 영상 구현 불가	홀로그램 통화 회의 협업 공연 가능
가상현실 게임	초고화질 VR 게임 불가	어디서나 이동 중에도 초고화질 VR 게임 가능

출처: 과학기술정보통신부, 글로벌 대표 실감 콘텐츠 창출로 시대 선도, 2019년 4월 10일

첫째, 통신 환경에 따른 고화질 멀티뷰(Multi View) 생중계 특성을 살펴보면, 4G 환경에서는 UHD급(4K) 스포츠 생중계는 불가능하지만, UHD급 영상 0.7개의 생중계는 가능하다. 반면, 5G 환경에서는 UHD급(4K) 스포츠 생중계가 가능하지만, UHD급 영상 15개 생중계가 가능하다.

둘째, 홀로그램 영상 통화, 회의, 공연 관련 특성을 살펴보면, 4G 환경에서는 실시간 홀로그램 영상을 구현하는 것이 불가능하지만, 5G 환경에서는 홀로그램 통화, 회의, 협업 공연이 가능한 특징이 있다.

셋째, 가상현실 게임 특성을 살펴보면, 4G 환경에서는 초고화질 VR 게임이 불가능하지만, 5G 환경에서는 언제 어디서나 이동 중에도 초고화질 VR 게임이 가능한 특징이 있다.

2. 차세대 플랫폼의 성장 트렌드

차세대 플랫폼으로서의 몰입 기술인 가상현실(Virtual Reality), 증강현실(Augmented Reality), 혼합현실(Mixed Reality)은 4차 산업 기술혁명에 따라 급격한 발전을 이루고 있다. 구글, 페이스북, 소니, 레노보, 컴팩, 휴렛패커드 등 다양한 기업들이 가상현실, 증강현실, 혼합현실을 활용해 다양한 상품과 서비스를 출시하고 있다.

그림 10-4 차세대 플랫폼 가상현실, 증강현실, 혼합현실 성장 트렌드

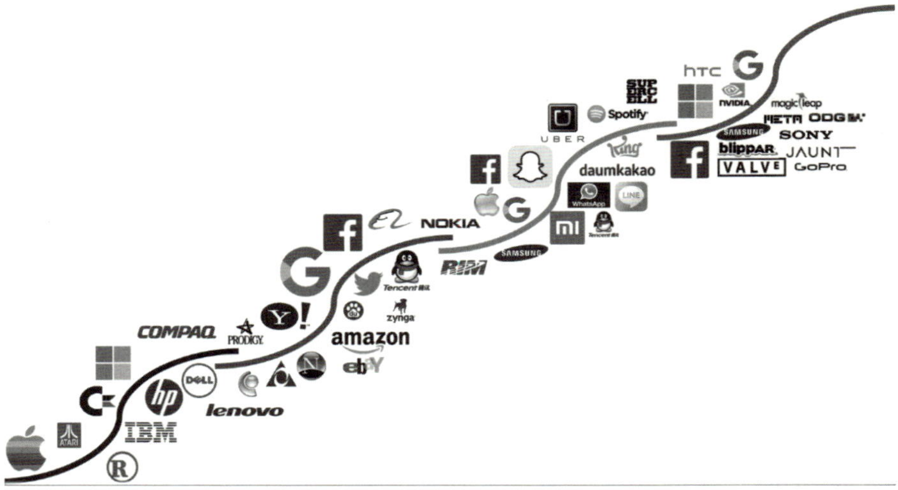

출처: Digi-Capital(2016), Virtual, augmented and mixed reality are the 4th wave

3. 현실과 가상의 프레임 구조와 구현원리

임상우 · 서경원(2018)에 의하면 혼합현실(Mixed Reality)은 현실 환경(Real Environment), 증강현실(Augmented Reality), 증강가상(Argmented Virtuality), 가상 환경(Virtual Environment)으로 이루어졌다고 한다. 이러한 용어에 대한 개념 및 연속 프레임 구조는 다음과 같다.

- 현실 환경(Real Environment): '실제 환경에 어떠한 것도 컴퓨터 모델링되지 않

은 상태'를 의미한다.

- 증강현실(Augmented Reality): '실제 환경에 가상의 객체(정보)를 컴퓨터 모델링한 상태'를 의미한다.
- 증강가상(Augmented Virtuality): '가상 환경에 실제의 객체(정보)를 컴퓨터 모델링한 상태'를 의미한다.
- 가상 환경(Virtual Environment): '사용자 환경의 모든 것이 컴퓨터 모델링된 상태'를 의미한다.
- 혼합현실(Mixed Reality): '현실과 가상의 연속 프레임상에 양 극단(현실 환경, 가상 환경)을 제외한 중간 어느 지점에 컴퓨터 모델링된 상태'를 의미한다.

그림 10-5 현실과 가상의 연속 프레임

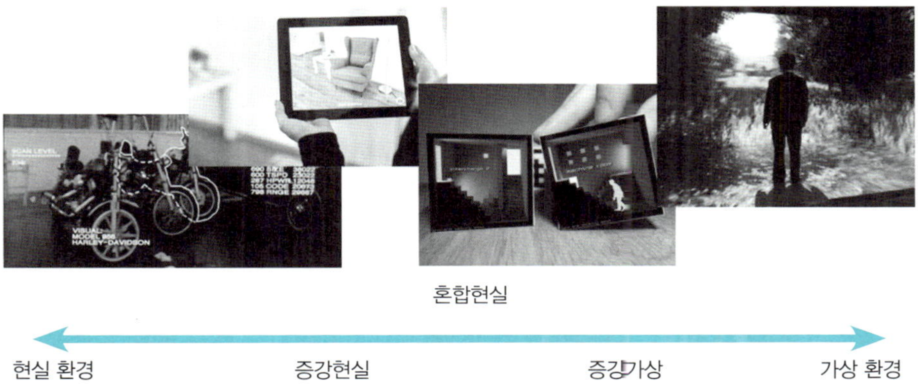

출처: Milgram(1994) (재인용: 임상우, 서경원, AR/VR 기술, 한국과학기술기획평가원, 2018년, 9월)

제3절 가상현실, 증강현실, 혼합현실 기술의 발전

1. 가상현실, 증강현실, 혼합현실 기술의 발전

4차 산업혁명 융합 기술 발전에 따라 가상현실(Virtual Reality), 증강현실

(Augmented Reality), 혼합현실(Mixed Reality) 기술이 나타나고, 다양한 비즈니스 응용 분야에서 급성장하고 있다. 가상현실, 증강현실, 혼합현실이 급성장하게 된 배경은 다음과 같다.

- 가상현실, 증강현실, 혼합현실을 지원하는 다양한 HMD가 출시되고 있다. 예를 들면, 오큘러스 VR, 삼성 기어 VR 등이 있다.
- 가상현실 지원을 위한 다양한 콘텐츠가 개발되고 있다. 예를 들면, 구글과 애플은 일반인도 가상현실 콘텐츠를 쉽게 개발할 수 있는 다양한 저작도구를 출시하고 있다. 예를 들면, ARCore, ARkit, IKEA Place 등이 있다.
- 정부의 가상현실 및 증강현실 플랫폼의 정책적 지원도 가상현실 등의 기술 발전에 큰 기여를 하고 있다.

2. 증강현실과 가상현실의 구현

현실세계에서 가상현실 또는 증강현실을 구현하기 위해서는 정보수집과 기술 융합이 필요하다. 정보수집을 위해서는 카메라, GPS(Global Positioning System), 관성측정장치(IMUL: Inertial Measurement Unit) 등이 필요하다. 그리고 가상현실과 증강현실을 통해 수집된 정보의 융합을 위해 이미지, 사물 등으로 식별하기 위한 기술, 센서를 활용하는 기술, 언어를 감지하는 기술, 3D 중첩 기술, 위치 측정 및 동시 지도화 기술(SLAM: Simultaneous Localization and Mapping) 등이 필요하다. 이를 통해 가상현실 또는 증강현실을 구현할 수 있다. 다양한 기술 중 GPS, 관성측정장치(IMU), 위치측정 및 동시 지도화(SLAM) 기술을 살펴보면 다음과 같다.

첫째, GPS(Global Position System)는 위치를 확인할 수 있는 시스템이라고 한다. GPS는 특정 위치에서 인공위성으로부터 전파를 수신하여 위치를 추적할 수 있다. GPS는 어떠한 지역에서든 정확한 좌표를 통해 위치를 파악할 수 있는 장점이 존재한다.

둘째, IMU(Inertial Measurement Unit)는 관성측정을 할 수 있는 장치이다. 이

▮그림 10-6▮ 증강현실과 가상현실의 구현 원리

출처: iResearch(2016), 중국 가상현실산업 연구보고서 참조하여 산업연구원(KIET) 재구성

장치는 이동 중인 물체의 속도를 파악하고, 방향을 파악하고, 중력을 파악하는 장치이다. 이 장치는 항공기, 로봇, 선박 등 다양한 분야에서 폭넓게 활용된다.

셋째, SLAM(Simultaneous Localization And Mapping)은 동시에 위치를 측정하고 지도를 구현할 수 있다. 이 장치는 카메라와 레이저 센서를 이용해 주변 환경 및 공간을 이동하면서 위치를 측정하고 지도를 작성할 수 있다. 이 장치는 무인자동차, 드론, 청소기 등에서 활용된다.

제 4 절 가상현실과 증강현실 비즈니스 사례

가상현실과 증강현실 기술 발전에 따라 이 분야에서 다양한 디바이스, 플랫폼, 콘텐츠를 개발하는 기업들이 나타나고 있다. 예를 들면, 가상현실과 증강현실 기술을 활용한 엔터테인먼트, 교육, 의료, 전자상거래, 고객서비스, 제조, 국방 등에서 다양한 활용이 이루어지고 있다.

표 10-5 증강현실과 가상현실 분야별 대표 제품과 특징

구분	주요 기업 및 제품	특징
디바이스	• PS VR(소니) • 오큘러스 VR(오큘러스) • 기어 VR(삼성) • 매직리프 원 AR 글래스(매직리프) • 홀로렌즈 2(마이크로소프트)	• VR기기 중심에서 AR 및 MR기기 출시 비중이 확대 중
플랫폼	• 스페이스(페이스북) • 데이드림(구글) • T real(SK 텔레콤)	• 기존의 SNS기반을 활용한 콘텐츠 제공 플랫폼이 증가 추세 • 혼자 경험하던 것에서 여러 사람이 동시에 체험할 수 있는 콘텐츠 비중이 확대
콘텐츠	• 구글, 페이스북, 스팀 등 • 옥수수 소셜 VR(SK텔레콤)	• VR 콘텐츠 중심에서 AR, MR로 확대 중

출처: 이자연, 가상증강현실(AR · VR)산업의 발전방향과 시사점, KIET 산업경제, 산업연구원, 2019년 2월 21일, pp. 38–47 (https://www.kiet.re.kr/kiet_web/main.jsp?idx=55059&state=view&sub_num=12)

증강현실과 가상현실에 활용되는 디바이스로는 소니의 PS VR, 오큘러스의 오큘러스 VR, 삼성전자의 기어 VR, 매직리프의 매직리프 원 AR 글래스, 마이크로소프트의 홀로렌즈 2 등이 있다. 이러한 디바이스는 가상현실(VR) 기기 중심에서 증강현실(AR) 또는 혼합현실(MR) 기기 출시 비중이 확대 중이다.

증강현실과 가상현실에 활용되는 플랫폼으로는 페이스북의 스페이스, 구글의 데이드림, 한국의 통신회사인 SK 텔레콤의 T real 등이 있다. 플랫폼은 기존의 소셜 네트워크 서비스(SNS)에 기반해서 콘텐츠를 제공하는 플랫폼이 증가 추세이다. 또한 이러한 플랫폼은 혼자 경험하던 것에서 여러 사람이 동시에 체험할 수 있는 가상현실 또는 증강현실 콘텐츠 비중이 확대되고 있다.

증강현실과 가상현실에 활용되는 콘텐츠는 다양하다. 예를 들면, 콘텐츠 관련 비즈니스를 하고 있는 구글, 페이스북, 스팀 등이 있다. 콘텐츠 비즈니스는 가상현실(VR) 콘텐츠 중심에서 증강현실(AR), 혼합현실(MR)로 확대 중에 있다.

가상현실과 증강현실 분야의 전문조사기관인 비주얼 캐피탈리스트(Visual Capitalist)의 2019년 조사에 의하면 가상현실과 증강현실 기술은 가장 많이 이용될 분야가 게임이나 영화와 같은 엔터테인먼트 분야라고 하였다. 다음 두 번째로 많이 활용될 분야로 제품 제조, 세 번째로 전자상거래 쇼핑 분야와 고객 서비스 분야를 제시하였다. 이처럼 가상현실과 증강현실 기술은 다양하게 활용됨을 알 수 있다.

그림 10-7 2017년 전 세계 증강현실과 가상현실 분야 소비 규모

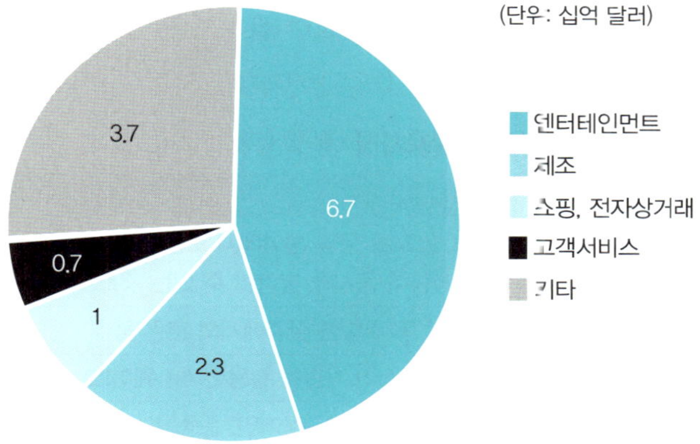

출처: Visual Capitalist(2019. 1), What is Extended Reality(XR)? (https://www.visualcapitalist.com/extended-reality-xr/)

글로벌 시장조사기관인 비주얼 캐피탈리스트(Visual Capitalist)에 의하면 디바이스, 콘텐츠, 기술 발전에 따라 엔터테인먼트, 교육, 의료, 전자상거래, 고객 서비스, 제조, 국방 등 다양한 분야에서 증강현실과 가상현실 활용이 증가하고 있다.

그림 10-8 증강현실과 가상현실 기술의 활용 분야 전망

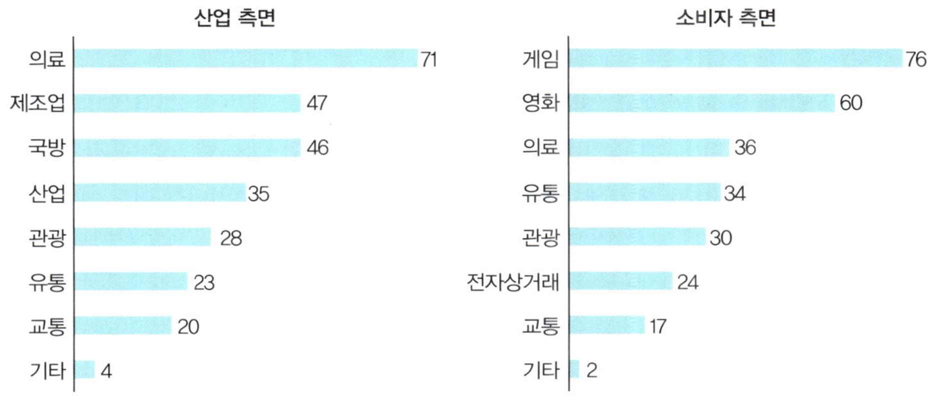

*수치는 2018년, 향후 5년 이내 어떤 분야에서 활용이 늘어날 것인가에 대한 응답 비중(%)

출처: Visual Capitalist(2019. 1), What is Extended Reality(XR)?

산업 측면에서 가상현실과 증강현실이 활용되는 분야의 순서를 살펴보면 의료 분야, 제조 분야, 국방 분야, 산업 분야, 관광 분야, 유통 분야, 교통 분야 등으로 나타났고, 또한 소비자 측면에서 가상현실과 증강현실이 활용되는 분야의 순서를 살펴보면 게임 분야, 영화 분야, 의료 분야, 유통 분야, 관광 분야, 전자상거래 분야, 교통 분야 등으로 나타났다. 보다 상세히 살펴보면 다음과 같다.

| 표 10-6 | 증강현실과 가상현실 활용사례

구분	활용사례
엔터테인먼트	게임, 영화, 테마파크, 스포츠 등의 분야에서 보는 것에서 체험하는 것으로, 혼자 체험하던 것에서 여러 사람이 동시에 참여할 수 있는 것으로 발전
교육	의료용 실습, 화재 현장 등 위험한 환경에서의 훈련 등
교통	위치인식 및 지도 생성(SLAM) 기술을 활용한 AR 웨이즈(AR Ways) 등 길찾기 앱
의료	알츠하이머 환자 간병인 교육, 시각장애인, 운동장애 환자의 보조기기로 활용
전자상거래	가상 쇼핑몰과 자동 결제 시스템: 페이스카웃(payscout), 아마존 등
고객 서비스	고객의 쇼핑 경험을 강화하고, 소비자에게 편리함을 주는 서비스 제공: 킴벌리-클라크(Klmberly-Clark), 파머스 보험(Farmers Insurance Group) 등
제조	제품 테스트, 조립, 수리, 모니터링 분야에 활용: 포드자동차, 현대자동차 등
국방	군사훈련에 사용

출처: 이자연, 가상증강현실(AR · VR)산업의 발전방향과 시사점, KIET 산업경제, 산업연구원, 2019년 2월 21일, pp. 38–47 (https://www.kiet.re.kr/kiet_web/main.jsp?idx=55059&state=view&sub_num=12)

엔터테인먼트 분야에서 가상현실과 증강현실 기술 활용사례는 다음과 같다. 예를 들면, 다양한 모바일 및 온라인 게임, 영화, 테마파크, 스포츠 등 분야에서 다양한 가상현실 및 증강현실 디바이스를 이용해 관람하는 것에서 체험하는 것으로 활용 방향이 발전하고 있고, 더불어 가상현실 및 증강현실 콘텐츠를 혼자 체험하던 것에서 여러 사람이 동시에 참여해서 상호작용하면서 체험할 수 있는 방향으로 발전하고 있다.

교육 분야에서 가상현실과 증강현실 기술 활용사례는 다음과 같다. 예를 들면, 의료 분야에서 시술 및 수술을 실습하는 데 가상현실 및 증강현실 기술이 활용되고 있고, 위험한 화재 현장 및 구조 현장에서 모의훈련을 위해 증강현실 및 가상현실 기술이 활용되고 있다.

교통 분야에서 가상현실과 증강현실 기술 활용사례는 다음과 같다. 예를 들면, 특정한 이동체에서 위치를 인식하거나 또는 지도 생성(SLAM) 기술을 활용한 증강현실 웨이즈(AR Ways) 등 길찾기 앱 등이 있다. 2018년 중국의 오포(OPPO)는 증강현실 내비게이션을 공개했다. 증강현실 내비게이션은 무선 네트워크와 센서 기술, 위성항법시스템(GPS), 인공지능(AI) 기술을 활용하고 있다.

의료 분야에서 가상현실과 증강현실 기술 활용사례는 다음과 같다. 예를 들면, 가상현실과 증강현실 기술은 알츠하이머 환자의 간병인 교육에 활용되고 있으며, 더불어 시각장애인, 운동장애 환자의 보조기기로 활용되고 있다. 2018년에 삼성전자는 시각장애인 지원을 위한 기어 VR 전용 애플리케이션인 릴루미노(Relúmĭno)를 발표했다. 이 솔루션은 시각장애인들이 디스플레이를 뚜렷하게 볼 수 있는 기능을 제공한다. 또한 영국의 알츠하이머 치매 연구소에서는 알츠하이머 치매 환자를 간호하는 간병인 교육에 가상현실과 증강현실 콘텐츠를 활용하고 있다. 이 솔루션은 간병인이 치매환자의 상황을 인지하게 해준다.

전자상거래 분야에서 가상현실과 증강현실 기술 활용사례는 다음과 같다. 예를 들면, 미국의 지불결제회사인 페이스카웃(payscout)은 가상현실 및 증강현실을 지원하는 페이스카웃 VR 애플리케이션(Payscout VR Commerce)을 개발해 쇼핑몰에서 쇼핑 및 배송 분야를 지원해주는 서비스를 제공하고 있다 아마존 등에서 가상현실 및 증강현실 기술을 이용해 쇼핑몰과 자동 결제 시스템을 구현하고 있다.

고객서비스 분야에서 가상현실과 증강현실 기술 활용사례는 다음과 같다. 예를 들면, 가상현실 및 증강현실 기술을 활용해서 고객의 쇼핑 경험을 강화하고, 소비자에게 편리함을 주는 서비스를 제공하고 있다. 대표적으로 킴벌리-클라크(KImberly-Clark), 파머스 보험그룹(Farmers Insurance Group) 등에서 이러한 서비스를 제공하고 있다.

제조 분야에서 가상현실과 증강현실 기술 활용사례는 다음과 같다. 예를 들면, 포드자동차와 현대자동차에서 가상현실과 증강현실 기술을 활용해서 제품을 테스트하고, 조립과정을 검수하고, 이상이 발생하면 이 기술을 활용해서 수리를 하고,

모니터링을 하고 있다.

국방 분야에서 가상현실과 증강현실 기술 활용사례는 다음과 같다. 예를 들면, 군사훈련을 하거나 모의 전쟁을 위한 시뮬레이션을 수행하는 데 증강현실과 가상현실 기술을 활용하고 있다.

제5절 가상현실과 증강현실, 혼합현실 기술 분류체계

1. 혼합현실 기술 특성

혼합현실은 기존 가상현실과 융합현실 기술이 융합되었다. 따라서 기존 기술보다 개선된 컴퓨터 그래픽과 디스플레이 기술 등을 활용한다. 혼합현실 기술 분야로는 몰입형 디스플레이 기술, 인터랙션 기술, 콘텐츠 제작 기술, MR 시스템 기술, MR 모션 플랫폼 기술, 네트워크 기술이 있다. 상세한 내용은 다음과 같다.

표 10-7 혼합현실 기술 분야

분야	기술개요
몰입형 디스플레이 기술	사용자의 몰입감을 유도하기 위해 고성능의 CPU와 GPU가 탑재된 HMD를 통해 생성되는 가상의 그래픽 정보를 현실세계 위에 실시간으로 오버레이한다. 해당 HMD는 인공지능과 센서를 기반으로 한 데이터 처리 및 음성인식, 그리고 머리의 움직임에 따른 디스플레이 위치 변환이 가능하며 가상의 3D 대상과의 인터랙션을 위해 손동작 인식을 기반으로 한 별도의 명령방식을 활용한다. 최근에는 HMD를 활용하지 않고 가상의 영상을 활용할 수 있도록 하는 기술이 지속적으로 개발되고 있다.
인터랙션 기술	구축된 가상의 환경에서 특정 대상과의 상호작용 메커니즘 기술이다. 사용자의 움직임 또는 명령에 의해 디지털 객체는 적절하게 반응하고 해당 반응은 시각 또는 청각 등을 통해 인지된다. 최근에는 음성인식을 뛰어넘는 새로운 방식인 감성인식, 뇌파인식 등 새로운 스마트 인터랙션 기술이 연구되고 있다.
콘텐츠 제작 기술	유니티, 언리얼 등의 물리 엔진을 포함하고 있는 컴퓨터 그래픽 도구를 통해 고도의 현실감을 표현하는 가상환경 및 객체를 생성하며 현실세계와의 적절한 융합결과를 도출한다. 360도 실사 영상을 통해 새로운 환경 영상 제작이 가능하다.

MR 시스템 기술	프로젝션 매핑 및 포토닉스 라이트 필드 기법을 통한 혼합현실 제작을 위해 사용자의 움직임을 인식하는 모션 센서 장착과 고해상도 프로젝터가 요구된다. 이와 같은 시스템 구축을 통해 특정 공간 및 위치에서 혼합현실 구현이 가능하며 제시된 환경에서 적절한 사용자/컴퓨터 상호작용이 가능하다.
MR 모션 플랫폼 기술	3차원 영상을 자유로운 위치에서 활용할 수 있도록 눈의 초점을 조절하거나 자연스러운 가상 영상 표현을 가능하도록 하여 사용자의 피로도를 낮추도록 최적화된 디스플레이를 가능하게 한다. 최근에 지속적으로 개발되고 있는 4D 콘텐츠를 제작하고 활용하기 위한 기술이다.
네트워크 기술	몰입감 있는 고품질의 혼합현실 구현과 이를 활용하기 위해 고용량의 데이터를 실시간으로 전송하기 위한 네트워크 기술이 요구된다. 원격지와의 현존감을 부여하는 텔레프리젠스의 경우 고속의 데이터 처리와 함께 빠른 전송을 위해 높은 끊김 없는 데이터 전송기법 그리고 높은 수준의 대역폭을 활용한 통신 환경이 제공되어야 한다.

출처: 이대현, 문화기술(CT) 분야 글로벌 기술동향, 미래창조과학부(현 과학기술정보통신부), 2015년 10월

2. 가상현실, 증강현실, 혼합현실 기술 분류체계

임상우 · 서경원(2018) 등은 기존 문헌연구 및 전문가 인터뷰를 바탕으로 아래와 같은 통합 기술 분류체계를 제안하였다.

표 10-8 가상현실과 증강현실 분야에 대한 통합 기술 분류체계

한국전자통신연구원 (ETRI)	소프트웨어정책연구소 (SPRi)	정보통신산업진흥원 (NIPA)	통합 기술 분류체계
출력 인터페이스 기술	오감 기술, 혼합현실	가상–실세계 연동 서비스 기술	디스플레이 기술
–	–	실세계 인식 기술	트래킹(추적) 기술
–	–	–	렌더링 기술
입력 인터페이스 기술, 서비스 기술	동적 기술, 다중 사용자 환경 기술	다중센서 및 재연장치 제어 기술	인터랙션 및 사용자 인터페이스 기술

출처: 임상우 · 서경원, AR/VR 기술, 한국과학기술기획평가원, 2018년 9월

특히, 임상우 · 서경원(2018)이 제시한 기술체계의 가상현실과 증강현실 기술 분류의 상세한 내용은 다음과 같다.

■ 디스플레이 기술(Display Technology): 가상현실과 증강현실 속에서 몰입 콘텐

츠(Immersive Experience)를 이용자가 오감을 이용해 감각적으로 경험(예, 시각, 청각, 촉각, 후각, 미각, 움직임 등)할 수 있도록 제공하는 디스플레이 장치 기술을 의미한다.

- 트래킹 기술(Tracking Technology): 몰입 콘텐츠에서 이용자의 생체 데이터(예, 머리, 손, 발, 몸, 눈동자 움직임, 생리지표 등)를 실시간으로 추적하는 기술을 의미한다.
- 렌더링 기술(Rendering Technology): 디스플레이 장치에 나타나는 몰입 콘텐츠를 고해상도 또는 고화질로 구현하는 데 필요한 하드웨어 및 소프트웨어 기술을 의미한다.
- 인터랙션 및 사용자 인터페이스 기술(Interaction & User Interface Technology): 가상현실 또는 증강현실 속에서 몰입 콘텐츠를 지각, 인지, 조작, 입력할 수 있도록 돕는 상호작용 기술 또는 인터페이스 기술을 의미한다.

제 6 절 가상현실, 증강현실, 혼합현실 디바이스

1. 가상현실 및 증강현실 디스플레이 장치

대표적인 몰입형 가상현실 디스플레이 방식으로는 디바이스를 머리에 착용하는 헤드 마운트 디스플레이(HMD)가 있다. 헤드 마운트 디스플레이는 LCD 또는 OLED 방식을 채택하고 있다. 일반적으로 LCD 또는 OLED 방식은 반응 속도, 전력 소모, 명암 비중 측면에서 다른 방식보다 장점이 있다.[02]

(1) 스마트폰 거치형 HMD

스마트폰 거치형 HMD는 스마트폰을 이용해서 무선으로 활용하는 장점이

02 최유주 · 김태원 · 홍민, 가상/증강현실 디바이스 기술 동향, TTA Journal, Vol.185, 2019, 9/10, pp.33–41

있다. 대표적인 제품으로는 ① 구글 Daydream, ② 삼성 기어 VR, ③ 구글 Cardboard, ④ 닌텐도 Labo VR 등이 있다.

그림 10-9 스마트폰 거치형 HMD

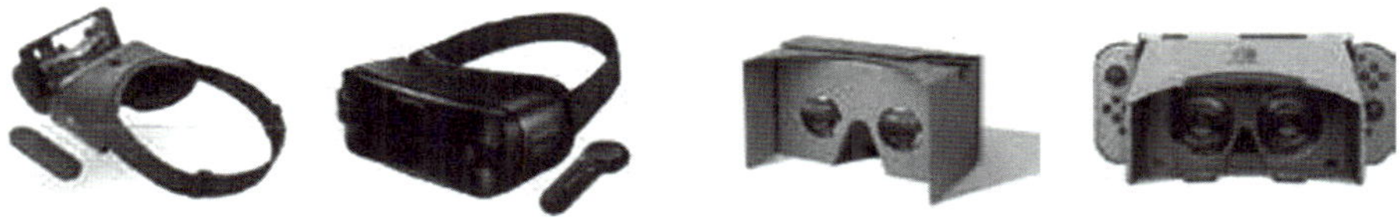

① ② ③ ④

출처: 최유주 · 김태원 · 홍민, 가상/증강현실 기술 동향, TTA Journal, Vol.185, 2019, 9/10, pp.33-41

(2) 독립형 HMD 장치

독립형 HMD 장치는 운영체계를 가지고 있고, 자체 프로세스와 디스플레이 장비를 가지고 있고, 센서 등을 장착하고, 자체 배터리를 가지고 있으며, 가상현실 기능 구현에 최적화되어 있다. 대표적인 독립형 HMD 장치로는 ① 오큘러스 Go, ② 오큘러스 Quest, ③ HTC Vive Focus, ④ 피코의 Poco G2 4K 등이 있다.

그림 10-10 독립형 HMD

① ② ③ ④

출처: 최유주 · 김태원 · 홍민, 가상/증강현실 기술 동향, TTA Journal, Vol.185, 2019, 9/10, pp.33-41

(3) 유선형 HMD 장치

유선형 HMD 장치는 자체적으로 자료를 처리할 수 있는 프로세스를 가지고 있지 않기 때문에 구동에 제한이 있고, PC의 연산능력을 활용하는 특성을 갖는다. 대표적인 유선형 HMD 장치로는 ① HTC사의 VIVE VR, ② VIVE pro eye, ③ Pomax 8k VR 등이 있다.

▮그림 10-11▮유선형 HMD 장치

출처: 최유주 · 김태원 · 홍민, 가상/증강현실 기술 동향, TTA Journal, Vol.185, 2019, 9/10, pp.33-41

(4) 증강현실 전용 스마트 안경

증강현실 전용 스마트 안경은 가상현실 디바이스인 HMD와 비교해서 작고 가벼운 안경으로 증강현실 서비스를 이용할 수 있도록 지원해준다. 대표적인 상품으로는 ① 마이크로소프트사의 홀로렌즈, ② 구글 클래스 엔터프라이즈 에디션, ③ 매직리프의 원 크리에이터 에디션 등이 있다.

▮그림 10-12▮증강현실 전용 스마트 안경

출처: 최유주 · 김태원 · 홍민, 가상/증강현실 기술 동향, TTA Journal, Vol.185, 2019, 9/10, pp.33-41

2. 가상현실 및 증강현실 인터랙션 장치

가상현실과 증강현실의 콘텐츠를 보다 현실감 있게 활용할 수 있도록 지원해주는 다양한 장치들이 출시되고 있다. 대표적인 장치로 핸드 트래커 장치와 가상현실 컨트롤러가 있다.

(1) 핸드 트래커 장치

핸드 트래커 장치는 게임 컨트롤러로 입력하기 어려운 미세한 손동작을 통해 움직임을 가능하도록 지원해준다. 대표적인 장비로는 ① 센소 글로브(Senso Glove), ② 미오(Myo), ③ 립모션(Leap Motion) 등이 있다.

그림 10-13 핸드 트래커 장치

① ② ③

출처: 최유주 · 김태원 · 홍민, 가상/증강현실 기술 동향, TTA Journal, Vol.185, 2019, 9/10, pp.33–41

(2) 가상현실 컨트롤러

가상현실 컨트롤러는 가상 환경에서 이용할 수 있는 입력장치로 적외선센서에 의해 트래킹되는 특징이 있다. 대표적인 가상현실 컨트롤로는 ① HTC VIVE, ② 구글의 Daydream, ③ 오큘러스의 Touch 등이 있다.

그림 10-14 가상현실 컨트롤러

① ② ③

출처: 최유주 · 김태원 · 홍민, 가상/증강현실 기술 동향, TTA Journal, Vol.185, 2019, 9/10, pp.33–41

(3) 트레드밀 장치

트레드밀 장치는 신발을 착용하고 전용 지지대에서 동작이나 몸짓을 통해 다양한 데이터를 입력하는 장치이다. 대표적인 트레드밀 장치로는 ① Virtuix Omni, ② Cyberith Virtualizer, ③ KAT Walk Mini 등이 있다

그림 10-15 트레드밀 장치

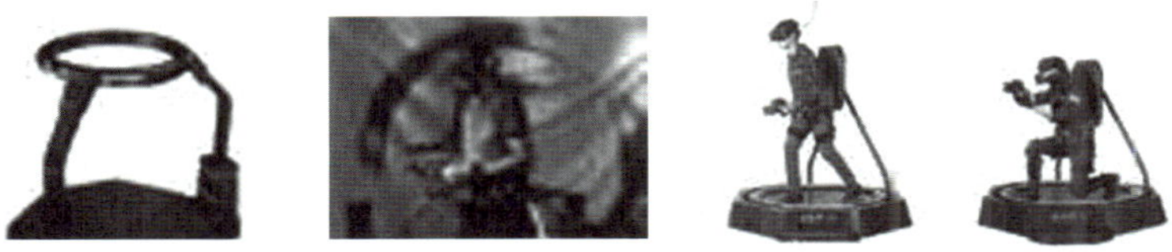

① ② ③

출처: 최유주 · 김태원 · 홍민, 가상/증강현실 기술 동향, TTA Journal, Vol.185, 2019, 9/10, pp.33–41

(4) 뇌파 감지 및 시선 추적장치

뇌파 감지 및 시선 추적장치는 손과 발이 아닌 머리의 생각 및 눈동자를 통해 데이터를 입력할 수 있는 장치이다. 대표적인 뇌파 감지 및 시선 추적장치는 ① Neurable, ② FOoe VR, ③ VBVE VR HMD 등이 있다.

▮그림 10-16▮뇌파 감지 및 시선 추적장치

① ② ③

출처: 최유주 · 김태원 · 홍민, 가상/증강현실 기술 동향, TTA Journal, Vol.185, 2019, 9/10, pp.33-41

(5) 다중 감각 출력장치

다중 감각 출력장치는 영상 및 햅틱에 의해 촉각에 의한 정보에 후각, 온도, 습도 등의 정보를 제공할 수 있는 장치이다. 대표적인 다중 감각 출력장치로는 ① VAQSO VR, ② FaceReal VR Mask, ③ Nirvana VR 등이 있다.

▮그림 10-17▮다중 감각 출력장치

① ② ③

출처: 최유주 · 김태원 · 홍민, 가상/증강현실 기술 동향, TTA Journal, Vol.185, 2019, 9/10, pp.33-41

현재 다양한 가상현실 및 증강현실 기술이 발전되고 있다. 이에 따라 가상현실 및 증강현실 콘텐츠를 보다 현실감 있게 구현하기 위한 인터랙션에 대한 연구가 수행 중에 있다.

제 7 절 메타버스의 특성

1. 메타버스의 정의 및 특성

메타버스(Metaverse)는 가상세계와 현실세계의 상호작용을 통해 가치를 창출할 수 있는 세계를 의미한다. 메타버스가 발전할 수 있었던 이유는 가상현실과 증강현실 그리고 혼합현실 기술이 발전하면서, 가상세계에서 다양한 디지털 콘텐츠를 활용하는 비즈니스가 활성화되었기 때문이다. 메타버스라는 용어는 1992년 닐 스티븐슨(Neal Stephenson)의 공상과학 소설 '스노 크래시(Snow Crash)'에 최초로 나타났다.[03] 현재 메타버스 분야에서 관심을 받고 있는 기업으로는 로블록스와 제페토가 있다. 이들 기업은 가상의 공간에서 메타버스 기술 융합으로 다양한 비즈니스를 선도하고 있다.

▌그림 10-18 ▌ 닐 스티븐슨의 스노 크래시

03 닐 스티븐슨(Neal Stephenson)은 스노 크래시(Snow Crash)를 통해서 가상세계와 실제세계를 융합하는 용어로 메타버스를 제시하였다.

PWC(2020)는 'Seeing is Believing'이라는 보고서를 통해, 글로벌 기준 2030년 메타버스 시장이 1.5조 달러에 이를 것으로 전망하였고, 메타버스의 핵심기술인 증강현실(Augmented Reality) 기술이 가상현실(Virtual Reality)을 앞설 것이라고 하였다. 글로벌 투자기업인 아크 인베스트먼트(ARK Investment)는 메타버스를 'Big Idea 2021'로 표현하고 언급하며 투자를 높이고 있다. 예를 들면, 아크 인베스트먼트는 유니티(Unity)의 보유 지분을 늘렸고, 로블록스가 상장할 때 지분을 50만 주 매입하였다.[04]

2. 메타버스의 발전과정

메타버스 개념은 미래학자인 존 스마트(John Smart)가 1999년에 설립한 비영리단체인 가속연구재단(ASF: Acceleration Studies Foundation) 주도로 관련된 기술과 미래사회에 대한 대응방안에 대한 활발한 연구가 진행되었다. 2007년 가속연구재단(ASF)에서 발표한 '메타버스 로드맵'에서는 메타버스를 가상세계와 현실세계의 이분법적 접근에서 벗어나 두 세계가 상호작용할 수 있는 교차점(junction), 결합점(nexus), 수렴점(convergence)을 제시하였다.

그림 10-19 로블록스와 제페토 홈페이지

① 로블록스

출처: https://www.roblox.com/

② 제페토

출처: https://www.zepetto.com/

---

04 ARK Investment(2021) "Big idea 2021" (https://cathiesark.com/ark-combined-holdings-of-u) (재인용: 이승환, 로그인(Log In) 메타버스: 인간×공간×시간의 메타버스의 유형, 소프트웨어정책연구소, ISSUE REPORT, 2021년 3월 17일, IS-115)

현재 메타버스는 4차 산업혁명 융합 기술 발전에 따라 급성장하고 있다. 과거 메타버스는 인터넷 기반의 정적인 콘텐츠를 활용하는 특성이 강하였으나, 최근 융합 기술 발전에 따라 다양한 환경에서 동적인 체험이 가능한 방향으로 발전하고 있다. 더불어 과거에는 기업 중심의 메타버스 구현이 최근에는 이용자 중심의 메타버스 구현으로 변화하고 있다. 이에 따라 메타버스는 비즈니스에서의 활용이 갈수록 증가하고 있다. 이승환 · 한상열(2021)이 제시한 메타버스 발전에 따른 특성은 다음과 같다.

표 10-10 메타버스의 발전과정

구분	초기 메타버스	현재의 메타버스
자유도 및 기술기반	• (게임) Mission 해결, 목표 달성, 경쟁 중심(예, RPG, MMORPG) • (가상 생활 · 소통) 게임과 융합되지 않는 PC 기반 독립적 생활 · 소통공간(예, Cyworld, Second Life) • XR, Data Tech, Network, AI 독립적 발전	• 게임과 가상 생활 · 소통공간(협력, 교류, 여가, 문화) 융합 형태의 등장 → 이용자가 선택적 활용(예, ROBLOX, Minecraft, 포트나이트) • 3D, 모바일, 콘솔 기반의 가상공간/아바타를 활용한 생활 · 소통 플랫폼(예, 제페토, 동물의 숲) • XR+D.N.A(Data Tech, Network, AI) 진화, 융합
경제활동	• 게임 내 아이템 구매 및 소비 중심 • 공급자가 제공 · 제약하는 아이템 거래(Service provider centric)	• 이용자가 게임 · 아이템을 쉽게 개발 · 제작할 수 있는 생산 플랫폼이 존재(User Created)(예, ROBLOX STUDIO, 제페토 STUDIO) • 판매도 가능하고 수익은 현실경제에서도 활용 가능

출처: 이승환 · 한상열, 메타버스 비긴즈(BEGINS): 5대 이슈와 전망, 소프트웨어정책연구소, ISSUE REPORT, 2021년 4월 20일, IS-116

메타버스 기술 활용 측면에서 초기 메타버스는 게임에서의 활용을 중심으로 활용되었고, 일반적인 가상공간에서의 활용은 단순하게 활용되었다. 초기에 메타버스에 활용되는 인공지능, 빅데이터, 사물인터넷 기술은 융합이 이루어지지 않은 특성이 있다. 반면 현재의 메타버스는 게임과 생활과 관련된 다양한 IT 서비스에서 상호 융합이 발전하면서 다양한 플랫폼에서의 콘텐츠 활용이 가능해졌고, 더불어 빅테크 기업들의 적극적인 참여로 사물인터넷, 빅데이터, 인공지능 기술 융합으로 메타버스 관련 서비스가 다양해지고 있다.

메타버스 경제활동 측면에서, 초기에는 매우 제한적인 메타버스 활용이 이루어졌다. 예를 들면, 게임 서비스를 이용하는 사람들의 아이템 거래를 지원하는 데 메타버스 기술이 활용되었다. 그러나 현재 메타버스 기술은 이용자들이 플랫폼 내에서 다양한 게임, 상거래, 디지털 콘텐츠 활용이 가능해지고 있으며, 다양한 서비스 비즈니스가 개발되고 있다. 예를 들면, 메타버스 서비스 내에서 디지털 음악 콘텐츠, 공연 콘텐츠 등의 활용이 이루어지고 있다.

3. 메타버스의 플랫폼과 유형

메타버스 서비스는 플랫폼을 기반으로 개발자와 이용자의 참여를 통해 서비스가 운영된다. 개발자는 메타버스 플랫폼에서 콘텐츠와 아이템을 개발해서 업로드하고, 이용자들은 개발자들이 만든 콘텐츠와 아이템을 이용하게 된다. 메타버스 서비스 운영과정에서 콘텐츠와 아이템 개발자들은 이용자들이 플랫폼에서 콘텐츠와 아이템을 이용한 것에 대한 결제를 통해 얻은 플랫폼 운영자의 매출 중 일부분을 수익금으로 받게 된다.

▮ 그림 10-20 ▮ 메타버스 플랫폼의 구조

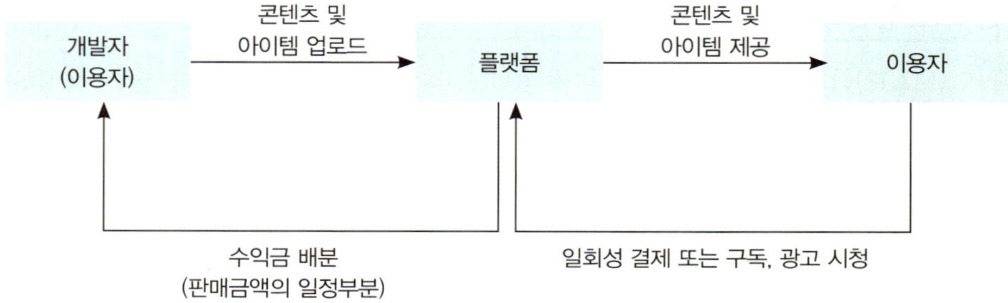

출처: 박지혜, 다가오는 메타버스 시대, 차세대 콘텐츠 산업의 방향과 시사점, KIET 산업경제, 산업포커스, 2021년 5월 pp.21-30

현재 메타버스 플랫폼을 제공하는 다양한 기업이 존재한다. 예를 들면, 대표적인 메타버스 플랫폼 운영기업으로 미국의 로블록스와 포트나이트, 마인크래프트 등이 있고 한국에는 제페토가 있다. 이들 주요 메타버스 플랫폼의 운영 특성은 다음과 같다(박지혜, 2021).

표 10-11 주요 메타버스 플랫폼

플랫폼	내용
로블록스 (미국)	• 이용자가 직접 게임을 개발, 공유하고 다른 이용자와 플레이하는 메타버스 플랫폼으로 2006년에 출시 • 2021년 3월 뉴욕증시에 상장 • 월간 방문자 수 1억 9,000만 명 상회, 게임 개발자 수는 약 800만 명, 게임 수는 약 5,000만 개
포트나이트 (미국)	• 에픽게임즈가 제공하는 슈팅 게임으로 2017년 출시 • 파티로얄 모드에서 콘서트, 영화 상영 등이 가능 • 트래비스 스캇, 영화 테넷의 트레일러, BTS의 Dynamite 뮤직비디오 안무버전을 최초 공개 • 포트나이트 이용자 수는 3억 5,000만 명 상회
마인크래프트 (미국)	• 2011년에 게임이 출시되었으며, 2014년 마이크로소프트에서 인수 • 이용자가 아바타를 활용해 블록으로 구조물, 기능 등 콘텐츠를 제작할 수 있는 샌드박스 게임 • 가상캠퍼스를 만들어 수업, 가상졸업식 등을 진행 • IP를 확장하여 장난감, 소설, 영화, 교육용 도구 등을 출시
제페토 (한국)	• 2018년 네이버제트에서 출시한 AR버추얼 플랫폼 • AI · AR · 3D 기술을 통해 이용자 맞춤형 3D 아바타를 생성 • 아이돌 그룹의 콘서트, 팬미팅 공간으로 활용 • 현재 글로벌 가입자 수는 2억 명, 이용자의 80%는 10대

출처: 각사 홈페이지, RTrack(2021. 3. 2), KB증권(2021. 3. 8), '메타버스, 디지털 평행세계 새로운 생태계의 태동' 등을 참조하여 정리 (재인용: 박지혜, 다가오는 메타버스 시대, 차세대 콘텐츠 산업의 방향과 시사점, KIET 산업경제, 산업포커스, 2021년 5월. pp.21–30)

미국의 로블록스는 플랫폼에서 이용자(또는 개발자)들이 직접 게임을 개발하고, 다른 이용자들이 플랫폼 내에서 게임을 이용할 수 있다. 이 플랫폼은 2006년에 출시되었고, 2013년 3월에 뉴욕증시에 상장되었다. 현재 로블록스의 메타버스 서비스 이용자는 월간 1억 9,000만 명을 상회하며 급성장하고 있다.

미국의 포트나이트는 메타버스 플랫폼에서 에픽게임즈의 슈팅 게임을 제공하고 있고, 다양한 콘텐츠 및 영화 및 음악 관련 영상 서비스를 제공하고 있다. 현재 포트나이트의 메타버스 플랫폼 이용자는 3억 5천만 명을 상회하고 있다.

미국의 마인크래프트는 메타버스 플랫폼에서 게임을 제공하고 있으며, 아바타를 활용해서 다양한 콘텐츠를 제공할 수 있는 서비스를 제공하고 있다. 또한 메타버스 가상공간에서 다양한 교육 및 행사를 수행할 수 있는 기능을 제공한다. 현재 마인크래프트는 자사의 메타버스 플랫폼에서 엔터테인먼트, 디지털 콘텐츠, 교육 등 다양한 서비스를 구현할 수 있는 비즈니스를 지원하고 있다. 이 회사는 2014년 마이크로소프트에 인수되었다.

제페토는 2018년 네이버제트에서 출시한 증강현실 가상 플랫폼으로, 인공지능 기술과 3차원 영상기술을 활용해 아바타를 생성할 수 있고, 가상공간에서 음악 콘서트 및 팬미팅 기능을 지원하고 있다. 현재 제페토의 가입자는 2억 명을 상회하고 있으며, 가입자의 80%가 10대에 집중되어 있다.

4. 메타버스 서비스 유형

가속연구재단(ASF: Acceleration Studies Foundation)은 메타버스 로드맵에 기반한 메타버스 서비스를 4가지 유형으로 분류하였다. 메타버스는 정보 표현 형태(회부 환경 정보와 개인 및 개체 중심 정보)와 공간 활용 특성(현실공간과 가상공간)에 따라 4가지로 구분할 수 있다.

(1) 증강현실(Augmented Reality)

증강현실은 현실세계에 외부 세계의 환경정보를 증강하여 서비스를 제공하는 메타버스 유형이다.

그림 10-21 메타버스의 4가지 유형

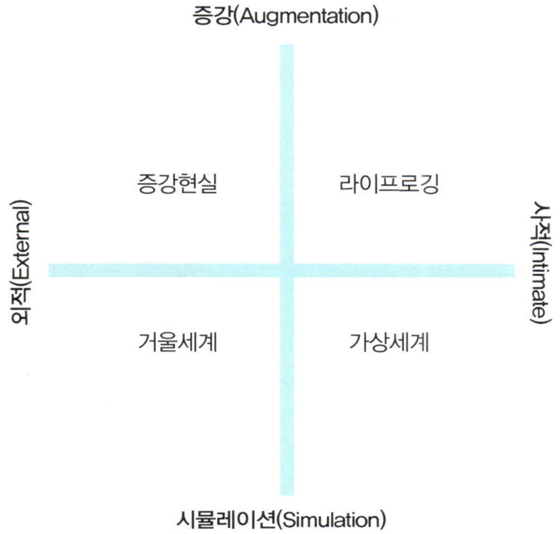

출처: Acceleration Studies Foundation(2006), Metaverse Roadmap, Pathway to the 3D Web (재인용: 오연주, "메타버스가 다시 오고 있다": 메타버스를 둘러싼 기술적 · 경제적 · 사회적 기호와 현안, 한국지능정보사회진흥원, 2021년 3월; 이승환, 로그인(Log In) 메타버스: 인간×공간×시간의 메타버스의 유형, 소프트웨어정책연구소, ISSUE REPORT, 2021년 3월 17일, IS-115)

표 10-12 증강현실 서비스 사례

대표 서비스	주요 내용
포켓몬고 (나이언틱)	• 2016년 나이언틱(Niantic)이 닌텐도와 합작으로 출시한 게임으로 개발된 지 5년이 지났으나 엔터테인먼트 분야에서는 현재도 증강현실 대표 서비스로 꼽힘 • 나이언틱은 구글어스의 전신인 어스뷰어(EarthViewer)를 기반으로 성장한 회사로 공간정보, 3D 모델링, 증강현실 기술에 대한 전문성에 기반하여 2012년 최초의 위치기반 증강현실 게임인 인그레스(Ingress)를 출시한 바 있으며, 포켓몬고는 전작에 스토리와 문화적 감수성이 더해져 다양한 이용자에 소구하는 대표 게임으로 발전
제페토 (네이버Z)	• 네이버가 증강현실 카메라 앱인 스노우(SNOW)를 별도 법인으로 분사시켜 제공 중인 증강현실 아바타 서비스로 2018년 출시 후 2021년 1월까지 전 세계적으로 1억 9천 명의 누적 가입자 확보 • AI 기반 안면인식 기술을 통해 3D 아바타를 생성하는 것에서 나아가 제페토 월드를 구축해 셀레브리티 아바타와의 소통 기능 및 소셜 미디어 기능 등을 추가하여 증강현실, 가상세계, 라이프로깅이 모두 결합된 서비스로 확장

출처: 오연주, "메타버스가 다시 오고 있다": 메타버스를 둘러싼 기술적 · 경제적 · 사회적 기회와 현안, 한국지능정보사회진흥원, 2021년 3월

(2) 라이프로깅(Lifelogging)

라이프로깅은 개인 및 개체들에 대한 현실생활의 정보를 가상세계에 증강하여 정보를 통합 제공하는 메타버스 유형이다.

표 10-13 라이프로깅 서비스 사례

대표 서비스	주요 내용
페이스북360 (페이스북)	• 페이스북은 2016년 360도 사진 및 영상을 게시할 수 있게 하는 페이스북360 서비스를 도입하였으며, 2017년 자회사인 오큘러스(Oculus) 기기를 통해 콘텐츠를 이용할 수 있도록 공식 앱 출시 • 페이스북은 2018년 디지털 비디오 카메라 제조사인 RED와 합작으로 3D 비디오 카메라를 출시하는 등 플랫폼-3D기기-이용자 콘텐츠를 유기적으로 연동하는 서비스 추진
트레이닝 클럽 (나이키)	• 2000년대 말부터 부상한 자기 수치화(Quantified Self) 운동의 연장선상에 있는 서비스로 나이키에서 2009년 출시한 앱 • 개인별 맞춤형의 피트니스 프로그램을 제공하며, 이용자는 개인이 달성한 기록을 소셜 미디어를 통해 공유

출처: 오연주, "메타버스가 다시 오고 있다": 메타버스를 둘러싼 기술적 · 경제적 · 사회적 기회와 현안, 한국지능정보사회진흥원, 2021년 3월

(3) 거울세계(Mirror Worlds)

거울세계는 가상세계에서 외부의 환경정보를 통합하여 서비스를 제공하는 메타버스 유형이다. 즉, 실제세계의 디지털화이다.

표 10-14 거울세계 서비스 사례

대표 서비스	주요 내용
구글어스 (구글)	• 구글이 2004년 인수한 키홀(KeyHole)의 어스뷰어 서비스를 전신으로 하며, 위성 이미지를 3D로 재현하여 실제공간정보를 제공하는 대표적 거울세계 서비스 • 구글어스 스튜디오, 어스엔진, 어스 VR 등의 응용 서비스를 통해 영상 제작, 시간별 공간 변화 파악, 지형 · 기후 자료 수집, VR 체험 가능
업랜드 (업랜드미)	• 업랜드미(Uplandme)에서 2019년 출시한 가상의 부동산 게임으로 대체불가토큰(NFT)을 사용하여 부동산 투자 및 거래 가능 • 2020년 미국 대선일에 업랜드상에서 트럼프 타워를 경매에 붙이고, 같은 해 10월부터 실제 통화와 업랜드상의 부동산 간 거래를 가능케 하는 등 현실세계와의 연동성을 높이며 사업 확장

출처: 오연주, "메타버스가 다시 오고 있다": 메타버스를 둘러싼 기술적 · 경제적 · 사회적 기회와 현안, 한국지능정보사회진흥원, 2021년 3월

(4) 가상세계(Virtual Worlds)

가상세계는 가상공간에서 다양한 개인 및 개체들의 정보를 제공하는 메타버스 유형이다.

표 10-15 가상세계 서비스 사례

대표 서비스	주요 내용
세컨드라이프 (린든랩)	• 2003년 린든랩(Linden Lab)이 출시한 온라인 가상세계 서비스로 로블록스, 마인크래프트 등에 앞선 초창기 샌드박스형 서비스 • 정부기관, 민간기업, 교육기관 등의 디지털 트윈 구축, 공연 · 전시회 개최, 가상 일자리 제공, 현실세계 화폐와의 환전 시스템 도입 등 메타버스 비즈니스 모델의 원형 제공
포트나이트 (에픽 게임즈)	• 에픽 게임즈(Epic Games)가 2017년 출시한 3인칭 슈팅 게임으로 최근 가장 주목할 만한 메타버스 서비스로 성장 • 실제 뮤지션과 협업한 콘서트 개최, 패션 브랜드(나이키, 루이비통 등)와 라이선스를 맺은 스킨 출시, 업무 회의공간 제공 등 게임을 넘어 현실과 가상을 잇는 종합적 문화 · 생활 서비스로 성장 • 에픽 게임즈의 CEO인 팀 스위니(Tim Sweeney)는 오픈 메타버스의 옹호자로 포트나이트를 크로스 플랫폼 게임으로 성장시키는 한편, 이용자 관점에서 자유로운 이동이 가능한 메타버스 생태계 구축을 위한 논의 확산
STRIVR	• 2014년 스탠퍼드대학교의 연구 프로젝트로 시작해 2015년 공식 설립된 기업으로 VR 기술을 실생활에 접목시킨 서비스 제공 • 월마트(Walmart) 직원을 대상으로 한 상황기반 교육 훈련이 대표적이며, 운동선수 훈련, 고객 응대 훈련, 기계 작동 훈련, 안전 교육 등의 분야에서 활용 사례 증가

출처: 오연주, "메타버스가 다시 오고 있다": 메타버스를 둘러싼 기술적 · 경제적 · 사회적 기회와 현안, 한국지능정보사회진흥원, 2021년 3월

5. 메타버스의 발전 방향

이승환 · 한상렬(2021)[05]에 의하면 비즈니스 환경에서 메타버스(Metaverse)에 대한 관심이 증가하여 게임을 넘어 다양한 분야에서의 메타버스 활용 확장, 메타버스 관련 디바이스의 활용 증대, 메타버스를 활용한 디지털 휴먼의 개발과 활용,

05 이승환 · 한상열, 메타버스 비긴즈(BEGINS): 5대 이슈와 전망, 소프트웨어정책연구소, ISSUE REPORT, 2021년 4월 20일, IS-116

메타버스와 관련된 다양한 지식재산권 확산을 위한 협력, 메타버스와 대체불가능토큰(NFT: Non-Fungible Token)[06]의 결합을 통한 사업화 방안을 탐색하고 있다고 한다.

그림 10-22 메타버스의 미래 방향

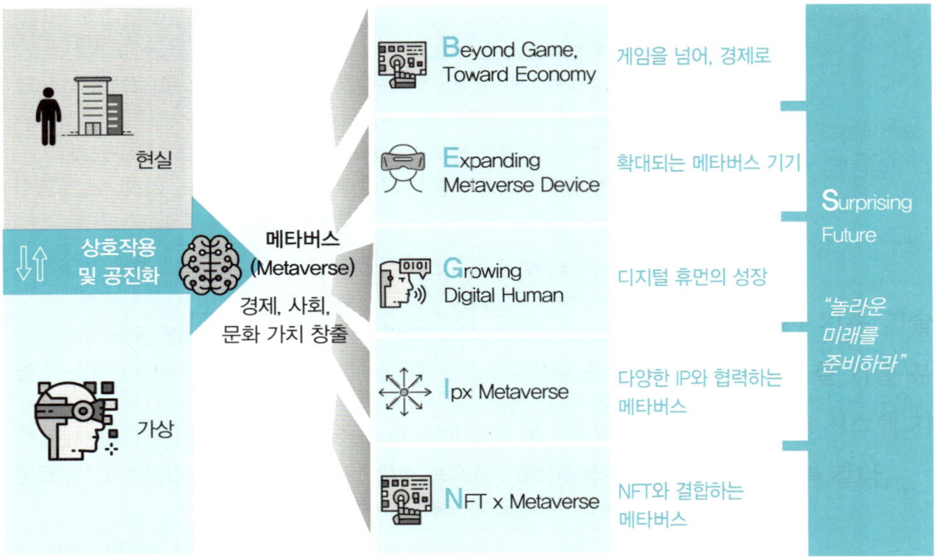

출처: 이승환 · 한상열, 메타버스 비긴즈(BEGINS): 5대 이슈와 전망, 소프트웨어정책연구소, ISSUE REPORT, 2021년 4월 20일, IS-116

(1) 게임을 넘어 경제로(Beyond Game, Toward Economy)

이승환 · 한상렬(2021)에 의하면, 초기 메타버스는 개임 및 단순한 생활에서의 커뮤니케이션 서비스에서 시작되었다고 한다. 대표적인 초기 메타버스 서비스로는 가상 소셜 네트워크 커뮤니티 서비스를 지향하는 사이월드(Cyworld) 서비스가 있다. 이러한 서비스는 콘텐츠 기반의 정적인 서비스를 제공한다. 반면, 최근 메

06 대체불가능토큰(NFT: Non-Fungible Token)은 블록체인 기술을 활용해서 디지털 저작권 거래에 대한 인증을 할 수 있는 기술이다. 대체불가능토큰(NFT)은 초기에는 게임에서 아이템의 소유권을 확인하기 위한 대안으로 개념이 정립되었다. 2017년 캐나다의 대퍼랩스(Dapper Labs)는 '크립토키티(Crypto Kitty) 백서'를 발표하며, 이더리움 네트워크상에서 저작권 거래를 위한 방안을 제시하였다. (다음백과서전 참고, https://100.daum.net/encyclopedia/view/47XXXXXb2147)

타버스 서비스는 다양한 사람들이 참여하고, 다양한 커뮤니티를 형성하고, 다양한 콘텐츠를 제공한다. 예를 들면, 대표적인 메타버스 서비스인 로블록스 월간 활성 이용자(MAU: Monthly Activity User) 수가 1억 5천만 명에 이르고, 로블록스 스튜디오(Roblox Studio)를 통해 이용자가 만든 게임이 5,000만 개가 넘으며, 이를 통해 창출된 수익이 2018년 71.8밀리언달러에서 2020년 328.7밀리언달러로 증가하였다고 한다. 더불어 2018년에 출시된 메타버스 서비스인 제페토는 가입자 수가 2억 명이 넘었고, 제페토 스튜디오(Zepetto Studio)를 통해 개발된 의상 아이템을 통한 수익 창출이 가능하다고 한다. 현재 새롭게 출시되고 있는 메타버스 업무 플랫폼으로는 로블록스의 인베스터 데이(Investor Day), 마이크로소프트의 협업 플랫폼 메시(Mesh), 페이스북의 인피니티 오피스(Infinite Office)가 있다.

그림 10-23 메타버스 플랫폼: 로블록스의 인베스터 데이(Investor Day)

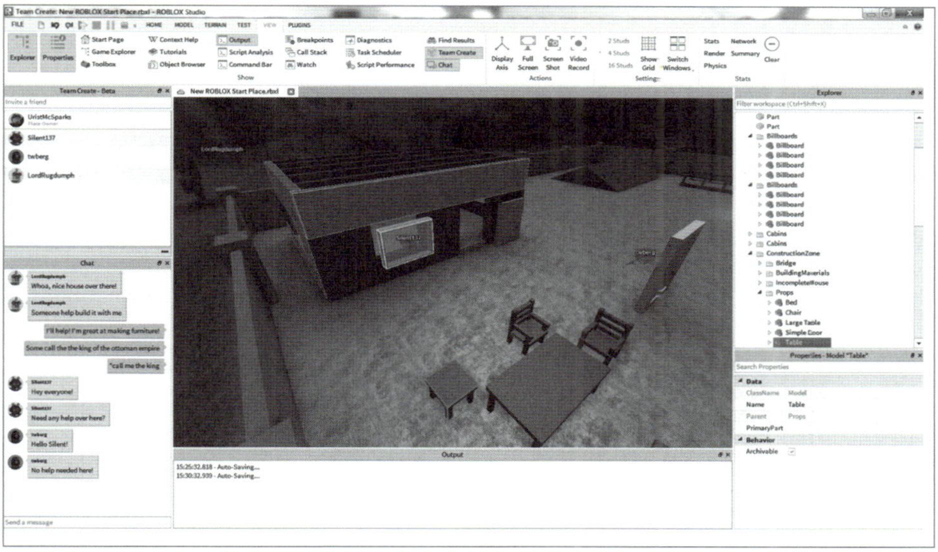

출처: 로블록스

▮ 그림 10-24 ▮ 메타버스 플랫폼: 마이크로소프트의 협업 플랫폼 메시(Mesh)

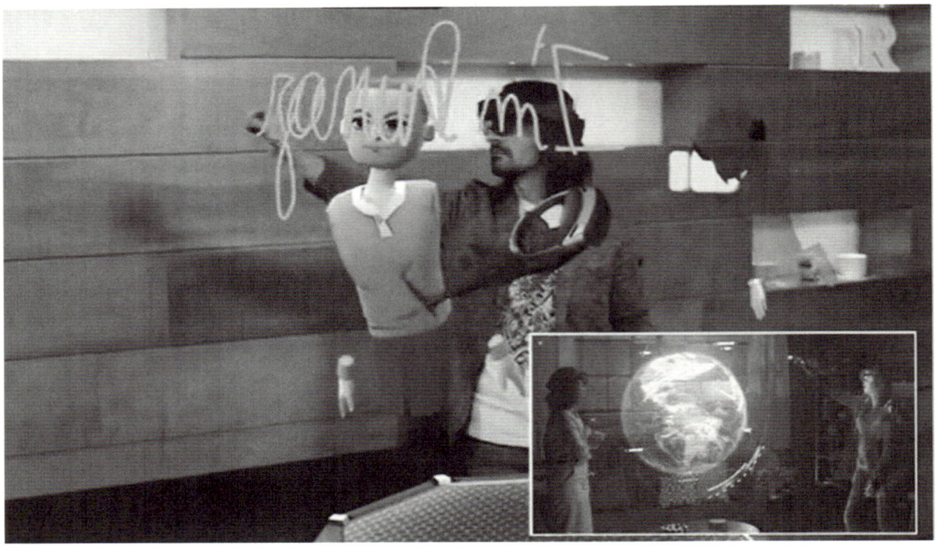

출처: 마이크로소프트

▮ 그림 10-25 ▮ 메타버스 플랫폼: 페이스북의 인피니티 오피스(Infinite Office)

출처: 페이스북

(2) 메타버스 기기의 확대(Expanding Metaverse Device)

메타버스 서비스의 체험을 현실감 있게 지원하는 HMD(Head Mount Display)가 출시되면서, 메타버스 서비스는 큰 인기를 얻게 되었다. 기존 메타버스 서비스는 주로 개인용 컴퓨터, 모바일 디바이스를 중심으로 서비스 경험을 할 수 있었다. 최근 메타버스 서비스를 위해 출시된 오큘러스 퀘스트2(Oculus Quest2)는 2020년에 140만 대가 팔렸고, 2021년 23월까지 약 500만 대가 판매되었다고 한다. 이러한 메타버스 디바이스의 매출 증가는 메타버스 서비스가 초기 혁신수용 단계를 지나 이제는 본격적인 메타버스 서비스 확산 단계에 도달해 있다는 것을 알려준다.

▮그림 10-26▮ 페이스북 오큘러스 퀘스트2

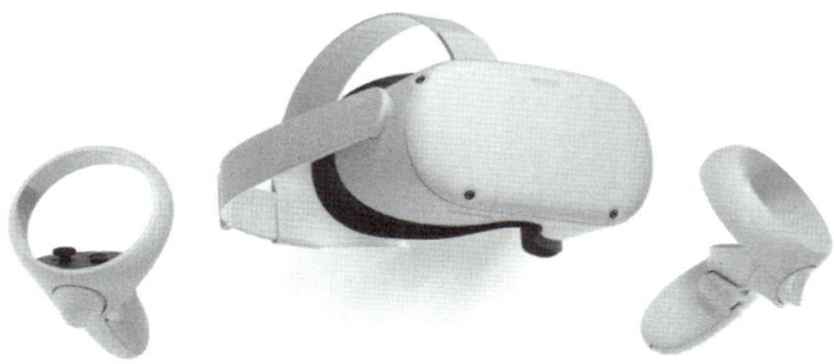

출처: 페이스북

▮그림 10-27▮ 소니 PS5 VR 컨트롤러

출처: 소니

(3) 디지털 휴먼의 성장(Growing Digital Human)

4차 산업혁명 융합 기술 발전에 따라 다양한 메타버스 서비스가 나타나게 되었다. 최근 보다 현실적인 메타버스 서비스 구현을 위해 디지털 휴먼(Digital Human) 개발 및 활용이 증가하고 있다. 과거에는 디지털 휴먼을 개발하는 데 있어 기술력 부족으로 어려움이 많았다. 하지만 오늘날은 인공지능 기술, 빅데이터 기술, 가상현실, 증강현실 기술 발전으로 실제 사람과 같이 인식되는 가상공간에서의 디지털 휴먼을 개발할 수 있게 되었다. 현재 엔터테인먼트, 유통, 교육, 방송 등 다양한 산업에서 디지털 휴먼 활용이 증가하고 있다.

▮그림 10-28▮ 디지털 휴먼: 싸이더스 스튜디오X가 개발한 로지

출처: 싸이더스 스튜디오X

▮그림 10-29▮ 디지털 휴먼: 디오비스튜디오가 개발한 루이

출처: 디오비스튜디오

더불어 최근 첨단 기술이 발전하면서 디지털 콘텐츠 제작에도 변화가 나타나기 시작하였다. 과거에는 전문가에 의해 개발되었던 콘텐츠가 사용자 중심의 콘텐츠 개발로 진화하였고, 그리고 인공지능 기술의 지원을 받아 사용자 콘텐츠를 제작하게 되었다. 최근 인공지능 기술 발전에 따라 인공지능 기술을 활용한 콘텐츠 제작이 주를 이루게 되었다.

▌그림 10-30▐ 디지털 콘텐츠 제작방식의 4단계 발전 전망

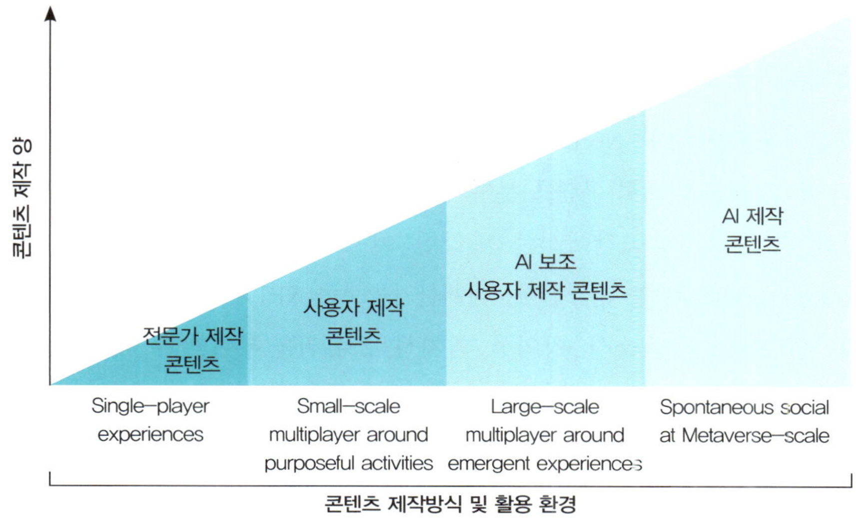

출처: Jonathan Lei, "Meet Me in the Metaverse" (https://a16z.com/2020/12/07/social-strikes-back-metaverse/) (재인용: 이승환 · 한상열, 메타버스 비긴즈(BEGINS): 5대 이슈와 전망, 소프트웨어정책연구소, ISSUE REPORT, 2021년 4월 20일, IS-116)

(4) 다양한 IP와 협력하는 메타버스(IP×Metaverse)

4차 산업혁명 융합 기술 발전에 따라 메타버스 플랫폼에서 다양한 지식재산권을 활용한 협업 비즈니스가 가능해졌다. 이에 따라 메타버스 플랫폼을 운영하는 기업들은 다양한 기업들과 지식재산권(IP: Intellectual Property)을 활용하는 협업 비즈니스를 확장하고 있다. 몇몇 사례를 살펴보면 다음과 같다.

YG 엔터테인먼트는 제페토와 협력을 통해 제페토 메타버스 플랫폼 내에서 특화된 전용공간을 만들고, 소속사 연예인의 아바타를 활용해서 팬사인회와 공연 등을 수행하였다.

하이브(구, 빅히트 엔터테인먼트)는 방탄소년단(BTS)의 글로벌 팬관리를 위한 커뮤니티를 메타버스 플랫폼에 구현하였다. 현재 하이브는 네이버와 협력을 통해 소속사 아티스트에 대한 지식재산권을 활용하기 위한 비즈니스를 추구하고 있다.

패션기업인 구찌는 제페토와 전략적 제휴를 통해 소셜 네트워크 서비스 기반 메타버스 플랫폼을 구현하였다. 이 플랫폼에서 아바타를 활용한 홍보공간을 구축하였고, 게임 속의 캐릭터를 활용한 패션 마케팅을 수행하였다.

(5) 대체불가능토큰(NFT)과 결합하는 메타버스(NFT×Metaverse)

대체불가능토큰(NFT: Non-Fungible Token)은 메타버스 분야에서 활용이 증가하고 있다. 최근 디지털 콘텐츠 분야에서의 가치 측정 및 활용에 NFT가 활용되고 있다. 현재, 가상공간에서는 다양한 이용자 창작 콘텐츠(UGC: User Generated Contents)가 존재한다. 대체불가능토큰(NFT)은 고유값을 가지고 있어, 디지털 콘텐츠에 희소성, 창의성, 가치성, 소유권을 부여할 수 있다. KB금융지주 경영연구소(2021)에서는 대체불가능토큰의 활용 장점을 다음과 같이 제시하였다.

표 10-16 대체불가능토큰(NFT)의 장점

특성	설명
위조하기 어려움	복제가 어렵기 때문에 희소성을 더 잘 보장할 수 있고, 위조품으로 인해 가치가 무너지지 않도록 보장
추적하기 쉬움	블록체인의 데이터는 공개적이고 투명하며 누구나 NFT의 출처, 발행 시간/횟수, 소유자 내역 및 기타 정보를 볼 수 있음
부분에 대한 소유권	부분에 대한 소유권을 인정해 토큰을 1/n과 같은 형태로 나눠서 구매(거래)할 수 있음
순환 증가	게임을 예로 들면, 아이템이 NFT로 만들어지면 플레이어는 아이템의 진정한 소유권을 얻게 되고 NFT 경매시장에서 자유롭게 거래 가능

출처: KB금융지주 경영연구소, 블록체인 시장의 다음 메가트렌드, NFT, 2021년 3월 2일

대체불가능토큰(NFT)은 블록체인 기술을 활용하기 때문에 거래에 대한 내용을 위조하기 어렵고, 더불어 블록체인상에 구현되기 때문에 복제가 어렵고, 희소성을 더 잘 보장할 수 있고, 위조품으로 인해 가치가 무너지지 않도록 보장할 수 있는 장점이 있다.

대체불가능토큰(NFT)은 블록체인 기술 활용에 따라 추적하기 용이하다. 블록체인의 데이터는 투명하게 공개되어 있기 때문에 누구나 대체불가능토큰(NFT)의 발생 출처, 발행시간, 발행 횟수, 소유자 내역 등 다양한 정보를 정확하게 확인할 수

있는 장점이 있다.

대체불가능토큰(NFT)은 부분에 대한 소유권을 인정하는 장점이 있다. 따라서 대체불가능토큰(NFT)의 일부분에 대한 소유권을 인정해 토큰을 1/n과 같은 형태로 나눠서 거래할 수 있는 장점이 있다.

대체불가능토큰(NFT)은 순환을 활성화할 수 있다. 예를 들면, 게임 아이템을 대체불가능토큰(NFT)으로 개발하면, 게임 플레이어는 게임 아이템에 대한 소유권을 확보할 수 있고, 대체불가능토큰(NFT) 경매시장에서 자유롭게 거래할 수 있는 장점이 있다.

핵심문제

01 가상현실(Virtual Reality) 기술에 대해 설명하시오.

02 증강현실(Augmented Reality) 기술에 대해 설명하시오.

03 혼합현실(MR: Mixed Reality) 기술에 대해 설명하시오.

04 헤드 마운티드 디스플레이(HMD: Head Mounted Display)에 대해 설명하시오.

05 GPS(Global Position System)에 대해 설명하시오.

06 IMU(Inertial Measurement Unit)에 대해 설명하시오.

07 SLAM(Simultaneous Localization And Mapping)에 대해 설명하시오.

08 다음 분야의 가상현실 기술 활용사례를 설명하시오.

① 엔터테인먼트
② 교육
③ 교통
④ 의료
⑤ 전자상거래
⑥ 고객서비스
⑦ 제조
⑧ 국방

09 다음 분야의 증강현실 기술 활용사례를 설명하시오.

① 엔터테인먼트
② 교육
③ 교통
④ 의료
⑤ 전자상거래

⑥ 고객서비스
⑦ 제조
⑧ 국방

10 혼합현실 구현에 활용되는 요소 기술에 대해 설명하시오.
① 몰입형 디스플레이 기술
② 인터랙션 기술
③ 콘텐츠 제작 기술
④ MR 시스템 기술
⑤ MR 모션 플랫폼 기술
⑥ 네트워크 기술

11 디스플레이 기술(Display Technology)에 대해 설명하시오.

12 트래킹 기술(Tracking Technology)에 대해 설명하시오.

13 렌더링 기술(Rendering Technology)에 대해 설명하시오.

14 인터랙션 및 사용자 인터페이스 기술(Interaction & User Interface Technology)에 대해 설명하시오.

15 핸드 트래커 장치에 대해 설명하시오.

16 트레드밀 장치에 대해 설명하시오.

17 디지털 휴먼의 활용사례에 대해 설명하시오.

18 디지털 콘텐츠 제작방식의 발전과정에 대해 설명하시오.

19 메타버스에 대해 설명하시오.

20 대체불가능토큰(NFT)에 대해 설명하시오.

참고문헌

과학기술정보통신부, 글로벌 대표 실감 콘텐츠 창출로 시대 선도, 2019년 4월 10일

메가리서치(안태숙 · 유정훈 · 박슬란 · 신정우 · 이대범), 가상현실 콘텐츠 산업 실태조사, 한국콘텐츠진흥원, 2020년

박지혜, 다가오는 메타버스 시대, 차세대 콘텐츠 산업의 방향과 시사점, KIET 산업경제, 산업포커스, 2021년 5월, pp.21-30

양병석 · 임영모 · 조태훈, 가상현실/증강현실 기술발전 방향과 시사점, 소프트웨어정책연구소, SPRi 이슈리포트, 제2016-014호, 2017년 1월 26일

오연주, "메타버스가 다시 오고 있다": 메타버스를 둘러싼 기술적 · 경제적 · 사회적 기회와 현안, 한국지능정보사회진흥원, 2021년 3월

이대현, 문화기술(CT) 분야 글로벌 기술동향, 미래창조과학부(현, 과학기술정보통신부), 2015년 10월

이승환, 로그인(Log In) 메타버스: 인간×공간×시간의 메타버스의 유형, 소프트웨어정책연구소, ISSUE REPORT, 2021년 3월 17일, IS-115

이자연, 가상증강현실(AR · VR)산업의 발전방향과 시사점, KIET 산업경제, 산업연구원, 2019년 2월 21일, pp.38-47 (https://www.kiet.re.kr/kiet_web/main.jsp?idx=55059&state=view&sub_num=12)

임상우 · 서경원, AR/VR 기술, 한국과학기술기획평가원, 2018년 9월

최유주 · 김태원 · 홍민, 가상/증강현실 디바이스 기술 동향, TTA Journal, Vol.185, 2019, 9/10, pp.33-41

KB금융지주 경영연구소, 블록체인 시장의 다음 메가트렌드, NFT, 2021년 3월 2일

Acceleration Studies Foundation(2006), Metaverse Roadmap, Pathway to the 3D Web

Digi-Capital(2016), Virtual, augmented and mixed reality are the 4th wave

Jonathan Lei, "Meet Me in the Metaverse" (https://a16z.com/2020/12/07/social-strikes-back-metaverse/)

Visual Capitalist(2019. 1), What is Extended Reality(XR)? (https://www.

visualcapitalist.com/extended-reality-xr/)

2020 marketing innovation(2019), How Extended Reality(XR) Will Change The Face of Marketing In 2019

https://cathiesark.com/ark-combined-holdings-of-u

https://www.roblox.com/

https://www.zepetto.com/

https://100.daum.net/encyclopedia/view/47XXXXXb2147

Chapter 11 자율주행 기술

학습목표

- 자율주행 기술의 이해
- 자율주행 기술의 문제점 이해
- 자율주행 기술의 미래 방향 이해
- 자율주행 기술표준의 이해

제1절 스마트 모빌리티 개요

1. 스마트 모빌리티

4차 산업혁명에 따른 기술발전이 모빌리티 분야에 혁신을 가져왔다. 이에 따라 정부에서는 첨단 기술을 이용해 보다 편리한 이동 서비스를 제공하기 위해 노력하고 있다. 예를 들면, 모빌리티와 관련된 공공 서비스 분야에서 수립하고 있는 정책은 크게 세 가지로 이용자 편의 제공, 도시기능 효율화, 국민안전 서비스이다.

첫째, 모빌리티 이용자 편의를 위해 정부에서는 교통약자를 지원하기 위한 서비스를 제공하고, 대중교통을 보다 효율적으로 제공하며, 공유차 서비스를 도입해서 보다 편리한 이동 서비스를 제공하기 위한 정책을 개발하고 있다.

둘째, 모빌리티 분야의 도시기능 효율화를 위해 자율주행 공공행정 서비스를 제공하고, 도로 긴급복구 서비스와 차량 고장 시 긴급 대응 서비스 제공을 위한 정책을 개발하고 있다.

그림 11-1 스마트 모빌리티 정책 방향

출처: 관계부처합동, 미래자동차 산업 발전 전략 – 2030년 국가 로드맵 –, 2019년 10월

셋째, 모빌리티 분야에서 국민안전 서비스를 위해 주간 및 야간에 모니터링 서비스 제공, 긴급차량 통행지원 서비스 제공, 자율주행 순찰 서비스 제공을 위한 정책을 개발하고 있다.

이러한 스마트 모빌리티 서비스를 개발하기 위해 관련된 요소 기술과 서비스를 개발하고, 시범 서비스를 수행할 계획을 수립하고 있다.

2. 스마트카의 개념 및 특성

4차 산업혁명에 따라 모빌리티 분야에서는 스마트카를 구현하기 위해 노력하고 있다. 전통적인 자동차에서 정보기술의 이용은 제한적이었는데, 4차 산업혁명 시대에는 다양한 정보기술을 융합해서 보다 이용자 편의를 많이 제공할 수 있는 자동차를 구현하고, 이를 통해 만족도를 극대화시키고 있는데, 이를 스마트카라고 한다. 스마트카는 첨단 기술을 이용해서 자동차의 안전도와 편의성을 높이고, 자동차의 기반 기술을 강화한다. 이에 대한 특성은 다음과 같다.

첫째, 자동차 안전 기술 측면에서 자동차와 운전자의 상태를 파악하고, 주행 상황을 파악하며, 첨단 기술을 이용해서 자동차를 제어할 수 있다. 예를 들면,

V2X(Vehicle to Everything) 기술은 차량에서 다양한 도로 및 운전 상황을 파악하는 기술이다. 이 기술은 V2V(Vehicle to Vehicle), V2I(Vehicle to Infrastructure), V2P(Vehicle to Pedestrian)로 구성된다.[01]

둘째, 자동차 편의 기술 측면에서 차량 내부와 외부 데이터를 수집하고 분석하고 활용할 수 있게 되었다.

셋째, 자동차 융합 기반 기술은 자동차 이용자들이 보다 안전하도록 자동차와 정보기술(소프트웨어 등)을 연계할 수 있게 되었다. 각각의 기술에 대해 상세히 살펴보면 다음과 같다.

3. 스마트카 분류

스마트카 기술은 세 가지로 구분된다. 각각 특성을 살펴보면 다음과 같다.

첫째, 자동차 안전 기술은 센싱 시스템, 액추에이팅 시스템, 수동안전 시스템, 운전 보조 시스템, 사고 예방 및 회피 시스템, 반자율주행 시스템이 있다.

둘째, 자동차 편의 기술은 HVI 시스템, 자동차 상태 모니터링 시스템, 탑승자 지원 서비스 기술, 자동차용 무선통신 기술, 모바일 오피스 시스템이 있다.

셋째, 융합 기반 기술은 Eco-ITS 연계 시스템, 자동차 전기 및 전자 아키텍처 기술, 자동차용 SoC 기술, 자동차용 임베디드 기술, 시험 및 표준화 기술이 있다.

01 자율주행 기술에서 V2V(Vehicle to Vehicle) 기술은 교통 및 차량 사이의 접근을 알려주는 기술이고, V2I(Vehicle to Infrastructure) 통신기술은 교통 인프라와 차량 사이의 정보를 교환하는 기술이며, V2P(Vehicle to Pedestrian) 통신기술은 보행자와 차량 사이의 정보를 교환하는 기술이다.

표 11-1 스마트카 기술 분류

분류	세부 설명
자동차 안전 기술	• 센싱 시스템 • 액추에이팅 시스템 • 수동안전 시스템 • 운전보조 시스템 • 사고예방/회피 시스템 • 반자율주행 시스템
자동차 편의 기술	• HVI 시스템 • 자동차 상태 모니터링 시스템 • 탑승자 지원 서비스 기술 • 자동차용 무선통신 기술 • 모바일 오피스 시스템
융합 기반 기술	• Eco-ITS 연계 시스템 • 자동차 전기전자 아키텍처 기술 • 자동차용 SoC 기술 • 자동차용 임베디드 기술 • 시험 및 표준화 기술

출처: 산업통상자원부 · 한국산업기술평가관리원 · 한국에너지기술평가원(2018), 2018 시스템 산업기술 R&BD전략; 중소기업기술정보진흥원, 미래자동차 산업 동향 및 국내 경쟁력 확보 방안, 2019년 중소기업 전략기술 로드맵, ISSUE REPORT, Vol.8, 2010년 1월

제 2 절 자동차산업의 미래 변화 방향

1. 자동차산업의 변화 방향

자동차산업은 4차 산업혁명 기술 발전에 따라 급속도로 발전하고 있다. 이러한 자동차산업의 발전에는 외부 환경 변화가 중요한 영향을 미쳤다. 예를 들면, 자동차산업에 영향을 미친 요인으로는 수요자 중심의 자동차시장 형성, 파리 기후협정 발효에 따른 시장 변화, 전기동력 자율주행 기술 발전에 따른 변화, 신규 진입자 및 보호무역 주의에 따른 변화 등이 있다.

첫째, 수요자 중심의 변화를 살펴보면 수요 측면에서 새로운 시장이 확대되었다. 더불어 친환경에 대한 인식이 강화되었고, 안전성에 대한 인식이 강화되었으며, 편의에 대한 중요성 인식이 강화되었다. 또한 자동차 수요자의 요구사항을 반영한 주문생산 시대가 도래하였으며, 자동차의 이용이 서비스로서 확대되었고, 성장하였다.

둘째, 파리기후협정 발효에 따라 다양한 국가에서 자동차산업에 대한 정책 및 규제가 이루어졌다. 예를 들면, 자동차와 관련된 환경 특성, 연비, 안전에 대한 규제가 강화되었다. 더불어 다양한 국가에서 자동차와 관련된 새로운 기준 및 기술표준을 제정해 자동차업계를 규제하게 되었으며, 자동차와 관련된 지식재산권 보호가 강화되었다.

셋째, 기술혁신에 따라 전기동력을 이용하는 자율주행 자동차시장이 급성장하였다. 이에 따라 자동차를 생산하는 데 경량 신소재의 이용이 증가하였고, 자동차 제품 설계 및 디자인에 혁신이 나타났다. 또한 자동차와 관련된 빅데이터 및 정보시스템 도입이 이루어졌고, 자동차 생산 및 판매와 관련된 비즈니스 모델에 변화가 발생하였다.

▌그림 11-2▐ 세계 자동차산업 환경

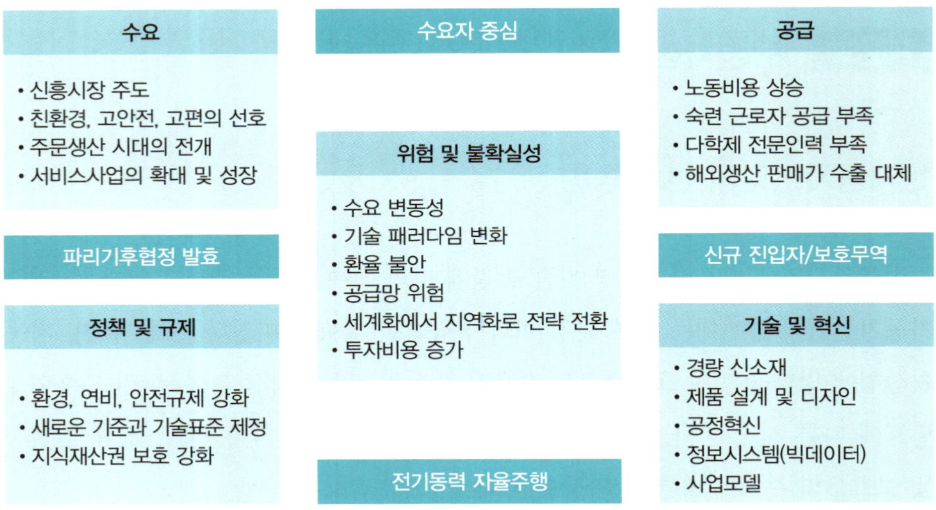

출처: 이항구 · 윤자영, 전기동력 · 자율주행 자동차산업의 현황 및 전망, 정책자료 2018-332, 산업연구원, 2018년 8월

넷째, 자동차산업의 신규 진입자 및 보호무역 중심의 변화를 살펴보면 다음과 같다. 먼저 자동차 생산과 관련된 노동비용이 급상습했고, 숙련된 근로자들의 공급 부족 문제가 대두되었다. 또한 자동차산업에서의 기술 도입이 급진전됨에 따라 다학제 전문인력의 부족현상이 나타났고, 더불어 해외생산을 통한 판매가 수출을 대체하였다.

자동차산업의 패러다임 변화 특성을 살펴보면, 4차 산업혁명 융합 기술이 기존 자동차산업에 근본적인 변화를 가져다주었다. 이전 자동차 산업은 내연기관 중심의 자동차 생산이 이루어졌다. 기술 발전에 따라 이동성이 강화되었고, 전기를 자동차의 동력으로 이용하게 되었고, 자동차에 대한 경량화가 이루어졌고, 자동차에 대한 인공지능 기술의 활용이 증가하였고, 더불어 디지털화 및 통신을 통한 연결 기능이 강화되었으며, 다양한 센서의 장착이 이루어졌고, 자동차 기계와 사람 간 상호작용이 강화되었다. 이러한 기술 발전에 따라 자율주행 자동차, 커넥티드카 전기 및 수수연료전지차, 하이브리드카 등 새로운 유형의 자동차가 등장하게 되었다.

그림 11-3 자동차산업의 패러다임 변화 동인

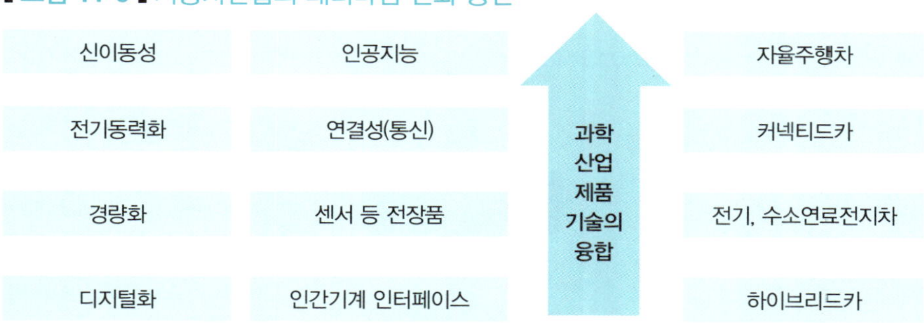

출처: 이항구 · 윤자영, 전기동력 · 자율주행 자동차 산업의 현황 및 전망, 정책자료 2018-332, 산업연구원, 2018년 8월

2. 자동차산업의 디지털화

자동차산업이 디지털화됨에 따라 기존의 전통적인 방식의 자동차와는 달리 디지털화된 자동차에서는 이동성, 빅데이터, 소셜 네트워크 기능, 클라우드 기능이

강화되었다.

첫째, 모빌리티의 이동성 기능 강화에 따라 자동차에서 텔레매틱스 기능을 구현할 수 있게 되었고, 커넥티드카를 통한 자율주행 기능을 구현할 수 있게 되었다.

둘째, 빅데이터 수집이 용이해짐에 따라 자동차기업에서는 고객에 대한 요구사항을 파악하기 위한 고객관계관리 시스템을 통해 정보를 수집할 수 있게 되었고, 차별화된 고객 세분화에 기반한 마케팅을 수행할 수 있게 되었고, 고객과 자동차회사 간 다양한 서비스를 공동으로 개발하게 되었다.

셋째, 소셜 네트워크 기능이 강화되면서 고객과의 연결을 통한 서비스 이용이 가능해졌고, 고객의 요구사항을 실시간으로 파악해서 서비스를 제공할 수 있게 되었다.

넷째, 자동차에 클라우드 기능이 강화되면서 자동차는 유선과 무선 네트워크를 이용해 다양한 서비스를 이용할 수 있게 되었다. 예를 들면, 온라인과 오프라인을 연계하는 다양한 서비스, 인포테인먼트 서비스 등의 구현이 가능해졌다.

그림 11-4 자동차산업 디지털화의 기본 요소

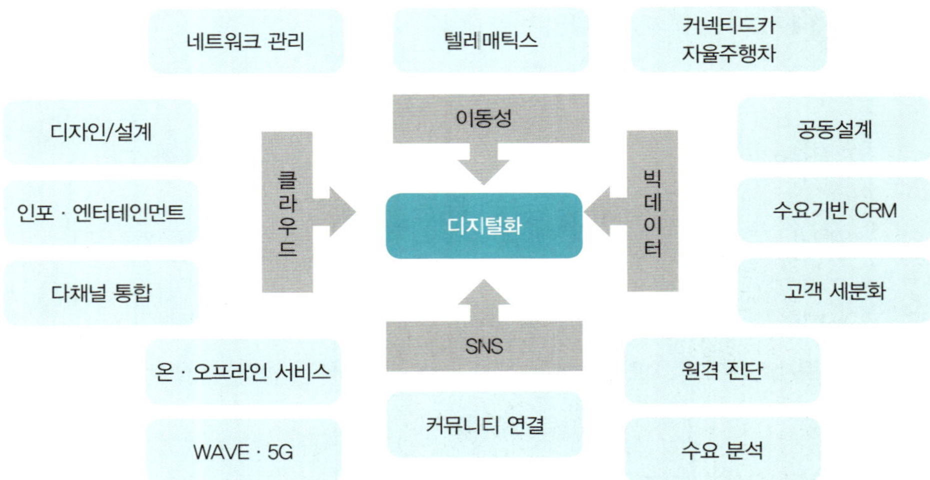

출처: 이항구 · 윤자영, 전기동력 · 자율주행자동차산업의 현황 및 전망, 정책자료 2018-332, 산업연구원, 2018년 8월

제3절 글로벌 자율주행차 시장 동향

1. 글로벌 자율주행차 시장 규모

4차 산업혁명 기술 발전에 따라 자율주행시장은 급성장하고 있다. 자동차시장 조사 전문회사인 스태티스타(Statista)에 따르면 2016년 자율주행 자동차시장 규모는 80억 달러를 기록했으며, 2019년 자율주행 자동차시장 규모는 130억 달러를 기록했다. 2022년에는 자율주행 자동차시장 규모가 180억 달러에 이를 것으로 예측되고, 2025년에는 자율주행 자동차시장 규모가 260억 달러에 이를 것으로 예측되고 있다. 현재 대부분의 자동차 제조회사뿐만 아니라 구글, 네이버, 바이두, 애플 등 다양한 IT 서비스를 제공하는 기업에서 자율주행 기술개발에 몰입하고 있기 때문에, 자율주행 기술을 활용하는 시장은 더욱 급성장할 것으로 예측되고 있다.

그림 11-5 글로벌 자율주행차 시장 규모

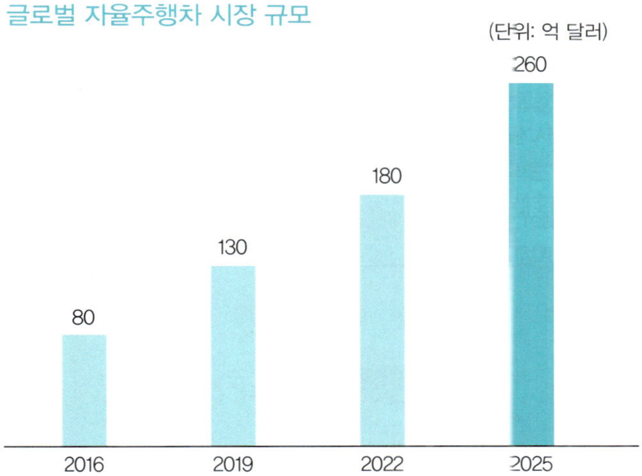

출처: Statista(2019)

2. 미래 자동차시장 기술 수요

미래 자율주행 기술에 대한 시장은 급성장할 것으로 예측되고 있다. 예를 들면, 자율주행에 활용되는 라이다(LiDAR), 레이더(Radar), V2X(Vehicle to Everything communication), 카메라, 지도, 임베디드 제어, HMI(Human−Machine Interface), 전기 및 전자 아키텍처, 제어 시스템, 패시브장치, 임베디드 모델 등이 중요한 가치가 있는 기술로 전망되고 있다. 자동차 전문 리서치 회사인 스태티스타(Statista)의 조사에 의한 미래 시장에서의 기술가치는 다음과 같다.

첫째, 2050년 자율주행 기술로서 라이다(LiDAR)는 980억 달러의 가치가 존재할 것으로 파악되었다. 이 기술이 미래 시장가치가 높은 이유는 라이다 기술이 자율주행 구현에 가장 중요한 기술이기 때문이다. 둘째, 다음으로 중요한 자율주행

▮그림 11-6▮ 2050년 자율주행차 기술 시장 규모 예측

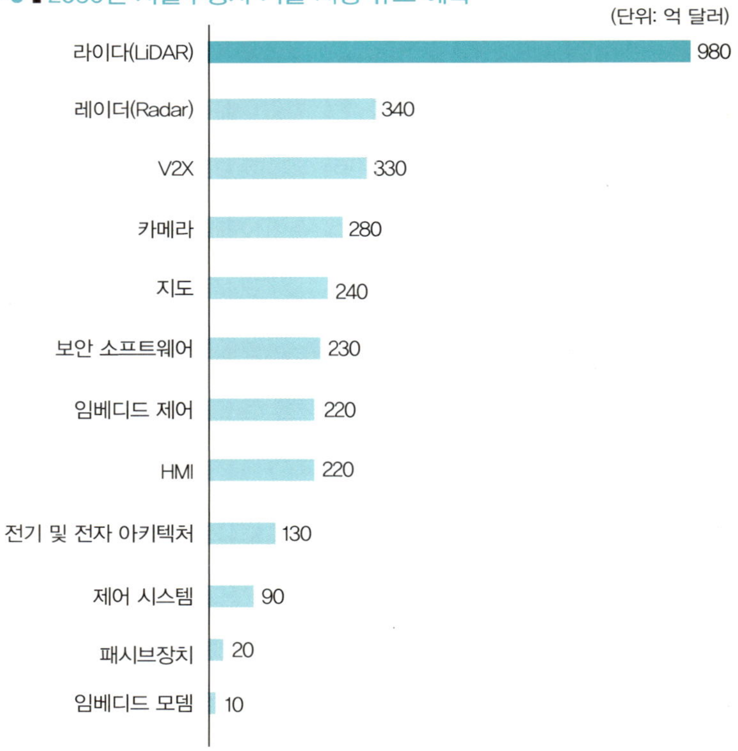

출처: Statista(2019)

기술로는 레이더(Radar) 기술로 나타났다. 이 기술은 2050년 시장가치가 340억 달러에 이를 것으로 나타났다. 셋째, 다음으로 시장가치가 큰 자율주행 기술은 자동차와 사물 사이에서 통신을 지원하는 V2X(Vehicle to Everything communication) 기술로 나타났다. 이 기술은 2050년 시장가치가 330억 달러에 이를 것으로 전망되었다. 넷째, 다음으로 시장가치가 높은 기술로는 카메라 기술로 2050년 시장가치가 280억 달러에 이를 것으로 예측되었다. 다섯째, 다음으로는 자율주행을 지원하는 지도와 관련된 기술로 2050년 시장가치가 240억 달러에 이를 것으로 예측되었다. 여섯째, 다음으로 시장가치가 높은 기술로는 보안 기술로 2050년 시장가치가 230억 달러에 이를 것으로 예측되었다. 일곱째, 다음으로 시장가치가 높은 기술로는 임베디드 제어 기술로 2050년 시장가치가 220억 달러에 이를 것으로 예측되었다. 여덟째, 다음으로 미래 시장가치가 높은 자율주행 기술로는 기계와 사람을 연결해주는 HMI(Human-Machine Interface) 기술로 2050년 시장가치가 220억 달러에 이를 것으로 예측되었다. 아홉째, 다음으로 시장가치가 높은 기술로는 전기 및 전자 아키텍처 기술로 2050년 시장가치가 130억 달러에 이를 것으로 예측되었다. 열째, 다음에는 제어시스템 기술로 2050년 시장가치가 90억 달러에 이를 것으로 예측되었다. 열한째, 다음으로 시장가치가 높은 기술로는 패시브장치 기술로 2050년 시장가치가 20억 달러에 이를 것으로 예측되었다. 열두째, 임베디드 모델 기술은 2050년 시장가치가 10억 달러에 이를 것으로 예측되었다.

제 4 절 자율주행차 기술 특성

1. 자율주행차의 구성 기술 요소

4차 산업혁명 기술 발전에 따라 최첨단 정보통신기술을 이용해서 스스로 운행할 수 있는 스마트 자동차에 대한 관심이 높아지고 있다. 자율주행 자동차는 운전

▌그림 11-7▐ 기존 운전자 차량과 자율주행차의 운행방식 비교

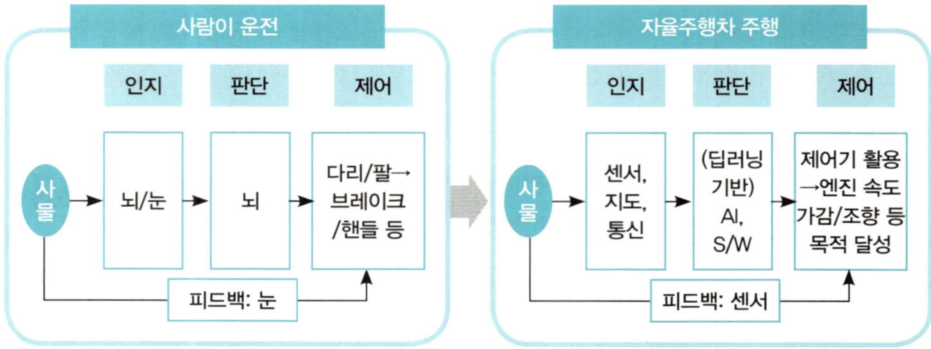

출처: 백장균, 자율주행차 국내외 개발 현황, KDB미래전략연구소 산업기술리서치센터, 제771호, 2020년 2월

자의 개입 없이 자동차가 다양한 첨단 기술을 이용해서 도로 상황에 대한 정보를 수집해서 주행 상황을 판단한다.

전통적인 주행은 사람이 차량을 운전하는 기술이다. 사람은 눈으로 사물을 파악하고, 뇌로 인지 및 판단을 수행하고, 다리, 팔 등으로 브레이크와 핸들을 통해 차량을 제어한다. 그리고 눈으로 제어상태에 대한 피드백을 받는다. 반면, 자율주행 차량은 센서, 지도, 통신기능을 통해 사물을 인지하고, 딥러닝 기반 인공지능 기술로 구현된 소프트웨어를 통해 판단하고, 제어기를 활용해서 엔진 속도를 줄이든지 늘리든지 하고, 조향장치를 통해 차량을 제어하며, 센서를 통해 차량에 대한 제어 피드백을 받는다.

▌그림 11-8▐ 자율주행차 인지센서

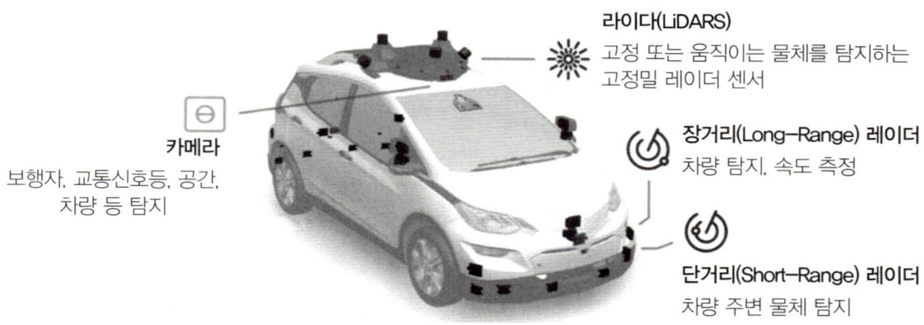

출처: General Motors; 백장균, 자율주행차 국내외 개발 현황, KDB미래전략연구소 산업기술리서치센터, 제771호, 2020년 2월

자율주행 자동차의 인지 센서로는 거리 및 물체를 탐지하는 라이다센서, 차량의 속도를 측정하고 주변 물체를 파악하는 레이더센서, 챠량 근처의 물체 및 보행자, 방해물을 탐지하는 카메라를 부착하고 있다.

2. 자율주행 기술

융합연구정책센터(2017)에 의하면 자율주행 자동차는 V2X(Vehicle To Everything), 센서, 라이다, 레이더, HVI(Human Vehicle Interface), GPS(Global Positioning Systems), 멀티 카메라, 배터리 기술 등 다양한 첨단 기술을 활용하고 있다. 이러한 첨단 기술을 통해 환경을 인식하고, 판단하고, 주행을 제어한다. 자율주행 자동차에 활용되는 각각의 기술은 다음과 같다.

첫째, 환경인식 기술은 자동차에서 레이더, 카메라 등의 센서를 활용해서 고정된 장애물(예, 가로등, 전봇대 등), 움직이는 장애물(예, 이동차량, 보헹자 등), 도로 표시기(예, 차선, 정지선, 횡단보도 등), 신호 등을 인식하는 기술이다.

표 11-2 자율주행 자동차의 주요 구성 기술

구성 기술	내용
환경인식	• 레이더, 카메라 등의 센서 사용 • 정적 장애물(가로등, 전봇대 등), 동적 장애물(차량, 보행자 등), 도로표식(차선, 정지선, 횡단보도 등), 신호 등을 인식
위치인식 및 맵핑	• GPS/INS/Encoder, 기타 맵핑을 위한 센서 사용 • 자동차의 절대/상대 위치 추정
판단	• 목적지까지의 경로 및 장애물 회피 경로 계획 • 차선유지, 차선변경, 좌우회전, 추월, 유턴, 급정지, 주정차 등 주행 상황별 행동 판단
제어	• 운전자가 지정한 경로대로 주행하기 위해 조향, 속도변경, 기어 등 액추에이터 제어
인터랙션(HCI)	• 인간 자동차 인터페이스(HVI: Human Vehicle Interface)를 통해 운전자에게 경고 및 정보를 제공, 운전자의 명령을 입력 • V2X(Vehicle To Everything) 통신을 통하여 인프라 및 주변차량과 주행정보 교환

출처: 융합연구정책센터, 자율주행 자동차 기술 개발의 특징 및 정책 동향, 2017년

둘째, 위치인식 및 맵핑 기술은 자동차에서 글로벌 포지셔닝 시스템(GPS), 관성항법장치(INS: Inertial Navigation System) 등 차량과 지도의 맵핑을 위한 센서를 사용하는 기술로, 자동차의 절대 위치와 상대 위치를 추정하는 기술이다.

셋째, 판단 기술은 자동차가 목적지까지의 경로 및 장애물을 회피하기 위한 경로 계획을 수립하는 기술이다. 이 기술은 자동차의 차선유지, 다른 차량 추월, 도로에서의 유턴, 급정지, 차선변경, 좌우회전, 주정차 등 주행 상황별 행동 판단을 지원해주는 기술이다.

넷째, 제어 기술은 차량의 운전자가 지정한 경로대로 차량을 주행하기 위해 조향, 속도 변경, 기어 등 구동기를 제어하는 기술이다.

다섯째, 인간 컴퓨터 상호작용(HCI) 기술은 인간과 자동차의 인터페이스(HVI: Human Vehicle Interface)를 통해 차량이 운전자에게 경고 및 정보를 제공, 운전자의 명령을 입력받아 차량과 운전자가 상호작용하는 기술이며, V2X(Vehicle To Everything) 통신기술은 자동차가 도로 주변의 인프라 또는 다른 차량들과 통신을 통해 자율주행을 위한 정보를 교환 및 습득하는 기술이다.

장승주(2016)에 의하면 자율주행 기술은 ① 무인자동차 시스템 및 환경인식, ② 위치인식 및 맵핑 판단 및 운행과 관련한 알고리즘, ③ 지능 제어, ④ 운전자 또는 차량 간 인터랙션, ⑤ 운행감시 및 고장진단 시스템 기술로 구분된다고 하였다. 각각의 자율주행 관련 기술적 특성을 살펴보면 [표 11-3]과 같다.

첫째, 무인 자율주행 자동차 시스템과 관련된 환경인식 기술이 있다. 이 기술에는 레이더(radar), 라이다(lidar), 카메라(camera) 등의 센서를 사용해 정적인 장애물(예, 도로 구조물), 동적인 장애물(예, 차량 및 보행자 등), 도로 표지(차선, 정지선, 횡단보도 등), 신호 등을 인식, 구동장치(액추에이터)인 가속기, 감속기, 조향장치 등을 무인화 운행 또는 자율주행에 적합하도록 구현하여 무인 자율주행 자동차에 장착된 컴퓨터, 소프트웨어(SW), 하드웨어(HW)를 활용해 자율주행 자동차의 제어가 가능하도록 한다.

둘째, 무인 자율주행 자동차의 위치 인식 및 맵핑 관련 기술이 있다. 이 기술은 GPS 등을 활용해서 자동차와 지도의 맵핑을 위한 센서를 활용하고, 차량의 절대 위치 및 상대 위치를 실시간으로 추적하는 기술이다.

표 11-3 자율주행차 관련 기술

관련 기술	관련 기술 설명
무인자동차 시스템 및 환경인식	• 레이더(radar), 라이다(lidar), 카메라 등의 센서를 사용해 정적 장애물, 동적 장애물(차량/보행자 등), 도로 표지(차선, 정지선, 횡단보도 등), 신호등을 인식 • 구동장치인 가속기, 감속기 및 조향장치 등을 무인화 운행에 맞도록 구현하여 무인자동차에 장착된 컴퓨터, SW 및 HW를 이용하여 제어가 가능하도록 함
위치인식 및 맵핑	GPS 등 맵핑을 위한 센서를 사용해 자신의 절대/상대 위치를 실시간으로 추적
판단 및 운행과 관련한 알고리즘	• 목적지까지의 경로 계획 및 운행 장애물 회피 경로 계획 및 운행 주행 상황별 행동 판단(차선유지, 차선변경, 좌우회전, 저속차량 추월, 유턴, 비상정지, 갓길정차, 주차 등) • 무인자동차가 주어진 경로를 안정적으로 추종하면서 경로 오차를 최소화하는 효과적인 조향 알고리즘을 개발
지능 제어	주어진 경로를 추종하면서 자동차 구동과 관련한 조향, 가감속, 기어 등 액추에이터 등을 제어하는 데 신경회로망 등과 같은 방식을 이용하여 숙련된 운전자의 운전방식을 학습함으로써 복잡한 모델링 없이 실시간으로 제어명령을 내릴 수 있도록 함
운전자 또는 차량 간 인터랙션	• HVI(Human Vehicle Interface)를 통해 운전자에게 경고 및 정보제공, 운전자로부터 명령 입력 • V2X 통신을 통해 인프라 및 주변차량과 주행정보 상호 교환
운행감시 및 고장진단 시스템	• 차량의 운행을 감시하고 수시로 바뀌게 되는 상황에 따라 적절한 명령을 내리는 운행감시 체계 • 시스템의 고장 진단 시 오퍼레이터에 적절한 정보를 제공

출처: 장승주, 자율주행 자동차 관련 SW기술 동향, 한국통신학회지, 제33권 제4호, 2016, pp.27-33

셋째, 무인 자율주행 자동차의 판단 및 운행과 관련한 알고리즘이 있다. 이 알고리즘은 자율주행 자동차가 목적지까지의 경로 계획 및 운행 장애물 회피 경로 계획 및 주행 상황에 따른 행동 판단(예, 차선유지, 차선변경, 좌우회전, 저속차량 추월, 차량 유턴, 비상정지, 갓길정차, 주차 등)과 무인 자율주행 자동차가 주어진 경로를 안정적으로 운행하면서 정해진 경로에서 오차를 최소화하는 운행 알고리즘을 개발하는 기술이다.

넷째, 자율주행 자동차의 지능형 제어 기술이 있다. 이 제어 기술은 무인 자율주행 자동차가 주어진 경로를 운행하면서 차량의 구동과 관련한 조향기능, 가속 및 감속기능, 기어기능 등을 신경 회로망 등의 방식을 이용하여 운전자의 운전방식을 학습하고, 실시간으로 차량에 제어명령을 내릴 수 있는 기술이다.

다섯째, 자율주행 자동차의 운전자와 차량 간 인터랙션 기술이 있다. 이 기술은 HVI(Human Vehicle Interface)를 이용해 자율주행 자동차의 운전자에게 운전 상황에 대한 경고를 하고, 운행 관련 정보를 제공하고, 운전자로부터 명령어를 입력, V2X 통신을 통해 차량 주변의 인프라 및 주변 차량과 주행정보를 교환하는 기술이다.

여섯째, 자율주행 자동차의 운행 감시 및 고장진단 시스템 기술이 있다. 이 기술은 차량의 운행 상태를 감시하고 수시로 변화하는 운행 상황에 따라 적절한 명령을 내리는 운행 감시 시스템이다. 이 시스템은 차량 고장 진단 시에 차량 운행에 대한 적절한 정보를 제공한다.

3. 커넥티드카 관련 서비스

커넥티드카는 운전자를 위한 기술, 승객을 위한 기술, 차량을 위한 기술로 구분된다. 각각 영역별로 활용되는 기술은 [그림 11-9]와 같다.

첫째, 운전자를 위해 커넥티드 자동차가 제공하는 기능에는 실시간 도로정보 제공, 내비게이션, 주차 보조기능, 기상정보 제공기능, 엔터테인먼트, 친환경 주행기능, 클라우드 서비스, 차량 지원 앱기능 등이 있다.

둘째, 승객을 위해 커넥티드 자동차가 제공하는 기능에는 스트리밍 비디오, 모바일 오피스, 안내 서비스, 기상정보 서비스, 소셜 미디어, 게임, 앱 접속기능 등이 있다.

셋째, 차량을 위한 커넥티드 자동차에 활용되는 기술로는 차량정보, 차량 진단, 차량 추적, 차량 간 통신, 차량과 인프라 간 통신, 텔레매틱스 및 보험 관련 추적 서비스, 콜센터 기능 및 응급 서비스 제공 기능 등이 있다.

커넥티드카에 제공되는 기술은 운전자, 승객, 차량 측면에서 차량 네트워크, 통신 네트워크, 클라우드, 빅데이터 기술 측면에서 보다 지능형 자율주행 및 스마트

▌그림 11-9 ▌커넥티드카 기술에서 파생되는 서비스

운전자를 위한 커넥티드카

- 실시간 도로정보
- 내비게이션
- 주차 보조기능
- 기상정보
- 엔터테인먼트
- 친환경 주행
- 클라우드 서비스
- 차량 앱

승객을 위한 커넥티드카

- 스트리밍 비디오
- 모바일 오피스
- 안내 서비스
- 기상정보
- 소셜 미디어
- 게임
- 앱 액세스

차량을 위한 커넥티드카

- 정비/진단
- 차량 추적
- 차량 간(V2V) 통신
- 차량과 인프라 간(V2I) 통신
- 텔레마틱스 및 보험 추적
- eCall 및 응급 서비스

출처: 중소벤처기업부, 중소기업기술정보진흥원, 중소기업 전략기술로드맵 2021-2023: 자율주행차, 2021년

카 서비스를 제공하고 있다.

첫째, 차량 네트워크 측면에서 자동차 내에서 자율주행에 이용되는 센서와 인포테인먼트와 다양한 디스플레이 지원을 위한 초고속 통신기술을 제공한다. 둘째, 통신 네트워크 측면에서 차량과 스마트폰 사이에서 연결기능, 차량과 차량 사이의 연결기능, 차량과 인프라 및 보행자의 연결 기능 및 보안기능을 제공한다. 셋째, 클라우드 측면에서 자동차가 생성하는 다양한 데이터를 수집, 분석하고, 서비스를

▌그림 11-10 ▌현대기아차 미래 '커넥티드카' 4가지 핵심기술

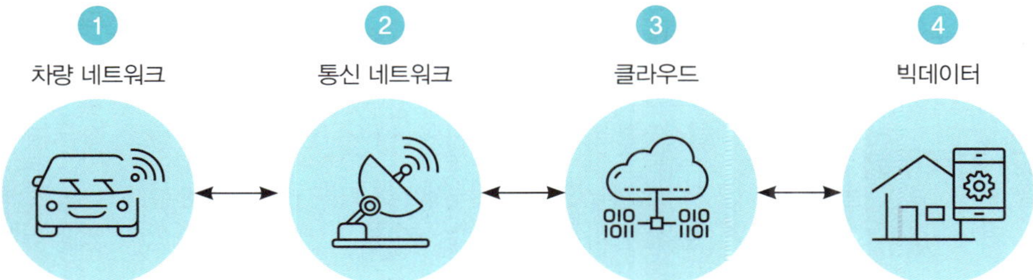

출처: 포스코경영연구원, 스마트카 시대 자동차 新밸류체인-커넥티드카, 자율주행차용 센서와 AI컴퓨터 트랜드, 2019년 9월

제공하는 플랫폼 기능을 제공한다. 넷째, 빅데이터 측면에서 많은 정보를 분석하고, 재가공하고, 활용하는 기술을 지원한다.

5. 커넥티드카 서비스 분야 핵심기술

4차 산업혁명 시대에는 통신기술을 활용한 다양한 스마트, 커넥티드 차량 서비스가 제공되고 있다. 커넥티드카 서비스 분야 핵심기술에는 ① 차량 커넥티드 기술(예, 차량용 커넥티드 디바이스 기술, 차량용 커넥티드 애플리케이션 기술), ② 협력주행 기술(예, 커넥티드 기반 자율협력주행 서비스 기술), ③ 차량 통신 기술(예, V2X, V2I, V2V 등), ④ 차량 전장화 기술(예, 차량 인포테인먼트 기술, 차량 전장부품 기술, ⑤ 무인화 서비스 기술(예, 커넥티드카 기반 무인화 서비스 기술), ⑥ 보안 기술(예, 커넥티드카 보안 시스템 기술), ⑦ 전력 분배 기술(예, 차량 전력 분배 및 네트워킹 기술) 등이 있다. 각 기술에 대한 상세 내용은 [표 11-4]와 같다.

(1) 차량 커넥티드 기술

차량용 커넥티드 디바이스 기술은 무선통신에 기반한 사물인터넷을 응용한 기술로 클라우드 서버에 접속하고, 스마트폰을 통해 차량에 연결해서 자동차 이용자들에게 새로운 스마트 서비스를 제공할 수 있는 차량용 디바이스를 설계하는 기술이다. 차량용 커넥티드 애플리케이션 기술은 차량 이용자의 개인 성향과 주행 특성을 참고해서 커넥티드 디바이스 환경에서 자동차 운전자에게 다양한 커넥티드 애플리케이션 설계를 지원하는 기술이다.

(2) 협력주행 기술

커넥티드 기반 차량 간 자율 협력주행 서비스 기술은 커넥티드 차량과 커넥티드 차량 사이에서 상호 협상 기술, 예를 들면 차선합류 및 차선변경, 끼어들기 등과 같이 도로 인프라 정보를 활용해서 자율적으로 차량 간 협력을 통해 주행을 지원하는 기술이다.

(3) 차량 통신 기술

차량 통신 기술은 V2X, V2I, V2V 등 차량과 차량, 차량과 인프라 사이의 단일 통신을 넘어 초저지연을 보장하는 차량 통신 및 네트워크 기술이다.

(4) 차량 전장화 기술

차량 인포테인먼트(infotainment)[02] 기술은 커넥티드 자율주행 자동차의 시스템을 기반으로 탑승자에게 제공할 수 있는 가상현실 또는 증강현실 및 다양한 디스플레이를 활용해서 정보를 제공하는 기술이다. 차량 전장부품 기술은 커넥티드 자율주행 자동차의 시스템을 기반으로 기존 ECU(Engine Control Unit) 또는 전장부품의 성능을 개선하거나 향상하는 기술이다. 예를 들면, 커넥티드 자동차의 전력효율을 높이거나 또는 OTA(Over-The-Air)[03] 업데이트 등을 포함하는 전장부품 기술이다.

(5) 차량 무인화 서비스 기술

커넥티드 자동차 기반 무인화 서비스 기술은 자율주행 자동차의 시스템과 연계하여 무인상점, 무인택배, 로봇택시, 셔틀서비스 등과 연계한 무인 서비스 기술이다.

(6) 보안 기술

커넥티드카 보안 시스템 기술은 데이터통신에 대한 해킹, 레이저 교란, 전파 교란 등 차량의 시스템 기능이상을 초래하는 환경에 대한 안전 확보 기술이다.

02 인포테인먼트는 정보(information)와 오락(entertainment)의 합성어이다. 인포테인먼트는 정보를 전달하는 데 오락성을 포함하는 개념이다.
03 자동차에 이용되는 무선통신 기술이다.

(7) 전력 분배 기술

차량 전력 분배 및 네트워킹 기술은 전력을 활용하는 차량에 적용될 수 있는 초저전력 전력 분배 기술 및 초고속 네트워크와 융합한 아키텍처 설계 기술이다.

표 11-4 커넥티드카 서비스 분야 핵심기술

분류	핵심기술	개요
차량 커넥티드	차량용 커넥티드 디바이스 기술	클라우드 서버, 스마트폰 등과 커넥티비티를 기반으로 사용자에게 새로운 서비스를 제공할 수 있는 차량용 디바이스 설계 기술
	차량용 커넥티드 애플리케이션 (App) 기술	운전자 성향과 주행 환경 등을 참조하여 커넥티드 디바이스 환경에서 구성할 수 있는 각종 차량용 커넥티드 애플리케이션 설계 기술
협력주행	커넥티드 기반 자율협력주행 서비스 기술	차량과 차량 간 협상 기술(합류로/차선변경 끼어들기 등) 및 도로 인프라정보를 바탕으로 한 자율 협력주행 서비스 통합 기술
차량 통신	차량 통신(V2X, V2I, V2V등) 기술	차량과 차량 또는 인프라 간의 단일 통신을 넘어 초저지연을 보장할 수 있는 다자통신(N:N) 개념의 차량 통신 및 네트워크 기술
차량 전장화	차량 인포테인먼트 기술	커넥티드 및 자율주행 시스템을 기반으로 탑승자에게 제공할 수 있는 AR(Augment Reality) 및 다중 디스플레이 기반 정보제공 기술
	차량 전장부품 기술	커넥티드 및 자율주행 시스템을 기반으로 기존 ECU 및 전장부품의 성능과 기능을 개선/향상(전력효율 또는 OTA 업데이트 등 포함)시킬 수 있는 전장부품 설계 기술
무인화 서비스	커넥티드카 기반 무인화 서비스 기술	자율주행 시스템과 연계하여 무인상점, 무인택배, 로봇택시, 셔틀 서비스 등 커넥티드 시스템과 연계한 무인 서비스 기술
보안	커넥티드카 보안 시스템 기술	데이터 및 통신에 대한 원격해킹을 비롯하여 레이저광, 전파교란 등 시스템 기능에 이상을 초래할 수 있는 환경에 대한 보안 안전 확보 기술
전력 분배	차량 전력 분배 및 네트워킹 기술	전력기반 차량에 적용될 수 있는 초저전력 전력분배 기술 및 초고속 네트워크와 융합한 E/E 아키텍처 설계 기술

출처: 중소벤처기업부, 중소기업기술정보진흥원, 중소기업 전략기술로드맵 2021–2023: 자율주행차, 2021년

제5절 국내외 자율주행차 주행 특성

1. 자율자동차 주행 단계

미래 자율주행을 위해 다양한 자율주행 연구가 이루어지고 있다. 미국 자동차공학회(SAE International)에서는 자율주행 수준을 자율주행 레벨 0단계에서 5단계로 구분하였다. 각각의 자율주행 단계별 간단한 특성을 살펴보면, 자율주행 레벨 0은 운전자가 차량을 운행하는 단계이다. 자율주행 레벨 1~2단계는 자동차의 일부 단계에서 자동화가 이루어지는 단계이다. 자율주행 레벨 3부터 자율주행에 대한 기본 기능이 제공되고, 자율주행 레벨 4~5단계는 완전 자율주행 단계로, 자율주행 레벨 4단계는 운전자가 비상 상황에서 차량을 제어하며, 자율주행 레벨 5단

표 11-5 미국 자동차공학회의 자율주행 단계

구분	하위구분	특성
운전자 주행	레벨 0	• 운전자가 완전히 자동차를 조작하는 단계 • 자율주행기능 없음 • 예, 사각지대 경고
	레벨 1	• 자동 브레이크와 속도 조절 등 일부 기능만 보조받는 단계 • 가속 및 감속 등 자동화기능 운전 보조 • 예, 차선 유지 또는 크루즈 기능
	레벨 2	• 운전자의 감독이 필요한 부분 자율 단계 • 2가지 이상 자동화기능 동시 작동 • 예, 차선유지 또는 크루즈 기능
자율주행	레벨 3	• 일정구간 자율주행이 가능하나 운전자의 대비가 필요한 단계 • 특정 상황에서 운전자 개입 필요 • 예, 혼잡구간 주행 지원 시스템
	레벨 4	• 운전자의 제어가 불필요한 자율주행 단계 • 특정 지역에서 자율주행 가능 • 예, 지역(Local) 무인택시
	레벨 5	• 운전자 없이도 주행이 가능한 완전 자율주행 단계 • 모든 지역, 모든 상황 자율주행 • 예, 운전자 없는 완전 자율주행

출처: SAE International

계는 자율주행 자동차가 처음부터 끝까지 자율적으로 운행한다. 각각의 자율주행 단계별 특성은 [표 11-5]와 같다.

(1) 자율주행 레벨 0단계

자율주행 레벨 0단계는 운전자 주행 단계이다. 따라서 운전자가 완벽하게 자·동차를 조작하는 단계에 해당한다. 그렇기 때문에 자율주행 레벨 0단계에서 자동차는 자율주행기능을 갖고 있지 않은 특징이 있다. 예를 들면, 자율주행 레벨 0단계에서는 차량에 대한 사각지대에 대한 알림기능이 제공된다.

(2) 자율주행 레벨 1단계

자율주행 레벨 1단계는 자동차가 위험 상황에서 자동 브레이크 구동 및 속도 조절 등 일부 기능을 지원받는 단계이다. 자율주행 레벨 1단계는 자동차의 가속 및 감속 등과 같은 자동화 기능 운전 보조 시스템이 구현된다. 예를 들면, 자율주행 레벨 1단계에서는 자동차의 차선 유지 또는 크루즈 기능이 제공된다.

(3) 자율주행 레벨 2단계

자율주행 레벨 2단계는 자동차의 자율주행 구현에 있어서 자동차 운전자의 감독이 필요한 부분 중 일부에 자율적인 주행이 구현된 단계이다. 자율주행 2단계에서는 기본적인 2가지 이상 자율주행 기능이 동시에 작동되는 단계이다. 예를 들면, 자율주행 레벨 2단계에서는 자동차의 차선 유지 또는 크루즈 기능이 제공된다.

(4) 자율주행 레벨 3단계

자율주행 레벨 3단계는 자동차가 일정 구간 자율주행이 가능한 단계이다. 그러나 3단계에서는 자동차의 자율주행에서 운전자의 대비가 필요하다. 그렇기 때문에 특정 상황에서 운전자 개입이 필요하다. 예를 들면, 자율주행 레벨 3단계에서는 자동차의 혼잡구간 주행 지원 시스템이 구현된다. 자율주행 3단계부터 본격적인 자율주행이 구현된다.

(5) 자율주행 레벨 4단계

자율주행 레벨 4단계는 자동차 운전자의 차량 제어가 불필요한 자율주행 단계이다. 자율주행 레벨 4단계에서는 특정 지역에서 자율주행이 가능하다. 예를 들면, 특정 지역(Local)에서 무인택시 서비스 제공이 구현된다.

(6) 자율주행 레벨 5단계

자율주행 레벨 5단계는 자동차가 운전자 없이도 주행이 가능한 완전 자율주행 단계이다. 자율주행 레벨 5단계의 자율주행은 모든 지역에서 구현할 수 있고, 모든 상황에서 자율주행이 가능하다. 예를 들면, 자율주행 레벨 5단계는 자동차 운전자가 없는 완전 자율주행이 가능하다.

2. 국내 자율주행 시스템 기준

국내에서는 자율주행 레벨 3에 따른 다음과 같은 국내 자율주행 시스템의 기준을 제시하였다. 국내에서 자율주행 서비스를 제공하는 데 있어 다음과 같은 자율주행 안전기준을 충족시키지 않으면, 자동차 제조업체는 자율주행기능이 있는 자동차를 판매할 수 없는 정책을 수립하고 있다. 국내 자동차의 자율주행 안전기준의 상세한 내용은 다음과 같다.

첫째, 자율주행 레벨 3단계에서 자동차의 운전 가능 여부에 대한 확인 후에 자동차가 작동하며, 자동차 운전자의 착석 여부 등을 감지하여 자동차 운전 가능 여부가 확인되었을 경우에만 자동차가 작동한다.

둘째, 자율주행 레벨 3단계에서 자율주행 시 안전을 확보하고, 안전하게 자동차로 운전 유지기능을 구현할 수 있도록 최대 속도 및 속도에 따른 앞 차량과의 최소 안전거리를 제시한다.

셋째, 자율주행 레벨 3단계에서 자동차 운전 상황별로 운전 전환 요구를 할 경우 자율주행이 가능하고, 운전이 예정된 경우에 15초 이전 운전 전환 경고를 발생시키고, 예상되지 않은 상황에서는 즉시 운전 전환 경고를 발생한다.

넷째, 자율주행 레벨 3단계에서 자동차에 긴급한 상황이 발생할 경우 자율주행이 가능하고, 운전자의 운전 전환 요구에 대응할 수 있는 시간이 충분하지 않은 경우 시스템이 비상 운행기준에 따라 대응한다.

디섯째, 자율주행 레벨 3단계에서 운전자 대응이 필요한 상황에서 반응이 없는 경우 자율주행이 가능하고, 운전 전환 요구에도 불구하고 10초 이내에 운전자의 대응이 없으면 안전을 위해 위험을 최소화하는 수준에서 운행 시행이 이루어진다.

여섯째, 자율주행 시스템 고장에 대비하여 자율주행 시스템 이중화 등을 고려하여 설계한다.

표 11-6 우리나라 부분 자율주행 시스템(Level 3) 안전기준

기준	세부 내용
운전 가능 여부 확인 후 작동	운전자 착석 여부 등을 감지하여 운전 가능 여부가 확인되었을 경우에만 작동
자율주행 시 안전 확보	안전하게 차로 유지기능을 구현할 수 있도록 최대속도 및 속도에 따른 앞 차량과의 최소 안전거리 제시
상황별 운전 전환 요구	예정된 경우 15초 전 운전 전환 경고를 발생시키고, 예상되지 않은 상황에서는 즉시 운전 전환 경고 발생
긴급한 상황의 경우	운전 전환 요구에 대응할 수 있는 시간이 충분하지 않은 경우 시스템이 비상 운행기준에 따라 대응
운전자 대응이 필요한 상황에서 반응이 없는 경우	운전 전환 요구에도 불구하고 10초 이내에 운전자의 대응이 없으면 안전을 위해 위험 최소화 운행 시행
시스템 고장 대비	시스템 이중화 등을 고려하여 설계

출처: 국토교통부, 세계 최초 부분자율주행차(레벨3) 안전기준 제정, 2020년 1월 6일 (https://itskorea.kr/boardDetail.do?type=8&idx=8519)

제6절 자율주행차 보안 기술

자율주행 자동차는 다양한 통신기술이 지원된다. 그렇기 때문에 차량 운행과 관련해서 무선 네트워크에 대한 보안 위험이 발생할 가능성이 있다. 자율주행 자동차의 시스템 보안에 문제가 발생할 경우 위험이 발생할 가능성이 있다. 그렇기 때문에 자율주행 자동차의 통신 위험, 하드웨어 문제 위험, 소프트웨어 오류 위험 등에 대한 대응방안이 요구된다.

표 11-7 자율주행 안전 및 보안 기술

안전 및 보안 이슈	대처 기술
센서, V2X 통신 오류, SW 오류 등으로 인한 돌발 상황 발생	기계결함 등 사고원인 분석을 위한 Data Recorder 등 의무 장착, 중복 시스템 설계, System Safety 모니터링, 운전 제어권 양도관리
차량 내부 시스템	불법접근, 위장 ECU 등 AUTOSAR 보안규격 강화, 시스템 부팅 또는 업데이트 실행 시 실행되는 SW가 제조사가 허가한 SW인지 확인
차량 내부 네트워크 증가로 인한 통신 보안 위험	차량 통신규격인 CAN, Ethernet 진화에 맞춰 네트워크 모니터링, 사이버 공격 대응 통신 보안 기술 개발
차량 외부, 통신방해, 오작동 유발 등 V2X 통신 위험	국제표준을 준용하여 통신을 위한 암호, 서명 등 규격 통신보안표준 제정, ITS 단말의 신뢰보증 등급기준 제정

출처: 백장균, 자율주행차 국내외 개발 현황, KDB 미래전략연구소 산업기술리서치센터, 제771호, 2020년 2월

첫째, 자율주행 자동차의 센서 오류, V2X 통신 오류, SW 오류 등으로 인한 돌발 상황이 발생할 가능성이 있다. 이에 따라 자율주행 자동차의 기계 결함 등 사고원인 분석을 위한 데이터 리코더(Data Recorder) 등을 의무 장착해야 하고, 문제 발생 시 비상 대처를 위한 중복 시스템(이중화 시스템)을 설계해야 하고, 시스템 안전성(System Safety)을 모니터링해야 하고, 사람과 자율주행 시스템의 운전 제어권 양도관리 시스템을 구축해야 한다.

둘째, 자율주행 자동차의 내부 시스템에 문제가 발생할 가능성이 있다. 예를 들면, 외부 사람의 무선 네트워크를 통한 자율주행차에 불법적인 접근이 이루어질 수 있다. 이에 따라 자동차 시스템에 대한 보안규격을 강화할 필요가 있으며, 시

스템 부팅 또는 업데이트를 할 때 실행되는 소프트웨어(SW)에 대해서 제조사가 허가한 소프트웨어(SW) 여부를 확인해야 한다.

셋째, 자율주행 자동차 차량의 내부 네트워크 활용 증가로 인한 통신 보안 위험이 나타날 수 있다. 따라서 차량의 통신규격인 CAN, 이더넷(Ethernet) 발전에 따라서 네트워크를 모니터링하고, 사이버 공격에 대응할 수 있는 통신 보안 기술을 개발해야 할 것이다.

넷째, 자율주행 자동차의 차량 외부의 통신 문제, 통신 방해 문제, 통신 오작동 유발 등 V2X 통신 위험이 발생할 수 있다. 따라서 자율주행 자동차의 통신 시스템을 구축하는 데 있어서 국제표준을 준용하여 통신을 위한 암호화 시스템을 구축하고, 서명 시스템을 구축해야 하고, 자율주행 자동차의 통신 보안표준을 제정하고, ITS 단말의 신뢰보증 등급기준을 제정해야 한다.

제 7 절 자율주행차 미래

1. 자율주행에 따른 윤리적 딜레마

자율주행 자동차는 차량 운행과 관련해서 윤리적 딜레마가 발생할 수 있다. 예를 들면, 자동차를 운전하는 데 갑자기 사람이 뛰어들었다고 하자. 자동차의 속도가 시속 100킬로라면 자동차 운전자가 브레이크를 밟아도 자동차가 정지하기까지 몇십 미터는 더 진행할 것이다. 이럴 경우 자동차와 충돌하는 사람을 피하기 위해서 다른 곳으로 핸들을 틀어야 하는데, 핸들을 틀 경우에 더 많은 사람들을 자동차로 충돌할 가능성이 있다고 하자. 이 경우, 인공지능에 의해 운행되는 자율주행 자동차는 윤리적인 문제에 직면하게 된다. 이 문제를 트롤리 딜레마(Trolley Problem)라고 한다. 이에 따라 자율주행 시스템에 대한 사회적 합의가 필요하다. 예를 들면, 자율주행에 있어 탑승자 보호와 보행자 보호를 결정하는 데 윤리적인 문제가 발생할 소지가 있다. 또한 특정 상황에서 사람과 사물 충돌에 대한 회피 문

▮그림 11-11▮자율주행 윤리적 딜레마

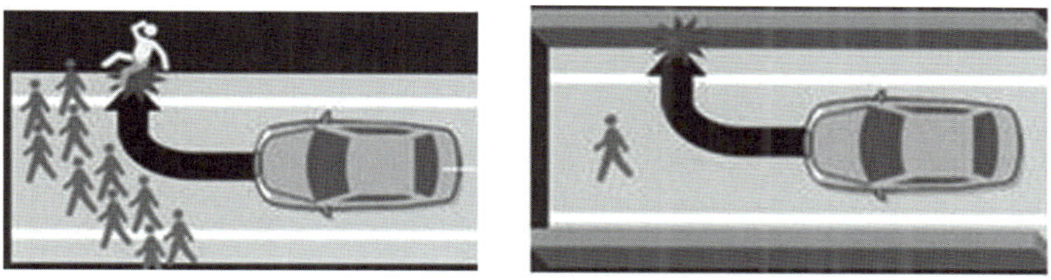

보행자 다수와 한 명, 어디로 부딪혀야 하는가?

보행자를 피해 벽에 부딪히면 운전자가 사망하게 되는 딜레마

출처: MIT Technology Review (재인용: 백장균, 자율주행차 국내외 개발 현황, KDB 미래전략연구소 산업기술리서치 센터, 제771호, 2020년 2월

제도 발생할 수 있다.

현재 자율주행 기술 3단계까지는 긴급 상황에서 주행에 대한 사람의 개입이 있지만, 자율주행 단계부터는 인공지능 시스템이 의사결정을 수행하기 때문에 여러 가지 문제가 발생할 소지가 있다. 이에 따라 시스템에 대한 사회적, 문화적, 경제적, 윤리적 측면의 추가 논의가 요구된다.

2. 국내의 자율주행차 미래 전망

국내에서도 자율주행에 대한 많은 연구가 이루어지고 있다. 국내에서는 2024년 완전자율기능을 내재한 차량을 상용화할 목표로 기술개발을 추진하고 있다. 2030년 레벨 3~4 수준의 자율주행차가 시장에서 약 50%를 차지할 것으로 전망된다.

❙ 표 11-8 ❙ 자율주행 자동차 전망

<table>
<tr><th>구분</th><th>2021~2022</th><th>2023~2025</th><th>2026~2030</th></tr>
<tr><td>신차
Mix.
(전망)</td><td colspan="3">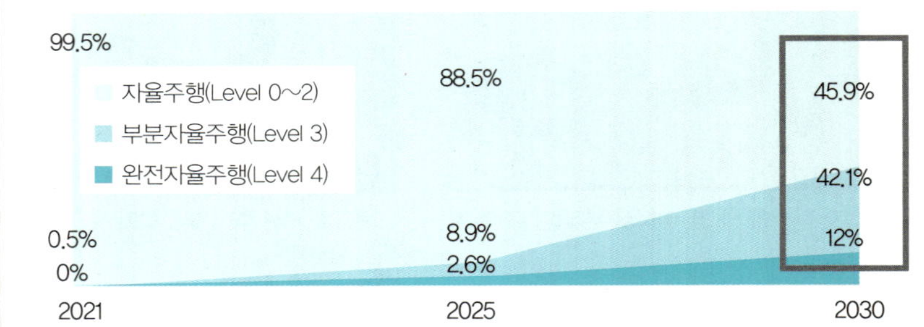
</td></tr>
<tr><td>일정</td><td>• 레벨 3 상용화(2021)
• 레벨 4 시범운행</td><td>• 레벨 4 상용화(스마트시티 등)(2024)</td><td>• 레벨 4 양산
• 레벨 4 전국 주요 도로 상용화(2027)</td></tr>
</table>

출처: 관계부처합동, 미래자동차 산업 발전 전략 – 2030년 국가 로드맵 –, 2019년 10월

3. 미래의 모빌리티

미래에는 정보기술이 자동차에 내재됨으로써 스마트카가 실현될 것이다. 미래 자동차는 움직이는 사무공간, 달리는 스마트폰으로 변할 것이다. 미래 도로에서는 전기 자전거, 배달 로봇을 보는 것이 일반화될 것이고, 플라잉카, 에어택시 역시 하늘을 지배할 것이다.

미래 모빌리티 혁명은 피할 수 없는 대세로 나타날 것이다. 이에 따라 자동차산업이 다양한 모빌리티산업으로 진화 발전할 것이다.

스마트카에는 라이다, 레이더, 카메라, 통신 모듈, 센서 등 다양한 첨단 기술이 내재되어 있을 것이다. 이에 따라 자동차와 사람, 사물 간 상호작용을 통해 보다 편안하고 안전한 자율주행을 구현해줄 것이다.

▮그림 11-12▮ 스마트카 개념도

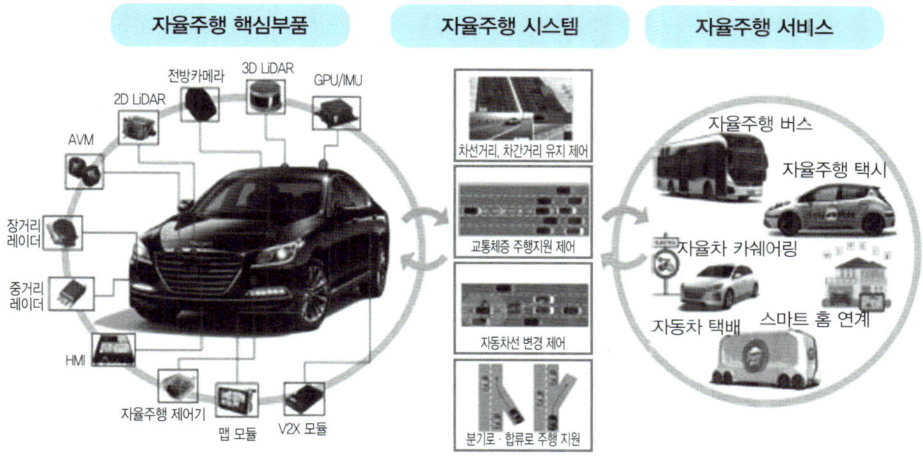

출처: 관계부처 합동, 미래자동차 산업 발전 전략 – 2030년 국가 로드맵 –, 2019년 10월

4. 미래의 모빌리티

미래에는 자율주행과 전기차 기술이 융합되어 육지, 하늘, 바다 등 다양한 부분에서의 자율주행 모빌리티 서비스가 일반화될 것으로 예측되고 있다. 현재 토요타, 구글, 아우디, 스타쉽 테크놀로지, 우버 등 다양한 선도기업들이 모빌리티 기술개발 및 서비스 구현을 진행하고 있다. 다양한 기업들이 개발하고 있는 스마트 모빌리티 기술은 [표 11–9]와 같다.

일본의 토요타에서는 다목적 모듈식 전기차 이파레트(e–Palette) 콘셉트카를 CES 2018에 출품하였다. 이파레트는 2023년 상용화 목표로 기술개발을 진행 중이다. 이파레트는 사용자 목적에 따라 차량배달, 택시, 이동식 상점 등으로 활용될 예정이다.

프랑스의 자율주행버스 이지마일은 캠퍼스 등에서 운영할 예정이다. 또한 미국 구글은 애리조나에서 로봇택시를 테스트 중이다.

퍼스널 모빌리티(PM: Personal Mobility)는 전기자전거, 킥보드, 스쿠터, 초소형 전기차 등을 의미하는데, 현재 국내에서 퍼스널 모빌리티는 도심, 근거리 이동용으로 개발되어 활용되고 있다.

▌표 11-9 ▌미래의 모빌리티

내용	모빌리티 이미지
다목적 모듈식 전기차 'e-Palette' 콘셉트카(日, 토요타, CES 2018 출품): 2020년 개발 완료, 2023년 상용화 목표 – 사용자 목적에 따른 차량(차량배달, 택시, 이동식 상점 등 3개) 활용	
• 자율주행버스(佛, 이지마일): 캠퍼스 등에서 운영(일본 · 미국 등 150만 명 수송) • 로봇택시(美, 구글): 애리조나주 운행 중	 
퍼스널 모빌리티(PM: Personal Mobility): 전기자전거, 스쿠터, 초소형 전기차 등 – 도심, 근거리 이동용으로 개발 · 활용	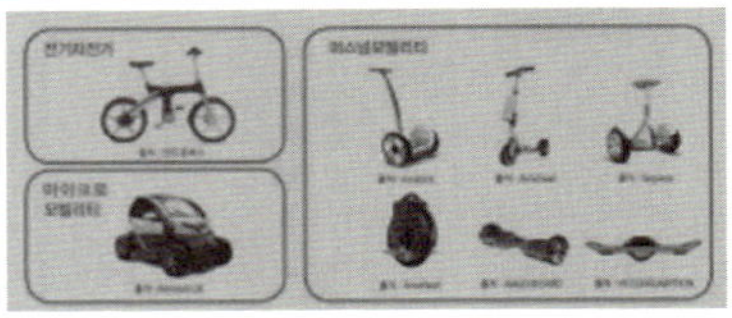
배달로봇(美): 50~100kg 실외 배달(Starship Technology, Dispatch사 등)	 
• 에어택시(美, 우버): 댈러스에서 시범 프로젝트 진행, 2023년 서비스 시작 발표 • 드론택시(獨, 아우디 · 에어버스): 드론, 차체, 섀시(하부프레임) 분리형 차 시연(2018. 11)	 

출처: 관계부처합동, 미래자동차 산업 발전 전략 – 2030년 국가 로드맵 –, 2019년 10월

미국의 첨단 기업인 스타쉽 테크놀로지(Starship Technology)와 디스패치(Dispatch)의 배달 로봇은 50~100kg 무게의 사물에 대해 실외에서 배달 서비스를 제공하고 있다.

미국의 우버는 에어택시를 개발하였다. 우버는 미국 댈러스에서 시범 프로젝트를 진행하였고, 2023년 모빌리티 서비스를 하겠다고 발표하였다. 또한 독일의 아우디와 에어버스는 드론택시사업에 진출하였다. 아우디와 에어버스는 2018년 11월에 드론, 차체, 섀시(하부프레임) 분리형 차량을 시연하였다.

5. 친환경 자동차

최근 국내에서는 환경보호와 지속 가능성에 대한 관심이 높아지면서, 무공해 연료를 이용하는 자동차에 대한 관심이 높아졌다. 친환경 자동차에 대한 법적 근거인 '환경친화적 자동차의 개발 및 보급 촉진에 관한 법률' 제2조에 의하면, 클린디젤차, 천연가스차, 전기차, 태양광차, 하이브리드차, 연료전지차가 친환경 자동차에 해당한다.

표 11-10 친환경 자동차 종류

<table>
<tr><th>구분</th><th colspan="2">분류</th></tr>
<tr><td rowspan="5">친환경
자동차
(xEVs)</td><td colspan="2">하이브리드차(HEV: Hybrid Electric Vehicle)</td></tr>
<tr><td rowspan="3">전기차
(Electric Vehicle,
EV)</td><td>배터리 전기차(BEV: Battery Electric Vehicle)</td></tr>
<tr><td>플러그인 하이브리드차(PHEV: Plug-in Hybrid Electric Vehicle)</td></tr>
<tr><td>주행거리 확장차(eREV: extended-Range Electric Vehicles)</td></tr>
<tr><td colspan="2">연료전지차(Fuel Cell Electric Vehicle, 전기차)</td></tr>
</table>

출처: Strategic Outlook of Global Electric Vehicle Market in 2015, Frost & Sullivan(2014)

친환경 자동차(xEVs)는 세 가지로 구분되는데, 첫째, 하이브리드차(HEV)가 있다. 둘째, 전기차(EV)는 배터리 전기차(BEV), 플러그인 하이브리드차(PHEV), 주행거리 확장차(eREV)의 세 가지가 있다. 셋째, 연료전지차(Fuel Cell Electric Vehicle, 전기차)가 있다. 친환경 강화 추세에 따라 이러한 자동차들의 성능은 더욱 발전할 것으로 예상된다.

최근 기술발전에 따라 수소자동차, 하이브리드차, 전기자동차가 일반화되고 있다. 각각의 친환경 자동차 특성은 다음과 같다.

전기자동차는 디젤이나 휘발유를 원료로 하는 내연기관을 이용하는 자동차와 구성 자체가 많이 다르다. 전기차는 배터리, 전기 모터, 컨버터, 배터리관리 시스템, 인버터 등으로 구성되어 있다. 현재 국내에서는 친환경 정책 강화에 따라 자동차 제조업체에서 전기차에 대한 많은 연구개발을 수행하고 있다. 전기차는 배터리 사용 수준에 따라 하이브리드차(HEV)와 플러그인 하이브리드차(PHEV), 순수

전기차로 구분된다.

하이브리드 자동차(HEV)는 내연기관 자동차에서 전기자동차로 넘어가는 중간 단계에 있다. 하이브리드 자동차는 내연기관 엔진과 전기차 모터를 가지고 동력을 만든다. 하이브리드 자동차는 내연기관 자동차와 비교할 때 배기가스를 배출하는 수준이 낮고, 연료 소모 역시 낮은 특성이 있다.

일반적으로 사람들이 이야기하는 수소차는 수소 전기차이다. 수소차는 수소를 원료로 전기를 생산한다. 수소차는 수소탱크, 연료전지, 구동기 등으로 구성되며, 핵심부품이 수소 연료와 관련된 장치이기 때문에 가격이 비싼 특성이 있다.

제8절 자율주행차 안전규제

1. 자율주행차 안전지침

자동차를 안전하기 운영하기 위해서는 규정이 요구된다. 다양한 국가의 자동차 제조업체, 관련 기관에서는 안전지침을 제안하고 있다. 미국의 자율주행 자동차의 안전지침은 12개의 항목으로 구성된다. 각각에 대해 살펴보면 [표 11-11]과 같다.

첫째, 자율주행 자동차의 시스템 안정성(System Safety)에 대한 안전지침에서, 프로세스는 산업표준과 ISO(International Organization for Standardization), SAE(Society of Automotive Engineers) 기준을 준수해야 한다. 최소 준수사항은 ISO, SAE 협력에 의해 문서화되어 있다.

둘째, 운영 설계 영역(ODD: Operational Design Domain) 안전지침에는 자율주행시스템(ADS) 공로 시험 시 제한된 환경(도로 유형, 지역, 속도, 범위, 날씨 및 주간, 야간 등)조건 운행 설계 영역(ODD)을 포함하고 있다. 최소 수준 준수사항은 문서화되어 있다.

셋째, 사물과 사건 감지와 대응(Object and Event Detection and Response) 안전지침에서, 특정 상황에서 자율주행시스템(ADS)과 운전자 대응방안을 제시하

표 11-11 미국 자율주행 자동차 안전지침(ADS 2.0 주요 내용)

No	구분	내용	최소 준수사항
1	시스템 안정성 (System Safety)	프로세스는 산업표준과 ISO, SAE 기준 준수	ISO, SAE 협력, 문서화
2	운영 설계 영역(Operational Design Domain)	ADS 공로 시험 시 제한된 환경(도로 유형, 지역, 속도, 범위, 날씨/주야간 등)조건 ODD 포함	문서화
3	사물과 사건 감지와 대응 (Object and Event Detection and Response)	특정 상황에서 ADS와 운전자 대응	문서화
4	최소 위험을 위한 대비책 (Fallback, Minimal Risk Condition)	ADS, 운전자 문제 발생 시 최소 위험상태 전환	문서화
5	검증방법(Validation Method)	ADS 안전성 검증방법론 개발과 이에 대한 시뮬레이션, 시험주행, 실도로 주행이 자체 또는 제3자에 의해 수행	도로교통안전국, SAE 협력
6	인간과 기계 인터페이스 (Human Machine Interface)	ADS의 운전자 정보전달	ISO, SAE, ANSI(미국 표준협회)지침 준수
7	차량 사이버 보안(Vehicle Cybersecurity)	자가 진단능력을 보유하고 사이버 공격에 대응 가능 필요	문서화, 차량 정보 공유 센터 등록(Auto-ISAC)
8	충돌 내구성(Crash worthiness)	충돌사고 시 운행자 보호, 운행자가 없을 시 타 차량과의 호환성	기업들이 시나리오 베이스로 결정
9	충돌 후 ADS 행위(Post ADS Behavior)	사고 직후 ADS 원상태로 돌리는 방법 고려	사고 통지 센터에 유효한 정보를 전달하는 방식
10	데이터 저장(Data Recording)	사고원인 평가와 데이터 저장	자체 결정(Best Practice 또는 표준 준수)
11	소비자 교육과 훈련(Consumer Education & Training)	ADS 기능, 시스템과 한계운전 참여/비참여, 비상시 대처	훈련 프로그램 개발과 문서화
12	연방법, 주법, 지방자치법규 (Federal, State and Local Laws)	연방법, 주법과 지방자치 법규 관련 사항의 개발자동차 반영	문서화, 향후 개정되는 법률 ADS 반영 프로세스 개발

출처: 미래 이동체 제시하는 자율주행차, 국내외 정책 현황(cctvnews, 2019. 5) 재인용: 중소기업기술정보진흥원, 미래자동차 산업 동향 및 국내 경쟁력 확보 방안, 2019년 중소기업 전략기술 로드맵, ISSUE REPORT, Vol.8, 2010년 1월)

고, 최소 준수사항은 문서화되어 있다.

넷째, 최소 위험을 위한 대비책(Fallback, Minimal Risk Condition)은 자율주행시스템(ADS), 운전자 문제 발생 시 최소 위험상태 전환에 대한 내용을 포함하고 있고, 이에 대한 내용이 문서화되어 있다.

다섯째, 검증방법(Validation Method)은 자율주행시스템(ADS) 안전성 검증방법론 개발과 이에 대한 시뮬레이션, 시험주행, 실도로 주행이 자체 또는 제3자에 의해 수행하도록 제안하고 있다. 최소 준수사항은 도로교통안전국, SAE 협력에 의해 제안되었다.

여섯째, 인간과 기계 인터페이스(Human Machine Interface) 안전지침은 자율주행시스템(ADS)의 운전자 정보전달에 대한 내용을 다룬다. 최소 준수사항은 ISO, SAE, ANSI(미국표준협회) 지침을 준수하도록 되어 있다.

일곱째, 차량 사이버 보안(Vehicle Cybersecurity) 안전지침은 자가 진단능력을 보유하고 사이버 공격에 대응 가능 필요에 대한 내용을 다룬다. 최소 준수사항은 문서화되어 있고, 차량 정보 공유센터 등록(Auto-ISAC)을 하도록 되어 있다.

여덟째, 충돌 내구성(Crash worthiness)은 충돌사고 시 운행자 보호, 운행자가 없을 시 타 차량과의 호환성에 대한 내용을 다룬다. 최소 준수사항은 기업들이 시나리오에 따라 결정한다.

아홉째, 충돌 후 자율주행시스템(ADS) 행위(Post ADS Behavior)는 사고 직후 자율주행시스템(ADS)을 원래 상태로 돌리는 방법에 대한 내용을 다룬다. 최소 준수사항은 사고 통지 센터에 유효한 정보를 전달하는 방식을 다룬다.

열째, 데이터 저장(Data Recording)에 대한 안전지침은 사고원인 평가와 데이터를 저장하도록 되어 있다. 최소 준수사항은 차량 제조업체가 자체 결정(Best Practice 또는 표준 준수)에 따르도록 되어 있다.

열한째, 소비자 교육과 훈련(Consumer Education & Training)은 자율주행시스템(ADS)의 기능, 시스템과 한계운전 참여 및 비참여, 비상시 대처에 대한 내용을 다룬다. 최소 준수사항은 훈련 프로그램 개발과 문서화에 따른다.

열두째, 자율주행과 관련된 연방법, 주법, 지방자치 법규(Federal, State and Local Laws)의 규정에 따라 자율주행 자동차 개발사들은 차량에 규정을 반영해야 한다. 자율주행과 관련된 법규 준수에 대한 최소 준수사항은 문서화되어 있거나 향후 개정되는 법률에 따라 자율주행 시스템(ADS)에 반영해야 한다.

2. 자율주행 인지 및 판단 시스템

자율주행 인지 및 판단 시스템은 네트워크에 기반해서 데이터를 수집하고, 인공지능 기술을 이용해서 실시간 분석 및 학습하고, 추론하는 시스템이다. 자율주행 인지 및 판단 시스템은 경로탐색, 차량 간 통신, 센서를 통한 자료 수집, 주행전략 결정, 자율주행 차량제어 시스템을 포함하고 있다.

첫째, 인지적 측면에서 자율주행 시스템은 디지털 지도를 바탕으로 자율주행 경로를 생성하고, 일부 지형(예, 차로, 차선, 횡단보도, 터널, 고가도로 등) 또는 지물(차량, 보행자, 신호등, 차량사고 등)에 대한 정보를 제공하며, V2X 통신을 통해 차량 간 통신 및 인프라 통신을 수행하며, ADAS센서를 이용해 주행상황 정보를 인지한다.

둘째, 판단은 인지과정에서 다양한 센서를 통해 수집한 자료를 분석하여 차선 변경, 추월, 좌회전 및 우회전, 정차 등에 대한 방향을 결정하고, 생성된 주행경로에 따라 목표 지점까지 주행 속도를 결정한다.

셋째, 제어는 목표 조향각, 목표 가속 및 감속을 수행한다. 이를 통해 자율주행 자동차의 엔진을 제어하며 방향을 제어한다.

자율주행 인지 및 판단시스템 핵심기술은 세 가지로 구분된다. 첫째는 인공지능 센싱 기술(인공지능 센싱 기술, 주행공간 및 장애물 인식 및 검출 센서 기술, 자율주행 구현을 위한 정밀 위치정보 기술), 둘째는 빅데이터 분석 기술(자율주행 빅데이터 구축 및 활용 기술, 클라우드 기반 데이터 분석 기술, 실시간 데이터마이닝), 셋째는 자율주행 제어(인공지능 자율주행 기술) 기술이다. 이들 각각의 기술에 대해 살펴보면 다음과 같다.

▮그림 11-13▮자율주행 인지 및 판단 시스템

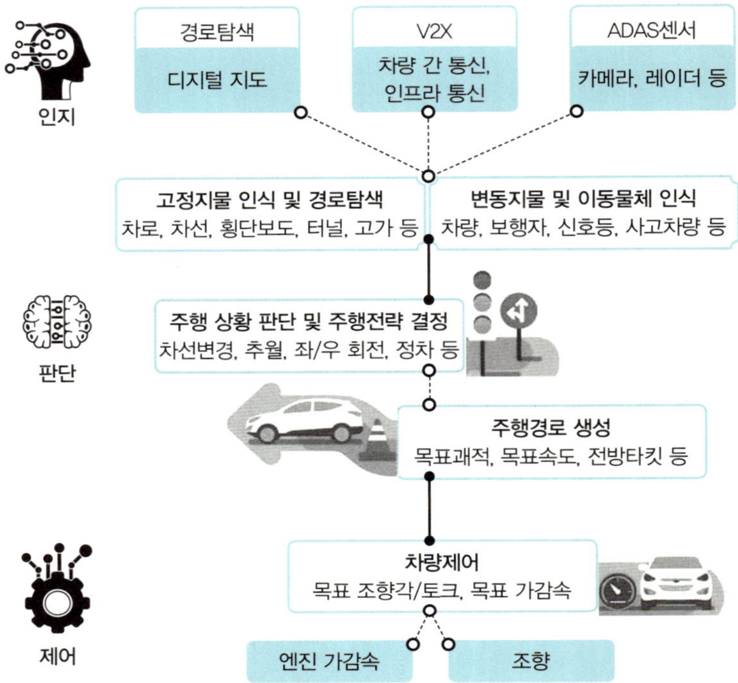

출처: 자율주행을 완성하는 트라이앵글 ① 어떻게 인지하는가?(HMG JOURNAL); 중소벤처기업부, 중소기업기술정보진흥원, 중소기업 전략기술로드맵 2021–2023: 자율주행차, 2021년

(1) 인공지능 센싱 기술

- 인공지능 센싱 기술은 머신러닝(Machine Learning) 및 딥러닝(Deep Learning)을 적용한 객체 분류(Object Classification), 주행 환경 인지 및 판단에 이용한다.
- 주행공간 및 장애물 인식 및 검출 센서 기술은 주행환경에 대한 2D 및 3D 정보 실시간 생성이 가능한 레이더 및 라이다 그리고 카메라 등 센서 모듈과 알고리즘 설계에 이용한다.
- 자율주행 구현을 위한 정밀 위치정보 기술은 차량에 장착된 서라운드 센서 및 내부 데이터를 활용한 DR(Dead Reckoning) 기술, LDM(Local Dynamic Map) 기반 정밀 위치 판단에 이용한다.

표 11-12 자율주행 인지 및 판단시스템 핵심기술

분류	핵심기술	개요
인공지능 센싱 기술	인공지능 센싱 기술	ML(Machine Learning) 및 DL(Deep Learning)을 적용한 객체 분류(Object Classification), 주행 환경 인지 및 판단 기술
	주행공간 및 장애물 인식/검출 센서 기술	주행 환경에 대한 2D/3D 정보 실시간 생성이 가능한 레이더/라이다/카메라 등 센서 모듈과 알고리즘 설계 기술
	자율주행 구현을 위한 정밀 위치정보 기술	차량에 장착된 서라운드 센서 및 내부 데이터를 활용한 DR(Dead Reckoning) 기술, LDM(Local Dynamic Map) 기반 정밀 위치판단 기술
빅데이터 분석 기술	자율주행 빅데이터 구축/활용 기술	자율주행 중에 생성된 데이터와 기타 자율주행 시스템에 필요한 각종 데이터에 대한 저장을 위한 클라우드 시스템 구축, DB 설계 기술
	클라우드 기반 데이터 분석 기술	클라우드 환경에 구축된 빅데이터에 대한 다차원 분석 기술 및 이를 이용한 데이터 생성 기술
	실시간 데이터마이닝	기술 자율주행차 또는 인터넷 등 3rd party 정보에 대한 실시간 데이터 수집을 위한 소프트웨어 설계 기술 및 데이터 거래 기술
자율주행 제어 기술	인공지능 자율주행 기술	주행 환경(장애물, 주행공간 등)을 인식하여 직접 차량을 제어할 수 있는 End-to-End 인공지능 네트워크 설계 기술

출처: 중소벤처기업부, 중소기업기술정보진흥원, 중소기업 전략기술로드맵 2021-2023: 자율주행차, 2021년

(2) 빅데이터 분석 기술

- 자율주행 빅데이터 구축 및 활용 기술은 자율주행 중에 생성된 데이터와 기타 자율주행 시스템에 필요한 다양한 데이터에 대한 저장을 위한 클라우드 시스템 구축, 데이터베이스(DB) 설계에 이용한다.
- 클라우드 기반 데이터분석 기술은 클라우드 환경에 구축된 빅데이터에 대한 다차원 분석 기술 및 이를 이용한 데이터 생성에 이용한다.
- 실시간 데이터마이닝 기술은 자율주행차 또는 인터넷 등 제3자 영역(3rd party) 정보에 대한 실시간 데이터 수집을 위한 소프트웨어 설계 기술 및 데이터 거래에 이용한다.

(3) 인공지능 자율주행 제어 기술

인공지능을 이용한 자율주행 제어 기술은 주행 환경(장애물, 주행공간 등)을 인

식하여 직접 차량을 제어할 수 있는 엔드투엔드(End-to-End) 인공지능 네트워크 설계에 이용한다.

3. 미래 자율주행 관련 사라질 직업

인공지능에 의해 구현되는 자율주행 기술은 다양한 부분에서 사람들의 일자리를 대체하게 될 것이다. 예를 들면, 사라질 직업군으로는 일반 자동차 주행과 관련된 분야, 주행 기술이 운영될 분야, 농기계 및 건설장비와 같은 특수 자동차 분야, 인공지능 자율주행에 기반한 판단기능을 지원하는 다양한 서비스 분야(보험, 금융, 판매 등), 차량 진단 및 수리 분야 등이 있다. 각각의 직업군을 보다 상세히 살펴보면 다음과 같다.[04]

표 11-13 미래 자율주행 관련 사라질 직업

구분	직업군
자율주행 자동차 관련 사라질 직업	1. 택시 운전자(Taxy Dirvers) 2. 우버 드라이버(Uber Drivers) 3. 택배 직업(Delivery Jobs) 4. 배송 직업(Courier Jobs) 5. 버스 운전자(Bus Drivers) 6. 트럭 운전자(Truck Drivers) 7. 발레 파킹 요원(Valet Jobs) 8. 일반 운전기사 및 리무진 운전자(Chauffeurs and Limo Drivers)
그 밖의 자율주행차 관련 사라질 직업	9. 도로 건설 시 깃발로 안내하는 요원(Road Construction Flag People) 10. 운전자 교육 요원(Drivers-Ed Teacher) 11. 방어운전 학원(Defensive Driving Schools) 12. 교통 분석가(Traffic Analyst) 13. 자동차 면허 및 등록 요원(Car Licensing and Registration) 14. 운전 테스트 요원(Drivers Test People) 15. 자동차 렌탈 관리자(Rental Car Agents) 16. 충돌 테스트 관리자(Crash Testers)

04 토마스 프레리의 웹사이트 (https://futuristspeaker.com/future-of-transportation/128-things-that-will-disappear-in-the-driverless-car-era/)

특수 자동차 운전자	18. 지게차 운전자(Forklift Drivers) 19. 잔디 깍는 차량 운전자(Lawnmower Operator) 20. 제설차량 운전자(Snowplow Operator) 21. 소방 트럭 운전자(Fire Truck Drivers) 22. 수상 택시 운전자(Water Taxies) 23. 앰뷸런스 운전자(Ambulance Drivers) 24. 청소차 운전자(Trash Truck Drivers)
농기구 및 차량 정부 운전자	25. 트랙터 운전자(Tractor Drivers) 26. 콤바인 운전자(Combine Operator) 27. 스웨더 운전자(Swather Operator) 28. 보석 운전자(Bailer Operator) 29. 분무기 운전자(Sprayer Operator) 30. 말 트레일러 운전자(Horse Trailer Drivers) 31. 곡물 트럭 운전자(Grain Truck Operator) 32. 과일 자동 수확기 운전자(Automated Fruit Harvester Operator)
건설장비 차량 운전자	33. 크레인 조작자(Crane Operator) 34. 도로점용 운영자(Road Grader Operator) 35. 흑 파는 기계 운영자(Earth Mover) 36. 환경 미화 운영자(Street Sweeper Operator) 37. 굴착기 운영자(Backhoe Operator) 38. 트렌처 운영자(Trencher Operator) 39. 시멘트 트럭 운영자(Cement Truck Operator) 40. 연료 트럭 운영자(Fuel Truck Operator)
자동차 판매, 금융, 보험산업 관련 직무	41. 신차와 중고차 판매사원(Auto Sales-New And Used) 42. 회계관리자(Account Managers) 43. 자동차 경매(Auto Auction) 44. 신용관리자(Credit Managers) 45. 대출 인수자(Loan Underwriters) 46. 보험 에이전트 및 판매부서(Insurance Agents and Sales Reps) 47. 보험 클레임 조정자(Insurance Claim Adjusters) 48. 보험 콜센터 대리점(Insurance Call Center Agents)
그 밖에 사라질 직업	49. 뉴스 교통 리포터(Traffic Reports On The News) 50. 음주검문요원(Sobriety Checkpoint People) 51. 자동차산업 로비스트(Auto Industry Lobbyists) 52. 신호등 설치자(Stoplight Installers) 53. 갱도 수리공(Pothole Repair People) 54. 배기가스 배출 시험자(Emission Testers) 55. 도로 및 주차장 관리자(Road and Parking Lot Stripers) 56. 심야 수리 사원(Night Repair Crews)

차량 수리 및 소비자 관련 사라질 직업	57. 길가 보조 안내(Roadside Assistant) 58. 자동 수리점(Auto Repair Shop) 59. 자동차 차체 공장(Body Shop) 60. 레커차(Tow Truck) 61. 유리 수리(Glass Repair) 62. 자동 자물쇠 관련 업종(Auto Locksmiths) 63. 트랜스미션 수리점(Transmission Repair Shop) 64. 자동차 부품점(Auto Part Shop)

출처: 중소벤처기업부, 중소기업기술정보진흥원, 중소기업 전략기술로드맵 2021-2023: 자율주행차, 2021년

핵심문제

01 자율주행 기술에 대해 설명하시오.

02 V2V(Vehicle to Vehicle)에 대해 설명하시오.

03 V2I(Vehicle to Infrastructure)에 대해 설명하시오.

04 V2P(Vehicle to Pedestrian)에 대해 설명하시오.

05 자동차산업 디지털화에 대해 설명하시오.

06 자율주행 자동차의 기술 구성요소에 대해 설명하시오.

① V2X(Vehicle To Everything)
② 센서(Sensor)
③ 라이다(LiDar)
④ 레이더(Radar)
⑤ HVI(Human Vehicle Interface)
⑥ GPS(Global Positioning Systems)

07 미국 자동차공학회(SAE International)에서 제시한 자율주행 수준에 대해 설명하시오.

① 자율주행 레벨 0
② 자율주행 레벨 1
③ 자율주행 레벨 2
④ 자율주행 레벨 3
⑤ 자율주행 레벨 4
⑥ 자율주행 레벨 5

08 국토부에서 제시한 부분 자율주행 시스템(Level 3) 안전기준에 대해 설명하시오.

① 운전 가능 여부 확인 후 작동
② 자율주행 시 안전 확보
③ 상황별 운전 전환 요구

④ 긴급한 상황의 경우
⑤ 운전자 대응이 필요한 상황에서 반응이 없는 경우
⑥ 시스템 고장 대비

09 트롤리 딜레마(Trolley Problem)에 대해 설명하시오.

10 친환경 자동차의 분류체계에 대해 설명하시오.

11 미국의 자율주행 자동차 안전지침규정에 대해 설명하시오.
① 시스템 안정성(System Safety)
② 운영 설계 영역(Operational Design Domain)
③ 사물과 사건 감지와 대응(Object and Event Detection and Response)
④ 최소 위험을 위한 대비책(Fallback, Minimal Risk Condition)
⑤ 검증방법(Validation Method)
⑥ 인간과 기계 인터페이스(Human Machine Interface)
⑦ 차량 사이버 보안(Vehicle Cybersecurity)
⑧ 충돌 내구성(Crash Worthiness)
⑨ 충돌 후 ADS 행위(Post ADS Behavior)
⑩ 데이터 저장(Data recording)
⑪ 소비자 교육과 훈련(Consumer Education & Training)
⑫ 연방법, 주법, 지방자치법규(Federal, State and Local Laws)

12 스마트 커넥티드카에 이용되는 요소 기술에 대해 설명하시오.
① 차량 커넥티드 기술(예, 차량용 커넥티드 디바이스 기술, 차량용 커넥티드 애플리케이션 기술)
② 협력 주행 기술(예, 커넥티드 기반 자율협력 주행 서비스 기술)
③ 차량 통신 기술(예, V2X, V2I, V2V 등)
④ 차량 전장화 기술(예, 차량 인포테인먼트 기술, 차량 전장부품 기술
⑤ 무인화 서비스 기술(예, 커넥티드카 기반 무인화 서비스 기술)
⑥ 보안 기술(예, 커넥티드카 보안 시스템 기술)
⑦ 전력 분배 기술(예, 차량 전력 분배 및 네트워킹 기술)

참고문헌

국토교통부, 세계 최초 부분자율주행차(레벨3) 안전기준 제정, 2020년 1월 6일 (https://itskorea.kr/boardDetail.do?type=8&idx=8519)

관계부처합동, 미래자동차 산업 발전 전략 – 2030년 국가 로드맵 –, 2019년 10월

백장균, 자율주행차 국내외 개발 현황, KDB미래전략연구소 산업기술리서치센터, 제771호, 2020년 2월

산업통상자원부 · 한국산업기술평가관리원 · 한국에너지기술평가원, 2018 시스템 산업기술 R&BD전략, 2018년

이항구 · 윤자영, 전기동력 · 자율주행 자동차산업의 현황 및 전망, 정책자료 2018-332, 산업연구원, 2018년 8월

융합연구정책센터, 자율주행 자동차 기술 개발의 특징 및 정책 동향, 2017년

장승주, 자율주행 자동차 관련 SW기술 동향, 한국통신학회지, 제33권 제4호, 2016, pp.27-33

중소기업기술정보진흥원, 미래자동차 산업 동향 및 국내 경쟁력 확보 방안, 2019년 중소기업 전략기술 로드맵, ISSUE REPORT, Vol.8, 2010년 1월

포스코경영연구원, 스마트카 시대 자동차 新밸류체인-커넥티드카, 자율주행차용 센서와 AI컴퓨터 트랜드, 2019년 9월

Frost & Sullivan(2014), Strategic Outlook of Global Electric Vehicle Market in 2015

https://futuristspeaker.com/future-of-transportation/128-things-that-will-disappear-in-the-driverless-car-era/

Chapter 12 챗봇과 RPA

학습목표

- 챗봇과 RPA의 개요에 대한 이해
- 챗봇과 RPA의 발전과정에 대한 이해
- RPA의 비즈니스 응용에 대한 이해
- RPA의 미래에 대한 이해

제 1 절 챗봇의 개념과 특성

1. 챗봇의 개념과 유형

챗봇이란 사람과 대화를 할 수 있는 정보 시스템이다. 챗봇은 인공지능 기술을 기반으로 사전에 질의와 응답을 학습함으로써 다양한 분야에서 업무를 지원하는 도구로 활용되고 있다. 최근 인공지능 기술의 발전으로 챗봇이 보다 스마트해짐에 따라 챗봇을 이용하는 업무처리에 있어서 질의자가 원하는 수준의 응답을 제공할 수 있게 되었다. 챗봇은 인공지능 기술이 적용되지 않은 초기 유형의 챗봇과 인공지능 기술로 구현된 첨단 챗봇이 비즈니스에서 활용되고 있다(한국정보사회진흥원, 2018). 각각의 특성은 [표 12-1]과 같다.

표 12-1 챗봇의 유형별 특징

구분	질의응답형 챗봇	인공지능 상담 챗봇
대화방식	단방향 정보 전달: 사용자 질문에 대한 답변만 가능하며 추가 보완은 어려움	쌍방향 정보 교류: 대화 에이전트가 주도적으로 사용자와의 질문–답변과정을 반복하여 부족한 정보를 보완
정보 제공	포괄적 정보 제공: 일반적인 정보만 제공하기 때문에 자신에게 맞는 정보인지 스스로 판단 필요	맞춤형 정보 제공: 대화를 통해 사용자의 상황정보를 인식하여 사용자에게 적합한 정보 제공
정보 획득	사용자 스스로 질문 주도: 사용자는 자신에게 적합한 정보를 얻기 위해 스스로 질문을 만들고 답변을 찾는 과정을 반복	대화를 통한 전문가의 도움: 지식이 없는 사용자도 대화 에이전트의 가이드에 따라 원하는 정보에 빠르고 쉽게 접근

출처: 한국정보사회진흥원, 인공지능 기반 챗봇 서비스의 국내외 동향 분석 및 발전 전망, 2018년 2호

첫째, 대화방식에 따른 특성을 살펴보면, 질의응답형 챗봇은 질문에 대해 답변을 수행하는 단방향 정보 전달을 목적으로 하며, 시스템에 대한 추가적인 개발 및 보완이 어려운 특성이 있다. 반면, 인공지능 기반 상담형 챗봇의 경우 질의자와 인공지능 챗봇 사이의 쌍방향 정보 교류가 가능하며, 인공지능기반 대화형 에이전트가 주도적으로 이용자와의 질문과 답변과정을 반복하며, 챗봇 시스템이 부족한 정보를 보완할 수 있는 특징이 있다.

둘째, 정보 제공에 따른 특성을 살펴보면, 질의응답형 챗봇은 이용자들의 질의에 포괄적인 정보를 제공하는 특징이 있으며, 이 챗봇은 주로 일반화된 정보를 제공한다. 반면 인공지능에 기반한 상담형 챗봇의 경우 질의자의 특성에 따라 맞춤형 정보 제공을 할 수 있고, 더불어 이용자와 인공지능형 챗봇 사이에서 커뮤니케이션을 통해 상황정보를 인식하여 이용자에게 적절한 정보를 제공할 수 있는 특성이 있다.

셋째, 정보 획득에 따른 특성을 살펴보면, 질의응답형 챗봇은 이용자가 스스로 질문을 주도하는 특성이 있다. 그렇기 때문에 이용자는 스스로에게 적절한 정보를 얻기 위해 질문을 하고 답변하는 과정을 반복해야 하는 특성이 존재한다. 반면, 인공지능 상담형 챗봇은 커뮤니케이션에 있어서 인공지능 전문가의 도움이 필요하다. 즉, 사전에 데이터에 기반한 학습을 통해 에이전트가 사전에 응답자의 의도를 파악해서 정보를 쉽게 제공할 수 있는 특성이 있다.

표 12-2 챗봇의 유용성

① 이용자는 챗봇을 통해 시간 절약, 사용자 경험 개선, 접근성 제고 가능(예를 들면, 챗봇은 인터넷이 접속되며 시간과 장소에 제약 없이 서비스 이용이 가능하기 때문에 대기시간이나 방문시간 절약)
② 디지털 서비스 및 기기의 이용 환경(혹은 사용자 경험) 개선(예를 들면, 추가적인 앱이나 프로그램 설치 없이 온 · 오프라인(O2O) 서비스 이용이 가능하고, 사물인터넷 통제 가능)
③ 정보역량(digital literacy)에 관계없이 원하는 결과 획득(예를 들면, 일상적인 대화방식으로 쉽게 접근하여 정보 수집 가능)

출처: 국회입법조사처(2018), 챗봇(chatbot)의 현황과 향후 과제, 정준화 재정리 (재인용: 한국정보사회진흥원, 인공지능 기반 챗봇 서비스의 국내외 동향분석 및 발전 전망, D.gov, Trend & Future, 2018년 2호)

챗봇의 도입 배경을 살펴보면 다음과 같다. 우선, 최근 정보통신기술 발전에 따라 새로운 시스템을 구축하지 않고, 기존 시스템에 챗봇을 연계에서 시스템을 구현할 수 있게 되었다. 이에 따라 기업에서는 많은 비용을 투입하지 않고, 신속하게 챗봇을 이용한 시스템을 구축할 수 있게 되었다.

기업들은 사람들이 하는 일에서는 오류가 많이 발생할 수 있는데, 챗봇 시스템을 도입해서 업무를 자동화함으로써 오류를 줄일 수 있고, 무오류 업무처리 환경을 구축할 수 있게 되었다. 이에 따라 신속한 업무처리를 할 수 있게 되었고, 업무 가이드라인 및 컴플라이언스에 잘 대응할 수 있게 되었다.

2. 챗봇 서비스의 발전 단계

현재 국내에서는 챗봇 관련 기술이 지속적으로 발전하고 있다. 1단계는 기본적인 수준의 서비스가 제공되고, 2단계는 지능화된 서비스가 제공되고, 3단계는 지능형 감성 비서 서비스가 제공된다.[01] 각각의 챗봇 서비스 특성은 다음과 같다.

01 서교리 외(2017), 인공지능 기반의 공공 지능형 가상 비서 서비스 발전모델 연구, 한국통신학회 수정 및 보완 (재인용: 정종민, 인공지능 기반 챗봇기술 국외 현황과 시사점, 정보통신산업진흥원, 2019년 8월 22일)

표 12-3 챗봇 서비스 발전 단계

구분	1단계	2단계	3단계
	챗봇 서비스 (Chatbot)	지능형 서비스 (Intelligent Assistant)	감성 비서 (Conscious Assistant)
제공방식	텍스트, 음성	텍스트, 음성, 시각자료	텍스트, 음성, 시각자료, 행동인지
입력방식	폐쇄형, 개방형 일부	폐쇄형 일부, 개방형	개방형, 폐쇄형 복합 사용
주요기술	패턴 매칭, 키워드 및 연관어 추출 등	딥러닝, 머신러닝, 자연어 처리, 기타 신기술 융합 등	감성인지 기술, 데이터 정형화 기술
내용	학습된 내용에 대한 질의응답, 사용자와 단순한 형태의 소통, 검색을 통한 결과 제공	사용자의 패턴 및 상황을 고려한 개인맞춤형 서비스 제공, 간단한 업무처리	감정 교류를 통한 서비스 및 각종 서비스에 대한 선제적 대응

출처: 정종민, 인공지능 기반 챗봇기술 국외 현황과 시사점, 정보통신산업진흥원, 2019년 8월 22일

첫째, 챗봇 서비스 제공방식에 따른 특성을 살펴보면, 1단계 챗봇 서비스(Chatbot Service)는 텍스트 및 음성 중심의 챗봇 서비스가 제공되고, 2단계 지능형 챗봇 서비스(Intelligent Assistant)는 텍스트, 음성 그리고 시각자료 기반 챗봇 서비스가 제공되고, 3단계 감성 비서 챗봇 서비스(Conscious Assistant)는 텍스트, 음성, 시각자료, 및 행동인지 기반 챗봇 서비스가 제공된다.

둘째, 챗봇 입력방식에 따른 특성을 살펴보면, 1단계 챗봇 서비스는 폐쇄형, 개방형 일부 입력방식이 제공되고, 2단계 지능형 챗봇 서비스는 폐쇄형 일부, 개방형 입력방식이 제공되고, 3단계 감성 비서 챗봇 서비스는 개방형, 폐쇄형 복합 사용 입력방식이 가능한 특성이 있다.

셋째, 챗봇 주요 기술에 따른 특성을 살펴보면, 1단계 챗봇 서비스는 패턴 매칭, 키워드 및 연관어 추출 등의 기술이 활용되고, 2단계 지능형 챗봇 서비스는 딥러닝, 머신러닝, 자연어처리, 기타 신기술 융합 등의 기술이 활용되고, 3단계 감성 비서 챗봇 서비스는 감성인지 기술, 데이터 정형화 기술 등이 활용된다.

넷째, 챗봇 서비스의 내용 특성을 살펴보면, 1단계 챗봇 서비스는 학습된 내용에 대한 질의응답이 이루어지고, 챗봇과 이용자와 단순한 형태의 소통이 이루어지고, 검색을 통한 결과를 제공한다. 2단계 지능형 챗봇 서비스는 챗봇 사용자의 패

턴 및 상황을 고려한 개인맞춤형 챗봇 서비스 제공이 이루어지고, 간단한 업무처리가 이루어진다. 3단계 감성 비서 챗봇 서비스는 감정 교류를 통한 서비스 및 각종 서비스에 대한 선제적 대응이 이루어지는 특성이 있다.

제2절 챗봇 요소 기술과 인공지능

1. 챗봇 요소 기술

텍스트에 기반한 챗봇 서비스에는 패턴인식, 자연어처리, 시멘틱웹, 텍스트마이닝, 상황인식 기술이 활용되었다. 최근에는 데이터 확보가 용이해지고, 컴퓨팅 파워가 개선되고, 인공지능 기술이 발전함에 따라 챗봇의 성능이 막강해졌다. 챗봇의 핵심은 자연어처리, 자연어생성, 자연어이해 기술이다.

챗봇은 자연어처리 기술 발전에 따라 비즈니스에서 활용이 급증하게 되었다. 자연어처리(NLP: Natural Language Processing) 기술은 컴퓨터가 자연어를 인지하고 처리하는 기술을 의미한다. 자연어이해(NLU: Natural Language Understanding) 기술은 컴퓨터가 언어를 이해하는 기술을 의미한다. 자연어생성(NLG: Natural

표 12-4 텍스트 기반 챗봇의 기술 요소

핵심기술	세부 내용
패턴인식	기계에 의하여 도형, 문자, 음성 등을 식별하는 것
자연어처리	정보검색, 질의응답, 시스템 자동 번역, 통역 등이 포함
시멘틱웹	컴퓨터가 정보자원의 뜻을 이해하고, 논리적 추론까지 할 수 있는 차세대 지능형 웹
텍스트마이닝	비정형 텍스트 데이터에서 새롭고 유용한 정보를 찾아내는 과정 또는 기술
상황인식 컴퓨팅	가상공간에서 현실의 상황을 정보화하여 사용자 중심의 지능화된 서비스 제공

출처: 한국정보화진흥원(2016), 모바일 시대를 넘어 AI 시대로, 한국정보화진흥원(2016), 인공지능 기반의 챗봇(ChatBot) 서비스 등장과 발전 동향 재가공

Language Generation) 기술은 컴퓨터가 자연어를 만들어내는 기술을 의미한다. 텍스트 기반 챗봇의 기술적 특성은 다음과 같다(한국정보화진흥원, 2016).

첫째, 챗봇에 이용되는 패턴인식 기술은 기계 또는 챗봇에 의하여 도형, 문자, 음성 등을 식별하는 데 이용된다. 둘째, 챗봇에 이용되는 자연어처리 기술은 정보 검색, 질의에 대한 응답, 인공지능 기술을 이용한 자동 번역 및 통역 등이 있다. 셋째, 챗봇에 이용되는 시멘틱웹 기술은 컴퓨터가 다양한 정보자원의 의미를 이해하고 논리적 추론을 할 수 있다. 넷째, 챗봇에 이용되는 지능형 웹 기술은 챗봇을 통해 보다 개선된 대응이 이루어질 수 있는 역량을 제공한다. 다섯째, 챗봇에 이용되는 텍스트마이닝 기술은 텍스트 기반 비정형 데이터에서 새롭고 유용한 정보를 탐색한다. 여섯째, 챗봇에 이용되는 상황인식 컴퓨팅 기술은 가상공간에서 현실 상황을 정보화하여 이용자 중심의 서비스를 제공한다.

2. 챗봇과 인공지능

최근 인공지능 기술 발전에 따라 챗봇 시스템에서는 인공지능 기술이 적용되고 있다. 국내의 챗봇 서비스는 늦은 편이고, 기술 발전에 따라 챗봇의 기능이 급격하게 증가되고 있다. 현재 대부분의 챗봇에는 약한 인공지능 기술이 적용되고 있다. 강한 인공지능과 약한 인공지능 기술로 구분이 되는데, 그 특성은 다음과 같다.

표 12-5 강한 인공지능과 약한 인공지능

강한 인공지능	약한 인공지능
• 다양한 분야에서 보편적으로 활용 • 알고리즘을 설계하면 AI가 스스로 데이터를 찾아 학습 • 정해진 규칙을 벗어나 능동적으로 학습하여 창조 가능	• 특정 분야에서만 활용 가능 • 알고리즘은 물론 기초 데이터 · 구칙을 설정 • 미리 구성된 알고리즘, 규칙 등을 통한 학습은 가능하나 규칙을 벗어난 창조는 불가

출처: 보스턴컨설팅 · 가트너 · 세계경제포럼, 중앙일보, "알파고는 인간 돕는 약AI… 자아 갖는 강AI는 먼 얘기", 2017년 3월 12일 재가공 (재인용: 한국정보사회진흥원, 인공지능 기반 챗봇 서비스의 국내외 동향분석 및 발전 전망, D.gov, Trend & Future, 2018년 2호)

첫째, 챗봇에 적용되는 강한 인공지능 특성을 살펴보면, 챗봇의 다양한 분야에 보편적으로 활용되고 있고, 인공지능 기술 적용에 따라서 알고리즘을 설계하면 인공지능(AI) 시스템이 데이터를 찾아서 스스로 학습한다. 그리고 인공지능 시스템이 정해진 규칙을 벗어나 능동적으로 학습을 수행하며, 창의적인 행동 구현이 가능하다.

둘째, 챗봇에 적용되는 약한 인공지능 특성을 살펴보면, 챗봇의 특정 업무 분야에서만 활용 가능하며, 인공지능 알고리즘은 물론 기본적으로 제공된 데이터와 기본적으로 제공된 규칙에 기반한다. 또한 사전에 구성된 인공지능 알고리즘 및 규칙 등을 통한 학습을 수행하며, 규칙을 벗어난 운영은 불가능한 특성이 있다.

제 3 절 RPA의 개념과 특성

1. RPA 시장 규모

가트너 리서치에 의하면 미래에 주목할 10대 기술 중에 RPA와 관련된 하이퍼오토메이션(Hyperautomation) 기술을 강조하였다. 이 기술은 인공지능 기술을 통해 RPA(Robotic Process Automation) 시스템을 강화하는 것을 의미한다. 예를 들면, 자료 인식, 자료 분석, 자동화처리를 지원한다. 현재 글로벌 시장에서 많은 기업들이 RPA에 대해 많은 관심을 갖고 있다.

다양한 리서치회사에서 RPA 시장의 성장을 공통으로 강조하고 있다. 예를 들면, RPA 전문 조사기관인 HIS 리서치에 의하면, 글로벌 RPA 시장은 2016년 2억 7,100만 달러, 2017년 4억 4,300만 달러, 2018년 6억 2,900만 달러, 2019년 8억 2,200만 달러, 2020년 10억 22,00만 달러, 2021년 12억 2,400만 달러(한화 약 1조 4,151억 원)에 이를 것이라고 하였다.

▌그림 12-1 ▌ HIS 리서치의 RPA 시장 규모

출처: https://newsroom.koscom.co.kr/18328

2. RPA의 개념과 특성

RPA(Robotic Process Automation)[02] 기술은 비즈니스 프로세스를 자동화하는 기능을 제공하기 위해 광학적 문자판독장치(OCR: Optical Character Reader), 챗봇(Chatbots), 데이터 분석 기술(Data Analytics Technology), 자연어처리(Natural Language Processing),[03] 머신러닝(Machine Learning) 기술을 이용한다.

- **데이터 분석 기술(Data Analytics Technology):** 다양한 데이터(정형 데이터, 비정형 데이터, 반정형 데이터)를 통계적 기법과 컴퓨터 분석기법을 활용해서 새로운 정보를 찾아내는 기술이다.
- **챗봇(Chatbots) 기술:** 메신저에 기반해서 사람과 로봇 사이에서 대화를 지원해

02 RPA(Robotic Process Automation)는 프로세스 자동화 역할에 따라 세 가지로 구분된다. 첫째, 프로봇(Probots)은 비즈니스 프로세스의 반복적인 규칙에 따라 데이터를 처리한다. 둘째, 노우봇(Knowbots)은 로봇이 데이터를 수집하거나 또는 저장하는 역할을 수행한다. 셋째, 챗봇(Chatbots)은 사전에 제안된 규칙에 따라 업무를 수행하는 비서 역할을 하며 실시간으로 고객 문의에 응답을 한다(출처: https://wooaoe.tistory.com/59)

03 자연어처리(Natural Language Processing) 기술에는 자연어분석, 자연어이해, 자연어생성 등이 있다.

▌그림 12-2▌ RPA와 융합 가능한 디지털 기술

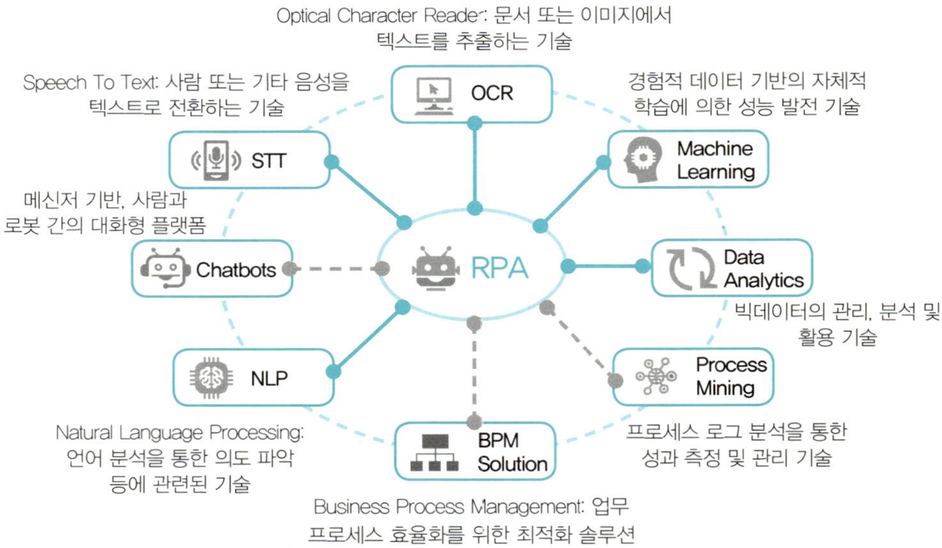

출처: KPMG Samjong Accounting Corp., The Korean member firm of the KPMG network of independent member firms affiliated with KPMG International Cooperative("KPMG International"), -12 -a Swiss entity, All rights reserved, Printed in Korea, 2020

주는 플랫폼 기술이다.

- **RPA(Robotic Process Automation) 시스템 연계 기술**: 광학적 문자판독장치(OCR: Optical Character Reader) 기술이 있다. 원래 OCR 기술은 빛을 이용해서 다양한 문자를 판독하는 장치이다. 예를 들면, 종이에 써 있는 글씨, 숫자, 문자를 빛을 전달해서 반사하는 광선을 전기신호로 전환해서 컴퓨터 시스템이 읽을 수 있도록 해주는 기술이다. 이 기술은 RPA 시스템에서 문서 또는 이미지에서 텍스트를 추출하는 데 이용된다.
- **머신러닝(Machine Learning)**: 인공지능 기술 중 하나로 데이터에 기반해 스스로 학습을 통해 다양한 의사결정을 수행할 수 있는 알고리즘이다. 이에 따라 머신러닝 기술을 이용해서 특정 상황에 대응할 수 있도록 해주는 시스템을 구축하는 것이 가능해졌다.
- **STT(Speech To Text) 기술**: 사람의 음성을 텍스트로 전환하는 기술이다. 다른 말로 음성인식(Speech Recognition) 기술이라고 한다. 일반적으로 이 기술

은 키보드 대신에 음성으로 다양한 디바이스에 명령어를 직접 입력하거나 또는 디바이스에 명령어를 전달한다. 이 기술은 자동차, 로봇, 텔레매틱스, 정보검색 등 다양한 분야에서 활용되고 있다. 이와 관련된 기술로 음성 합성(Speech Synthesis) 기술이 있다. 이 기술은 음성을 임의로 만들어내는 기술로 TTS(Text-to-Speech) 기술이라고도 한다.

- **비즈니스 프로세스관리 솔루션(Business Process Management Solution)**: 비즈니스 프로세스를 보다 효율적으로 운영할 수 있도록 지원해주는 기술이다.
- **프로세스 마이닝(Process Mining) 기술**: 비즈니스 프로세스의 로그를 분석해서 성과를 평가하고 관리하는 기술이다.
- **자연어처리(Natural Language Processing) 기술**: 컴퓨터 시스템을 이용해 사람들이 사용하는 언어를 분석할 수 있도록 그 의미를 파악하고 처리하는 기술이다. 자연어처리 기술에는 자연어분석, 자연어이해, 자연어생성 등이 있다.[04 05 06]

3. RPA 시스템 구축 특성

RPA(Robotic Process Automation) 기술은 인공지능 기술 발전에 따라 기업의 다양한 업무 프로세스를 자동화해주는 기술이다. RPA 기술은 특히 단순하고 반복적인 업무처리를 효율적으로 처리해주는 특성이 있다. 이에 따라 오늘날 많은 금융, 유통, 제조 등 다양한 비즈니스 분야에서 반복적인 업무처리를 위해 RPA를 도입해 비용을 절감하는 경우가 많이 나타나고 있다. 이에 따라 기업에서는 기존 조직의 정보 시스템에 RPA 시스템 도입을 통해 기존 시스템과 통합하는 작업을 수행한다.

04 자연어분석에는 형태소 분석(Morphological Analysis), 통사 분석(Syntacic Analysis), 의미 분석(Semantic Analysis), 프라그마틱 분석(Pragmatic Analysis)이 있다.

05 자연어이해는 컴퓨터가 자연어로 주어진 입력 데이터를 이해하고 이에 따라 운영되는 기술이다.

06 자연어생성 기술은 컴퓨터의 데이터(예, 동영상, 표의 내용 등)를 사람이 이해할 수 있는 컴퓨터 언어로 전환하는 기술이다.

RPA 시스템은 독립적으로 운영되기도 하고, 기존 정보 시스템에 연계되어 운영되기도 한다. 이에 따라서 RPA 시스템을 도입해서 구현하는 데는 기존 시스템 개발보다 짧은 시간이 소요된다. 또한 독립적인 RPA 시스템을 기존 시스템에 연결하는 과정을 구현하는 것이기 때문에, 기존 시스템에 대한 변경이 적고, 더불어 시스템 구현비용이 낮은 특성이 있다. 더불어 RPA 시스템은 기존 시스템과 연계되어 운영되기 때문에 프로세스에 대한 분석, 설계, 구현, 검증 작업이 이루어져야 하며, RPA 시스템은 지속적으로 유지보수되어야 RPA 시스템을 도입한 기업에서 예상한 목표성과를 이룰 수 있다.

4. 인공지능 기반 챗봇 구현 사례

(1) 법무부의 챗봇 서비스

법무부에서는 국민들이 언제 어디에서나 스마트폰 및 개인용 컴퓨터를 이용해 생활 법률 서비스를 이용할 수 있도록 챗봇 서비스를 개발하였다. 법무부에서는 이 법률 서비스를 '버비'라고 명명하였다. 온라인 법률 서비스인 버비는 2016년 5월에 시작하였다. 이후 인공지능기반 기술이 적용되면서 서비스는 지속적으로 개선하고 있다. 이 챗봇 기반 법률 서비스인 버비는 온라인 홈페이지(talk.lawnorder.go.kr)와 메신저 앱인 카카오톡 플러스 친구를 통해 일반인에게 서비스가 제공된다. 제공되는 법률 서비스는 주택 및 상가 임대차, 해고 관련 상담 서비스, 생활 분쟁과 관련된 법률 서비스 등을 제공한다. 법무부에서는 사람들이 접근하기 편리한 플랫폼을 활용해 보다 이용 용이성이 높은 생활 법률 서비스를 제공할 것이라고 하였다.

표 12-6 1세대 버비와 2세대 버비 비교

구분	1세대 버비	2세대 버비
접근방식	인터넷 버비 웹사이트	카카오톡(SNS) 추가
문답지식 분야	부동산임대차, 임금, 해고	상속 분야 추가
문답지식 콘텐츠	38,894건	43,651건 추가
카드뉴스 및 오디오카툰 등	154건	53건 추가(범죄피해예방 등)
공공데이터 개방	없음	공공데이터포털 오픈
자체학습기능	없음	있음

출처: 법무부 보도자료; 한국정보사회진흥원, 인공지능 기반 챗봇 서비스의 국내외 동향분석 및 발전 전망, D.gov, Trend & Future, 2018년 2호

그림 12-3 카카오톡을 활용한 버비 상담 내용 화면

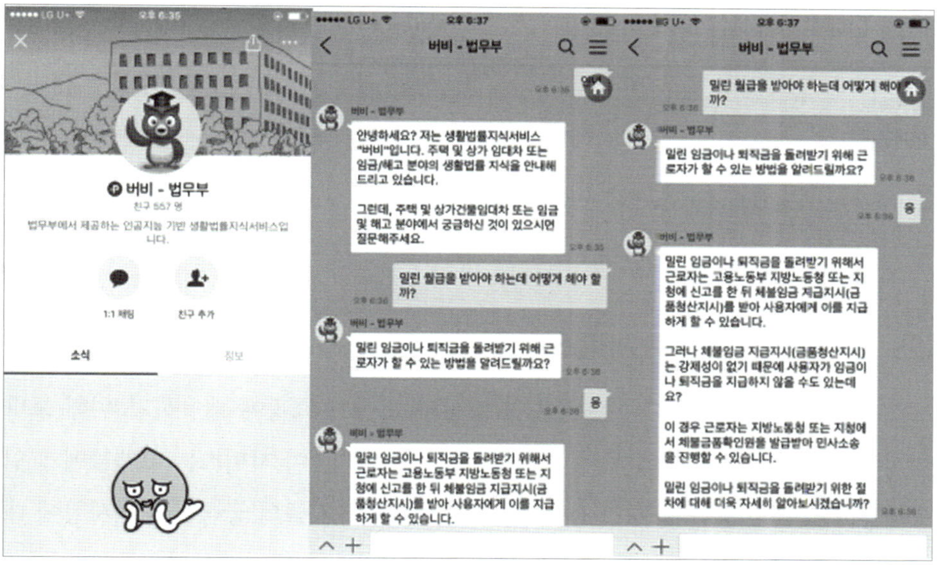

출처: 한국정보사회진흥원, 인공지능 기반 챗봇 서비스의 국내외 동향분석 및 발전 전망, D.gov, Trend & Future, 2018년 2호

(2) 경기도의 챗봇 서비스

경기도에서는 지방세(예, 재산세 및 자동차세 등) 납부를 위해 챗봇 상담 서비스를 도입하였다. 이 챗봇 서비스는 지방세 관련 단순 민원 및 상담 서비스를 제공한다. 이 챗봇 서비스 이용자들은 스마트폰을 통해 지방세를 확인하고, 납부할 수

있다. 경기도는 챗봇 서비스 상담을 통해서 사회적 비용을 줄이고, 담당직원의 업무 효율을 높일 수 있었다.

▮그림 12-4▮ 경기도 지방세 상담봇 상담 서비스

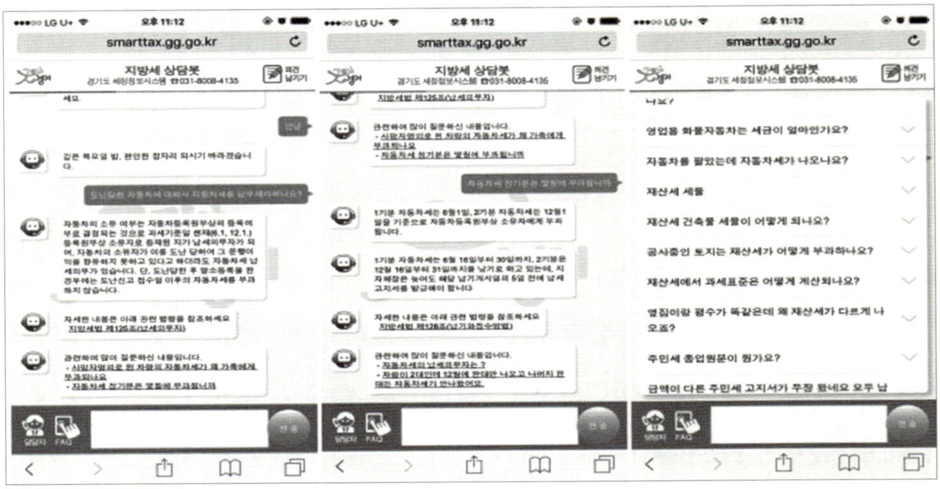

출처: 한국정보사회진흥원, 인공지능 기반 챗봇 서비스의 국내외 동향분석 및 발전 전망, D.gov, Trend & Future, 2018년 2호

(3) CJ대한통운의 챗봇 서비스

CJ대한통운에서는 증가하는 온라인 쇼핑과 모바일 쇼핑에 대응하기 위해 보다 혁신적인 고객대응을 위해 챗봇 서비스를 도입하였다. 이 서비스는 고객들에게 인공지능 기술을 이용해 24시간 내내 택배 서비스 이용자들의 궁금한 질의사항에 대한 응답 서비스를 제공한다. 챗봇이 제공하는 서비스는 택배조회, 택배예약, 반품예약, 택배접수 등이고, 더불어 고객들이 궁금해 하는 사항에 대한 질의응답기능 제공 등이다. CJ대한통운은 챗봇 서비스 도입으로 콜센터를 활용하지 않고 신속하게 고객 서비스를 제공할 수 있게 되었다.

▌그림 12-5▐ CJ대한통운 챗봇 서비스

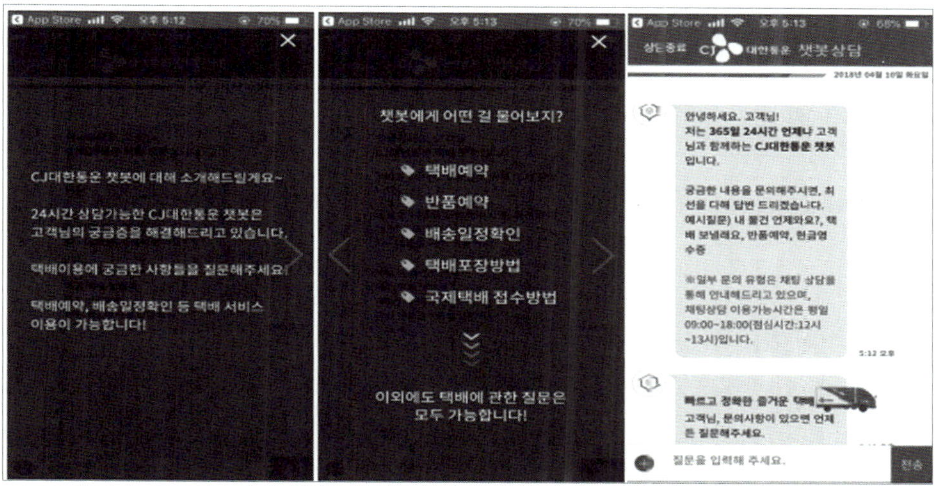

출처: 한국정보사회진흥원, 인공지능 기반 챗봇 서비스의 국내외 동향분석 및 발전 전망, D.gov, Trend & Future, 2018년 2호

제 3 절 RPA와 비즈니스 응용

1. RPA의 업무 지원 특성

RPA(Robotic Process Automation) 시스템은 기업의 업무 자동화를 지원해주는 도구이다. 그렇기 때문에 기존 정보 시스템과 연계되어 운영되는 특성이 존재한다. 글로벌 사무자동화 트렌드를 살펴보면, 1990년대 초에는 ERP(Enterprise Resources Planning) 시스템이 사무자동화 업무를 주도하였고, 2000년대에는 오프쇼어 비즈니스 프로세스 아웃소싱(Offshore Business Process Outsourcing)에 의한 전문적인 서드파티 기업들이 사무자동화를 주도하였다. 2014년 이후에는 기업에서 RPA 소프트웨어에 기반한 사무자동화가 이루어지고 있다. 각각 사무자동화 발전 단계별 특성은 다음과 같다.

그림 12-6 글로벌 기업들의 사무자동화 트렌드

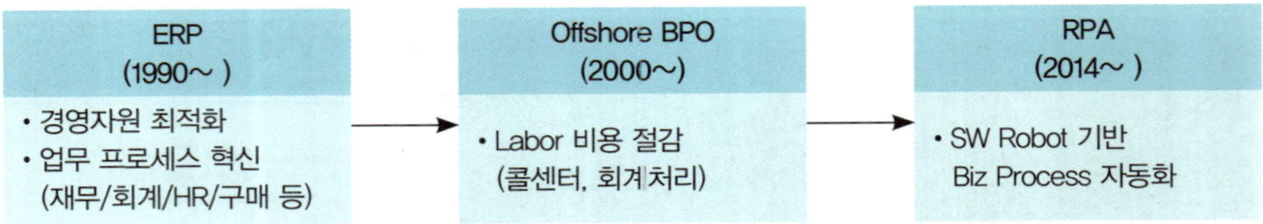

출처: 정제호, Office에 부는 4차 산업혁명 바람 – 'Robots in Biz Operation'의 시대, POSRI 이슈리포트, 2017년 3월 30일

첫째, ERP 시스템은 기업의 다양한 업무(인사, 구매, 회계, 재무, 생산, 서비스, 물류 등)를 지원해주는 운영 시스템으로 경영자원을 최적으로 운영하게 지원해주는 특성이 있다. 이를 통해 업무 프로세스 혁신을 이루고, 경영성과를 개선해 준다.

둘째, 오프쇼어 비즈니스 프로세스 아웃소싱은 기업에서 이루어지는 핵심 경쟁력이 적은 업무를 외부 전문기관에 의해서 일처리를 함으로써 조직의 업무역량을 강화하는 기능을 제공하는 특성이 있다. 이를 통해 조직은 노동비용을 줄일 수 있다. 대표적으로 콜센터 및 회계업무 지원기능이 이 분야에 적용되고 있다.

셋째, RPA 시스템은 로보틱 프로세스 자동화로 소프트웨어 로봇을 이용해서 비즈니스에서의 다양한 반복적인 운영 업무를 자동적으로 처리하게 해주는 특성이 있다.

2. RPA 업무 유형

RPA(Robotic Process Automation)는 기업의 단순하고 반복적인 업무를 체계화해서 소프트웨어로 구현한 정보 시스템이다. 일반적으로 RPA 시스템은 창의적인 분야보다는 규칙적인 업무를 소프트웨어로 구현한다. 일반적으로 RPA 시스템은 다음과 같은 업무를 처리하는 특성이 있다.

❚ 그림 12-7 ❚ RPA 업무 유형

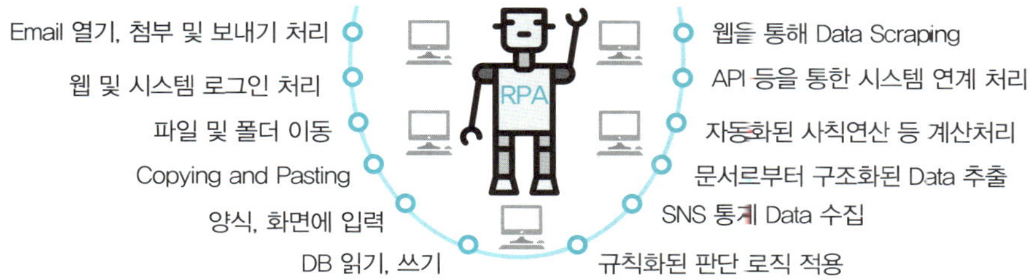

출처: 포스코경영연구원, Office에 부는 4차 산업혁명 바람, POSRI 이슈리포트, 2017년 3월

RPA 시스템은 전자메일을 열고, 파일을 첨부하고, 전자메일을 송부하는 단순한 업무기능을 수행한다. 또한 RPA 시스템은 웹사이트 및 기업의 정보 시스템에 로그인을 자동으로 수행하는 기능을 제공하고, 기업의 컴퓨터에서 파일 및 폴더 등 특정 자료를 자동으로 이동하는 기능을 수행한다. RPA 시스템은 기업의 컴퓨터에서 특정 자료에 대한 복사하기와 붙여넣기 기능을 자동으로 수행하고, 다양한 양식 및 화면에 특정한 자료를 자동으로 입력하는 기능을 제공하며, 데이터베이스의 자료를 읽거나 쓰는 반복적인 업무를 자동으로 수행한다. 또한 RPA 시스템은 특정 목적을 달성하기 위해 웹을 통해서 데이터를 수집하는 업무와 API 등을 통해 시스템을 연계하는 업무를 자동으로 수행하고, 자동화된 사칙연산에 기반한 계산을 수행하며, 문서로부터 구조화된 데이터를 추출하는 데 이용된다. 또한 RPA 시스템은 특정 목적을 달성하기 위해 소셜 네트워크 서비스에서 통계 데이터를 수집하는 업무를 수행하고, 규칙에 기반해서 자동적으로 업무를 처리한다.

3. RPA 도입 분야

앞서 살펴본 것처럼 RPA(Robotic Process Automation) 시스템은 다양한 분야에서 다양한 업무를 지원하고 있다. 예를 들면, 금융, 제조, 유통 분야에서의 RPA 시스템이 처리하는 업무 특성을 살펴보면 [표 12-7]과 같다.

표 12-7 분야별 RPA 도입 업무 사례

분야	주요 업무
금융	• 비대면 계좌 승인 및 거부 처리 자동화 • 신분증 위조 검증 자동화 • 외부 사이트 신용등급 조회 및 엑셀 보고서 작성 자동화 • 펀드 매매기준 데이터 시스템 업로드 자동화 • 전자공시 정보조회 및 DART 편집/엑셀 보고서 작성 • 보험증권 서류 작성 및 등록 자동화 • 고객 등기우편 발송결과 취합 및 시스템 등록 자동화 • 법인카드, 출장비, 매입 세금계산서 처리 자동화
제조	• 거래처 등록 및 견적 대사, 신용정보관리 • 대금 대사 및 계정 조정, 분개장 기입, 조정(Reconciliation) • 자산, 생산관리 물자표(BOM) 데이터 조회 및 ERP 등록 • 물품대금 및 작업비 청구서 프로세스 자동화 • 판매코드 기준 데이터 집계 자동화 • 선적문서, 수출입면장 데이터 조회 및 ERP 입력 자동화 • 급여명세서, 복리후생/근태관리 문서 작성 자동화 • 법인카드, 출장비, 매입 세금계산서 처리 자동화
유통	• 재고관리 입력 및 승인 프로세스 자동화 • POS 데이터 입력, 작업 보고서 입력 자동화 • 제품, 수출입 선적서류 처리 및 ERP 입력 자동화 • 일/월 마감 업무처리 자동화 • 법인카드, 출장비, 매입 세금계산서 처리 자동화

출처: 한국IBM(2018), LGCNS(2018), EY한영(2018) (재인용: 정제호, 주52시간 시대의 해법, RPA를 주목하라 – 도입 시 주요 고려 사항을 중심으로, POSRI 이슈리포트, 2019년 2월 21일)

(1) 금융 분야에서의 RPA 시스템 주요 업무

■ **비대면 계좌 승인 및 거부 처리 자동화:** 금융 분야에서 고객을 대상으로 다양한 서비스가 이루어지고 있는데, 비대면 계좌를 승인하고 거부하는 반복적인 업무를 처리하는 데 RPA 시스템이 이용되고 있다.

■ **신분증 위조 검증 자동화:** 금융산업 분야에서 금융거래 대상자의 신분을 확인하는 반복적인 업무처리에 RPA 시스템이 이용되고 있다.

■ **외부 사이트 신용등급 조회 및 엑셀 보고서 작성 자동화:** 금융거래에 따라서 외부의 신용등급을 확인하고 파악하기 위해 RPA 시스템을 이용해 보고서를 생성

하고 있다.

- **펀드 매매기준 데이터 시스템 업로드 자동화**: 금융기관에서 펀드 매매와 관련된 데이터를 처리하는 데 RPA 시스템을 활용하고 있다.
- **전자공시 정보조회 및 DART(Data Analysis, Retrieval and Transfer System) 편집 및 엑셀 보고서 작성**: 금융기관에서 전자공시, 정보조회 등의 업무와 보고서 작성에 RPA 시스템을 이용하고 있다. 예를 들면, 금융감독원의 전자공시시스템은 DART(Data Analysis, Retrieval and Transfer System)라 하고, 한국거래소(KRX)의 전자공시시스템은 KIND(Korea Investor's Network for Disclosure System)라고 한다.
- **보험증권 서류 작성 및 등록 자동화**: 보험사에서 보험증권 서류 작성업무 및 등록업무는 반복적인 단순한 업무이다. 이에 보험사에서는 업무처리를 위해 RPA 시스템을 이용하고 있다.
- **고객 등기우편 발송결과 취합 및 시스템 등록 자동화**: 금융기관에서 고객에게 등기우편 발송과 관련된 업무를 자동화하는 데 RPA 시스템을 이용하고 있다.
- **법인카드, 출장비, 매입 세금계산서 처리 자동화**: 금융기관에서 법인카드관리, 출장 관련 업무, 세금계산서 처리와 관련된 반복적인 단순 업무를 처리하기 위해 RPA 시스템을 이용하고 있다.

(2) 제조 분야에서의 RPA 시스템 주요 업무

- **거래처 등록 및 견적 대사, 신용정보관리**: 제조업체에서는 다양한 업체로부터 부품을 조달하기 때문에 거래처와 관련해 단순하게 처리할 수 있는 반복 업무가 많다. 예를 들면, 거래처 등록, 견적처리 업무, 거래처 신용관리 업무 등이 있다. 거래처에서는 이러한 반복적인 단순 업무처리를 위해 RPA 시스템을 이용하고 있다.
- **대금 대사, 계정 조정, 분개장 기입 조정(Reconciliation)**: 제조업체에서는 RPA 시스템을 이용해서 빈번하게 발생하는 업무인 대금 대사, 계정 조정, 분개장 기입, 조정(Reconciliation) 등을 처리하고 있다.

- **자산, 생산관리 물자표(BOM: Bill of Material)[07] 데이터 조회 및 ERP 등록:** 제조업체에서는 자산관리 물자표 및 생산관리 물자표(즉, 자재소요명세서) 관련 데이터 조회, ERP 시스템에 다양한 업무 데이터를 등록하는 반복적인 업무를 RPA 시스템을 통해 처리하고 있다.
- **물품대금 및 작업비 청구서 프로세스 자동화:** 제조업체에서는 여러 가지 물품에 대한 대금처리 및 작업비용을 처리하는 프로세스를 RPA 시스템을 통해 자동화하고 있다.
- **판매코드 기준 데이터 집계 자동화:** 제조업체에서는 제품 판매와 관련된 코드를 자동으로 집계하기 위해 RPA 시스템을 활용하고 있다.
- **선적문서, 수출입면장 데이터 조회 및 ERP 입력 자동화:** 제조업체에서는 제품의 선적과 관련된 서류, 수출 및 수업과 관련된 서류 등 다양한 문서의 데이터를 ERP 시스템에 자동으로 입력하기 위해 RPA 시스템을 이용하고 있다.
- **급여명세서, 복리후생 및 근태관리 문서 작성 자동화:** 제조업체에서는 근로자들에 대한 급여명세 처리, 복리후생 처리, 근태관리 처리를 자동화하기 위해서 RPA 시스템을 도입하고 있다.
- **법인카드, 출장비, 매입 세금계산서 처리 자동화:** 제조업체에서는 반복적인 업무로 법인카드 처리, 출장비 처리, 세금계산서 처리와 관련된 업무를 처리하기 위해서 RPA 시스템을 도입하고 있다.

(3) 유통 분야에서의 RPA 시스템 주요 업무

- **재고관리 입력 및 승인 프로세스 자동화:** 유통 분야에서는 재고와 관련된 업무를 자동으로 처리하기 위해 RPA 시스템을 도입하고 있다.
- **POS(Point of Sales) 데이터 입력, 작업 보고서 입력 자동화:** 유통업체에서는 판매 시점 상품관리를 위한 데이터의 입력 및 작업 보고서에 대한 자동 입력을 위해서 RPA 시스템을 활용하고 있다.

---

07 BOM(Bill of Material)이란 제조업체에서 제품을 생산하는 데 들어가는 여러 가지 자재에 대한 소요 명세서를 의미한다.

- **제품, 수출입 선적서류 처리 및 ERP 입력 자동화**: 유통업체에서는 제품의 수출과 수업 관련 선적서류 처리 및 이와 관련된 데이터의 ERP 시스템 자동 입력을 위해 RPA 시스템을 활용하고 있다.
- **일 · 월 마감 업무 처리 자동화**: 유통업체에서는 일단위 및 월단위 업무 마감 처리를 자동화하기 위해서 RPA 시스템을 도입하고 있다.
- **법인카드, 출장비, 매입 세금계산서 처리 자동화**: 유통업체에서는 빈번하게 발생하는 법인카드 처리, 출장비 처리, 세금계산서 처리 업무를 자동적으로 처리하기 위해서 RPA 시스템을 도입하고 있다.

제4절 RPA 시스템 도입에 따른 특성

1. RPA 시스템 도입성과

RPA(Robotic Process Automation) 시스템은 기업 측면에서 업무를 처리하는데 다양한 유용성을 제공해준다. 딜로이트 컨설팅(2017)의 조사에 의하면 RPA 시스템을 도입한 기업들 중 78%의 기업들이 3년 안에 RPA 시스템에 대한 투자를 확장할 것이라고 하였다.

딜로이트 컨설팅의 조사결과를 살펴보면 RPA 시스템은 정부의 규제에 대한 효율적인 대응을 높여주고, 업무처리 품질 개선 및 정확도를 높여주고, 업무처리 능력 개선 및 시간을 줄여주며, 업무를 보다 유연하게 처리해 업무 생산성을 높여주며, 유연한 대응을 가능하게 해주고, 비용을 줄여주고 업무 수행에서 발생하는 비용을 줄여주고, 보다 좋은 경영정보를 제공하는 등 단족도가 매우 높은 것으로 나타난다고 하였다.

▌그림 12-8▐ RPA 시스템 도입에 따른 만족도

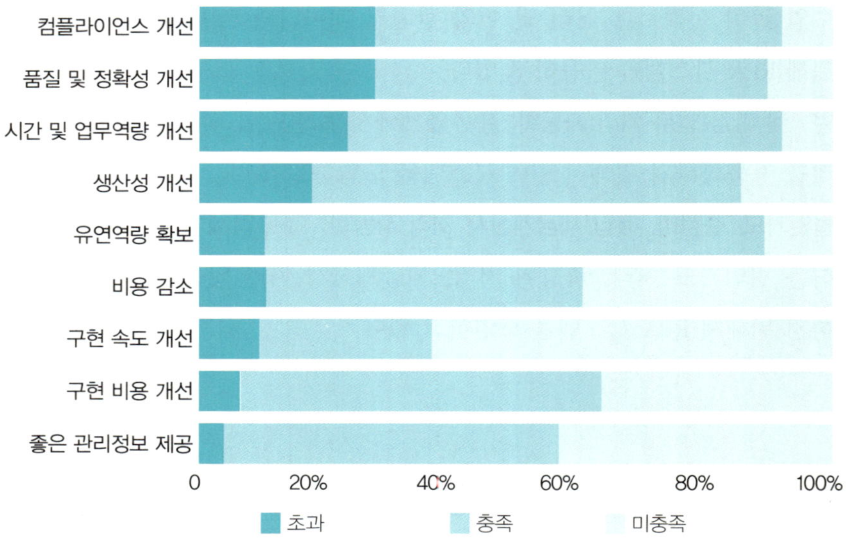

출처: Deloitte(2018), The Robots are ready. Are you?, Untapped Advantage in your Digital Workforce (https://www2.deloitte.com/content/dam/Deloitte/tr/Documents/technology/deloitte-robots-are-ready.pdf) (재인용: 정제호, 주 52시간 시대의 해법, RPA를 주목하라 - 도입 시 주요 고려 사항을 중심으로, POSRI 이슈리포트, 2019년 2월 21일)

또한 딜로이트 컨설팅(2017)에 의하면 RPA 시스템을 도입한 기업들의 경우 대부분의 직원들이 RPA 시스템을 이용한 업무처리에 긍정적인 반응을 보이는 것으로 나타났다. 예를 들면, RPA 시스템 구축 파일럿(Pilot) 단계에서는 RPA 시스템 도입 초기 반발하는 직원들이 17%에서 RPA 시스템 구현 및 확산 단계에서는 3%로 나타났다고 한다.

RPA 시스템 파일럿을 거쳐 RPA 시스템 도입 이후 도입 특성을 살펴보면, 다수의 종업원들이 새롭게 도입된 RPA 시스템에 몰입하는 것으로 나타났고, 약간 차이는 있지만 RPA 시스템에 대하여 환영하고 있는 것으로 나타났으며, RPA 시스템을 통한 새로운 업무처리를 수용하고, 더불어 직무만족도도 높아지는 것으로 나타났다.

그림 12-9 RPA 도입이 직원에게 미친 영향

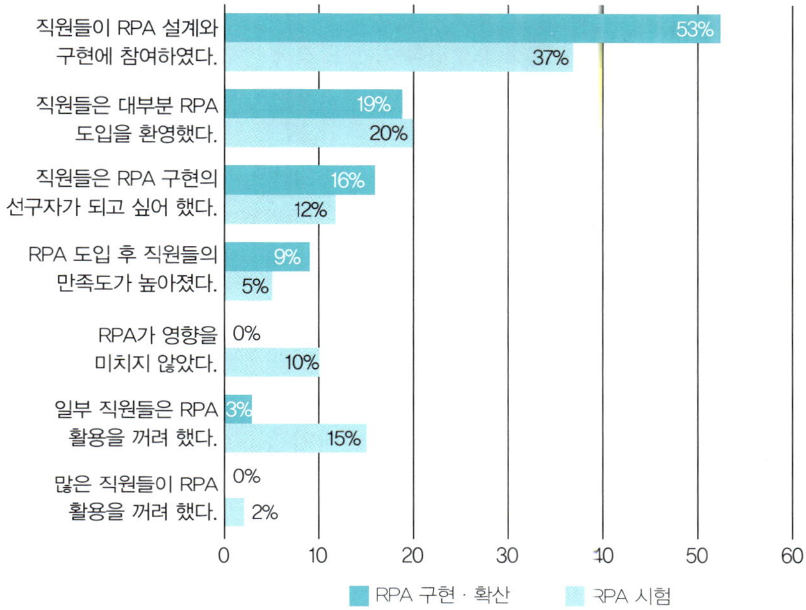

출처: Deloitte(2018), The Robots are ready. Are you?, Untapped Advantage in your Digital Workforce (https://www2.deloitte.com/content/dam/Deloitte/tr/Documents/technology/deloitte-robots-are-ready.pdf) (재인용: 정제호, 주 52시간 시대의 해법, RPA를 주목하라-도입 시 주요 고려 사항을 중심으로, POSRI 이슈리포트, 2019년 2월 21일)

2. RPA와 IPA

RPA는 프로세스를 자동적으로 처리하는 기술을 의미하며 IPA(Intelligent Process Automation)는 스스로 학습할 수 있는 지능을 가지고 학습을 처리하는 역량을 확보하고 있는 기술을 의미한다. 두 기술의 특성을 살펴보면 다음과 같다.

첫째, 업무처리 적용 영역에 따른 특성을 살펴보면, RPA는 업무가 틀에 박히고(Routine), 반복적이고(Repetitive), 규칙기반(Rules-based)인 특성을 처리하는 데 장점이 있고, IPA는 틀에 박히지 않고(Non Rules-based), 패턴인식(Pattern Recognition) 등 고차원 분석을 통해 업무를 처리한다. 둘째, 주요 역할 특성을 살펴보면, RPA는 지침에 따라(Follow Instruction) 역할을 수행하고, IPA는 결론

표 12-8 RPA와 IPA

구분	RPA	IPA
적용 영역	틀에 박히고, 반복적이고, 규칙 기반인 업무를 처리함	틀에 박히지 않고, 패턴인식 등 고차원 분석을 수행하는 업무를 처리함
주요 역할	지침에 따름	결론을 찾아냄
시장 상황	성숙됨	떠오름
구축비용	상대적으로 낮음	상대적으로 높음
구축기간	몇 주	몇 달

출처: Delotte(2018)

을 찾아내는(Come to Conclusion) 방식으로 역할을 수행한다. 셋째, 시장 상황 특성을 살펴보면, RPA는 시장이 성숙(Mature)되어 있고, IPA는 현재 시장이 떠오르고(Emerging) 있다. 넷째, 구축비용 특성을 살펴보면, RPA는 시스템 구축에 있어 상대적으로 비용이 저렴하고(Relatively Low), IPA는 시스템 구축비용이 상대적으로 높은(Relatively High) 특성이 있다. 다섯째, 구축기간 특성을 살펴보면, RPA는 정보 시스템을 구축하는 데 수주의 시간이 소요되고, IPA는 정보 시스템을 구축하는 데 수개월의 시간이 소요된다.

3. RPA 시스템 도입 시 고려해야 할 사항들

RPA 시스템은 반복적인 업무를 오류 없이 효율적으로 처리해주기 때문에 많은 기업에서 관심을 가지고 있다. 그렇다고 RPA 시스템이 모든 분야에서 성과를 나타내는 것이 아니다. 그렇기 때문에 RPA 시스템 도입 시 신중한 검토가 필요하다.

표 12-9 RPA 도입 시 주요 고려사항

- Rule Based의 반복 업무인가?
- 정형 Data를 다루는 영역인가?
- 프로세스가 정의되고 표준화된 분야인가?
- 고정된 시스템이나 웹을 통해 정보가 연결되는 분야인가?
- 해당 업무에 많은 인력이 배치되는가?
- 수작업 오류가 나기 쉬운 분야인가?

출처: Office에 부는 4차 산업혁명 바람, POSRI 이슈리포트, 포스코경영연구원, 2017년 3월

첫째, 기업의 업무가 규칙적이고, 반복적인 업무인가를 파악해야 한다. 업무의 규칙성과 반복성이 높을수록 RPA 시스템의 도입효과는 높아질 것이다. 둘째, 기업에서 수행하는 업무가 정형 데이터를 다루는 영역인가를 파악해야 한다. 정형 데이터를 다룰수록 RPA 시스템의 도입효과는 높을 것이다. 셋째, 기업의 비즈니스 프로세스가 표준화된 분야일수록 RPA 시스템을 도입할 경우 업무효과가 높아질 것이다. 셋째, 기업의 업무에 고정된 시스템 또는 웹을 이용해서 연결할 수 있는 분야일수록 RPA 시스템 도입효과가 높아질 것이다. 넷째, 기업의 업무가 반복적이고 업무처리와 관련된 인력이 많을수록 RPA 시스템을 도입할 때 효과가 높아질 것이다. 다섯째, 기업의 업무가 반복적인 수작업으로 처리할 경우, 오류가 발생할 가능성이 높은 업무일수록 RPA 시스템 도입효과가 높아질 것이다.

4. 성공적인 RPA 구현을 위한 주요 성공요인

RPA 시스템은 기술 발전에 따라 진화하고 있다. 전통적인 RPA는 다수의 시스템에 의해 단순한 업무를 처리하는 특성을 가지고 있다. 정보통신기술이 발전하면서 RPA 시스템은 디지털화가 진전되며, 이에 따라 업무를 스스로 처리할 수 있는 셀프 서비스 기능을 지원하고, 지능화된 에이전트에 의해 생산성이 높아지게 되었다. 더불어 RPA 시스템은 비즈니스 프로세스 관리를 자동화할 수 있게 됨에 따라 보다 역동적인 업무를 처리할 수 있게 되었으며, 인공지능 기술의 적용이 이루어지면서, 알고리즘에 의한 빅데이터 분석을 활용해서 고도화된 업무처리를 할 수 있게 되었다.[08]

- **1단계**: RPA 시스템은 반복적이고 정형화된 규칙에 기반해서 다양한 업무를 처리한다. 이 단계에서는 기존 프로세스는 60~70% 정도의 영향을 미친다.
- **2단계**: 인지적 RPA(Cognitive RPA) 시스템은 머신러닝과 자연어처리의 적용에 대한 정형 데이터와 비정형 데이터의 처리가 원활하게 이루어진다. 이 단

08 이건영, Intelligent Automation – RPA의 미래, 코스콤 뉴스룸, 2020년 1월 28일 (https://newsroom.koscom.co.kr/19540)

그림 12-10 RPA 시스템의 발전 단계

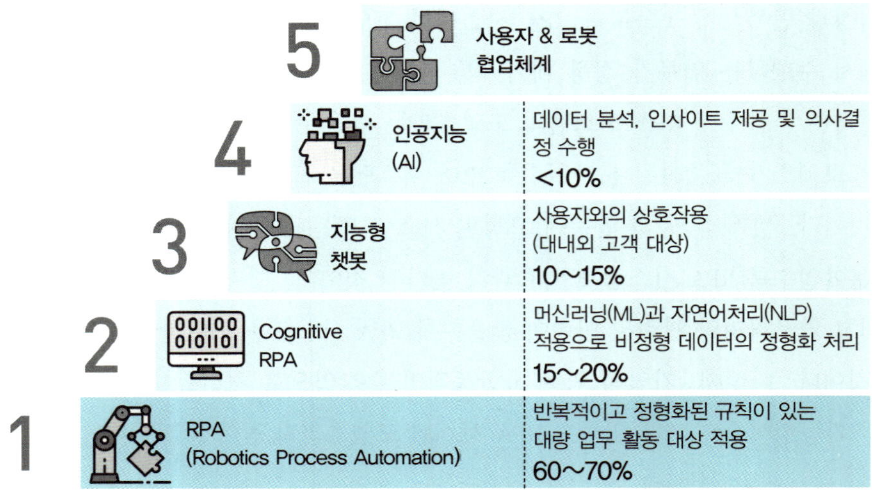

출처: 이건영, Intelligent Automation-RPA의 미래, 코스콤 뉴스룸, 2020년 1월 28일 (https://newsroom.koscom.co.kr/19540)

계에서는 기존 프로세스는 15~20% 정도의 영향을 미친다.

- 3단계: 지능형 챗봇 단계로 사용자와 챗봇과의 상호작용이 이루어지는 단계이다. 이 단계에서는 기존 프로세스는 10~15% 정도의 영향을 미친다.
- 4단계: 인공지능 기술(Artificial Intelligence Technology)에 의해 RPA 시스템이 구현되는 단계이다. 인공지능 기술에 의해 데이터 분석이 이루어지고, 인사이트 제공이 이루어지고, 지능화된 의사결정이 이루어진다. 이 단계에서 기존 프로세스는 10% 이하의 영향을 미친다.
- 5단계: RPA 시스템과 이용자가 상호작용에 의해 협업이 이루어지는 단계이다. 이 단계에서 RPA 시스템은 사람의 동료 수준의 역할을 수행한다.

이건영(2020)에 의하면 RPA 시스템을 도입해서 성공을 거두기 위해서는 다음과 같은 사항을 고려해야 한다.

표 12-10 RPA 주요 성공요인

1. 자동화 적용대상 업무의 탐색
2. AI 기능 지원을 위한 클라우드 기술 적용
3. 업무 자동화 로드맵 구현의 신중한 검토
4. 최적의 운영 모델 선택
5. 인재영입 계획 수립
6. 지속적인 모니터링 체계 구축
7. 위험의 조기 진단 및 통제 시스템 구축

출처: 이건영, Intelligent Automation-RPA의 미래. 코스콤 뉴스룸, 2020년 1월 28일 (https://newsroom.koscom.co.kr/19540)

- **자동화 적용 대상 업무의 탐색:** RPA 시스템은 기업의 다양한 업무를 자동화해 준다. RPA 시스템 운용을 통한 성과를 얻기 위해서는 업무 적합성에 대한 평가를 통해 RPA 도입이 적합한 분야에 대한 도입이 요구된다. RPA 시스템이 모든 업무에 효과를 보여주는 것이 아니기 때문에, RPA 시스템을 통해 처리하기 복잡한 업무에 적용하는 것은 피해야 할 것이다
- **AI 기능 지원을 위한 클라우드 기술 적용:** RPA 시스템은 인공지능 기술을 적용하는 것이 어려울 수 있다. 이럴 경우에는 AI를 구현하는 것보다 클라우드 컴퓨팅을 활용하는 AIaaS(AI-as-a-Service)를 도입하는 것이 비용적으로 유리할 것이다.
- **업무 자동화 로드맵 구현의 신중한 검토:** RPA 시스템을 도입하는 데 있어 신중한 계획에 기반해서 머신러닝 기술 도입, 인프라 구축, 거버넌스 체계 수립 등을 해야 할 것이다.
- **최적의 운영 모델 선택:** RPA 시스템을 운용하는 데 있어 최상의 성과를 추구하기 위한 조직을 구축해서 정보기술, 리스크 관리, 컴플라이언스 관리 등을 지원해야 할 것이다.
- **인재 영입 계획 수립:** RPA 시스템을 보다 잘 구축하고 활용하기 위해서는 지속적인 연구 개발 및 인적 자원에 대한 교육이 요구된다. 따라서 RPA 관련 인적 조직에 대한 교육과 훈련에 투자해야 할 것이다.
- **지속적인 모니터링 체계 구축:** RPA 시스템을 구축하는 데 있어 단계별로 모니

터링 시스템을 구축해야 할 것이다. 이를 통해 보다 성공적인 프로젝트가 추진되도록 성과관리를 해야 할 것이다.

- **위험의 조기 진단 및 통제 시스템 구축**: RPA 시스템을 보다 성공적으로 운영하기 위해서는 리스크 관리에 대한 전략을 수립해야 할 것이다. 인공지능 기반 RPA 시스템과 관련된 윤리와 컴플라이언스에 대하여 관심을 가져야 할 것이다.

핵심문제

01 챗봇에 대해 설명하시오.

02 챗봇 운영은 대화방식, 정보제공방식, 정보획득방식으로 구분된다. 일반 질의형 챗봇과 인공지능 챗봇의 운영에 대해 비교설명하시오.

03 챗봇이 기업경영에 제공하는 유용성에 대해 설명하시오.

04 자연어처리(NLP: Natural Language Processing) 기술에 대해 설명하시오.

05 자연어이해(NLU: Natural Language Understanding) 기술에 대해 설명하시오.

06 자연어생성(NLG: Natural Language Generation) 기술에 대해 설명하시오.

07 챗봇에 이용되는 요소기술에 대해 설명하시오.

① 패턴인식
② 자연어처리
③ 시멘틱 웹
④ 텍스트마이닝
⑤ 상황인식 컴퓨팅

08 강한 인공지능과 약한 인공지능에 대해 설명하시오.

09 챗봇 서비스의 발전단계에 대해 설명하시오.

① 챗봇 서비스(Chatbot)
② 지능형 서비스(Intelligent Assistant)
③ 감성 비서(Conscious Assistant)

10 RPA(Robotic Process Automation)에 대해 설명하시오.

11 광학적 문자판독장치(OCR: Optical Character Reader)에 대해 설명하시오.

12 데이터 분석 기술(Data Analytics Technology)에 대해 설명하시오.

13 머신러닝(Machine Learning)에 대해 설명하시오.

14 STT(Speech To Text) 기술에 대해 설명하시오.

15 비즈니스 프로세스 관리 솔루션(Business Process Management Solution)에 대해 설명하시오.

16 오프쇼어 비즈니스 프로세스 아웃소싱(Offshore Business Process Outsourcing)에 대해 설명하시오.

17 IPA(Intelligent Process Automation)에 대해 설명하시오.

18 RPA를 조직에 성공적으로 운영하기 위한 주요 성공요인을 설명하시오.

참고문헌

국회입법조사처(2018), 챗봇(chatbot)의 현황과 향후 과제, 정준화 재정리 (재인용: 한국정보사회진흥원, 인공지능 기반 챗봇 서비스의 국내외 동향분석 및 발전 전망, D.gov, Trend & Future, 2018년 2호)

서교리 외(2017), 인공지능 기반의 공공 지능형 가상 비서 서비스 발전모델 연구, 한국통신학회 수정 및 보완 (재인용: 정종민, 인공지능 기반 챗봇기술 국외 현황과 시사점, 정보통신산업진흥원, 2019년 8월 22일)

이건영, Intelligent Automation-RPA의 미래, 코스콤 뉴스룸, 2020년 1월 28일 (https://newsroom.koscom.co.kr/19540)

정종민, 인공지능 기반 챗봇기술 국외 현황과 시사점, 정보통신산업진흥원, 2019년 8월 22일

정제호, Office에 부는 4차 산업혁명 바람 – 'Robots in Biz Operation'의 시대, POSRI 이슈리포트, 2017년 3월 30일

정제호, 주52시간 시대의 해법, RPA를 주목하라 – 도입 시 주요 고려 사항을 중심으로, POSRI 이슈리포트, 2019년 2월 21일

포스코경영연구원, Office에 부는 4차 산업혁명 바람, POSRI 이슈리포트, 2017년 3월

한국정보사회진흥원, 인공지능 기반 챗봇 서비스의 국내외 동향분석 및 발전 전망, D.gov, Trend & Future, 2018년 2호

한국정보화진흥원(2016), 모바일 시대를 넘어 AI 시대로, 한국정보화진흥원(2016), 인공지능 기반의 챗봇(ChatBot) 서비스 등장과 발전 동향 재가공

Deloitte(2018), The Robots are ready. Are you?, Untapped Advantage in your Digital Workforce (https://www2.deloitte.com/content/dam/Deloitte/tr/Documents/technology/deloitte-robots-are-ready.pdf)

KPMG Samjong Accounting Corp., The Korean member firm of the KPMG network of independent member firms affiliated with KPMG International Cooperative("KPMG International"), -12-a Swiss entity, All rights reserved. Printed in Korea, 2020

https://wooaoe.tistory.com/59

https://newsroom.koscom.co.kr/18328)

Chapter 13 블록체인 기술

학습목표

- 블록체인의 개념의 이해
- 블록체인 기술 이해
- 블록체인과 비즈니스 응용 방법 이해
- 블록체인의 미래 이해

제 1 절 블록체인 개념과 특성

1. 블록체인 기술의 특성

블록체인(Blockchain)은 비트코인과 같은 암호화폐를 구현하는 데 활용된 기술이다. 이 블록체인 기술은 탈중앙성(De-centralization), 투명성(Transparency), 가용성(Availability), 불변성(Immutability)의 특성을 갖는다.

첫째, 블록체인은 탈중앙성(De-centralization) 기술로 원장의 검증을 정부나 기관 등 제3자에게 맡기지 않고, 참여자들의 승인과 합의에 의해 검증한다.

둘째, 블록체인은 투명성(Transparency) 기술로 새롭게 생성되는 블록은 모든 참여자에게 전송되어 공유된다. 따라서 참여자가 모두 감시할 수 있으며, 참여자의 실명을 알 수 없다.

셋째, 블록체인은 불변성(Immutability) 기술로 블록이 순차적으로 연결되면, 수정이나 삭제가 어렵다. 새로운 블록을 만들 때는 바로 앞 블록의 해시가 이용된다. 그렇기 때문에 중간에 있는 블록을 수정 또는 삭제하려면 모든 참여자의 컴퓨터에 있는 모든 블록을 바꿔야 한다.

넷째, 블록체인은 가용성(Availability) 기술로 블록체인 데이터는 모든 참여자의 노드에 분산 저장된다. 한 노드에서 문제가 발생해도, 나머지 노드가 존재하므로 시스템은 계속적으로 동작한다.

▮그림 13-1▮ 2019 10대 전략 기술 트렌드(2018, 가트너)

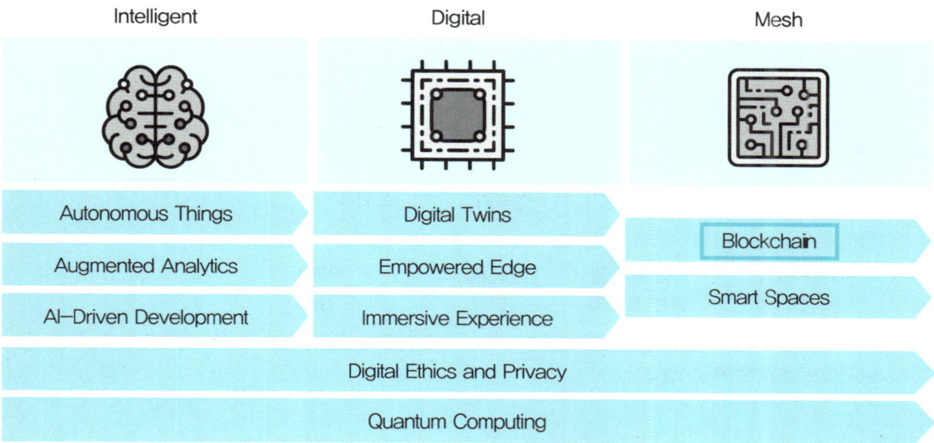

출처: 김민상 · 남윤경, 블록체인 산업동향과 활용분야 확대: 자율이동체 산업 중심으로, 이슈리포트 2019-05호, 정보통신산업진흥원, 2019년 4월 3일

가트너 리서치(2018)에 의하면 현재 블록체인 기술은 다양한 산업 분야에서 활용성이 높아지고 있으나, 혁신적인 비즈니스 모델은 미흡한 측면이 존재한다고 한다. 더불어 가트너 리서치(2018)는 2017년, 2018년 2019년 3년 연속으로 기업에서 중요한 역할을 수행하는 10대 기술 중 하나로 블록체인 기술을 선정하면서, 블록체인 기술의 비즈니스에서의 중요성을 강조하였다. 맥킨지 컨설팅(2019)에서는 블록체인 비즈니스의 중요성을 강조하기 위해 라이프사이클을 분석하였다. 가트너 리서치와 마찬가지로 맥킨지 컨설팅에서도 블록체인 기술은 도입기, 성장기, 성숙기, 쇠퇴기 중 아직도 초기 단계인 도입기에 머물러 있다고 하였다.

▮ 그림 13-2 ▮ 블록체인 라이프 사이클(2019, 맥킨지)

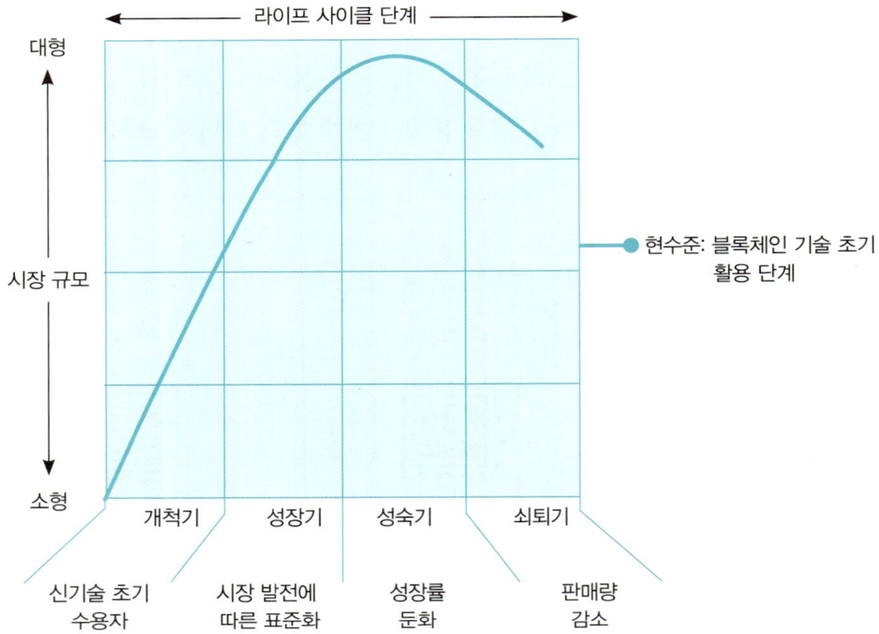

출처: 김민상 · 남윤경, 블록체인 산업동향과 활용분야 확대: 자율이동체 산업 중심으로, 이슈리포트 2019-05호, 정보통신산업진흥원, 2019년 4월 3일

2. 블록체인의 유형과 특성

블록체인은 다양한 유형이 존재하는데, 일반적으로 퍼블릭 블록체인, 프라이빗 블록체인, 컨소시엄 블록체인으로 구분된다. 각각의 블록체인 특성은 [표 13-1]과 같다.

첫째, 블록체인 방식에 따른 특성을 살펴보면, 퍼블릭 블록체인(Public Blockchain)은 개방형 블록체인이며, 프라이빗 블록체인(Private Blockchain)은 개인형 블록체인이고, 컨소시엄 블록체인(Consortium Blockchain)은 반중앙형 블록체인이다.

둘째, 블록체인에 따른 접근 특성을 살펴보면, 퍼블릭 블록체인은 누구나 접근 가능한 특성이 존재하고, 프라이빗 블록체인은 허가받은 사용자만 접근이 가능하다. 즉, 한 기관에서 독자적으로 블록체인을 활용하는 특성이 있다. 컨소시엄

▌표 13-1▌ 블록체인의 유형과 주요 특징

구분	퍼블릭 블록체인(Public)	프라이빗 블록체인 (Private)	컨소시엄 블록체인 (Consortium)
방식	개방형 블록체인	개인형 블록체인	반중앙형 블록체인
접근	누구나 접근 가능	허가받은 사용자만 접근(한 기관에서 독자적으로 활용)	허가받은 사용자만 접근(허가받은 기관 공동 참여)
증명	채굴 등 알고리즘 기반	익명의 거래증명 중앙기관이 거래증명	사적 합의된 규칙기반 인증된 사용자가 증명
장점	안정성, 신뢰성, 투명성(탈중앙화, 분권화 추구)	효율성, 확장성, 신속성(기업별 특화 가능)	프라이빗 블록체인과 유사하나, 사용자별 권한부여 차별화로 민감한 정보관리
단점	확장성이 낮고 거래 속도 느림	퍼블릭에 비해 보안성이 낮음	사용자별 R&R 이슈로 개입 및 지속 조율 필요
활용	가상화폐 등	일반 기업 등	R3CEV 등

출처: KOTRA, 美 블록체인 기술의 응용현황과 전망 2018년 2월 16일 참고 및 POSRI 재구성 (재인용: 조주현, 블록체인의 올바른 이해와 기업 비즈니스 관점의 활용 방향, POSRI 이슈리포트, 포스코경영연구원, 2018년 8월 16일)

블록체인은 허가받은 사용자만 접근 가능하며, 허가받은 기관 공동 참여에 의해 활용 가능하다.

셋째, 증명방법에 따른 특성을 살펴보면, 퍼블릭 블록체인은 채굴 등 알고리즘에 기반하며, 프라이빗 블록체인은 익명의 거래증명 중앙기관이 거래증명에 기반하고, 컨소시엄 블록체인은 사적 합의된 규칙기반 인증된 사용자가 증명하는 방식을 따른다.

넷째, 블록체인별 장점을 살펴보면, 퍼블릭 블록체인은 안정성, 신뢰성, 투명성에 따라 탈중앙화, 분권화 추구가 가능하고, 프라이빗 블록체인은 효율성, 확장성, 신속성에 따라 기업별로 특화가 가능하며, 컨소시엄 블록체인은 프라이빗 블록체인과 유사하나, 사용자별 권한 부여 차별화로 민감한 정보를 관리할 수 있다.

다섯째, 블록체인의 단점을 살펴보면, 퍼블릭 블록체인은 확장성이 낮고, 거래 속도가 느리고, 프라이빗 블록체인은 퍼블릭 블록체인에 비해 보안성이 낮으며, 컨소시엄 블록체인은 사용자별 역할과 책임(R&R) 이슈르 개입 및 지속적으로 조율할 필요가 있다.

여섯째, 각각의 블록체인 활용 특성을 살펴보면, 퍼블릭 블록체인은 가상화폐 등에 활용되며, 프라이빗 블록체인은 일반 기업 등에서 업무처리에 활용 가능하며, 컨소시엄 블록체인은 R3CEV[01] 등에 활용하고 있다.

3. 블록체인 국내 및 국외 시장가치

글로벌 측면에서 세계 블록체인시장은 2022년까지 연평균 71.3% 이상 성장이 이루어질 것으로 전망되고 있다. 이에 따라 다양한 글로벌 기업과 스타트업들이 블록체인 기술개발을 위해 상호 경쟁할 것으로 전망되고 있다.

표 13-2 블록체인 국외 시장가치

구분	2017	2018	2019	2020	2021	2022	CAGR
시장 규모	735.9	1,511.4	2,800	4,600	7,300	10,860.3	71.3%

출처: (IDC) Blockchain: Market Spend & Trend Outlook for 2018 and Beyond(단위: 백만 달러) (재인용: 김민상 · 남윤경, 블록체인 산업동향과 활용분야 확대 – 자율이동체 산업 중심으로 –, 이슈리포트 2019-05호, 정보통신산업진흥원, 2019년 4월 3일)

국내의 경우, 블록체인시장은 매년 성장할 것으로 예상되고, 2022년까지 연평균 61.5% 이상 성장할 것으로 전망되며, 해외시장과 마찬가지로 다양한 블록체인 플랫폼을 개발하기 위해 기업들 사이에서 상호 경쟁이 이루어질 것으로 예상되고 있다.

표 13-3 블록체인 국내 시장가치

구분	2016	2017	2018	2019	2020	2021	2022	CAGR
시장 규모	201	324	524	846	1,366	2,206	3,562	61.5%

출처: (한국과학기술정보연구원) KISTI MARKET REPORT 2017-24: 블록체인(단위: 억 원) (재인용: 김민상 · 남윤경, 블록체인 산업동향과 활용분야 확대 – 자율이동체 산업 중심으로 –, 이슈리포트 2019-05호, 정보통신산업진흥원, 2019년 4월 3일)

01 R3CEV는 블록체인 기술개발사인 R3를 중심으로 세계적인 글로벌 금융단체들이 참여하는 컨소시엄이다. 보다 자세한 내용은 https://www.r3.com/를 참고할 것

4. 블록체인 기술의 장점과 문제점

블록체인은 중앙집중식 관리가 아닌 분산원장 기술에 의한 관리를 통해 탈중앙화를 실현하는 특성이 있다. 일반적인 블록체인의 장점은 다음과 같다.[02]

- 기존 중앙집중식 방식을 탈피해서 분권화된 처리를 통해 거래 속도를 빠르게 처리할 수 있다.
- 블록체인을 이용함으로써 데이터 처리의 정확성을 높일 수 있다.
- 분산원장에 기반한 처리로 사기를 방지할 수 있다.
- 중앙집중식 방식을 탈피함으로써 인프라스트럭처 구축비용을 줄일 수 있다.
- 거래의 투명성을 높일 수 있다.
- 악성 해커의 공격에 대한 회복력을 높일 수 있다.
- 해커의 공격에 대비해서 보안성을 강화할 수 있다.
- 다양한 분야에 블록체인을 응용할 수 있다.

반면, 블록체인은 여러 가지 장애를 발생시킬 수 있는데 그 특성은 다음과 같다.

- 분산원장 기술에 따라 공개 및 비공개 유형, 합의방법이 상이하며, 이에 따라 장애가 발생할 수 있다.
- 분산원장의 규모와 솔루션 사이의 결합에 따른 문제가 발생할 수 있고, 승인 과정이 느린 장애가 발생할 수 있다.
- 분산원장과 비분산원장 사이의 호환성 문제가 발생할 수 있다.
- 비밀정보에 따른 공유 문제가 발생할 수 있다.
- 기술개발에 따른 규제 문제가 발생할 수 있다.
- 디지털 자산에 대한 소유자, 보유처, 규제, 스마트 계약에 따른 코딩 오류가 발생할 수 있다.

---

02 Moody's Investor Service, "Credit Strategy–Blockchain Technology: Robust, Cost-effective Applications Key to Unlocking Blockchain's Potential Credit Benefits", 2017. 7. (http://www.moodys.com/researchdocumentcontentpage.aspx?docid=PBC_1023913)

- 해커의 공격과 프라이버시 문제가 발생할 수 있다.
- 비용투자에 따른 문제가 발생할 수 있다.

현재 다양한 분야에서 블록체인 기반 분산원장 기술 도입에 관심을 가지고 있다. 그 이유는 블록체인 기반 기술 도입을 통해 비용 및 시간을 절약할 수 있기 때문이다. 따라서 블록체인 기술 발전이 진전될수록 보다 많은 기업에서 블록체인 기술을 도입할 것으로 예측된다.

제 2 절 블록체인과 가상화폐

1. 블록체인과 가상화폐의 개요

블록체인은 가상화폐를 안전하게 거래할 수 있도록 지원하는 보안 기술로 초연결성(Hyper-Connectivity)을 강조하고 있다. 2016년 9월에 세계경제포럼(WEF: World Economic Forum)은 '사회를 뒤바꿀 21개 기술' 중 하나로 블록체인 기술을 강조하였다. 또한 세계경제포럼에 의하면 2025년까지 전 세계 GDP의 10%가 블록체인 기술을 활용하는 분야에서 나타날 것이라고 하였다.

가트너 리서치에 의하면 2022년 블록체인 응용 비즈니스 규모가 100억 달러(약 11조 원)로 성장할 것이라고 하였고, 국내 블록체인 시장 규모는 2016년 201억 원에서 2022년 3,562억 원으로 성장할 것이라고 하였다(KISTI, 2018)

이승민(2018)에 의하면 "블록체인은 P2P 네트워크에서 분산장부를 사용, 공인된 제3자 없이도 거래기록의 무결성 및 신뢰성을 확보하는 기술"이며, "블록체인은 익명성, 투명성, 보안성, 시스템 안정성, 확장성 등의 장점을 보유"하는 장점을 가지고 있다고 하였다. 현재 블록체인 기술은 금융, 물류, 제조 등 다양한 부분에서 신뢰성을 확보하고 비용을 절감시키는 효과를 제공하고 있다고 한다.[03]

03 이승민, 블록체인 관련 동향 및 시사점, 제4차 산업혁명과 소프트파워 이슈리포트 2018-제27호, 정보

2. 블록체인과 합의 알고리즘

블록체인은 거래 내역을 기록하고, 네트워크에 참여하는 사람들이 관련 기록을 분산 보관하는 방식으로 신뢰를 구축하였다. 다양한 네트워크에서 참여자들 사이의 합의를 통한 신뢰성을 추구하는데, 이와 관련된 분산 시스템 합의 알고리즘은 [표 13-4]와 같다.

표 13-4 블록체인과 합의 알고리즘

구분	주요 내용
작업 증명 (PoW: Proof of Work)	비트코인의 창시자인 나카모토 사토시가 제안한 가장 기본적인 합의 알고리즘으로, P2P 네트워크에서 시간 및 비용을 들여 실행된 컴퓨터 수행 작업을 신뢰하기 위해 참여 당사자 간에 검증하는 방식
지분 증명 (PoS: Proof of Stake)	작업 증명(PoW) 방식의 단점인 과도한 에너지 소비 문제를 해결한 것으로, 블록 생성권 지분에 참여자가 보유한 지분이 반영되도록 하는 방식
위임 지분 증명 (DPoS: Delegate Proof of Stake)	반중앙화된 방식으로, 지분을 보유하고 있는 사람이 자기 권한을 대표자에게 위임하여 대표자들이 블록 생성 및 검증에 대한 권한을 행사하는 방식
중요성 증명(PoI: Proof of Importance)	NEM(New Economy Movement)과 같은 가상화폐에서 사용하는 알고리즘으로 네트워크 참여도에 따라 지급 보상이 달라짐
PBFT(Practical Byzantine Fault Tolerance)	PoW, PoS 단점을 해결한 방식으로, 블록체인 시스템에서 약속된 행동을 하지 않고 일부러 잘못된 정보를 전달하는 비잔틴 노드가 있을 수 있는 비동기 시스템일 때, 노드 전부가 성공적인 합의를 할 수 있도록 개발된 증명방식
Tendermint (PBFT+DPoS)	PBFT 알고리즘을 보완, 공개 및 비공개 블록체인에 맞도록 개량한 증명방식으로, 추가로 DPoS가 포함되어 지분기반 투표를 진행하는 방식
Consensus-by-bet	기존의 알고리즘과는 달리 참여자의 동의 및 베팅을 통해서 블록체인의 거래를 승인하는 방식

출처: 이재규, "블록체인을 활용한 해외직구 프로세스 개선방안 연구", 숭실대학교 석사학위 논문, 2018년 12월

첫째, 블록체인 합의 알고리즘으로 작업 증명(PoW: Proof of Work) 방식이 있다. 이 방식은 비트코인의 창시자인 나카모토 사토시가 제안한 방식이다. P2P 네트워크에서 시간 및 비용을 들여 실행된 컴퓨터 수행 작업을 신뢰하기 위해 네

통신산업진흥원, 2018년 7월 2일

트워크에 참여하는 당사자들 사이에서 검증하는 방식이다.

둘째, 블록체인 합의 알고리즘으로 지분 증명(PoS: Proof of Stake)이 있다. 이 방식은 작업 증명(PoW)방식의 단점인 과도한 에너지 소비 문제를 해결한 합의 알고리즘으로 블록 생성권 지분에 참여자가 보유한 지분이 반영되도록 하는 방식이다.

셋째, 블록체인 합의 알고리즘으로 위임 지분 증명(DPoS: Delegate Proof of Stake)이 있다. 이 방식은 반중앙화된 방식으로 지분을 보유하고 있는 네트워크 참여자가 자기 권한을 대표자에게 위임하여, 대표자들이 블록 생성 및 검증에 대한 권한을 행사하는 방식이다.

넷째, 블록체인 합의 알고리즘으로 중요성 증명(PoI: Proof of Importance)방식이 있다. 이 방식은 NEM(New Economy Movement)과 같은 가상화폐에서 사용하는 합의 알고리즘으로 네트워크 참여도에 따라 지급 보상이 달라지는 특징이 있다.

다섯째, 블록체인 합의 알고리즘으로 실용적 비잔틴 장애 허용(PBFT: Practical Byzantine Fault Tolerance) 알고리즘이 있다. 실용적 비잔틴 장애 허용(PBFT) 알고리즘은 작업 증명(PoW) 알고리즘과 지분 증명(PoS) 알고리즘의 단점을 해결한 방식으로 블록체인 시스템에서 약속된 행동을 하지 않고 일부러 잘못된 정보를 전달하는 비잔틴 노드(Byzantine node)가 있을 수 있는 비동기 시스템일 때, 노드 전부가 성공적인 합의를 할 수 있도록 개발된 증명방식이다.

여섯째, 텐더민트(Tendermint)는 실용적 비잔틴 장애 허용(PBFT) 알고리즘과 위임 지분 증명(DPoS) 알고리즘을 결합한 합의 알고리즘이다. 텐더민트 알고리즘은 실용적 비잔틴 장애 허용(PBFT) 알고리즘을 보완, 공개 및 비공개 블록체인에 맞도록 개선한 증명방식으로, 추가로 위임 지분 증명(DPoS) 알고리즘이 포함되어 지분기반 투표를 진행하는 방식이다.

일곱째, 합의 알고리즘으로 컨센서스바이벳(Consensus-by-bet)은 기존의 알고리즘과는 달리 참여자의 동의 및 베팅을 통해서 블록체인의 거래를 승인하는 방식이다.

3. 블록체인과 가상화폐 특성

현재 블록체인 기술은 가상화폐 분야에서 금융거래에 대한 인증에 활용되고 있다. 블록체인 기술은 금융 거래원장을 중앙에서 관리하는 것이 아니라, 네트워크 참여자 블록(Block)으로 나누어 처리하는 P2P 네트워크에 기반한 분산원장 기술이다. 따라서 거래 내역이 모든 네트워크에 참여하는 참여자들이 공유하는 특성이 있다.

현재 블록체인 기술은 가상 암호화폐에 적용되고 있다. 대중에게 알려진 대표성을 갖는 가상 암호화폐로는 비트코인(Bitcoin),[04] 이더리움(Ethereum), 리플(Ripple) 등이 있다. 이제영(2017)에 의하면 각각의 가상 암호화폐들은 다음과 같은 특성을 갖는다고 하였다.

표 13-5 가상 암호화폐의 종류와 특징

종류	내용
비트코인 (Bitcoin)	• 2009년 개발된 세계 최초의 가상화폐 • 누구에게나 오픈된 퍼블릭 블록체인을 기반으로 중앙관리 없이 개인 간 네트워크를 통해 작동 • 공개장부방식을 통한 지불 · 결제 및 송금에 특화
이더리움 (Ethereum)	• 화폐를 포함한 모든 자산의 거래가 가능한 온라인 플랫폼 • 통화로서의 기능 이외에도 물류나 유통 분야에서의 복잡한 거래 내용을 블록체인 기반 플랫폼을 이용하여 빠르고 안전하게 처리 가능 • 비트코인과 유사하게 관리 주체가 없고 이더(Ether)라는 가상통화를 통해 각종 정보를 플랫폼에서 거래
리플 (Ripple)	• 화폐의 특성을 가지는 비트코인과 달리 리플은 독자적인 화폐라기보다는 송금수단에 가까움 • 리플(XRP)을 발행하며, 브리지 통화(Bridge Currency)기능을 통해 상호 간 직접적인 교환이 어려운 통화의 환전을 가능하게 함 ※리플(XRP)은 하나의 대안 통화로 작동하는 것이 아니라 환전과 정산에 초점이 맞춰져 있음

출처: 이제영(2017), 블록체인(Blockchain) 기술동향과 시사점, 과학기술정책연구원

04 블록체인 기술을 활용하는 비트코인(Bitcoin)은 2009년에 나카모토 사토시(Nakamoto Satoshi)라는 가명을 쓰는 사람이 개발하였다.

비트코인(Bitcoin)은 2009년에 블록체인 기술을 활용해 개발된 세계 최초의 가상화폐이다. 비트코인은 대중에게 개방된 퍼블릭 블록체인을 기반으로 중앙기관의 관리 없이 개인 사이의 네트워크를 통해 작동하는 특성을 가지고 있다. 비트코인은 공개 장부방식을 활용해서 지불과 결제 그리고 송금 분야에 특화되어 활용되고 있다.

이더리움(Ethereum)은 블록체인 기술을 활용한 가상화폐로 모든 자산의 거래가 가능한 온라인 플랫폼을 제공한다. 이더리움은 가상 통화로서의 기능을 제공하고, 더불어 물류나 유통 분야에서의 복잡한 거래 내용을 블록체인 기반 플랫폼을 활용하여 안전하고 빠르게 처리하는 기능을 제공해준다. 이더리움은 비트코인과 마찬가지로 분권화된 시스템을 활용해서 관리의 주체가 없고 이더(Ether)라는 가상통화를 통해 각종 정보를 플랫폼에서 거래하는 특성이 있다.

리플(Ripple)은 가상화폐의 특성을 가지고 있는 비트코인과는 달리 독자적인 화폐라기보다는 송금수단에 가까운 기능을 제공하는 특성이 있다. XRP(리플의 화폐단위)[05]를 발행하며, 브리지 통화(Bridge Currency) 기능을 통해 상호 거래 주체 사이에서 직접적인 교환이 어려운 통화의 환전을 가능하게 해주는 특성이 있다.

4. IPO와 ICO

일반적으로 기업들이 창업을 하면, 벤처캐피탈 회사로부터 투자를 받으며, 성장을 한다. 창업기업은 제품 및 서비스를 개발하고, 시장에 출시한 후에 기업공개(IPO: Initial Public Offering)를 진행한다. 반면, ICO(Initial Coin Offering)는 가상통화공개를 의미하며, 블록체인 기술개발 기업들이 가상통화 발행을 통해 기술개발을 위한 자금을 확보하는 것을 의미한다. 블록체인 기술개발 초기에는 ICO가 허용되었으나, 비트코인 투자과열에 따른 문제 발생 가능성이 높아지자 2017년

05 이재영(2017)에 의하면 "XRP(리플)는 하나의 대안 통화로 작동하는 것이 아니라 환전과 정산에 초점이 맞춰져 있다"고 하였다(이재영, 2017).

▮그림 13-3▮ICO 작동 원리

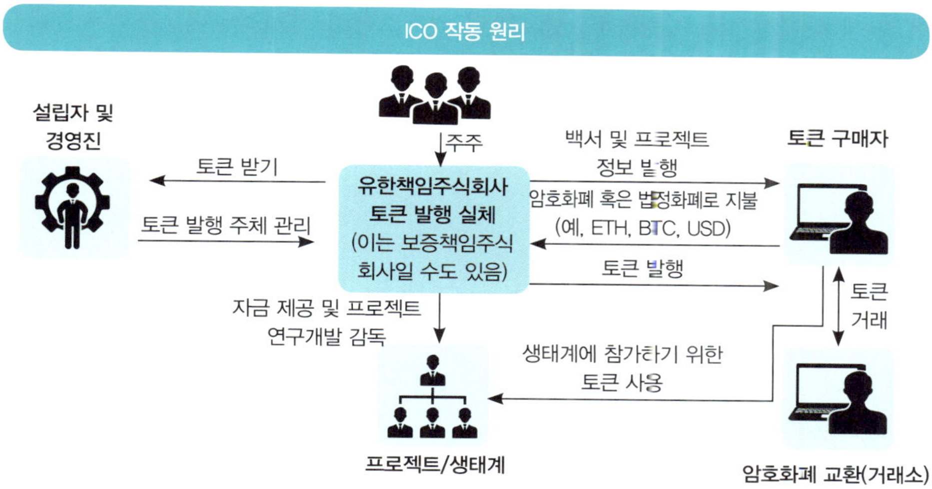

출처: PWC(2017) "Introduction to Token Sales(ICO) Best Practices" (재인용: 과학기술정보통신부, 한국과학기술기획평가원(KISTEP), 2018년 기술영향평가 결과보고 블록체인의 미래, 2018년)

9월 정부는 ICO를 금지했다.

일반적으로 ICO와 IPO는 프로젝트를 통해 자금을 외부에서 조달하고, 투자자에게 수익을 제공한다는 공통점을 가지고 있다. 반면에 차이점으로는 IPO는 금융기관(즉, 증권사)을 통해 관련 법에서 정해진 절차에 따라 투자자금을 모집하는 반면, ICO는 블록체인 기술을 통해 블록체인 기술개발 기업들이 블록체인 기술개발 계획서(White Paper)를 통해 직접적으로 자금을 유치하는 특성이 있다. 현재 IPO는 투자자 보호장치가 잘 마련되어 있는 반면, ICO는 투자자 보호장치가 마련되어 있지 않은 특징이 있다.

[그림 13-3]에 나타난 것처럼 초기 블록체인 기술개발 기업들은 사업 초기에 비교적 쉽게 자금 유치를 할 수 있었다. 세계 최초로 블록체인 기술개발을 위한 ICO는 2013년 마스터코인(Mastercoin)의 사례가 있다. 그 이후 많은 ICO가 이루어졌고, 가장 많은 투자금을 유치한 ICO는 블록원(Block.one)의 이오스(EOS.IO) 블록체인 프로젝트 사례이다. 최근 ICO가 법적으로 규제를 받게 되어서 암호화폐 거래소 공개(IEO: Initial Exchange Offering) 방법이 대안으로 대두되고 있다. 암호화폐 거래소 공개(IEO)는 거래소 플랫폼을 통해 블록체인 개발사들이

자금을 모으는 방법으로 암호화폐 거래소 플랫폼을 이용하며, 마케팅 비용이 ICO에 비해 상대적으로 저렴하고, 암호화폐 거래소에서 자체적인 심사 후에 IEO를 한다. 현재 IEO는 이해관계자들의 이익창출과 관련되어 발생할 수 있는 문제로 인해 암호화폐 거래소에서 자금조달을 위해 활발하게 이용되고 있지는 않다.

제3절 블록체인 도입 및 활용전략

1. 블록체인 도입전략

관계부처합동(2020)에 의하면 세계 각국에서는 블록체인을 도입해서 금융, 교육, 의료 등 다양한 분야에서 성과를 창출하기 위해 노력한다고 하였다. 국내에서는 블록체인 도입효과가 높은 7대 분야(투표, 기부, 사회복지, 신재생에너지, 디지털화폐, 부동산, 고객관리)를 선정해서 집중적으로 지원함으로써 성과를 내기 위해 노력하고 있다.[06]

2. 블록체인 도입 핵심분야

(1) 온라인 투표 시스템 구현

현재 유무선 네트워크 기술 발전에 따라 다양한 업무가 디지털화되고 있다. 이에 따라 다양한 시간에 다양한 장소에서 보다 신뢰할 수 있는 업무처리가 필요하다. 특히, 코로나 19 감염증이 사회에 만연한 상황하에서 비대면 회의가 중시되는 현 시점에서 사람들 사이에서 비대면 투표는 업무처리의 편의성과 효율성을 높여줄 것으로 사료된다. 일부 선진국에서는 블록체인 기술을 투표에 적용하고

06 관계부처합동, 초연결 · 비대면 신뢰 사회를 위한 '블록체인 기술 확산 전략', 제16차 4차산업혁명위원회 의결안건 제2호, 2020년 6월 24일

▌그림 13-4▐ 블록체인 도입 7대 핵심분야

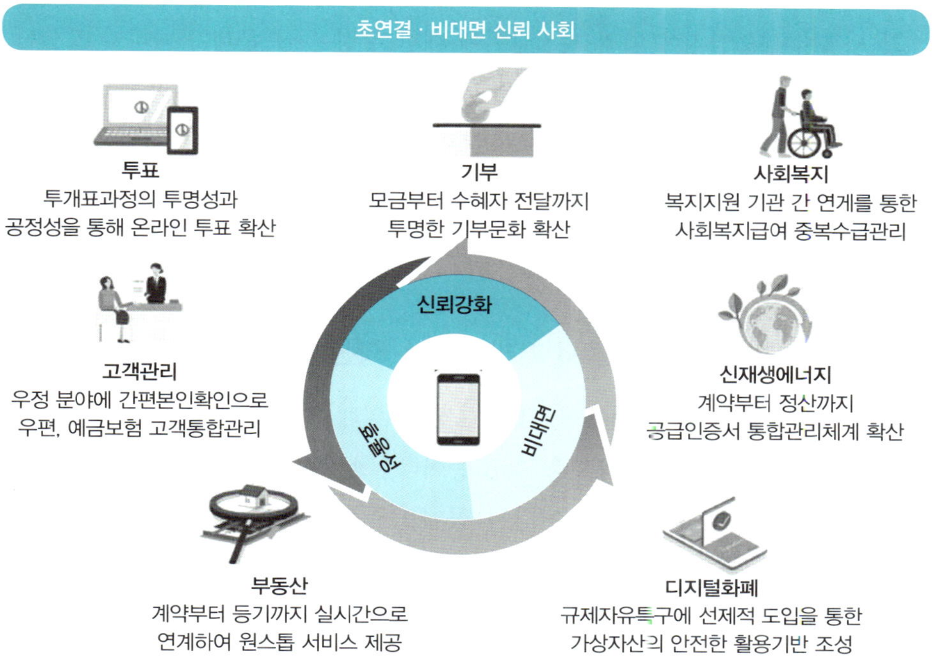

출처: 관계부처합동, 초연결 · 비대면 신뢰 사회를 위한 '블록체인 기술 확산 전략', 제16차 4차산업혁명위원회 의결안건 제2호, 2020년 6월 24일

있다. 국내에서도 온라인 투표 시스템의 구현을 투표 참여 확산, 투표 및 개표에 대한 신뢰성을 높여줄 것이다.

(2) 기부금관리 플랫폼의 투명성 제고

국내에서 소득 증가에도 불구하고 기부에 대한 관심이 높아지고 있다. 기부금 규모를 보면, 2014년 12.6조 원, 2016년 12.9조 원, 2017년 13.9조 원으로 늘었다. 사회적으로 기부금 유용 문제 및 목적에 맞지 않는 기부금 집행 문제가 나타남에 따라 투명성 문제가 유발되었다. 블록체인의 스마트 컨트랙트 기술은 기부금 모집, 관리, 집행을 보다 투명하게 지원해줄 기술로 인기를 얻고 있다. 이에 따라 블록체인 기술은 기부 신뢰도를 높이고, 기부 문화를 확산하는 데 긍정적인 영향을 미칠 것이다.

(3) 사회복지급여 중복수급 방지체계 마련

최근 복지제도 발전에 따라 복지급여에 대한 부정 수급 문제가 나타나고 있다. 정부에서는 블록체인 기술을 활용해서 신청자 이력관리 및 자격 증명관리를 수행한다면, 사회복지급여에서 나타날 수 있는 문제를 해결할 것이다. 따라서 블록체인 기술은 사회복지 관계기관 사이의 정보 공유를 활성화할 것이고, 정보 누락, 중복 수급 방지, 업무처리 간소화 등에 기여할 것이다.

(4) 신재생 에너지 공급인증서 거래 서비스 확산

현재 정부에서는 지속 가능한 사회 구현을 위해 신재생 에너지 발전 비중을 2030년까지 20%로 늘리는 계획을 추진 중이다. 정부에서는 '3020 이행계획' 수립(2017년 12월) 이후, 신재생 에너지 공급인증서(REC: Renewable Energy Certification) 거래량이 급증하였다.

현재 신재생 에너지 공급인증서 유관기관(발전사업자, 신재생 발전사업자, 에너지공단, 전력거래소)에서는 서로 상이한 시스템을 이용해 인증하고 있고, 이에 따라 관리비용이 상승하고 있다. 이에 대한 대응을 위해 블록체인 기술을 활용하면 보다 효율적인 신재생 에너지 공급인증서 관리(예, 에너지 거래 입찰, 스마트 컨트랙트, 정산 등)가 가능할 것으로 보고 있다.

(5) 규제자유특구 연계 디지털화폐 도입

코로나 19 사태로 비대면거래가 증가하였다. 이에 따라 현금 및 신용카드 기반 결제방식에 대한 문제점이 나타났고, 이에 대한 수요가 줄어들 것으로 예상된다. 현재 다양한 국가에서 디지털화폐 도입을 준비 중에 있다. 디지털화폐 분야에서의 블록체인 기술 활용은 위조와 변조를 예방하고 투명한 거래를 가능하게 해줄 것이고 경제 활성화에 기여할 것이다.

(6) 스마트 컨트랙트 기반 부동산거래 서비스 활성화

블록체인 기술은 부동산거래에 대한 여러 기관(지자체, 은행, 등기소 등) 사이의 서류처리에서 발생하는 문제를 줄여줄 것이다. 예를 들면, 정부의 부동산 공적 서류인 토지대장, 임야대장, 건축물대장, 등기사항 증명서 등의 관리에 있어서 보다 효율적인 서류 공유 및 관리를 지원할 것이다. 궁극적으로 블록체인 기술은 부동산거래 업무를 효율화하고 편의성을 높여줄 것이다.

(7) 우정사업 통합 고객관리체계 구축

정보통신기술 발전에 따라 우정사업 부분에서는 고객 중심 서비스 전환이 요구되었다. 우편, 보험, 예금 등의 기존 업무를 블록체인 기반으로 변화할 필요성이 증가하였다. 이에 따라 블록체인 기술을 활용해 하나의 통합 아이디로 다양한 우편, 예금, 보험 등의 서비스 이용 편의성 및 효율성을 높일 수 있게 되었다.

현재 블록체인 기술의 응용 분야는 다양하다. 지속적으로 다양한 사람들이 참여해서 신뢰할 수 있는 다양한 정보의 공유를 보다 효율화해야 할 필요성이 높아지고 있다. 예를 들면, 지식재산권관리, 플랫폼 노동자관리 등의 분야에서의 활용이 증가할 것으로 예측된다.

제4절 다양한 산업에서의 블록체인 활용

1. 금융산업 분야에서의 블록체인 활용

블록체인 기술을 가장 잘 활용하고 있는 분야는 금융산업 분야 중 암호화폐 분야이다. 현재 블록체인 기술은 금융, 보험, 결제, 송금 등 다양한 분야에서 활용되고 있다. 현재 다양한 국가의 금융기관들이 블록체인 기술을 활용한 서비스 개발에 나서고 있다. [표 13-6]은 블록체인 기술을 이용한 대표적인 비즈니스 현황이다.

첫째, 블록체인 기술을 활용한 코인원 트랜스퍼(Coinone Transfer) 서비스가 있다. 이 서비스는 국내 최초로 블록체인 기술을 활용해 해외송금 서비스(예, 크로스, xCurrent)를 제공할 수 있다. 현재 이 해외송금 서비스는 태국, 필리핀, 중국 등 7개국에 제공되고 있으며, 모바일 디바이스 이용자를 위해 안드로이드 버전 애플리케이션과 iOS 버전 애플리케이션을 출시하였다.

표 13-6 금융 분야 적용 현황[07]

구분	주요 내용
코인원 트랜스퍼 (Coinone Transfer)	국내 최초로 블록체인을 도입한 해외송금 서비스(크로스, xCurrent)를 태국, 필리핀, 중국 등 7개국에서 제공하고 있으며, 모바일 기기 사용자를 위해 안드로이드 버전에 이어 iOS 버전을 출시
리플(Ripple)	2009년 미국에서 간편 송금을 목적으로 개발된 결제 프로토콜 비즈니스로 시작한 리플은 이후 2012년 암호화폐를 발행하고 현재까지 뱅크오브아메리카, 스탠다드차타드, UBS 등 세계 유수의 은행 및 금융사들과 협약을 맺고 리플의 송금 기술을 은행 고유의 송금 시스템에 적용하기 위해 노력하고 있음
크론 (KRONN Ventures AG)	은행과 협약을 맺는 대신 SWIFT(Society for Worldwide Interbank Financial Telecommunication)로 대변되는 자금의 외환송금 시스템의 문제점들을 보완, 블록체인 기술을 이용하여 외환송금 시 보다 쉽고 간편한 금융 시스템 서비스 개시 예정
JP모건	JP모건이 2016년도에 발표한 INN(Interbank Information Network)은 이더리움 기반으로 만들어진 프라이빗 블록체인 쿼럼(Quorum)에 구축된 네트워크로, 은행 간에 결제정보를 실시간으로 주고받고 처리하는 시간을 단축하기 위해서 개발되었고, 현재 전 세계 약 220개의 은행에서 해당 블록체인 네트워크를 사용 중에 있으며, 최근 은행 결제처리 효율성 향상을 위해 자체 암호화폐 JPM 코인을 개발, 향후 INN을 활용하여 자유롭게 애플리케이션을 개발할 수 있도록 샌드박스도 만들 예정에 있음
골드만삭스	암호화폐 관리 및 수탁 서비스업체 비트고(BitGo)에 1,500만 달러, 비트코인을 이용한 결제 스타트업 빔(Veem)에 2,500만 달러 규모의 투자를 주도

출처: 국경완, ICT 신기술, 블록체인 기술 및 산업 분야별 적용 사례, 정보통신기획평가원, 주간기술동향, 2019년 6월 12일, pp.13-27

07 ① 지디넷코리아(www.zdnet.co.kr), 코인원트랜스퍼, 해외송금 서비스 크로스 출시, 2018년 10월
② 코인리더스(www.coinreaders.com), 블록체인 기술의 블루오션, 외환송금 시장 - 크론, 리플 대항마 되나, 2019년 3월
③ CIO 코리아(www.ciokorea.com), 국제 금융 네트워크에 꾸준히 침투하는 블록체인, 2019년 3월

둘째, 블록체인 기술을 활용한 서비스(예, 암호화폐 및 결제 서비스)로 리플(Ripple)이 있다. 리플은 2009년 미국에서 간편 송금을 목적으로 개발된 결제 프로토콜이다. 이후 리플은 이후 2012년 암호화폐를 발행하고 현재 뱅크오브아메리카, 스탠다드차타드, 스위스연방은행(UBS) 등 세계 유수의 은행 및 금융사들과 협약을 맺고 리플 기반 송금 기술을 은행 고유의 송금 시스템에 적용하기 위해 기술개발을 하고 있다.

셋째, 블록체인 기술을 활용한 크론(KRONN Ventures AG)이 있다. 크론은 은행과 협약을 맺는 대신 SWIFT(Society for Worldwide Interbank Financial Telecommunication)로 대변되는 자금의 외환 송금 시스템의 문제점을 보완한 기술이다. 크론은 블록체인 기술을 이용하여 외환을 송금할 때 보다 쉽고 간편하게 송금하는 금융 서비스를 제공하고 있다.

넷째, JP모건체이스(JPM)는 글로벌 금융투자기업이다. JP모건체이스가 2016년에 발표한 INN(Interbank Information Network)은 스마트 컨트랙트(Smart Contract) 기능을 가지고 있는 이더리움(Ethereum)[08] 기반으로 만들어진 프라이빗 블록체인 쿼럼(Quorum)에 구축된 네트워크이다. INN은 은행 간 정보 네트워크로 결제정보를 실시간으로 주고받고, 결제정보를 처리하는 시간을 단축하기 위해서 개발되었다. INN은 현재 전 세계 약 220개의 은행에서 해당 블록체인 네트워크를 사용하고 있으며, 최근 은행 결제처리 효율성 향상을 위해 자체 암호화폐 JP모건체이스 코인을 개발하였다. JP모건체이스는 향후 INN을 활용하여 자유롭게 애플리케이션을 개발할 수 있도록 샌드박스를 만들고 있다.

다섯째, 골드만삭스도 블록체인 기술 활용에 적극적인 전략을 취하고 있다. 골드만삭스는 암호화폐관리 및 수탁 서비스를 개발하는 기업인 비트고(BitGo)에 1,500만 달러를 투자하였고, 비트코인을 이용한 결제 서비스 솔루션을 개발하는 스타트업 빔(Veem)에 2,500만 달러 규모의 투자를 주도하였다.

08 이더리움(Ethereum)은 블록체인 기술을 활용해 개발된 암호화폐로 스마트 컨트랙트 기능을 가지고 있다.

2. 물류, 유통 및 제조 분야에서의 블록체인 활용

공급사슬관리(SCM: Supply Chain Management)를 보다 효율적으로 수행하기 위해 블록체인 기술을 활용하는 경우가 많아졌다. 예를 들면, 공급사슬에서의 블록체인 기술 활용은 위조품의 생산을 원천적으로 막아주고, 더불어 유통과정의 불투명성 문제를 해결해주는 대안으로 자리잡고 있다. 블록체인 기술은 공급사슬에서의 가시성과 투명성을 높여줄 기술로 인기를 얻고 있다. 더불어 글로벌 공급사슬관리를 위한 무역 분야에서도 큰 인기를 얻고 있다.

첫째, 유통물류 분야에서의 블록체인 활용사례로 에버레저(Everledger) 사례가 있다. 에버레저는 2015년에 영국 런던에 설립된 블록체인 스타트업으로 다이아몬드 특성 정보, 감정서, 소유권 상태 등의 정보를 블록체인에 저장 및 관리하는 서

표 13-7 물류, 유통 및 제조 분야에서의 블록체인 기술 활용[01]

구분	주요 내용
에버레저 (Everledger)	2015년 설립된 영국 런던 스타트업으로 다이아몬드 특성 정보, 감정서, 소유권 상태 등의 정보를 블록체인에 저장 및 관리하는 서비스 제공
루이비통 (Louis Vuitton)	명품 패션 브랜드 업체 루이비통 모에헤네시(LVMH) 그룹이 블록체인 기술 개발업체 컨센시스, 마이크로소프트의 애저 클라우드 서비스 개발팀과 함께 블록체인 기반 상품 이력관리 및 추적 플랫폼을 개발하고 있으며, 개발이 완료되면 진품 여부를 가리기 위해 제품 원산지부터 판매 시점까지 전 유통과정의 추적이 가능하고, 지식재산권관리, 고객맞춤형 상품 제안, 고객 이벤트 관리, 허위 광고 방지 등의 부가 서비스도 제공할 예정
징동닷컴 (JD.com)	중국의 2위 전자상거래업체로 5만 종류의 제품 추적을 위해 블록체인 기술을 활용
앨버트슨 (Albertsons)	미국 전역에 2,300여 개의 지점을 갖고 있는 세계 2위 슈퍼마켓 체인으로 로메인 상추를 대상으로 '푸드 트러스트'를 시범 적용할 예정
코다커피(Coda Coffee Co.)	최근 고객들이 커피 공급망의 모든 기점을 따라가면서 그 경로를 추적할 수 있는 클라우드 기반 원장에 접속하게 함으로써 '세계 최초의 블록체인 추적 커피'를 제공

출처: 국경완, ICT 신기술, 블록체인 기술 및 산업 분야별 적용 사례, 정보통신기획평가원, 주간기술동향, 2019년 6월 12일, pp.13–27

01 ① 블록체인 허브(www.blockchainhub.kr), 명품 시장, 블록체인으로 평가한다, 2018년 9월
② 헤럴드경제(news.heraldcorp.com), 블록체인으로 맥주 재고관리, 로메인 유통망 추적, 2019년 4월
③ 이코노믹리뷰(www.econovill.com), 공급망 복잡한 커피산업, 블록체인 기술 입다, 2018년 4월

비스를 제공하고 있다. 고객들은 이 서비스를 통해 다이아몬드의 유통정보의 이력관리를 확인할 수 있다.

둘째, 유통물류 분야에서의 블록체인 기술 활용사례로 루이비통의 블록체인 시스템이 있다. 명품 패션 브랜드 기업인 루이비통 모에헤니시(LVMH) 그룹이 블록체인 기술 개발업체 컨센시스, 마이크로소프트의 애저 클라우드 서비스 개발팀과 함께 블록체인 기반 상품 이력관리 및 추적 플랫폼을 개발하고 있다. 이 블록체인 시스템은 상품의 진품 여부를 검증하기 위해 제품 원산지부터 판매 시점까지의 전체 유통과정을 추적관리하고, 지식재산권관리, 고객맞춤형 상품 제안, 고객 이벤트 관리, 허위 광고 방지 등의 부가 서비스를 제공할 예정이다.

셋째, 유통물류 분야에서의 블록체인 활용 사례로 징등닷컴(JD.com)의 사례가 있다. 징동닷컴은 중국의 2위 전자상거래업체로 5만 종루의 제품 추적을 위해 블록체인 기술을 활용해 비즈니스를 하고 있다.

넷째, 유통물류 분야에서의 블록체인 활용 사례로 앨버트슨(Albertsons)의 사례가 있다. 이 회사는 미국 전역에 2,300여 개의 지점을 갖고 있는 세계 2위 슈퍼마켓 체인이다. 이 회사는 블록체인 기술을 이용해 로메인 상추를 대상으로 '푸드트러스트'를 위한 유통물류 추적관리 시스템을 시범 적용할 계획을 수립하였다.

다섯째, 유통물류 분야에서의 블록체인 활용 사례로 코다커피(Coda Coffee Co.) 사례가 있다. 이 회사는 고객들이 커피 공급사슬에서 커피 유통과 관련된 모든 사항을 추적해서 관리할 수 있는 블록체인 시스템을 구축하였다. 이 블록체인 시스템은 세계 최초로 고객들이 클라우드 기반 원장에 접속하게 함으로써 커피 유통과정에 대한 투명한 정보를 파악할 수 있게 하였다.

3. 공공 서비스 분야에서의 블록체인 활용

다양한 국가에서 블록체인 기술을 활용해 다양한 공공 부문 서비스를 제공하고 있다. 예를 들면, 블록체인 기술은 토지 및 주택관리, 의료기록, 우편서비스, 과징금 징수 등 공공 부문에서 기록관리를 통해 신뢰할 수 있는 서비스를 제공했다. 공공 서비스 분야에서의 블록체인 사례는 [표 13-8]과 같다.

표 13-8 공공 서비스 분야 적용 현황[09]

구분	주요 내용
이토니온 (ITTONION) 플랫폼	흩어져 있는 설문 및 여론조사정보를 안전하게 통합하여 관리할 수 있게 하는 블록체인 기반의 정보 오픈 통합 서비스로, 모두가 자유롭게 참여할 수 있는 설문 및 여론조사 정보 플랫폼을 제공하며, 이를 기반으로 변조나 위조가 되지 않는 정보 제공이 가능
블록체인 캠퍼스	포스텍(POSTECH)과 연세대가 블록체인 기술을 캠퍼스 전체에 도입하여 교내에서 통용되는 가상화폐로 학내 매점이나 식당에서 결제할 수 있으며, 또한 블록체인을 활용한 전자투표, 증명서 발급, 기부금관리 등이 가능할 예정
벨릭 (VELIC)	블록체인 활용 부동산 지분투자 플랫폼인 엘리시아(ELYSIA)에서 암호화폐를 활용하여 부동산 상품에 소액투자, 분산투자가 가능하며 해외부동산에도 투자할 수 있고, 법적으로 보장되고 언제든지 환매도 가능

출처: 국경완, ICT 신기술, 블록체인 기술 및 산업 분야별 적용 사례, 정보통신기획평가원, 주간기술동향, 2019년 6월 12일, pp.13-27

첫째, 공공 부문에서의 블록체인 활용사례로 이토니온(ITTONION) 플랫폼 사례가 있다. 이토니온 플랫폼은 흩어져 있는 설문조사와 여론조사 정보를 안전하게 통합적으로 관리할 수 있도록 지원해주는 블록체인 기반의 시스템이다. 이 시스템은 서비스로, 다양한 사람들이 자유롭게 참여할 수 있는 설문조사와 여론조사 정보 플랫폼을 제공하며, 이를 기반으로 플랫폼 내에서 정보의 위조나 변조를 예방해준다.

둘째, 공공 부문에서의 블록체인 활용사례로 블록체인 캠퍼스 구현사례가 있다. 포스텍(POSTECH)과 연세대는 블록체인 기술로 가상화폐를 개발해 캠퍼스 내의 매점이나 식당에서 결제할 수 있도록 하였고, 더불어 블록체인을 활용한 전자투표, 증명서 발급, 기부금관리 등을 할 수 있도록 개발을 진행 중이다.

09 ① 시사매거진(www.sisamagazine.co.kr), 새로운 블록체인 서비스, 리서치 & 빅데이터 플랫폼 이토니온, 2019년 3월
② 팍스넷(www.paxnetnews.com), 아이콘, 글로벌 엑셀러레이팅으로 디앱 발굴, 2019년 3월
③ 파이낸셜뉴스(www.fnnews.com), 경매 · 모의투자 · 금융상품 개발, 진화하는 암호화폐 거래소, 2019년 3월

셋째, 공공 부문에서의 블록체인 활용사례로 벨릭(VELIC) 플랫폼 사례가 있다. 이 플랫폼은 블록체인 활용 부동산 지분투자 플랫폼이다. 이 플랫폼에서 엘리시아(ELYSIA) 암호화폐를 활용하여 부동산 상품에 대하여 소액 투자 및 분산 투자를 할 수 있고, 해외부동산에도 투자할 수 있고, 언제든지 환매할 수 있다.

4. 사회 및 문화 분야에서의 블록체인 기술 활용

블록체인 기술은 디지털 콘텐츠, 예술상품, 상품권 등 다양한 분야에 적용할 수 있다. 특히, 블록체인 기술은 지식재산권과 관련된 예술작품 분야에서 중요한 플랫폼 기능을 제공하고 있다. [표 13-9]는 블록체인 기술을 예술 및 문화 분야에 적용한 사례이다.

표 13-9 예술 및 사회문화 분야에서의 블록체인 기술 적용[10]

구분	주요 내용
코닥원(KODAKONE)	사진, 인쇄기업 코닥이 개발한 블록체인 기반의 플랫폼으로 코닥코인(KODAKCoin)을 활용하여 사진거래, 사용, 저작권 지급이 이루어짐
스팀잇(Steemit)	암호화폐 중 하나인 Steem에 기반하여 운영되는 소셜 네트워크 서비스(SNS)임. 글을 게시해 페이스북의 '좋아요'와 같은 추천을 많이 받으면 보상이 지급되는 서비스로 작성자는 글의 조회수와 인지도에 따라 암호화폐(Steem)로 보상받으며 암호화폐 거래소를 통해 환전받을 수 있음
우조뮤직(Ujo Music), 뮤직코인(MusicCoin)	우조뮤직은 이더리움 블록체인을 활용한 아티스트 중심의 음악 플랫폼으로 아티스트는 자신이 정한 스마트계약과 함께 음원을 업로드하며 사용자는 이더리움 기반 디지털 지갑을 만들어 결제할 수 있음. 뮤직코인 역시 블록체인 기반의 음악 스트리밍 서비스로 음악 제작자들에게 공정한 가치분배 실현을 목표로 하고 있음
시빌(Civil)	블록체인 기술과 가상화폐 보상을 통해 뉴스를 생산하고 배포하는 탈중앙화 뉴스 플랫폼으로 기자와 독자가 직접 뉴스 콘텐츠를 거래할 수 있게 하는 오픈마켓

출처: 국경완, ICT 신기술, 블록체인 기술 및 산업 분야별 적용 사례, 정보통신기획평가원, 주간기술동향, 2019년 6월 12일, pp.13–27

10 이초희, 블록체인 기술을 활용한 콘텐츠 유통 사례, 한국저작권보호원, 2019년 4월

첫째, 예술 및 사회문화 분야의 블록체인 활용사례로 코닥원(KODAKONE) 플랫폼 사례가 있다. 코닥원 플랫폼은 사진 및 인쇄 전문기업인 코닥이 개발한 블록체인 기반의 플랫폼이다. 이 플랫폼에서는 코닥코인(KODAKCoin)을 활용하여 사진 거래, 사진 이용, 사진 저작권료 지급 등이 이루어진다.

둘째, 예술 및 사회문화 분야의 블록체인 활용사례로 스팀잇(Steemit) 사례가 있다. 스팀잇은 암호화폐 스팀(Steem)을 활용할 수 있는 소셜 네트워크 서비스(SNS)이다. 이 플랫폼에서 여러 사람의 추천을 많이 받으면 암호화폐로 보상이 이루어진다. 이 플랫폼에서 글 작성자는 글의 조회수와 인지도에 따라 암호화폐 스팀으로 보상을 받으며 암호화폐 거래소를 통해 실물화폐로 환전받을 수 있다.

셋째, 예술 및 사회문화 분야의 블록체인 플랫폼 활용사례로 우조뮤직(Ujo Music)과 뮤직코인(MusicCoin) 사례가 있다. 우조뮤직은 이더리움 블록체인을 활용한 아티스트 중심의 음악 플랫폼이다. 이 플랫폼에서 아티스트는 자신이 정한 스마트계약과 함께 음원을 업로드할 수 있고, 플랫폼에서 음원 이용자는 이더리움 기반 디지털 지갑을 만들어 결제할 수 있다. 또한 뮤직코인 역시 블록체인 기반의 음악 스트리밍 플랫폼으로 음악 제작자들에게 공정한 가치 분배를 제공하는 서비스를 제공하고 있다.

넷째, 예술 및 사회문화 분야의 블록체인 활용사례로 시빌(Civil) 플랫폼 사례가 있다. 시빌 플랫폼은 블록체인 기술을 이용하는 뉴스 플랫폼으로 뉴스 생산자에게 가상화폐로 보상을 해주는 시스템이다. 뉴스 플랫폼에서 이용자들은 뉴스를 생산하고, 독자들에게 뉴스를 배포할 수 있다. 따라서 탈중앙화 뉴스 플랫폼을 통해 기자(뉴스 생산자)와 독자(뉴스 이용자)들은 직접 뉴스 콘텐츠를 거래할 수 있다.

제5절 블록체인 미래 발전 방향

1. 블록체인 기술과 분야별 서비스 융합 전망

현재 블록체인 서비스는 다양한 분야에서 활용될 것이다. 대표적인 융합 서비스로는 ① 정부의 행정 서비스, ② 사인 간 계약, ③ 증명, ④ 의료정보 서비스, ⑤ 에너지 판매, ⑥ 자동차 생태계, ⑦ 이력 추적, ⑧ 클라우드 융합, ⑨ C2O(Online to Off-line), ⑩ 콘텐츠 서비스, ⑪ 기업 운영관리 등이 있다. 보다 상세한 블록체인 서비스 분야를 살펴보면 다음과 같다.[11]

(1) 정부 행정 서비스

정부의 행정 서비스 분야에 블록체인 기술이 적용될 것이다. 정부에서 제공하는 행정 서비스인 주민등록 및 법인등록 관련 행정 서비스, 부동산등기, 출생신고 및 사망신고, 혼인신고, 세금과세 등에 블록체인 기술을 적용할 수 있다. 블록체인 기술은 세금 과세에 있어서 실시간으로 기록되는 디지털 거래에서 불법거래를 은폐하기 어렵게 할 것이다.

(2) 사인 간 계약

블록체인 서비스는 사인 간 계약에 적용될 것이다. 즉, 사람들 사이의 중요한 약속, 서명, 소규모 금전거래, 약혼, 고용계약서, 이사계약서 등에 블록체인 기술이 적용될 것이다. 사람들 사이에서 계약 등록 원장이 존재하지 않는 계약서를 블록체인에 등록함으로써 사후에 발생할 수 있는 분쟁을 차단할 수 있게 될 것이다.

11 이승민, 블록체인 관련 동향 및 시사점, 제4차 산업혁명과 소프트파워 이슈리포트 2018-제27호, 정보통신산업진흥원, 2018년 7월 2일

(3) 증명

증명 분야에 블록체인 기술을 적용할 수 있다. 사람들이 살아가는 사회에서는 교육 프로그램 수료 증명, 대학교 성적 증명, 대학 및 대학원 학위 증명, 유언장, 특허, 지식재산권 등 다양한 증명 서류가 존재한다. 블록체인 기술을 이용하면 학교 등 자격 증명(예, 수료, 성적 등) 관리기관이 수료증 원장을 블록화하여 블록체인의 해당 블록을 활용하여 간편하게 증명할 수 있는 서비스를 제공할 수 있다.

(4) 의료 정보 서비스

의료 정보 서비스에 블록체인 기술을 적용할 수 있다. 이 기술을 활용하면 환자들의 전자건강기록(EHR: Electronic Health Record) 같은 데이터를 공유할 수 있다. 현재 의료정보 생태계에서는 보험사, 의료기관, 환자 등이 있고, 이를 연결하는 기술이 요구되는데, 여기에 블록체인이 활용되면 효과가 높아질 것이다.

(5) 에너지 판매

에너지 판매 분야에 블록체인 기술 적용이 가능할 것이다.이 기술을 활용하면 마이크로 그리드를 통한 에너지 판매가 가능하고 블록체인 원장을 활용해서 계약 및 거래되는 에너지에 대한 기록을 관리할 수 있다.

(6) 자동차 생태계

자동차 생태계 분야에 블록체인 기술을 활용해 서비스를 제공할 수 있다. 일반적으로 자동차 구매, 소유, 할부금융 서비스, 등록, 보험거래, 중고차거래 등 자동차 생태계와 관련된 모든 부분에서의 추적관리가 가능할 것이다. 또한 신규차량 등록 및 중고차량 거래와 관련해서 거래가 발생할 때마다 차량 등기원장 블록을 공개함으로써 차량 구매 및 판매를 투명하게 관리할 수 있다.

(7) 이력 및 추적관리

이력 및 추적관리 분야에 블록체인 기술을 활용할 수 있다. 블록체인 기술은 농산물, 축산물, 수산물의 원산지를 증명하거나 양주 및 귀금속 진품을 확인하는 등 다양한 분야에서 활용할 수 있다. 즉, 농산물, 축산물, 수산물의 원산지 증명을 위해 유통경로 소매상 정보를 블록체인에 등록하고, 유통업체에게 증명하고, 소비자는 이를 검증함으로써 보다 확실한 이력 및 추적관리가 가능해질 것이다.

(8) 클라우드 융합

클라우드 융합 분야에 블록체인 기술을 적용할 수 있다. 블록체인 기술을 이용해서 블록에 SaaS 제공자가 제공하는 워드프로세서의 사용권을 등록하고, 사용권을 보유한 클라우드 서비스 이용자가 문서작성을 완료한 이후 다른 이용자의 단말기(PC, 스마트폰 등)에 파일을 활용할 때 이에 대한 추적관리 및 분산 저장이 가능하다.

(9) O2O

O2O 분야에서 블록체인 기술 활용이 가능하다. 우버(Uber, 차량 공유), 에어비앤비(Airbnb, 숙박 공유), 위워크(Wework, 사무실 공유), 스핀리스터(Spinlister, 자전거 공유), 도그베케이(DogVacay 애완견 돌봄), 포시마크(Poshmark, 옷 대여), 저스트파크(JustPark, 주자 공유), 쉐어밀(ShareMeal, 음식), 플레이(Pley, 장난감) 등 다양한 공유 플랫폼이 있는데, 이러한 플랫폼에서 블록체인 기술 활용이 가능하다. 블록체인 기술은 기기 이용에 대한 서비스 예약, 결제, 이용에 대한 검증을 지원할 것이다.

(10) 콘텐츠 서비스

콘텐츠 서비스 분야에서 블록체인 기술 활용이 가능하다. 다양한 음원 서비스, 전자책 서비스, 영화 등과 같은 디지털 콘텐츠를 유통하거나 디지털 콘텐츠의 저작권을 보호하는 데 블록체인 기술이 적용될 것이다.

(11) 기업 운영

기업의 운영 시스템 분야에서 블록체인 기술 활용이 가능할 것이다. 기업의 공급사슬관리 시스템(SCM), 조직관리를 위한 비즈니스 프로세스 매니지먼트(BPM) 등에서 이 기술 활용이 가능할 것이다. SCM 시스템에서는 기업과 기업 사이에서 상품과 서비스의 물류정보를 블록화하여 저장하고, 기업 내에서 별도의 블록체인을 만들어서 상품과 서비스에 대한 관리가 가능할 것이다.

2. 블록체인에 대한 인식

딜로이트 컨설팅(2020)에서는 매년 블록체인에 대한 기업의 인식도에 대한 조사를 수행하고 있다.[12] 이 조사는 3년간의 기업에서의 블록체인 인식 변화를 파악할 수 있도록 2018년, 2019년, 2020년 조사결과를 비교해서 제시하고 있다. 2020년 조사의 응답자 수는 1,488명, 2019년 조사의 응답자 수는 1,386명, 2018년 조사의 응답자 수는 1,053명이었다. 이하에서 블록체인 관련 인식도 조사결과를 살펴본다.

(1) 디지털 자산 활용 중요도

"어떤 디지털 자산을 가장 중요하게 고려하고 있는가?"에 대해 64%의 응답자가 기업 통제를 위해 디지털 자산이 중요하다고 하였고, 63%의 응답자가 일반 자산 기반(바스켓 방식의 자산, 통화 등), 59%의 응답자가 분산화된 암호화폐(BTC, ETH, EOS 등), 56%의 응답자가 유가증권 토큰, 55%의 응답자가 특정 자산 기반

12 Linda Pawczuk, Jonathan Holdowsky, Rob Massey, and Brian Hansen, Deloitte's 2020 Global Blockchain Survey, From promise to reality, Deloitte Insights, No. 16, 2020. 6. (번역 보고서: Linda Pawczuk, 외 3인, 딜로이트 블록체인 서베이: 미래 기술에서 상용 기술로의 진화, Deloitte Insights, 딜로이트 컨설팅, 2020년, pp.90–110 (https://finlinkpartners.io/wp-content/uploads/2020/06/Deloitte-Blockchain-survey.pdf)

(금, 다이아몬드, 귀금속 등), 54%의 응답자가 명목화폐 기반, 54%의 응답자가 알고리즘 기반의 스테이블코인(stablecoins), 54%의 응답자가 유틸리티 토큰(utility tokens), 48%의 응답자가 기타 유가증권 토큰(security tokens: 부채, 금융상품, 파생상품 등)을 활용하겠다고 하였다. 조사결과에 나타난 것처럼 전반적으로 디지털 자산 활용도가 높은 것을 알 수 있었다.

▌그림 13-5▐ 어떤 디지털 자산을 가장 중요하게 고려하고 있는가?

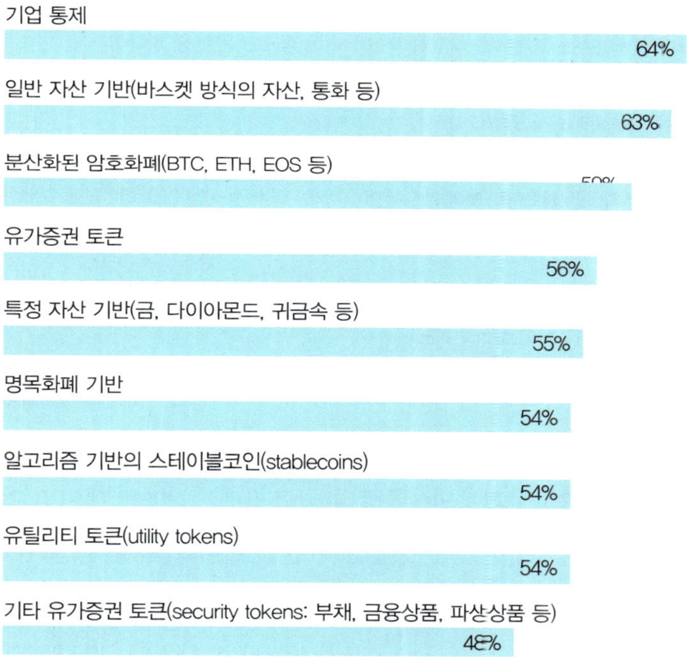

출처: Linda Pawczuk 외 3인, 딜로이트 블록체인 서베이: 미래 기술에서 상용 기술로의 진화, Deloitte Insights, 딜로이트 컨설팅, 2020년

(2) 사이버 보안

사이버 보안이 블록체인 또는 디지털 자산 전략에 미치는 영향에 대한 질문결과는 다음과 같다. 설문조사에 참여한 21%의 응답자들은 사이버 보안에 대한 우려 하나로 블록체인 및 디지털 자산 전략이 진전되지 못하고 있다고 하였다. 58%의 응답자들은 사이버 보안 이슈는 블록체인 또는 디지털 자산 전략에 중요한 문제

중 하나라고 하였고, 18%의 응답자들은 사이버 보안 이슈는 블록체인 또는 디지털 자산 전략에 크게 중요하지 않다고 하였고, 3%의 응답자들은 확실하지 않거나 또는 해당 사항이 없다고 하였다. 전반적으로 이 조사결과는 사이버 보안이 블록체인 및 디지털 자산 전략에 중요하다는 것을 알려준다.

▮그림 13-6▮ 사이버 보안이 블록체인 또는 디지털 자산 전략에 미치는 영향

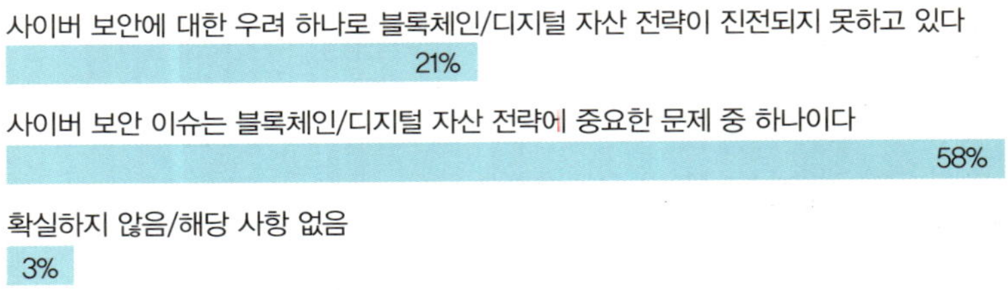

출처: Linda Pawczuk 외 3인, 딜로이트 블록체인 서베이: 미래 기술에서 상용 기술로의 진화, Deloitte Insights, 딜로이트 컨설팅, 2020년

(3) 글로벌 블록체인 신분 증명

다수의 사람들이 글로벌 디지털 신분 증명이 중요할 것이라고 강조하고 있다. 따라서 질문에 대해 글로벌 블록체인 신분 증명이 가장 큰 영향을 미치고 있는 영역에 대한 조사결과를 살펴보면, 글로벌 금융거래가 29%, 데이터 개인정보보호 및 소유권 보호가 27%로 중요한 영향을 미칠 것이라고 하였다. 또한 헬스케어 및 환자 신원관리는 9%, 규제 컴플라이언스는 7%, 해외여행은 7%, 법 집행은 5%, 제3자 컴플라이언스는 2% 등으로 나타날 것이라고 하였다. 결과적으로 블록체인 신분 증명 기술은 개인의 소유권 및 금융거래와 관련한 분야에서 중요한 영향을 미치고 있는 것을 알 수 있다.

▮그림 13-7▮ 글로벌 블록체인 신분 증명이 가장 큰 영향을 미치고 있는 영역

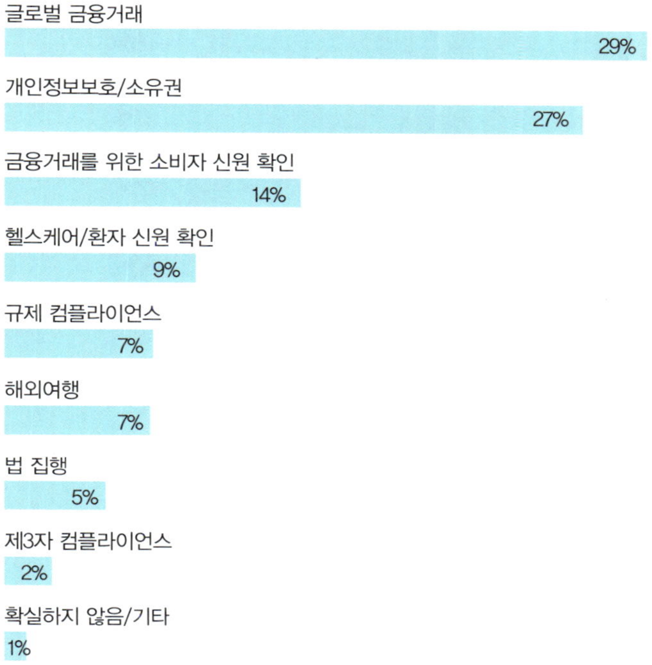

출처: Linda Pawczuk 외 3인, 딜로이트 블록체인 서베이: 미래 기술에서 상용 기술로의 진화, Deloitte Insights, 딜로이트 컨설팅, 2020년

(4) 블록체인 규제 준수

블록체인 규제 요건 준수에 대한 자신감에 대한 조사결과를 살펴보면, 블록체인은 다양한 부분에서 기업들에게 확신을 제공하고 있는 것으로 나타났다. 재무 보고 분야 83%, 프라이버시 분야 83%, 정보 보고 분야 82%, 증권법 분야 82%, 자금 전달 분야 81%, 조사 분야 81%, 고객 파악 및 자금 세탁 방지 분야 80%, 특정 지역에서의 규제 분야 78%, 스마트계약 시행 가능성 분야 78%, 특정 산업에 대한 규제 이슈 분야에 76% 등으로 응답자들은 블록체인 기술이 규제 준수에 대한 확신을 제공한다고 하였다.

▮그림 13-8▮ 블록체인 규제 요건 준수에 대한 확신

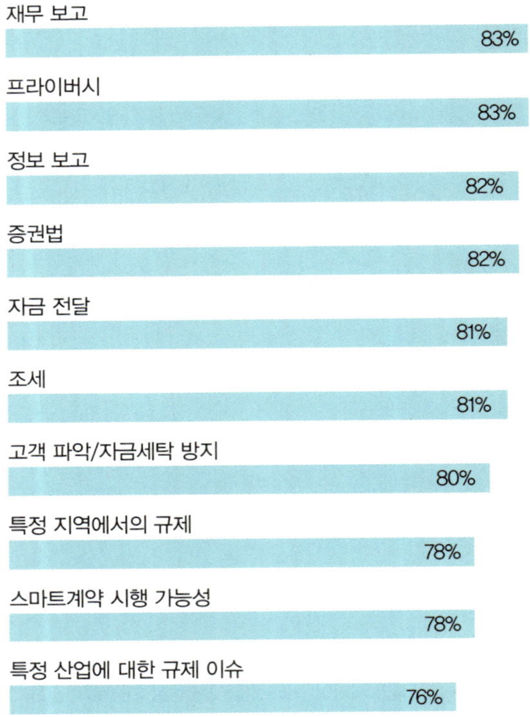

출처: Linda Pawczuk 외 3인, 딜로이트 블록체인 서베이: 미래 기술에서 상용 기술로의 진화, Deloitte Insights, 딜로이트 컨설팅, 2020년

3. 블록체인에 대한 정부지원정책

국내에서는 블록체인 산업이 미래 유망산업임을 확인하고, 블록체인 기술 육성을 통한 다양한 사업 활성화정책을 펼치고 있다. 과학기술정보통신부와 한국인터넷진흥원은 기업들의 블록체인 시범사업을 지원하고 있다. [표 13-10]에 나타난 것처럼 블록체인 기술을 이용해 공공 부문과 금융, 제조, 물류 등 다양한 민간 부문에서의 블록체인 사업을 지원하고 있다. 다음은 블록체인 시범사업 추진 현황이다.

표 13-10 정부의 블록체인 시범사업 추진 현황[13]

분야	구축 내용
공공 부문	① 식품안전관리인증(HACCP) 서비스 플랫폼 구축(식품의약품안전처) ② 시간제 노동자 권익보호(서울특별시) ③ 블록체인 기반 재난재해 예방 및 대응 서비스 구축(부산광역시) ④ 블록체인 기반 에너지 생태계 구축을 위한 전기차 폐배터리 유통이력관리 시스템(제주특별자치도) ⑤ 블록체인 기반 탄소배출권 이력관리 시스템 구축(환경부) ⑥ 블록체인 기반 REC(Renewable Energy Certificate: 신재생 에너지 공급인증서) 거래 서비스(한국남부발전) ⑦ 신뢰기반 기록관리 플랫폼 구축(국가기록원) ⑧ 방위사업 지원을 위한 플랫폼 구축(방위사업청) ⑨ 인증서 없는 민원 서비스 제공을 위한 플랫폼 구축(병무청) ⑩ 의료 융합 서비스(서울의료원) ⑪ 전자우편 사서함(우정사업본부) ⑫ 스마트 투어리즘 플랫폼 구축(전라북도)
민간 부문	① 사회적 불신 해소 및 투명성 확보를 위한 '탈중앙화 기부 플랫폼' ② 중고차 이력정보 위 · 변조를 사전 방지하고 거래까지 할 수 있는 '중고차 서비스 플랫폼' ③ 자기 주권형 본인증명 서비스를 위한 '블록체인 ID/인증 네트워크'

출처: 국경완, ICT 신기술, 블록체인 기술 및 산업 분야별 적용 사례, 정보통신기획평가원, 주간기술동향, 2019년 6월 12일, pp.13–27

(1) 공공 부문의 블록체인 지원정책

- 정부 산하기관인 식품의약품안전처에서는 블록체인 기술을 이용해 보다 안정적으로 식품에 대한 안전관리 인증 플랫폼인 식품안전관리인증(HACCP) 서비스 플랫폼을 구축하였다. 이를 통해 블록체인 기술의 유용성을 확인하였다.
- 서울특별시에서는 시간제 노동자 권익보호를 위해 블록체인에 기반한 플랫폼을 구축하였다. 이를 통해 시간제 노동자에 대한 정보를 보다 안전하고 명확하게 관리할 수 있게 되었다.
- 부산광역시에서는 블록체인에 기반한 재난재해 예방 및 대응 서비스를 구축

13 과학기술정보통신부(http://www.msit.go.kr), 블록체인 공공 시범사업 추진계획

하였다. 이를 통해 재난재해에 대한 정보를 보다 철저하게 관리할 수 있게 되었다.

- 제주특별자치도에서는 블록체인에 기반한 에너지 생태계 구축을 위해 전기차 폐배터리 유통 이력을 관리하기 위한 시스템을 구축하였다. 이를 통해 폐배터리 관리를 통한 친환경정책을 지원할 수 있게 되었다.
- 환경부에서는 친환경정책 지원을 위해 블록체인 기반 탄소배출권 이력관리 시스템을 구축하였다. 이를 통해 기업에서의 탄소배출에 대한 체계적인 관리를 가능하게 하였다.
- 한국남부발전에서는 블록체인 기반 REC(Renewable Energy Certificate, 신재생 에너지 공급인증서) 거래 서비스를 실현하기 위한 시스템을 구축하였다. 이를 통해 신재생 에너지를 보다 체계적으로 관리할 수 있는 블록체인 시스템 구현을 위한 토대를 구축하였다.
- 국가기록원에서는 신뢰기반 기록관리 플랫폼 구축 시범사업을 통해 블록체인을 이용한 정부의 기록물을 보다 효율적으로 관리할 수 있는 토대를 구축하였다.
- 방위사업청에서는 방위사업 지원을 위한 플랫폼 구축을 위해 블록체인 기술을 이용하였다. 블록체인 기술을 이용함으로써 방위사업에 대한 보다 체계적인 정보관리가 가능하게 되었다.
- 병무청에서는 인증서 없는 민원 서비스 제공을 위한 플랫폼을 구축하는 데 블록체인 기술을 이용하였다. 이를 통해 보다 신뢰할 수 있고 보안성이 뛰어난 민원 서비스 구축의 토대를 마련하였다.
- 서울의료원에서는 블록체인 기술을 활용해 의료 융합 서비스를 제공하기 위한 플랫폼을 구축하였다. 이를 통해 의료원을 이용하는 사람들의 이력관리 및 서비스관리에 효율성을 높일 수 있게 되었다.
- 우정사업본부에서는 전자우편 사서함을 관리하는 데 블록체인 기술을 적용하였다. 이를 통해 전자우편 사서함을 보다 안전하고 체계적으로 관리할 수 있게 되었다.
- 전라북도에서는 스마트 투어리즘 플랫폼 구축을 위해 블록체인 기술을 활용

하였다. 블록체인 기술을 활용함으로써 관광과 관련된 다양한 정보를 보다 체계적으로 활용할 수 있게 되었다.

(2) 민간 부문의 블록체인 지원정책

- 민간 부문에서의 기부문화와 관련되어 사회적 불신 해소 및 투명성 확보는 중요한 이슈이다. 이를 위해 정부에서는 블록체인 기술을 활용해 탈중앙화 기부 플랫폼을 개발하는 과제를 지원하였다. 블록체인 기술이 적용된 기부 플랫폼은 기부자에게 기부금에 대한 추적관리를 가능하게 하여 보다 신뢰할 수 있는 기부문화 확산에 기여했다.
- 정부에서는 많은 사람들이 이용하는 중고차시장에 대한 신뢰할 수 있는 기반을 제공하기 위해서 중고차 이력정보(예, 부품 교환 및 수리정보 등) 위조 및 변조를 사전 방지하고, 안전하게 거래할 수 있도록 블록체인을 이용한 중고차 서비스 플랫폼 개발을 지원하였다. 이를 통해 많은 사람들이 중고차를 거래하는 데 보다 신뢰할 수 있는 정보를 얻을 수 있게 되어, 중고차산업의 신뢰도를 높여주었다.
- 정부에서는 자기 주권형 본인 증명 서비스를 지원하기 위한 블록체인사업을 지원하였다. 블록체인 ID 및 인증 네트워크 개발을 통해 본인 증명을 하게 됨으로써 보다 신뢰할 수 있는 서비스 이용이 가능해질 것이다.

4. 블록체인 활성화 미래전략

한국정부에서는 블록체인 활성화를 위해 다양한 정부지원정책을 수립하고 있다. 이를 위해 한국정부에서는 블록체인기업들의 기술경쟁력 확보를 위한 장기적인 목표를 설정하여 기업들의 발전과 블록체인 핵심인력 양성을 지원해주고, 더불어 블록체인 산업 활성화를 위한 법과 제도의 개선 및 규제완화를 추진하고 있다. 현재 한국에서의 블록체인 사업 활성화를 위한 강점과 약점, 기회와 위험요인을 살펴보면 [그림 13-9]와 같다.

그림 13-9 블록체인 강점, 약점, 기회, 위험 분석

S 강점

- **시범사업을 통한 다수의 레퍼런스 확보**
  2018년부터 7개 분야 34개 과제 추진
- **제도적 한계 극복 시도**
  블록체인 규제자유특구(부산) 지정, 특정금융정보법 개정안 통과(2020. 3) 등
- **높은 ICT 보급률**
  총 140개국 중 ICT 보급 1위(WEF, 2018)

W 약점

- **기술 경쟁력 열위**
  미국 대비 80.8%, 기술 격차는 23년(IITP, 2019)
- **블록체인 기술에 대한 인식 미비**
  수요기업의 블록체인 도입 의사 저조
- **해외 대비 투자 환경 위축**
  소수 사업 모델에 투자 집중

O 기회

- **블록체인 시장 초기 단계**
  급격한 성장이 기대되나, 독점기업은 없는 상황
- **블록체인 서비스 관심 고조**
  공공 서비스에 도입 시작, 민간 DID 연합체 출범
- **해외진출 및 표준선도 가능성 높음**

T 위험

- **기술적 한계가 여전히 존재**
- **글로벌 사업자의 독점화 징후**
  IBM, 아마존 등 대형 플랫폼 사업자의 진출 시작
- **가상자산 대비 기술 자체에 대한 관심 부족**

출처: 관계부처합동, 초연결 · 비대면 신뢰 사회를 위한 '블록체인 기술 확산 전략', 제16차 4차산업혁명위원회 의결안건 제2호, 2020년 6월 24일

블록체인 기술 확산을 위한 강점요인으로는 정부의 지원에 의한 다양한 블록체인 시범사업 레퍼런스가 확보되었으며, 블록체인과 관련된 규제자유특구가 부산으로 지정되었고, 특정금융정보법 개정안이 통과되었으며, 한국은 다른 국가와 비교해서 높은 정보통신 보급률을 갖고 있기 때문에 블록체인 기술 활용에 장점이 존재한다.

블록체인 기술 확산을 위한 약점요인으로는 미국의 블록체인 기술력과 비교할 때 한국은 기술력이 낮은 실정이며, 블록체인의 중요성과 활용에 대한 인식도가 낮아져, 기업에서의 블록체인 기술 도입이 적극적이지 않으며, 해외 대비 국내시장에서의 블록체인에 대한 투자가 미비한 실정이다.

블록체인 기술 확산을 위한 기회요인으로는 블록체인 시장이 초기 형성 단계로 다양한 기업들에 의해 시장이 형성되는 단계이며, 블록체인 기술을 활용한 공공

부문의 서비스가 구현되고 있고, 민간에서도 블록체인 기술을 활성화하기 위한 단체가 만들어지고 있으며, 블록체인 비즈니스를 위한 기업들의 해외진출 및 블록체인 기술의 표준화 가능성이 높은 실정이다.

블록체인 기술 확산을 위한 위협요인으로는 블록체인 기술에 한계가 존재하고, 글로벌 비즈니스를 위한 빅테크 기업의 기술독점화가 나타나고 있다. 예를 들면, 글로벌 빅테크기업인 아마존 등의 기술기업이 관련된 사업 분야에서 두각을 나타내고 있다.

5. 블록체인의 미래

한국 정부에서는 블록체인 산업을 활성화하기 위한 다양한 정책을 수립하고 있다. 그러나 블록체인 활성화를 위해서는 블록체인 기술에 대한 대중의 인식, 비대면 중시 환경, 글로벌 시장 대응, 기술격차, 산업 환경 측면에서의 발전을 위한 노력이 요구된다. 각각에 대한 미래 방향성을 살펴보면 다음과 같다.

그림 13-10 블록체인 미래전략

현황	전략
정책적 노력으로 다수 레퍼런스 확보하였으나 여전히 국민체감도는 높지 않음	7대 분야 전면 도입으로 블록체인 효과성에 대한 사회적 인식 제고
포스트 코로나 시대 비대면 서비스에 대한 요구 증가	비대면 경제의 인프라로서 분산신원증명 서비스 활성화
글로벌 시장 초기 단계로 추격 가능성 존재	해외에서도 통할 수 있는 기업 육성을 위한 지원체계 마련
선도국 대비 2, 3년의 기술 격차	기술 로드맵에 따른 핵심 · 융합 기술 개발 글로벌 표준대응 강화
산업계는 혁신 환경 조성을 지속적으로 호소	체감할 수 있는 법제도 개선, 시장 수요에 맞는 인력양성 추진 등

출처: 관계부처합동, 초연결 · 비대면 신뢰 사회를 위한 '블록체인 기술 확산 전략', 제16차 4차산업혁명위원회 의결안건 제2호, 2020년 6월 24일

정부의 블록체인 활성화정책에 힘입어 다양한 블록체인 레퍼런스가 확보되었지만, 사람들이 인지하는 블록체인 기술 활용은 높지 않다. 따라서 정부에서는 블록체인 기술을 이용한 투표, 고객관리, 기부, 사회복지, 부동산, 신재생 에너지, 디지털화폐 분야에서 다양한 사람들이 블록체인 기술 활용의 효과성을 인지하도록 노력해야 할 것이다.

최근 코로나 팬데믹으로 인해 대면 비즈니스보다는 비대면 비즈니스가 활성화되고 있다. 그렇기 때문에 비대면 비즈니스 환경에서 분산신원증명 기술로서 블록체인은 중요한 역할을 할 것이다. 이에 따라 블록체인 기술 활용이 보다 많이 이루어질 수 있도록 정부가 지원해야 할 것이다.

글로벌 블록체인 시장은 현재 초기 단계로 한국의 블록체인 기업들은 블록체인 기술개발을 위한 노력을 통해 기술우위를 점유해야 할 것이다. 이를 위해 정부에서는 해외에서도 인정받을 수 있는 기업 육성정책 및 지원정책을 마련해야 할 것이다.

한국기업들의 블록체인 기술역량은 미국 등과 같은 선진 국가와 비교할 때 2~3년 수준의 기술격차가 존재한다. 그렇기 때문에 정부에서는 블록체인 기술지원정책을 수립하고, 기술 로드맵에 따라 핵심기술과 융합기술이 개발될 수 있도록 지원해야 할 것이다.

현재 산업계에서는 블록체인을 이용한 사업혁신을 위한 정부지원 및 규제완화 등을 희망하고 있다. 미래에 정부에서는 블록체인 기술 관련 사업 활성화를 위해 기업체들이 인지할 수 있는 수준의 법과 제도의 개선을 수행해야 할 것이며, 시장에서 요구하는 블록체인 기술역량을 확보한 인재 양성정책을 수립해야 할 것이다.

핵심문제

01 블록체인 기술에 대해 설명하시오.

02 블록체인 기술의 4대 특성에 대해 설명하시오.

① 탈중앙성(De-centralization)
② 투명성(Transparency)
③ 가용성(Availability)
④ 불변성(Immutability)

03 블록체인 합의 알고리즘에 대해 설명하시오.

① 작업 증명(PoW: Proof of Work)
② 지분 증명(PoS: Proof of Stake)
③ 위임지분 증명(DPoS: Delegate Proof of Stake)
④ 중요성 증명(PoI: Proof of Importance)

04 블록체인 유형별 특성에 대해 설명하시오.

① 퍼블릭 블록체인(Public Blockchain)
② 프라이빗 블록체인(Private Blockchain)
③ 컨소시엄 블록체인(Consortium Blockchain)

05 블록체인을 활용하고 있는 분야에 대해 설명하시오.

① 투표
② 기부
③ 사회복지
④ 신재생에너지
⑤ 디지털화폐
⑥ 부동산
⑦ 고객관리

06 블록체인 활용 서비스 분야에 대해 설명하시오.

① 정부의 행정 서비스
② 사인 간 계약
③ 증명
④ 의료정보 서비스
⑤ 에너지 판매
⑥ 자동차 생태계
⑦ 이력 추적
⑧ 클라우드 융합
⑨ O2O(Online to Off-line)
⑩ 콘텐츠 서비스
⑪ 기업 운영관리

07 기업공개(IPO: Initial Public Offering)에 대해 설명하시오.

08 가상통화공개(ICO: Initial Coin Offering)에 대해 설명하시오.

09 암호화폐 거래소 공개(IEO: Initial Exchange Offering)에 대해 설명하시오.

참고문헌

과학기술정보통신부(http://www.msit.go.kr), 블록체인 공공 시범사업 추진계획

관계부처합동, 초연결 · 비대면 신뢰 사회를 위한 '블록체인 기술 확산 전략', 제16차 4차 산업혁명위원회 의결안건 제2호, 2020년 6월 24일

국경완, ICT 신기술, 블록체인 기술 및 산업 분야별 적용 사례, 정보통신기획평가원, 주간기술동향, 2019년 6월 12일, pp.13-27

김민상 · 남윤경, 블록체인 산업동향과 활용분야 확대: 자율이동체 산업 중심으로, 이슈리포트 2019-05호, 정보통신산업진흥원, 2019년 4월 3일

이승민, 블록체인 관련 동향 및 시사점, 제4차 산업혁명과 소프트파워 이슈리포트 2018-제27호, 정보통신산업진흥원, 2018년 7월 2일

이재규, "블록체인을 활용한 해외직구 프로세스 개선방안 연구", 숭실대학교 석사학위 논문, 2018년 12월

이제영(2017), 블록체인(Blockchain) 기술동향과 시사점, 과학기술정책연구원

이초희, 블록체인 기술을 활용한 콘텐츠 유통 사례, 한국저작권보호원, 2019년 4월

조주현, 블록체인의 올바른 이해와 기업 비즈니스 관점의 활용 방향, POSRI 이슈리포트, 포스코경영연구원, 2018년 8월 16일

PWC(2017) Introduction to Token Sales(ICO) Best Practices (재인용: 과학기술정보통신부, 한국과학기술기획평가원(KISTEP), 2018년 기술영향평가 결과보고 블록체인의 미래, 2018년)

Linda Pawczuk, Jonathan Holdowsky, Rob Massey, and Brian Hansen, Deloitte's 2020 Global Blockchain Survey, From promise to reality, Deloitte Insights, No. 16, 2020. 6. (번역 보고서: Linda Pawczuk, 외 3인, 딜로이트 블록체인 서베이: 미래 기술에서 상용 기술로의 진화, Deloitte Insights, 딜로이트 컨설팅, 2020년, pp.90-110 (https://finlinkpartners.io/wp-content/uploads/2020/06/Deloitte-Blockchain-survey.pdf)

Moody's Investor Service, "Credit Strategy-Blockchain Technology: Robust, Cost-effective Applications Key to Unlocking Blockchain's Potential Credit Benefits", 2017, 7 (http://www.moodys.com/researchdocument-contentpage.aspx? docid=PBC_1023913)

찾아보기

| 저자 소개 |

임세헌(slimit@sangji.ac.kr)

중앙대학교에서 경영학 학사, 석사, 박사학위를 취득하였고, 현재 상지대학교 경영정보학과 & 경영경제 데이터산업학부 교수로 재직 중이다. 저자는 유통 및 물류 분야에서의 정보기술 응용, 블록체인 및 핀테크, 정보보안, DNA(Data, Network, Artificial Intelligence) 기술 활용, 마음챙김과 정서지능 등을 연구하고 있고, 국내외 몇몇 저널에 논문을 출판하였다. ERP(Enterprise Resource Planning), SCM(Supply Chain Management), IoT(Internet of Things), AI(Artificial Intelligence) 등 다양한 분야의 저서 및 역서를 출판하였다.

정석찬(scjeong@deu.ac.kr)

1999년 3월부터 동의대학교 e비즈니스학과 교수로 재직하고 있으며, 주요 관심 분야는 인공지능, 빅데이터, e비즈니스, 기술정보 수용, 정보화전략 등이다. 부산대학교 기계설계 학사와 오사카부립대학 경영공학 석사와 박사학위를 취득하였으며, 한국전자통신연구원 선임연구원으로 전자상거래 및 ERP 관련 기술 개발을 담당하였다. 과학기술정보통신부 정보화전략위원회 위원, 부산정보산업진흥원 상임이사 등을 역임하였으며, IT Innovation 대상 지식경제부장관상 표창(2008), 정보통신 유공자 부산광역시장 표창(2018), SW산업 발전 유공 홍조근정훈장을 수훈(2019)하였다. 현재 동의대학교 부산IT융합부품연구소장과 인공지능그랜드 ICT연구센터장을 담당하고 있다.

4차 산업혁명 시대의 **인공지능과 기하급수 기술의 융합**

2021년 11월 1일 1판 1쇄 인쇄
2021년 11월 5일 1판 1쇄 발행

저 자 | 임세헌 · 정석찬
발행인 | 이수영
발행처 | 도서출판 청람
서울시 마포구 독막로 288(더흥동, 세양상가 109호)
전 화 | 02)3272-2601(대)~2
팩 스 | 02)3272~2603
이메일 | crbooks@daum.net
홈페이지 | http://www.crbooks.co.kr
등 록 | 2000년 8월 26일 제6-0509호

ISBN 978-89-5972-845-9 93320 [정가 29,000원]

"본 연구는 과학기술정보통신부 및 정보통신기획평가원의 지역지능화혁신인재양성(Grand ICT연구센터) 사업의 연구결과로 수행되었음" (IITP-2021-2020-0-01791)